권력과
광기

서·론

∙∙∙

　대다수의 역사가들에게 있어서 세계 문명의 흥망으로 나타나는 역
사의 흐름을 형성하는 힘들은 그 특징으로 보나 내용으로 보나 주로
경제적이고 사회적이며 종교적이고 정치적이다. 이러한 역사적 과정
에서 건강과 관련된 문제는 그것이 개인적인 차원의 문제이든 민족
적인 차원의 문제이든 극히 작은 부분을 차지한다. 그러나 과거를 자
세히 들여다볼수록, 유행병이 인구 분포에만 영향을 미친 것이 아니
라 정치, 경제, 사회의 발전 과정에도 중대한 영향을 미쳤다는 사실
을 알 수 있으며, 건강이 역사 형성에서 공동적으로 또 개별적으로
중요한 그리고 때로는 결정적인 요소였다는 사실을 알 수 있다.[1]

　예컨대《열왕기the Book of Kings》나 그리스 역사가 헤로도토스
Herodotus의 저술에서 볼 수 있듯 BC7세기 아시리아 왕 센나케리브
Sennacherib의 이스라엘 침략을 좌절시킨 것은 일종의 전염병이었
다.[2] 그리고 투키디데스Thucydides에 따르면 그 후 BC430~428년 사
이 펠로폰네소스 전쟁Peloponnesian War의 결정적인 상황에서는 전염
병이 – 발진티푸스나 천연두, 마비저(馬鼻疽, glanders), 렙토스피라병
leptospirosis, 야토병(野兎病, tularaemia) 중 어떤 병이었는지 혹은 알려
지지 않은 또 다른 병이었는지 확실치는 않지만[3] – 아테네를 덮쳐 극
심한 인구 감소를 초래했다. 투키디데스는, 하논Hagnon이 포티다에

권력과 광기

비비안 그린·지음 | 채은진·옮김

The Madness of Kings

말·글빛냄

광기의 본질은 선천적 정신질환에 의한 것인가,
아니면 권력 강화를 위한 의도된 수단인가?

책·머·리·에

이 책은 지난 수년간 내가 영국과 미국의 여러 역사학회에 제출한 논문에서 시작되었다. 이 논문을 기초로 나는 1982년 사우스캐롤라이나대학University of South Carolina에서 초빙교수로 강연한 바 있다. 이 논문은 건강 특히 정신 건강이 개인과 정치에 역사적으로 어떤 영향을 미쳤는가에 관해 연구한 것이다. 왕과 여왕들에 대한 내용이 논문의 중심을 이루고 있지만 그 밑바탕에는 건강과 정치가 근본적으로 연관되어 있을 뿐 아니라 정치적 행동은 개인적인 문제와 인격 장애가 구체화된 결과일 수 있다는 논제가 깔려 있다. 이 논문을 통해 얻게 된 흥미로 인해 나는 이 주제를 좀 더 깊이 탐구해 볼 가치가 있다는 생각을 하게 되었다.

이 책에서 다루게 될 내용은 어떤 의미에서 보면 선구적인 연구일 수도 있지만 주로 임상적인 연구라기보다는 개인의 성격과 역사 전개과정의 상호작용에 관한 비공식적인 검토에 가깝다. 임상적인 부분에 내가 전문적인 지식을 갖추고 있는 것은 아니기 때문이다. 전문성에 관해서라면 어느 정도 자료 조사 작업을 거쳤다는 점에 있어서만 그 노력을 주장할 수 있을 것이다. 이 책의 많은 부분이 믿을 만한 참고 문헌으로서 명성을 인정받은 광범위한 권위서들에 근거를 두고 있기 때문이다. 그러나 이러한 근거를 바탕으로 제기되는 주장이 현대 사회에도 그대로 적용되는 것은 아니다.

수년간 학생들을 가르치고 글을 쓰면서 나는 동료들과 학생에게서 많은 것을 배웠다. 헨리Henry 8세에 관한 장을 읽어 준 수잔 워멜 브라이덴Susan WormellBrigden 박사, 그리고 덴마크 왕 크리스티안Christian 7세의 병력을 밝히는 데 도움을 준 크리스틴 스티븐슨Christine Stevenson 박사와 J. 숄던 니엘센J. Schioldann-Nielsen 교수에게 감사를 표한다. 특히 앤서니 스토르Anthony Storr 박사에게 감사의 말을 전하고 싶다. 그는 이 책의 초고를 읽고 귀중한 조언을 아끼지 않았다. 건설적인 비평으로 많은 도움을 준 나의 친구 윌리엄 스코울러William Scoular에게도 감사한다.

1993년 옥스퍼드셔 버포드에서

비비안 그린

머리말

차 례

아Potidaea로 이끌고 간 약 4천 명의 장갑 보병 가운데 천 오십 명이 목숨을 잃어 사망률이 26%에 달했다고 말했다.[4] AD542~3년 사이에는 선(腺)페스트가 비잔티움에서 수많은 인명의 희생을 불러와 유스티니아누스Justinian 황제의 이탈리아 재정복 계획을 연기시켰고[5] 664년에는 일종의 페스티스pestis 균에 의한 유행병이 영국제도 British Isles의 인구를 격감시켜 초기 앵글로색슨 크리스트교 교회의 미래를 위태롭게 했다.[6] 348~9년에 발생하여 유럽을 황폐화시킨 흑사병은 유형으로 보면 임파선종(淋巴腺腫)에 가깝고 증상으로 보면 패혈증이나 폐렴에 가까운 병이었다. 이 병으로 어떤 지역에서는 인구가 3분의 1로 감소되면서 정치, 사회, 경제적으로 심각한 결과가 나타났으며 특히 노동력 부족, 지주 수입 감소, 농노제가 완화되었고 뒤이어 사회적 반동이 일어났다. 17세기 후반까지 – 유럽에서의 마지막 발병은 1720~1년 마르세유Marseilles에서였다 – 페스트는 도시 생활에서 풍토적이고 해마다 나타나는 하나의 특징이었으며 이 병으로 인한 죽음과 혼란은 더운 여름에 특히 심했다.[7]

페스트와 비슷하게 인구에 위험한 영향을 미친 질병은 천연두로 특히 16세기에 예방접종이 보편화될 때까지 높은 사망률을 내며 상하 귀천을 막론하고 무수한 이들을 공격했다.[8] 이 병은 역사적으로 중대한 의미를 지닌다. 중앙 및 남아메리카 이주자들과 서아프리카 출신 노예들에 의해 전염되어 이때까지는 이 병에 노출되어 있지 않던 스페인과 포르투갈 식민지의 토착 원주민들에게 무시무시한 결과를 안겨 주고 결국 심각한 인구 감소와 경제생활 붕괴를 초래했기 때문이다.[9] 19세기에 발생한 콜레라는 1517년에서 1902년까지 약 여섯 번에 걸쳐 심각하게 번지고 두 번은 그보다 다소 약하게 유행하면서 유럽 전역을 휩쓸어 엄청난 사망률을 기록했다.[10]

그러나 이러한 유행병들이 단지 인구 감소를 일으키고 경제적, 사회적 변화만을 촉진한 것은 아니었다. 당대 사람들에게 이 병은 도덕적인 교훈을 심어 주었다. 전염병의 발병은 죄 많은 인간들에 대한 신의 분노를 의미했다. 다시 말해 전염병은 신성한 자연의 질서를 위반한 인간에 대한 일종의 천벌이었다.[11] 그 결과 한 예로 중세에 널리 확산되어 있던 피부병인 나병에 대해 사회적으로는 물론 도덕적으로도 강력한 조치가 취해졌다. 나병 환자들은 사회적인 낙오자 취급을 받으며 주변 사람들로부터 격리돼 나병원에서 생활해야 했고, 특별히 정해진 복장을 하고 종을 울리거나 딸랑이를 흔들거나 짝짝이를 쳐서 사람들에게 자신의 접근을 경고해야 했다. 이러한 경계 조치들은 단지 나병에 전염성이 있다는 믿음 때문에 취해진 것만은 아니었다. 성서와 유대교 전통을 근거로 나병을 죄인에 대한 천벌이라 여기고 있던 당대 사람들은, 나병 환자들이 육욕적인 마음에 빠져 그 사악한 성적 무절제의 결과로 병을 얻게 된 것이라고 생각했다.

16세기에 확산된 매독에 대해서도 사람들은 비슷한 태도를 보였다. 매독은 트레포네마증(treponematosis, 세균 감염으로 토끼에게 걸리는 전염성 생식기 질병 – 옮긴이)의 특징을 띠고 중세 후기에 널리 퍼진 것으로 보이지만 16세기 초반부터 그 전염성이 더욱 강해졌고 추측에 따르면 신세계로부터 옮겨진 것으로 여겨진다.[12]

당대 사람들은 매독을 '통제할 수 없는 음탕한 욕망에 굴레를 씌워 제지하기 위해 혹은 그들의 그릇된 만족을 채찍으로 다스리기 위해 하늘의 뜻에 따라 세상에 보내진' 병으로 간주했다. 같은 의미로 현대에는 AIDS에 대해 일부에서 강력한 반발이 일고 있는데, 세계사적으로 이 병이 갖는 의미에 대해서는 아직 완전한 결론이 내려지지 않았다.[13] 하지만 '도덕적 다수파'의 일원인 패트릭 부캐넌Patrick Buchanan은 AIDS를 가리켜 '자연이 내리는 벌, 신의 뜻이자 죄악의 대가'라고 말했다.

신체적인 질병이 세계 역사에 이처럼 극적이고 파멸적인 영향을 주었다면 과연 정신적인 질병이 미치는 영향은 어떨까? 물론 정신적인 질병에는 전염성이 없다. 하지만 여러 집단의 사람들이 정신적 혹은 심리적 혼란에 빠지는 일은 드물기는 해도 전혀 알 수 없는 현상은 아니다. 쇠못이 박힌 가죽 끈으로 스스로를 피가 날 때까지 채찍질함으로써 신의 분노를 진정시키려 한 중세의 채찍고행자Flagellant들은 정신병자에 가까운 혹은 최소한 집단 히스테리의 한 예를 보여준 광신도 집단이었다.[14] 이외에도 중세에는 무도병dancing mania에 걸린 집단도 있었다. 무리를 지은 남녀들이 춤을 추면서 이곳저곳으로 돌아다니며 자신들을 괴롭히는 악령과 환각의 고문에서 구원해 달라고 외쳐댔다. 당대 사람들은 이들을 정신병자라고 부르면서 이들이 악마에 홀렸다고 믿었다. 하지만 그보다 이들은 맥각 중독ergotism의 피해자였을 가능성이 높다. 맥각 중독은 곰팡이나 진균류 혹은 맥각균에 감염된 호밀로 만든 빵을 먹었을 때 생기는 중독증으로 이러한 빵에는 리세르그산디에틸아미드lysergic acid diethylamide 즉 LSD라는 화합물과 비슷한 물질이 함유되어 있어 조증의 증상과 같은 환각을 유발한다.[15] 1951년 프랑스 퐁생테스프리Pont-Saint-Esprit에서도 이처럼 믿기 어려운 망상을 일으키는 맥각 중독이 나타난 바 있다. 집단적인 심리 장애의 또 다른 예는 1930년대 우간다의 이크Ik 부족에게서 일어났다. 보고에 따르면 이들은 자신들이 늘 짐승을 사냥하던 땅이 금렵구역으로 변경된 후 겪은 스트레스로 인해 '냉담하고 다소 고립된, 이기적인 정신병질자 집단'이 되었다고 한다.[16] 다소 기괴한 종교 분파들은 과거에도 존재했고 지금도 존재하며, 집단 심리 장애라고 설명할 수밖에 없는 경향을 보인다.[17] 때때로 이들은 사회적으로 비참한 결과를 초래 하는데, 1975년 가이아나Guyana의 존스타운Jonestown에서 소규모 종파 인민사원The Temple of the People의 신자들이 9백 명 가량 집단 자살한 사건이나 1993년 텍사스 웨이코Waco에서 다윗파Branch Davidian의 데이비드 코레쉬David Koresh를 비롯한 그 추종자들이 집단 자살한 사건이 대표적인 예이다.

하지만 이 책의 연구 범위는 좀 더 제한적이다. '미치광이'라 불려온 과거 통치자들을 살펴보고 그들이 보였던 광기의 본질과 그 광기가 국가의 역사에 미친 영향을 고찰하는 것이 목적이다. 역사에 등장하는 많은 지도자들은 실제로 미쳤던 것일까? 아니면 적대자들이 이들의 통치나 성격상의 큰 오점을 공격하기 위해 '미친'이라는 형용사를 붙여 준 것일까? 만약 그들이 정말 광인이었다면 그들의 광기는 일생 동안 지속되었을까, 산발적으로 나타났을까 아니면 점진적으로 진행되었을까? 이 질병은 사고나 행동 패턴에 어떤 식으로 나타났을까? 참고할 수 있는 증거가 분명치 않다는 점이나 이미 오랜 시간이 경과했다는 등의 한계가 존재하는 상황에서 병의 징후를 추적하여 설명하고 만족스러운 진단을 내리는 일이 과연 가능할까? 이러한 군주나 정치가, 독재자들의 신체적 정신적 질병은 이들에 대한 평가에 얼마나 중요한 영향을 미쳤을까? 마지막으로 이들이 겪은 외상(外傷, trauma)이 공공 정책에 어떤 영향을 주었으며 이러한 외상은 어느 정도까지 외적으로 표출되었을까? 이러한 의문들이 바로 우리가 이 연구를 통해 풀어가야 할 문제들이다.

화보1 티베리우스Tiberius Julius Caesar Augustus.(BC42~AD37), 로마황제(AD14~37).
'티베리우스와 아그리피나Agrippina'
그림_루벤스Peter Paul Rubens(1614)作, 고대 그림을 보고 그린 초상화(주화 그림으로 추정)
목판에 유채, 66.5×57㎝, 앤드류 W. 멜론 재단 소장Andrew. W. Mellon Fund.

화보2 '칼리굴라Caligula(Gaius Iulius Caesar Germanicus, AD12~41)', 로마황제(AD37~41).
조상, 대리석.

CLAVDIVS CAES.

화보3 클라우디우스Tiberius Claudius Nero Germanicus(BC10~AD54), 로마황제(41~54).
'클라우디우스CLAUDIUS CAES', 동판화, 프랑스 17세기 30.2×21㎝

화보4　네로Nero(Lucicus Domitus Ahenobarbus, AD37~68), 로마황제(AD54~68).
　　　　16세기 말, 얀 얀 슈트라다누스Jan Jan Stradanus(1523~1605)의 연작, '열 두명의 로마황제
　　　　Douze Césars'중에서. 초상 − 회화

화보5   네로Nero, 로마황제(AD37〜68).
      '원형 경기장의 네로'(패배한 검투사에게 죽음을 선고하는 표시로 엄지 손가락을 내리고 있다)
      피터스 W. Peters作, 목판화, 채색판화, ⓒ 1900

화보6   '불길에 휩싸인 로마The Burning of Rome', ⓒ1834〜35.
      그림_윌리암 터너William Turner(1775〜1851)作, 구아슈Gouache와 수채, 21.6×36.7㎝

화보7　카라칼라Caracalla(Marcus Aurellius Antonius，AD186~217)，로마황제(AD211~17).
　　　　본명은 바시아누스Bassianus，흉상(대리석).

화보8　코모두스Comodus(Locius Aelius Aurelius,　AD161~193),로마황제(180~92).
　　　　'헤라클레스로 표현된 코모두스'
　　　　흉상(대리석, 높이 133㎝), 코모두스 치세 말기 1874년 로마의 콘세르바토리Conservatori 궁
　　　　전 오르티 라미아니Orti Lamiani방에서 발굴.

화보9 역병치료, '로마의 슈나벨Schnabel 박사'(로마의 역병 치료의사, 1656).
동판화, 파울 퓌에르스트Paul Fuerst(1656)作, 제작 후 채색 : J. 콜럼비나J. Columbina.

화보10 '1630년 피렌체의 역병'(산타마리아 델 피오레 성당과 종탑 배경)
작자미상, 피렌체 17세기 캔버스에 유채 200×140㎝

화보11 '1656년 페스트 발병 후 은혜의 증거', 카르토우센스 교단의 수도사들이 페스트에서 벗어나게
해준 것을 감사하는 의식.
그림_도메니코 가르기올로Domenico Gargiulo(1610~1675)作, 유화 207×305㎝

화보12 에드워드 2세Edward II(1284~1327), 영국 왕(1307~27), 윈체스터 대주교가 주재한 에드워드 2세와 프랑스의 이자벨라의 대관식(웨스트민스터 대성당). 채색 석판화, ⓒ1900

화보13 리처드 2세Richard II(1367~1400), 영국 왕(1377~1400), '리처드 2세의 대관식 모습'.
대관식 법규Liber Regalis, 런던 웨스트 민스터 대성당London, Westminster Abbey
채식사본, 영국 ⓒ1382

화보14 샤를 6세Charles VI(1380~1422), 프랑스 왕(1380~1422).
    '피에르 살몽의 샤를 6세의 응답, 그리고 국가에 대한 왕의 탄식', 시인 피에르 살몽Pierre Salmon
    이 왕에게 자신의 책을 바치는 모습(살몽 뒤에 있는 인물은 베리공작Due de Berry).
    채식사본, 프랑스(1409).

화보15 잔다르크Joan of Arc(오를레앙의 소녀, 1410~1437), 프랑스의 구국 영웅.
'샤를 7세 대관식의 잔다르크'
그림_장 오귀스트 도미니크 앵그르Jean-Auguste-dominique ingres(1780~1867).
캔버스에 유채, 240×178㎝

화보16 후아나Juana여왕(1535~1573), 포르투갈의 공주(1552년).
      그녀의 동생 스페인 펠리페 2세Philip II를 위한 섭정(1554~1559).
      그림_안토니스 모르Antonis Mor(1517/20~1576/7)作. 초상화, 동시대(연대미상).

화보17 스페인의 돈 카를로스Don Carlos(펠리페 2세Phillip II의 장남, 1545~1568)의 어린 시절.
초상화, 알론소 산체스 코에요Alonso Sanchez Coello作, 회화 ⓒ1650.
캔버스에 유채, 109×95㎝

화보18 헨리 8세(Henry VIII(1491~1547), 영국 왕(1509~47).
그림_ 한스 홀바인 2세(Hans Holbein the younger(1497~1543), 초상화.
목판, 89×75㎝

황폐한 마음

"부디 대답해 주세요. 미친 사람은 신사인가요, 농부인가요?" 광대가 리어Lear 왕에게 묻는다. 리어왕은 대답한다. "왕이지, 왕." 배은망덕한 두 딸 고너릴Goneril과 리건Regan이 안겨준 스트레스 때문에 극심한 마음의 혼란을 겪으며 스스로의 표현대로라면 '뇌 속까지 파고드는' 병을 지니고도 리어왕은 왕의 자리를 지킨다.

리어왕은 실성한 왕이라면 누구나 피할 수 없는 모순에 직면하게 된다. 마음의 균형을 어지럽히고 있는 광기와 왕의 신분으로서 근본적으로 책임져야 할 통치 행위를 어떻게 조화시킬 것인가 하는 문제가 바로 그것이다.

물론 정신적으로 매우 불안정해서 어쩔 수 없이 책임을 포기하고 대리인의 섭정을 따른 왕들도 있었다. 이러한 통치자들 가운데는 1858년 건강 악화로 정권을 포기한 프로이센의 프레드릭 윌리엄 Frederick William 4세가 있었고, 루트비히Ludwig 2세의 동생인 바이에른의 왕 오토Otto는 거의 30년에 가까운 통치 기간 동안 정치로부터 완전히 격리되었다. 그러나 정신이상자였다고 전해지는 왕들 대부분은 단지 산발적으로 정신착란을 일으킨 정도였을뿐 권력을 행사할 수 없을 정도로 정신이 불안정한 상태는 아니었다. 정신적인 능력이 영구적으로 손상된 왕일지라도 최소한 명목상으로나마 국가의 지배자 역할을 계속 수행했다. 프랑스의 샤를Charles 6세와 덴마크의 크리스티안 7세가 그 대표적인 예다. 조지George 3세의 소위 정신병 발작은 매우 간헐적이었고 이러한 발작이 없을 때 그는 정상적인 행동을 했다. 영국의 헨리Henry 6세는 집권 말기에 미미한 정신질환을 겪었지만 위태로울 정도로 상태가 좋지 않았던 시기는 39년의 통치 기간 중 길어야 2년에 불과했다.

그렇다면 객관적으로 볼 때 정신이상자는 아니었지만 어느 정도 불안정한 마음과 비정상적인 성격을 보인 왕들을 동시대 사람들이 미쳤다고 말하게 된 이유는 왕들의 어떤 점 때문이었을까? 여기에서 우리는 광기에 관해 논의할 때 필연적으로 제기되는 문제에 부딪히게 된다. 광기란 간단히 말해 무엇인가? 광기는 질병이라기보다 보수적 사고방식이나 행동에 대한 저항이다. 정신이상자들은 대다수의 동시대인들과 다른 시각으로 세상과 문제들을 바라보기로 결심하여 사회에서 이탈하거나 자신이 속한 환경의 본질에 이의를 제기하는 사람들일 수도 있다.

로이 포터Roy Porter는 "미친 사람들이 하는 말은 계몽적이다. 그들은 거울을 통해 세상을 보여주거나 혹은 실제로 분별 있는 사회의 논리(그리고 심리)를 거울에 비춰주기 때문이다."라고 말했다.

우리 모두는 광인의 세계로 들어가려는 습성을 지니고 있다. 그 주변에서 조금만 어슬렁거리면 예컨대 분노가 폭발하도록 잠시만 길을 터주면 우리는 그 세계로 들어가게 된다. 쉽사리 분노를 분출하던 영국 앙주Anjou 왕가의 왕들이 때때로 "귀신에 홀렸다."라는 소리를 들은 것도 무리는 아니었다. 찰스 다윈Charles Darwin은 이렇게 말한 적이 있다. "아버지는 정상인과 미친 사람 사이에 완벽한 단계적 변화가 있다고 말씀하셨다. 모두가 때에 따라서는 미친 사람이 된다는 것이었다." 도스토예프스키의 소설에 나오는 라스콜리니코프Raskolnikov의 담당 의사는 이렇게 말한다. "이런 점에서 볼 때 사실 우리 모두는 미친 사람처럼 행동할 때가 많습니다. 약간의 차이가 있다면 '정신병 환자들'이 우리보다 조금 더 미쳤다는 정도지요. 실제로 정상인이란 거의 존재하지 않습니다."

해석은 가지각색이겠지만 광기가 존재한다는 사실에는 의심의 여지가 없다. 광기가 질병인가 아닌가, 광기를 유발하는 요인은 무엇인가, 광기는 치료할 수 있는가 하는 문제들은 논의해 볼 만한 사항이다. 광기는 우리가 살고 있는 사회 자체만큼이나 오래 전부터 우리와 함께 존재해 온 하나의 상황이기 때문이다. 광기란 일반적으로 기준으로부터의 이탈을 의미하며 이는 생각이나 태도, 활동 면에서 비정상적인 행동으로 나타난다.

초기 정신의학 서적에는 자신의 다리와 엉덩이가 유리로 되어 있기 때문에 깨질지도 모른다고 두려워하는 남자의 사례가 실려 있다. 프랑스 왕 샤를 6세를 비롯하여 많은 사람들을 괴롭혔던 망상이다. 또 어떤 남자는 자신의 몸이 버터로 이루어져 있어서 녹아버릴지도 모른다고 생각했으며 한 사람은 자신이 소변을 보면 마을이 잠겨버릴 수도 있다는 두려움에 사로잡혀 있었다. 정신이상자들은 합리적으로 행동할 수도 있고 말할 수도 있으며 자신의 문제를 자각할 수도 있다. 그러나 무엇이 광기를 유발하는가 하는 문제는 초기 의학자들을 혼란시켰고 사실상 지금도 크게 달라지지 않았다. 정신이상은 하

황폐한 마음

19

나의 질병일까? 아니면 하늘에서 떨어지는 번개나 신의 섭리와 같이 초자연적인 원인에 의한 것일까? 혹은 단순히 마음의 내적 갈등이 일으키는 정신적 외상일까? 정신이상의 원인은 현대 전문가들조차 아직 완전히 풀어내지 못했다. 그리하여 7세기 스페인 백과사전 편집자인 세비야Seville의 이시도르Isidore는 다음과 같이 썼다.

> 인체는 세계를 구성하는 4대 요소로 이루어져 있다. 인간의 살은 흙의 성질을, 피는 물의 성질을, 숨결은 공기의 성질을, 체온은 불의 성질을 지니고 있다. 또한 인체를 네 부분으로 나누었을 때 각 부분도 4대 요소를 상징한다. 머리는 하늘과 연결되며 그 안에는 태양과 달처럼 두 눈이 있다. 가슴은 공기와 비슷하다. 바람의 숨결이 공기에서 뿜어져 나오듯 인간의 숨결은 가슴에서 뿜어져 나오기 때문이다. 배는 바다에 비유할 수 있다. 모든 체액이 모여 있는 배는 모든 물이 모여 있는 바다와도 같다. 한 가지 더 들어 보자면, 신이 하늘 높은 곳에 존재하는 것처럼 인간의 정신은 머리 깊숙한 곳에 위치한다. 높은 곳에서 모두를 내려다보며 통치하는 것이다.

어떤 이들은 인간의 광기가 체질을 통해 설명되든 안되든 정신이상의 원인은 단순히 물질적인 용어로 설명할 수 있는 것이 아니라 초자연적인 지구 밖의 언어를 통해서만 설명이 가능하다고 확신했다. 즉 정신이상자는 무언가에 '홀린' 사람이며 그의 마음을 빼앗거나 혼란시키는 힘의 희생자였던 셈이다. 즉 "신이 누군가를 멸하고자 하면 먼저 광기를 내린다."라고 17세기 시인이자 피터버러Peterborough의 주임 사제 제임스 듀포트James Duport는 말했다. 압제적인 바빌로니아왕 느부갓네살Nebuchadnezzar은 정신이상 상태에 빠져 야수와 같은 생활을 했으며 중세의 사본채식사(寫本彩飾師)들은 그가 정신이

상자가 되어 소처럼 풀을 먹고 살았다고 묘사했다. 존John 왕을 가리켜 당대의 몇몇 연대기 작가들은 '악령에 홀렸다'라고 말했다. 프랑스의 샤를 6세와 영국의 헨리 6세는 모두 '귀신들린' 왕으로 통했다.

그러나 반대로 정신이상은 신의 은총을 입었다는 표시일 수 있으며 정신이상자의 귀에 들리는 소리는 신의 목소리였을 수도 있다. 신앙이 중시되던 시대에 정신이상자는 신의 사자로 보였을지도 모를 일이다.

중세에는 많은 사람들이 정신이상이 초자연적인 원인에 의해 발생한다고 생각했기 때문에 신체적인 치료법보다는 심리적, 정신적 치료법에 더 많이 의지했다. 따라서 미사를 올리거나, 성인(聖人)의 유골을 정신질환자의 약으로 쓰거나, 악령을 몰아내기 위한 의식을 행하는 등의 방법이 사용되었다. 예수 그리스도는 스스로 마귀를 몰아냈다. 성 쿠트베르트St Cuthbert는 '악령에 시달리는' 사람들을 기도, 접촉, 의식 등의 방법으로 치료했다. '악령에 사로잡혀' 신음하고 이를 갈고 통곡하던 한 여인은 쿠트베르트의 말고삐를 잡는 순간 병이 나았다. 쿠트베르트와 동시대인인 성 구틀락St Guthlac은 '극심한 광기'에 휩쓸려 한 남자를 도끼로 살해하고 자신의 팔다리까지 자른 청년을 치료했다. 구틀락은 기도를 올린 후 청년의 얼굴에 '건강한 혼을 불어넣고' 단식과 목욕을 시킴으로써 그를 지배하고 있던 악령을 몰아냈다. 악령을 쫓는 의식은 왕들을 치료하는 데에도 사용되었다. 프랑스의 샤를 6세는 악령을 쫓는 의식의 여러 가지 기이한 절차를 순순히 따랐지만 효과를 보지는 못했다. 스페인의 카를로스 2세는 이러한 의식을 통해 건강에 어느 정도 일시적인 도움을 얻었다.

19세기 말 정신의학이 출현하면서 정신질환을 이해하는 새로운 견해가 나타나기 시작했다. 1890년대에 에밀 크레펠린Emil Kraepelin

은 환자가 불안정한 감정 변화를 보이다가 정상 상태로 돌아오는 조울증manic depressive psychosis과 그보다 심각하고 회복이 불가능한 정신 장애를 구별함으로써 처음으로 정신질환을 분석했다.

왕들의 광기는 위와 같은 배경에 비추어 살펴야 한다. 먼 과거의 증거들은 빈약하고 때로는 왜곡되어 있기 때문에 역사가들은 굉장히 불리한 상황에 처해 있다. 뇌의 분자 및 기능 구조, 뇌파의 움직임, 신경호르몬의 역할, 효소 활동과 세포 대사의 변화, 눈의 움직임 등 현대 전문가들이 갖추고 있는 지식은 왕들의 광기를 살펴보는 데에는 도움이 되지 못한다. 그들이 정신병을 앓았다는 증거는 불명확하면서도 빈약한 경우가 많고 사료(史料)는 편향적이며 정보도 불충분하다. 따라서 이처럼 앞이 보이지 않는 길을 걸으며 베일을 걷어내는 과정에는 추측과 짐작이라는 요소가 도입될 수밖에 없다.

실제로 광기를 보인 왕과 여왕들은 일반적으로 정신병이 진행될 때와 비슷한 증상을 보였다. 정신질환은 대개 태어날 때부터 뇌가 손상되었거나 그 이후 상처를 입어서 얻게 된 뇌 기능 장애 때문에 발생한다.

어떤 신체적 질병들은 정신적 질병을 촉진시키기도 한다. 중추신경계에 발생하는 급성 전염병인 뇌염은 정신적인 변화를 유발하여 두통, 신경과민, 불면증 그리고 여타 정신분열증과 비슷한 증상들을 동반한 시각적, 촉각적, 청각적 착각들을 불러일으킨다. 뇌염이 로마 황제 칼리굴라Caligula의 정신이상이나 우드로 윌슨Woodrow Wilson 미국 대통령의 정신적 불안정을 초래한 요인이었을 가능성도 있다. 그리고 뇌염과 비슷한 영향을 미치는 질병으로는 측두엽 간질temporal lobe epilepsy이 있다. 러시아의 이반 뇌제Ivan the Terrible와 표트르 대제Peter the Great의 정신적인 불안정이 나타난 것도 정확한 근원을 밝힐 수 없는 질병이 발생한 후였다.

매독은 제3기에 마비성 치매paralytic dementia로 이어져 신체 및 정신 능력의 퇴화를 초래할 수 있다. 확실한 증거는 없으나 이반 뇌제와 표트르 대제가 보였던 정신적 불안정과 바이에른의 루트비히 Ludwig 2세가 보였던 정신이상에 영향을 미친 것은 매독의 감염이었다고 전해진다. 베니토 무솔리니Benito Mussolini와 아돌프 히틀러 Adolf Hitler에 관해서도 비슷한 이야기가 언급되곤 한다.

잔다르크Joan of Arc가 들었다는 환청은 우뇌에서 일어난다는 주장이 제기되어 왔다. 하지만 중요한 점은 정신질환의 발병이 태어날 때부터 혹은 태아였을 때부터 이미 그런 경향을 지니고 있었다는 사실을 반영한다는 것이다. 광기는 전혀 새로운 질병이 발생하여 나타나는 것이 아니라 평범한 인간의 정신적 반응이 강조되거나 뒤틀려서 나타나는 것이다. 가벼운 형태의 정신분열증이라면 꼭 그 상태가 영원히 계속되는 것은 아니다. 그러나 회복된 후에도 정신적, 감정적 손상이 남을 가능성이 크다. 샤를 6세에게도 평정을 유지하면서 정권을 쥐고 있던 시기가 있었지만 그의 정신 능력은 확연히 약화되고 말았다. 에릭 14세도 회복된 적이 있으나 결국 정신이상 상태로 생을 마쳤다. 크리스티안 7세 역시 맑은 정신으로 지낸 시기가 있었지만 40년이 넘는 오랜 통치 기간 중 대부분은 온전히 정상적인 상태로 보내지 못했다.

그밖에 광기를 보였던 다른 왕들은 정도의 차이는 있지만 조울증을 겪었던 것으로 보인다. 새뮤얼 존슨Samuel Johnson을 비롯하여 우울한 상태에 빠진 사람은 수없이 많았으나 사실 우울증은 심각도의 차이에서 볼 때 매우 다양하다. 우울증은 순환기질(cyclothymia, 정서적인 불안정 상태 - 옮긴이), 결단력 감퇴, 불완전한 기억, 전반적인 흥미 상실 등의 증상으로 설명되는 감정의 동요를 보이면서 가벼운 정신적 둔감의 형태로 시작될 수도 있다. 그러나 심한 경우 증상은 의식 혼란, 사고의 모순, 강한 두려움과 슬픔 등으로 발전할 수 있으며 때로는 위장 장애를 동반한다.

리처드 2세는 말년에 어느 정도의 우울증 증세를 보였다. 그리고 카스티야Castile의 여왕 후아나Juana는 조울증을 겪었다. 후아나의 경우에서처럼 조울증은 심하면 망상 및 환각의 증세를 일으킬 수도 있다. 종교적인 감정에 의한 죄의식이나 신의 처벌에 대한 두려움 등이 더해지면 우울증의 원인이 될 수 있다. 스페인의 펠리페 5세가 바로 그런 경우였다. 조울증에 걸리면 흥분이 고조되고 자신감이 넘치는 광적인 상태와 깊은 우울증을 오락가락한다. 헨리 6세의 병이 그 두드러진 예이다.

정신병질자는 모든 사회 계급에서 찾아 볼 수 있다. 왕들 가운데에도 실제로 정신병질자는 아니지만 정신병질자의 특징들을 보이는 듯한 사람들이 있었는데, 이들 중에는 로마의 티베리우스Tiberious 황제와 스페인의 돈 카를로스, 러시아의 표트르 대제와 그의 먼 후계자인 요제프 스탈린 등이다.

무엇이 '왕들의 광기'를 유발했는가 그리고 광기에 사로잡힌 왕들은 어떤 식으로 영향을 받았는가 하는 것이 앞으로 살펴볼 주제다. 그 중에서도 의심과 음모가 곳곳에 숨어 있는 왕실 분위기가 통치자, 특히 어리고 감수성 예민한 통치자에게 어떻게 정신적 장애의 배경이 되었는지에 관해 자세히 살펴보고자 한다. 그 과정에서 우리는 정치적 스트레스가 어떻게 광기를 유발시키는 상황을 만들어내는지 그리고 정상적인 건강 상태로 돌아온 듯 보여도 눈에 띄지 않게 정신적 기능들이 계속 손상되고 있을 가능성이 큰 이유는 무엇인지 알게 될 것이다.

통치자들의 비정상적인 성격이 역사에 미치는 영향은 더욱 밝히기가 어렵다. 역사의 전환을 위해서는 알렉산더 대왕Alexander the Great이나 나폴레옹Napoleon처럼 뛰어난 인물들이 필요하다. 그러나 주도권을 쥔 인물들은 국가의 정치적인 위기에 크나큰 영향을 줄 수 있다. 칼리굴라나 네로는 로마 제국의 운명에 영향을 주었다. 스페인 카스티야 왕국의 후아나 여왕과 돈 카를로스의 병은 스페인 왕국에 장기적으로 중대한 영향을 끼쳤으며, 이후 스페인 왕 카를로스 2세와 펠리페 5세의 병 또한 마찬가지였다. 조지 3세의 광기는 무시무시한 정치적 위기를 불러왔다. 어떤 의미에서 우리는 정신병질자 스탈린이나 정신이 혼란스러웠던 아돌프 히틀러, 노쇠한 마오쩌둥과 같은 권력자의 정신적 질병 혹은 쇠퇴로 인해 수백만의 사람들에게, 사실상 전 세계에 얼마나 해로운 영향을 미쳤는가를 현대의 권력자들이 깨닫게 되는 시기가 오기를 기다려야 한다. 성공적인 군주나 정치가들이 필연적으로 조증의 성향을 보인다는 사실도 논의해 볼 만하다.

군주의 인격은 지금도 역사에서 가장 중요한 영향력 가운데 하나로 남아 있다. 그러기에 프랑스의 역사가 샤를 프티-뒤타유Charles Petit-Dutaillis는 이렇게 말했다. "군주제에서 가장 중요한 자원은 왕의 인격적인 능력이다."

로마의 비밀 주연

_티베리우스 *Tiberius*

_칼리굴라 *Caligula*

_네로 *Nero*

로마의 비밀 주연

로마의 황제들은 황량한 브리튼Britain 섬과 위험한 라인Rhine과 다뉴브Danube 국경지방에서부터 뜨거운 북아프리카 지방과 근동(Near East, 미국에서는 발칸 제국과 구 아랍 연합 및 서남아시아 제국을 말하며 영국에서는 발칸 제국만을 뜻한다 – 옮긴이)의 사막에 이르기까지 방대한 영토를 지배했다. 그들이 아무리 말로는 소위 입헌 정치를 지향한다고 해도 궁극적으로는 그들의 말이 곧 법이었다. 그들은 신성한 자격을 갖춘 위치에 있었다. 많은 왕들이 사후에 신으로 모셔졌고 일부는 살아 있는 동안에도 반신(半神)의 지위를 주장했다. 따라서 불안정한 군주가 미치는 영향은 광범위하고도 중대했다.

제국은 권력을 추구하는 장군들의 희생물이 되는 경우가 많았지만 다행히도 정신적으로 문제가 있는 황제들은 비교적 적었다. 그러나 1세기 전반과 2세기 말 로마 제국은 정신병질자들의 손에 좌우되었고 사실상 이들은 정신이상자라 할 만한 인물들이었다. 네로를 마지막 대표자로 하는 율리우스–클라우디우스Julio-Claudian 왕조 황제들은 기질과 건강 모두에서 유전적인 흔적을 지녔으며 이는 그들이 행사하는 절대 권력에 수반되는 스트레스로 인해 한층 강화되었다. 이들의 시조인 율리우스 카이사르Julius Caesar와 그의 종손 옥타비아누스(Octavian, 후에 아우구스투스Augustus가 되었다)는 이렇다할 비정상적인 면들을 전혀 보이지 않았으나 아우구스투스의 의붓아들이자 후계자인 티베리우스는 정신병질자였거나 혹은 최소한 정신병질자의 특성들을 지니고 있었을 가능성이 높다. 그의 뒤를 이은 황제들 가운데 칼리굴라라는 이름으로 더 많이 알려져 있는 가이우스Gaius는 AD37년 심각한 병을 앓고 난 이후 얼마동안 정신질환을 겪었다. 클라우디우스는 확실히 신경증 환자였으며 네로 역시 정신적으로 불안정했을 가능성이 높다. 코모두스Commodus, 카라칼라Caracalla, 엘라가발루스Elagabalus 등 2세기 후반과 3세기 초에 정권을 쥐었던 황제들은 거의 모두 나이가 어리고 정치적인 경험이 부족했으며 정치와 관련된 일들을 처리할 만한 재능을 갖추지 못했다. 그럼에도 마음대로 휘두를 수 있는 막대한 권력 때문에 이들의 자만심은 거의 하늘을 찔렀다. 그들이 무거운 책임으로부터 벗어나기 위해 택한 방법은 제멋대로의 행동과 방탕한 생활 그리고 그들을 광기의 절벽 아래로 떨어뜨릴 수 있으며 극단적인 결말을 불러올 수 있는 우울한 감정에 빠지는 것이었다. 이 황제들의 통치를 살펴보면 정신적인 불안정을 촉진하는 특성들이 집중될 경우 적어도 일부 백성들에게 끔찍한 영향을 미친다는 사실을 알 수 있다.

그 배경을 이해하기 위해서는 한 세대 혹은 그 이상 거슬러 올라가 수세기 동안 로마의 정치적 특성을 결정하고 오랜 시간 로마 지식인들의 마음속에 이상으로 남았던 공화국 전통이 버려지고 이어 로마 제국이 형성된 과정을 살펴야 한다. 로마 제국 개막의 중심에는 율리우스

카이사르라는 강력한 인물이 있었다. 그는 파르살루스Pharsalus 전투에서 폼페이를 물리친 뛰어난 장군으로 골Gaul 지방을 정복하고 브리튼 섬을 점령했다. 그는 군주다운 힘을 지녔지만 군주의 지위를 얻지는 못했다. 원로원에서 그의 야심을 미심쩍게 여기고 지위를 인정하려 하지 않았기 때문이다. 카이사르는 국가 정치에서 구조적인 변화가 이루어지기 전에 세상을 떠났다. 하지만 결국 그가 평생 지니고 있던 '종신 독재관dictator'이라는 직위는 사실상 독재적인 군주정치의 시작을 알리는 것이었다. 그의 막대한 부와 권력은 누구에게 이어졌을까? 그는 탐욕스러운 인물로 여색에 빠져 결혼의 안식처를 내팽개치기 일쑤였는데 그러다가 아름다운 이집트 여왕 클레오파트라Cleopatra의 술책 혹은 매력에 넘어가 카이사리온Caesarion이라는 아들을 남겼다. 카이사르는 성적 취향이 매우 정력적이어서 비티니아Bithynia의 무사 왕 니코메데스Nicomedes에게 구애하기도 했다.

이를 빗대어 로마의 재사들은 다음과 같이 표현했다. "카이사르는 니코메데스의 왕비가 되었다.""카이사르는 골을 정복했고 니코메데스는 카이사르를 정복했다." 대 쿠리오Curio the Elder는 "그는 모든 남자의 부인이었고 모든 여자의 남편이었다."라고 했다.[1] 카이사르에게 적출은 딸 하나뿐이었고 따라서 종손인 옥타비아누스가 그의 뒤를 이어 결국 막대한 권력을 물려받았다. BC31년 악티움Actium 해전에서 옥타비아누스는 강력한 힘을 발휘해 안토니우스Mark Antony와 클레오파트라의 패배와 죽음(자살)을 이끌어냈다. 4년이 채 안 되어 옥타비아누스는 아우구스투스라는 이름과 함께 최고의 지위를 얻었다. 서양에서는 476년까지, 동양에서는 콘스탄티노플이 투르크에 함락된 1453년까지 이어진 황제들의 행렬에서 첫 번째 자리를 장식한 것이다.

양두정치라는 말에 맞게 겉으로는 헌법의 힘이 계속 유지되었고 로마 원로원도 명목상 권위를 누리기는 했지만 실제적으로 로마 제국은 군사 독재 정권 아래 있었다. 아우구스투스는 '신성한 황제 카이사르의 아들'로서 그 자격 하나만으로도 힘을 행사하기 시작했다. 이 힘은 그 자체로는 신성한 것이지만 그 힘을 쥐게 되는 왕이 정신적으로 불안정한 사람일 경우에는 강박관념을 일으킬 수도 있고 엄청난 영향을 미칠 수도 있는 것이었다.

아우구스투스는 빈틈없고 철저한 정치가로서 평화로울 때도 전쟁 중일 때도 성공적으로 대처한 훌륭한 통치자였으며 천성적으로 호색적인 기질을 지녔지만 한편으로는 애정 어린 남편이었다. 아우구스투스의 부인 리비아Livia는 아름답고 무정하여 마치 '치마 입은 율리시스' 같았다. 후에 황제가 되는 칼리굴라는 그녀를 '왕권의 어머니 genetrix orbis'라고 칭하면서, "야심은 그칠 줄 모르고 성적으로는 냉담하고 완강하여 고양이나 표범에게나 어울릴 만한 여인."이라 말했다. 그녀가 무엇보다 관심을 쏟았던 일은 자기 가족의 재산을 늘리고 특히 전남편의 사이에서 낳은 아들 티베리우스가 반드시 남편의 뒤를 이어 다음 황제가 되도록 만드는 것이었다. 티베리우스의 성격은 강력하고 위압적인 어머니와의 모호한 관계에서 많은 영향을 받았다. 그녀는 아들을 사랑했지만 그가 어머니를 사랑했는지 혹은 깊은 애정을 가졌는지는 의문이다. 티베리우스는 어머니가 86세로 세상을 떠날 때까지 어머니가 시키는 대로 따르며 살았지만 그녀의 가차 없는 영향력 행사에 원망을 품고 그녀가 죽은 뒤 신격화하여 경의를 표하는 일을 거부함으로써 복수했다.

티베리우스는 공적인 생활보다는 사적인 생활을 즐기며 제국에 대한 정치적 책임에서 벗어나 군사적인 업적을 쌓고 싶었을 것이다.[2]

그러나 의붓아버지인 아우구스투스 황제가 반쯤 악의를 숨긴 채 그를 바라보았음에도 불구하고 어머니의 하늘 높은 줄 모르는 야심으로부터는 벗어날 수 없었다. 어머니가 황제와 결혼하기 전 유랑 생활을 하기도 했던 티베리우스의 어린시절을 좀 더 자세히 들여다보면 그의 인생 후반에 열매를 맺은 원한과 의심의 뿌리가 어디서부터 자라났는지도 알 수 있다.

로마 제국의 왕위 계승에 관해서는 리비아뿐만 아니라 아우구스투스 역시 관심이 많았다. 아우구스투스는 자신의 직계 가족에게 제국을 물려주고 싶어 했다. 리비아의 혈육인 의붓아들보다는 자신의 딸 율리아Julia의 아들에게 왕위를 넘기고 싶었던 것이다. 율리아의 남편인 마르쿠스 아그리파Marcus Agrippa도 적당한 후계자가 될 수 있었지만 그는 BC12년에 세상을 떠났다. 그 후 율리아는 오랫동안 미망인으로 생활했다. 리비아는 율리아와 티베리우스를 결혼시키면 티베리우스가 황제 자리에 오를 가능성이 더 높아지리라는 사실을 깨달았다. 아우구스투스의 명령에 따라 티베리우스는 마지못해 부인 빕사니아Vipsania와 이혼하고 율리아와 결혼했다. 티베리우스와 율리아가 어울리지 않는다는 사실은 금세 판명되었다. 티베리우스는 차가운 자기중심주의자로 마음이 따뜻하지도 자애롭지도 않았다.[3] 율리아는 부도덕한 사생활로 자신의 파멸을 초래했음은 물론 티베리우스에 대한 리비아의 계획들도 매번 망쳐놓았다. 세네카Seneca는 이에 관해 다음과 같은 글을 남겼다.

성 아우구스투스는 자신의 딸을 유배지로 보냈다. 그 상스러움이 말로다 할 수 없을 정도여서 온갖 추문들이 황실을 뒤덮었기 때문이다. 그녀는 무수한 애인들을 끌어들였고 온 도시에서 밤마다 주연(酒宴)을 벌였다. 아버지가 간통에 반대하는 법을 공포한 집회 광장과 연단을 그 딸은 난잡한 공간으로 만들었다. 마르시아스Marsyas 조상 옆에서 날마다 남자들을 만나며 그녀는 간통보다 더 심하게 거의 매춘부에 가까운 모습으로 그곳을 지나가는 남자의 품에서 온갖 뻔뻔스러운 추태를 보였다.[4]

아무것도 모르던 황제는 딸이 어떤 식으로 생활하고 있는지 전해 듣고 그녀를 판다테리아Pandateria 섬으로 유배 보내는 엄한 처벌을 내린 것이다. 그녀의 남편 티베리우스는 율리아가 자신의 인생에서 사라진다 해도 안타까울 일은 없었지만 그녀가 일으킨 추문으로 심한 수치심을 겪었다. 훗날 황제가 되었을 때 그는 율리아의 수당 지급을 철회하여 굶어죽게 내버려둔다. 티베리우스는 본인의 의사와 무관하게 사랑도 없는 불행한 결혼 생활을 해야 했고 이제는 어머니에게 등 떠밀려 아우구스투스의 후계자가 되어야 했다. 그의 전기를 쓴 현대 전기 작가 중 한 사람이 그의 삶을 일컬어 '원한에 관한 연구 대상'이라 한 것도 어찌 보면 당연한 일이다.

운명은 리비아의 편을 들어 그녀의 남편이 왕위 계승과 관련하여 세운 계획들을 계속해서 좌절시켰다. 아우구스투스의 손자이자 직계 상속인인 가이우스Gaius와 루시우스Lucius는 교육 수준도 훌륭해서 후에 황제 자리를 물려받을 수도 있었으나 일찍 세상을 뜨고 말았다. 그리하여 황제는 생존해 있는 손자 아그리파 포스투무스Agrippa Postumus와 사위 티베리우스를 후계자감으로 고려해야겠다고 생각하였다. 그러나 아그리파는 아무리 어리다고는 해도 평판에 있어서 그 어머니보다 나을 것이 없었다. '거칠고 폭력적인 성미', '몹시 타락한 정신과 인격', '심하게 무지하며 어리석게도 신체적인 강인함을 자랑거리로 아는 위인' 등의 수식어가 그를 따라다녔다. 수에토니우스Suetonius는 그에 관해 이렇게 썼다. "그는 자라면서 유순해지기는 커녕 오히려 날마다 광기만 더해졌다."[5] 규범과는 너무나 거리가 멀었던 그는 결국 플라네시아Planesia 섬으로 쫓겨났다. 그곳에서 그는 노쇠한 조부의 명령과 이제 유일한 계승 후보자인 티베리우스의 묵과로 죽음을 맞을 처지에 놓였다.

내키지는 않았지만 어쩔 수 없이 아우구스투스는 티베리우스를 후계자로 받아들였다. 아우구스투스는 이렇게 말했다. "잔인한 운명이 나의 아들을 모두 빼앗아 갔으니 티베리우스 카이사르에게 내 뒤를 잇게 하라." 수에토니우스는 이 말에 대해 이렇게 평했다. "아우구스투스가 애정보다는 필요에 의해 후계자를 임명했다는 사람들의 생각에 확신을 주는 말이었다."[6]

티베리우스가 황제가 되었을 때 이미 56세였고 앞으로 그에게 남은 시간은 22년이었다. 그는 얼굴에 난 흉터를 고약으로 감추고 있던 모습에서 알 수 있듯 피부질환이 있었으나 신체적으로는 건강한 사람이었다. 그는 힘이 매우 강해서 풋사과도 한 손으로 쪼갤 수 있었다. 그리고 주맹증(晝盲症)으로 낮에는 시력이 매우 약했지만 플리니우스Pliny의 말에 따르면 밤에는 올빼미처럼 어둠 속에서도 잘 볼 수 있었다. 여러 가지 면에서 그는 검소하고 입맛도 거의 금욕적이라 할 만큼 수수해서 그가 가장 즐겨 먹는 음식은 아스파라거스와 오이, 과일 등이었다. 그러나 젊은 시절 그는 술에 너무 빠져 있어서 그의 병사들이 '비베리우스Biberius(라틴어로 bibere는 '마시다'라는 뜻 – 옮긴이)'라는 별명을 붙여줄 정도였다. 과음은 그의 인격적인 문제에 많은 영향을 주었다. 정치에서 알코올 중독 문제는 거의 빠지지 않는 요소이다.

티베리우스는 황제가 되고 싶은 마음이 없었을 것이다. 차갑고 감정이 없는 그는 로마인들의 애정을 얻으려는 노력을 전혀 하지 않았다. 그는 대중이 당연한 권리로 여기고 원하는 것들을 제공하지 않아 반감을 샀다. 하지만 최고의 지위에 오른 초기에 그는 아우구스투스의 법과 질서를 지지하려 애쓰고 국경 지방의 종족 문제들을 진압하는 등 성실하고 효율적인 통치를 했다.

그렇다 해도 표면에 금이 가고 있다는 신호는 있었다. 정도가 심해지는 불안정감과 편집증뿐 아니라 다른 특징들도 나타났다. 예컨대 기이한 행동이나 감정의 결여, 신뢰할 수 없는 태도, 적과 친구의 구분을 두지 않는 복수심 등 정신병질적인 특성들이 나타난 것이다. 티베리우스의 성격 속에 내재되어 있던 암세포는 점차 무엇보다도 현저하게 눈에 띄기 시작했다. 이처럼 자라나는 불안감은 그의 형 드루수스Drusus의 아들이자 그의 조카인 게르마니쿠스Germanicus와의 관계에서 볼 수 있다. 게르마니쿠스는 티베리우스의 전(前)부인 율리아의 적극적이고 인정머리 없는 딸 아그리피나Agrippina와 결혼했다. 게르마니쿠스가 황실과 가까운 혈족 관계에 있다는 사실은 곧 티베리우스가 죽으면 그가 티베리우스의 아들 드루수스보다 왕위에 오를 가능성이 더 높아진다는 사실을 의미했다.

티베리우스는, 호의를 얻기 위해 자신을 이용하는 것처럼 보이는 게르마니쿠스를 시기하고 그의 평판이 좋아지는 것을 자신의 권력에 대한 위협으로 받아들였다. 매력적이고 젊은 무사인 게르마니쿠스는 사람들의 사랑을 한 몸에 받았으며 행운의 여신은 그에게 모든 선물을 내려주었다. 그러나 단 한 가지 건강만은 그에게 주지 않아 그는 간질을 앓았고 이 병은 훗날 숙명과도 같이 그의 아들인 장래 황제 칼리굴라에게까지 이어졌다. 운명은 대중이 사랑하는 게르마니쿠스를 무너뜨릴 음모를 꾸며 그에게 심각한 병을 안겨주었다. 그에 대한 티베리우스의 증오를 생각해 볼 때 게르마니쿠스가 독살되었다는 소문은 사실이었을 수도 있다. 티베리우스는 참으로 그다운 반응을 보였다. 그는 사람들이 자신을 독살의 장본인이라고 손가락질 할까봐 두려웠고 이 위기에서 빠져나갈 최선의 방법은 희생양을 찾는 것이라고 결론 내렸다. 그리하여 자신의 보좌관이나 다름없는 칼푸르니우스 피소Calpurnius Piso를 희생양으로 삼았다. 피소는 로마 전통에 따라 목을 찔러 자살했고 티베리우스는 칼푸르니우스 피소가 본인의 죄를 그에게 떠넘기기 위해 자결했다고 호소할 수 있었다. 이처럼 자신에게 봉사한 사람을 주저 없이 희생시켜 안위를 챙기는 것이 바로 티베리우스 특유의 정신병질적인 습성이었다.

게르마니쿠스를 제거함으로써 왕위 계승 문제가 해결된 것은 아니었다. 게르마니쿠스의 첫째 아들과 둘째 아들인 네로와 드루수스가 티베리우스의 아들 드루수스보다 더 적절한 계승자로 인정되었기 때문이다. 게르마니쿠스가 죽자 그 가족들의 권리는 이제 미망인인 아그리피나가 주장하기 시작했다. 리비아의 성격을 닮은 아그리피나는 타키투스Tacitus가 말한 것처럼 '만족할 줄 모르는 지배욕'이 매우 강해서 '남성적인 열정이 여성으로서의 약점들을 덮어버리는' 여인이었다.[7] 티베리우스는 그녀의 목적이 의심스럽고 그녀에 대한 평판이 우려되어 그녀를 적대시했다.

그러는 동안 그는 완벽한 근위병Praetorian Guard 세야누스Sejanus에게 점점 더 많은 권한을 허용했다. 황제는 정치와 관련된 구체적인 일들을 등한시했고 정치에 대한 그의 관심은 이전에도 늘 미적지근했지만 갈수록 더 시들해졌다. 그는 세야누스를 충성스런 신하로 믿었으나 세야누스는 재산을 늘리기 위해 자신의 위치를 이용했으며 왕위에 관심을 두고 있었다. 그는 게루마니쿠스의 미망인 아그리피나와 그녀의 두 아들을 제거하는 데 성공했다. 이제 나이 든 황제의 가까운 계승 후보들은 아그리피나의 막내아들 가이우스 혹은 칼리굴라와 황제의 어린 손자 티베리우스Tiberius Gemellus뿐이었다. 그러나 티베리우스는 자기 아들의 미망인과 결혼하려는 세야누스의 꿈을 좌절시켰다. 세야누스는 희망을 가지고 기다려 볼 수밖에 없었다.

티베리우스는 정치에서 거의 손을 떼고 아름다운 카프리Capri 섬으로 갔다. 이 섬은 요새 및 은신처로 적격이어서 그는 자신을 끊임없이 괴롭히던 음모와 암살에 대한 두려움에서 벗어날 수 있었다. 카프리 섬에서 해방감을 얻은 70대의 황제는 그릇된 쾌락에 빠져 명성에 먹칠을 하고 말았다. 타키투스는 이를 다음과 같이 설명했다.

> 그곳에서 그는 무절제한 욕망의 고삐를 풀어놓았다… 로마의 독재 정권에 대한 자만심으로 그는 순진한 어린 남성들을 잡아들여 야만적인 욕구를 만족시키도록 강요했다… 새로운 방식의 호색이 나타났고 음란한 쾌락과 관련된 수치스러운 표현들이 새로이 생겨났다.[8]

수에토니우스의 설명은 좀더 적나라했다. "황제가 있는 자리에서 젊은 남녀가 셋씩 무리지어 '시들어가는 황제의 정욕을 자극하기 위해' 성교를 했다. 황제는 어린 소년들을 '작은 물고기들'이라 부르며 그가 수영할 때 따라오게 했고 '그의 다리 사이로 들어가 핥고 물어뜯게' 했다. 그는 남자들에게 엄청난 양의 포도주를 마시게 한 뒤 '갑자기 끈으로 생식기를 단단히 묶어 끈이 살을 파 들어가고 소변조차 볼 수 없게 만드는 장난'을 즐겼다. 그는 온갖 고문과 가학적 만행들을 저질렀다." 카프리에서는 지금도 티베리우스가 사람들에게 길고 격심한 고문을 가한 뒤 그들이 바다로 떨어지는 모습을 구경하

던 절벽 위의 자리를 관광객들에게 보여준다.[9]

이러한 일들이 실제로 벌어졌는지 정확하게 알 수는 없다. 그러나 황제의 고독한 삶을 생각해 볼 때 이 내용이 전혀 터무니없어 보이지는 않는다. 수년간 욕구를 억제하고 조용히 살았기 때문에 티베리우스는 카프리라는 은밀한 낙원에서 젊었던 시절의 육체적 감각을 떠올리며 관음증적인 쾌락을 즐겼을 수도 있다. 그는 나이 들고 플리니우스의 표현처럼 '불행한 사람'이었기 때문에 시각적인 감흥에서 일시적인 망각을 찾고 고문과 죽음을 통해 가학적인, 아마도 가학성애적인 만족을 얻었을 것이다. 그는 자신이 견뎌야만 했던 치욕을 이러한 만족을 통해 보상받으려 했는지도 모른다. 그가 이러한 쾌락을 추구하게 된 것은 나이가 든 탓이었을 가능성도 있지만 그렇다고 해서 그가 노인성 치매senile dementia를 앓았다고 보기에는 근거가 충분치 못하다.

티베리우스가 한때 세야누스에게 두었던 믿음이 헛된 것이었다는 사실은 앞에서 이미 드러났다. 게르마니쿠스의 어머니 안토니아 Antonia가 티베리우스에게 세야누스의 반역적인 야심을 알리는 비밀 전갈을 보내자 그는 즉시 행동을 취해 이 신뢰할 수 없는 대신을 제거했다. 세야누스의 몸은 사흘 동안 대중 앞에서 모욕을 당했고 그 더러워진 유해는 티베르Tiber 강에 던져졌다. 그러나 세야누스가 죽었다고 해서 황제가 조금이라도 좋은 평판을 얻게 된 것은 아니다. 그는 아마도 마지막이 될 최대의 배신을 겪었다. 처음이 율리아, 그 다음이 게르마니쿠스 그리고 마지막이 세야누스였다. 그는 이들이 모두 죽은 뒤에도 살아 있었지만 홀로 남은 채 노년에는 편집증 환자가 되어 실제 적이든 가상의 적이든 자신에게 위협이 된다면 즉시 제거할 태세를 취하였다. 그는 갖가지 잔혹하고 부정한 행위들을 스스로 창조하거나 아니면 모방했고 사람들은 그를 두려워하며 욕하였다. 아그리피나가 자살했을 때 황제는 원로원 의원들에게 그녀와 아시니우스 갈루스Asinius Gallus의 간통이 의심됨에도 그녀가 목 졸려 게르마니아Germoniae에 내걸리지 않은 것은 운이 좋았던 것이라고 냉엄하게 말했다. 그를 두려워하여 맹종하던 원로원 의원들은 황제의 자비에 감사하며 이를 찬양하는 의미에서 주피터Jupiter에게 봉헌했다. 티베리우스 치세 말기에 황제에 대해 조금이라도 불만이 새어 나오면 유죄 선고, 사형 집행, 자결 강요 등이 횡행했다.

카프리에서는 게르마니쿠스의 아들이자 황제의 종손인 18세의 가이우스가 함께 있었다. 율리우스-클라우디우스 일족을 휩쓴 죽음의 물결 속에서 유일하게 살아남은 그는 티베리우스 게멜루스와 함께 티베리우스의 후계자 자리를 기대하였다. 따라서 그는 노쇠한 황제에게 아첨을 아끼지 않았고 황제가 그릇된 쾌락을 쫓는 데도 동조했다. 그러나 티베리우스는 여전히 영리했기에 그의 본심을 모를 리 없었다. 그는 칼리굴라에게 애정이 없을 뿐만 아니라 그 누구에게도 애정이 없었다. 가이우스가 공화정 시대 유명한 정치가 술라Sulla에 관해 언급했을 때 황제는 가이우스가 술라의 결점들만 모두 지녔고 미덕은 전혀 본받지 못했다고 엄하게 꾸짖었다. 티베리우스는 가이우스가 곧 티베리우스 게멜루스를 제거하리라 예상하고 이렇게 말했다. "네가 그를 죽이면 또 다른 이가 너를 죽일 것이다."

37년 3월 미세눔Misenum에서 티베리우스는 병으로 자리에 누웠다. 그가 혼수상태에 빠지자 모두들 그가 죽은 것이나 다름없다고 생각했다. 그러나 황실 관리들이 가이우스에게 최고 지위에 오를 날이 멀지 않았음을 축하하기 시작하자 티베리우스는 갑자기 움직이더니 술을 한 잔 청하기까지 했다. 가이우스의 시종 마크로Macro는 침실로 들어가 황제에게 이불을 덮어 씌웠다. 티베리우스의 죽음에 관한 구체적인 내용은 이야기마다 각기 다르지만 병상에 누운 황제는 분명 서둘러 선조들에게 갔을 것이다. 아무도 그의 죽음을 슬퍼하지 않았다. 수년간 그를 거의 쳐다보지도 않던 로마인들은 그에게 저주를 퍼부었다. 그들이 외친 'Tiberius in Tiberim'이라는 말은 '티베리우스를 티베르 강에 던져라'라는 의미였다. 황제는 원로원에 가이우스와 게멜루스를 공동계승인으로 하는 유언장을 남겼다. 그러나 가이우스는 단지 소년에 불과할지라도 경쟁자가 존재하는 상황을 원치 않았다. 원로원에서는 티베리우스가 유언장을 작성할 때 정신이 이상했다고 선언했다. 티베리우스의 다른 유증 사항들은 대부분 이행되었으나 그 해가 가기 전에 게멜루스는 죽었고 칼리굴라는 최고 통치권을 장악하였다.

티베리우스의 '정신이 이상했다'는 원로원의 결정에 대해 역사가들은 가이우스가 티베리우스 게멜루스를 확실히 제거하기 위해 꾸민 정치적 계획이라고 결론짓는다. 역사가들이 말하는 내용이 전혀 불가능한 경우는 아니지만 티베리우스가 말년에 보인 정신 상태가 과연 정상이었는가 하는 의문이 드는 것도 사실이다. 그렇다 해도 티베리우스가 정신분열증 환자였다는 현대의 한 독일 역사가의 결론은 뒷받침할 만한 근거가 불충분하다. 그보다는 티베리우스가 정신병질자였다는 의견이 좀 더 설득력 있게 들린다. 스페인의 역사가이자 심리학자인 그레고리오 마라뇬Gregorio Marañon은 티베리우스가 겪었던 개인적, 정치적 좌절로 인한 누적된 원한을 문제의 근원으로 보았다. 성장기에 그는 앞날이 불확실한 망명 생활을 했다. 첫 번째 부인을 좋아했다고 전해지기는 하지만 그는 애정을 주지도 받지도 못하는 외롭고 내성적인 남자였다. 의붓아버지는 그를 싫어했고 그는 자라면서 지배욕 강한 어머니를 원망하였다. 그는 게르마니쿠스를 매우 시기하여 일말의 죄책감도 없이 가이우스를 제외한 그 일족의 처형을 묵인했다. 그리고 아들인 드루수스가 후계자가 되기를 바랐지만 그의 죽음에는 냉정한 태도를 보였다. 그가 크게 신임했던 세야누스는 그를 배신했다. 그가 현실 세계의 치욕과 두려움에서 벗어나기 위해 카프리에서 비뚤어진 관음증에 빠져 일시적인 해방감을 찾았다 해도 놀라울 것은 없다. 인간관계에서 그는 온정이 결여되었고 자신의 편의를 위해서라면 친구든 적이든 상관없이 희생시켰다. 그는 괴롭고 불행한 인간이었다. 그가 비정상 영역의 가장자리에서 보인 증상은 '경계선 증후군borderline syndrome'이라 설명할 수 있다. 다시 말해 미치지는 않았지만 '그렇다고해서... 정신이 완전히 멀쩡하지도 않은' 상태였던 것이다.[10] 티베리우스를 명확히 정신병질자라고 단정하기에는 근거가 불충분하지만 그가 기질적으로 정신병질자의 특성을 지니고 있었다는 데에는 의심의 여지가 없다.

티베리우스의 시체 위에 야유가 쏟아진 것과 대조적으로 그의 후계자는 열광적인 환대를 받았다. 가이우스 황제는 칼리굴라라는 이름으로 더 많이 알려져 있는데 이는 그가 어릴 때 아버지의 군 주둔지에서 신었던 샌들형의 작은 군화 칼리가에caligae에서 따온 이름이다. 앞서 간 황제는 78세의 나이 든 은둔자였다. 칼리굴라는 아버지인 게르마니쿠스와 달리 신체적인 매력은 없었다. 그는 키가 크고 창백한 얼굴에 다리가 길고 가늘었으며 너무 일찍 머리가 벗겨진 탓에 머리카락이 별로 없다는 사실에 굉장히 민감했다. 그래서 때로는 머리카락이 보기 좋게 자란 사람들에게 머리카락을 깎으라는 명령을 내리기도 했다. 그는 머리카락이 부족한 대신 몸에는 털이 많았다. 여기에 대해서도 그는 민감했기 때문에 대화 도중 누군가 '털북숭이 염소'라는 말만 꺼내도 무시무시한 결과가 초래되었다. 하지만 칼리굴라는 최고의 미남은 아니어도 젊고 활력이 넘쳤다. 그 점이 적어도 로마인들에게는 더 믿음을 주었다.

공정하게 말해서 칼리굴라 황제가 통치권을 잡은 후에 공적을 세우지 않은 것은 아니다. 그는 티베리우스 치세에 평판이 좋지 않았던 규정들을 다소 완화하면서 좋은 출발을 보였다. 그가 전개한 정책들과 정치 활동은 여러 가지 면에서 합리적이었고 훌륭한 정치적 판단력을 내포하고 있었다. 현대 역사가들은 티베리우스와 마찬가지로 칼리굴라의 정신 상태에 대해서도 재평가를 내렸다. 영국의 전기 작가 데이커 볼스던Dacre Balsdon은 그에 관해 좋게 얘기할 수 있는 부분이 많음을 발견하고 독일 작가 H. 빌리히H. Willrich(1903)와 M. 겔처M. Gelzer(1918)의 뒤를 이어 그가 정신이상자였다는 설을 반박했다. 그는 칼리굴라의 삶에서 정신이상의 징후라 여겨졌던 면들은 단지 '그의 본성 가운데 발달되지 못한(고약한) 특성들일 뿐'이라고 주장했다.[11] 그러나 인간의 성격에서 광기를 구성하는 부분은 과도하게 발달된 특성들인 경우가 많기 때문에 그의 견해를 만족스러운 결론이라 보기는 힘들다.

칼리굴라가 죽고 얼마 후에 기록을 남긴 로마 역사가들은 그가 악한 사람이었거나 미친 사람이었거나 어쩌면 둘 다였을 수도 있다는 사실을 조금도 의심하지 않았다. 세네카는 이렇게 말했다. "자연은 최고 권력자가 지닐 수 있는 최악의 결점들이 무엇인지 보여주기 위해 그를 창조한 것 같다. 그를 보기만 하면 그가 미쳤다는 사실을 알 수 있었다."[12] 타키투스는 그를 '영리하게 미친commotus ingenio'사람이라고 표현했다. 그리고 수에토니우스는 그를 광기가 만들어낸 괴물이라고 했다.[13]

그의 성격에서 어떤 면들이 그를 조증(躁症, mania) 환자로 보이게 한 것일까? 그가 양성애자였다는 사실은 확실하다. 그리고 누이들과 근친상간을 범했다는 추측도 있다. 그는 네 번 결혼했고 몇 차례 동성애 관계를 가지면서 연극배우인 음네스테르Mnester와 공공장소에서 아무렇지 않게 키스하곤 했다. 마르쿠스 레피두스Marcus Lepidus나 발레리우스 카툴루스Valerius Catullus와의 관계도 이와 비슷했다. 수에토니우스는 칼리굴라가 자신의 부인을 나체 상태로 사람들 앞에 내보였다고 주장했다. 그리고 그가 궁 안에 매음굴을 만들어 기혼녀나 청년들이 이곳에서 일하고 돈을 벌기도 했다고 말했다. 이러한 행위들은 칼리굴라가 방탕한 호색가였다는 사실을 말해주며 그의 정신이 불안정한 상태였다는 사실을 암시한다.

가장 큰 문제는 칼리굴라가 자신의 신성함을 매우 중요하게 여겨 기괴한 태도를 보이며 환상의 세계에 빠졌다는 것이다. 그가 보였던 광기의 근원은 바로 이 환상의 세계에서 저지른 제멋대로의 행동들이었다. 그는 자신이 신성하다고 믿었다. 신격화는 동양에서 로마로 전해져 황실 전통의 일부가 되었다. 하지만 이러한 명예가 모두에게 주어지는 것은 아니었다(율리우스 카이사르와 아우구스투스는 사후에 신격화되었지만 티베리우스는 이러한 명예를 얻지 못했다). 베스파시아누스Vespasian 황제는 임종의 자리에서 쓴웃음을 지으며 이렇게 말했다.

"나는 이제 신이 되는구나."

칼리굴라는 살아 있는 동안에도 자신은 신성한 존재이기 때문에 신처럼 행동할 자격이 있으며 자신의 위치에 합당한 명예를 얻을 자격이 있다고 믿어 의심치 않았다. 그는 동쪽의 도시들 중 한 곳에서 '떠오르는 태양'이라는 찬사를 듣고는 자신의 신성함을 절대적으로 믿었다. 그리고 이를 받아들이지 않는 이들에게는 그에 상응하는 처벌을 내리겠다고 위협했다. 필로Philo는 칼리굴라에 관해 다음과 같이 썼다.

> 그는 더 이상 인간 본성의 경계 안에 머무르지 않고 신으로 여겨지기를 바라면서 밖으로 뻗어나가기 시작했다. 이처럼 광기를 보이기 시작하면서 그는 다음과 같이 논했다고 한다. "염소치기나 소치기, 양치기와 같은 사육자들이 염소나 황소 혹은 양이 아니고 그 짐승들보다 훨씬 엄청난 땅과 자원을 소유하고 있는 인간인 것처럼, 나는 모든 무리들 중의 으뜸인 인류의 목자로서 특별하게 여겨져야 하며 인간의 수준에서가 아니라 더욱 거대하고 더욱 신성한 땅의 소유자로서 받아들여져야 한다." 마음에 새겨진 이러한 생각 때문에 어리석은 그는 사실상 상상의 산물에 지나지 않는 것을 절대 진리로 믿었다.[14]

그는 단지 '어리석은' 사람이었지만 그의 어리석음은 권위적이고 위험했다. 그는 신처럼 입고 신처럼 행세했다. 그의 사치스런 소비로 황실 금고는 금세 바닥났다. 그는 값진 실크로 만든 옷을 입고 보석으로 치장하고 신발에도 보석을 달았으며 식초에 진주를 녹여 마셨다. '황금을 좇는 황제'라 불린 그는 손님들에게 황금 빵을 대접하고 말들에게는 황금 보리를 먹이기도 했다.

그는 자신이 신들과 동등한 동료 관계임을 주장하고 특히 주피터와 동일시했다.[15] 그는 신에게 어울리는 옷을 입고 신만이 낼 수 있는 위력을 과시함으로써 신에게 도전장을 내밀어, 실상 신은 사기꾼이며 칼리굴라 자신이 진정한 주피터라는 사실을 넌지시 알렸다. 이러한 주장을 뒷받침하기 위해 그는 그럴듯한 가짜 천둥 번개를 일으키는 장치를 만들었다. 주피터가 천둥을 울리면 칼리굴라는 《일리아드Iliad》에서 아이아스Ajax가 오디세우스Odysseus에게 했던 도전의 말을 그대로 옮겨 이렇게 외쳤다. "네가 나를 죽이지 않으면 내가 너를 죽이리라."

그러나 또 어떤 경우 주피터를 형제라 하며 그와 대화를 나눈다고 주장하기까지 했다. "자신을 주피터 라티아리스Jupiter Latiaris라 칭하며 그는 부인 카에소니아Caesonia와 여러 부자들을 성직자로 임명하여 의식을 거행하기도 했다. 그리고 이러한 영광의 대가로 그들에게서 각각 천만 세스테르티우스(sesterce, 옛 로마의 화폐 단위 - 옮긴이)를 거둬들였다." 클라우디우스 조차도 입장료가 너무나 막대한 금액이어서 결국 빚더미에 앉았다. 어쨌든 칼리굴라의 광기에는 일정한 체계가 잡혀 있었다.

수에토니우스는 이렇게 말했다. "그는 스스로를 신격화하여 특별한 신전을 세우고 사제들과 제물을 엄선했다. 이 신전에는 금으로 만든 실물 크기의 황제 조상이 있었는데 이 조상에는 날마다 황제가 입는 옷과 같은 옷이 입혀졌다. 부유한 시민들은 온갖 영향력을 동원하여 그의 의식에서 성직을 확보하고 그 영광에 대한 값비싼 대가를 치렀다. 제물은 홍학, 공작, 뿔닭guinea-fowl 등이었으며 그 특성에 따라 날마다 다른 제물이 올려졌다."[16] 황제가 배우 아펠레스Apelles에게 주피터와 자신 둘 중에 누가 더 위대하냐고 물었을 때 아펠레스는 성격상 즉시 대답하지 못하고 머뭇거리는 바람에 고문을 당했다.

칼리굴라가 카에소니아와 결혼할 당시 카에소니아는 이미 임신한 상태였고 그렇게 태어난 딸 드루실라Drusilla는 사실상 주피터의 아이로 간주되었다. 아이는 주피터 신전에 있는 신상의 무릎 위에 놓였고 미네르바 여신(Minerva, 전쟁과 지혜의 여신 - 옮긴이)은 그 아이의 유모가 되었다.

그러나 황제는 논리적이라는 점을 빼면 시체였다. 인간의 방식대로 그가 카에소니아와 결혼을 했다 해도 태양신으로서 그는 달과 결혼을 했거나 최소한 달에게 말을 걸고 구애를 했다. 그야말로 으스스한 일이었을 것이다. 어느 날 칼리굴라가 조신 비텔리우스Vitellius에게 자신이 달의 여신과 함께 있는 것을 본 적이 있느냐고 묻자 비텔리우스는 침착하게 다음과 같이 대답했다. "아닙니다, 폐하. 오직 신들만이 서로를 알아볼 수 있지요."

신들의 가족관계는 인간의 가족관계 만큼이나 아니 그보다 훨씬 더 복잡했다. 칼리굴라는 자신을 하나의 신으로 제한하지 않고 천국의 모든 영역을 넘나들었다. "광대한 바다에 다리를 놓은 그는 바다의 신 넵튠Neptune 행세를 하곤 했다. 또한 헤라클레스Hercules나 바쿠스Bacchus, 아폴로Apollo 등 온갖 신들의 흉내를 냈다. 남성뿐만 아니라 여성들도 범주에 포함시켜 그는 주노Juno나 다이아나Diana, 비너스Venus 역을 맡기도 했다... 그는 큰 포도주잔과 바쿠스의 지팡이를 든 여성의 모습으로 나타나기도 하고 곤봉과 사자 방패, 사자 가죽으로 무장한 남성의 모습으로 나타나기도 했다... 그는 매끄러운 피부를 과시하기도 하고 덥수룩한 턱수염을 보이기도 했다." 다른 문제들과 더불어 황제는 성적 정체성의 혼란도 겪었음이 분명하다.

그가 즉위한 후 얼마 지나지 않아 바다를 정복하겠다고 선언한 것은 넵튠 신의 역할 때문이었다. 그는 배를 연결하여 포추올리Puteoli에서 바이아Baiae까지 나폴리 만 북부를 횡단하는 다리를 놓았다. 황제는 일종의 도로라 할 수 있는 이 다리를 따라 넵튠 신에게 제물을 바치며 말을 타고 건너갔다. 그가 입은 화려한 실크 외투에 박혀 있는 보석 장식은 햇빛을 받아 번쩍번쩍 빛났다. 그는 알렉산더 대왕의 것이라 여겨지는 흉갑을 대고 있었다. 보병대와 기병대가 그 뒤를 따랐다. 포추올리에서 하룻밤을 보낸 다음날 그는 두 마리 경주마가 끄는 마차를 타고 개선장군처럼 의기양양한 모습으로 돌아왔다. 그는 이 다리 건설을 천재의 업적이라 말하며 걸어서 바다를 건넌 병사들의 공적을 치하했다.[17]

바다가 계속 잠잠한 상태로 있었다는 것은 넵튠 신조차 황제를 두려워한다는 사실을 의미했다. 이를 축하하는 연회에서 칼리굴라는 술을 마시고 흥분하여 '함께 있던 많은 사람들을 바다에 내던지고 또 다른 사람들도 배로 몰아붙여 가라앉게 만들고는 뱃머리에 장치된 돌출부로 그들을 공격하는 등' 잔인한 만행을 저질렀다.

또 하나의 정복이 그를 기다리고 있었는데 이 또한 현실적이라기보다는 공상적인 것이었다. 39~40년 그는 브리튼 섬 침략이라는 표면상의 목적을 내세워 독일과 골 지방 원정을 계획했다(브리튼 섬은 BC55년 카이사르의 침략을 받기는 했지만 로마의 지배 하에 있지는 않았다). 현대 역사가들은 칼리굴라 황제의 원정이 로마의 연대기 작가들이 말한 것보다 더 중대하고 주목할 만한 일이었다고 주장한다. 이 원정은 근본적으로 라인 강 지역의 평화를 회복시키고 남부 독일의 사절 가에툴리아누스Gaetulianus가 연루된 황제에 대한 음모를 저지하기 위한 것이었다. 그러나 이 원정에는 황제가 좋아하는 무언극의 요소가 내포되어 있었다. 라인 강 건너편에는 충돌이 없었다. 슬픔에 잠긴 죄수 몇 명이 갇혀 있었고 칼리굴라는 최고 사령관으로서 일곱 차례 이곳을 방문했다. 북부 골 지방에서 그는 3단 갤리선trireme에 올랐다가 다시 내려와서는 병사들에게 바닷가의 조개껍질을 주워

오라고 명령했다.[18]

어떤 이들은 황제의 비위를 맞추는 방법을 알고 있었고 이들의 아첨에 대한 반응으로 황제가 취한 태도에서는 정신적 불안정의 징후가 보였다. 그가 상속자로 지명한 누이 드루실라가 돌연 세상을 떠나자 그는 그녀를 기리는 사원을 세웠다. 원로원 의원 리비우스 게르미누스Livius Germinus는 황제에게 굽실대며 간밤 꿈에 드루실라가 천국으로 올라가 신들의 환대를 받는 모습을 보았다고 말하여 후한 상을 받았다. 칼리굴라는 자신의 연인인 배우 음네스테르에게 아낌없는 선물을 주었고 누구라도 그의 연극을 방해하면 엄벌에 처했다. 원형 경기장에서 전차를 모는 전사들 중 녹색당의 지휘자인 에우티케스Eutyches의 주장을 열광적으로 옹호한 황제는 약 2백만 세스테르티우스를 상금으로 주었다. 칼리굴라가 가장 높이 평가한 대상은 그가 아끼는 말 인키타투스Incitatus로 그는 이 말의 건강을 기원하며 황금 잔으로 축배를 들기도 했다. 그럴 듯하게 꾸며진 이야기일 수도 있지만 그는 '말에게 대리석으로 된 마구간과 상아로 만든 여물통, 화려한 담요와 보석 박힌 고삐를 갖춰주고 집과 노예, 가구도 마련해 주었으며… 심지어 이 말을 집정관으로 임명하려 하는 등' 끔찍이 아꼈다고 한다.[19]

칼리굴라가 황제의 자리에 오를 때 그를 환대하던 박수 소리는 이미 가라앉은 지 오래였다. 황제가 배우나 검투사 등 하층민들에게 호의를 보이고 그들과 자주 어울리고 싶어 함으로써 원로원의 질서는 위협을 받게 되었다. 4년이 흐르자 그의 통치는 티베리우스의 압제만큼이나 포악하고 무자비해져 있었다. 그의 행동들은 부당할 뿐만 아니라 예측할 수 없는 경우가 많았다. 칼리굴라가 병으로 앓아눕게 되었을 때 한 충성스런 시민 아프라니우스 포티투스Afranius Potitus는 황제의 건강이 회복된다면 자신의 삶을 포기하겠다고 맹세했다. 건강이 회복되자 칼리굴라는 아프라니우스의 말을 그대로 받아들여 그를 산 제물로 묶은 뒤 황실 노예들을 시켜 온 도시로 끌고 다니다가 타르페이우스 바위Tarpeian rock에서 떨어져 죽게 했다. 과대망상증 folie de grandeur에 빠져 있던 그는 자신의 사치로 인해 무거운 세금에 시달리는 시민들에게 어떠한 보상도 내리지 않았다. 그의 생활방식은 별나고 그만큼 변덕스러웠다. 그는 한밤중에 점잖은 원로원 의원들을 불러 모았는데, 불려온 의원들은 황제가 '발뒤꿈치까지 내려오는 튜닉에 망토를 걸치고' 피리 소리에 맞춰 춤추는 모습을 지켜봐야 했다.

칼리굴라의 종말은 그가 팔라티네Palatine 언덕 경기장에서 신나게 즐기고 있을 때 찾아왔다. 전무(戰舞)를 추기로 되어 있는 젊은 그리스인들을 맞이하기 위해 황제가 걸어 나올 때 그에게서 놀림감 취급을 받던 근위대장 카시우스 차에리아Cassius Chaerea가 공모자들을 이끌고 와 그를 찔러 죽인 것이다. 디오 카시우스Dio Cassius는 이 사건을 다음과 같이 간결하게 표현했다. "칼리굴라는 자신이 신이 아니라는 사실을 몸소 깨우친 것이다."

음모를 꾸민 이들의 모토는 '자유'였다. 그러나 근본적인 의미에서 볼 때 자유는 머나먼 꿈이었다. 모두가 혼란에 빠져버린 것이다. 원로원은 그 어느 때보다 무력했다. 그러던 중 한 병사가 황궁 안을 돌아다니다가 클라우디우스 황태자가 두려움에 떨며 커튼 뒤에 웅크리고 있는 모습을 발견하였다. 결국 클라우디우스는 마지못해 근위병 주둔지로 끌려가 황제로 임명되었다.

칼리굴라는 어느 정도 정치적인 재능을 보이며 정상 상태를 유지할 때도 있었지만 정신이 늘 온전한 것은 아니었다. 그렇다면 그의 정신적인 문제는 어디에서 비롯되었을까? 혹자는 37년 그가 즉위한 직후 앓았던 심각한 병의 결과로 광기가 유발된 것이라 말한다. 만약 그 병이 뇌염이었다면 그의 생활방식이 그처럼 기괴해지는 데 중요한 요인으로 작용했을 가능성이 크다. 뇌염의 후유증은 성격을 현저하게 변화시키고 정신분열증의 증상과 흡사한 충동적이고 공격적이며 극단적인 행동을 유발할 수 있기 때문이다. 또 한 가지 가능한 설명이 있는데 이 설명은 칼리굴라의 광기가 기질에서 비롯된 것이라는 가정에 힘을 실어준다. 칼리굴라는 아버지인 게르마니쿠스에게서 간질병을 물려받았다. "그는 신체적으로도 건강하지 못했다. 어린시절에는 간질병으로 고생했고 청년기에는 어느 정도 내구력이 생겼지만 이따금 갑작스럽게 기절해서 걷거나 일어서거나 생각할 수 없는 상태가 되기도 했고 어떤 때는 거의 고개조차 들 수 없었다." 그는 불면증이 심해서 밤에 세 시간 이상은 잠을 자지 못했고 '그 세 시간 동안도 이상한 환영에 시달리며 한 번은 바다의 신과 대화하는 꿈을 꾸기도 하는 등' 조용히 잠들어 있지를 못했다. 잠을 이루지 못할 때면 그는 침대에서 일어나 소파에 앉아 있거나 궁전의 복도나 열 지은 기둥들을 따라 돌아다니면서 동이 트기를 기다렸다. 37년에 발병하기 전에도 칼리굴라는 정신분열증이나 뇌염 후 증후군post-encephalitic syndrome과 증상이 비슷한 측두엽 간질을 앓았던 것으로 보인다. 만성 뇌 증후군chronic brain syndrome 때문에 정신적 손상이 초래되었을 가능성도 다분하다. 현존하는 근거로 칼리굴라의 광기에 대해 확실한 결론을 내리기 어렵지만 그의 정신적 혼란이 기질성 질환에서 비롯되었다는 추측은 상당히 타당하다.[20]

칼리굴라의 뒤를 이은 클라우디우스는 정신적인 불안정과는 매우 거리가 멀었지만 그 또한 뇌염으로 신체가 허약해지고 신경증에 시달렸다. 황실에서는 클라우디우스를 병약하고 정신박약에 가까울 정도로 모자란다고 생각해 전혀 중요하게 여기지 않았다.[21] 그는 서 있기가 너무 힘들어 원로원 의원들에게 연설할 때 늘 앉아서 했고 로마 거리를 행차할 때도 늘 가마를 타고 있었다. 머리와 손은 떨렸고 말은 더듬거렸다. 따라서 자연히 암살 음모를 두려워할 수밖에 없었다. 그는 칼리굴라 살해범에게 황제를 살해한 뻔뻔스러움에 대한 벌로 사형을 내렸다. 그리고 황제에게 접근하는 이들은 모두 무기 소지 여부를 확인하기 위해 몸수색을 받았다.

그러나 현대라면 클라우디우스가 심리학자의 상담을 받아야 할만한 사람이었는지 몰라도 어리석은 현학자는 아니었다. 우리가 생각하는 그의 어리석음은 어쩌면 궁중의 온실과도 같은 분위기에서 만들어진 보호막이었을 수도 있다. 그는 영리하고 분별 있는 통치자로서 중용을 지키고 훌륭한 판단력을 보였다. 예컨대 칼리굴라가 시행했던 정책들 가운데 평판이 좋지 않았던 사항들을 상당 부분 폐지하고, 과거 죄인과 무고한 이들을 모두 죽음으로 몰아넣었던 '반역죄 처벌법'을 사실상 무효화했다. 또한 원성이 자자하던 세금들을 일부 없애고, 유배된 이들을 복귀시키고, 원로원과의 관계를 보다 조화롭게 발전시켰다. 그는 43년 아울루스 플라우티우스Aulus Pautius가 브리튼을 침공하여 정복한 후 불편한 몸을 이끌고 험한 여행길에도 올랐다.

클라우디우스의 약점은 공공 정책보다는 개인적인 관계 특히 부인들과의 관계에서 두드러지게 나타났다. 그의 아들 브리타니쿠스Britanni-cus를 낳은 세 번째 부인 메살리나Messalina는 집정관으로 선출된 실비우스C. Silvius와의 불륜 관계를 과시하고 다니는 문란한 여자였다. 그러나 클라우디우스가 이 사실을 알게 되자 실비우스는 사형을 당했고 메살리나는 자결했다. 그녀 대신 황제의 침대를 차지한 사람은 그녀의 경쟁자이자 선임 황제 칼리굴라의 누이동생인 아그리피나였다. 아그리피나는 누구보다 야심이 대단한 여인으로 남편에게서 자신의 아들인 네로에게 황제 자리를 물려주겠다는 확답을 받아두었다.

54년 때마침 클라우디우스가 무언극을 관람하던 중 세상을 떠나자 브리타니쿠스는 자연스레 옆으로 밀려나고 1년 전 클라우디우스의 딸 옥타비아와 결혼한 네로가 황제 자리를 차지했다. 네로는 율리우스-클라우디우스 왕조의 마지막 황제이자 가장 악명 높은 황제로[22] 대 플리니우스는 그를 가리켜 '인류의 파괴자'이며 '세상의 독'이라 표현했다. 그는 원로원에서 국가의 적이라 선언한 최초의 황제가 되었다. 후대 사람들은 네로에게서 사악한 인간, 더 나아가 반(反)그리스도주의자의 전형을 보았다. 셰익스피어Shakespeare의 《햄릿Hamlet》이나 라신Racine의 《브리타니쿠스Brittanique》와 같은 문학 작품에서 그는 모친 살해자나 몰인정하고 잔인한 인간의 상징으로 그려졌다. 또한 그는 사드Sade 후작의 영웅이기도 했다. '더러운 피를 물려받은 타락한 절대 권력자'라는 말은 칼리굴라보다 네로에게 훨씬 더 어울리는 표현이었다.

역사가들 중에는 네로에게 호의적인 반응을 보이는 이들도 있다. 그리고 좀더 공정하게 편견을 버리고 접근하면 네로의 통치도 어느 정도 이해할 만하며 네로라는 인물 자체도 어느 정도 인정 있는 인물로 여겨진다. 그러나 정권을 잡은 직후부터 그는 부도덕한 성향뿐만 아니라 정신적인 불안정 증세도 보였다. 그는 취미가 비슷한 부랑자들과 어울려 로마 거리를 돌아다니며 사람들의 금품을 빼앗고 폭력적인 행위를 일삼았다. 타키투스는 네로의 조언자 부루스Burrus가 죽고 현명한 세네카가 네로에게 더 이상 영향을 주지 못하게 되면서 사악한 티겔리누스Tigellinus가 그들의 자리를 차지한 까닭에 네로의 통치가 본질적으로 두드러진 변화를 보인 것이라고 추측한다.

네로는 야심을 가득 품고 음모를 꾸미는 어머니 아그리피나에게게서 벗어나기로 결심했다. 그녀는 분명 리비아처럼, 쾌락을 쫓는 아들에게 계속해서 영향력을 행사할 수 있으리라고 생각했다. 그러나 네로는 열성적이고 고집 센 인물로서 자신을 지배하려 하는, 구체적으로 말해 사생활을 일일이 간섭하는 어머니를 못마땅하게 여겼다. 네로는 부인 옥타비아를 사랑하지 않았고 노예 출신 아크테Acte를 정부로 두고 있었다. 아그리피나는 아크테가 아들에게 미치는 영향력을 시기하여 클라우디우스의 열네 살 된 아들 브리타니쿠스의 자격을 되찾아 주겠다고 위협했다. 하지만 네로는 어머니의 협박을 두려워하지 않았다. 브리타니쿠스는 궁 안에서 식탁에 앉아 있다가 독살 당했다. 아크테의 영향력도 그리 오래 가지는 못했다. 네로가 평생 사랑하게 되는 여자 포파이아Poppaea를 만났기 때문이다.

그러는 사이 네로는 어머니 아그리피나가 배를 타고 나폴리 만을 건너다가 가라앉도록 일을 꾸몄다. 그녀는 바이아에서 미네르바 여신 축일Quinquatria을 아들과 함께 보내고 돌아오는 길이었다. 배는 계획대로 가라앉았지만 아그리피나는 꿋꿋하게 뭍으로 헤엄쳐 나왔다. 그녀는 다른 사람도 아닌 자신의 친아들이 자신을 배반하고 조난 사고를 계획했다는 사실을 알게 되었다. 그녀를 죽이라고 네로가 보낸 해군 장교를 마주보며 아그리피나는 자신을 찌르려면 살인 명령을 내린 장본인을 품고 있었던 자궁을 찌르라고 사납게 말했다.

3년 후 네로는 부인을 버리고 포파이아와 결혼하기로 결정을 내렸다. 옥타비아는 노예와의 간통 혐의로 이혼 당하고 판다테리아 섬으로 쫓겨났다. 어두운 기억들만 간직한 채 그곳에서 그녀는 협박에 못 이겨 결국 자결했다. 아름답고 정열적이고 야심 가득한 포파이아는 네로의 부인이 되었다. 그녀가 목욕할 때는 나귀 500마리의 우유가 필요했다. 문학을 동경하던 고상한 네로는 그녀의 황갈색 머리카락을 찬양하는 시를 지어주었다. 그러나 3년 후 임신한 그녀를 네로가 홧김에 걷어차는 바람에 그녀는 죽고 말았다. 그의 죄책감과 슬픔은 이루 말할 수 없었다. 제멋대로이긴 했지만 감정이 없는 사람은 아니었던 것이다. 하지만 그후에 일어난 일은 가관이었다. 그는 포파이아와 매우 닮은 노예 출신 젊은이 스포루스Sporus를 보고는 그를 거세시켜 결혼식을 올렸다. 네로의 삶은 점점 더 변덕과 열정의 지배를 받는 듯 했다. 그는 통치권을 사적인 쾌락에 이용했으며 공적인 책무는 신하들에게 떠넘겼다. 또한 그는 그리스 문화를 진심으로 음미하는 그리스 예찬자였는데 연극과 전차 경주에 대한 애착은 거의 강박관념에 가까워 국가 정책에까지 영향을 미쳤다.

귀족 계층보다는 노예나 서민들에게 적합한 활동에 열을 올리는 황제의 태도는 원로원의 질서에 정면으로 반하는 것이었다. 물론 그는 칼리굴라가 이와 비슷한 편애로 비참한 결과를 맞았다는 사실을 너무 잘 알고 있었다. 처음에 네로의 공연은 어느 정도 사적인 형태로 이루어졌다. 그러나 황제는 자신의 훌륭한 솜씨를 자랑스럽게 여겼고 관객들의 찬사를 받고 싶었다. 실제로 그는 목소리를 매우 소중히 여겨 마치 현대 팝 가수들처럼 정성스레 관리했다. 예를 들면 횡경막을 단련하기 위해 무거운 납을 가슴 위에 얹고 누워 있기도 했다. 그는 성대를 좋은 형태로 유지하기 위해 식이에도 각별한 주의를 기울였고 전문적인 전차 기수로서 적합한 체격을 가꾸는 일도 잊지 않았다. 대 플리니우스의 말에 따르면 네로는 특정한 날마다 기름에 재운 골파만 먹고 전문 전차 기수들이 하는 대로 멧돼지 배설물 가루를 물에 타 마셨다. 멧돼지 배설물은 1세기에 단백 동화 스테로이드 anabolic steroid와 같은 용도로 이용되었다고 전해진다.

이처럼 유별난 취미나 습관도 그 자체만으로는 아무런 해가 되지 않았을 것이다. 그러나 여기에 반영되어 있는 근본적인 불안정이 그의 성격뿐만 아니라 정치에까지 영향을 미쳤기에 문제가 되는 것이다. 최근 역사가들의 주장대로라면 그가 취했던 방법은 '인기를 얻기 위한 과시벽과 두려움을 없애기 위한 억압'[23]의 혼합체였으며 어떤 때는 후자가 전자보다 우선하기도 했다. 그러나 이처럼 시선을 다른 곳으로 돌리는 임시방편으로는 그가 원하는 대중의 호의를 얻을 수 없었다. 경쟁자와 비평을 참지 못하는 그의 성격은 여흥을 즐길 때도 그대로 드러났고 따라서 그는 자신이 통치자로서 뿐만 아니라 예술가로서도 뛰어난 능력을 타고 났다고 믿게 되었다.

그가 새로운 도시 이름을 네로폴리스Neropolis로 짓고 싶어 한다는 얘기는 거의 기정사실처럼 퍼져 있었다. 게다가 그는 거대한 자신의 동상도 세웠다. 근거 없는 소문이긴 했지만 64년 로마를 휩쓴 대화재가 황제의 방화 때문이었다는 설은 점점 나빠지는 그의 평판을 더욱 나쁘게 만들었다.

그의 삶은 점점 더 환상에 사로잡혔다. 동성 애인인 자유민 피타고라스Pythagoras와 소위 결혼을 하고 연회를 베풀자 그가 타락했다는 평판은 더욱 심해졌다. 여론과는 담을 쌓은 채 아첨에 빠져 네로는 더욱 더 환상의 세계에서만 살았고 로마의 일부는 압제적이고 잔인한 행위에 의해 유지되었다. 64년, 그가 원형 대경기장Circus Maximus에서 전차 경주에 참가했을 때 그를 살해하려던 음모가 밝혀지면서 여러 사람이 기소되고 황제의 편집증적인 의심은 더욱 강해졌다. 그리고 세금이 늘면서 대중의 불만은 더욱 커졌다. 타키투스는 이렇게 말했다. "부를 바라는 네로의 마음이 국가의 파산을 부채질했다."

황제는 원로원의 적의가 위협적이라고 느끼면서도 그리스를 방문하기로 결정했다. 그곳에서라면 로마에서 얻지 못했던 명성과 영광을 즐길 수 있을 것 같았기 때문이다. 그러나 불만의 소리들이 제국을 가득 채우기 시작했고 군 사령관들은 돌아서기 시작했다. 이들 중에는 히스파이아 타라코넨시스Hispania Tarraconensis 속주의 총독 갈바Galba도 있었다. 네로에 반대하는 움직임은 눈덩이처럼 커졌고 원로원에서는 그를 국가의 적이라 공표했다.

네로는 자유민 네 명을 데리고 로마 밖에 있는 파온Phaon의 별장으로 피신했다. 이 네 명 가운데 에파프로디투스Epaphroditus는 네로를 체포하기 위한 기병대가 도착했을 때 네로의 자결을 도왔다. 그는 숨을 거두면서 "이렇게 한 예술가가 사라지는구나."라고 중얼거리며 무덤이 대리석으로 장식되었으면 좋겠다는 소망을 표했다.

네로가 정신적으로 어느 정도까지 불안정했는지는 확인하기 어렵다. 로마 황제가 필요로 하는 조건에 의해 그가 자신만의 생각으로 행동한 것이라고 주장하는 이들도 있다. 그가 몰락했다면 그것은 정신적인 균형 상실보다는 부도덕한 삶과 잘못된 정책 때문이었다. 그러나 네로의 악덕, 즉 그의 변덕과 횡포는 거의 비정상에 가까운 정신적 태도에서 비롯된 것이다. 율리우스-클라우디우스 왕조의 유전적 특징들은 정상에 가깝지는 않았다. 그의 가문에는 대대로 의지가 굳고 열정적인 여성들이 있었다. 그의 증조모는 리비아였고 조모는 대(大) 아그리피나 그리고 모친은 소(小) 아그리피나였다. 전문 교육을 받은 유전학자라면 이들의 유전자가 자손에게 미친 영향을 연구해 볼 만하다. 감정적인 면, 예컨대 포파이아에 대한 사랑을 생각해 보면 그는 정신병질자는 아니었다. 하지만 그의 삶에는 본질적으로 정신병질자의 특성이라 할 만한 면들이 있었다. 그가 정신분열증을 앓았을 경우도 상상해 볼 수 있다. 적어도 네로가 인격 장애의 영향으로 미치기 일보직전이었다는 사실은 거의 분명하다. 티베리우스와 마찬가지로 그 역시 미치지는 않았는지 몰라도 완전히 제정신은 아니었다.

네로를 마지막으로 율리우스-클라우디우스 왕조는 막을 내렸다. 이후 백 년 동안 네로와 비슷하게 친(親)그리스주의와 과시벽, 포학한 성격 등을 보였던 도미티아누스Domitian를 제외하면 다른 황제들은 경험과 능력을 갖춘 전사이자 통치자, 건설자, 입법자였으며 심지어는 철학자이기도 했다. 그 대표적인 황제들이 바로 베스파시아누스 Vespasian, 티투스Titus, 트라야누스Trajan, 하드리아누스Hadrian, 안토니누스 피우스Antoninus Pius 그리고 마르쿠스 아우렐리우스Marcus Aurelius이다. 18세기 역사가 에드워드 기본Edward Gibbon이 말한 바와 같이 이 시기는 그야말로 제국의 황금기였다.

그러다가 2세기 말 3세기 초 로마 제국은 다시 정신적으로 불안정한 젊은 황제들의 지배를 받게 되었다. 코모두스Commodus와 카라칼라Caracalla, 엘라가발루스Elagabalus가 그들이었다. 로마의 황금기는 180년 마르쿠스 아우렐리우스의 죽음과 함께 끝났고 뒤이은 40년 중 192년부터 211년까지 안정된 통치를 보여준 유능한 황제 셉티무스 세베루스Septimus Severus를 제외한 대다수의 황제들은 자신들이 휘두르는 절대 권력으로 인해 정신이 말 그대로 비틀어진 풋내기들이었다. 실질적인 능력이 없는 그들은 변덕스럽게 제멋대로 권력을 휘두름으로써 그리고 칼리굴라처럼 자신들이 신성한 존재라고 주장함으로써 위안을 얻었다. 의학적으로 정신이상자가 아니었다면 그들은 분명 인격 장애를 지니고 있었다. 현대였다면 감금되어 정신과 치료를 받아야 했다.

코모두스는 막대한 힘의 소유가 심각한 부정행위로 이어질 수 있을 뿐만 아니라 실제로 인간의 정신을 광기로 몰고 갈 수 있다는 사실을 보여준 대표적인 인물이다. 코모두스에 관해 알려져 있는 사실들을 살펴보면 그가 정신분열적 편집증에 시달렸을 가능성이 높음을 알 수 있다. 신체 단련에만 정신을 쏟는 젊은이로서 지적인 흥미는 전혀 없었던 그는 주정뱅이에 정신적인 균형도 상실한 폭군이 되었다. 천성적으로 통치를 싫어하여 처음에는, 야심가이지만 정직한 티기디우스 페레니스Tigidius Perennis를 비롯하여 아버지의 노련한 조언자들에게 정치를 맡겨두는 데 만족했다. 페레니스가 살해된 후 그는 프리지아(Phrygia, 소아시아의 고대 국가 - 옮긴이)출신 노예 아우렐리우스 클레안데르M. Aurelius Cleander를 최고 대신 자리에 앉혔다가 이후 클레안데르의 부패한 통치에 반대하는 폭동이 일어나자 사방에서 들려오는 불만을 잠재우고 스스로를 보호하고자 그를 희생시켰다.

클레안데르가 죽은 후 코모두스는 광기에 가까울 정도로 기괴한 생활에 빠져들었다. 칼리굴라가 그랬던 것처럼 그도 자신이 살아 있는 신이라고 선언했다. 당대의 역사가 디오 카시우스는 그에 관해 이렇게 썼다. "정신병이 최고조에 달한 나머지 그는 자신을 세계의 지휘자Ducator orbis, 창조자Conditor, 무적Invictus, 누구보다 용맹한 자 Amazonianus Exsuperatorius라 표현했다."[24] 그는 헤라클레스의 화신이라 주장하며 원로원 의원들에게 신성한 영혼을 위해 희생하라고 강요했다. 헤로디아누스Herodian의 기록은 다음과 같다. "그는 정신이

나가 본래의 성(姓)을 거부하고 자신을 마르쿠스의 아들 코모두스 대신 제우스의 아들 헤라클레스라고 부르도록 명령할 정도였다."²⁵ 망상을 충족시키기 위해 그는 자신의 칭호를 따서 일 년 열두 달의 명칭을 바꿨는데 대부분이 헤라클레스와 관련된 명칭이었다. 또한 헤라클레스의 사자 가죽과 곤봉을 차용하여 황제 지위를 나타내는 휘장도 만들었다.

헤라클레스가 신체적인 강인함을 상징하는 신이었기 때문에 어리석은 코모두스는 자신이 신과 동일한 존재임을 증명하는 최선의 방법은 대중 앞에서 경기를 통해 용맹을 과시하는 것이라 믿게 되었다. 그리하여 '신화적인 망상에 고무된' 그는 헤라클레스의 곤봉으로 경쟁자들을 마구 때리는 일을 즐겼다. 그는 확실히 광적인 가학증 환자의 전형이었다. 그칠 줄 모르고 유혈과 학살에 탐닉했던 행위는 병든 정신의 산물이라고밖에 볼 수 없기 때문이다. 그는 벨로나 여신(Bellona, 전쟁의 여신 – 옮긴이)을 숭배하는 신봉자들에게 '잔인함을 탐구하기 위해' 스스로 팔을 베라고 명했다. 이시스 여신(Isis, 이집트 풍요의 여신으로 그리스, 로마에서 최고의 여신으로 숭배되었다 – 옮긴이)을 모시는 성직자들은 몸에서 피가 흘러내릴 때까지 솔방울로 가슴을 때려야 했다. 황제는 미트라 신(Mithras, 태양신 – 옮긴이)을 찬양하는 의식에서 직접 한 남자를 죽였다고 전해진다.

그러나 황제가 헤라클레스와 같은 기술을 보여 줄 진정한 기회를 찾은 곳은 바로 로마의 원형 경기장이었다. 물론 그는 정신 분열증 환자와 같은 기질도 함께 보여 주었다. 보호 장치가 된 상자 안에서 그는 목표물을 향해 화살을 쏘았는데 이 목표물 가운데는 제국의 각지에서 잡아 온 외래 동물도 있었고 심지어는 코끼리와 하마, 코뿔소, 기린 등도 있었다.²⁶ 플라비아누스Flavian 원형 경기장에서 14일 동안 계속된 경기에서 그는 사자를 무려 백 마리나 죽이고 타조도 사냥하기 시작했다. 타조를 죽이는 데 사용된 화살에는 (반달 모양의) 날이 달려 있었기 때문에 아주 잠시 동안이지만 타조들은 목이 없는 채로 걸어 다녔다. 코모두스는 냉정한 얼굴로 한 손에 타조의 머리를 쥔 채 원로원 의원들이 앉아 있는 상자로 다가가 만일 의원들이 명령에 불복할 경우 그 타조와 같은 운명에 처하게 될 거라고 넌지시 알렸다.[27]

코모두스가 유혈에 대한 욕망을 충족시키거나 용맹을 과시하기에 짐승들은 충분한 수단이 되지 못했다. 그는 '가장 강인한 젊은이들과 검투사의 결투를 벌이겠다'고 결정했다. 갑옷도 없이 원형 경기장에 던져진 채 결투를 준비하는 상대자들은 감히 그를 이겨서는 안 되며 황제의 칼에 다치기만 하면 다행히 황제는 만족하리라는 사실을 알고 있었다. 그들은 매번 상처를 입어야 했지만 그렇게 하면 적어도 더 심한 불운은 피할 수 있었다. 이 새로운 역할에 흠뻑 빠진 코모두스는 궁을 나와 투사들의 병영에 거처를 잡기도 했다. 뿐만 아니라 이제부터 검투사 영웅의 이름인 스카에바Scaeva라 부르도록 명했다. 그러나 검투사의 결투를 즐기겠다는 생각은 간접적으로 그의 파멸을 불러오고 말았다.

그가 정한 잔혹하고 가학적인 규정과 여기에 수반된 살인과 공포, 혐의 조작 등은 장기적으로 볼 때 결국 한 가지 결말을 낳을 수밖에 없었다. 원로원은 너무나 오랫동안 길들여져 놀라울 만큼 무관심한 태도를 보였고 로마 대중은 황제가 제공하는 어이없는 구경거리를 어느 정도 즐기고 있었다. 그러나 황제를 살해하려는 계획은 다름 아닌 황제의 측근자들 사이에서 이루어졌다. 정부 마르키아Marcia를 비롯한 황제의 가족들은 목숨이 위태롭게 되자 독약 한 사발을 준비했다. 그리고 황제가 독약을 마신 후 구토하기 시작할 때 나르키수스 Narcissus가 그를 목 졸라 죽였다.[28] 코모두스가 심각한 정신장애라 할 수 있는 정신분열증에 시달렸다는 것은 거의 틀림없는 사실이다. 이 장애는 그가 황제로서 휘두르던 권력이 만들어낸 결과물이었다.

코모두스가 죽은 뒤 로마 제국은 셉티무스 세베루스의 안정적이고 유능한 통치를 받으며 20년간 평화를 누렸다. 그러나 211년 그가 죽자 군 사령관들이 황제 자리를 두고 싸우는 혼란 상태가 이어졌는데 대표적인 두 황제 카라칼라와 엘라가발루스는 여러 면에서 정신적으로 문제가 있는 인물들이었다.

카라칼라는 셉티무스 세베루스의 아들로, 카라칼라라는 이름은 그가 켈트족이나 게르만족이 입던 짧은 튜닉 형태의 군용 망토를 입고 있었기 때문에 붙여진 것이다. 그는 동생인 게타Geta와 공동으로 통치권을 물려받았다. 형제는 서로 사이가 좋지 않았고 카라칼라는 게타를 제거할 계획을 세웠다. 그는 동생과 화해하려는 것처럼 가장하여 어머니의 거처로 동생을 유인한 뒤 찔러 죽였다. 이를 정당화하기 위해 그는 게타가 먼저 자신을 공격했다고 말했다. 그는 군대를 자기편으로 끌어들이느라 후한 기부금을 내 국고를 탕진했고 동생의 지지자들도 모두 제거했다.

카라칼라가 통치하던 짧은 기간 동안 로마에는 재앙이 끊이질 않았다. 코모두스처럼 그 역시 압제적인 성향에 거의 정신장애자에 가까웠기 때문이다. 군사적인 영광을 얻고자 하는 욕심에 사로잡혀 그는 자신이 따르고 싶어 하던 알렉산더 대왕과 동일시하면서 마케도니아 복장을 입고 마케도니아식 전투 대형을 만들기 위한 병력을 모았다. 그리고 각 사령관들의 이름은 알렉산더 대왕 밑에 있던 전술가들의 이름을 따서 지었다. 그는 트로이에 있는 아킬레스Achilles의 무덤을 찾아가기도 했다.

침착성이 없고 의심 많은 그는 자신이 저지른 형제 살해와 관련된 악몽을 꾸며 암살에 대한 두려움에 시달렸다. 그리하여 끊임없이 예언자나 점성술사들의 조언을 구하고 비판적이다 싶은 이들은 누구든 관계없이 모두 제거했다. 그는 알렉산드리아의 젊은이들을 특히 잔인하게 학살한 일이 있는데 그 도시에서 충분한 경의를 표하지 않고 무시했다고 생각했기 때문이었다. 그의 심술과 변덕이 더욱 심해진 것은 계속 그를 괴롭혔던 몸의 병 때문이라 여겨지는데 그 병이 정확히 어떤 것이었는지는 알 수 없다. 다만 알려져 있는 사실은 그가 치료법을 찾기 위해 당시 아우렐리아 아쿠엔시스Aurelia Aquensis라 불리던 바덴바덴Baden-Baden에 가서 켈트 신 그라누스(Grannus, 로마인들이 아폴로와 동일시한 치료의 신 – 옮긴이) 사원을 방문하고 페르가뭄Pergamum에 가서는 아이스쿨라피우스(Aesculapius, 의술의 신 – 옮긴이) 사원을 방문했다는 것이다.[29] 217년 봄 그는 근위대장 마크리누스Macrinus의 선동으로 살해되었다.

카라칼라가 암살되었다고 해서 로마 제국의 문제들이 해결되는 것은 아니었다. 그리고 이 암살에는 황제가 되고자 하는 마크리누스의 의도가 숨어 있었다. 법률가였던 마크리누스는 지위를 강화하고자 했으나 세베루스의 미망인 율리아 돔나Julia Domna가 이끄는 옛 왕가에는 막강한 적들이 있었고 그녀가 죽은 후에는 동생인 율리아 모에사Julia Moesa가 가문을 통솔했다. 율리아 모에사는 에너지가 넘치는 불굴의 여인으로 두 손자(자식은 딸들뿐이었으므로) 바시아누스Bassianus와 알렉시아누스Alexianus의 재산을 늘리는 데 여념이 없었다. 바시아누스는 자신이 섬기던 태양신의 이름을 따서 엘라가발루스로 알려지게 되었다.[30]

눈에 띄게 아름다운 14세의 그는 집안에서 제사장 역할을 맡아 에메사Emesa에 있는 장엄한 사원을 관할했다. 이 사원의 중앙에는 거대한 원뿔형 검은 돌이 있었는데 전설에 의하면 이 돌은 천국에서 떨어진 것이었다. 잘생긴 제사장은 그 나이 특유의 과시벽이 있어서 로마나 그리스의 양모를 입기 싫어했고 피부에 직접 닿는 경우 실크로 된 옷만 입었다. 그리고 화려한 제의(祭衣)를 입을 때면 매우 즐거워했다.[31]

엘라가발루스는 정치적인 야심이 없는 듯 했지만 그의 할머니가 로마 제국의 운명을 손 안에서 주무르겠다고 결심한 이상 그는 할머니의 목적을 위한 수단이 될 수밖에 없었다. 모에사는 마크리누스를 멸시했으며 세베루스 가문의 정당한 지위를 되찾기 위해 군대에 후한 뇌물을 주고 엘라가발루스의 진짜 아버지가 다름 아닌 카라칼라 황제라고 소문을 퍼뜨렸다.

소문이 동쪽 지방으로 빠르게 퍼져나가자 율리아 모에사와 그 가족은 엘라가발루스를 황제로 등극시키려는 계획을 꾸미고 도시를 떠나 군대 주둔지로 갔다. 안티오크에 있던 마크리누스는 반란이 일어날지 모른다는 소식을 처음에는 심각하게 받아들이지 않았다. 그러나 변절하는 군사들이 점점 늘어나자 용기를 잃어 두 군대가 서로 마주치게 되었을 때 화려한 망토와 황제의 휘장을 벗어던지고 턱수염도 깎은 뒤 달아나버렸다. 그는 로마로 가면 지지자들을 찾을 수 있을 거라 기대했으나 칼케돈(Chalcedon, 소아시아 북서부에 있던 고대 도시 - 옮긴이)에서 정체가 발각되어 즉시 사형 당했다.

태양신을 모시는 제사장 엘라가발루스는 이제 황제가 되었다. 그는 로마 제국의 운명을 쥐고 있던 사람들 중 아마도 가장 기괴한 인물이었을 것이다. 각지의 사람들로 구성된 그 세계에서 그가 시리아인이라는 점은 전혀 중요할 것이 없었다. 전례로 셉티무스 세베루스는 리비아인이었다. 그러나 그의 미숙함과 젊은 혈기 그리고 이상한 성격은 심각한 문제로 이어질 소지가 있었다. 그는 별나고 예민한 젊은이였기에 억지로 떠밀려 앉게 된 자리가 전혀 어울리지 않았다. 하지만 그의 할머니 율리아 모에사는 이를 대수롭게 여기지 않았다. 그녀는 손자가 명목상의 역할을 맡는 동안 자신이 진정한 권력을 행사할 수 있다고 믿어 의심치 않았기 때문이다. 단지 그녀는 황실이 니코메디아에서 로마로 옮기려 준비할 무렵 엘라가발루스에게 로마 관습에 맞게 점잖은 옷차림을 하라고 일렀을 뿐이었다. 엘라가발루스는 제사장의 역할에 마음을 쏟았고 제사장으로서의 운명은 정치적인 권력과 결합되자 황제의 통치에 치명적인 처방으로 작용하여 결코 안전히 정상이라고 볼 수 없었던 마음이 균형을 더욱 어지럽혀 놓았다. 앞서 간 칼리굴라와 코모두스처럼 그는 인간과 신이 자신의 내부에 융합되어 있으며 태양신의 제사장인 자신이 바로 인간의 모습으로 나타난 신이라고 믿게 되었다. 그는 금품을 후하게 베풀고 원형경기장에서 화려한 구경거리를 제공함으로써 로마인들의 마음을 가라앉혔지만 이내 진지한 원로원 의원들의 종교적인 감정을 상하게 하고 말았다. 주피터를 그가 숭배하는 신보다 열등한 존재로 깎아내렸기 때문이다.

처음 그가 행한 일들 가운데 하나는 장엄한 사원을 세우고 그 안에 신의 형상을 놓는 것이었다. 황금과 보석으로 장식한 마차를 여섯 마리 백마가 끌어 신을 새로운 집으로 운반하는 의식이 펼쳐졌다. 구경꾼들이 보기에는 마치 신이 직접 마차를 모는 것처럼 보였다. 하지만 실제로는 마차 앞에서 달리고 있는 엘라가발루스가 뒤를 향한 채 말들의 고삐를 잡고 있는 것이었다. 로마의 구경꾼들은 이 특이한 광경에 매료되어 꽃과 화환을 던졌지만 시리아 양식의 긴 튜닉을 입은 위엄 있는 군 사령관들은 제물의 내장이 포도주와 섞인 황금 그릇들을 운반해야 했다. 신전에 도착하자 황제는 특별히 세운 탑으로 올라가 흥분한 군중을 향해 선물을 뿌렸다. 이 선물 중에는 금은으로 만든 잔과 의복, 속옷 심지어 가축들도 있었는데 종교적인 금기로 황제가 손 댈 수 없는 돼지는 제외되었다.

이처럼 구경꾼들에게 극적인 볼거리를 제공하는 그의 별난 취미는 그 자체로는 그다지 해로울 것이 없었다. 하지만 그의 망상은 이 정도에서 그치지 않았다. 그는 자신이 신이기에 여신과 결혼하는 게 당연하다고 주장했다. 배우자감으로 팔라스(Pallas, 지혜의 여신 아테나의 다른 이름 - 옮긴이)의 조상이 신전에 운반되어 오자 엘라가발루스는 이를 거부하며 신부가 될 사람은 훨씬 더 용맹한 기질을 지니고 있어야 한다고 말했다. 결국 그는 우라니아Urania, 타니트Tanit, 아슈타르테Astarte 등으로 불리는 카르타고의 달의 여신을 택했다. 사실상 태양신의 신부로 달의 여신보다 더 어울리는 상대는 없었을 것이다. 그는 신부의 결혼 지참금으로 막대한 금액을 요구했고 신하들에게는 경축 행사와 연회로 결혼을 축하하라고 명했다.

그러나 여신과 결혼한다고 해서 혼인이 완성되는 것은 아니었다. 젊고 잘생긴 황제에게는 인간적인 성욕이 있었고 어쩌면 도가 지나칠 정도의 욕구를 지니고 있었다. 인간의 세계만 놓고 보자면 그는 로마 귀족 여인과 첫 결혼을 한 후 그녀와 이혼하고 율리아 아퀼라Julia Aquila와 재혼했다. 그녀는 로마의 여신 베스타Vesta의 여성 사제, 말하자면 성녀Vestal Virgin로서 순결을 맹세한 여인이었다. 이러한 결합은 종교적인 예절에 분명히 위배되는 일이었다. 하지만 황제는 비판자들에 맞서 자신과 율리아 아퀼라와 같이 신성한 두 사람의 결혼은 불경한 일이 아니라 오히려 특별히 성스러운 결합이라고 주장했다. 이처럼 율리아 아퀼라와의 결합이 신성한 것이라 단언하던 그는 얼마 지나지 않아 황실 가문 사람을 새 신부로 맞아들이기 위해 그녀를 내쫓았다. 그러나 결국에는 짧은 생애 막바지에 다시 그녀의 품으로 돌아갔다. 그 전에 그는 다섯 차례 혼인을 맺었는데 모두 4년간의 재위 기간 동안 있었던 일이다.

엘라가발루스는 정신적인 혼란뿐만 아니라 성적 정체성의 혼란도 겪었다. 아름다운 장식품들을 너무 좋아한 나머지 그는 여장을 하기 시작했다. 얼굴에는 화장을 하고 목에는 반짝이는 목걸이를 건 채 실크로 된 튜닉을 입고 대중 앞에서 서슴없이 춤을 추었다. "그는 양모로 만든 옷을 입었으며 때로는 머리에 여성용 머리그물을 쓰고 흰 염료와 붉은 알카넷alkanet 염료를 눈에 바르기도 했다. 실제로 한 번은 턱수염을 밀고 이를 기념하는 축제를 열었다. 뿐만 아니라 그 후에는 더욱 여성스럽게 보이기 위해 털도 뽑아버렸다."[32] 그러다가 그는 성기를 제거하는 일을 고려하기까지 했다. 디오 카시우스는 그에 관해 다음과 같이 기록했다.

그는 몸을 이용해 온갖 이상한 것들을 시도하고 받아들였다... 그는 밤마다 가발을 쓰고 선술집에 가서 여자 행상인 행세를 했다. 그리고 악명 높은 매음굴에 들락거리며 매춘부들을 쫓아내고 본인이 매춘부 노릇을 했다. 끝내는 궁 안에 방을 하나 마련해 그곳에서 추잡한 행위들을 저질렀다. 그는 매춘부들이 하듯 늘 벗은 몸으로 방 문 앞에 서서, 황금 고리들로 매달아 놓은 커튼을 흔들며 부드럽고 연약한 목소리로 지나가는 사람들을 유혹했다.[33] 고객들은 황제가 베푸는 호의에 대한 대가로 거액을 지불했다.

이처럼 아슬아슬한 행위에 관한 소문 때문에 황제로서 그의 위치는 강화될 수가 없었다. 만약 자신의 취향에 맞는 남자들을 대신이나 황실 관리들로 임명하지만 않았다면 이러한 행위들도 그렇게까지 해가 되지는 않았을 것이다. 그가 가장 총애한 인물은 카리아Caria 출신 노예였던 히에로클레스Hierocles였다. 그는 전차에서 떨어졌을 때 잘생긴 얼굴과 금빛 머리카락이 드러나면서 황제의 눈에 띄었다. 엘라가발루스는 그를 궁으로 불러 전차 모는 법을 가르치게 하고 마침내는 일종의 결혼식을 올려 그를 '남편'이라 불렀다. 히에로클레스는 황실에서 막대한 영향력을 행사하게 되었고 황제는 그를 너무 아낀나머지 할머니의 분노를 각오하고 그를 후계자로 임명해야 한다고 말했다. 그러나 '밤의 술'로 황제의 넋을 빼놓은 사람은 히에로클레스뿐만이 아니었다. 그의 총애를 얻으려면 누구든 우선 그와 '부정(不貞)'을 저질러야 했다. 엘라가발루스는 연인에게 '눈에 멍이 들도록' 맞기를 좋아하는 피학대 음란증 환자masochist였다.

단 한번 히에로클레스의 영향력에 위기가 닥친 일이 있었다. 아름답고 젊은 아우렐리우스 조티쿠스Aurelius Zoticus에 관한 소문이 황제의 귀에 들어간 것이다. 소문에 따르면 그는 스미르나Smyrna 출신 요리사의 아들로 체격이 건장하고 '은밀한 부분이... 누구와도 비교가안 될 만큼 대단한 인물'이라고 했다. 엘라가발루스는 그를 시종으로 들였다. 옷을 벗은 그의 모습은 과연 듣던 대로 대단했고 황제는 어느 때보다 강한 욕망에 불타올랐다. 그러나 이 위험한 경쟁자를 시기한 히에로클레스는 조티쿠스에게 약을 먹여 성적인 능력을 약화시켰다. '발기가 되지 않아 난처한 밤을 보낸 후' 조티쿠스는 총애를 잃고 황실에서 쫓겨났다.[34]

이처럼 궁 안에서 벌어진 기이한 행위들은 황실 관료들뿐만 아니라 결국에는 로마 민중에게도 반감을 사게 되어 곳곳에서 불만이 넘쳐흘렀다. 이러한 비판들에 대해 엘라가발루스는 선황들과 같은 태도로 대응했다. 그의 행동에 의문을 제기하는 이들은 투옥하여 사형에 처하고 추종자들에게는 높은 관직을 상으로 내린 것이다. 전차 기수나 자유민, 배우, 이발사, 노새 마부, 자물쇠 제조인 등 신분에 관계없이 누구든 외모가 황제의 마음에 들기만 하면 높은 관직에 오를 수 있었다. 헤로디아누스는 이렇게 말했다. "황제는 극도로 정신이 이상해져서 연극 무대나 야외극장에서 남자들을 데려다가 황실에서 가장 중요한 관직을 맡겼다."[35]

이 모든 일들은 그의 할머니 율리아 모에사가 기대한 바는 아니었다. 그녀는 권력과 지위를 원했고 셉티무스 세베루스 황제의 처제로서 정치적인 책무를 손자보다 훨씬 잘 인지하고 있었다. 그녀는 손자를 도구로 삼을 수 있으리라 생각했으나 결국 커다란 실망감만 안게 되었다. 엘라가발루스의 경솔한 행동이 매우 염려스러워진 그녀는 간신히 그를 설득하여 알렉산더로 이름을 바꾼 그의 사촌 알렉시아누스를 후계자로 임명하게 했다. 이로써 그녀는 엘라가발루스가 자리에서 물러나더라도 왕위 계승에 대비할 수 있었다. 엘라가발루스는 아직 이십대 초반이었지만 율리아 모에사는 그의 정신 나간 통치가 파멸에 이를 가능성을 예상하고 있었던 것이다. 알렉산더의 자격을 입증하기 위해 그녀는 카라칼라가 여러 누이들과 관계를 가졌기 때문에 알렉산더 역시 카라칼라의 아들이라고 주장했다. 알렉산더의 어머니 마마이아Mamaea는 아들의 안전이 걱정되어 그가 사촌의 방탕한 황실에서 빠져나와 학문과 무술을 제대로 익힐 수 있도록 하려 애썼다.

엘라가발루스는 정신적으로 불안정하기는 했어도 상황이 어떻게 흘러가는지 파악할 만큼의 현실감각은 있었다. 그는 화가 나서 알렉산더의 가정교사들을 궁 밖으로 내쫓았다. 마마이아는 알렉산더에게 황실 주방에서 만든 음식은 먹지도 마시지도 말라고 주의를 주었다. 그녀와 그녀의 어머니는 위기가 닥쳤을 때를 대비해 군대에 기부금을 보내기 시작했다. 한편 엘라가발루스는 얼마 전 사촌에게 부여한 후계자 권한을 취소하려 애쓰고 있었다.

221년 말 군대에 퍼져 있던 불만이 반란으로 이어졌다가 근위대장에 의해 진압되었다. 그러나 엘라가발루스에게 있어 이 사건은 그가 지위를 계속 유지할 수 있느냐 하는 문제의 열쇠를 쥐고 있는 군대가 그의 정치에 반감을 품고 있음을 암시하는 불길한 징조였다. 그들의 지지를 되찾기 위해 그는 평판이 좋지 않은 조언자들을 해임하고 알렉산더를 후계자 자리로 복귀시켰다. 앞서 그는 알렉산더가 죽음의 문턱에 있다고 공표했었다. 군대의 의심을 가라앉히기 위해 그는 알렉산더를 가마에 태워 병영으로 보냈다. 그러나 때는 이미 너무 늦었다. 율리아 모에사의 하사금을 받은 군인들은 알렉산더를 환대하고 황제를 무시했다. 궁지에 몰린 엘라가발루스는 사당에서 밤을 보낸 후 필사적인 최후 방편으로 알렉산더의 주요 지지자들을 체포하라고 명령했다.

그러나 그것으로 끝이었다. 군인들은 황실 역사에서 빈번히 그래왔던 것처럼 반대로 황제를 공격했다. 엘라가발루스와 그의 어머니 소아이미스Soaemis 그리고 그가 총애하던 히에로클레스를 모두 죽인 것이다. 그들의 시체는 온 도시로 끌려 다니다가 사지가 잘려 티베르강으로 통하는 하수구에 버려졌다. 알렉산더 세베루스가 황제 자리에 오르자 할머니인 율리아 모에사와 어머니인 마마이아는 드디어 한시름 놓을 수 있었다. 그리고 태양신은 더 이상 로마에 존재하지 않게 되었다.

실제로 엘라가발루스는 현대 심리학자들이 자기애 인격 장애 narcissistic personality disorder라 설명하는 모든 기준에 부합한다.[36] 그는 지나친 자만감에 빠져 있었고 정치적인 현실성은 무시한 채 화려한 옷과 권력에 대한 환상에만 정신이 팔려 있었다. 특별한 친절과 완벽한 봉사를 바라면서도 신하들이나 시중드는 사람들에게 그 어떤 특별한 책임도 지지 않았다. 그리고 과시하기를 좋아해서 끊임없는 찬양과 관심을 요구했다. 개인적인 인간관계에도 문제가 있었는데 그 이유 중 하나는 그가 타인과 공감할 줄을 몰라서 진정한 애정은 거의 주지도 받지도 못 한다는 것이었다. 비판에 대해 그는 무관심이나 분노로 대응했다. 할머니의 자극에서 비롯된 것이라고는 해도 그는 철저하게 자기중심적이었고 그의 삶은 성적인 불안정과 성적 정체성의 혼란으로 점철되었다. 신분의 전 계층에 걸쳐 가지각색의 부인들을 맞이했던 그가 과연 자신이 총애하던 남성들과의 육체적인 관계를 제외하고 한 번이라도 진정한 관계라는 것을 맺은 적이 있는지 의심스럽다. 궁극적으로 그는 미숙하고 이기적인 젊은이로서 아첨으로는 모자라 숭배를 요구하는 극도로 자기중심적인 자기애 인격 장애자였다.

지금까지 우리가 살펴 본 로마 황제들은 정신적으로나 신체적으로나 각기 다른 형태의 혼란들을 겪었다. 그러나 그들에게는 한 가지 공통점이 있었다. 바로 절대 권력을 쥐고 있었다는 점이다. 이 권력 때문에 티베리우스와 네로는 폭군 행세를 할 수 있었고 칼리굴라와 코모두스, 엘라가발루스는 신성한 지위를 주장할 수 있었다. 그러나 권력은 마약과도 같다. 권력에 중독된 사람들은 권력의 노예가 된다.

권력은 '중독자들을 먹이로 하여 점점 자라나는 힘'이기 때문이다. 그리하여 황제들은 시야가 흐려지고 판단력이 왜곡되고 직관이 무뎌지면서 그들의 광대한 세력 범위에 속한 백성들에게 해로운 영향을 끼치게 된다. 결국 로마 원로원은 겁에 질려 복종하고 국고는 끊임없이 약탈당하고 무고한 남녀들은 고문과 죽음에 시달리는 결과가 초래되고 말았다.

중세의 3대 비극

_존 왕 *King John*
_에드워드 2세 *Edward II*
_리처드 2세 *Richard II*

중세의 3대 비극

권력과 광기

앞서 살펴 본 로마 황제들은 절대 군주로서 그들이 휘두를 수 있는 권력 때문에 비뚤어지고 혼란스러운 정신 상태를 보였다. 반면 영국의 중세 왕들은 이들과는 다른 성질을 지녔다. 종교적 전통 속에서 성장한 그들의 권력은 관습에 따른 책임과 대관식에서의 선서로 인해 제한되어 있었다. 천부적인 역량이 아무리 부족하다 해도 그들은 성공적인 전쟁을 수행하고 정의를 구현하는 등 자신들이 져야 하는 책임을 대체로 인지하고 있었다. 때문에 대부분의 중세 영국 왕들은 각각의 시대 환경에 따라 당대의 귀족들과 경제적, 정치적 불안 등이 야기하는 문제들에 어느 정도 적절히 대처할 수 있었다.

그러나 성공과는 거리가 멀어 내란으로 통치에 혼란을 겪고 결국 비극적인 결말을 맞은 네 명의 왕이 있었으니 바로 존 왕과 에드워드 2세, 리처드 2세 그리고 헨리 6세이다. 이 중 존 왕을 제외한 세 명은 왕위를 잃고 끝내는 살해당했다. 존 왕이 폐위를 피할 수 있었던 것은 아마도 그 전에 죽었기 때문일 것이다. 리처드 2세와 헨리 6세는 왕위에 오를 때 미성년이었다. 이 점은 그들의 정책 결정에 영향을 미치는 요인으로 작용했으며 그들의 통치가 비극적인 결말을 맞게 된 데에도 영향을 끼쳤을 가능성이 높다. 존 왕과 에드워드 2세는 성인이 되어 왕위에 올랐지만 그들의 개인적인 배경과 사춘기를 보면 알 수 있듯 주변과 마찰을 일으키기 쉬운 성격을 지니고 있었다.

네 명의 왕은 모두 인격적인 문제라 할 만한 요소들을 갖추고 있었다. 그리하여 일부 동시대인들과 현대 역사가들은 이들에 대해 말할 때 비정상 혹은 정신이상이라는 표현까지 사용하였다. 존 왕과 같은 시대에 살았던 한 연대기작가는 그를 가리켜 "망령이 들었다."라고 말했고 "마법과 요술에 걸려 미쳤다."라고 표현하기도 했다. 현대 프랑스 역사가 샤를 프티-뒤타유는 1936년 저서에서 존 왕이 심각한 심리 장애를 겪었음이 분명하다고 주장했다. 그의 주장은 다음과 같다.

> 존 래클랜드John Lackland는 오늘날 잘 알려져 있는 정신질환을 겪었으며 현대 정신과 의사들은 이 질환을 주기적 정신병periodical psychosis이라 설명한다. 현대 역사가들이 그의 성격을 그토록 잘못 평가할 수 있었다는 사실은 놀랍지 않을 수 없다. 예컨대 그들은 존 왕이 감정의 지배를 결코 허락하지 않는 차갑고 계획적인 악인이었고 따라서 그는 더욱 더 용서할 수 없는 인물이라고 말한다... 우리가 하나하나 살펴 본 증상들은 모두 주기적 정신병 혹은 순환기질의 증상들이다. 필립 아우구스투스(Philip Augustus, 존 왕의 적이었던 프랑스 왕)의 경쟁자는 정신이상자였던 것이다.[1]

생존 당시 에드워드 2세는 미쳤다기보다는 별난 사람으로 여겨졌다. 그러다가 20세기 초에 들어서야 미국 학자들은 그가 제정신이

아니었다고 추론하게 되었다. 샬폰트 로빈슨 박사Dr Chalfont Robinson
는 에드워드 2세가 '의학계에서 퇴행이라는 말로 포괄하는' 질환을
앓았으며 이는 '뇌가 병든 상태'였기 때문이라고 단언했다.[2] 그리고
영국 역사가 스틸A. B. Steel은 리처드 2세가 말년에 정신분열증에 시
달렸다고 확신했다.[3] 이러한 판단에 대해서는 여러 가지 의심이 제기
될 수 있을지 모르나 헨리 6세가 1454년에서 1456년 사이에 심각한
신경쇠약nervous breakdown을 겪었다는 사실은 분명하며 끝내 완전
히 제정신을 회복하지 못했을 가능성도 높다. 결국 이 왕들은 모두
인격 장애를 겪었으며 어쩌면 정신적인 손상도 입었다.

그렇다면 이러한 인격 장애는 얼마나 심각했으며 그 특징들은 무
엇이었을까? 인격 장애가 왕들의 통치에 어떤 영향을 주었을까? 현
대 역사가들은 압제적이고 부도덕하며 부정한 최악의 영국 중세 왕
으로서 오랫동안 악명이 높았던 존 왕에 대해 재평가를 내리고 있
다.[4] 그는 능력과 자질을 갖춘 정치가의 재능을 시험하는 어려운 문
제들에 부딪히곤 했다. 그가 통치하는 동안 귀족들의 불만 증가, 프
랑스 왕 필립 아우구스투스의 적대 행위, 교황 인노켄티우스Innocent
3세와의 다툼, 물가 폭등과 같은 수많은 문제들이 발생했지만 이 문
제들은 거의 그의 탓이라고 볼 수 없다. 이러한 위기들을 해결하는
데 있어 그의 재능이 부족했던 것은 아니다. 그러나 잇달아 일어난
불행들이 누적되면서 그의 계획은 갈 길을 잃고 말았다. 교황은 영국
을 교회에서 파문시켜 모든 예배와 교회 의식을 금지했고 존 왕은 어
쩔 수 없이 굴복하여 교황의 봉신이 되었다. 이 사건은 많은 사람들
에게 참을 수 없는 모욕감을 안겨 주었다. 그의 터무니없는 세금 징
수에 귀족들의 불만은 늘어 갔고 결국 이들은 왕에게 자유 칙허장 승
인을 강요하기에 이르렀다. 이것이 바로 1215년 5월 날인된 마그나

카르타(Magna Carta, 대헌장)이다. 존 왕이 과연 이 조항들을 지킬 의
향이 있었는지는 알 수 없지만 불만을 품은 귀족들은 이미 프랑스에
도움을 요청한 상태였다. 이 시기에 웰스트림Wellstream 어귀에서 물
이 차올라 왕의 권장을 포함한 화물을 잃어버린 존은 사나운 강풍이
거센 파도를 일으키던 1216년 10월 18일 시름시름 앓다가 결국 숨을
거두었다.

　존 왕의 성격은 이러한 문제들이 악화되는 데 어느 정도까지 영향
을 미친 것일까? 그리고 만약 그에게 정신적인 문제가 있었다면 어
떤 점에서 문제가 있었던 것일까? 존 왕의 성격이 복잡하고 불가사
의했다는 사실은 물론 쉽게 인정되는 부분이다. 그러나 그를 정신이
상자라 부를 만한 정당성이 있는지는 좀 더 의심해 봐야 할 문제이
다. 그의 성격은 가문의 내력과 성장과정에 비춰 이해되어야 한다.
그가 태어난 앙주Anjou 가문에는 유능하지만 불안정한 왕들이 많았
기 때문이다. 앙주는 프랑스 중부에 있던 작은 공국으로 이 가문을
이끈 이들은 노련한 솜씨로 점차 영토를 확장해 나갔다. 존 왕의 아
버지 헨리 2세는 영국 왕이자 노르망디 공작이 되었으며 아키텐
Aquitaine 가문의 상속녀인 엘레아노르Eleanor와 유리하지만 불행한
결혼을 함으로써 아키텐 공작이 되었다. 이 결혼을 통해 프랑스 남서
부 일대를 손에 넣어 그는 영국 전체와 프랑스의 상당 부분을 포함하
는 광대한 제국을 거느리게 되었고 1199년 존 왕이 그의 형 리처드 1
세에게서 이 영토를 물려받게 되었다.

　앙주 왕가 혹은 플랜테저닛Plantagenet 왕가는 '악마의 종족'으로
익히 알려져 있었다. 그리고 이 가문에 관해 다음과 같은 기묘한 이
야기가 떠돌았다. 앙주 가의 한 백작이 새 부인을 데려 왔는데 그녀
는 보기 드물게 아름답지만 교제를 꺼리는 이상한 여인이었다. 신앙

을 매우 중시했던 시대에 그녀는 유별나게 미사 참례를 꺼렸다. 그리고 참석하는 경우에는 항상 빵과 포도주를 축성하기 전에 서둘러 성당을 빠져나갔다. 그녀의 행동에 당황한 백작은 네 명의 기사들에게 그녀의 감시를 명령했으며 성당에서 일찍 빠져나가지 못하게 하라고 지시했다. 그녀가 성당에서 나가려고 일어서자 기사들 중 한 명이 그녀의 옷자락을 밟았다. 사제가 빵을 축성하기 위해 들어올리자 그녀는 비명을 지르면서 옷을 빼내고는 계속 소리를 지르며 두 아이를 데리고 창문을 넘어 달아나버렸다. 사실 백작부인은 사탄의 딸인 악한 요정 멜루지네Melusine였기 때문에 미사에서 행하는 빵과 포도주의 축성을 견딜 수가 없었다. 이 이야기에 따르면 그녀의 두 아이로부터 이어진 후손들이 바로 앙주 가의 백작들과 영국 앙주 왕가의 왕들이라는 것이다. 미신이 유행하던 시대에 남의 말을 잘 믿는 사람들이 보기에 이러한 전설은 플랜테저닛 가문 사람들의 비정상적인 특성을 그럴 듯하게 설명해 주는 것이었다.

이 왕들을 종종 괴롭히는 악마적인 에너지와 격한 성미는 이처럼 '악마와 같은' 가문에서 비롯되었다. 존 왕의 형인 리처드 1세는 빈정대듯이 이렇게 말했다. "우리는 악마의 자손이니 악마의 품으로 돌아가야 한다."[5] "우리의 유산을 빼앗아가지 말라. 우리는 악마와 같이 행동할 수밖에 없다." 클레르보 수도원Clairvaux의 성 베르나르도 St Bernard는 이렇게 말했다. "악마에서 나온 자 악마에게로 돌아가리라."[6] 존 왕의 아버지 헨리 2세는 뛰어난 능력과 거침없는 결단력의 소유자로 늘 힘이 넘쳤으며 성미도 사나웠다. 그가 노하면 눈에서는 불이 번쩍였다. 리지외Lisieux의 아르눌프Arnulf는 캔터베리의 토마스 베케트 대주교에게 말했다. "그는 위대한, 사실상 가장 위대한 왕입니다. 그가 두려워할 만큼 우월한 사람도 없으며 그에게 감히 저항할 신하도 없기 때문입니다."[7] 토마스 베케트는 후일 왕의 분노가 얼마나 파괴적인 영향력을 발휘하는지 깨닫게 된다. 격한 성미를 자제하라는 주교의 용감한 충고에 헨리는 신이 분노할 수 있다면 왕이 분노하지 못할 이유가 없다고 사납게 대답했다. 리샤르 뒤 오메Richard du Hommet라는 대법관이 헨리 2세의 적인 스코틀랜드의 사자왕 윌리엄을 칭찬한 일이 있었는데 이때 헨리 2세는 '쓰고 있던 모자를 내팽개치고 허리띠를 풀고 망토와 옷을 벗어던지고는 소파의 실크 덮개를 벗기고 그것이 마치 거름더미인 양 깔고 앉아서 지푸라기를 물어뜯는 등' 난폭한 행동을 했다.[8]

　이러한 가문의 내력을 보면 존 왕의 성격도 어느 정도 이해가 된다. 특히 그의 어머니인 아키텐 가의 엘레아노르가 오만하고 난폭한 여자였다는 점을 떠올리면 더욱 그렇다. 존 왕은 이 악마 종족에서 나이가 가장 어려 응석받이로 자란 탓에 무예보다는 사치스런 궁중 생활과 멋 부리기를 더 좋아했고 행동이나 사고가 모두 미숙했다. 존 왕의 비정상적인 성격은 성장 과정과 환경에 초점을 맞춰 해석할 수 있다. 그는 독단적인 아버지와 지배욕 강한 어머니의 세력 다툼 속에서 성장했다. 그의 어머니는 그를 무시하는 경향이 있었다. 그리고 아버지는 그에게 호의를 보이다가 나중에는 등을 돌렸다. 그가 자란 앙주 왕가는 위선과 배반을 가르치는 학교나 다름없었다. 그리고 결과적으로 볼 때 그는 훌륭한 학생이었다. 성미가 불같고 자기중심적인 그는 문제를 일으키는 사람인 동시에 피해자이기도 했으며 결국 그 문제들로 인해 파멸에 이르고 만다.

　그렇다면 그의 정신 상태에 문제가 있었다는 것은 구체적으로 어떤 면들 때문일까? 프티-뒤타유는 그가 조울증 환자였으며 그 때문에 그의 삶에서 에너지가 넘치는 시기와 시종일관 무기력한 시기가

중세의 3대 비극

번갈아 나타났다고 설명했다. 그의 나태한 태도는 1204년 노르망디를 프랑스에 빼앗기는 데 있어서 중요한 요소로 작용했다.[9] 연대기 작가의 기록에 따르면 그는 밤에 방탕한 생활을 하고 아침에는 늦게까지 어린 부인 이사벨라Isabella와 함께 침대에 누워 있었다. 노르망디에 도착하면 쓸모가 있으리라 생각하여 말과 개, 매 등을 배에 싣던 바로 그날, 노르망디 방어의 요충지인 센Seine 강이 내다보이는 막강한 요새 가이야르 성Château-Gaillard이 적에게 함락되었다. 그러나 기록들을 자세히 살펴본다 해도, 그처럼 에너지 넘치는 시기와 무기력한 시기의 뚜렷한 교차가 과연 그의 삶에서 지속적인 특징으로 나타났는지는 알 수 없다. 정치에 대한 존 왕의 관심은 때때로 돌발적인 경향을 띠었지만 대체로 그는 갑자기 무기력해지는 상태에서도 부지런하고 견실하기까지 한 왕이었다.

조울증이 문제가 아니었다면 존 왕이 정신적으로 불안정했다고 알려져 있는 다른 이유는 무엇일까? 전해지는 이야기에 따르면 그의 격한 분노와 잔인한 만행은 정도가 너무 지나쳐 사람들이 그를 보고 미친 사람처럼 행동한다고 생각할 정도였다. 디바이지스Devizes의 리처드는 리처드 1세의 대리인 격인 대법관 윌리엄 롱챔프William Longchamp와 존 왕이 마주하고 있던 상황을 다음과 같이 회상했다. "그는 거의 알아볼 수 없을 정도로 딴 사람이 되었다. 눈썹은 분노로 일그러지고 두 눈은 이글이글 불타오르고 불그스름하던 뺨은 푸르게 변했다. 극도로 흥분된 그 순간 만일 왕이 팔을 휘둘러 대법관을 손아귀에 넣으면 그 후로 과연 대법관이 어떻게 될지 나는 알 수 없었다."[10] 이처럼 불같은 성미는 확실히 그에게 인격 장애가 있었다는 사실을 암시한다. 그러나 불같은 성미는 앙주 가의 전형적인 특징이었다.

그는 혹독한 시대를 살았다. 기도와 신성한 의식으로 어느 정도 누그러졌던 분위기도 어느새 피와 고문으로 뒤덮이곤 했다. 그러나 시대적인 기준을 감안하더라도 존 왕은 지나치게 잔인했다. "모든 남자들에게 무자비하고 예쁜 여자들에게는 탐욕스러운 몹쓸 인간이었다."라는 것이 연대기 작가들의 의견이다. 그의 잔인하고 가학적인 본성은 조카인 브르타뉴Brittany의 아서(Arthur, 아르튀르)에 대한 태도에서 드러난다. 아서는 영국 왕위 계승자로서 존 왕보다 더 적합한 자격을 갖추고 있었다.

아서의 어머니 캐서린Catherine은 당시 12살인 아들의 목숨이 염려되어 안전을 위해 그를 프랑스 왕 필립 아우구스투스의 궁으로 보냈다. 브르타뉴에서는 열광적으로 아서를 군주로서 맞아들였지만 이웃의 노르망디 사람들은 이에 분노하여 존을 왕으로 추대했다. 왕은 어린 아서가 위험한 경쟁자라는 데 대한 끈질긴 두려움을 떨쳐버릴 수 없었다.

운명의 여신은 왕의 손을 들어 주었다. 1202년 미레보Mirebeau에서 어린 왕자는 존 왕의 포로가 되어 결국 역사에서 사라졌다. 연대기 작가 코게셸Coggeshall의 랄프Ralph에 따르면 존 왕은 아서를 팔레즈Falaise 성으로 데려가 눈을 가리고 거세시키라고 명령했지만 아서의 후견인 위베르 드 부르Hubert de Burgh가 이 추악한 행위를 막아냈다. 이 이야기는 후일 셰익스피어의 희곡 《존 왕King John》에 삽입되었다.[11] 글로스터셔Gloucestershire의 마감Margam에 있는 시토회 Cistercian 수도원에서 기록된 한 연대기에는 더욱 그럴 듯한 이야기가 담겨 있다. 이 수도원은 미레보에서 아서를 붙잡은 윌리엄 드 브리오즈William de Briouse가 후원하던 곳이다.

존 왕은 아서를 잡아다가 얼마 동안은 감옥에 가둬 두었다. 그러다가 부활절 전 목요일(1203년 4월 3일), 루앙Rouen 성에서 저녁식사를 마친 그는 술에 취하고 악마에 홀려 자기 손으로 아서를 죽이고는 시체에 무거운 돌을 묶어 센 강으로 던져버렸다. 한 어부가 그물에 걸려 있는 시체를 발견하고 둑으로 끌고 갔다. 그 시체가 아서임을 알아본 그는 폭군 존 왕이 두려워 시체를 베크Bec 수도원으로 옮겨 비밀리에 매장했다.[12]

브리오즈 가문은 당시 존 왕의 총애 속에서 막대한 영지와 권력을 손에 넣었다. 그러나 존 왕과 윌리엄 드 브리오즈 사이에는 점차 긴장감이 형성되었고 결국 의심과 공포, 참혹한 죽음이 두 사람의 관계를 장식했다. 드 브리오즈는 보상이 충분치 못하다고 생각했고 존 왕은 그처럼 교묘한 사람이 자신의 치명적인 비밀, 즉 아서를 살해했다는 사실을 알고 있다는 것이 두려웠다. 존 왕이 드 브리오즈의 부인 마틸다Matilda에게 아들을 볼모로 잡아 두겠다고 요구하자 그녀는 존 왕의 밀사들에게 자기 조카를 살해한 사람에게 아들을 넘겨 줄 생각은 꿈에도 없다고 다소 경솔하게 말했다. 때문에 존 왕은 드 브로이즈 가문에 무시무시한 앙심을 품게 되었다.

존 왕은 복수심이 깊고 무자비한 왕이기는 했지만 충동적으로든 계획적으로든 가학을 즐긴다거나 정신이상자라는 평을 들을 정도로 잔혹하지는 않았다. 예컨대 그는 러시아 황제 이반 뇌제나 표트르 대제에 비해서는 훨씬 양호했다. 두 사람이 적을 대하던 가학적인 태도는 그야말로 정신이상자의 대표적인 특징이라 할 만한 것이었다.

존의 정신적인 문제는 그의 불안감에서 가장 강하게 나타났다고 볼 수 있다. 이 불안감 때문에 그는 적에게 무자비하고 보복적인 태도를 취했고 질투와 의심에 휩싸여 동지와 적의 구분을 두지 않는 경향이 있었다. 그는 충성스럽게 자신을 지지하던 위베르 드 부르나 윌리엄 마샬William Marshal 같은 이들도 아무렇지 않게 저버렸다. 그의 조언자들은 점점 줄었고 그는 돈에만 움직이는 제라르 드 아티에 Gerard de Athies와 같은 외국 군인들에게 의지했다. 그는 의심의 여지 없이 노련하고 유능한 인물이었지만 결국에는 스스로 통제할 수 없는 상황에 직면하였다. 물가 상승, 소득 하락으로 부족해진 세입을 채우기 위해 과도한 세금이 징수되자 불만을 품은 귀족들이 반발하기 시작했고 당대의 가장 위대한 두 인물로 꼽히는 프랑스의 필립 아우구스투스와 교황 인노켄티우스 3세까지 존 왕을 적대시한 것이다. 그는 미쳤다기보다는 불운한 인물이었다. 그러나 분명 그의 성격에는 동시대인들을 당황하고 놀라게 만드는 면들이 존재했다. 마감의 연대기 작가는 그를 가리켜 '악마에 홀렸다' 라고 표현했으며,[13] 웬도버Wendover의 로저Roger는 그가 '요술과 마법에 걸려 미쳤다' 라고 불쾌한 어조로 말했다.[14] 미치지 않았다면 그는 과연 온전히 제정신이었을까? 일부는 선조로부터 물려받기도 한 그의 기질적 특성이 그를 정신이상의 경계로 떠밀고 있었던 것일까? 우리는 그에 관해 의심되는 점들을 그에게 유리하게 해석해 줄 수는 있다. 그러나 때때로 그의 행동 방식이 거북했다는 점은 무시할 수 없다. 발작적으로 나타난 무기력, 격한 분노와 무자비한 태도, 지나친 의심 등은 그가 심각한 인격 장애자였다는 사실을 암시한다.

존 왕의 증손자로 1307년 영국의 왕이 된 에드워드 2세는 운이 나쁜 인물이었다. 크리스토퍼 말로우Christopher Marlowe가 희곡을 통해 묘사한 바와 같이 에드워드 2세의 치세는 본인에게 일신상의 비극을 안겨 주었다. 그의 운명은 존 왕 못지않게 비참했으며 그 원인도 크게 다르지 않았다. 존의 성격적인 결함이 그의 위기 상황을 더욱 악화시켰다면 에드워드 2세의 본성은 스스로의 몰락에 그만큼, 아니 그보다 훨씬 중요한 요인으로 작용했다. 사적인 원한이 공공 정책을 어지럽힌다는 데에는 의심의 여지가 없다. 하지만 미국인 작가가 약 80년 전 생각했던 것처럼 그는 과연 정신이상자로 분류될 만큼 심각한 인격 장애를 지니고 있었던 것일까?[15] 그의 성격에 비정상적인 면들이 있고 당대의 많은 사람들이 그를 왕으로서 부적합하게 여겼다고 해도 에드워드 2세는 미친 사람은 아니었다.

다른 많은 왕들이 그렇듯 그의 성격 형성에는 성장과정이 지대한 영향을 미쳤다. 에드워드 1세의 아들로서 1301년 웨일스 공작Prince of Wales으로 임명된 그는 왕실 환경이 자신의 성미에 맞지 않는다는 사실을 깨달았다. 그의 어머니인 카스티야의 엘레아노르는 그가 13세 되던 해에 세상을 떠났다. 아버지 에드워드 1세는 뛰어난 전사로서 완고하고 기력이 넘치며 앙주 가의 특징을 물려받아 불같은 성미를 지녔다. 일례로 1297년 '딸인 홀랜드Holland 백작부인이 머리 장식에 달기 위해 구입한 거대한 루비와 에메랄드'를 본 그가 버럭 화를 내며 이 보석들을 불 속에 던져버리는 바람에 왕실 금세공인인 애덤Adam에게 그 값을 배상해 주었다는 기록이 있다.[16]

어린 아들은 금방이라도 전쟁이 일어날 듯한 왕실 분위기와 무정하고 광포한 아버지에게 반항적인 태도를 보였다. 에드워드 2세가 나약하고 감상적이었던 것은 아니다. 그는 강인하고 근사한 남자로 성장했으며 승마를 즐겼다. 시에 대한 안목이 뛰어나고 연극 애호가이기도 했던 그는 왕실에 있는 대부분의 고관들보다 높은 수준의 교양을 갖췄다. 에드워드 2세의 대법관이자 캔터베리의 대주교인 월터 레이놀즈Walter Reynolds가 그의 주의를 끌게 된 본래 이유는 연극 연출가로서의 재능 때문이었다는 소문이 돌 정도였다. 에드워드 왕이 작은 관현악단을 고용한 것과 다를 점이 없다는 얘기이다.

에드워드가 성장함에 따라 그의 오락거리들은 왕자에게는 말할 것도 없거니와 기사에게도 어울리지 않는 행동으로 여겨지기 시작했다. 뱃놀이와 수영 심지어는 울타리나 도랑을 치는 시시한 놀이에 이르기까지 해로울 것 없는 활동들도 장래의 왕에게는 모두 부적절한 취미라는 것이었다. 왕실의 지출 기록에는, 2월에 에드워드가 물 속에서 장난을 치다가 잘못해서 '왕자의 광대' 로버트를 다치게 하는 바람에 치료비를 물어줬다는 내용이 적혀 있다.[17] 중세 남녀들이 재미를 위해 어떤 활동을 했다 해도 수영을 하기에는 확실히 맞지 않는 계절이었다. 그는 부유한 왕실 기사들보다는 힘세고 젊은 노동자들과 어울릴 때 훨씬 더 큰 만족감을 얻었다. 연대기에는 이렇게 기록되어 있다. "그는 광대나 가수, 배우, 짐마차꾼, 도랑 파는 노동자, 노 젓는 일꾼, 선원 등을 비롯하여 하찮은 일을 하는 사람들과 친하게 지내며 귀족 사회를 경시했다."[18] 1314년 배넉번Bannockburn의 전장에서 그의 군대가 스코틀랜드 군에 무참하게 패하자 왕의 신하 중 한 명인 로베르 르 메사주Robert le Messager는 켄트Kent의 뉴잉턴Newington 지방 부행정관 사에르 케임Saer Keym과 함께 그에 관한 험담을 나누며 에드워드가 '빈둥거리며 도랑이나 파고 그 밖의 부적절한 놀이들에 빠져' 시간을 허비한다면 전쟁에서 승리하는 일은 거의 기대하기 힘들 것이라고 말했다.[19] 또 다른 연대기 작가는 이렇게 말했다. "그가 시골뜨기에게나 어울리는 일들에 쏟은 만큼만 전투에 시간을 쏟았다면 영국은 번영하고 그의 이름은 전 세계 만방에 울려 퍼졌을 것이다."

그러나 훨씬 기이하고 충격적인 일은 그가 피에르 가베스통Piers Gaveston이라는 젊은이에게 보였던 지나친 애정이었다. 그의 아버지는 1296년 영국에 와서 관직을 맡게 된 왕실 기사 아르놀 드 가베스통Arnold de Gaveston이었다. 피에르는 잘생기고 재치 있는 눈부신 젊은이로 그와의 친교는 왕실에서 차가운 고립감에 빠져 있던 에드워드에게 해방감을 맛보게 해주었으며 어쩌면 에드워드에게 부족했던 자신감도 북돋워주었던 것 같다. 그러나 아무리 왕이 몸소 피에르와 그의 아버지를 자기편으로 받아들였다 해도 그의 혈통은 왕자의 친구가 되기에 충분할 만큼 고귀하지 못했다. 에드워드와 가베스통이 궁정에서 친밀감을 과시할 때면 두 사람의 관계는 더욱 못마땅하게 여겨졌다. 토마스 그레이 경Sir Thomas Gray은 이렇게 전했다. "에드워드는 친한 친구들과 지나치게 허물없이 지내며 낯선 이들과는 만나려 하지 않고 오직 한 사람에게만 너무 애정을 쏟았다."[20], "왕자는 그를 보고 깊은 사랑에 빠진 나머지 그와 영속적인 맹약을 맺을 생각까지 하였다. 그리하여 그는 모든 사람들 앞에서 그와 확고한 애정의 계약을 맺기로 결정했다."[21]

왕위 계승자와 젊은 기사의 관계는 왕을 당황하고 걱정하게 만들었다. 남자들 사이의 깊은 우정은 중세 사회의 두드러진 특징이었다. 한 동시대인은 에드워드와 가베스통의 관계를 다윗David과 요나단Jonathan의 관계에 비유했다. 남자들의 친교를 성서에 입각하여 정당화한 것이다. 그러나 앵글로노르만의 시 '아미와 아밀Amis and Amiloun'에서 볼 수 있듯 부인에 대한 충절보다도 우위에 놓일 수 있는 이러한 친교는 상호 관계를 바탕으로 하며 여기에는 어떠한 육체적인 관계도 없어야 했다.[22] 만약 한 사람은 능동적이고 다른 한 사람은 수동적인 육체적 관계가 이루어질 경우 이는 자연법칙에 어긋나는 행위이며 명백히 도덕률을 위반하는 일이었다. 당대 사람들은 아무리 의심이 간다 해도 에드워드가 살아 있는 동안에 감히 그 의심을 입 밖으로 꺼낼 수 없었다. 그가 죽은 후에야 《멜사 연대기Chronicle of Melsa》의 저자는 다음과 같이 단언했다. "에드워드는 '지나치게 남색을 탐닉하여' 평생 행운과 은총이 따르지 않았다."[23]

어떤 의심이 들든 에드워드 1세는 아들과 가베스통과의 관계를 끊고 싶었다. 아들을 프랑스 공주와 결혼시키려고 협의하던 중이었기 때문에 더욱 그랬다. 1307년 봄 아들이 퐁티외Ponthieu 지방을 자신의 친구에게 달라고 감히 요청하자 왕은 난폭한 반응을 보였다. "몹쓸 놈, 형편없는 녀석! 땅을 가져 본 적도 없는 위인에게 땅을 맡기려 한단 말이냐? 왕국이 해체될 염려만 없다면 맹세코 너는 절대 상속권을 누리지 못하리라." 그는 아들에게 달려들어 머리를 붙잡고는 머리카락을 잡아 뜯었다.[24] 2월 26일 그는 법령을 포고하여 가베스통을 왕국에서 내쫓고 아들에게 다시는 그와 접촉하지 말라고 명했다. 몇 달 후인 1307년 7월 7일 불같은 성미의 전사 왕은 스코틀랜드 재정복을 위한 마지막 원정에서 숨을 거뒀다.

에드워드 2세는 아버지의 칙령을 즉시 철회하여 가베스통을 다시 궁으로 복귀시키고[25] 콘월 백작earl of Cornwall으로 임명했다(1307년 8월 6일의 일이다). 그리고 그에게 상당한 토지를 하사했는데 그 중에는 아버지의 대신이자 코번트리Coventry의 주교인 월터 랭턴Walter Langton의 소유지도 있었다. 그는 한때 에드워드의 부적절한 생활태도를 매섭게 꾸짖었던 인물이다.

편의상의 이유로 두 남자는 각각 결혼 준비에 들어갔다. 가베스통은 왕의 조카인 마거릿 드 클레어Margaret de Clare와 결혼했다. 그녀는 어린 글로스터 백작의 누이로서 실질적인 상속인이었고 두 사람 사이에서 태어난 아이는 딸 하나였다. 에드워드는 아버지가 이미 정해 놓은 대로 프랑스 왕의 열두 살 난 딸 이자벨라Isabella와 결혼했다. 양성애자였던 에드워드는 부인과의 사이에 두 아들과 두 딸을 두 었을 뿐만 아니라 애덤이라는 서자까지 두었다. 그러나 에드워드가 아낌없이 애정을 베푼 대상은 가베스통이었다. 그 정도가 너무 지나 쳐서 어떤 이들은 그가 마법에 홀린 게 아닐까 하고 의심하기도 했 다.[26] 화려한 외모의 가베스통은 귀족들의 비난에 마음 쓰지 않고 자 신의 새로운 지위를 마음껏 즐겼다.

대체적으로 대부분의 귀족들은 왕이 관직을 임명할 때 가베스통이 멋대로 관여하는 것을 불쾌하게 생각했지만 그의 존재와 그가 왕에 게 행사하는 영향력을 그다지 걱정하지는 않았다. 그보다 그들은 에 드워드 2세의 아버지에게 빼앗겼다고 믿는 자신들의 정치적 권한을 다시 찾고 싶어 했다. 그러나 가베스통은 결국 희생양이 되어 그들의 적개심을 한 몸에 받았다. 그들은 에드워드에게 '왕국의 공동체에서 정하는 합당한 법률과 관습'의 준수를 맹세하게 한다는 취지에서 왕 의 대관식 선서에 새로운 조항을 하나 추가하고 이 조항에 따라 '왕 국의 공동체'에 권한을 양보할 것을 왕에게 강요했다. 물론 이 공동 체는 엘리트임을 자처하는 그들 자신이었다. 왕에게 가하는 압력의 첫 단계로 1309년 4월 28일 이들은 가베스통의 추방을 요구했다.

에드워드는 딜레마에 빠졌다. 귀족들의 요구를 받아들이지 않으면 내란이 일어날 것이고 그는 이길 수 없을 터였다. 그는 가베스통과 감정적으로 결속되어 있었지만 그를 추방하는 데 동의하더라도 다시 그를 데려 올 방법이 있으리라 희망을 거는 수밖에 없었다. 5월 18일 가베스통은 궁에서 쫓겨났으나 6월 28일 아일랜드Ireland의 부관으 로 임명되었다. 그가 훌륭하게 처신할 수 있는 지위였다. 동반자를 잃을 위기에 처하자 에드워드는 그를 데리고 브리스톨Bristol에 간 뒤 그곳에서 배를 타고 아일랜드로 갔다. 그리고 후에는 그를 궁으로 다시 데려 올 수 있게 도와달라고 프랑스 왕에게 간청했다. 교황 클레멘트Clement 5세는 가베스통을 파문 위기에서 구해 주었고 그는 궁으로 돌아왔다.

가베스통도 에드워드도 정치적으로 분별 있게 행동하는 법을 알지 못했다. 가베스통은 전과 마찬가지로 무례하고 오만하게 행동했다. 그는 귀족들에게 적당한 별명들을 지어내 그들을 화나게 만들었다. 세력가 워릭 백작earl of Warwick이 걸어오면 그는 이렇게 말했다. "아든Arden의 검정개가 걸어오네." 링컨 백작earl of Lincoln의 별명은 '배불뚝이'였고, 랭카스터 백작earl of Lancaster은 사기꾼이나 연극배우였다. 글로스터 백작은 사생아, 펨브로크 백작earl of Pembroke은 간상배 조셉이었다. 워릭은 으르렁거리는 목소리로 말했다. "나를 사냥개라고 불러 보라지. 언젠가 그 사냥개가 네놈을 물어뜯을 테니."[27] 실제로 이 사냥개는 끝까지 물러서지 않았다. 말하자면 끝까지 그를 물어뜯은 셈이다.

가베스통이 돌아온 후 상황은 빠르게 악화되었다. 에드워드는 상당한 경제적 어려움에 부딪쳤는데 가베스통의 탐욕이 그 원인이라 주장하는 목소리가 적지 않았다. 때문에 그는 자신의 힘을 제한하는 새로운 계획에 동의할 수밖에 없었고 21명의 귀족들은 정치 체제 재정비를 위한 계획을 내놓았다. 자연히 여기에는 가베스통을 추방해야 한다는 요구도 다시 포함되었다.

또 다시 에드워드는 자신이 총애하는 사람과 귀족들 중 한쪽을 택해야 하는 곤란에 처하게 되었다. 귀족들의 지원이 없으면 그는 통치를 할 수가 없었다. 가베스통의 안전을 염려한 에드워드는 그를 북해North Sea 너머에 높이 솟은 강력한 뱀버그Bamburgh 요새로 보내고 마지못해 그를 플랑드르Flanders의 브뤼주Bruges에 은신하게 한다는 데 동의했다. 그러나 그는 가베스통이 없는 상태를 결코 오래 견딜 수 없었다. 가베스통은 곧 다시 그의 총신으로 돌아와 새로이 부를 누렸다.

귀족들에게 있어 가베스통은 왕이 자신들의 희망을 무시하는 상징이었다. 캔터베리 대주교는 왕과 그의 추종자들을 파문했다. 충분한 군사력이 없었던 에드워드는 가베스통과 함께 처음에는 타인머스Tynemouth로 그 다음에는 스카버러Scarborough로 달아났다. 이곳에 가베스통은 남고 왕은 요크York로 물러났다. 이들을 맹렬히 추적하던 워렌Warenne 백작과 펨브로크 백작은 스카버러를 포위 공격할 준비를 했다. 가베스통은 어쩌면 안전하게 호송될지도 모른다는 헛된 희망을 품고 항복을 결심했다. 그러나 명색뿐인 재판을 거쳐 사형 선고를 받은 그는 1312년 6월 19일 블랙로우 힐Blacklow Hill에서 처형되었다. 그의 죽음은 에드워드에게 말 그대로 소름끼치는 경험이었고 그는 죽을 때까지 이 고통을 온전히 극복해내지 못했다. 당시 어떤 이는 이런 글을 남겼다. "나는 한 남자가 다른 한 남자를 이토록 깊이 사랑했다는 얘기는 들어 본 적이 없다."

도미니크수도회Dominican Order의 수도사들이 그의 시신을 거두었고 왕은 결국 명령을 내려 킹스랭글리King's Langley에서 화려한 장례식을 거행했다. 그리고 이곳의 작은 성당은 그를 추도하는 성당이 되었다. 에드워드는 자신이 총애하는 이를 죽음으로 몰고 간 백작들을 결코 잊지도 용서하지도 않았다. 가베스통에 대한 그의 애정은 일평생 변하지 않은 단 한 가지였으며 남은 15년 동안 모든 상황을 결정한 요인이기도 했다. 이제 남은 것은 '왕과 백작들 사이에서 끊이지 않는... 영원한 증오' 뿐이었다.

가베스통의 죽음은 에드워드 인생의 분기점이었다. 그렇다면 에드워드의 정신적 통제력이나 정치적 능력이 악화된 것은 이 사건 때문이었을까? 언뜻 보아 뚜렷한 근거는 없지만 사람들은 점점 더 에드워드가 천성적으로 왕의 지위에는 부적합하다고 생각하게 되었고 급기야 그의 출생까지 의심하였다. 당시 사람들은 림프절(lymph node, 림프관 군데군데 분포하는 결절상의 소체. 림프선이라고도 한다 — 옮긴이)에 염증이 생기는 질병인 연주창scrofula, king's evil에 걸렸을 때 왕의 손이 닿으면 낫는다고 믿었는데 에드워드의 손이 닿는 것은 그다지 원하지 않았다. 그의 아버지는 일 년에 1,700명에 이르는 사람들에게 이러한 치료를 베푼 경우도 있었지만 에드워드의 손을 빌린 환자는 많아야 214명 정도였다.[28] 에드워드는 태어나자마자 유모가 바꿔치기 한 아이였다는 소문이 떠돌았다. 진짜 왕자는 멧돼지가 잔인하게 할퀴어 버렸기 때문에 그 대신 에드워드가 왕자가 되었다는 것이었다. 게다가 '고양이를 심부름마귀로 부리는 존John이라는 이름의 한 작가'가 옥스퍼드에 나타나 자신이 진짜 왕이라고 주장했다. "소문은 온 나라에 퍼졌고 왕비는 말할 수 없이 곤란한 상황에 빠졌다."[29] 잠시 화해의 기간을 거쳤지만 그와 왕비의 관계는 다시금 악화되었다. 이에 관해서는 다음과 같은 기록이 남아 있다. "에드워드는 이자벨라 왕비를 죽이기 위해 양말 속에 칼을 숨기고 다니며 다른 무기가 없다면 이빨로 물어뜯어서라도 죽이겠다고 말했다."[30] 그의 판단력이 불안정하고 정신 상태에 문제가 있을지 모른다고 여겨진 데에는 어느 정도 이유가 있었다.

그러나 이와는 대조적으로 그의 통치는 치세 말기에 들어 초기보다 훨씬 안정적이고 힘이 있었다. 통치권의 절반을 귀족들이 지녔던 시기가 지나가고 에드워드는 왕의 권한을 회복했는데 부분적으로는 휴 디스펜서Hugh Despenser와 그 아들의 도움이 있었다. 아들 디스펜서는 가베스통의 자리를 대신해서 왕의 총애를 받았을 가능성도 있다. 그러나 이들 부자의 역할은 근본적으로 정치적인 것이었다. 왕실 군대는 1322년 요크셔Yorkshire의 버러브리지Boroughbridge 전투에서 귀족들의 지휘자이자 왕의 사촌인 랭카스터 백작을 물리쳤다.[31] 랭카스터는 즉결 재판을 거쳐 사형을 당했다. 흥미롭게도 랭카스터의 죽음은 10년 전 있었던 가베스통의 처형을 연상시켰다. 이 일은 분명 왕에게 개인적인 만족감을 안겨주었을 것이다.

행정을 개선하고 정치적인 효율성을 증대시키려는 시도도 어느 정도 이루어졌지만 에드워드의 통치는 무자비하고 압제적이었다.[32] 그는 돈과 관직을 이용해 지지자들을 끌어들이려 했지만 결국 실패하고 말았다. 자신의 입지를 강화하기 위해 그는 엄청난 세금을 징수하고 충성심이 의심되는 귀족들의 재산을 몰수하여 국고를 튼튼히 하기로 했다. 이런 일들을 통해 귀족들의 통제에서 벗어나려는 것이었다. 그러나 그는 어리석게도 디스펜서 부자를 지나치게 신용했다. 이들의 탐욕은 가베스통을 능가할 만큼 끝이 없어서 사우스 웨일스 South Wales에 방대한 영지를 마련하고 재산을 축적하기 시작했다. 재산 중 일부는 이탈리아의 은행가들에게 보냈다. 스스로 국고를 채우는 데 성공했음에도 불구하고 에드워드는 정치적인 통제력을 잃어갔다.

모든 계층에서 불만이 쌓여가고 있었다. 1323년 코번트리에서는 디스펜서 부자의 부하인 코번트리 수도원장 때문에 화가 난 주민들이 왕과 디스펜서 부자 그리고 수도원장을 죽이기 위해 지방 마술사인 노팅엄Nottingham의 존을 고용했다.[33] 이들의 괴이한 시도는 실패로 돌아갔지만 이는 사방에 분노가 들끓고 있음을 보여주는 사건이었다.

불만은 점점 더 커져 갔다. 특히 정도가 심한 곳은 런던이었다. 재무상이자 엑서터Exeter의 주교인 월터 스테이플던Walter Stapledon은 성바오로 성당St Paul's 근처에서 타고 있던 말 아래로 끌어내려진 뒤 도살용 칼에 목이 잘렸다. 에드워드의 부인 이자벨라는 애인인 로저 모티머Roger Mortimer의 호위를 받으며(모티머는 얼마 전 런던탑에서 교도관에게 약을 먹이고 탈출한 상태였다) 프랑스에 사절로 갔다가 1326년 9월 서퍽Suffolk 주에 도착했다. 여기에서 왕의 인망이 얼마나 형편없는지 알 수 있는 일이 있었으니, 그녀에게 저항해야 할 주군대가 몰려가 그녀 편이 된 것이다.

막다른 골목에 이르러 환멸을 느낀 에드워드 2세는 디스펜서 부자와 함께 웨일스로 달아났다. 그러나 아버지 디스펜서는 브리스톨에서 체포되어 곧바로 처형되었다. 왕과 아들 디스펜서는 쳅스토우 Chepstow에서 배를 탔으나 역풍은 그들을 글래모건Glamorgan 해변으로 몰고 갔다. 이곳에서 랭카스터의 동생 헨리는 두 사람을 체포했다. 에드워드가 어렴풋이나마 디스펜서를 볼 수 있었던 것도 이때가 마지막이었다. 아이러니컬하게도 그가 마지막으로 행한 일 가운데 하나는 '열렬하고 운명적인 사랑에 관한 가장 유명한 연애담'인 트리스탄과 이졸데Tristan and Iseult 이야기 사본을 휴에게 주라고 명한 것이었다.[34]

체포된 후부터 휴는 먹지도 마시지도 않았다. 말에 실려 헤리퍼드 Hereford 밖으로 옮겨진 그에게는 팔이 뒤로 달린 옷이 입혀졌고 머리에는 쐐기풀로 만든 관이 씌워졌다. 그리고 오만과 부도덕을 비난하는 성서적인 그림들이 그의 피부에 그려졌다. 트럼펫 소리와 군중의 야유를 들으며 그는 네 마리 말에 끌려 50피트(약 15미터) 높이의 교수대에 걸렸다. 죽기 전에 그는 자신의 성기가 잘려 눈앞에서 불타는 광경을 봐야 했다. 그와 왕 사이의 부자연스러운 관계를 확신하는 이들이 있었다는 잔인한 암시였다. 후에 그의 머리는 런던교London Bridge에 내걸렸다. 그리고 그의 몸은 넷으로 나뉘어 각각 다른 네 도시로 보내졌다.

에드워드는 케닐워스 성Kenilworth Castle으로 보내졌다. 모든 희망과 사랑이 비극적으로 좌절된 상태에서 에드워드는 어찌 할 바를 모르고 엉망이 되었다. 사람들은 이렇게 말했다. "그가 왕위에서 물러나지 않았다면 사람들은 그에 대한 충성과 경의를 거두어 버렸을 것이다." 그러나 이는 말에 불과할 뿐 사실상 그들은 이미 그렇게 한 상태였다. 헤리퍼드의 주교와 맞닥뜨렸을 때 그는 기절해서 바닥에 쓰러졌다. 그 후 그는 버클리 성Berkeley Castle으로 옮겨졌고 이곳에서 분명 잔인하게 살해당했을 거라고 전해진다. '뜨거운 쇠가 은밀한 후부(後部)를 관통했다'라는, 즉 빨갛게 달군 쇠꼬챙이가 그의 항문에 삽입되었다는 것이 보편적으로 알려져 있는 설이다. 이런 일이 실제로 일어났다면 이는 인도에 어긋나는 그의 생활양식을 비난하는 상징적인 행위이다.[35] 제노바Genoa의 신부 마누엘 피쉬Manuel Fieschi가 내놓은 좀 더 행복한 결말을 담은 이야기도 있다.[36] 이 이야기에 따르면 왕은 성에서 탈출하여 처음에는 아일랜드로 다음에는 프랑스로 갔다고 한다. 하지만 이는 거의 불가능한 결말이다.

왕은 글로스터의 성 베드로 수도원St Peter's Abbey에 묻혔다. 그가 증오하던 적수 랭카스터가 묻힌 성바오로 성당의 무덤이 그랬던 것처럼 그의 무덤은 소수 숭배자들의 중심지가 되었다. 왕의 심장은 은으로 된 단지 안에 담겨 있다가 20년 후 1358년 왕비가 죽자 런던 뉴게이트Newgate에 있는 프란치스코회 성당에 왕비와 함께 묻혔다. 묘한 역사적 아이러니 가운데 하나로 그녀는 웨딩드레스를 입은 채 묻혔다.

에드워드 2세는 분명 미치광이도 성도착자도 아니었지만 그의 개
인적인 삶이 복잡했다는 사실은 널리 알려져 있다. 왕으로서의 힘을
강화하고 왕권을 주장하려 했던 그의 개인적인 동기를 파악한다면
우리는 그 뿌리가 불행한 어린 시절과 사랑하는 친구를 죽인 이들에
대한 불타는 복수심에 있었다는 사실도 알 수 있다. 그는 애정을 간
절히 원했지만 대체로 애정을 이끌어내지도 베풀지도 못했다. 내성
적이고 불안정했던 그는 스트레스로 인해 인격적인 균형을 잃을 위
기에 있었다. 그의 삶은 비참했고 그의 인격은 특이한 수준이 아니었
다. 비정상적인 기질들이 보였던 것이다. 그러나 그의 삶이 아무리
복잡하고 수수께끼 같았다 해도 그 이유가 정신질환 때문이라 단정
한다면 이는 너무 성급한 결론이다.

리처드 2세는 조부 에드워드 3세의 뒤를 이어 1377년 영국 왕의
자리에 올랐다.[37] 리처드는 증조부인 에드워드 2세를 매우 존경하여
그처럼 사후에 성인품을 받기 위해 애썼다. 그러나 증조부와 마찬가
지로 그의 치세는 여러 차례에 걸친 폭력적인 내란으로 뒤숭숭했고
결국 그의 폐위와 피살로써 끝을 맺었다. 치세 말기 그의 판단력이
불안정하게 오락가락하고 인격에 일종의 변화가 일어났다는 데에는
의심의 여지가 없다. 그는 점점 더 내성적인 성격이 되었고 현실 감
각도 더욱 흐려졌다. 현대 전기 작가 스틸A. B. Steel은 리처드가 정신
병 환자였으며 그 때문에 이해할 수 없는 결정을 내리고 파괴적인 정
책을 펴다가 파멸에 이른 것이라고 단언했다. 스틸은 리처드에 관해
다음과 같이 기록했다. "정신질환 말기에 이르러 리처드의 왕국은 온
세상을 집어삼킬 정도로 커졌다. 주위를 둘러보면 그의 눈에 보이는

것이라고는 왕이라는 자아를 반영하는 분신들뿐이었고 그 안에 깃든 깜빡거리는 망령의 움직임을 그는 눈짓 하나로 지배할 수 있었다." 스틸의 견해에 따르면 마지막에 그는 '심한 우울증 상태로 급속하게 빠져 들어가면서 혼잣말을 웅얼거리는 신경증 환자'가 되었다.[38]

그는 어떤 배경으로 이러한 결론에 이르게 된 것일까? 그의 판단을 사실이라고 볼 수 있을까? 만약 이 주장이 용납될 수 없다면 이를 뒤집을 만한 다른 해석이 있을까? 다른 왕들의 경우와 마찬가지로 분명 리차드의 성장 과정도 성격 발달과 어느 정도 관계가 있었다. 리처드 2세는 열한 살 되던 해 왕위에 올랐다. 그의 조부 에드워드 3세는 위대한 무사 왕이었으며 말년에 그가 노망이 들어 저지른 어리석은 행동도 그의 명성을 완전히 가릴 수는 없었다. 왕위 계승을 1년 앞두고 죽은 그의 아버지 흑태자Black Prince는 뛰어난 기사이자 지휘관으로 정평이 나 있었다. 그의 이미지는 어린 아들에게 지겨우리만치 지속적으로 주입되었다. 그러나 리처드에게는 아버지의 발자취를 따르고자 하는 야심이 전혀 없었다. 기사들이 추구하는 일들에 형식적인 호의를 보이기는 했지만 에드워드 2세가 그랬던 것처럼 그는 전투나 마상 창 시합, 군사적인 경기들이 그 무엇보다 우선시되는 왕실 분위기에 반감을 갖고 있었다. 웨일스의 아름다운 미망인 공주를 깊이 사랑한 것으로 보아 그는 근본적으로 아버지보다는 어머니의 피를 물려받았다.

틀에 박힌 일상 속에서 무사 왕자로 자라났지만 리처드는 초년의 에드워드처럼 군사적인 일보다는 미를 추구하는 젊은이였다. 그에게는 마음이 통하는 가정교사 사이먼 벌리Simon Burley 경이 있었는데 아마도 그에게서 왕권에 대한 관념을 배운 것 같다. 이 관념은 후에 그의 인생에서 매우 큰 부분을 차지했으며 귀족들에 대한 태도를 결정지었다. 그는 자신이 왕으로서 갖는 권한들을 단 한 번도 의심하지 않았다. 그의 마음속에서는 신성한 권한이라는 반쯤 신비적인 개념이 생겨났고 마지막 순간까지 이 개념에 매달렸다. 리처드는 자아도취증에 가까울 정도로 자기중심적이었다. 그는 옷을 입을 때도 신중하게 정성들여 차려 입었고 외모와 머리 모양에도 매우 신경을 썼다. 초상화 속의 그는 잘생기고 우아한 모습에 키는 180㎝에 가까웠고 머리는 짙은 금발이었다. 당시로서는 보기 드물게 그는 규칙적으로 목욕하는 습관이 있었고 손수건을 고안한 장본인이기도 했다.

그는 아마도 역대 왕들 가운데 가장 교양 있는 왕이었을 것이다. 그의 서재는 그가 다른 이들에게 책을 읽게 했을 뿐만 아니라 직접 읽기도 했음을 보여 준다. 그는 화가들과 예술가들, 작가들의 후원자였다. 왕실 요리책인 《요리의 형태The Forme of Cury》에 실려 있는 상세한 조리법들과 양념들 그 밖의 풍부한 재료들을 보면 알 수 있듯 그는 이국적이고 정교한 요리를 매우 좋아했다.

성미 급하고 신경질적인 그는 때때로 비뚤어지고 이기적인 태도를 보였으며 가족들 대부분이 그랬듯 발작적으로 폭력성이 치밀어 오르는 기질을 피할 수 없었다. 그러나 측근들에게는 관대했다. 그는 어머니를 사랑했고 부인인 보헤미아Bohemia의 앤Anne에게 열정적인 사랑을 바쳤다. 그녀의 죽음으로 그는 잊을 수 없을 만큼 심한 정신적 충격을 입었고 결코 완전히 회복되지 못했다. 그는 앤이 죽은 장소인 쉔 궁전Sheen Palace을 허물어 버렸다. 그에게는 화려한 외모의 로버트 드 비어Robert de Vere라는 절친한 친구가 있었는데 그를 막강한 힘과 영향력이 있는 자리에 올려 주었고 죽은 후에도 그의 자리는 교체되지 않았다. 3년간의 유배 생활 이후 로버트의 시체가 킹스 콜른King's Colne으로 돌아와 묻힐 때 리처드는 관 뚜껑을 들어 올리도록 명하여 다시 한 번 아끼던 이의 얼굴을 보고 손을 잡았다.

　이런 젊은이에게 너무나 이른 시기에 왕의 책무가 억지로 떠맡겨진 것이다. 그는 어머니에 대한 헌신과 기억 속의 아버지에 대한 경외심 때문에 이 책무를 떠안았다. 하지만 천성적으로 무사의 기질을 타고 나지도 않았고 성장기에는 내분과 의심이 넘쳐나는 어두운 왕실 분위기를 견뎌야 했다. 지배권은 아버지의 형제들인 삼촌들에게 있었다. 이들은 부유하고 호사스럽고 정치적인 야심과 욕심이 가득한 인물들이었으며 곤트Gaunt의 존과 후에 실질적인 지배자가 된 랭커스터 공작, 랭글리의 에드먼드Edmund, 케임브리지Cambridge 백작, 장래의 요크 공작, 우드스탁Woodstock의 토마스, 버킹엄 백작, 장래의 글로스터 공작 등 정복을 입은 기사들의 지지를 받았다. 리처드는 결국 이들을 혐오하게 되었다. 어리고 무력한 소년 왕에게 때때로 왕실은 분명, 귀족들이 서로를 불신의 눈초리로 쳐다보고 관직과 권력으로 둥지를 짓는 동안 갇혀 있어야 하는 우리처럼 느껴졌을 것이다. 리처드와 같이 감수성 풍부한 영혼은 왕실 생활에서 접하는 이중적인 태도와 음모들을 쉽사리 견뎌낼 수 없었다. 자신을 가두고 있는 경계에서 벗어나고자 하는 열망은 일찌감치 그의 삶에서 주요한 특징으로 자리 잡았다.

　한 번은 나이 어린 소년인 그가 용기를 보여 준 일이 있었다. 무분별한 인두세(人頭稅) 부과로 인해 농민반란Peasants' Revolt이 일어나고 반란군이 폭력적인 방식으로 불만을 표하자 리처드는 직접 나서서 반란군과의 협상을 주장했다. 그의 용기는 성과를 거두어 반란의 물결은 멈췄고 그들은 순종적인 태도를 보였다. 리처드는 반란을 일으킨 켄트인들의 지휘자 와트 타일러Wat Tyler가 칼에 찔려 죽은 뒤 그들에게 이제부터는 자신이 지휘자라고 말했다. 물론 이는 의미 없는 말이었지만 이러한 왕의 카리스마는 농민들로 하여금 왕의 말을 믿도록 만들었다. 농민들은 곧 해산하여 스스로 재건된 법과 질서의 부대로서 황량한 불모지들을 일구기 시작했다.

이후의 상황은 리처드에게 전혀 반갑지 않은 상황이었다. 그는 농민들을 진심으로 염려하지 않았고 그들의 불만을 해소해 주겠다던 약속도 금세 잊어버렸다. 그럼에도 이 열네 살 난 소년은 무대 위의 주인공이 되었다. 그는 자신도 아버지처럼 '진정한 기사'임을 입증해 보였다. 그가 명예를 얻은 곳은 멀리 프랑스의 전장이 아닌 자국의 수도였다. 어떻게 그럴 수 있었을까? 국왕다운 의지를 보임으로써 그는 명목상으로만이 아니라 실제로도 왕으로 인정받은 것이다. 적어도 하루 동안은 그랬다.

얼마 못 가 그는 다시 귀족들의 족쇄에 매여 조종당하게 되고 만다. 삼촌이자 무시할 수 없는 적이기도 한 골트의 존이 멀리 카스티야에서 왕위 계승권을 주장하기 위한 작업을 진행하는 동안 리처드는 나름대로 자신의 당파를 만들었다. 그는 로버트 드 비어라는 신뢰할 만한 친구를 알게 되었는데 제9대 옥스퍼드 백작이었음에도 그의 재산은 유서 깊은 가문에 어울리는 수준이 못 되었다. 리처드는 그의 화려하고 다소 퇴폐적인 매력에 빠져 아낌없는 애정을 베풀었으며 잠시 동안은 그와 연인 사이로 지내기도 한 것으로 보인다. 드 비어는 최초로 후작이라는 작위를 받았고 아일랜드 공작으로 임명되었다. 그러나 안타깝게도 드 비어는 무능하고 거만한 인물이었다. 그가 여왕의 시녀 가운데 한 명인 아그네스 론세크론Agnes Launcekron과 결혼하자 귀족들은 사회적으로 어울리지 않는 결합이라며 불쾌해 했다. 후에 상소귀족들Appellants이라 불리게 되는 이 반역 세력은 군대를 소집하여 옥스퍼드 근처 템스Thames 강가의 래드코트교Radcot

Bridge에서 왕실 군대를 물리쳤다.

리처드는 지독한 수치심을 느꼈다. 드 비어는 유배지로 쫓겨나고 그를 받들던 대신들은 재판을 통해 처형되거나 해외로 달아났다. 홀로 남은 왕의 권한은 엄격하게 제한되었다. 이러한 패배의 영향으로 그는 분명 엄청난 심리적 충격을 받았을 것이다. 왕으로서의 권한을 주장하려던 그의 시도는 무참히 좌절되었지만 이 경험으로 인해 그는 적들에게 복수하고자 하는 의지를 더욱 굳건히 하였다. 사실상 귀족들은 정치에 있어서 왕보다도 훨씬 무능력했다. 리처드는 서로 다른 당파에 속한 귀족들이 서로 적대시하며 다투는 틈을 이용했다. 그는 교묘한 조작과 관직 수여를 통해 자신을 지지하는 당파를 구성하기 시작했고 왕에게 충성하는 이들을 모아 군대도 조직했다. 이들은 왕에 대한 충성을 상징하는 의미로 리처드의 표상인 흰 수사슴 기장을 달았다.

운명의 수레바퀴는 왕에게 유리한 방향으로 움직였지만 그가 승리를 굳건히 할 수 있으리라는 보장은 없었다. 그의 마음은 갈수록 왕권의 강화와 왕위의 신성화에만 집중되었다. 그에게 반대하는 이들은 파면되거나 처형되거나 수감되거나 유배지로 쫓겨났다. 에드워드 2세가 그랬던 것처럼 리처드는 강력한 왕이라면 부유하고 경제력이 있어야 한다는 생각에 불법적이고 비정상적인 방법으로 국고를 채웠다. 그러나 우호적인 평판을 얻기 위한 노력은 거의 하지 않았기 때문에 귀족들과는 더욱 더 사이가 벌어졌다. 그는 코번트리에서 벌어진 마상 시합에서 기이한 판정을 내렸다. 사촌이자 곤트의 상속자인 헨리 볼링브로크Henry Bolingbroke와 그의 상대자로서 한때는 왕의 동지였던 유력한 귀족 노퍽Norfolk 공작 토마스 모브레이Thomas Mowbray를 모두 국외로 추방한 것이다.

굴욕감으로 인해 그는 마음이 점점 더 비뚤어지고 뒤틀려 왕의 지위를 지나치게 높이 평가하였고 이내 환상의 세계에 빠졌다. 그는 법이 자신의 마음속에 존재한다고 주장했다. 셰익스피어는 희곡에서 왕의 강인한 이미지를 묘사하며 리처드 2세에게 다음과 같이 어느 정도 이치에 맞는 말을 외치게 했다.

> 거칠고 사나운 바다의 물결이라 해서
> 신이 왕에게 부어 준 성유(聖油)를 씻을 수 있는 것은 아니다.[39]

이따금 그는 신하들을 주위에 세워둔 채 왕관을 쓰고 왕좌에 앉아 있곤 했다. 몇 시간이 흐른 뒤 왕이 고개를 끄덕이면 그때서야 침묵은 깨지고 대신들은 관복이 바스락거리는 소리를 내며 무릎을 굽혀 왕에게 예를 표했다.[40] 만약 그가 단지 당시 왕들이 흔히 하던 행동을 한 것뿐이라 해도[41] 이런 의식에는 가장(假裝)의 의미가 담겨 있다. 얼마나 그럴싸했는지는 알 수 없지만 그는 신성로마제국 황제 행세를 했다. 그가 깊이 사랑하던 부인 보헤미아의 앤이 죽자 그는 우울증에 빠졌다. 스틸은 이렇게 말했다. "그녀가 죽은 후 그의 신경증은 급속도로 악화되었고 바깥세상은 단지 자기만의 환상이 물리적으로 연장된 세계에 지나지 않는 것으로 여겨지게 되었다… 그 환상은 바로 왕권의 성스러운 신비와 자유로운 본질이었다."[42] 결국 그의 신경증적인 경향은 덧없는 환상을 위한 것이었다.

1399년 7월 초 곤트의 아들 헨리 볼링브로크가 라벤스퍼Ravenspur에 도착한 순간부터 리처드는 명분을 잃었다. 72년 전 주 군대와 귀족들이 이자벨라 왕비의 깃발 아래 모여들었던 것처럼 역사는 그대로 반복되었다. 볼링브로크는 단지 왕이 부당하게 빼앗은 아버지의 영토를 되찾기 위해 온 것뿐이라고 주장했지만 그의 실제 목표는 왕관이었다. 아일랜드 원정에서 돌아온 리처드는 자기편이 아무도 없음을 깨닫고 절망적인 우울증에 빠졌다.

이처럼 불운한 상황에서 왕권에 대한 미련을 접지 못하는 그의 마음은 이로울 것이 없었다. 그 마음이 그를 켄트의 리즈Leeds 성이나 요크셔의 폰테프락트Pontefract 성 밖으로 보내줄 수는 없었기 때문이다. 하지만 그는 오랜 세월 자신을 황홀하게 했던 권력이라는 망령을 쉽사리 떨쳐버릴 수 없었다. 그는 재판장 윌리엄 서닝 경Sir William Thirning에게 지구상의 그 어떤 힘도 자신이 대관식에서 부여받은 숭고한 권한을 빼앗아 갈 수 없다고 말했다.

1399년 9월 21일 우스크Usk의 애덤이 방문했을 때 그는 '굉장히 우울한' 상태였다.[43] 리처드는 그에게 영국은 무수한 왕들을 배반한 배은망덕한 국가라고 말했다. 《디에울라크레스 연대기Dieulacres Chronicle》에는 리처드가 왕관을 땅에 내려놓고 신 앞에 권한을 포기하던 당시의 상황이 설명되어 있다.[44] 성 미카엘 축일St Michael's Day 그는 결국 강요에 굴복했지만 과연 얼마나 쾌히 응했는지는 알 수 없다. 한 이야기에 따르면 그는 특유의 불같은 분노를 터뜨리며 "이 가운데 몇 명을 잡아 산 채로 가죽을 벗기겠다."라고 위협했다고 한다. 그러나 어쨌든 그는 왕위의 상징인 반지를 헨리에게 넘겼고 1399년 9월 30일 의회는 그의 퇴위를 인정하고 헨리의 왕위 계승을 승인했다. 리처드는 폰테프락트 성에서 최후를 맞고 역사의 그늘로 사라졌다. 우스크의 애덤에 따르면 당시 교도관이었던 토마스 스윈퍼드 경Sir Thomas Swinford이 그를 굶겨 죽였다고 한다. 한편 성 알반의 연대기St Alban's Chronicle에는 리처드가 깊은 절망에 빠진 나머지 단식으로 죽었다고 기록되어 있는데 이 이야기는 그다지 신빙성이 없다. 후일 그의 시체를 무덤에서 꺼냈을 때 셰익스피어의 희곡에서 피어스 엑스턴 경Sir Piers Exton이 가한 것과 같은 잔인한 폭행의 흔적은 보이지 않았다. 리처드는 1400년 2월이 되기 전에 죽었고 웨스트민스터Westminster에서 명예로운 장례식이 거행되었다. 사망 당시 리처드는 34세에 불과했지만 죽은 그의 얼굴은 슬픈 빛을 띠고 있었고 실제보다 더 나이 들어 보였다.

그렇다면 리처드 2세는 정신적으로 문제가 있었고 바로 이 정신적인 불균형으로 인해 몰락에 이른 것일까? 리처드가 정신분열증을 앓았다는 스틸의 주장을 뒷받침할 만한 근거는 사실상 거의 희박하다. 리처드를 동시대에 살았던 틀림없는 정신분열증 환자 프랑스의 샤를 6세와 비교해 보면 이 두 사람의 경우는 완전히 다르다. 정치적인 현실 감각에 있어서 동요를 보였다고는 해도 그는 망상에 시달리지도 않았고 인격이 불안정했던 것도 아니다. 어떤 이들은 그가 어린시절부터 심한 열등 콤플렉스inferiority complex에 시달렸으며 이후에 겪은 굴욕감 때문에 이 콤플렉스가 더욱 두드러진 것이라 말한다. 그러나 왕권의 본질에 대한 그의 확신을 단순히 정신신경증psychological neurosis이라는 용어로 해석해서는 안 된다.

리처드 2세는 보통 정도의 어쩌면 심한 우울증에 빠져 때때로 조울증에 가까운 증상을 보였을 가능성이 높다. 연대기 작가들은 리처드가 말년에 깊은 우울증에 시달렸다고 언급한다. 우울증은 그의 판단력을 손상시켰고 개인적인 인간관계를 비뚤어지게 만들었다. 그를 지지하는 사람들은 갈수록 적어졌다. 점점 더 자신의 내부로 움츠러들어야만 그는 자존심을 회복할 수 있었다. 30년이 못 되는 기간 동안 그는 삼촌인 곤트의 존을 비롯한 왕실 귀족들과의 냉랭한 관계,

친구들과 지지자들의 처형 및 유배, 앤 왕비의 죽음, 커져 가는 고립감 등 잇따른 개인적 좌절들을 겪고 결국 마지막에 가서는 몇몇 지지자들을 제외한 모든 이들에게서 버림받았다. 그는 다소 심한 우울증 환자가 되었고 이 우울증을 심각하게 만든 것은 그의 인생 마지막 해에 일어난 사건들이었다. 리처드는 미치지는 않았지만 그의 판단력은 불안정해졌고 환상은 점점 더 그의 존재 깊숙이 파고들었다.

존 왕과 에드워드 2세, 리처드 2세에게서 정신질환 초기 단계의 징후처럼 나타났던 것들은 사실 그들의 두드러진 인격적 특성들이었다. 그 중 일부는 선조로부터 물려받은 것이었고, 일부는 성장 환경의 영향으로 형성된 것이었고 또 일부는 왕으로서 겪어야 했던 개인적, 정치적 스트레스로 인해 지니게 된 것이었다. 존 왕은 아버지와의 관계가 너무 팽팽한 긴장 상태로 이어지다 보니 결국 애정이 증오로 변해버렸다. 에드워드 2세는 아버지를 두려워하고 싫어했다. 리처드 2세는 용맹한 무사였던 아버지 흑태자와 불리하게 비교 당한다는 느낌을 지울 수 없었다. 이들의 성격은 이들이 추구하던 방침들과 함께 작용하여 점점 더 많은 사람들의 적대감을 불러일으켰고 결국 에드워드 2세와 리처드 2세는 왕위에서 쫓겨나고 살해당했다. 존 왕이 이들과 같은 끔찍한 죽음을 피할 수 있었던 것은 그 전에 자연사했기 때문이다.

더욱이 이 왕들이 추진했던 방침은 어느 정도 이들이 지니고 있던 기질과 개인적인 그리고 어쩌면 강압적인 성향의 영향을 받았다. 존 왕의 급한 성미와 의심 잘 하는 본성은 그와 귀족들 사이의 관계를 악화시킨 주된 요인이었다. 에드워드가 귀족들을 적대시하게 된 부분적인 원인은 그의 연인 가베스통에 대한 귀족들의 대우에 있었다. 그리고 리처드 2세의 기질은 그와 신하들 사이의 대립을 점점 악화시켰다.

이들이 직면했던 위기 상황이 단순히 개인적인 비극만을 낳은 것은 아니다. 이 상황은 미래의 영국 역사에도 영향을 주었다. 존 왕이 남긴 유물은 그가 마지못해 승인한 마그나 카르타였다. 그리고 당시 이 헌장에 대해 어떤 해석이 내려졌든 마그나 카르타는 영국 국민들이 누리는 자유의 초석이 되었다. 에드워드 2세와 리처드 2세에게 파멸을 가져다 준 위기들은 결과적으로 볼 때 영국 의회를 발전시킨 역사적인 사건들이었다. 다시 말해 이들 세 명의 왕이 지니고 있던 개인적인 병적 기질은 공적인 결과로 이어져 영국 역사의 앞날에 현저한 영향을 미친 셈이다.

존 왕이나 에드워드 2세, 리처드 2세 중 그 누구도 엄격히 말해서 미치지는 않았던 것으로 보인다. 물론 스트레스로 인해 이따금씩 이들의 인격적인 균형에 문제가 생겼던 것은 사실이다. 이들을 괴롭혔던 인격 장애가 영국 역사에까지 영향을 미쳤다고는 하지만 이들은 정신병 환자라기보다는 신경증 환자였다. 그러나 만일 존 왕과 에드워드 2세, 리처드 2세가 광기에 사로잡혀 있었다는 것이 근거 없는 주장이라 해도, 15세기 이후 이들의 뒤를 이은 헨리 6세가 통치 기간 중 적어도 얼마 동안 제정신이 아니었다는 데에는 의심의 여지가 있을 수 없다.

성인이 된 왕

_헨리 6세 Henry VI

성인(聖人)이 된 왕

헨리 6세는 조부인 프랑스의 샤를 6세에게서 물려받아 정신적으로 허약한 기질을 타고났다. 그러나 결국 극심한 신경쇠약을 불러일으킨 요인은 통치 기간 동안 그의 정신을 지배하고 있던 정치적인 압박감이었다. 장미전쟁으로 최고조에 달했던 정치적 세력 다툼에 관한 이야기는 셰익스피어가 쓴 일부 역사극에서 핵심을 이루었다. 이 희곡들에는 헨리 4세의 즉위에서부터 헨리 6세의 폐위에 이르기까지 랭카스터 왕조의 흥망에 관한 이야기가 담겨 있다. 리처드 2세가 폐위되고 (아마도 헨리 4세의 관여로) 살해당한 후 헨리 4세는 왕이 되어 권세를 누리다가 통치 말기에 이르러서는 병으로 은둔 생활을 하였다. 헨리 4세의 신체적, 정신적 건강 악화는 그의 젊고 원기 왕성한 아들인 장래 헨리 5세의 기대와 야망을 높여 주었다.[1]

헨리 5세의 짧은 통치 기간 중 영국은 프랑스를 정복했다. 전쟁에서 승리한 헨리 5세는 샤를 6세의 딸 카트린Catherine과 결혼하고 프랑스의 왕위를 계승했다. 그러나 헨리 5세는 어린 아들 헨리 6세에게 왕관을 남긴 채 일찍 세상을 떠났다. 왕이 죽은 후 영국은 느리지만 분명하게 쇠퇴의 길을 걷고 있었다. 결국 프랑스에 패배한 영국 땅에서는 당파주의와 내분 그리고 왕의 폐위가 재현되었다. 셰익스피어의 희곡에는 사건들이 지나치게 단순화되어 그려져 있는지도 모른다. 그러나 헨리 6세가 왕위에 있던 당시 피로 물든 정치적, 사회적 혼란 속에서 어떻게 과거의 유산이 결실을 맺었는지를 보여준 데 있어서는 그도 크게 다르지 않았다.[2]

초년의 헨리 6세에게서는 미래를 암시하는 특징들이 많이 나타나지 않았다. 그가 태어난 후 어머니는 남편과 함께 하기 위해 아기인 그를 엘리자베스 라이먼Elizabeth Ryman이라는 시녀에게 맡겨두고 프랑스로 돌아갔다. 헨리는 한 살도 되기 전에 영국과 프랑스의 차기 왕이 되었다.

당연히 헨리는 그저 명목상의 왕위 계승자일 뿐이었다. 그의 아버지는 자신이 죽으면 동생인 베드퍼드Bedford 공작 존에게 프랑스의 통치를, 그보다 아래 동생인 글로스터 공작 험프리Humphrey에게 영국의 통치를 맡기려 했다. 그러나 왕실 의회는 글로스터 공작에게 너무 많은 권력이 집중되지 않을까 우려하여 그에게 영국의 섭정 권한만 부여했다(베드퍼드가 왕국 밖에 있을 때에 한해서였다).[3] 헨리가 성년이 될 때까지는 왕실 의회가 정치적인 대표자 역할을 하면서 헨리 4세의 이복형제이자 부유하고 영향력 있는 성직자인 윈체스터Winchester 주교 헨리 보퍼트(Henry Beaufort, 곤트와 과거 그의 정부였던 부인 캐서린 스윈퍼드Katherine Swinford 사이에서 태어난 아들)와[4] 야심 많고 불같은 글로스터 사이에서 끊임없이 벌어지는 충돌을 수습하려 애썼다.

어린 왕은 이러한 문제들을 거의 자각할 수도 없었지만 왕으로서의 책무는 일찍부터 그의 앞에 놓여 있었다. 그는 불과 세 살 때 윈저에서 이끌려 나왔고, 하원의장의 말을 빌자면 대신들은 '잘못을 바로잡을 수 있는 권한이 부여된 의회의 합당한 자리에 고귀하신 왕손께서 앉아계신 모습'을 볼 수 있었다.[5] 스테인즈Staines에서 어린 헨리는 '더 가지 않겠다고 비명을 지르고 울고 펄쩍 뛰며' 짜증을 부렸지만 며칠 후인 11월 18일 수요일 그는 의회에 참석하여 충성스러운 응대를 받았다. 이런 일들은 그에게 거의 아무런 의미도 없었다. 하지만 이런 사건들이 그의 무의식에 어떤 영향을 미쳤을지 누가 알 수 있을까? 그는 네 살 때 성 바오로 성당 미사에 참례했고 칩사이드Cheapside에서 케닝턴Kennington까지 말을 타고 갔다.[6]

여덟 살 되던 해 그는 웨스트민스터 대성당Westminster Abbey에서 화려하지만 길고 지루한 대관식을 치렀다. 그리고 1431년 12월 열 살이 되자 그의 삼촌인 보퍼트 추기경이 프랑스 왕위를 수여했다. 인생이 시작되자마자 그는 자신의 위치가 안겨주는 책임을 떠맡게 된 것이다. 그는 이 책임이 내포하고 있는 위험 요소를 일찌감치 감지했고 왕실 인척들과 그 가신들의 피비린내 나는 경쟁과 계략도 알고 있었다. 그리고 그의 존재는 두 삼촌 글로스터의 험프리와 보퍼트 추기경 사이에서 벌어지는 격심한 투쟁의 핵심이었다. 두 사람은 왕을 자신의 직접적인 감독 아래 두고 싶어 했다. 글로스터가 일시적으로 주교를 압도했던 1425년 헨리는 의례상의 런던 행차에 글로스터와 함께 나갔다.[7]

열여섯 살에 그는 주도권을 획득했다. 헨리 6세의 내적인 모습을 파악하기는 어렵다. 튜더Tudor 왕가의 선전, 특히 존 블랙먼John Blacman의 성인언행록을 바탕으로 하면 그는 결백하고 매우 도덕적이며 선의적인 군주로서 정치 싸움의 희생자였고 성인이 될 만한 인물이었다.[8] 실제로 그는 조숙하고 매우 과단성 있는 젊은이로 왕실 각료들에게 휘둘리는 동안 오랜 시간에 걸쳐 왕의 권한을 되찾고자 여러 차례 시도했다. 그러나 그의 정치적인 판단력은 현실적이지 못했다. 그는 국가가 직면한 중대한 문제들의 본질을 파악하지 못하여 결국 보퍼트 가문이 이끄는 정치 당파의 도구가 되고 말았다.

헨리 6세가 처한 상황은 갈수록 어려워졌다. 프랑스에서 영국의 입지는(명목상으로는 여전히 영국이 지배권을 쥐고 있었지만) 빠르게 추락하고 있었다. 12년 남짓 지나자 영국은 비참할 정도로 퇴각하여 칼레Calais의 항구 및 상업 지역만이 영국의 손에 남게 되었다. 영국 의회는 왕실이 전투를 효율적으로 지휘하지 못했다고 비난하면서도 충분한 자금을 조달하는 일은 꺼렸다. 국고 도산 위기로 인한 과도한 세금 징수는 곳곳에서 불만을 들끓게 했다. 혼란을 가라앉혀야 할 귀족들과 영주들이 오히려 조장한 범죄 증가와 정의의 부재는 거의 풍토병에 가까울 정도였다. 결국 1450년이 되어서는 왕실의 정치가 치명적인 장애를 겪기에 이르렀다.

헨리는 이러한 문제들에 대한 책임을 피할 수 없었다. 국가가 직면한 문제들을 해결하기 위해 애쓰면 애쓸수록 그는 점점 더 깊은 곤란 속으로 빠져 들어갔다. 그는 무능력한 보퍼트 일족에게 너무 많은 권한을 부여했다. 이들의 명목상 우두머리는 서머셋Somerset 공작 존이었지만 실상 진정한 주도자는 서퍽 공작 윌리엄 드 라 폴William de la Pole이었다. 그러나 귀족들 사이에는 이들에 대항하는 반대당 역시 존재했으며 그 주도자인 요크 공작 리처드는 무력한 왕에 비해 더 강력하게 왕의 자격을 주장할 수 있었다.

국가라는 배는 무능한 키잡이가 폭풍 속을 항해하듯 심하게 휘청거렸다. 왕국은 혼돈 속으로 급속히 가라앉고 있었다. 헨리의 주요한 조언자 서퍽은 나라를 빠져나가려다 참수형을 당했다. 그리고 두 명의 주교 치체스터Chichester의 애덤 몰린스Adam Moleyns와 솔즈베리 Salisbury의 윌리엄 아이스코프William Ayscough는 살해되었다. 개혁을 부르짖는 이들은 잭 케이드Jack Cade의 지휘 아래 무장 반란을 일으켰다. 많은 사람들이 헨리에게 실정(失政)의 책임을 물었다. 레딩 Reading의 대수도원장 토마스 카버Thomas Carver는 왕의 통치 능력을 문제 삼은 죄로 투옥되었다.[9] 길퍼드 감옥Guildford Gaol의 간수는 왕을 목매달고 그 부인은 익사시켜야 한다고 주장했다. 일리Ely에 사는 한 네덜란드인은 싸움닭들을 영국의 헨리와 부르고뉴Burgundy의 필립이라 이름 붙이고는 필립이 이기면 매우 기뻐했다.[10]

좀 더 구체적으로 말해서 사람들은 헨리의 정신적인 능력을 의심하기 시작했다. 성 알반 수도원St Albans의 수도원장 위텀프스테드 Whetehampstead는 왕이 "국사를 돌보는 데 있어서는 얼이 빠져 있다."라고 썼다.[11] 런던의 한 포목상은 헨리에 관해 이렇게 단언했다. "그의 모습은 선조들처럼 당당하지가 않다. 호남형의 외모도 아니고 그렇다고 아이 같은 얼굴도 아니며 다른 왕들처럼 흔들림 없는 지혜를 갖추고 있지도 않다." 한 네덜란드인은 헨리가 마치 어린애 같다면서 영국의 동전에는 함선보다는 양을 새기는 편이 더 어울렸을 거라고 퉁명스럽게 말했다. 노퍽 주 클레이Cley의 한 농부는 왕을 바보라고 불렀다. 1450년 서식스Sussex의 브라이틀링Brightling에서 온 두 평민은 "왕은 선천적인 바보이며, 막대 끝에 새를 올려놓고는 그걸 가지고 광대 노릇을 한다. 그러니 왕은 국가를 통치할 수 있는 인물이 못 되며 또 다른 왕이 통치자의 지위에 오를 수밖에 없다."라고 말했다. 그리고 약 8년 전 켄트의 파닝엄Farningham 출신 한 자작농은 "왕은 선왕과 마찬가지로 제정신이 아니었다."라고 비난하면서 한편으로는 이 발언에 대해 왕의 용서를 구했다.[12] 그가 말한 선왕은 헨리의 외조부 샤를 6세일까?

위와 같은 발언들은 당시 사람들의 일반적인 견해였으며 왕의 정신이 불안정하다는 말이 공통적으로 나왔다는 점에서 흥미로운 의견들이었다. 1453년에 나타난 헨리의 신경쇠약은 어느 날 갑자기 일어난 일이라기보다는 이미 예정된 일이었다.

늘어가는 불만과 해외에서의 전투 패배, 도산 위기 등으로 인한 정치적인 중압감은 헨리의 예민한 감수성을 해치기 시작했다. 어떤 면에서 볼 때 그는 다른 관심거리들을 통해 정치적인 불안에서 벗어나려 애썼다. 그는 이튼Eton과 케임브리지에 대학들을 설립함으로써 불멸의 역사적 가치가 있는 기념관을 세우고자 하는 욕구를 충족시킬 수 있었다. 이 두 대학은 디자인 면에서 위케험Wykeham의 윌리엄이 그 전에 설립한 웅장한 두 대학 윈체스터 칼리지Winchester College와 뉴 칼리지New College보다 두드러지는 건축물이었다. 그러나 그 무엇도 그의 형편없는 정치 행적을 가려주거나 귀족들 사이의 반목을 막아줄 수는 없었다. 케이드의 반란은 진압되었지만 프랑스가 영국군을 강타하고 있었다. 헨리의 부인 앙주의 마거릿은 임신 중이었지만 상속자가 태어나면 새로운 문제가 발생할 터였다. 아이의 탄생은 후계자로 정해져 있던 요크 공작 리처드의 왕위계승권 주장에 걸림돌이 될 것이기 때문이다.

헨리의 스트레스는 가중되었다. 그는 마음이 강하지 못하고 쉽게 영향 받는 사람이었다. 결국 그는 눈앞에 놓인 정치적 문제들을 해결하거나 점점 더 높아지는 불만을 잠재울 능력이 자신에게 없다는 사실을 깨달았다. 유전적, 기질적으로 신경증을 일으킬 소지가 다분했던 그는 마음의 균형을 잃고 극심한 우울증에 빠졌다.

이때가 1453년 여름이었다. 그는 8월 7일 솔즈베리 부근 클래런던Clarendon으로 사냥을 떠나 윌리엄 스터튼 경Sir William Stourton에게서 손에 경의의 입맞춤을 받는 등 겉으로는 전혀 문제가 없어 보였다. 그러나 곧 암흑이 도래했다.[13] 처음에 그의 특징적인 증상은 '격분'과 '빈번하고 갑작스런 공포'였다. 그러다가 이내 다시 소극적이고 움츠러든 상태로 돌아갔다. 그는 '이해력과 판단력을 상실'했다. 또한 '본능적인 감각도 사고력도 없었고' 주변에서 일어나는 일들에 완전히 무관심했으며 자발적으로 씻거나 옷을 입지도 못했다.[14]

다른 왕들의 경우와 마찬가지로 자연히 그가 귀신에 홀렸다는 소문이 돌게 되었다. 한 중죄인은 공범자들에게 불리한 증언을 하면서 1453년 7월 12일 브리스톨의 상인 집단이 왕을 파멸시키기 위해 마법을 썼다고 밝혔다. 또 다른 이는 (수감 중인) 코범 경Lord Cobham이 선동하여 왕의 망토에 주문을 걸었다고 주장했다.[15]

왕실 의사들은 처방과 약제, 하제, 양치질, 목욕, 찜질, 방혈(放血) 등 갖은 수단을 동원하느라 눈코 뜰 새 없었지만 환자는 여전히 무감각한 상태 그대로였다. 1453년 10월 31일 헨리의 아들이자 상속자 에드워드Edward가 태어났으나 아버지는 완전히 무감동한 태도를 보였다. 존 스토들리John Stodely는 1454년 1월 19일 다음과 같은 기록을 남겼다.

왕자가 윈저로 들어오자 버킹엄Buckingham 공작은 왕자를 팔에 안고 왕에게 데려가 경건한 자세로 축복을 청했으나 왕은 아무런 반응이 없었다. 그럼에도 공작은 왕자와 함께 계속 왕 옆에 머물러 있었다. 여전히 아무 반응이 없자 왕비가 들어와 왕자를 안고 공작이 했던 것과 마찬가지로 왕에게 내보였다. 그러나 모두 헛된 일이었다. 그들은 끝내 아무런 반응이나 표정도 볼 수 없었고 왕은 단지 한 번 왕자를 쳐다보고는 움직이지도 않고 시선을 떨궈 버렸다.[16] 헨리는 얼어붙은 동상처럼 신체적, 정신적으로 부동 상태를 유지했다.

영국이 프랑스 땅에서 밀려나고 귀족들이 위태롭게 분열을 일으키면서 왕의 쇠약은 정치적인 위기로 이어졌다. 요크 공작 리처드는 1454년 3월 27일 왕국의 섭정으로 임명되었다.[17] 곧장 왕위에 오를 것이라던 그의 기대는 에드워드 왕자가 태어남으로써 좌절되었지만 일단 그는 겉으로는 훌륭히 예를 갖춰 이 상황을 받아들였다. 1454년 3월 22일 대법관인 켐프Kemp 대주교가 세상을 떠나자 정치적으로 심각한 문제가 발생했다. 대법관과 캔터베리의 대주교 임명을 승인해야 하는 사람은 다름 아닌 왕 자신이었기 때문이다. 더욱이 그가 권한 행사를 위해 사용하던 국새도 켐프의 죽음으로 효력을 발휘하지 못하게 되었다.

누구든 헨리를 설득해서 행동을 취하게 해야 하는 다소 긴급한 상황이었다. 왕의 상태가 절망적임에도 불구하고 대신들은 그의 마음을 덮고 있는 어두운 장막을 뚫기 위해 애썼다. 성직자 및 일반인, 귀족 대표단이 1454년 성모 영보 대축일Lady Day에 윈저로 갔다. 왕이 저녁식사를 마치자 체스터Chester의 주교는 왕에게 말을 붙여 새로운 대법관과 대주교 임명을 청했으나 왕은 꼼짝도 하지 않았다. 잠시 난처한 침묵이 흐른 후 윈체스터의 주교는 대표단에게 우선 식사를 하러 갔다가 그 후 헨리에게서 뭔가 대답이 있기를 기대해 보자고 제안했다. 그러나 그들이 알현실로 돌아왔을 때도 헨리는 여전히 말이 없었다. 왕은 일어나서 침실로 갔다. "그들은 어떤 반응도, 대답도, 신호도 얻을 수 없었다. 그리하여 그들은 비통한 마음으로 그 자리를 떠났다."[18] 헨리는 마치 기억력이 없는 것처럼 보였고 옆에서 거들어 주지 않으면 쉽사리 돌아다니지도 못했다. 때문에 궁내관이나 수행 원들은 밤이나 낮이나 끊임없이 그를 살펴야 했다.

왕실 의사들은 어찌할 바를 몰라 당황했고 각료들은 가능한 의료 수단을 모두 제공했다. 연약(煉藥)과 물약, 시럽, 당제(糖劑), 고약, 하 제, 관장약, 좌약 등 온갖 치료제들이 동원되었고 (뇌 속의 불순물이 두피를 통해 분비된다는 믿음에 기초하여) 머리카락을 깎고 머리를 씻는 방법, 카타르catarrh성 물질을 제거하기 위한 양치질 그리고 찜 질 및 방혈 등의 치료법도 사용되었다.[19] 의사들은 뇌에서 흑담즙을 빼내 체액의 균형을 회복시키기 위해 당시 통용되던 체액 이론에 따 라 치료를 행했다.

그 중 효과적인 치료법이 있었는지는 알 수 없지만 왕은 서서히 정상적인 상태로 회복될 조짐을 보였다. 그는 충분히 회복된 모습을 보이며 1454년 8월 22일에는 캔터베리의 새로운 대주교에게서 손에 경의의 입맞춤을 받고 자신의 십자가를 주었다. 12월 27일 그는 구 호품을 분배하는 관리에게 말을 타고 캔터베리로 갈 것을 명하고 서 신과 문서를 담당하는 관리는 웨스트민스터로 보냈다. (캔터베리에 있는)토마스 베케트의 성소와 (웨스트민스터에 있는)에드워드 참회 왕King Edward the Confessor의 성소에서 왕의 회복을 감사하는 감사제 를 드리도록 하기 위함이었다.

3일 후 헨리는 이제 14개월 된 아들의 이름을 듣고 아이의 대부에 관해서 물었다. 본래 대부였던 켐프 대주교가 세상을 떠나고 서머셋 공작이 대부가 되었다는 것이 그가 들은 대답이었다. 왕은 지난 4월 켐프의 뒤를 이을 대부를 직접 선택했으면서도 켐프가 사망했다는 사실을 모르고 있었다. 다음은 에드워드 클레어Edward Clare가 존 패스턴John Paston에게 보낸 편지의 내용이다.

　　왕께서는 많이 회복되셨고, 성탄절이 지나 성 요한 사도 복음 사가 축일 St John's Day에 캔터베리로 봉헌물을 보내신 후로 계속 좋아지고 계십니다. 월요일 오후에는 왕비께서 왕자님을 데려 오시자 왕자님의 이름을 물으셨고 왕비께서는 에드워드라고 답하셨지요. 왕께서는 두 손을 들어 이에 대해 주님께 감사를 표하셨습니다. 그리고 지금까지 병들어 있는 동안 당신께서 무슨 말을 들었는지, 어디에 계셨는지 전혀 알지 못했다고 말씀하셨습니다. 그리고 대부가 누구인지도 물으셨지요... 왕비께서 추기경(켐프)의 사망 사실을 전하시자 왕께서는 이에 관해서도 지금까지 전혀 모르고 있었다고 말씀하셨습니다... 그리고 예수 공현 축일Twelfth Day 이튿날 왕께서는 윈체스터의 주교님 그리고 성 요한 수도원장님과 함께 기쁘게 담소를 나누셨답니다. 또한 왕께서는 이제 온 세상에 자비를 베풀며 군주의 모습을 보이겠다고 하셨지요. 요즘은 아침기도와 저녁기도도 하시고 경건한 자세로 미사 참례도 하신답니다.[20]

　　1455년 초에 이르러 왕은 기억력과 건강 모두 회복한 듯 보였다. 서머셋 공작은 호의를 되찾았고 요크 공작은 다시 한 번 권력의 변방으로 좌천되었다. 그러나 헨리가 얼마나 완벽하게 혹은 영구적으로 회복되었는지는 의문이었다. 왕은 1455년 6월 솔즈베리 성당의 주임 사제 길버트 카이머Gilbert Kymer를 윈저로 불러 "사제께서도 잘 아시다시피 우리가 지니고 또한 앓고 있는 질병들이 너무나 많소."라고 말했다.[21] 7월 15일 그는 왕을 위해 물심양면으로 애쓴 점을 치하하여 외과 의사들에게 특별 보수를 지급하라고 명했다.[22] 외과 의사들은 어떤 역할을 수행했던 것일까? 아마도 그들은 뇌가 받는 압력을 덜기 위해 왕의 머리를 절개했던 것으로 보인다. 그렇다면 시술은 언제 한 것일까? 1454년 혹은 1455년?

병이 재발했든 안 했든 헨리는 1455년 7월 9일 의회가 열렸을 때 참석했다. 그러나 10월 28일 존 그레셤John Gresham은 존 패스턴에게 다소 알아듣기 어려운 내용의 편지를 보냈다. "굉장히 많은 소문이 돌고 있습니다. 무슨 영문인지 모르겠소. 상황이 완전히 달라졌어요. 어떤 이들은 왕의 병이 도졌다고 두려워합니다."[23] 이 소문에는 어느 정도 신빙성이 있었다. 헨리는 확고한 정의와 합리적 명분을 실천한 내적능력이 결여되어 의회에 불참한 것이다.[24] 이처럼 왕의 병에 대한 간접적인 증거들과 더불어 1455년 12월 12일부터 1456년 3월 2일까지 공식 문서에 왕의 서명이 빠져 있었던 것으로 볼 때 그의 정신질환이 재발했다는 생각에는 일리가 있다.

거의 2년 가까이 그를 제대로 활동하지 못하게 만든 정신질환의 본질은 무엇이었을까? 스트레스가 원인이었다는 데는 거의 의심의 여지가 없다. 끊임없이 발생하는 정치적 문제들을 해결하지 못하고 프랑스에서 전쟁에 실패했다는 사실이 그의 정신건강에 영향을 미쳤다. 프랑스에서 날아온 나쁜 소식은 그를 더 이상 견딜 수 없게 만든 마지막 짐이었다. 앞서 살펴보았듯 헨리는 초기의 격한 상태가 지난 후 엄청난 무감각 상태에 빠져 본인의 요구나 가족 혹은 국가의 요구에도 완전히 무관심한 태도를 보였다. 그리고 회복기에는 병을 앓고 있던 상황을 전혀 기억하지 못했다. 기억상실증이 고맙게도 당시 일어났던 모든 일들을 지워버린 것이다. 그를 괴롭힌 병은 분명 긴장형 정신분열증catatonic schizophrenia이나 조울증이었다. 헨리는 정신분열증 환자였던 프랑스 왕 샤를 6세의 손자였다. 정신분열증은 유전되는 경우가 많으므로 그가 겪은 정신질환의 원인이 유전이었을 가능성도 완전히 무시할 수는 없다. 그러나 헨리는 긴장형 정신분열증보다는 조울증으로 인한 우울성 혼미상태depressive stupor에 빠져 있었을 가능성이 더 높다.[25] 발병 초기를 제외하고는 발작적인 징후도 나타나지 않았고 샤를 6세의 경우처럼 망상이나 편집증 증상도 없었다. 또한 정신적인 기능은 영구적으로 손상되었는지 몰라도 회복이 비교적 빨랐다.

하지만 눈에 띄는 회복에도 불구하고 그의 남은 통치 기간 동안 정치에서 가장 큰 부분을 차지한 것은 왕의 '우둔함'이었다. 1453~5년 사이에 그를 억눌렀던 정신적인 문제가 또다시 그를 공격했다. 1455년 이후 헨리 정부는 빚더미에 파묻히고 파묻혀 정의나 법, 질서의 유지를 전혀 보증할 수 없는 지경에 이르렀다. 왕은 귀족들 간의 당파 싸움을 통제할 의지와 능력이 부족했고 결국 분쟁은 빠르게 악화되어 피비린내 나는 내란 이른바 장미전쟁으로 이어졌다. 왕의 군대가 요크 가문의 군대에 대패하자 헨리는 국경을 넘어 스코틀랜드로 달아났다. 이어 리처드가 웨이크필드Wakefield 전투에서 전사한 관계로, 이제 요크 공작인 아들 에드워드가 왕위계승권을 주장하여 에드워드 4세로 즉위했다.

랭카스터 가문의 왕은 붙잡혀서 런던탑에 감금되었다. 1470년 9월 말 랭카스터 가문은 '국왕 옹립자' 워릭 백작의 지휘 아래 짧은 회복기를 맞았지만 헨리에게는 무의미한 일이었다. 그는 승리를 기념하는 행진에 억지로 참가했으나 '그다지 존경할 만하거나 왕에게 어울릴 만한 말끔한 의복을 갖춰 입지도 않은 채' 행진만 할 뿐이었다. 소위 말하는 재적응에 실패한 그는 다시 런던탑으로 돌아갔다. 1471년 5월 4일 랭카스터 가문의 잔존 부대는 투크스베리Tewkesbury에서 패했고, 헨리의 상속자 에드워드 왕자는 전장에서 달아나다가 구타를 당하고 살해되었다. 그의 죽음은 아버지의 죽음으로 이어져 헨리 역시 살해당했다. 1911년 헨리의 유골이 발굴되었는데 두개골에 머리카락이 피로 엉겨 붙어 있는 모습은 당시 그가 끔찍한 죽음을 맞았다는 사실을 증명해 주는 것이었다.

랭카스터 가문 출신으로 헨리 6세 어머니의 손자였던 헨리 7세가 승리를 거둔 후 기묘한 일이 일어났다. 헨리 6세는 체르치 수도원 Chertsey Abbey에 묻혔다가 후에 리처드 3세에 의해 윈저로 옮겨졌다. 헨리 7세는 그의 유골을 웨스트민스터 대성당으로 옮기기 위해 그리고 교황을 설득하여 그를 시성(諡聖)하게 하기 위해 애썼다. 비록 그의 두 목표는 모두 실패로 돌아갔지만 헨리는 비공식적인 숭배의 대상이 되었고 환자들은 구원을 얻기 위해 윈저에 있는 그의 무덤에 몰려들었다. 그의 기원 덕분이라고 여겨지는 기적은 거의 500건 가운데 172건이 아직까지도 전해진다.[26] 한 번은 헨리 8세도 1529년 6월 그의 제단에 제물을 바친 적이 있을 정도다.

프랑스 왕가의 불운

_ 샤를 6세 Charles VI

프랑스 왕가의 불운

헨리 6세가 조부인 프랑스 왕 샤를 6세에게서 정신적인 결함을 물려받은 것이 사실이든 아니든, 샤를이 30년 넘게 심각한 정신질환을 앓았으며 그로 인해 백성들에게 무시무시한 영향을 끼쳤다는 것은 두말할 나위 없는 사실이다. 샤를에게서 나타났던 증상을 보면 그가 심한 경우 망상뿐만 아니라 폭력적인 행동도 유발할 수 있는 정신분열증에 시달렸음을 알 수 있다. 회복되는 듯 보이는 시기와 다시 증상이 나타나는 시기 사이의 간격이 점점 짧아지긴 했지만 왕이 온전한 정신 상태로 정치적인 영향력을 행사한 기간도 분명히 있었다. 그러나 병으로 인해 책임감 있는 통치를 하지 못하거나 심지어 통치하는 시늉조차 할 수 없게 되는 경우가 시시각각 다른 간격으로 발생했다. 또 한 가지 확실한 점은 정상적으로 보이는 시기에도 왕의 정신 상태는 이미 병을 겪은 충격으로 손상된 상태였다는 사실이다.

샤를 6세가 앓았던 정신질환의 영향은 널리 퍼지고 오래 지속되었다. 그의 성격도 바뀌었다. 왕가는 주요 구성원들의 이기적인 야심과

시기로 이미 쓰라리게 분열된 상태였는데 샤를의 병 때문에 더욱 극심한 타격을 입었다. 프랑스는 강인하고 흔들림 없는 정부를 필요로 했으나 공작들 사이의 죽고 죽이는 경쟁으로 비틀렸고 피투성이가 되었으며 헨리 5세가 이끄는 영국 군대의 손에 다시금 황폐화되었다. 헨리 6세의 비교적 단기간에 걸친 정신질환이 영국 내 정치 분쟁에 미친 영향은 일시적이었다. 그러나 샤를 6세의 반복적으로 재발하는 정신병은 국가적으로 훨씬 더 비참한 결과를 낳았다.

1380년 샤를 6세가 왕위에 올랐을 때 프랑스는 영국 군대와 이들에게 고용된 동맹군들이 저지른 무참한 파괴에서 이제 겨우 천천히 회복되기 시작하던 참이었다. 시골과 도시 모두 약탈당했고 왕실 금고는 메말라버린 상태였다. 샤를 6세의 아버지 샤를 5세에게 '현인le sage'이라는 별칭이 붙여진 데에는 일리가 있었다. 그는 영국의 리처드 2세 치세에 일어난 전투가 잠시 중단된 틈을 이용해 재건 및 긴축 정책을 폈다. 어떤 이들에게 특히 프랑스 시인 크리스틴 드 피장Christine de Pisan에게 샤를 5세는 신앙인의 덕과 지혜를 상징하는 모범처럼 여겨졌다. 샤를 5세도, 기사답고 평범한 아버지 장John 2세도, 또한 활력 있고 명석하며 어느 정도 성공적인 통치를 했던 조부 필립 6세도 정신적인 결함의 징후는 전혀 보이지 않았다. 그러나 필립 6세의 부인 부르고뉴의 잔Jeanne은 심한 압력을 행사했고, 이에 아르투아Artois의 로베르Robert는 그녀를 '악녀'라고 칭하며 이렇게 말했다. "사악하고 모자란 왕비... 왕의 행세를 하면서 자신의 의지를 위협하는 이들을 파멸시켰다."

한편 샤를 5세의 부인 잔 드 부르봉Jeanne de Bourbon은 1373년 심각한 신경쇠약에 걸려 '분별력과 기억력'을 잃어버렸다.[1] 그녀는 일곱 번째 아이를 낳은 지 얼마 안 된 상태였기 때문에 어쩌면 단순히 산후우울증post-natal depression에 시달렸던 것일 수도 있다. 하지만 부르봉 가문에는 그 전에도 정신병이 발병한 내력이 있었다. 일례로 그녀의 오빠인 루이 2세는 극심한 우울증에 시달렸다. 잔 왕비는 아들인 장래 샤를 6세에게 아마도 선천적인 정신적 결함이나 혹은 적어도 정신병에 걸릴만한 소질을 물려주었다. 잔을 매우 사랑한 남편은 그녀의 회복을 위해 순례를 떠나기도 했다. 다행히 그녀는 회복되었으나 5년 후 산욕열puerperal infection로 결국 세상을 떠났다.

샤를 6세는 불과 열두 살 난 소년일 때 아버지의 뒤를 이었고 리처드 2세나 헨리 6세와 마찬가지로 너무 어린 나이에 왕이 되었다. 감수성 예민하고 유순한 성격에 경험도 전혀 없던 그는 지배자가 되기보다는 가문이나 주위 사람들의 도구가 되기 쉬웠다. 실제로 리처드 2세처럼 서툴고 게을렀던 그는 앙주 공작 루이, 부르고뉴 공작 필립 그리고 예술가들의 최고 후원자로서 아름다운 것들을 사랑하는 베리 Berry 공작 장 등 냉혹한 삼촌들에게 실권을 넘겼다. 1381년 샤를은 공식적으로 성년이 되었지만 정권을 장악한 사람들은 왕가의 공작들이었다. 베리 공작은 랑그도크Languedoc를 차지하고 기뻐했으며 앙주 공작은 나폴리 왕국을 얻기 위해 애쓰느라 분주했다. 그리고 부르고뉴 공작은 플랑드르Flanders에 관심을 두고 새로운 반(半)자치령을 만들 생각에 빠져 있었다.

샤를은 즐기기 좋아하는 젊은이였고 경조(輕躁)증에 가까울 정도로 활기가 넘쳤다. 예컨대 그는 사냥과 마상 창 시합을 열광적으로 좋아하여 부르고뉴 공작 아들딸의 합동결혼식을 축하하기 위해 열린 경기에서 아홉 코스를 뛰었다. 대관식에서 도유식(塗油式, 왕의 신성한 권위를 인정하기 위해 성유聖油를 붓는 의식 ― 옮긴이)을 치른 직후 그는 끊임없이 경기에 참가하는 것에 대해 많은 비판을 받았다. 반면 온화하고 관대하고 붙임성이 좋아서 '사랑받는 사람'이라는 별명을 얻기도 했다. 그의 미래 삶을 생각해 볼 때 아이러니컬한 호칭이었지만 그는 죽을 때까지 이 별명을 좋아했다. 그는 활기뿐만 아니라 정욕도 왕성한 청년이었다. 성 드니 성당St Denis의 수사 말에 따르면 그의 '육욕'은 굉장했다고 한다. 그의 삼촌들은 외교적으로 유리하다고 생각하여 비텔스바흐Wittlesbach 가문의 이자보Isabeau 공주와 그의 결혼을 계획했다. 이자보의 아버지 슈테판Stephen 3세는 북부 바이에른−잉골슈타트Bavaria-Ingolstadt 공작으로 독일의 유력자들 가운데 한 사람이었다. 그리고 그녀의 조부는 밀라노 공작 베르나보 비스콘티Bernabo Visconti였다. 바이에른 공작의 밀사는 신부가 아이를 가질 수 있는지 확인하기 위해 알몸으로 검사를 받아야 한다는 말을 듣고 탐탁치 않게 여겼지만 결혼은 예정대로 진행되었다.

신부를 보고 신이 난 젊은 왕은 즉시 결혼 준비를 해야 한다는 뜻을 전했고 1385년 7월 17일 아미엥 대성당Amiens Cathedral에서 결혼식이 거행되었다. 프로와사르Froissart는 연대기에서 이렇게 언급했다. "그들이 첫날밤을 매우 즐겁게 보냈다는 것은 누구나 믿을 수 있는 사실이다."[2]

1388년 정부에 중대한 변화가 일어났다. 왕실 회의에서 왕의 삼촌들이 펴는 정책에 불만을 품고 왕에게 정치를 맡을 충분한 책임이 있다고 주장한 것이다. 공작들은 자신들의 수고에 대한 보상을 요구했지만 곧 쫓겨났다. 재편성된 왕실 회의의 임원들 가운데는 정직한 의도와 행정 수완을 갖춘 '명주원숭이Marmoset'라 불리는 무리가 있었는데 이들은 샤를 5세의 행정을 되살리고 공작들의 통치 아래 자행된 부패를 추방하고자 했다. 그러나 사실상 실권은 단지 한 집단에서 다른 집단으로 옮겨 간 것뿐이었다. 그들은 바로 욕심 많고 이기적이며 자신과 친정을 부유하게 하는 데 여념이 없었던 왕비 이자보와[3] 왕의 동생인 투렌Touraine 공작 (후에는 오를레앙Orléand 공작) 루이였다. 인정할 만한 설은 아니지만 훗날 루이가 왕비의 연인이었다는 소문이 돌기도 했다.[4]

왕은 정치를 조언자들의 손에 맡겨두고 쾌락을 쫓는 데 만족했다. 그러다가 1392년 그의 인생을 바꿀 사건이 일어났다. 왕이 아끼는 조언자들 가운데 올리비에 드 클리송Olivier de Clisson이라는 대신이 있었는데 그의 천적은 브르타뉴 공작 장 4세였다. 브르타뉴 공작의 부하로서 얼마 전 궁중 의전관 자리에서 쫓겨난 피에르 드 크라옹 Pierre de Craon은 클리송이 생 폴 저택Hôtel St Pol에서 왕과 저녁식사를 한 후 파리에 있는 자신의 저택으로 갈 때 복병을 숨겨뒀다가 살해하는 계획을 꾸몄다. 클리송은 사정없이 덤벼드는 암살자들에게서 가까스로 빠져나와 심하게 다친 몸으로 비틀 거리며 다다른 빵집 문간에서 구조되었다.

계획이 성공했다고 믿은 크라옹은 도시를 떠나 샤르트르Chartres로 간 뒤 그곳에서 다시 안전한 브르타뉴 공작령으로 향했다. 클리송이 무사하다는 사실을 알게 된 그는 공작에게 이렇게 말했다. "이는 마귀의 농간입니다. 대신이 지배하는 지옥의 모든 마귀들이 그를 호위하여 제 손에서 구해준 것이 분명합니다. 그는 장검과 단검에 최소한 60번은 찔렸고 저는 그가 죽었다고 믿어 의심치 않았습니다."

왕은 자신의 충신이 정당한 이유없이 공격을 받았다는 소식을 듣고 극도로 분노하고 흥분하여 복수를 결심했다. 샤를은 지난 4월 아미엥에서 영국과 평화 협상을 맺을 때 걸린 심각한 병에서 이제 막 회복된 상태였다. 그 병이 무엇이었는지는 알 수 없지만 매우 심각했다는 데에는 의심의 여지가 없으며 어쩌면 이 병이 후에 발병한 정신질환의 서두였는지도 모른다. 연대기 작가는 왕의 병을 가리켜 '기괴하고 지금까지 들어 본 적 없는 병'이라며 병이 진행됨에 따라 왕은 고열에 시달리고 나중에는 머리카락과 손톱까지 빠졌다고 전했다.[5] 샤를이 앓았던 병은 장티푸스나 대뇌 말라리아, 뇌염 혹은 매독성 수막염이었을 수도 있다. 베리 공작을 포함한 '많은 사람들'이 동시에 앓았던 것으로 보아 이 병은 장티푸스나 뇌염이었을 가능성이 높다.

왕은 천천히 어쩌면 부분적으로만 회복된 상태에서 클리송 암살 시도 소식을 접하고 위기에 직면했다. 보베Beauvais에서 한 달 동안 요양하던 샤를은 암살자 피에르 드 크라옹에게 피신처를 제공한 브르타뉴 공작을 공격하기로 결심하고 파리로 돌아왔다. 왕실 의사들은 왕이 아직 이따금씩 열이 나서 변덕이 생기고 걱정이 지나치며 논리적으로 사고하지 못한다는 이유로 원정을 만류했다. 그가 파리를 떠나 브르타뉴 원정에 나선 1392년 7월 1일 당시 봄에 앓았던 병의 후유증이 남아 있었던 것은 분명하다.[6]

크라옹에 대한 왕의 분노는 그 자체로 근본적인 정서 불안정에 이를 만큼 강했다. 이 불운한 암살자를 도왔던 이들은 모두 끔찍한 형벌을 받았다. 집사와 두 명의 기사 그리고 한 명의 수행원은 사형을 당했다. 크라옹을 피신시켰던 샤르트르의 수사 신부는 무기징역을 선고 받고 성직록(聖職錄)도 잃었다. 삼촌들이 그의 원정을 얻을 것 없고 불리한 방책이라 생각하자 그는 오히려 더욱 결심을 굳혔다.

원정이 남서부로 천천히 진행되고 있을 때 왕은 확실히 건강이 좋지 않았다. 의사들은 '열이 높아서 말을 타기에 부적합하다'라고 판단했다. 원정에 참여했던 성 드니 성당 수사 미셸 팽토엥Michel Pintoin은 왕이 전혀 딴 사람 같았다고 전했다. 그의 말을 그대로 옮기면 다음과 같다. "velut vir non sane mentis verbis fatuis utendo, gestis eciam majestatem regiam dedecentes exercuerat inter eos." 샤를이 말도 안 되는 소리를 하고 무례한 행동을 했다는 뜻이다.[7] 전에 앓았던 병의 영향으로 왕은 그의 몰락을 불러 온 사건이 일어나기도 전에 이미 신경쇠약 상태에 있었던 셈이다.

그 사건은 1392년 8월 5일 왕과 그 측근자들이 브르타뉴 경계에 거의 다다른 무더운 여름날에 일어났다. 샤를은 상당한 양의 포도주를 마신 상태로 검은 상의에 동체 갑옷을 입고 진주로 장식된 진홍색 벨벳 모자를 썼다. 원정에 반대했던 그의 동생과 삼촌들도 함께 있었지만 왕은 다른 사람들과 거리를 둔 채 이동했다. 말들이 달리는 길에서 흙먼지가 너무 많이 날렸기 때문이다.

그들이 나병 환자 수용소에서 가까운 르망Le Mans의 숲 부근을 지날 때 험악한 차림새를 한 한 남자가 나무 뒤에서 튀어나와 왕이 탄말의 고삐를 붙잡고 외쳤다. "더 이상 가면 안 됩니다. 고귀한 왕이시여! 돌아가세요! 파멸에 이르고 말 겁니다!" 성 드니 성당 수사의 말을 그대로 옮기면 다음과 같다. "Non progrediaris ulterius, insigne rex, quia cito prodendus es."[8] 그 장면을 목격한 쿠슈Coucy의 영주를 통해 당시 일어났던 일을 전해들은 로와사르는 그 남자의 말을 이렇게 기록했다. "왕이시여, 더 이상 가시면 안 됩니다. 돌아가세요. 배신자가 나타날겁니다."[9] 왕의 수행원들이 고삐에서 남자의 손을 떼놓기는 했지만 놀랍게도 그는 체포되지는 않았다. 아마도 미치광이로 여겨졌기 때문일 것이다. 그러나 배신을 예고하는 그의 음울한 목소리는 숲 속에서 계속 메아리쳤다. 이 사건으로 왕의 마음속에서는 엄청난 동요가 일었다.

곧이어 더욱 불행한 일이 벌어졌다. 원정대가 숲을 빠져 나와 무더운 평원에 이르렀을 때 왕의 수행원 중 한 명이 더위 때문에 반쯤

잠이 들어 왕의 창을 떨어뜨렸고 이 창은 그 동료의 투구 위로 요란한 소리를 내며 떨어졌다. 왕은 그 소리에 놀라 즉시 칼을 뽑아 들고 외쳤다. "배신자들을 잡아라! 저들이 나를 적에게 넘기려 한다." 그는 가까이 있는 이들에게 칼을 휘둘러 기사 네다섯 명을 죽였는데 그 중에는 유명한 가스코뉴 기사 드 폴리냐크de Polignac도 있었다.[10]

부르고뉴 공작은 이렇게 외쳤다. "맙소사. 왕은 제정신이 아니야. 누가 왕을 좀 붙들어라!" 기욤 마르텔Guillaume Martel이 뒤에서 나와 왕을 잡았고 다른 이들은 혼전 속에 부러진 그의 칼을 빼앗았다. 말에서 끌어 내려진 샤를은 기진맥진하여 말도 못한 채 누워 눈을 사납게 이리저리 굴려댔다.[11] 결국 수행원들은 그를 달구지에 실어 르망으로 돌려보냈다.

이틀 동안 그는 혼수상태에 있었다. 의식이 돌아오고 처음에 그는 영문 모를 말을 해대며 아무도 알아보지 못했다. 사람들은 그가 마법에 걸렸다고 생각했지만 어떤 이들은 그의 병을 가리켜, 정치적으로 교회의 분립을 막지 못했고 또한 백성들에게 막대한 세금을 부과했기 때문에 내려진 신의 심판이라 말했다. 성 드니 성당의 수사는 그가 혼수상태에 빠졌던 직후 상황을 이렇게 설명했다. "이틀 동안 의식이 없는 채 팔다리를 움직이지 않았던 그의 몸은 차가웠고 가슴에만 미약한 열이 남아 있었으며 심장박동도 희미했다."[12]

하지만 의사 다르시니de Harcigny의 관리를 받고 왕의 건강은 점차 좋아지는 듯 했다. 분별 있고 경험도 풍부한 92세의 기욤 다르시니는 샤를의 병이 그의 어머니 잔 드 부르봉이 겪었던 병과 흡사하다고 진단했다. "왕께서는 병에 시달리고 계신다. 이 병은 그의 어머니가 겪었던 병과 매우 흡사하다."[13] 다르시니는 왕이 충분한 음식물과 수분을 섭취하고 휴식과 수면을 취해야 한다고 조언했다. 한 달도 채

안 되어 왕의 건강은 상당히 회복되었다. 1392년 가을 샤를은 라옹 대성당Notre Dame de Liesse에서 건강 회복에 대한 감사를 드리고, 성 드니 성당에서 열린 수호성인 축일 행사에도 참여했다.

왕을 혼수상태까지 몰고 간 병의 정체는 무엇이었을까? 프로와사르는 '뜨거운 병unchaude maladie' 이라고 막연하게 설명했다. 당시의 체액병리학에 따르면 뜨거워진 체액이 뇌로 올라가 생긴 병이라는 것이다. 극심하게 더운 기후를 고려할 때 왕이 일사병이나 이상 고열을 일으켰을 가능성도 무시할 수 없다. 그로 인해 뇌에 손상을 입었을 수도 있다. 그러나 샤를이 앓았던 병이 무엇이었든, 적어도 표면상으로는 회복되었던 것으로 보아 전혀 고칠 수 없는 병은 아니었다. 그가 정신병에 걸리기 쉬운 소질을 지니고 있었다는 견해는 그의 어머니가 겪었던 병 그리고 그가 원정을 떠나기 얼마 전 앓았던 병의 특성에서 추론된 것이다. 이후 그의 삶에 비추어 볼 때 이 병은 족히 30년은 되는 그의 여생 동안 정도의 차이는 있어도 끊임없이 재발했던 정신분열증의 시발점이었다고 결론내릴 수 있다.

왕의 병은 정치에도 즉시 영향을 미쳤다. 샤를의 삼촌들은 왕의 조언자인 명주원숭이를 몰아내고 실권을 회복할 기회를 포착했다. 중심 세력이던 리비에르Riviére와 메르시에Mercier는 직위에서 쫓겨나 수감되었다. 다르시니는 왕의 건강이 좋아진다 해도 그를 초조하게 하고 화나게 만들 수 있는 문제들은 피해야 한다고 현명하게 제안했다.[14] 이같은 조언에 왕의 동생 루이와 삼촌들은 왕 만큼이나 흡족해했다.

정치에 무관심한 왕은 자신의 기질에 맞게 맘껏 즐길 수 있었다. 그러나 이듬해인 1393년, 불운한 미래를 예고하는 무시무시한 재앙이 일어났다. 왕비가 한 시녀의 세 번째 결혼을 축하하기 위해 마련한 가면무도회에서 '모든 예의범절에 반하는' 제스처 게임이 진행되었는데 이 게임 중에 여섯 명의 젊은 남자들이 야만인 복장을 하고 등장했다. 그들은 '머리끝에서 발끝까지 덥수룩한 털로 뒤덮이도록' 리넨에 밀랍이나 송진을 먹인 의상을 입었다.[15]

그들은 정체를 숨기기 위해 마스크를 썼는데 그 가운데는 샤를도 있었다. 의상이 가연성 소재였기 때문에 '야만인'들이 음란한 몸짓으로 뛰어다니는 동안 무도회장 안으로 횃불을 들이는 일이 금지되었다. 그런데 왕이 젊은 베리 공작부인과 이야기를 나눌 때 동생인 루이가 수행원들과 함께 횃불을 들고 무도회장으로 들어섰다. 이때 횃불에서 튄 불꽃이 춤을 추던 한 사람의 옷에 옮겨 붙었다. 불은 놀라우리만치 빠른 속도로 번져나갔다. 춤추는 사람들 가운데 남편이 있다는 사실을 알고 있던 왕비는 비명을 지르며 실신했다. 베리 공작부인이 신속하게 대처하여 치맛자락으로 덮어 준 덕에 왕은 무사할 수 있었다. 사람들은 몸부림치는 이들에게서 불붙은 옷을 벗겨내느라 허둥지둥 정신이 없었다. 주아니Joigny 백작은 그 자리에서 불에 타 죽고 이뱅 드 푸아Yvain de Foix와 에메리 푸아티에Aimery Poitier는 화상으로 이틀 후에 세상을 떠났다. 이 게임을 고안하여 '젊은이들에게 퇴폐적인 행위를 가르친' 장본인이라는 비난을 받은 위구에 드 귀세이Huguet de Guisay는 다음날 숨을 거뒀다. 이 비극적인 사건이 왕의 정신 상태에 영향을 주었다고 할 만한 근거는 없지만 이 일은 분명 시간이 흐른 뒤에 후유증을 일으킬 수 있을 만큼 충격적인 경험이었다.

이 사건과 관련된 사람들은 모두 속죄의 뜻을 표하고 자신들이 무사하다는 사실에 대해 감사의 기도를 올렸지만 6개월도 채 안 되어 샤를은 다시 병이 도졌다. 1393년 6월 아브빌Abbeville에 있을 때 그는 '너무나 무거운 그늘에 휩싸여 있어서' 누가 봐도 또다시 심각한 정신병에 걸렸다는 사실을 알 수 있었다. 그는 사람이나 장소를 알아보지 못했을 뿐만 아니라 종종 난폭한 행동을 하고 이상한 몸짓을 했다. 그는 망상에 시달렸다. "그는 결혼을 한 적도 없고 아이도 없다고 말했다. 자기 자신은 물론 프랑스 국왕이라는 지위도 잊어버린 채 자신의 이름은 샤를이 아니며 백합 문장(紋章)도 자기 가문의 것이 아니라고 주장했다. 그리고 자신의 문장이나 부인의 문장이 금 접시에 새겨진 것을 보면 미친 듯이 노하며 지워 없애버렸다."[16] 잠시 평정을 되찾는 일도 몇 차례 있었으나 그가 몽 생 미셸Mont St Michel로 순례를 떠나 건강 회복에 대한 감사 기도를 드리고 그곳에 있는 작은 성당에 재산을 기부할 수 있었던 것은 6개월이 지난 후였다.

8개월 뒤 1395년 11월 그의 병은 또 재발했다. 그런데 이상하게도 재발 시기는 그의 의사 르노 프레롱Renaud Frèron이 해임되고 추방된 직후였다. 프레롱이 해임된 이유가 무엇이었는지, 그가 어쩌다가 왕의 심기를 건드렸는지는 알 수 없다. 당시 샤를은 정신분열증 증세인 피해망상에 시달렸던 것으로 보인다. 그는 소리를 지르며 생 폴 저택에서 뛰어나와 적에게 쫓기고 있다고 외치다가 지쳐 쓰러지곤 했다. 수행원들은 험한 소문을 막기 위해 출입문들을 벽으로 봉했다. 이런 사실을 고려해 보면 프레롱은 왕이 일으킨 망상의 피해자였을 가능성도 있다.

샤를의 정체성에는 또다시 문제가 발생했다. 그는 자신이 왕이 아니며 이름은 샤를이 맞지만 본래 이름은 조르주George라고 주장했다. 그리고 이번에도 부인도 아이들도 없다고 우겼다. 자신이나 부인 가문의 문장이 보이면 여지없이 지워버리고 이리저리 날뛰며 '음란한 추태'를 부렸다.[17] 그가 진짜 문장이라 주장한 것은 사자의 몸에 장검

이 꽂혀 있는 문양이었다. 그는 병으로 고통 받았기에 아마도 사자와 동일시하려 한 것 같다. 그리고 자신을 조르주라 칭한 것은 성 제오르지오St George의 이미지와 막연하게 연관되어 있을 것이다. 파미글리에티R. C. Famiglietti는 이를 가리켜 '정신분열증 환자들의 생각 속에 등장하는 전형적인 논리'라고 설명했다.[18] 1396년 초 이 증상은 가라앉았고 그는 1396년 2월 6일 노트르담Notre Dame 성당에서 감사 기도를 올렸다. 그리고 부인을 잃은 영국 왕 리처드 2세와 자신의 딸 이자벨라의 결혼 문제를 본격적으로 협의하기 시작했다.

그러나 오래 지나지 않아 병은 또 재발했고 정상적으로 보이는 시기와 광기가 나타나는 시기 사이의 간격은 시간이 지날수록 짧아졌다. 만성 정신분열증은 불행한 왕을 점점 더 세게 죄어들었다. 때때로 그는 열에 들뜨고 흥분하여 난폭하게 뛰어다니고 기괴한 행동을 했으며 그렇지 않을 때는 생기를 잃고 기진맥진했다. 제정신이 아님을 보여주는 그의 행동들은 그밖에도 많았다. 왕실 회계 장부에는 그가 수도 없이 지불한 파손 배상액과 여타의 손실이 기록되어 있다. 그는 옷이나 물건들을 불 속에 집어 던졌고 긴 겉옷(우플랑드houppelande, 14~15세기에 유행하던 길고 풍성한 원피스 형의 남녀 공용 의상 − 옮긴이)에 소변을 봐서 끊임없이 세탁하게 만들었다.

장래의 교황 비오Pius 2세는 샤를에 관해 이렇게 언급했다. "가끔 그는 자신이 유리로 되어 있어서 함부로 손대면 안 된다고 생각했다. 그는 옷에 철심을 대고 혹시나 넘어져도 깨지지 않도록 갖은 방법을 동원해서 스스로를 보호했다."[19] 이 말을 확증하듯 1405년 쥐브날 데 위르생Juvenal des Ursins은 작은 쇳조각이 그의 피부에 붙어 있는 것을 보았다고 말했다.[20] 그 해 몇 개월 동안 그는 속옷을 갈아입는 일은 물론 목욕이나 면도도 거부했고 그 결과 이와 피부병으로 고생하였다. 거의 포기할 지경에 이른 의사들은 왕을 치료할 수 있는 방법이 충격요법 밖에 없다고 결론 내렸다. 그리하여 얼굴을 검게 칠한 열 명의 남자들이 왕에게 겁을 주기 위해 왕실 곳곳에 투입되었다. 이 방법은 효과가 있었고 샤를은 순순히 목욕도 하고 면도도 하고 옷도 갈아입었다.[21] 크리스마스 즈음 그는 수녀원에 들어가겠다는 딸 마리Marie를 찾아가 설득할 정도로 상당히 회복되었고 마리는 그녀가 원하는 대로 바르Bar 공작과 결혼하였다.

왕비인 바이에른의 이자보에 대한 샤를의 태도에는 정신분열증 환자 특유의 모순이 있었다. 샤를은 성욕이 강하고 부인을 열렬히 사랑해서 두 사람 사이에서는 21년 사이 12명의 아이가 태어났고 마지막 사내아이는 1407년 태어나자마자 죽었다. 그런데 부인에 대한 그의 태도는 완전히 돌변했다. 그녀가 샤를을 분노케 하는 주 대상이 되어버린 것이다. 그는 부인을 보고 이렇게 말했다. "저 여자는 누구란 말인가? 누구기에 눈앞에 나타나 나를 괴롭힌단 말인가? 내게 원하는 게 뭔지 알아내서 나를 저 여자에게서 해방시켜 주게. 나를 그만 좀 따라다니게 말이야." 샤를이 이자보를 혐오하는 마음은 너무 강해져서 그녀는 결국 왕의 침대에서 물러나 '매우 아름답고 상냥하고 애교 있는 젊은 여자'가 자신의 자리를 차지하는 상황을 참아야 할 처지에 놓였다. 이 젊은 여자는 말 판매상의 딸 오데트 드 샹디베르Odette de Champdivers로 '작은 왕비'라 알려져 있다. 두 사람 사이에서 태어난 딸 마르그리트 드 발루아Marguerite de Valois는 후에 장 다르프덴Jean de Harpedene과 결혼하였고 그 아들은 1427년 샤를 7세에 의해 적출로 인정된다.[22]

근거가 거의 없는 상태에서 왕과 왕비의 관계를 추측한다는 것은 이치에 맞지 않는 일일 수도 있지만 두 사람의 관계가 왕의 병 진행

과정에 어떤 영향을 주었다는 것은 거의 분명한 사실이다. 쥐느발 데 위르생은 1408년 3월 9일 밤의 일을 이렇게 기록했다. "왕은 왕비와 함께 잠자리에 들었다. 이후 왕의 증상이 지난 10년간 보였던 증상보 다 더 악화된 이유가 바로 그 때문이라는 얘기가 있다."[23] 왕이 부인 을 혐오하고 연마저 끊어버린 것이 병의 조짐이었다면 자연히 이자 보는 이런 남편을 견디지 못하고 다른 곳에서 보상받으려 했을 것이 다. 오를레앙의 루이가 그녀의 애인이었다는 소문이 돌았지만 이는 훗날 제기된 가정일 뿐이며 당시 있었던 사실에 근거한 이야기는 아 니었다.[24] 샤를 황태자가 서자라는 주장이 나온 것 역시 그 전에 그가 적출이냐에 관한 의심이 있었기 때문이 아니라 왕이 치세 말기에 상 속권을 박탈했기 때문이었다. 그러나 왕비가 자신만의 궁전으로 꾸 민 바르베트 저택Hôtel Barbette은 확실히 화려함과 사치, 난잡한 파티 로 악명이 높았다. 왕비의 행동이 왕을 화나게 했으며 그 때문에 왕 의 정신병이 더 악화되었다는 추측도 전혀 터무니없는 얘기는 아니 다.

그러나 두 사람의 관계가 실제로 깨진 것은 1417년 왕이 정상적인 모습을 보였던 시기에 일어났다. 그가 왕비에게 저택에서 열던 모임 을 해체하라고 명한 뒤 그녀를 딸 카트린에게서 떨어뜨려 궁에서 내 쫓아버린 것이다. 왕비 추방의 공식적인 사유는 왕비의 시녀가 방탕 한 행동을 한다는 것이었지만 사실 왕이 품고 있던 분노의 대상은 왕 비였다. 왕의 불편한 심기로 가장 큰 피해를 입은 사람은 왕비의 저 택 집사 루이 드 보스르동Louis de Bosredon이었다. 그는 오를레앙 공 작의 의전관을 지낸 사람으로 공작과 함께 아쟁쿠르Agincourt 전투에 참가하기도 했다. 그가 왕비의 애인이라는 소문이 돌자 왕은 그를 잡 아들이라는 명령을 내렸고 그는 쇠사슬에 묶여 몽레리Montlhéry에 수감되었다가 어느 날 밤 몰래 센 강에 버려졌다. 그의 시체가 담긴 가죽 자루에는 "왕의 정의가 지나가도록 놓아두다."라고 적혀 있었다.[25] 루이 드 보스르동이 실제로 왕비의 애인이었는지는 아직까지도 확실치 않지만 만약 그랬다면 1417년 왕이 그에게 내린 강경한 조치에 최소한 원인 제공을 한 셈이다.[26]

다르시니가 죽은 후 왕실 의사들은 이 어려운 환자를 어떻게 다루어야 할지 몰라 당황했다. 그들은 정신병을 치료할 때 쓰는 일반적인 방법을 사용해 보았으나 아무 소용이 없었다. 1393년 부르봉 공작의 제안으로 리옹Lyon에서 온 외과의사가 '수술을 통한 정화'를 행했다. 이는 뇌에 가해지는 압력을 낮추기 위한 두개골 절개였다. 수술을 받은 후 왕의 병은 일시적으로 나아지는 듯 했으나 곧 재발하고 말았다.

절망적인 상황에 이르자 다소 정통에서 벗어난 의사를 고용하는 방법이 동원되었다. 그리하여 아르노 기욤Arnaud Guillaume이라는 마법사가 왕의 치료를 위해 궁으로 불려왔다. 사람들 사이에서는 그가 신이 아담에게 내린 책을 가지고 있으며 그 책에는 원죄의 구제책이 담겨 있다는 소문이 떠돌았다. 그러나 그처럼 대단한 자격을 갖추고 있음에도 그 역시 왕실 의사들보다 나을 것이 없었고 결국 불명예스럽게 쫓겨났다. 그 와중에도 그는 끝까지 왕의 병이 마귀에 홀려서 생긴 것이라고 주장했다.[27]

많은 사람들은 (그 중에는 신자들도 있고 대학의 의사들도 있었다) 샤를이 정말 마귀가 거는 요술에 홀렸다고 믿게 되었다. 1397~9년 사이 왕에게서 악령을 몰아내려는 시도가 행해진 것도 그다지 놀라울 것 없는 일이었다. 성 아우구스티누스회 수도사 두 명이 주문을 걸고 진주 가루로 만든 약을 써 마귀의 영향력을 물리치려 했지만 이에 실패하자 왕의 동생 루이 오를레앙을 "외부의 마법에 걸렸다."라고 비난했다. 이들은 결국 뻔뻔스러운 태도의 대가로 고문을 당하고 교수형에 처해졌다.[28] 디종Dijon 부근 숲에서 두 마법사 퐁세 뒤 솔리에Poncet du Solier와 장 플랑드랭Jean Flandrin은 심지어 마법진magic circle을 그려 마귀를 불러내려고 했으나 이들 역시 실패하여 화형을 당했다.[29] 1408년 롬바르디아의 수도사 엘리예Maître Helye는 샤를이 밀라노 공작의 지휘 아래 만든 은으로 된 '조상(彫像)'에 홀린 것이라고 주장했다.

치료에 도움이 될 수도 있다는 마음에 기도와 행진이 늘 행해졌다. 1399년 왕은 시토Citeaux 수도회 수도사들이 특별히 파리로 가져온 '성녀 베로니카의 수건' 앞에서 기도하며 일주일을 보냈다. 그러나 사위인 리처드 2세가 죽었다는 소식을 듣고 큰 충격을 받아 다시병에 시달렸다. 망상에 사로잡혔다고는 해도 그는 자신이 겪는 고통을 너무나 뼈저리게 잘 알고 있었다. 1397년 병이 시작되었음을 느낀 그는 자신의 단검을 치워달라 요청하고 부르고뉴 공작에게 모든 대신들이 칼을 지니지 못하게 하라고 전했다. 불행한 군주는 소리쳤다. "우리 주 예수 그리스도의 이름을 걸고 만일 이 중에 내가 겪는 지독한 병에 연루된 공범자가 있다면 부디 나를 더 이상 괴롭히지 말고 죽여 다오!"

하지만 병이 재발하는 사이사이에 왕이 평정을 되찾는 시기도 있었다. 어떤 때는 길고 또 어떤 때는 짧은 이 안정기에 그는 정치적인 업무를 수행하며 왕실 회의를 주재하고 외국의 권력자들과 협상을 했다. 일례로 1398년 그는 랭스Rheims에서 바츨라프Wenceslas 황제와 함께 교회의 분리를 종결지을 수 있는 가능성에 대해 논의했다. 맑은 정신일 때보다 술에 취에 있을 때가 더 많았던 바츨라프는 본성이 난폭하고 불안정한 인물로 그에 비하면 프랑스의 신경증 환자 왕은 양반이었다. 그는 요리사가 준비한 식사가 마음에 들지 않는다고 그 요리사를 막대기에 묶어 돌려가며 구워버렸다. 뿐만 아니라 한 번은 사냥을 나갔다가 수도사가 지나가는 것을 보고 수도사들은 숲 속을 돌아다닐 게 아니라 보다 높은 일에 마음을 둬야 한다며 그 수도사를 총으로 쏴버렸다. 1400년 독일 황실에서는 황제의 무능력과 폭음, 잔인성에 분개하여 그를 퇴위시켰다. 샤를 6세의 경우, 피에르 살몽Pierre Salmon은 그가 영국의 리처드 2세처럼 왕위를 빼앗기지 않을까 우려했지만 다행히 그런 운명은 피할 수 있었다.[30] 안정기에 샤를은 스스로를 일컬어 '신앙과 헝가리 그리고 콘스탄티노플 황제를 수호하며' 터키인들에 맞서 십자군을 이끌 수 있는 '크리스트교인 왕들의 지휘자'라 말했다.

그러나 계속해서 부조리한 정신 상태로 되돌아갈 때마다 그의 능력은 점점 손상되었다. 그는 잘 집중하지 못했고 서투른 판단을 내릴 때도 많았다. 정치적 경쟁자들은 그의 허약한 의지와 흐릿한 기억력을 악용했다. 제정신일 때조차도 그는 명목상의 왕일뿐이었다. 1398년 한 시민은 이렇게 썼다. "우리는 이 엄청난 과세를 참을 만큼 참았소. 왕은 머리가 돌아서 정신이 나갔고 오를레앙 공작은 어린데다가 도박과 매춘에 빠져 있습니다."[31]

샤를의 계속되는 정신적 불안정, 통치권 약화로 인한 내분, 각료들의 분열, 외세 침략 등의 결과로 프랑스는 거센 회오리바람에 휩싸였다. 왕의 병이 불러 온 정치적 진공 상태에서 정치권력을 노리는 왕실의 경쟁자들은 당파 싸움을 일으켰다. 특히 왕의 동생 오를레앙의 루이와 삼촌인 부르고뉴 공작 필립 사이의 대결이 치열했다. 왕비는 정치적인 분별력이 없었다. 그녀는 국가의 어려운 상황을 개선하기 위해 애쓰기보다는 왕실 금고를 빼돌려 자기 자신과 바이에른에 있는 친지들의 부를 쌓는 데 더 관심이 많았다. 한 번은 말 여섯 마리에 보물을 가득 실어 바이에른으로 보내기도 했다. 왕의 동생 오를레앙의 루이는 이탈리아의 발렌티나 비스콘티Valentina Visconti와 결혼했는데 그녀는 왕이 심한 혼란에 빠져 있을 때 달랠 수 있는 몇 안 되는 사람들 가운데 한 명이었다. 오를레앙은 이탈리아에 대한 정치적 야심을 품고 그 자금을 조달하기 위해 왕실 금고의 재산을 유용했다. 해외에서나 프랑스 안에서나 오를레앙과 부르고뉴 공작은 서로 다르고 양립할 수 없는 정책을 폈다. 그 전까지는 아니더라도 1401년부터 오를레앙과 부르고뉴 공작 그리고 그 추종자들 사이의 점점 극심해지는 충돌이 국가 정세를 좌지우지하였다.

이들의 충돌은 과격하게 끝을 맺었다. 부르고뉴 공작 필립은 1404년 세상을 떠났지만 그의 아들이자 후계자인 '무겁공(無怯公)' 장John the Fearless은 야심 많고 무자비한 인물이었다. 그는 파리에 대한 지배권을 장악하고 오를레앙의 세력을 왕실 회의에서 축소시켰다. 오를레앙은 오래 버티지 못했다. 1407년 11월 23일 저녁, 왕비의 거처인 바르베트 저택에서 나오던 그는 무장한 한 무리의 남자들에게 공격을 받고 성당의 거리Vielle Rue du Temple에서 살해당했다.

사람들은 장 공작이 오를레앙의 죽음에 책임이 있다는 사실을 의심하지 않았고 이 사건으로 두 집안의 대립은 더욱 악화되었다. 1408년 공작이 파리로 돌아왔을 때 노르망디의 신학자 장 프티Jean Petit는 현학적인 논쟁을 통해 살인사건을 정당화했다.[32] 쇠약하고 혼란에 빠진 왕은 이 문제에서 자신이 어떤 입장인지 모르는 듯 했다. 공작의 얘기를 듣기로 한 날 그는 건강 상태가 매우 좋지 않아 그의 아들 기엔느Guyenne 공작이 대신 그 자리에 참석했다. 처음에 왕은 오를레앙이 부르고뉴 공작과 상속자들에 대한 음모를 꾸몄기 때문에 살해당한 것이라는 주장을 듣고 공작의 사면에 동의했다. 그러나 그 후 믈룅Melun에서 그는 사면을 취소했다. 결국 1409년 3월 9일 샤르트르에서 양측 이해 관계자들 사이의 조정이 이루어졌다. 공작의 대리인 장 드 니엘레Jean de Nielles는 살인에 대한 용서를 구하면서 왕국의 이익을 위해 행해진 일이라고 강조했다. 샤를은 그의 요청을 받아들여 눈물을 흘리는 오를레앙의 아들들에게 약속에 응할 것을 청했다. 이렇게 이루어진 화해와 샤를이 제시한 공식 문서는 영원히 그 효력을 지녔다.

그러나 이 효력에 대해서는 일말의 희망도 없었다. 이후 4분의 1세기 동안 프랑스는 피튀기는 싸움에 시달렸고 무력한 왕은 이를 통제할 힘이 없었다. 오를레앙 집안의 주장은 그의 아들 샤를과 장인 베르나르Vernard 7세의 지지를 얻었다. 베르나르 7세는 아르마냐크 Armagnac 백작이자 장래 프랑스 왕실의 대신으로 오를레앙파(派)를 아르마냐크파로 불리게 한 주인공이었다. 1411년 과격한 충돌이 발생했으나 상황은 매우 유동적이어서 시시각각 바뀌었고 전쟁과 협상을 통한 일시적인 화해가 끊임없이 번갈아 반복되었다. 정치권은 두 경쟁 집단 중 어느 쪽이 왕실에 세력기반을 두고 있는가에 따라 전환되었다. 처음에는 부르고뉴 공작이 파리에 대한 지배권을 획득했다가 그 후 반대 세력인 오를레앙파(아르마냐크파)가 그를 반역자라 비난하여 권력을 잃었다. 이와 같은 분열 상황이 벌어지는 사이 프랑스에 대한 새로운 위협이 수면 위로 떠올랐다. 영국이 또다시 프랑스 왕위 계승권을 주장한 것이다. 야심 많은 영국의 젊은 왕 헨리 5세는 1369년 증조부 에드워드 3세가 서명한 브레타뉴Brétigny 협정의 효력을 근거로 약정된 영토와 프랑스 왕위에 대한 권한을 다시금 주장했다.

영국 군대는 1415년 8월 14일 프랑스에 상륙하여 아르플레르 Harfleur를 점령했다. 그러나 심각한 이질이 발생하여 수많은 군사가 죽자 헨리는 노르망디를 가로질러 올라가 칼레Calais에서 배를 타고 영국으로 돌아가기로 결정했다. 1415년 10월 24일 흙투성이가 된 채 얼마 남지 않은 영국 군대는 아쟁쿠르 마을 부근의 비 내리는 전장에서 수적으로 훨씬 우세한 프랑스 군대와 마주쳤다. 영국의 위협으로 프랑스 측은 일시적인 화해에 동의했다. 그러나 훈련도 제대로 받지 않은 프랑스 기사들은 영국 궁수들의 상대가 되지 못했다. 비교적 적은 희생으로 영국 군대는 7천 명을 죽이고 많은 유명인사들을 포로로 잡아들였다. 그 중에는 오를레앙 공작도 있었다.

아쟁쿠르 전투에서 영국이 승리함으로써 프랑스는 지도자 없이 분열된 처지에 놓였다. 상황은 점점 더 복잡하고 비극적으로 전개되었다. 왕의 건강은 여전히 불확실한 상태였고 부르고뉴 공작은 자신의 이익만 쫓기에 급급했다. 왕의 상속자인 기엔느 공작은 잠재력을 지닌 듯 보였으나 갑자기 세상을 떠났고 그 동생인 투렌 공작 장 역시 그의 뒤를 따랐다. 그리하여 마지막 남은 왕세자는 열네 살 된 셋째 샤를이었다. 그의 어머니인 이자보 왕비는 남편과 사이가 벌어진 후 부르고뉴 공작 편이 되었다. 영국의 위협으로 프랑스 공작들은 일시적으로나마 협력할 수밖에 없었다. 왕세자와 부르고뉴 공작은 1419년 9월 10일 몽트로 쉬르 욘Montereau-sur-Yonne에서 만나기로 합의했다. 그러나 부르고뉴 공작은 약속 장소에서 다리를 건너다가 공격을 받고 살해되었다. 이 사건에 대한 일반적인 시각은 (살인에 관여했다고 여겨지는) 왕세자와 아르마냐크파의 위험한 경쟁자를 제거하기 위한 계획적인 살인이라는 것 그리고 이전에 루이 오를레앙이 살

해된 일에 대한 앙갚음이라는 것이었다.[33]

부르고뉴의 죽음은 그 경쟁자들에게 그리 큰 도움이 되지 못했다. 하지만 얼마 전 노르망디의 지조르Gisors를 점령한 영국의 입장에서는 굉장히 반가운 소식이었다. 왕비는 영국 왕에게 직접 편지를 보내 부르고뉴의 죽음을 알리고 영국에 대한 호의를 표했다. 불운한 왕은 또다시 아들과 사이가 틀어져 새로운 부르고뉴 공작 필립에게 힘을 실어 주었다. 필립은 왕의 딸 미셸Michelle과 결혼했고 왕은 그를 왕세자 대신 왕국의 부사령관으로 임명하고 헨리 5세와 휴전 협상을 시작했다.

절망적으로 분열된 프랑스에서 영국은 의기양양했고 1420년 5월 21일 트루아Troyes의 성당에서 양국간에 조약이 체결되었다. 이 조약으로 헨리는 프랑스 왕이 살아 있는 동안 섭정을 맡고 그가 죽으면 왕위를 계승하게 되었다. 헨리 5세가 6월 2일 샤를의 딸 카트린과 결혼하여 조약은 더욱 확고해졌다. 그리고 두 사람 사이에서 태어나는 아이들은 프랑스와 영국의 왕위를 모두 계승하게 되었다. 그리하여 오래 지나지 않아 불행한 헨리 6세가 왕이 된 것이다. 조약에 동의함으로써 프랑스 왕은 왕위를 계승하기에 '부적합한 모습을 보인' 친아들의 상속권을 박탈했다.

트루아 조약이 제대로 효력을 발휘할 것인지 확인하는 데에는 그리 오랜 시간이 걸리지 않았다. 그리고 샤를은 겉으로 보기에 상당히 안정된 상태를 즐기며 영국 왕과 함께 테니스를 치고 군 주둔지나 사냥 여행에 그를 데리고 갔지만 그의 정신이 실제로 어떤 상태였는지는 알 수 없는 일이다. 1422년 봄 헨리는 병이 들어 8월 31일 죽고 말았다. 그의 계승자인 헨리 6세는 당시 겨우 10개월 된 아기였다. 샤를 6세도 1421년 7월 열병에 시달렸지만 석류와 오렌지 200~300개

권력과 광기

등 엄청난 양의 과일을 먹고 회복되었다. 그러나 1422년 가을 그는 다시 4일열(四日熱)을 앓다가 10월 21일 숨을 거두었다. 성 드니 성당에서 거행된 샤를 6세의 장례식에서 문장관(紋章官)은 이렇게 외쳤다. "주님의 은총으로 프랑스와 영국의 왕 우리의 군주가 되신 헨리 6세께서는 부디 만수무강하시기를." 그러나 영토뿐만 아니라 정신질환까지 물려받은 헨리 6세는 결국 불행한 결말을 맞게 된다.

오랫동안 프랑스 왕을 괴롭혔던 정신분열증이 그의 치세 30년을 특징지은 무질서와 분열 그리고 실정의 중요한, 어쩌면 가장 두드러진 요인이었다는 데는 거의 의심의 여지가 없다. 샤를이 앓았던 정신병의 잠재적인 영향은 많은 세대가 지난 후에야 제거되었다. 아이러니컬한 사실은 샤를 6세의 두 후손인 아들 샤를 7세와 손자 루이 Louis 11세의 통치 아래 프랑스가 힘을 회복한 반면 헨리 6세가 통치하던 영국은 왕이 통제할 수 없는 치열한 귀족들의 당파 싸움과 왕의 계속되는 정신질환으로 위기를 맞게 되었다는 것이다.

그렇다면 샤를 7세나 루이 11세는 유전적인 영향을 받았을까? 법률가들은 별 어려움 없이 샤를의 아버지에게는 샤를의 상속권을 박탈할 자격이 없음을 밝혔다. 하지만 샤를은 타국에 점령당한 분열된 왕국을 물려받았으며 초기에는 직면한 문제에 대처하는 데 있어서 그다지 뛰어난 능력이나 일관성을 보이지 않았다.

그러나 예리한 정치 수완과 반쯤은 신비주의자이고 반쯤은 애국자였던 잔 다르크Joan of Arc라는 기묘한 인물이 고조시킨 애국심으로 인해 그리고 부르고뉴 공작이 영국과 협력 관계를 끊은 덕에 프랑스에서 영국의 힘은 서서히 무너졌고 샤를 7세는 권력을 회복하고 정부를 재건할 수 있었다.

여러 가지 면에서 샤를 7세는 성공적인 왕이었지만 그의 인격에서 나타났던 복잡한 특징들은 그가 아버지의 신경쇠약을 어느 정도 물려받았을 수도 있음을 암시했다.[34] 1621년 프랑스의 역사가 에티엔 파스키에Etienne Pasquier는 샤를 7세가 정신병자였을 수도 있다는 과감한 글을 썼다. 그리고 19세기 전기 작가 프레슨 드 보쿠르Fresne de Beaucourt는 "그의 내부에 여러 사람이 존재하고 있었다."라고 말했다. 말콤 베일Malcolm Vale은 루브르 미술관에 소장된 자신이 그린 샤를 7세 초상화를 이렇게 설명한다. "작고 움푹 들어간 다람쥐 같은 눈에 기다란 주먹코, 두툼하고 관능적인 입술, 창백한 얼굴빛은 좀 더 고상한 다른 왕들의 얼굴과는 구분되는 모습이다." 샤를의 성격은 부분적으로 이 초상화에 나타난 모습과 비슷했다. 그는 매력적이지도 일관적이지도 않았으며 변덕스럽고 무책임하고 의심 많고 화도 잘 내는데다가 호색가이기까지 했다. 그의 육욕은 지속발기증priapism에 가까울 정도였다. 자연히 왕실에 대한 평판은 형편없었다. 연대기 작가 샤틀랭Chastellain은, 샤를로 하여금 '방탕하고 환락적인 복장을 하도록' 만든 장본인이 바로 그의 정부 아그네스 소렐이라고 주장했다. 1445년 장 쥐느발 데 위르생은 여기에 다음과 같은 설명을 덧붙였다. "여자의 유두나 가슴 같이 생긴 것들, 엄청난 모피로 뒤덮인 옷자락, 거들 등등을 볼 수 있었다."

그러나 그의 정신이 안정적이지 못했음을 보여주는 진정한 증거는 그의 병적인 공포심이었다. 영국 왕 제임스James 1세와 마찬가지로 그는 암살에 대한 공포를 느끼고 있었다. 이 공포는 그가 자라난 왕실의 위험하고 폭력적인 분위기와 전혀 무관하지 않았다. 그는 몽트로 다리에서 (아마도 자신이 관여하여) 부르고뉴 공작이 잔인하게 살해당한 일을 결코 잊을 수 없었다. 그 때문에 샤를은 다리 공포증에 빠졌다. 샤틀랭은 이렇게 전했다. "그는 안전하다는 확신이 없을 경우 위층에 서 있지도 않았고 나무로 된 다리를 건너지도 않았다." 1422년 10월 그가 라 로셸La Rochelle에서 알현식을 베풀 때 실제로 바닥이 무너져 내렸다. 곧 그는 부르주Bourges에 있는 성 샤펠 성당 Ste-Chapelle에서 특별 미사를 올리고 "라 로셸에서 바닥이 무너져 내렸을 때 주님께서는 우리를 위험에서 구해주셨습니다."라며 이 날을 기억했다. 그날 일어난 사고로 프레올Preaulx 경을 비롯한 샤를의 몇몇 수행원들은 목숨을 잃었고 샤를은 심한 타박상을 입었다.

만약 샤를 7세가 유전적으로 신경 체계에 장애를 지니고 있었다 해도 그의 건강은 비현실적인 대인공포증을 제외하고는 대체로 좋았고, 그 상태는 통치 말기 10년이 남은 시기까지도 지속되었다. 그러나 1450년대 후반이 되자 그는 병을 앓게 되어 다리는 고통스럽게 부어오르고 고름이 스며 나왔으며 입과 턱은 부패성 감염으로 손상되었다. 상처나 종기가 원인이었을 수도 있고 어쩌면 골수염 osteomyelitis 때문이었을 수도 있으며 매독과 같은 성병의 2차 증상이었을 가능성도 생각해 볼 수 있다.

샤를 7세는 1421년 아버지에게서 상속권을 박탈당했다. 그리고 아들이자 상속자인 루이 11세와의 관계는 심하게 뒤틀렸다. 실제로 프랑스의 발루아Valois 왕가보다 더 불행한 왕가는 거의 없었을 것이다. 루이 11세는 신경성 장애를 물려받았다고 할 만한 몇 가지 증상을 보였다.[35] 왕으로서 능력도 있었고 아버지의 선례를 따라 왕권 회복에도 성공했지만 루이 11세는 신경증과 공포증에 시달렸다. 부분적으로 보면 그의 증상은 크레믈린Kremlin 궁전처럼 음험한 왕실 분위기에 대한 반응이었겠지만 일부는 유전된 것이었을 가능성도 있다. 루이는 지적이고 예리하고 노련한 인물이었으나 의심이 많았고 미덥지 못했으며 미신에 너무 빠져 있었다. 그는 신체적으로 좋은 조건을 타고난 편이 아니어서 피부병에 시달렸는데 이 때문에 자신이 나병 환자일지도 모른다는 두려움에 떨었다. 그가 간질병 경향을 지 녔다는 암시도 있었다. 프랑스의 역사가 샤를 프티-뒤타유는 그에 관해 다음과 같은 글을 남겼다.

그의 신경증은 쓸데없는 수다로 나타나 모든 사람들을 괴롭혔고 본인도 호된 대가를 치르는 일이 많았다. 또한 그는 한 시도 가만히 있지 못하고 어 떤 때는 멀리 사냥 여행을 떠나 측근들을 지치게 했으며 또 어떤 때는 전속 력으로 왕국을 횡단했다. 그는 신경이 예민하고 의심이 많아서 모든 일들을 직접 처리했고 아주 하찮은 문제에도 일일이 간섭했다.[36]

루이는 아버지만큼이나 '내부에 여러 사람이 존재하고 있어서' 거 의 모순의 통합체라 할 수 있을 정도였다. 그는 친밀감을 보이면서도 냉담했고 잔인하면서도 친교 능력이 있었으며 겁이 많으면서도 용감 했다. 변덕스러운 성격과 세계적인 계략가라는 별명을 얻을 만큼 속 이기 좋아하는 취미 그리고 왕으로서 갖춰야 할 복장에 대한 거부감 등으로 볼 때 그는 아버지나 할아버지에게서 가벼운 신경증을 물려 받았던 것으로 짐작된다. 너무 지나치게 강조해서는 안 되겠지만 샤 를 6세의 유전자가 그의 아들과 손자의 개성적인 경향들을 어느 정 도 설명해 줄 수 있음을 가늠할 수 있다.

스페인의 광인

_후아나 여왕 Juana
_돈 카를로스 Don Carlos

스페인의 광인

1555년 성 금요일Good Friday, 어둡고 침울한 토르데시야스Torde-sillas 궁전 안 등불이 깜박이는 방에서는 한 나이든 여인이 태피스트리로 장식된 침대 위에서 죽어가고 있었다. 이 여인은 카스티야의 여왕 후아나로 미친 여자라 하여 46년 동안 이곳에 감금되어 있었다. 여왕이 죽고 약 13년 후 그녀의 증손자 돈 카를로스 역시 성안에서 몸부림치며 죽어갔다. 정신적인 문제를 이유로 그의 아버지 펠리페 2세가 이곳에 그를 가둬 두었던 것이다. 그가 갇혀 있었던 아레발로Arevalo 성은 오래 전 후아나 여왕의 조모인 카스티야의 후앙Juan 2세의 두 번째 부인이 제정신을 잃은 채 기나긴 과부 생활을 했던 곳이기도 하다. 이러한 일화들은 어쩌면 그 후로도 수세기 동안 정도의 차이는 있어도 무수한 스페인 왕족들이 신경질환이나 정신질환에 시달렸다는 사실을 상징적으로 보여준 것인지도 모른다.

성격이 어떤 면에서 정도를 벗어났던 헨리 8세는 제외될 수 있겠지만 영국 왕가는 조지 3세가 정신병으로 보이는 발작을 일으키기 전까지 정신적인 불안정의 영향을 피할 수 있었다. 프랑스의 발루아 왕가와 부르봉 왕가에서도 부르봉 왕가의 몇몇 왕들을 괴롭힌 우울 증을 제외하고는 정신병이 나타나지 않았다. 북유럽에서는 스웨덴 왕 에릭 14세가 정신병을 겪었고 러시아 황제 이반 뇌제와 표트르 대제도 정신 상태가 의심스러웠다. 그러나 정신적으로든 신체적으로든 가장 크게 병에 시달린 왕가는 스페인의 합스부르크 왕가와 그 뒤를 이은 부르봉 왕가였으며 자연히 이들의 병은 왕의 통치권 아래 있던 광대한 제국에 영향을 주었다.

카스티야의 후아나는 아라곤Aragon의 페르디난도Ferdinand와 카스티야의 이사벨라Isabella가 결혼하여 스페인 왕국을 통합하고 낳은 셋째 아이였다. 후아나는 합스부르크 Habsburg왕가의 공주가 아니었지만 후에 합스부르크 가문의 왕자와 결혼했다. 태어나면서부터 후아나는 부모가 벌이는 정치적 흥정의 담보물이 되었다. 이 흥정의 목적은 스페인의 통치자들이 더 큰 권력과 영향력을 차지하기 위한 것이었다. 1495년 그녀의 오빠 후앙은 신성로마제국 황제 막시밀리안 Maximilian 1세의 딸 마르가레테Margaret와 결혼했고 열여섯 살 된 후아나는 막시밀리안의 아들이자 상속자인 합스부르크 대공 펠리페와 결혼했다. 후아나의 언니 이사벨라는 포르투갈 왕과 결혼하여 아들 미구엘 Miguel을 낳았다. 스페인 영토의 상속자였던 후앙은 결혼한 지 6개월 만에 죽었고 그의 부인은 사산했다. 포르투갈 왕비가 된 이사벨라는 1498년에 세상을 떠났고 그녀의 어린 아들 미구엘도 2년 후 어머니의 뒤를 따랐다. 그리하여 후아나는 유럽과 아메리카에서 성장하고 있는 광대한 스페인 제국을 물려받게 되었으며 이미 플랑드르뿐만 아니라 부르고뉴 공국도 통치하고 있던 남편 펠리페는 스페인 황제 자리도 계승할 수 있는 위치에 서게 되었다. 세상에서 가장 막대한 유산이 후아나와 펠리페 앞에 놓인 것이다.

후아나와 펠리페는 두 사람 모두 이러한 위치에 맞지 않았다. 펠리페는 금발에 잘생긴 청년이었지만 여러 가지 면에서 볼 때 바람둥이 기질이 다분하고 솔직하지 않았으며 이기적이고 연애를 유희처럼 즐기는 인물이었다. 한 동시대인은 "그에게 얼굴이 예쁜 여자보다 좋은 것은 없어 보였다."라고 말했다. 그리고 1505년 2월 푸엔살리다 Fuensalida는 이렇게 전했다. "사람들은 그를 연회에서 연회로, 한 여자에게서 다른 여자에게로 모시기에 바쁘다." 그의 부인 후아나는 이내 신경증 환자와 같은 경향을 보이기 시작했다. 이러한 경향은 유전일 수도 있으나 개인적인 경험이나 정치적인 일들이 이를 더 극심하게 만들었다. 그러다가 결국 그녀는 조울증에 빠졌다. 1499년 한 신부는 그녀가 '너무 겁에 질려 고개도 들지 못하는' 모습이었다고 말했다. 그녀는 부모를 존경했으며 힘 있고 야심찬 아버지 페르디난도 왕을 무척 경외했지만 그녀의 애정은 오직 남편 펠리페에게 쏠려 있었다. 두 사람 사이에서는 다섯 명의 아이가 태어났는데 그 중 둘째인 카를로스Charles가 최종적으로 스페인의 왕, 그리고 신성로마제국의 황제가 된다.

후아나는 결혼하자마자 남편에게 지나치게 집착하여 남편과 떨어져 있는 시간을 견디지 못했다. 펠리페는 카스티야로 왔고 후아나의 어머니 이사벨라가 죽으면 여왕 배우자가 될 입장이었지만 스페인 사람들은 물론 관습도 싫어해서 부인을 스페인에 혼자 남겨 둔 채 서둘러 고국으로 돌아갔다. 남편과 떨어지자 그녀는 정신이 나가고 속이 타서 잠도 이루지 못하고 식욕도 잃어버렸다. 그녀는 낙심한 채 땅만 쳐다보며 하루하루를 보냈고 펠리페와 함께할 수 없음에 분개했다. 이사벨라 여왕이 겨울철의 사나운 날씨를 이유로 플랑드르 항해를 허락해 주지 않았을 때 그녀가 했던 행동을 보면 그녀의 마음이 얼마나 안정을 확신할 수 없는 상태였는지 알 수 있다. 그녀는 살고 있던 메디나 델 캄포Medina del Campo 근처 카스텔 드 라 모타Castel de la Motta에서 달아났고 설득에 못 이겨 돌아온 후에도 하룻밤을 넘어 다음날의 절반이 지나도록 궁정 안뜰 내리닫이 격자문 옆에 우울하게 앉아 있었다. 병든 어머니 이사벨라가 그녀에게 플랑드르로 가서 남편과 함께 할 수 있도록 해주겠다고 약속한 후에야 그녀의 깊은 우울감은 조금 나아지는 듯 했다.

그러나 플랑드르에서 그녀의 행동은 너무 이상해서 남편조차 그녀가 정신적으로 불안정한 게 아닌가 의심할 정도였다. 물론 그의 행동 역시 이러한 상황이 초래되는 데 일조했다는 사실에는 의심의 여지가 없었다. 연대기 작가는 당시 상황을 다음과 같이 설명했다. "후아나 부인은 대공의 사랑에 변화가 생겼음을 느꼈다. 그녀를 대하는 그의 태도는 이전과 너무나 달랐고, 그를 지나치게 사랑하는 여자로서 그녀는 변화의 원인이 무엇인지 알아내려 애썼다. 그녀의 귀에 남편에게 정부가 있다는 정보가 들어왔다. 남편이 굉장히 매력적인 귀족 여인과 열렬한 사랑을 나누고 있다는 것이었다." 대공의 정부라 알려진 여자가 코르사주(corsage, 몸에 꼭 맞고 앞이 트이지 않은 조끼 형태의 옷 – 옮긴이)에 편지를 감추는 모습을 보고 후아나는 재빨리 그 편지를 잡아 빼앗았다. 그러나 또 다른 여자가 편지를 다시 가로채 삼켜버렸다. 화가 난 후아나는 정부에게 달려들어 가위로 머리카락을 잘라버렸다. 정부가 방어하려고 하자 후아나는 그 여자의 얼굴을 찔렀다. "성난 사자처럼 격노한 대공비는 적을 찾아내 상처 입히고 혹사시킨 후 그녀의 머리를 뿌리까지 짧게 깎아버리라고 명했다." 자연히 대공 부부의 관계는 점점 더 악화되었다. "후아나는 남편이 자신을 대하는 태도에 크게 충격을 받고... 그녀는 침대에 파묻혀 거의 정신이 나간 상태였다." 후아나가 미치는 게 아닐까 두려워진 펠리페는 그녀의 재무상에게 지시를 내려 그녀가 이상한 행동을 보일 때마다 기록하도록 했다.

개인적인 스트레스와 더불어 정치적으로도 위기 상황이 닥쳤다. 1504년 11월 23일 어머니인 카스티야의 이사벨라가 숨을 거둔 것이다. 그녀의 죽음으로 후아나는 카스티야 왕국의 여왕이라는 이름과 함께 왕국의 모든 부와 막대한 자원을 물려받았다. 새로이 발견된 아메리카 대륙을 식민지로 개척한 이들이 바로 카스티야 사람들이었기 때문이다. 이사벨라는 유언장을 통해 후아나를 '상속자이자 법적인 후계자'로 승인했다. 그리고 그녀가 왕국 내에 없거나 '왕국 내에는 있지만 통치하거나 관리할 욕구나 능력이 없을 경우' 아버지인 아라곤의 페르디난도가 '후아나의 이름으로 통치와 지배, 관리'를 맡도록 자격을 정했다. 이 조항은 이사벨라가 딸의 능력에 대해 의심을 품고 있었다는 사실을 암시하는 대목이며 페르디난도가 후아나의 이름으로 통치를 맡도록 공공연히 권유하는 문서였다.

후아나는 이제 그녀의 상속 재산에 욕심을 품은 남편과 스페인에 대한 지배권을 계속 유지하려는 아버지에게서 동시에 압력을 받게 되었다. 이 압력 때문에 그녀는 마음도 점점 불안정해졌고 우울증도 더욱 심해졌으며 그 후로도 결코 이 상태에서 충분히 벗어날 수 없었다. 페르디난도는 후아나에게 말뿐인 인사 치례를 하며 그녀를 위해 섭정 역할만 하겠다고 말했다. 이에 대해 펠리페는 여왕 배우자의 역할을 놓치지 않으려고 부인의 권리를 주장했다. 나아가 여기에서 그치지 않고 그녀 대신 정치를 맡을 자격이 있음을 정당화하기 위해 목사카Moxaca가 그녀의 정신 상태에 대해 의심나는 부분들을 적어 놓은 자료를 이용했다. 1505년 5월 3일 후아나는 슬픔이 가득 담긴 글을 남겼다. "스페인에서는 내가 미쳤다는 주장이 나오고 있다... 나의 남편이 스스로를 정당화하기 위해 나에 관해 어느 정도 불평이 담긴 글을 스페인으로 보냈다. 하지만 이 일이 부모 자식 간의 관계를 넘어서는 문제가 되어서는 안 된다... 원인은 질투심뿐이다." 그러나 후아나가 상속 재산을 지키기 위해 할 수 있었던 일은 왕국을 앞으로 어떻게 통치할 지에 관해 남편과 아버지가 의견의 일치를 보도록 하는 것뿐이었다. 펠리페와 페르디난도는 이랬다저랬다 계속 의견을 바꿨지만 두 사람 모두 불운한 여왕에게 이해는커녕 동정심조차 보이지 않았다. 펠리페는 퉁명스럽게 이런 글을 보냈다. "그녀는 아이들과 함께 있을 때 이유도 없이 화를 내는 경향이 있습니다."

펠리페는 스페인으로 가서 자신과 부인의 권리에 힘을 실어야겠다고 결심했다. 이들이 도착하자 당장이라도 실제로 내란이 일어날 듯한 분위기가 감돌았다. 하지만 페르디난도와 펠리페는 후아나가 정신적인 문제 때문에 통치를 할 수 없다고 주장하면서 본인들이 이권을 나눠 갖기로 1506년 6월 27일 파필라 저택Villa Fafila에서 겉으로 보기에는 평화적인 타협을 보았다. "그녀가 정치에 관여하려 한다면, 설명하기에는 난감한 병과 감정으로 인해 말 그대로 파괴와 전멸이 초래될 것입니다."

후아나는 물론 신경증 환자였고 매우 흥분하기 쉬운 사람이었다. 그러나 이처럼 신경증적인 그녀의 성향이 그 어느 때보다 극심해진 것은 교묘하고 권력에 굶주린 아버지와 부정하고 냉담한 남편이 그녀를 대하는 태도 때문이었다.

혼란스러운 상황에서도 후아나는 변함없이 어머니가 남긴 왕국에 대한 통치권을 주장했다. 그러나 그녀는 이 통치를 남편과 함께 할 것인지 아버지와 함께 할 것인지 갈피를 잡지 못했다. 두 남자는 여전히 후아나가 미쳤다고 주장하면서 본인들끼리도 계속 싸웠다. 남편이 감금할까봐 두려웠던 후아나는 코게세스Cogeces에서 '몸을 숙이고 땅바닥에 매달려… 마을에 들어가기를 거부하며 밤새도록 노새를 타고 이리저리 돌아다니는 등' 불안한 모습을 보였다. 그 후 부르고스Burgos에서 펠리페는 심각한 병에 걸렸다. 천연두 아니면 홍역이었는데 결국 그는 1506년 9월 25일 숨을 거뒀다. '낮이나 밤이나 결코 자리를 뜨지 않고' 병든 남편의 곁을 지킨 그녀는 비탄에 잠겼다. 12월이 끝나갈 무렵 그녀는 남편의 시신을 멀리 어머니 이사벨라가 묻힌 그라나다에 묻기 위해 부르고스를 떠났다. 그라나다로 가는 길에 그녀는 미라플로레스Miraflores에 있는 카르투지오 수도회Carthusian 수도원을 두 차례 방문하여 그녀가 보는 자리에서 관을 열도록 명했다. "그녀는 시신을 보고 만지며 어떤 감정도 드러내지 않았고 눈물도 흘리지 않았다." 그녀가 관을 열도록 명한 것은 플랑드르 사람들이 펠리페의 시신을 몰래 네덜란드로 옮겼을지 모른다는 두려움 때문이었다. 그의 심장은 이미 방부 처리되어 그곳으로 옮겨졌기 때문이다. 쓸쓸한 여행길에 오른 후아나는 결국 목적지에 도착할 수 없었다. 임신 중이던 그녀는 토르케마다Torquemada에서 진통을 느껴 여행을 중단해야만 했다. 그녀의 딸 카타리나Catherine는 1507년 1월 14일 태어났다.

후아나의 아버지 페르디난도는 자신의 이탈리아 영토에서 사위의 죽음을 전해 듣고 조금도 슬픈 기색을 보이지 않았다. 그는 카스티야 백성들에게 후아나를 따르고 복종하라고 명했지만 사실 후아나에게 통치를 허락할 의도는 전혀 없었다. 스페인에 돌아왔을 때 그는 내키지 않는 투로 그녀에게 토르데시야스의 요새 궁전으로 함께 가자고 권했다. 바야돌리드Valladolid에서 약 39㎞ 떨어진 거리에 있는 이 궁전은 이후 46년 동안 적절한 표현일지 몰라도 그녀의 집이 되었다. 아버지의 명령으로 감금되었다는 사실을 깨닫고 그녀는 깊은 우울감에 빠졌다. 남편은 그녀가 있는 궁전에서 가까운 산타클라라Santa Clara의 수도원에 묻혔고 여왕은 창문을 통해 슬픔에 잠긴 채 그의 무덤을 바라볼 수 있었다. 서서히 그녀는 점점 더 깊은 우울 속으로 빠져 들었다. 1510년 11월에 기록된 내용은 다음과 같다. "여왕은 먹지도 자지도 않고 옷에도 전혀 신경 쓰지 않았으며 굉장히 쇠약해지고 병들어 있었다... 그녀의 인생 자체도 매우 불행했고 이제 그녀의 옷차림도 지위와는 어울리지 않게 엉망이 되어 버렸으며 생활방식 탓에 몸도 상당히 쇠약해졌다. 그녀가 오래 살 수 있으리라는 희망은 거의 보이지 않았다."

그러나 정신적인 타임캡슐 안에서 그녀는 살아남았다. 아버지 페르디난도는 그녀의 이름으로 카스티야를 통치했다. 그는 상속자를 낳기 위해 프랑스 공주 제르멘 드 푸아Germaine de Foix를 두 번째 부인으로 맞아들였다. 그러나 1509년에 태어난 두 사람의 아들은 이내 죽었다. 그리고 처방에 따라 여러 가지 식물과 황소의 고환을 섞어 만든 사랑의 약은 감소된 그의 정력을 강화해 주기는커녕 그를 병들게 만들 뿐이었다. 두 사람은 1513년 1월 후아나를 방문했고 그로부터 3년 후 페르디난도는 죽었다. 영토는 후아나의 장남 카를로스에게 남겨졌다. 후아나는 "여왕은 나뿐이며 내 아들 카를로스는 왕자에 불과하다."며 이의를 제기했지만 아무 소용없었다. 카를로스에게는 권력을 포기할 의사가 전혀 없었기 때문이다. 카를로스는 어린시절 이후로 어머니를 보지 못했고 마지막으로 그녀를 찾아갔을 때는 어머니의 쇠약한 모습과 낡아빠진 옷차림에 경악을 금치 못했다. 그러나 그는 이내 토르데시야스 성의 음울한 분위기를 감지했다. 출생 이후로 어머니와 함께 있었던 여동생 카타리나에게 궁전을 떠나야 한다고 그가 말하자 후아나는 이성을 잃었다.

바깥세상과 단절된 그녀에게는 고의적으로 잘못된 정보가 전달되었다. 그녀는 늘 감시를 받았고 산타클라라 성당에 가서 미사 참례를 하는 일조차 허락되지 않았다. 그녀의 감시관이었던 데니아Denia 후작은 이렇게 적었다. "어떻게 해서든 나는 그녀를 밖으로 나가지 못하게 막아야 했다. 핑계거리를 찾기 어려울지라도 예의를 갖추는 한도 내에서 무슨 구실이든 만들어내야 했다." 활력이 떨어진 여인은 식욕도 잃고 옷차림에도 무신경해진 채 규칙적인 수면도 취하지 않았다. 그리고 데니아가 무엇보다 심상치 않게 느꼈던 조짐은 그녀가 미사 참례조차 꺼린다는 점이었다.

미쳤다고 무시당하던 여왕은 잠시 동안이었지만 주목의 대상이 된 적이 있었다. 카를로스의 정치가 매우 부정적인 평판을 얻게 되어 그와 그의 조언자들에 대항하는 무장 반란이 일어났기 때문이었다. 반란군에게는 정당성을 얻을 수 있는 최상의 방법이 있었으니 바로 후아나 여왕의 권리를 주장하고 그녀를 자유롭게 풀어주어 군주로서 권한을 행사하게 하는 것이었다. 반란군은 토르데시야스 궁전을 점령했고 혼란에 빠진 불쌍한 여왕은 처음에는 반란군의 요구에 응하는 듯 했다. 그녀는 이렇게 말했다. "16년 동안 나는 기만당하고 가혹한 대접을 받았다. 그리고 거의 12년 동안 이곳 토르데시야스 궁전에 갇혀 있었다." 섭정을 맡고 있던 아드리안Adrian 추기경은 카를로스에게 다음과 같이 전했다.

가장 불리한 점은 반란군이 무슨 일을 하던 여왕의 권한을 주장한다는 것입니다. 여왕이 온전한 정신 상태와 충분한 통치 능력을 갖추고 있다고 하면서 그들은 폐하의 권한을 박탈하려 합니다. 사실상 그들은 그녀의 왕명에 따르는 것이기 때문에 반란군이라는 호칭도 적절치 못합니다... 여왕의 거의 모든 관료 및 신하들이... 그녀가 결혼 당시처럼 완벽하게 정상적인 모습을 보였기에 정신이 분명 온전한 상태라면서 14년 동안 그녀를 감금한 일은 여왕 폐하께 무례를 범한 것이라 주장하고 있습니다.

그러나 후아나는 예기치 못한 상황의 전환에 너무 현혹되고 당황하여 어떻게 대처해야 할지 몰랐다. 처음에 그녀는 반란군에 공감을 표했지만 나중에는 결국 그들과 연을 끊었다.

반란군이 1521년 4월 23일 비얄라Villalar에서 대패한 후 후아나는 무덤과도 같은 토르데시야스 궁전으로 돌아갔고 궁전 밖으로 나가는 일조차 금지된 채 34년을 더 보냈다. 데니아는 이렇게 기록했다. "내가 없는 동안 그녀는 사람들에게서 경의를 받고 너무나 오만해져서 이곳 사람들은 그녀 때문에 굉장히 골치를 앓았다." 그녀는 계속 주변에 전혀 신경을 쓰지 않았고 스스로에게도 무관심했다. 그녀의 딸 카타리나는 결국 그녀를 떠났다. 어머니와 함께 갇혀 지내면서도 꿋꿋했던 그녀가 사촌인 포르투갈 왕 주앙John 3세와 결혼하기 위해 떠난 것이다. 후아나는 조울증으로 인한 공상의 세계로 점점 더 빠져들었다. 종교적인 위안도 더 이상 그녀의 불안한 영혼을 달래거나 진정시킬 수 없었다. 데니아는 이렇게 전했다. "크리스마스 이브 성당에서 성스런 미사가 봉헌되고 있을 때 그녀가 미사 참례 중이던 공주(카타리나)를 데리러 들어와 제단과 그 위에 있는 모든 것들을 치워버려야 한다고 소리를 질렀다." 종교에 대한 그녀의 무관심은 더욱심해져 혐오가 되었고 그로 인해 사람들은 그녀가 마귀에 홀린 게 아닐까 의심하였다. 후아나는 자신이 사악한 혼령에 시달린다고 생각했다. 그녀는 괴기한 고양이가 어머니의 영혼을 삼키고 아버지의 몸을 갈가리 찢어 놓았으며 이제는 그녀의 몸을 절단 내기 위해 기다린다고 상상했다. 말년의 후아나를 만났던 신앙심 깊은 예수회 수도사 프란치스코 보르자Francisco Borja는 그녀가 정신적으로 굉장히 혼란스러운 상태임을 알 수 있었다.

그녀가 겪은 병이 정확히 무엇이었는지에 관해서는 역사가들 사이에서 논쟁이 계속되고 있다. 어떤 이들은 그녀가 정신이상자가 아니라 단지 남편과 아버지 그리고 아들에게서까지 무방비 상태로 냉대를 받은 피해자일 뿐이라고 주장한다. 또 어떤 이들은 그녀가 정신분열증에 시달렸다고 말한다. 하지만 신빙성 있는 견해는 그녀가 우울증에 빠졌다가 결국 만성 조울증으로까지 발전했다는 주장이다.

그녀는 1555년 성 금요일에 76년의 생을 마감했다. 그녀가 죽은 후 카를로스는 동생 페르디난도에게, "어머니가 눈을 감을 때 그녀의 마음에 드리워졌던 구름이 걷혔고 그녀는 기도를 올렸다."고 말했다. 후아나가 카스티야 여왕으로서 권한을 제대로 행사한 적은 없지만 그녀의 광기는 세계 역사에 막대한 영향을 미쳤다. 아들 카를로스가 즉위하여 오랜 세월 통치할 수 있었던 것은 바로 어머니의 불안한 정신 상태 때문이었다. 카를로스가 황제의 칭호를 포기한 해이자 스페인 왕위에서 물러나기 바로 전 해인 1555년 후아나가 세상을 떠나던 그 순간까지 만일 그녀가 카스티야 여왕의 자리에 있었다면 유럽 역사는 아마도 상당히 다른 양상으로 진행되었을 것이다. 카를로스의 남동생은 아라곤의 왕이 되었을 것이고 불안하게 통합되어 있던 스페인은 둘로 나뉘어졌을 수도 있다. 뿐만 아니라 국가의 이익에 피상적인 도움밖에 주지 못했던 왕실 싸움들로 스페인 아니 그보다 카스티야의 자원이 낭비되는 일도 없었을지 모른다. 아라곤은 이탈리아와 지중해에 관심을 두고 있었던 반면 카스티야는 비옥하고 광대하며 아직 완전히 발견되지 않은 아메리카에 더 초점을 맞추고 있었기 때문이다. 하지만 이런 상황들은 어디까지나 이론적인 가정에 불과하다. 현실 세계에서는 한 여인이 정신적인 문제로 자신의 합법적인 권한도 누리지 못한 채 토르데시야스 궁전에서 죽어가고 있었다.

상황은 달랐지만 비슷한 이유로 후아나의 증손자 돈 카를로스 역시 스페인 제국의 법정 추정 상속인으로서 행사할 수 있으리라 기대했던 권한을 결국 빼앗기고 말았다. 그러나 돈 카를로스의 경우는 증조모와 많이 달라서 당시뿐만 아니라 후대에도 주목을 끌었다. 적들은 돈 카를로스의 아버지 펠리페 2세를 헐뜯기 위해 왕은 폭군이자 학대자이며 아들은 그의 과민증과 분노로 인한 희생자라고 소문을 퍼뜨렸고 돈 카를로스와 관련된 이야기는 어두운 전설의 소재가 되었다. 소설가들과 희곡작가들은 이 주제에 많은 관심을 보였다. 알피에리Alfieri는 희곡 《펠리페 2세Philip II》에서 아들과 아버지, 즉 돈 필립과 돈 카를로스 사이의 갈등을 도입하여 선과 악, 어둠과 빛 그리고 그의 착각이기는 했지만 돈 카를로스가 품고 있다고 여겨진 자유주의와 펠리페 2세가 상징하는 전제정치 사이의 투쟁을 묘사했다. 비극적인 색이 더욱 짙게 깔린 실러Schiller의 《돈 카를로스Don Carlos》에서는 카를로스가 자유주의 신교도이며 아름답고 고상한 의붓어머니이자 펠리페 2세의 세 번째 부인인 발루아의 엘리자베스Elisabeth와 이루지 못할 사랑에 빠진 것으로 그려졌다. 극중에서 잔인한 왕의 명령으로 두 사람이 맞게 되는 죽음은 사랑과 자유를 위한 희생으로 표현되었다.

희곡에 비하면 현실은 훨씬 건조했지만 극적이라는 점에 있어서는 희곡 못지않았다. 돈 카를로스의 짧은 생애는 가장 부유하고 힘 있는 왕족들이 정치와 관련하여 개인적으로 얼마나 비극에 시달릴 수 있는지를 요약해서 보여준다. 돈 카를로스는 결코 왕이 될 수 없었지만 일생 동안 세계에서 가장 거대하고 부유한 제국의 상속자였다. 후아나를 토르데시야스 궁전에 감금시켰던 이유가 그녀를 절대 여왕의 자리에 앉지 못하게 하기 위함이었다면 돈 카를로스의 인생이 비극적인 최후를 맞은 것은 그가 언젠가 왕이 될 수도 있다는 가능성 때문이었다.

돈 카를로스가 완전히 정신병자였을 리는 없다. 하지만 그가 태어날 때부터 심각한 인격 장애를 겪은 것은 분명하다. 이 장애는 1562년 그의 머리를 손상시킨 사고로 더 심해졌다. 확신할 수는 없지만 돈 카를로스가 증조모인 후아나에게서 신경질적인 성향을 물려받았을 가능성도 전혀 없는 것은 아니다. 물론 그녀의 아들인 카를 5세와 그녀의 손자이자 돈 카를로스의 아버지인 펠리페 2세에게서는 그러한 정신병 초기 징후가 나타나지 않았다. 그러나 유전을 전혀 무시할 수는 없다. 그의 어머니와 할머니가 태어난 포르투갈 왕가에서는 정신병적인 경향이 종종 나타났다. 더욱 신빙성 있는 주장은 그가 정신적인 결함을 기질적으로 타고났을 수 있다는 것이다. 카를로스가 어린시절 자폐증을 앓았다는 것도 그럴 듯하지는 않지만 가능하다. 역시 근거는 매우 희박하지만 그가 태어날 때 뇌기능 장애를 일으켰을 것이라는 견해는 훨씬 그럴 듯해 보인다. 그의 출산은 어렵게 이루어졌고 당시 분만을 관리한 사람은 경험이 부족한 산파였다(왕비의 시녀는 종교재판으로 사형을 당해 그곳에 없었다). 카를로스의 어머니 포르투갈의 마리아Maria는 그가 태어난지 나흘 만에 세상을 떠났다.

그가 뇌기능 장애를 겪었다는 직접적인 증거는 없지만 그가 어린 아이로서 또 성인으로서 보였던 행동 패턴은 뇌손상을 겪은 사람들이 대개 산소와 혈당 부족의 결과로 보이는 증상과 너무나 정확히 맞아떨어졌다. 산소와 혈당이 부족할 경우 대뇌 변연계가 영향을 받아 상태가 더 진행되면 이유 없는 폭력과 불합리한 사고가 초래된다.

그리하여 아이는 '사회 통제에 저항하는 충동적인 과잉행동'을 보이고 '무차별적인 공격성과 충동적인 폭력성'을 드러내며 학습을 거부하고 무모한 행동을 저지른다. 이러한 가정은 단지 추측일 뿐이지만 아주 어린시절부터 나타난 돈 카를로스의 변덕스러운 성격을 어느 정도 설명해 주는 것은 사실이다. 돈 카를로스의 경우 신체적인 약점과 정신적인 불안정이 동반하여 비극으로 몰아감으로써 결국 그의 아버지와 그가 통치하는 제국에 문제를 안겨 준 것이다.

돈 카를로스는 태어난 순간부터 어머니의 보살핌을 받을 수 없었지만 도나 레오노르 드 마스카레냐스Dona Leonor de Mascarenas를 가정교사로 맞게 되었다. 한때 펠리페의 가정교사이기도 했던 신앙심 깊은 그녀는 얼마 전까지 수녀원에 들어갈 수 없을까 생각하다가 왕으로부터 '친어머니처럼 카를로스를 돌봐 달라'는 청을 받은 것이다. 카를로스는 그녀에 대해 상당한 애정이 생겼던 것으로 보이며 유언장을 통해 그녀에게 일종의 성스러운 유품도 남겼다. 그녀가 왕실을 떠나자 어린 그는 이렇게 투덜거렸다. "할아버지는 독일에 계시고 아버지는 몬존Monzon에 계시는데 아버지, 어머니도 없이 이제 나는 어떻게 되는 거지?" 일곱 살 때 그는 여성의 보호를 떠나 돈 안토니오 드 로하스Don Antonio de Rojas의 지도를 받았는데 후에 그에게는 가시관을 유언으로 증여했다. 전반적으로 그의 교육을 감독한 사람은 스페인 귀족 가문의 일원인 호노라토 후앙Honorato Juan이었다. 그는 궁에 들어오기 전에 같은 스페인 출신 르네상스 학자인 비베스Vives 밑에서 학문을 배웠다. 그리고 후앙 드 무냐토네스Juan de Munatones 는 카를로스에게 종교 분야를 가르쳤다.

돈 카를로스는 아버지와의 상관성을 거의 느낄 수 없었다. 펠리페 2세는 왕위에 오르기 전까지 스페인에 머무르는 일이 거의 없었기 때문이다. 펠리페 2세가 1554년 결혼한 영국 여왕 메리 튜더Mary Tudor는 돈 카를로스가 끝내 한 번도 보지 못한 의붓어머니이다. 결혼 협정에 따라 메리의 간절한 소망대로 두 사람 사이에서 아이들이 태어나면 그 중 장남이 영국과 네덜란드 그리고 프랑슈 콩테Franche Comte를 상속받게 되었다. 하지만 스페인과 그 보호령들은 돈 카를로스가 물려받을 예정이었다. 만약 태어나는 아이가 없으면 펠리페가 영국에서 갖는 권리는 없어지는 셈이다.

돈 카를로스가 다루기 어렵고 신경질적인 아이라는 조짐은 일찍부터 나타났으며 이는 또한 그가 출생 당시 뇌기능 장애를 겪었을지 모른다는 사실을 암시하는 것이었다. 베네치아의 대사는 카를로스가 이미 치아를 가지고 태어나 유모들의 가슴을 깨물었을 뿐만 아니라 심지어 씹으려고까지 해서 세 명이나 고통스런 상처를 입었다고 진지하게 정부에 보고했다. 그는 말을 배우는 속도가 상당히 느렸고 성인이 되어서도 초기에는 심하게 말을 더듬었다. 후에 전해진 이야기에 따르면 그는 좋은 목소리를 지녔으나 단어를 발음하는 데 상당히 어려움을 겪었고 특히 'r' 과 'l' 발음을 가장 어려워했다고 한다. 티에폴로Tiepolo는 카를로스가 제일 처음 입 밖에 낸 말이 '싫어'였다고 말했다.[1]

그는 고집 세고 제멋대로였으며 공부를 싫어했다. 1563년 베네치아 대사 파울로 티에폴로Paolo Tiepolo는 이렇게 전했다. "유년기를 지나 사춘기에 접어들어서도 그는 학문이나 무예, 승마술에 관심이 없었고 고결함이나 성실함, 친절함과는 담을 쌓은 채 오로지 타인에게 해를 입히는 데만 관심이 있었다... 무엇을 하든 그는 남에게 도움이 되는 것을 굉장히 싫어했고 해를 끼치는 것은 상당히 좋아했다. 그는 말하는 것도 어려워했다."[2] 호노라토 후앙은 "내가 바라는 만큼 나아지지 않아 가슴이 아프다."라고 말했다. 그리고 돈 가르시아 드 톨레도Don Garcia de Toledo는 이런 글을 남겼다. "공부에서 그가 거의 발전이 없는 것은 태도부터가 엉망이기 때문이다. 운동이나 검술 훈련에서도 다를 바가 없다."[3] 1563년 영국 대사는 카를로스에 대해 이렇게 평했다. "요구하는 것도 별나고 재치도 있다. 하지만 다른 면에서 보면 학문과는 완전히 거리가 멀다."[4]

그는 조부인 황제의 군사적 업적을 깊이 동경하여 그를 만나고 싶다는 소망을 표했다. 카를 5세는 제국을 포기하고 퇴위하여 스페인 유스테Yuste에 있는 예로니모회Jeronomite 수도원에 거처하던 중이었다. 돈 카를로스가 너무나 간절히 조부를 만나고 싶어 하는 바람에 그의 새 가정교사 돈 가르시아 드 톨레도는 그가 말을 타고 저명한 선조를 만나러 달려가지 못하게 막느라 굉장히 애를 먹었다.

마침내 1556년 10월 바야돌리드에서 접견이 마련되었다. 무용담을 열렬히 좋아하던 돈 카를로스는 지대한 관심을 가지고 그의 전투 이야기를 경청했다. 그러나 황제가 예전에 어쩔 수 없이 후퇴한 일이 있다고 털어놓자 카를로스는 분노가 치밀어 자신은 맹세코 달아나지 않겠다고 말했다. 이에 조부가 어떤 상황에서는 후퇴를 하는 것도 분별 있는 선택이라고 말하자 돈 카를로스는 화를 내며 날뛰었다. 카를은 누이인 프랑스의 엘레아노르에게 이렇게 말했다. "굉장히 난폭한 젊은이 같더군. 태도도 성미도 마음에 들지 않아. 장래 그 아이가 뭐가 될지..."

카를로스는 신체적으로 매력이 없을 뿐만 아니라 사실상 거의 기형에 가까웠다. 머리는 비정상적으로 컸고 어깨는 한쪽이 반대쪽에 비해 높았고 다리는 허약한데다 양쪽 길이가 조금 달랐다. 또 오른손은 눈에 띄게 말라 있었고 안색은 창백했다. 그는 어릴 때 너무 병약했던 탓에 사람들 사이에서는 그가 어른이 될 때까지 살아 있을 가능성이 희박하다는 소문이 돌았다. 베네치아 대사는 그에 관해 이렇게 썼다. "왕자는 키가 작으며 외모는 추하고 보기 싫다. 얼굴빛은 침울한데 이는 왕자가 세 살 때 혼이 나갈 정도로 끊임없이 4일열에 시달렸기 때문이다."[5] 원래 '작고 말랐던' 그는 성인이 되면서 체중이 불기 시작했다. 1562년 11월 21일 영국 사절 토마스 챌로너Thomas Chaloner는 이에 대해 "엄청난 식성을 보면 놀랄 일도 아니다."라고 평했다. 그의 게걸스러운 식욕을 보면 모두들 한 마디씩 했다.

제국에서 온 대사 디트리히슈타인Baron Dietrichstein은 이렇게 기록했다. "그는 탐욕스럽게 먹어대며 다시 먹을 준비가 될 때까지 좀처럼 멈출 생각을 않는다. 그가 병이 나는 이유는 바로 폭식 때문이다. 계속 이런 식으로 먹어댄다면 오래 살지 못한다는 것이 많은 이들의 생각이다."[6]

그러나 훨씬 더 걱정스러운 부분은 천성적인 가학적 성향이 고스란히 드러나는 성급하고 난폭한 성미였다. 그는 단지 즐기기 위해 어린 소녀들을 자신이 보는 앞에서 매질하게 했다. 베네치아 사절 보도아로Bodoaro는 다음과 같이 전했다. "그의 창백한 낯빛에서는 잔인한 성격이 드러난다... 사냥에서 토끼를 잡거나 누군가 다른 동물들을 그 앞에 가져오면 그는 산 채로 그 동물을 불에 구우며 즐거워한다... 자만심에 있어서는 그를 따를 자가 없다. 예컨대 그는 아버지나 할아버지 앞에서 오랜 시간 모자를 손에 들고 있는 일을 견디지 못한다. 그는 일반적인 젊은이들에 비해 훨씬 빈번하게 화를 낸다."[7] 티에폴로가 전한 내용 역시 비슷한 맥락이었다. "그는 사람들이 자신에게 표하는 경의가 만족스럽지 못하면 그들을 매질하거나 장형(杖刑)에 처하라고 명한다. 얼마 전에는 어떤 이를 거세하라고 강요했다. 그가 사랑하는 사람은 한 명도 없고 증오하는 사람은 너무나 많다."[8] 그는 에스피노사Espinosa 추기경을 죽이겠다고 위협하며 망토 속에서 단검을 뽑아 들기도 했다. 시스네로스Cisneros라는 배우를 자신이 보는 희극에 출연하지 못하게 했다는 것이 이유였다. 그는 재무상 후앙 에스테바즈 드 로본Juan Estevaz de Lobon에게 창문 밖으로 던져 버리겠다고 말했는데 라스 나바스Las Navas 후작의 아들에게도 똑같은 협박을 했다.[9] 그의 지출 내역에는 그의 명령으로 매를 맞은 아이들의 부모에게 물어 준 배상금도 포함되어 있었다. 그가 동물들을 다루는 방식도 이와 비슷해서 비위에 거슬리는 말들에게 사정없이 폭행을 가해 (23마리였다고 한다) 결국 죽게 만들었다.

그의 어긋난 행동에 관한 이야기들은 거의 전설이다. 간혹 신뢰도가 의심스러운 경우도 있지만 이 이야기들은 병적으로 비뚤어진 그의 성격을 설명해 주기에 충분하다. 그는 당시 젊은이들의 최신 유행 부츠를 주문하면서 작은 권총을 끼워 넣을 수 있도록 치수를 크게 만들라고 지시했다. 그의 아버지는 아들의 주문 사항을 전해 듣고 구두장이를 불러 아들의 지시를 무시하라고 명했다. 그러나 돈 카를로스는 구두장이가 자신의 지시 내용에 비해 덜 '괴상한' 부츠를 보내오자 화가 나 펄펄 뛰었고 이내 그 부츠를 조각조각 자르라고 명한 후 불운한 구두장이에게 내키지 않는 요리를 먹으라고 강요했다. 또 한 번은 누군가의 부주의로 발코니에서 물이 떨어져 그의 근처에 튀자 그는 이 무례한 자들을 사형에 처하라고 명령하면서 사형 집행 전에 마지막 고백성사를 받을 수 있도록 관용을 베풀겠다고 덧붙였다. 1564년 스페인에 있던 프랑스의 연대기 작가 브랑톰Brantome 경 피에르 드 라 부르데이유Pierre de la Bourdeille는 왕자가 다른 험한 젊은 남자들과 거리를 배회하면서 소동을 벌이고 여자들에게 키스를 하고 다닌다고 전했다.[10] 프랑스 대사의 기록은 다음과 같다. "그는 정신이 나가 사납게 날뛰는 일이 많기 때문에 그와 함께 살게 될 여자를 굉장히 불운하다고 생각지 않는 사람은 아무도 없다."

기본적으로 그는 애정이 결핍되어 있었다. 16세기 왕실에서 애정이란 아마도 기대하기 어려운 것이었겠지만 카를로스에게는 그뿐만 아니라 품위나 매력도 없었다. 어느 점으로 보나 그는 정신병질자였다. 고모인 후아나가 도우려 애썼지만 그는 설득을 시도하는 그녀의 손길을 거부했다. 아버지와 그의 사이에는 늘 거리가 있었다. 그가 감사의 마음으로 대하는 사람은 그에게 호의를 보였던 젊은 의붓어머니 발루아의 엘리자베스뿐이었다. 그가 죽은 후 발견된 문서들 가운데 '나의 벗들'이라는 제목으로 작성된 명단이 있었는데 이 명단에는 '언제나 친절하게 대해주신 분'이라고 표현된 엘리자베스 왕비가 있었고 오스트리아의 돈 후앙(오스트리아 황제의 잘생기고 매력적인 서자로 카를로스에게는 삼촌)이 있었다. 그러나 '나의 적들'이라는 제목의 또 다른 명단은 서두부터 분위기가 심상치 않았다. "국왕인 나의 아버지, 에볼리Eboli 공주인 루이스 고메즈 데 실바Ruis Gomez de Silva, 알바Alva 공작."

까다로운 아이였고 불안한 젊은이였던 돈 카를로스는 1562년에 겪은 중대한 사고로 상태가 더욱 악화되었다. 4월 19일 일요일 그는 마드리드에서 약 32㎞ 떨어진 알칼라 데 에나레스Alcala de Henares에 있었다. 4일열이 한 차례 지나간 뒤 회복을 위해서였다. 궁전 계단을 내려가던 그는 한 예쁜 여자가 정원을 걷는 모습을 보았다. 그녀는 궁전 관리인의 딸 마리아나 드 가르세타스Mariana de Garcetas로 그가 이미 알고 있는 *여자였다. 영국 대사 토마스 챌로너 경이 엘리자베스 왕비에게 보고한 바에 따르면 그는 '급히 여자를 따라가느라' 단숨에 계단을 뛰어 내려갔는데 다섯 계단을 남기고 발을 헛딛는 바람에 몸이 완전히 거꾸로 뒤집혀 머리가 먼저 떨어지면서 정원 문에 머리를 들이받았다(문이 잠겨 있었기 때문에 어쨌든 그는 따라가는 데 실패했을 것이다). 이 사고로 그는 후두부 왼쪽 두개골에 손상을 입었다.[11]

※ 1564년 5월 19일자 유언장에서 그는 현재 알칼라에 있는 참회의 성 요한San Juan de la Penitencia 수도원에 머물고 있다고 명시하면서, 만일 마리아나가 결혼한 상태라면 4,000다카트(ducat, 중세 유럽에서 사용한 금화, 은화 − 옮긴이)를, 수녀원에 입회한 경우라면 2,000다카트를 증여한다고 밝혔다. 또한 그의 지출 기록에는 1566년 4월 9일 그녀에게 만틸라(mantilla, 스페인이나 멕시코 여성들이 머리와 어깨를 덮는 베일 − 옮긴이)를 선물했다는 내용이 적혀 있다.

한동안 왕자는 죽을 것처럼 보였다. 펠리페 2세는 자신의 주치의 후앙 구티에레즈Juan Gutierrez와, 두 외과의사 페드로 드 토레스Pedro de Torres, 포르투게스Portugues 박사를 보내 돈 카를로스의 병을 담당하고 있는 다른 두 의사와 합류토록 했다. 이 두 의사 중 한 명인 다자 차콘Daza Chacon은 후에 돈 카를로스의 병에 관한 상세한 기록을 남겼다. 그는[12] '엄지 손톱만한 상처 가장자리에 멍이 들어 있었고 두개골막이 드러나 있었으며 그곳에도 일종의 멍이 든 것처럼 보이는 상태'였다. 돈 카를로스는 의식을 회복한 후 방혈 치료를 받았고(첫날에는 8온스, 다음 이틀간은 6온스) 자두와 묽은 수프, 닭고기도 먹고 후식으로 마멀레이드도 먹을 만큼 상태가 좋아졌다. 그러나 며칠 후 상처가 곪기 시작하여 갑상선이 붓고 열이 올랐다.

의사들은 체내 손상이 있었던 게 아닐까 두려워졌다. 그리하여 명성 높은 외과의사 토레스가 바야돌리드에서 불려 왔고 챌로너가 영국 여왕에게 말한 것처럼 '머리 가죽에 잔금이 생기지 않게' 절개를 시작했다. "T자 형태로 절개를 했으나 엄청난 양의 피가 흐른 까닭에 두개골이 손상되었는지 확인하는 일은 불가능했다. 우리가 할 수 있는 일은 검사를 중단하고 상처를 치료하는 것밖에 없었다."

돈 카를로스의 상태가 더욱 악화되어 위독해지자 아버지는 급히 마드리드를 떠나 유명한 해부학자 안드레아스 베살리우스Andreas Vesalius를 데리고 왔다.[13] 베살리우스는 사실 주치의가 아니라 펠리페 2세의 궁에서 네덜란드인들을 돌보던 의사였고 스페인 동료들은 그를 의심스럽게 여겼다. 챌로너는 고국으로 편지를 보내 이렇게 전했다. "왕이 마드리드에서 베살리우스 박사를 데려왔습니다. (그의 솜씨가 뛰어나다는 사실이 알려져 있기는 하지만) 스페인 사람들은 그의 가치를 평가하는 데 있어서 그의 학식을 중요하게 여기지는 않습니다. 토기장이는 다른 토기장이를 시기하는 법이지요."[14] 베살리우스는 다자 차콘과 안면이 있었다. 프랑스의 헨리 2세가 1559년 마상창 시합 도중 치명적인 뇌손상을 입었을 때 두 사람 모두 그곳에 있었기 때문이다.

펠리페 2세는 의사들이 신기한 조제물로 아들의 상처를 치료할 때 직접 옆에서 지켜보았다. 의사들은 상처에 붓꽃 가루와 태생초(birthwort,

순산에 효과가 있다는 식물 - 옮긴이)를 바르고 그 위에 테레빈 (turpentine, 소나무과 식물에서 생기는 송진 - 옮긴이) 연고와 달걀 노른자위를 덧바른 후 베토니(betony, 꿀풀과의 여러해살이풀 - 옮 긴이) 고약으로 마무리했다. 그러나 돈 카를로스의 심각한 병세는 나 아지지 않았다. 챌로너는 엘리자베스 왕비에게 다음과 같이 전했다.

다음날인 예수 승천 대축일Ascension Day 그의 얼굴이 부어오르기 시작 하여 의사는 그에게 약한 하제를 주었습니다. 그런데 효력이 14번이나 나타 났고 너무 지나쳐서 그의 몸이 견뎌낼 수 없을 정도였죠. 그날 오후 얼굴이 더 심하게 붓고 단독(丹毒)이라 불리는 피부염이 생기자 의사들의 의심과 왕 의 괴로움은 더 커졌습니다. 5월 8일 금요일에는 상태가 호전되고 머리의 상처도 점점 아물었습니다. 그러나 5월 9일 얼굴이 훨씬 심하게 부어올라 눈을 뜰 수가 없었고 왕이 방문했을 때는 억지로 눈꺼풀을 들어올려야 했지 요[15]… 처음에는 왼쪽 얼굴이 붓기 시작하더니 귀와 눈을 지나 오른쪽으로 퍼져 나갔고 결국 종기가 온 얼굴을 뒤덮으면서 목과 가슴, 팔까지 확산되 었습니다.

의사들은 방혈을 하기에 왕자가 너무 약하다고 판단했지만 정화를 위해 피를 뽑았다. 베살리우스는 내부 손상이 있을 거라 판단하고 두 개골을 가르자고 제안했지만 다른 의사들 몇몇이 이에 반대했고 최 종적으로 그들은 두개골을 도려내 부패 물질을 빼내기로 합의했다.

그러나 병이 계속 심각한 상태로 나아지지 않자 발렌시아Valencia 와 핀타레트Pintarete에서 불려온 의사들이 상처에 고약을 발랐다. 그 러나 '검은 고약이 상처를 그을려 두개골을 잉크처럼 새까맣게 만들 어버리는 바람에 상처가 오히려 더 심하게 악화되는' 사태가 벌어졌다. 핀타레트 의사들은 당연히 쫓겨났다. 왕자의 회복을 비는 기도가 행해졌고 성당에 있던 성보(聖寶)들이 진열되었다. 그리고 토마스 챌로너 경의 표현에 따르면 '성모 마리아와 성인들의 상과 함께 그 어떤 종교 예식보다 엄숙한 행렬'이 이어졌다. 최후의 수단으로 사람들은 고결함으로 명성 높은 수도사 디에고 형제(Fra Diego, 카나리아 제도Canary Islands에서 전도자로서 위대한 명성을 얻었다)의 유골을 왕자의 병실로 옮겨와 밤새도록 침대 속 그의 곁에 놓아두었다.[16]

돈 카를로스의 죽음은 코앞에 닥쳐왔다. 교황의 조카 아니발 뎀프 Annibale d'Emps 백작은 피렌체 대사에게 왕자의 창백한 얼굴에서는 죽음의 징조밖에 읽을 수 없다고 말했다. 왕에게서는 진심으로 슬퍼하는 모습이 역력했고 알바 공작은 침실을 떠나지도 않고 옷조차 갈아입지 않았다. 챌로너는 당시 상황을 이렇게 전했다. "왕자는 태도와 성향에서 냉담함과 잔인함을 드러내 모두들 그를 미워하고 두려워했지만 왕의 유일한 적자이다 보니 사람들은 그의 죽음을 안타까워했습니다."[17]

슬픔에 빠진 왕은 '(왕자가 죽으면) 좀 더 구석진 다른 곳으로 거처를 옮길 의도로' 성 예로니모회 수도원을 떠나 알바 공작과 페리아 Feria 백작과 함께 왕자의 장례식을 위한 상복과 그밖에 미리 마련해 둔 사항들을 준비하라고 지시했다.

그런데 기적이라 느낄 정도로 왕자의 건강은 그 후 눈에 띄게 호전되었다. 5월 16일, 다자 차콘은 페드로 데 토레스 박사에게 공로를 돌렸지만 베살리우스는 절개를 더 시도하여 왕자의 왼쪽 눈 뒤에 축적되어 있던 (그리고 오른쪽으로 퍼지고 있던) '걸쭉하고 하얀 물질' 즉 고름을 짜냈다. 수술은 일정 간격을 두고 반복되었고 왕자는 정말 회복되고 있다는 기미를 보이기 시작했다. 5월 22일이 되자 열은 완전히 내렸고 6월 1일 영국 대사는 "스페인 왕자는 완쾌되었고 슬픔은 이제 축제 분위기로 바뀌었다."라고 전했다. 6월 14일 자리를 털고 일어난 그는 미사에 참례해 영성체도 했다. 그는 머리에 석류나무 껍질로 만든 가루약을 바르고 있었지만 흉터는 점점 아물었다. 7월 5일 그는 디에고 형제의 유골에 경의를 표하고 공공 광장에 가서 '창시합의 일부'인 투우를 관람했다. 7월 17일이 되자 그는 왕실 가족들과 함께 마드리드로 돌아왔다.

영국 대사는 이렇게 썼다. "나는 주님의 대신인 자연이 의사들의 경솔한 치료에도 불구하고 왕자를 위해 그들이 아는 것보다 더 많은 일을 베풀어 주셨다고 믿는다." 그러나 어쨌든 왕자의 회복에 대해서는 의사들보다 디에고 형제에게 공로가 돌아갔다. 돈 카를로스는 1564년 5월 유언장에 다음과 같은 내용을 기록했다.

질병의 먹이가 되어 의사들은 나를 포기하고 아버지 왕께서는 나를 죽은 사람으로 여겨 무덤에 묻을 준비를 하고 있을 때 그들은 디에고 형제의 신성한 유골을 내게로 옮겨 왔다. 그의 유골이 내게 가까이 온 순간 그리고 내가 그 유골을 만진 순간 나는 주님께서 나를 회복시켜 주시려 계획하고 계심을 느낄 수 있었다. 나의 회복은 디에고 형제의 공로이며 그가 나를 위해 주님께 간청 드린 덕분이다. 그곳에 있던 사람들도 모두 같은 생각이다. 그리하여 나는 그가 시성될 수 있도록 유언에 명시할 것을 결심하게 되었으며 아버지께서 이를 보증해 주시기를 간절히 바란다.[18]

왕은 디에고 형제의 시성을 바라는 돈 카를로스의 마음을 존중했다. 차기 교황들이 협조해 주지 않았음에도 펠리페 2세는 1588년 7월 12일 마침내 교황 식스투스Sixtus 5세를 통해 디에고 형제의 시성을 이뤄냈다. 1588년은 왕을 위해 신의 도움이 절실히 필요했던 바로 영국의 무적함대가 격파된 해였다.[19] 토마스 챌로너 경이 세실 Cecil에게 한 말은 결국 옳았던 셈이다. "주님께서 왕자를 구해주신다면 디에고 형제는 분명 시성될 것이오."

샤를 드 티스나크Charles de Tisnacq가 파르마Parma 공작부인에게 말한 것처럼 '베살리우스가 훌륭한 솜씨로 돈 카를로스를 거의 확정된 죽음에서 구해냈지만'[20] 돈 카를로스의 정신 상태는 그 후로 더욱 나빠졌고, 그의 인격은 더 타락했으며, 생각은 더 변덕스러워졌다. 칙사인 디트리히슈타인 남작은 카를로스가 때때로 상당히 지각 있는 말을 하기도 하지만 그의 행동은 마치 일곱 살짜리 어린아이의 행동처럼 보일 때가 있다고 말했다. 그의 미숙함을 알고 있는 아버지는 1564년 알바 공작에게 아들이 "판단력뿐만 아니라 이해력과 인격에 있어서도 그 나이에 맞는 정상 수준에서 훨씬 뒤떨어져 있다."라고 말했다. 머리의 상처와 그 이후 행해진 치료가 돈 카를로스의 상태를 더욱 악화시킨 것이다. 그는 훨씬 더 폭력적인 성격이 되어 어떤 식으로든 그를 공격한 사람을 죽이려고 달려든 경우가 최소한 여섯 번은 있었다. 정신적으로 뒤떨어진 정신병질자였던 돈 카를로스의 머리 부상은 이미 제 기능을 하지 못하는 그의 뇌를 더욱 손상시켰다.

일반 가정에서라면 이런 일이 단지 한 집안 내의 비극에 그쳤겠지만 돈 카를로스가 스페인의 왕위 계승자이자 실질적인 통치자였기 때문에 그 영향이 미치는 범위는 훨씬 넓었다. 지중해 연안에서부터 남부 및 중앙아메리카까지 세력을 확장하던 스페인은 면적으로 보나 자원으로 보나 세계 최대의 제국이었다. 장래 맡게 될 책무에 적응해 나가기를 바라는 마음에 왕은 그에게 높은 지위를 맡겼다. 1564년 열아홉 살의 그는 국가 자문회의의 일원이 되었고 의무를 수행하기 위해 어느 정도 노력했다. 네덜란드 섭정을 맡고 있던 파르마의 마르가레트Margaret는 이렇게 썼다. "우리 모두 알다시피 왕자 전하께서는 그 어느 때보다 강하게 성장하고 계시며 이미 인격과 정신 함양을 위해 국가 자문회의에도 참석하셔서 모두를 기쁘게 해주고 계십니다."[21] 그는 자문회의 및 전쟁의 지휘관이 되었다. 수입도 늘었고 가고 싶어 하던 베네룩스 3국Low Countries에 아버지와 동행하여 가도 좋다는 약속도 받았다.

돈 카를로스가 베네룩스 3국을 방문하고 싶어 한 데에는 그럴만한 이유가 있었다. 이 국가들이 바로 스페인의 인적 자원과 물적 자원에 끊임없이 부담을 주는 위협의 중심이었기 때문이다. 무역을 통해 부유해진 베네룩스 3국은 무역의 자유를 지키기 위해 열성을 다하고 있었으며 독실한 가톨릭 신자 펠리페 2세가 탄압하겠다고 단언한 신교가 이곳에서 점점 확산되고 있었다. 베네룩스 3국은 중앙집권화 정책에 깊은 반감을 품고 이미 스페인의 통치에 대항하는 반란의 첫 단계에 들어서 있었다.

이처럼 커져가는 문제에서 자신을 보호하기 위해 펠리페 2세는 아군을 만들고 적이 될 만한 국가들을 중립시킬 필요가 있었다. 프랑스와 스페인 사이의 적대 관계는 1559년 카토-캉브레지Câteau-Cambrésis 조약이 체결되면서 종결되었다. 그리고 펠리페 2세가 프랑스 왕 앙리 2세의 매력적인 딸 엘리자베스를 세 번째 부인으로 맞아들임으로써 스페인과 프랑스의 우호 관계는 확고해졌다. 돈 카를로스는 후에 엘리자베스에게 어느 정도 애정을 갖게 되었다.

그러나 펠리페 2세는 돈 카를로스가 베네룩스 3국의 격렬한 문제에 끼어드는 것을 싫어했다. 그는 너무 경험이 없었고 너무 제멋대로였으며 무슨 일에 있어서든 너무 믿음직스럽지 못했다. 그러나 이처럼 믿음직스럽지 못한 카를로스도 결혼 서약을 통해서는 아버지에게 도움이 되었다. 구혼자로서는 자격이 의심스러운 그였지만 외교상의 결혼 관계에 있어서는 꽤 유익한 담보였던 셈이다. 최근 미망인이 된 스코틀랜드 메리Mary 여왕과의 결혼이 논의되었다. 돈 카를로스는 어느 정도 마음이 끌렸으나 펠리페는 조심스러웠다. 이 결혼을 통해 어쩌면 최종적으로 프랑스와 영국을 모두 등지게 될 수도 있기 때문이었다. 또다른 후보는 포르투갈의 미망인 왕비이자 그의 젊은 고모인 후아나였다. 후아나는 매력적이고 지적인 여인이었지만 이 제안은 돈 카를로스의 마음에 들지 않았다. 리모주Limoges의 주교는 그가 고모를 매우 경멸하여 "한 눈에 보기에도 비쩍 마른 불쌍한 부인이다."라고 전했다. 돈 카를로스는 후아나보다 사촌인 오스트리아 합스부르크 왕가의 안나Anne에게 훨씬 더 호감을 보였다. 안나는 돈 카를로스의 종조부인 황제 페르디난도 2세의 손녀였다.

돈 카를로스가 의붓어머니인 왕비 엘리자베스와 함께 세고비아 Segovia 근처 발세인Valsain 성의 공원 숲을 거닐 때 엘리자베스는 자주 그렇듯 말이 없고 침울한 왕자에게 무슨 생각을 하느냐고 물었다. 그는 자신의 생각이 멀리 가 있다고 대답했다. 왕비가 "얼마나 멀리 가 있느냐?"라고 묻자 그는 이렇게 대답했다. "사촌의 집까지 가 있습니다."

하지만 협상은 더디게 진행되었다. 안나의 아버지 막시밀리안은 1564년 황제의 자리에 오르자 사촌에게 결혼에 찬성할 것을 재촉했다. 이에 펠리페 2세는 비엔나에 있는 사절에게 비밀리에 지시하여 이렇게 말을 전했다. "내 아들은 결혼을 하기에 신체적으로 부적합합니다… 진심으로 고통스럽지 않은 건 아니지만 이 이야기를 반복할 수밖에 없습니다. 아들은 열아홉이 되었고 사람들은 다른 젊은이들도 많이들 성장이 더디다고 말합니다만 주님의 뜻은 이와 달라 내 아들은 그 대부분의 젊은이들보다 더 뒤쳐진 상태입니다... 우리는 인내심을 기르고 결혼식이 거행되는 순간까지 이 일을 연기해야 합니다."[22]

펠리페 2세가 주저한 까닭은 분명하지 않지만 아들이 성 불능이라는 소문 때문에 걱정했을 가능성이 높다. 여자를 찾기 위해 거리를 배회한 것을 보면 돈 카를로스는 성에 무관심하지는 않았다. 또한 그는 결혼 계획에 대해 긍정적인 관심을 보였다. 그러나 이 결혼의 목적이 자손의 출산인 만큼 카를로스의 성 불능은 목적 달성에 엄청난 지장을 줄 수 있는 요소였다. 디트리히슈타인은 다음과 같이 말했다. "돈 카를로스는 여자들에게 관심이 없었다. 그 때문에 성 불능이라는 말이 돌게 되었을 것이다. 그는 후에 결혼했을 때 부인이 그가 총각이라는 사실을 알게 되었으면 좋겠다고 말했다. 다른 이들의 이야기에 따르면 그는 아버지가 어떤 권한도 주지 않을 것이라는 사실에 절망해 순결하게 살았다고 말했다고 한다." 그는 후에 이렇게 썼다. "그가 지금까지 여자와 관계를 갖지 않았다는 것이 보편적인 의견이다. 그의 아버지가 시험 삼아 관계를 가져 보라고 권했다는 소문도 있다. 누군가 그에게 '여자들과의 관계'에 관해 이야기하면 그는 부인이 될 한 여자 외에는 아무도 알고 싶지 않다고 대답한다. 때문에 사람들이 그를 유약한 남자로 대하고 농담을 하는 게 아닐까?"[23] 프랑스 대사 드 푸르크볼De Fourquevaulx은 한 마디로 요약하여 돈 카를로스가 '천성적으로 반만 남자'라 말했다.

이런 점들에 비춰 보면 의사 세 명과 이발사 루이 디아즈 데 퀸타닐라Ruy Diaz de Quintanilla 그리고 약제사가 돈 카를로스의 남성다움을 시험하는 일을 꾸몄다는 사실도 전혀 의심스럽지 않다. 이들은 한 젊은 여자를 알선했고 그녀는 보상으로 어머니와 함께 살 집과 1,200다카트를 받았다. 그녀가 왕자의 침실로 들어가기는 했으나 그들은 목적 달성에 이르지는 못했다. 프랑스 대사는 샤를 9세에게 왕자가 결혼한다 해도 아이는 보지 못할 가능성이 높다고 알렸다. 그리고 베네치아 대사는 이렇게 전했다. "그는 창녀와 밤을 보내면서도 다소 점잔을 빼며 굉장히 거만한 태도를 취했다."[24] 돈 카를로스의 결혼 문제는 우선 보류되었다.

펠리페 2세에게는 더 시급한 문제들이 있었다. 돈 카를로스가 베네룩스 3국에 가겠다고 계속 요청했기 때문이다. 아들의 이러한 요구는 펠리페로서는 매우 걱정스러운 일이었다. 돈 카를로스는 자신의 요청을 미루는 아버지에 대해 점점 비판적인 태도를 갖게 되었고 화가 나서 펠리페가 스페인을 떠나기 싫어하는 것 같다는 내용의 글을 썼다. 브랑톰의 이야기대로라면 그는 종이 한 장에 '펠리페 왕의 위대한 여행'이라고 제목을 적었다. 그리고 그 아래 '마드리드에서 파르도까지, 파르도에서 에스코리알까지, 에스코리알에서 아랑후에즈까지 가는 여행'이라고 썼다. 마드리드에서 가까운 궁전들만 순회하는 여행이라는 의미였다.[25]

돈 카를로스는 화가 솟구쳤다. 그는 아버지가 잘 알고 있는 것처럼 인상에 의존하는 경향이 있고 믿음직스럽지 못했다. 경험이 없고 단순했던 그가 더욱 위험한 생각에 빠져 반역을 모의하는 네덜란드 귀족들과 개인적으로 접촉했을 가능성도 무시할 수 없었다. 이 귀족들의 주동자인 베르게스Berghes와 몬티니Montigny는 1565년 회유적인 임무를 띠고 스페인을 방문했던 사람들이다. 확실한 증거는 없지만 이들이 왕자의 네덜란드 행을 도와 그를 따르고 섬기기로 약속했다는 주장이 후에 제기되었다. 이러한 소문들에 신빙성이 있었는지는 알 길이 없다. 하지만 소문이 있다는 것 자체만으로도 왕은 위협을 느껴 더욱 더 아들을 의심하게 되었다.

그러나 왕은 그와 인연을 끊을 입장이 못 되었다. 돈 카를로스는 국가 자문회의의 일원이었고 왕위 계승자였다. 펠리페는 아들과 함께 직접 베네룩스 3국을 방문할 것이라고 공표했다. 이 발언은 최소한 그곳에서 스페인의 명분을 지지하는 이들에게는 안심이 되는 얘기였을 것이다. 그러나 카스티야 의회에서는 왕이 플랑드르로 간다면 상속자는 스페인에 남겨두는 것이 스페인을 위해 좋을 것이라고 제안했다. 돈 카를로스는 이 제안을 단호하게 거절했다. 그는 의원들에게 이렇게 말했다. "아버님께서 플랑드르에 가실 계획이고 나 역시 그곳에 갈 의향이 확실하다는 것을 여러분은 아셔야 합니다. 지난 의회에서 여러분은 나를 고모님과 결혼시키라고 아버님께 탄원하는 만용을 저질렀습니다. 여러분과 아무 상관없는 내 결혼에 여러분이 간섭하는 것은 그야말로 유례없는 기이한 일이오. 나를 스페인에 남겨두라고 아버님을 설득함으로써 또다시 무모한 일을 저지를 생각은 하지 않기를 바랍니다."[26]

어떤 면에서 이런 일들은 이제 연극에 불과했다. 베네룩스 3국의 상황이 절정에 달해 폭력적인 진압 외에는 반란자들을 진정시킬 도리가 없었기 때문이다. 왕은 알바 공작에게 이 임무를 실행하라고 지시했다. 돈 카를로스는 계획의 실패가 명백해지자 화가 나서 이제 막 플랑드르로 떠나려는 알바를 찾아가 죽이겠다고 위협했다. 알바는 스페인 왕위 계승자의 생명이 위험에 노출되기에는 너무 귀중하다고 상기시키며 그를 진정시키려 애썼다. 일단 베네룩스 3국의 사태가 잠잠해지면 아버지와 함께 그곳에 갈 수 있다는 것이었다. 그러나 왕자는 대답 대신 칼을 뽑아들고 외쳤다. "당신은 플랑드르에 갈 수 없소. 가겠다면 내가 당신을 죽이겠소." 알바는 거칠게 그의 팔을 붙잡고 칼을 빼앗았다.

이 소식을 듣고 펠리페는 아들이 자신의 후계자 자리뿐만 아니라 그 어떤 책임 있는 지위에도 맞지 않는다는 확신을 굳힐 수밖에 없었다. 그가 처해 있던 곤경도 충분히 이해할 만하다. 그에 대한 반대 선전 특히 그의 적인 침묵의 왕 윌리엄William the Silent과 안토니오 페레즈Antonio Peréz의 비난이 적잖은 영향을 미쳐 악명 높기는 했지만 펠리페 2세는 극악무도한 사람은 아니었다. 그러나 국가적인 요구로 인해 그는 때때로 고의적인 속임수나 잔인한 행위도 마다할 수 없었다. 그가 딸과 주고받은 편지를 보면 알 수 있듯 사적으로 그는 자애로운 사람이었으나[27] 개인적인 애정보다는 신앙과 국가를 중요시했고 이 두 가지를 동일시하는 경향이 있었다.

그는 카를로스가 스페인의 왕위를 물려받아서는 안 된다는 결론에 도달했다. 언제나 그랬던 것처럼 그는 신중하고 느리게 대처했다. 그러나 카를로스가 증조모와 마찬가지로 신앙을 거부하는 조짐을 보이고 고백성사를 꺼린다는 사실을 알게 되면서 그의 결심은 더욱 확고해졌다. 수아레즈Suarez는 왕자에게 이런 편지를 보냈다. "그(왕자)가 고백성사를 하지 않는다는 사실이 알려진다면 그리고 더 심한 경우 그런 일이 끔찍하게 여겨져서 만약 신성한 관청(종교재판소)이 개입할 필요를 느낀다면 사람들이 뭐라고 하겠습니까?"[28]

돈 카를로스는 아버지에 대해 거의 병적인 태도를 보이기 시작했다. 그가 고백성사를 꺼렸던 이유는 어쩌면 아버지에 대해 품고 있는 자식의 도리에 어긋나는 감정을 신부에게 드러내버릴지 모른다는 생각에서 비롯된 것이었다. 프랑스 대사는 1567년 9월 12일 카트린 드 메디치Catherine de Medici에게 다음과 같이 알렸다. "가톨릭교도인 왕과 그 아들인 왕자 사이에는 믿기 어려울 만큼 분노와 불만이 가득합니다. 아버지가 보이는 감정이 증오라면 아들의 감정 또한 그에 못지 않습니다. 이 모든 정황으로 볼 때 신께서 구원해 주시지 않는다면 엄청난 불행이 닥칠 수밖에 없습니다."[29]

신의 구원이 있을 듯한 조짐은 보이지 않았다. 아니 오히려 그 반대였다. 돈 카를로스는 여전히 플랑드르에 가겠다고 요구를 했다. 그리고 펠리페는 여전히 코루나Corunna에서 배를 타고 바다로 출항할 참이라고 말했다. 샤를 9세에게는 교대로 편지가 전달되었다. 펠리페는 수행원들과 말들이 프랑스 영토를 지날 수 있도록 허가해 달라는 편지를 보냈고 돈 카를로스도 이와 비슷하게 말 50마리가 프랑스 땅을 통과할 수 있게 해 달라고 허가를 구했다.

그러나 왕은 뜸을 들였다. 그는 프랑스 대사 푸르크볼에게, 날씨가 점점 험해지는 9월에 여행을 시작하는 것은 현명한 처사가 아니라고 말했다. 그리고 로마 교황 사절에게도 단지 여행을 봄으로 미루고 있을 뿐이라고 알렸다. 이 모든 일들은 왕자의 불안정한 마음을 동요시켰으며 그는 깊은 실망감을 굳이 감추려 하지 않았다. 그는 아버지가 허락하지 않는다 해도 스페인을 떠나 포르투갈이나 이탈리아, 베네룩스 3국까지 가겠다는 의사를 표했다. 그러고는 아버지의 대응이 두려워 침대 곁에 병사들을 배치하고 침실에 박혀 지냈다. 그는 누구도 그의 방에서 잠을 자지 못하게 하고 프랑스의 기술자 루이드 푸아Louise de Foix를 고용해 침대에서 문을 열고 닫을 수 있는 장치를 만들게 했다. 문 위에 육중한 물건을 설치해서 누군가 강제로 방에 들어오면 깔려 죽게 하려고 한 것이다.

그의 두려움은 근거가 없는 것은 아니지만 이런 계획에는 확실히 공상적인 면이 있었다. 그가 사람과 돈의 도움을 받지 않고 스페인을 떠날 수는 없었다. 그는 은행업자들을 통해 6,000다카트의 대출금 마련을 시도했다. 그리고 여러 귀족들에게 편지를 보내 이 중요한 여행에 동참할 것을 권유했다. 그러나 그에게는 진정한 동지가 없었다. 왕은 아들의 모험적이고 어쩌면 반역적일 수 있는 계획을 감시하기 위해 정보원을 따로 둘 필요가 없었다. 카스티야의 해군 대장이 돈 카를로스의 의심스러운 편지를 왕에게 전달했기 때문이다.

비밀을 지키지 못하는 돈 카를로스의 태도에서 그의 불안정한 정신 상태가 여실히 드러났다. 그는 아버지가 자신의 결혼을 추진하지 않을 것이며 그 이유는 미워하는 아들의 자식들에게 왕관을 물려주고 싶지 않기 때문이라고 여기저기 불평을 늘어놓고 다녔다. 그는 귀족들에게 7년 전 톨레도Toledo 대성당에서 그들이 했던 충성의 맹세를 상기시켰다. 그리고 자신을 도우면 그에 상응하는 대가를 지불하겠다고 약속했다. 그러나 왕이 지배권을 장악하고 있는 스페인에서 왕에게 대항하는 일은 무모한 행동이었다. 게다가 그 대표자가 병약하고 불안정한 젊은이였으니 더 말할 것도 없었다.

돈 카를로스는 언제나 동경하던 젊은 숙부 오스트리아의 돈 후앙에게 가장 큰 기대를 걸었다. 그는 카르타헤나Cartagena에서 출항하여 이탈리아로 갈 계획이었기 때문에 함대 사령관인 돈 후앙의 협조가 필수적이었다. 1567년 12월 23일 혹은 24일 그는 돈 후앙을 궁으로 불러 도움을 청했다. 숙부는 "네가 국왕께 바라는 게 무엇이냐?"라고 무뚝뚝하게 물었다. "왕께서 친아들을 어떻게 대하시는지 보십시오. 그분은 숙부님께 아무것도 베풀지 않으실 겁니다. 하지만 저를 도와주신다면 나폴리 왕국이나 밀라노 공국을 드리겠습니다." 돈 후앙은 왕자에게 친절히 대했지만 자칫하면 파멸로 이어질 수도 있는 무모한 계획에 동참하여 왕의 신용을 잃고 싶지는 않았다. 그는 돈 카를로스가 계획하고 있는 여행의 어려움과 위험을 지적하면서 그를 단념시키려 했다. 돈 카를로스가 얼마나 화를 낼지 알고 있었기 때문에 그는 대답하기 전에 24시간의 여유를 달라고 부탁했다. 그리고 다음날 그는 돈 카를로스에게 편지를 써서 직무상 에스코리알에 가게 되었다고 말했다.

사실 그는 왕에게 그의 아들이 세우고 있는 계획을 알렸다. 펠리페 2세는 교황의 면죄부를 받은 것과 관련하여 크리스마스 축제 직후 분위기를 즐기고 있었고 아들에 관한 이야기를 들었을 때 처음에는 놀라기보다 화를 냈다. 그러나 더 나쁜 소식이 기다리고 있었다. 돈 카를로스는 크리스마스를 맞아 성 예로니모 수도원의 수사신부에게 마음속에 살의와 증오를 품고 있다고 고백했다. 수사신부는 그의 죄를 사면해 주지 않았다. 그러자 왕자는 사면 받지 못하면 축성되지 않은 성체를 받을 수는 있겠지만 사람들의 눈에는 성체를 받는 것처럼 보일 거라고 대답했다. 아토차Atocha의 소(小)수도원장이 좀 더 캐묻자 그는 결국 증오하는 사람이 다름 아닌 친아버지라는 사실을 고백했다. 그리고 이 소식은 왕의 귀에도 들어갔다.

펠리페는 수년간 마음속으로 조용히 구상해 오던 행동을 취하지 않을 수 없었다. 그는 에스코리알에서 은둔하는 기간을 연장했다. 그리고 마드리드의 주요 수도원들을 찾아가 기도를 올렸다. 그는 학자들과 자문회의에 의견을 묻고 그 중 법률가인 나바로 마르틴 다스필라쿠에타Navarro Martin Dazpilacueta의 의견을 받아들였다. 펠리페는 프랑스의 황태자 루이 11세가 아버지 샤를 7세에게 대항했던 사례를 상기시키며 돈 카를로스가 외국으로 나갈 경우 스페인은 엄청난 위험에 처할 것이라고 강조했다. 베네룩스 3국의 반란은 그를 이름뿐인 왕으로 만들고 종교적인 주장까지 위태롭게 할 수 있었다.

주사위는 이미 던져졌다. 펠리페가 에스코리알에서 마드리드로 돌아왔다는 소식을 듣고 돈 카를로스는 아버지가 얼마나 많은 사실을 알고 있는지 몰라 불안했다. 그는 왕이 자신의 행동에 대해 굉장히 불만스러워했다는 이야기를 들었다. 하지만 며칠 후 아버지와 아들이 실제로 얼굴을 마주했을 때 두 사람은 모두 본심을 숨겼다. 돈 카를로스는 다시 숙부 돈 후앙을 찾았다. 그가 도와줄 수 있는 일이 두 가지 남아 있었기 때문이다. 한 가지는 이전에 부탁했던 것처럼 밤에 카르타헤나에서 출항할 수 있도록 돈 후앙이 도와주는 것이었는데 그는 이번에도 얼버무려서 발뺌을 했다. 또 한 가지는 에스코리알에서 무슨 일이 있었는지 알려주는 것이었는데 돈 후앙이 대답을 회피하자 돈 카를로스는 그의 칼을 빼앗아버렸다. 밖으로 나가려던 돈 후앙은 문이 잠겨 있다는 사실을 깨닫고 왕자의 수행원들에게 문을 열라고 소리쳤다.

1568년 1월 18일 밤 11시 돈 카를로스가 잠자리에 든 후 펠리페는 페리아 공작과 돈 안토니오 데 톨레도 소수도원장, 루이스 데 키하다 Luis de Quijada, 루이 고메즈 그리고 왕자의 집안 관리자였던 에볼리 공작 등 측근자들과 함께 왕자의 거처로 갔다. 그 중 두 사람은 망치와 못을 들고 있었다. 페리아 공작이 제등을 들고 앞장섰으며 왕은 겉옷 속에 갑옷을 입었다.

돈 카를로스가 예방조치를 취했음에도 장치가 제대로 작동하지 않는 바람에 그들은 별 어려움 없이 문을 열고 들어가 왕자의 팔을 잡았다. "누구냐?" 그가 물었다. "국왕 자문회의요."라는 대답이 들려왔다. 아버지를 발견하고 그는 울부짖었다. "폐하께서 저를 죽이려 하십니까?" 왕은 어느 때보다 자제심 있는 태도로 그에게 해를 입히지 않겠다고 약속했다. "너를 위한 일일 뿐이다." 그들은 창문에 못질을 하고 왕자의 무기뿐만 아니라 탄알을 하나도 남김없이 압수했으며 서류들도 모두 가져갔다. 돈 카를로스는 아버지 앞에 무릎을 꿇었다. "폐하, 부디 저를 체포하지 마시고 죽여주십시오. 이 일은 왕국에 크나큰 불명예를 안겨 줄 것입니다. 폐하께서 저를 죽이지 않으신다면 제가 스스로 목숨을 끊겠습니다." 그는 난로 쪽으로 몸을 움직여 활활 타오르는 장작더미 속으로 몸을 던질 태세였다. 돈 안토니오가 그를 붙잡고 있는 동안 왕이 냉정한 목소리로 말했다. "스스로 목숨을 끊는 일은 미치광이나 하는 짓이다." "저는 미친 것이 아닙니다." 왕자가 중얼거렸다. "폐하께서 저를 모질게 대하시니 절망에 빠진 것입니다." 그는 절망적으로 흐느껴 울며 계속해서 아버지의 무정함을 원망했다. 펠리페의 대답은 이것뿐이었다. "이제부터는 너를 아버지로서 대하지 않겠다." 그는 수행원들에게 밤이든 낮이든 절대 왕자를 혼자 두지 말라고 지시했다. "자네들이 보여 준 충성심을 믿겠네." 돈 카를로스는 아레발로 성에 감금되었다. 이 성은 그의 조모인 포르투갈의 이사벨라가 정신병자로 감금되어 말년을 보낸 곳이었다. 그리고 할머니를 감시했던 난폭한 교도관의 아들이 그의 간수가 되었다.

펠리페가 취한 조치에 관한 소식은 유럽 여러 왕실로 퍼져나가 돈 카를로스의 지지자들에게는 당혹감을, 적들에게는 기쁨을 안겨 주었다. 돈 카를로스의 의붓어머니와 고모 후아나는 그를 위해 중재에 나섰다. 프랑스 대사는 엘리자베스가 이틀 내내 눈물을 흘리고 그 사건을 이야기할 때마다 고통스러워했으며 만약 카를로스가 친아들이었다 해도 그보다 더 슬퍼하지는 않았을 거라고 전했다. 그러나 대사에게 이야기할 때 그녀는 카를로스에게 문제가 있다는 사실은 인정했다. 그녀는 이렇게 말했다. "주님께서는 그 아이의 천성을 모든 이들에게 알리실 모양입니다."

펠리페는 두드러지게 말수가 줄어 조용하고 침울한 나날을 보냈다. 로마에 있던 스페인 대사 돈 후앙 데 주니가Don Juan de Zuniga는 이렇게 썼다. "왕은 자신의 조치에 관해 교황 성하께 특별한 이유를 밝히지는 않았다. 그러나 우리 모두가 알고 있는 왕자의 행동 이상의 다른 이유가 있었으리라고는 생각되지 않는다." 그 후 5월 펠리페는 자신이 행한 일에 관해 교황에게 어느 때보다 상세하게 설명했다. 다음은 그가 교황 비오 5세에게 한 말이다.

> 왕자의 성미나 잘못 때문도 아니었고 제가 왕자를 벌하거나 바로잡기 위해 그런 것도 아니었습니다. 만약 그것이 목적이었다면 다른 방도를 취할 수도 있었을 겁니다. 이처럼 극단적인 조치가 아니더라도... 그러나 제가 무슨 죄를 범했는지 주님께서는 왕자에게 무수한 결점을 주셨습니다. 일부는 정신적인 것이고 일부는 신체적인 조건에 기인한 것이지요. 왕자는 통치자에게 필요한 자격을 전혀 갖추지 못했습니다. 왕자가 왕위를 계승하면 심각한 위험이 초래될 것이고 분명 위기가 닥칠 것입니다. 그리하여 오랜 심사숙고 끝에 다른 차선책들은 아무 소용이 없음을 깨닫고 그의 상태가 나아질 가능성은 희박하다는 결론에 이른 것입니다. 그 전에 재난이 닥치리라는 것은 불을 보듯 뻔했습니다. 다시 말씀드리자면 제 결정은 불가피한 것이었습니다.[30]

어느 모로 보나 돈 카를로스는 죽은 사람이었다. 한 외국 대사는 "그들이 왕자에 관해 이야기할 때는 마치 죽은 사람 이야기를 하는 것 같았다."라고 말했다. 그리고 피렌체 사절은 이렇게 전했다. "스페인 왕자는 세상에 존재하지도 않았던 것처럼 완전히 잊혀졌다." 펠리페는 부인 엘리자베스의 임신에 모든 기대를 걸었다. 아들이 태어나면 돈 카를로스의 상속권을 박탈할 수 있기 때문이었다. 왕의 변호인들은 쓸만한 선례를 찾아냈다. 1461년 아라곤의 후앙 2세가 아들인 비아나Viana의 샤를Charles에게서 상속권을 박탈한 사례가 있었다. 왕은 부인에게 울음을 그치라고 말했다. 대공들도 돈 카를로스에 관해 말하거나 기도할 때 그의 이름을 언급하지 말라는 지시를 받았다. "불행한 젊은이는 날이 갈수록 점점 더 정신이 이상해지고 있었기 때문이다." 프랑스 대사는 이렇게 말했다. "그는 빠르게 기억에서 잊혀졌다. 마치 그가 태어난 일도 없었던 것처럼 그에 관해 이야기하는 사람은 거의 없었다."

그러나 돈 카를로스는 여전히 살아 있었고 어떤 때는 제정신이다가 또 어떤 때는 정신이 나가곤 했다. 그는 엄격한 감시 하에 감금되어 방을 나가서도 안 되고 창문을 통해 모습을 드러내서도 안 되었다. 그가 볼 수 있는 빛은 벽 높은 곳에 난 창에서 비치는 빛뿐이었고 그가 혹시 불 속에 스스로 몸을 던질까봐 난로도 쇠창살로 막혀 있었다. 처음에 그는 미사 참례조차 할 수 없었다. 그러나 나중에는 그가 미사에 참석할 수 있도록 나무 격자 달린 창이 설치되었다.

호의를 되찾을 수 있으리라는 희망을 갖는 순간도 없지는 않았지만 그는 깊은 절망에 빠져 자살을 기도했다. 다이아몬드가 위 속에 들어가면 독과 같은 힘을 발휘한다는 얘기를 듣고 그는 반지를 삼키기도 했다. 또한 단식투쟁을 벌여 음식도 억지로 먹이지 않으면 안 되었다. 펠리페는 이 소식을 듣고 이렇게 대답했다. "정말 배가 고파지면 먹을 것이다." 부활절에 사면을 받을 수도 있다는 기대로 왕의 고해신부인 디에고 드 차베즈Diego de Chaves 형제에게 고백성사를 했다. 사람들 사이에서는 그가 예전보다 조용하고 차분해졌다는 소문이 돌았다. 펠리페는 누이 마리아에게 편지를 보내 신성로마제국 황제에게 말을 전했다.

폐하께서도 아시다시피 정신이 맑아지는 때도 있고 그렇지 않은 때도 있습니다. 그러나 왕자의 성격적인 결함들은 다른 방식으로 판단되어야 합니다. 사적인 생활에서의 개인적인 행동보다는 정치적이고 공적인 행위들과 관련시켜야 하는 것이지요... 사적인 생활에서는 완벽하게 제 역할을 수행하는 사람도 공적인 생활에서는 전혀 그렇지 못할 수가 있기 때문입니다. 폐하께서는 왕자의 잘못이 특정한 행동에 있는 것이 아니라 분별력이 부족한 데 있음을 부디 이해해 주시기 바랍니다. 제게 무슨 죄가 있기에 주님께서 아들에게 이러한 결점을 주셨는지 모르겠습니다.[31]

터널 끝에서는 희미한 빛도 깜박이지 않았다. 그의 죽음에 관한 의견은 분분하다. 하지만 전해지는 이야기에 따르면 그는 마드리드의 여름 더위에 괴로워하다가 옷을 벗은 채 침대에 누워 시에라Sierras에서 가져온 얼음을 덮으라고 지시했다고 한다. 그리고 나서 스스로 엄청난 양의 얼음물로 씻어낸 자고partridge 네 마리로 만든 파테(paté, 짓이긴 고기나 간을 요리한 것 - 옮긴이)를 먹었다. 신체적으로 허약했던 그는 열병으로 앓아누웠고 1568년 7월 24일 동틀 무렵 숨이 끊겼다. 최후의 순간 그는 정신도 온전한 상태였고 신에 대한 적의도 거두었다. 하지만 이런 이야기는 그의 할머니가 죽었을 때도 나왔다.

불온한 영혼의 죽음을 애도할 수 있는 이는 거의 없었다. 알바 공작의 대리인은 이렇게 말했다. "그가 천국으로 간 것은 모든 신자들에게 굉장히 은혜로운 일이다. 그가 살아 있었다면 신앙 사회를 파괴했을 게 분명하기 때문이다. 그의 정신 상태와 기질은 완전히 병들어 있었다. 지금 그는 천국에서 잘 지내고 있을 것이다. 그를 아는 모든 사람들은 그의 죽음을 주님께 감사한다." 펠리페는 일반의 거상기간은 9일로 정하고 궁중 거상기간은 일년으로 정한다고 포고했다. 돈 카를로스의 의붓어머니 발루아의 엘리자베스는 펠리페보다도 더 슬퍼했다. "그 아이가 내 친아들이었다 해도 이보다 더 슬프지는 않았을 겁니다." 그녀는 이내 건강이 악화되어 1568년 10월 3일 겨우 스물 셋의 나이로 세상을 떠났다. 그녀가 낳은 딸 역시 얼마 후 그녀의 뒤를 따랐다. 남은 생애 동안 펠리페는 국가적인 일에 참여할 때를 제외하고는 항상 검은 옷을 입었다. 그러나 때가 되었는데도 스페인에는 아직 상속자가 없었기 때문에 그는 얼마 전까지 아들의 약혼자였던 안나 공주와 결혼했다.

자연히 소문들이 떠돌았고 펠리페의 적들 사이에서는 더욱 심했다. "스페인 왕자가 죽었는데 의문스러운 부분들이 많습니다." 영국 사절 맨Man 박사가 세실에게 한 말이다.[32] 네덜란드의 군주 침묵의 왕 윌리엄은 1581년 발표한 《변론Apology》에서 돈 카를로스는 아버지의 미움과 스페인의 종교재판에 희생당한 것이라 주장했다. "인간의 도리도 모르는 아버지가 상속인인 친아들을 살해했다. 그렇게 함으로써 결국 교황이 그 저주받을 근친상간을 특면해 주도록 틈을 만든 것이다." 이는 펠리페 2세가 후에 조카인 안나와 결혼한 일을 두고 한 말이었다.[33] 펠리페의 전(前) 대신으로 1593년 프랑스에 피신 중이던 안토니오 페레즈는 왕자가 먹는 음식에 넉 달 동안 독이 섞여 있었다고 말했다.

시간이 흐를수록 더 많은 소문들이 피어올랐다. 어떤 이는 누군가 돈 카를로스를 베개로 질식시켜 죽였다고 말했다. 프랑스 역사가 마티외Mathieu가 앙리 4세 치세에 쓴 글에는 그가 노예 네 명에 의해 처형되었다고 기록되어 있었다. 드 투de Thou는 그가 독이 든 수프를 마셨다고 주장했다. 프랑스의 만필가 생 시몽Saint-Simon 공작은 《회상록Memoirs》에서 외교관 루빌Louville로부터 스페인 왕 펠리페가 에스코리알에 있는 돈 카를로스의 무덤을 열도록 지시했다는 얘기를 들었다고 밝혔다.[34] 머리가 몸에서 떨어져 다리 사이에 놓여 있었던 것으로 보아 처형된 것이 분명하다는 얘기였다.

이처럼 엄청난 소문들의 한복판에 있다 보면 길을 잃기가 쉽다. 펠리페 2세는 1587년 8월 24일 유언장에 자신이 죽으면 사적인 문서들은 모두 불에 태워 폐기하라는 유언을 추가했다. 전해지는 이야기에 따르면 펠리페와 돈 카를로스와 관련된 문서들은 스페인의 공문서들이 보관되어 있는 시만카스Simancas 성 초록색 비밀함에 담겨 있었는데 반도전쟁Peninsular War 중 나폴레옹의 부하 장군 켈러맨 Kellerman이 상자를 열었을 때 그 안에서 나온 것은 펠리페 2세가 아닌 펠리페 5세의 통치와 관련된 문서였다고 한다. 돈 카를로스의 삶과 죽음은 물론 비극적이었다. 그러나 그의 아버지가 생각한 대로 만약 그가 살았다면 스페인은 훨씬 더 큰 비극을 겪었을 것이다.

6

위대한 해리

_헨리 8세 Henry VIII

6

위대한 해리

헨리 8세는 마치 거인처럼 우뚝 솟아 16세기 영국에 그늘을 드리웠다. 그는 수많은 백성들을 두려움 속으로 몰아넣기도 했으나 한편으로는 그들의 존경을 받기도 했으며, 이상하게 보일 수도 있지만 최소한 초기에는 그들의 사랑을 얻기도 했다. 화려한 겉치레로 가득했던 그의 삶과 다채롭고 호화로운 궁전, 신학적인 문제들에 관해 견식 있는 글을 쓸 수 있을 만큼 풍부했던 학식, 연주는 물론 작곡까지 할 정도로 음악을 사랑했던 점, 화이트홀 궁Whitehall이나 햄프턴 궁Hampton Court, 논서치 궁Nonsuch과 같은 웅장한 건축물들, 춤이나 마상 창 시합, 사냥에서 발휘했던 뛰어난 솜씨 등으로 볼 때 그는 탁월한 르네상스 왕이었다. 영국에서 그보다 더 깊은 인상을 남긴 왕은 거의 없을 정도로 그가 세운 업적들은 절대적이었다. 항상 성공적은 아니었지만 그는 유럽 정치에서 중요한 역할을 수행하며 합스부르크 왕가와 발루아 왕가 사이의 적대적인 경쟁 속에서 눈치 빠르게 신중한 길을 걸었다. '신앙의 수호자Defensor Fidei'라는 칭호를 받은 이후 그는 교황과 단교하고 완전히 자신이 지배하는 영국의 국교를 만들어 수장을 자처했다. 동시에 자국어 성서 사용과 신교에 맞춘 기도서 개정, 수도원 해산 등을 위한 길을 닦았다. 토마스 크롬웰Thomas Cromwell이 기울인 노력의 결과로 행정상의 정부 기구가 더욱 효과적으로 이용되었고, 의회는 영국국교회라는 신교가 존재할 수 있도록 수많은 법령들을 제정하는 수단으로서 기능하게 되었다. 어떤 면에서 그는 영국 해군의 아버지였다. '위대한 해리Great Harry'나 '당당한 해리Harry Imperial'와 같은 전함의 이름에는 그 주인의 우쭐한 마음이 고스란히 담겨 있다. 구체적인 정책 및 정치 사안에 있어서 해리가 비록 자신의 주도권과 더불어 토마스 울지Thomas Wolsey나 토마스 크롬웰 등 뛰어난 고문들의 조언에 의존했다 하더라도 그는 위대한 왕으로 혹은 최소한 위대한 왕이라는 인상으로 남아 있다. 엘튼Elton의 말대로 그는 '단지 주권만 잡고 있었던 게 아니라 실질적인 통치를 했고' 언제나 끝까지 의견을 굽히지 않았다. 예술과 종교라는 수단을 통해 그는 왕권의 존엄성에 관한 이론을 조직화했다.

헨리가 영웅처럼 우뚝 선 동상이었다 해도 그 동상에는 그의 마음 속에 가득 차 있던 강한 자기 본위와 충동성 그리고 의심으로 금이 가 있었다. 이러한 그의 특성들은 그의 사생활 모든 면면에 속속들이 배어 있었고 마치 전류처럼 그의 왕실 곳곳에 퍼져 있었으며 궁극적으로는 국가를 통치하는 데도 영향을 미쳤다. 위대한 왕이었지만 그는 폭군의 요소들을 지녔으며 성격적인 면에서는 비정상에 가까운 특징들도 지니고 있었다. 초상화 속에서 우리를 바라보는 그의 눈은 차갑고 빈틈없고 냉담한 빛을 띠고 있다. 코르넬리스 마시스Cornelis Matsys가 그린 헨리의 말년 초상화에서 그는 실로 잔인무도한 사람의 모습이다.

헨리의 고조부는 정신분열증 환자였던 프랑스 왕 샤를 6세이다. 그의 증조모이자 헨리 5세의 부인이었던 발루아의 카트린은 두 번째 남편으로 오언 튜더Owain ap Tudor를 맞아들였으며 헨리 7세의 조모이기도 했다. 정신 나간 프랑스 왕의 불안한 유전자가 헨리 8세의 인격에 잠재되어 있었다고 말한다면 분명 불합리한 주장일 것이다. 그렇다 해도 헨리의 인격에서 정신적, 감정적 장애의 징후들이 나타난 것은 사실이다. 헨리의 어머니 요크의 엘리자베스는 그가 열두 살 되던 해 아이를 낳다가 목숨을 잃었다. 그리고 그와 아버지 헨리 7세 사이의 관계는 냉담했다. 확실한 근거는 없지만 그가 둘째 아들이었기 때문에 성직에 보내려 했다는 설이 후에 돌기도 했다. 그의 형이자 헨리 7세의 상속자인 아서Arthur는 그의 인생에 중요한 영향을 미쳤다. 추론적인 평론에서 한 미국인 심리학자는 헨리의 결혼 생활에서 나타난 문제들을 오이디푸스 콤플렉스의 관점에서 설명하려 했다.[1] 그의 주장이 결코 흥미롭지 않은 것은 아니나 당연히 입증은 불가능하다. 하지만 젊은 헨리의 정신적인 배경에 아버지와 형의 존재가 있었다는 것만은 확실하다.

아버지는 그가 본받고 능가해야 할 군주제의 원형을 남겨 주었다. 그는 형에게서 왕위를 물려받았을 뿐만 아니라 형의 부인과 결혼했다. 15세의 웨일스 공 아서는 1502년 4월 결핵으로 세상을 떠났다. 헨리는 곧 형의 미망인인 아라곤의 캐서린과 약혼했고, 7년 후 아버지의 사망 직후인 1509년 6월 11일 두 사람은 결혼했다. 캐서린은 스페인의 군주 페르디난도와 이사벨라의 딸이자 '정신병자' 여왕 후아나의 자매였으며 이 두 사람은 모두 헨리의 아버지가 한때 결혼을 생각했던 여인들이었다. 결혼은 1509년까지 성사되지 않았고, 헨리 7세는 스페인 통치자들의 외교 정책에 환멸을 느껴 결혼에도 완전히 마음을 접은 듯 했다. 그런데 1506년 4월 헨리 왕자가 캐서린을 '나의 가장 소중하고 사랑스러운 배우자, 나의 부인이 될 공주'라 표현했다. 캐서린이 그의 형과 결혼하여 헨리와 그녀 사이에는 인척관계(아서는 "스페인 한복판에서 밤을 보냈다."라고 자랑하고 다녔지만 캐서린은 언제나 자신의 첫 번째 결혼은 성립되지 않았다고 주장했다)가 성립되었기 때문에 두 사람이 결혼하려면 교황의 특면이 필요했고 1505년 승인이 떨어졌다.

즉위 초기에 헨리는 눈에 띄게 잘생기고 원기 왕성하며 카리스마 넘치는 인물로서 인본주의자들의 기대를 한 몸에 받으면서 뛰어난 운동 경기자이자 재능 있는 음악가라는 갈채를 받았고, 공공 정책의 운영은 유능하고 헌신적인 신하 울지 추기경에게 맡겨 두는 데 만족했다.[2] 그러나 이미 1513년부터 그의 통치에서는 전제정치의 요소들이 증가하고 있었다. 남편보다 다섯 살 많은 캐서린은 독실하고 자비롭기는 하지만 단정치 못하고 우둔하며 적절한 내조자가 아니라는 비판을 받았다. 특히 유산이라는 꼬리표가 붙으면서 비판은 더 심해졌다. 1511년 태어난 웨일스 공 헨리는 7주 밖에 살지 못했고 1516년 태어난 딸 메리만이 살아남았다. 다른 네 명의 아이들은 사산아였다. 피터 마터Peter Martyr는 헨리와 장인 아라곤의 페르디난도 사이의 관계가 악화되어 그녀가 충격을 받고 불안해진 탓에 조산을 하게 된 거라고 말했다. 헨리는 장인이 딸을 내버렸다며 죄 없는 왕비를 비난했고, '자신의 불만을 그녀에게 쏟아 붓는' 비겁한 태도를 보였다.[3]

1524년 무렵부터 헨리는 부인과의 일상적인 잠자리를 그만두었다. 하지만 두 사람은 오랫동안 형식적으로는 함께 살았다. 천성적으로 바람기가 있던 그는 결혼 5~6년 만에 부인의 시녀 중 한 명인 엘리자베스 블런트Elizabeth Blount와 관계를 맺어 1518년 아들을 보았다. 이 아들은 후에 리치먼드Richmond 공작이 된다. 그녀의 뒤를 이은 상대자는 메리 볼린Mary Boleyn과 그녀의 자매 앤Anne이었는데, 앤은 '성생활이 문란하고' 물정에도 밝은 약은 여자였다.[4] 헨리는 그녀를 정부로 두고 싶어했으나 그녀가 거부했다. 도덕적인 원칙보다는 계산된 야망 때문이었다. 그녀는 현재 부인으로서 아이를 낳지 못하는 캐서린의 자리를 차지하고 싶었던 것이다. 한 번은 그녀가 이렇게 말했다. "그의 부인이야 어찌 되든 나는 그를 차지하기로 결심했다."

상황을 이해하기 위해서는 헨리의 복합적인 성격도 고려 대상에 포함시켜야 한다. 신이 내린 권한을 행사한다는 의미에서 왕의 지위가 신성하다는 믿음, 따라서 왕의 요구가 아무리 지나치고 편향적이더라도 백성은 이에 무조건 복종해야 한다는 믿음은 튜더 왕조의 보편적인 특징이었다. 복잡한 성격의 헨리에게 이러한 믿음은 거의 강박관념에 가까웠다. 아마도 자신이 부족하다는 생각이 마음속에 깔려 있었기 때문에 필연적으로 나타난 반응이었을 것이다. 그는 어린 시절부터 왕의 존엄성에 대한 믿음을 주입받았으며 이에 관한 소논문들이 늘어나면서 믿음은 한층 강화되었다. 자기기만에 대해 탁월한 포용력을 지녔던 그는 자신이 취하는 행동이나 목적의 정당성을 결코 의심하지 않았다. 결과는 상관할 바가 아니었다. 원하는 것이 있으면 그는 왕의 의지라는 명목 하에 무엇이든 얻으려 했다. 따라서 캐서린과의 결혼을 무효화해주지 않으려는 교황의 태도는 그 자체로서 헨리의 통치권에 대한 도전이었다. 그가 앤 볼린과 결혼해야 하는 이유는 단지 그녀를 사랑하기 때문만은 아니었다. 신성하게 부여된 군주의 권위를 주장하고 입증해야 할 필요성이 점점 커지고 있었기 때문에 그는 더욱 물러설 수 없었다. 에릭 아이브스Eric Ives는 이렇게 말한다. "그러므로 앤과의 결혼을 추진한 것은 감정과 욕망의 충족만을 위한 것이 아니었다. 왕의 존엄성을 입증하는 하나의 수단이었던 셈이다." 헨리는 딸 메리가 서출이 되더라도 캐서린과 헤어져 앤과 결혼하고 싶었다. 궁극적인 목적을 달성하기 위해 다른 일들은 모두 제쳐 둬야 했던 것이다.

그러나 왕의 '중대사'라 불린 이 결혼 문제에는 또 다른 측면이 있었다. 그는 결혼을 했음에도 자손을 보지 못하는 것에 대해 심각하고 진지하게 고민했고 신의 법규를 위반했기 때문이라는 결론을 내렸다. 자주 인용되는 레위기의 성구(聖句)들에서 증명되는 것처럼 교황이라 해도 성서의 가르침을 어긴 그를 특면해 줄 수 없다는 생각에 이른 것이다. 다시 한 번 형 아서의 그림자가 그를 덮었고 근친상간의 죄는 사악한 망령을 불렀다. 전문가가 아님에도 헨리는 신학적 지식이 놀라울 만큼 풍부했다. 그의 뛰어난 지식은 루터교를 논박한 소책자에서 이미 드러났고 바로 그 때문에 교황이 그에게 신앙의 수호자라는 칭호를 내린 것이다. 상황이 이렇다 보니 헨리에게 앞으로 나가야 할 길은 너무나 분명했다. 교황은 그를 캐서린과의 불법적인 결혼 관계에서 해방시켜 주어야 하며 그가 앤과 결혼하여 합법적인 영국 왕위 계승자를 낳을 수 있도록 허락해 주어야 마땅하다는 것이 그의 생각이었다.

앤은 사실상 헨리의 약혼자가 되었고 두 사람 모두 교황이 캐서린과 그의 결혼을 무효화하는 데 동의해 주기를 기대했다. 그러나 그들이 바라는 결말은 5~6년이 지나서야 이루어졌다. 그 과정에서 앤은 헨리가 불안해하면 의지를 북돋웠고 울지Wolsey가 기대를 저버리자 그를 해임시키는 데 앞장섰다.

이후 일어난 일들은 개인의 정신적 외상이 공공 정책으로 구체화되는 경우가 많다는 논제를 증명해 준 훌륭한 사례였다. 개인적이고 사적인 욕망을 채우려 애쓴 10년 간 교황과 황실의 정책이 뒤얽혀 좌절감을 맛보면서 헨리는 부인에게 굴욕감을 안겨 주고 충실한 대신을 파멸로 몰았으며 신앙의 자유를 짓밟고 교황과 로마 교회의 권위를 부인했다. 영국의 종교개혁을 가리켜 헨리의 욕망이 낳은 사생아라 표현한다면 너무 극단적인 단순화가 되겠지만, 그의 개인적인 욕망이 없었다면 역사는 분명 다르게 진행되었을 것이다. 헨리는 자신이 밟은 과정이 어떤 면에서 왕국과 자신의 궁극적인 이익을 위한 일이라고 스스로 정당화했다. 그러나 그가 취한 조치는 굉장히 자기중심적인 의지의 표현일 뿐이었다.

헨리의 삶은 신이 내린 권한을 지니고 있다는 강한 확신으로 둘러싸인 냉혹한 자기 본위를 보여 준다. 아라곤의 캐서린과 결혼 생활을 접고 로마와 연을 끊은 일에서 헨리의 인격에 좀 더 악의적인 성향이 있다는 가능성이 이미 드러났으며 이러한 성향은 그가 나이를 먹을수록 더 두드러지게 나타났다. 앤 볼린과의 결혼 또한 여기에 어두운 빛을 더했다.

수년간 앤은 헨리가 원하는 좀 더 친밀한 관계를 거부하고 마음속에서 캐서린과 그의 이혼이 승인될 것이라는 확신이 들기 전까지 그와 잠자리에 들지 않았다. 1532년 8월 캔터베리의 워럼Warham 대주교가 세상을 떠났다. 펨브로크Pembroke 후작부인의 작위를 받은 앤은 10월 헨리와 함께 프랑스로 갔다. 그리고 그 해가 끝나갈 무렵 그녀는 아이를 가졌다. 아이에게 호의적인 기대가 쏠리고 있음을 알아차린 헨리는 떠오르는 세력 토마스 크랜머Thomas Cranmer와 토마스 크롬웰을 자기편으로 끌어들여 교황의 승인과는 상관없이 이혼 절차를 서둘렀다. 1533년 1월 25일 앤은 비밀리에 왕과 결혼했고 볼린 가문의 간청에 부분적으로 힘입어 캔터베리의 대주교 자리에 오른 크랜머는 1533년 5월 23일 헨리와 캐서린의 결혼이 무의미하며 법적 구속력이 없다는 판결을 내렸다.

교황의 주장 자체가 성서의 가르침과 맞지 않는다는 가정을 기반으로 토마스 크롬웰이 앞장서서 추진한 로마 교회와의 절교는 영국과 앤이 적극 지지하던 영국국교회에 급격한 변화를 가져와 주교직 임명에 영향을 미치고 한편으로는 신교 사상을 발전시켰다. 그러나 헨리의 우선적인 관심사들은 여전히 주로 개인적인 것들이었다. 두 사람 사이에서는 1533년 9월 7일 딸 엘리자베스가 태어났다.

이 상황에서 헨리의 본성을 이해하는 데 도움이 되는 또 한 가지 요소가 있다. 일단 부인인 동시에 아이의 어머니가 되자 앤 역시 설 자리를 잃었다. 결혼 전에는 헨리가 그녀의 호의를 얻기 위해 매달리며 애원했지만 결혼하여 부인이 된 순간부터 앤은 당시 보편적인 사고방식에 따라 순종적이고 말 잘 듣는 일개 신하로 전락해버린 것이다. 헨리는 캐서린이 부인이었을 때와 다름없이 궁중의 여자들과 부정한 관계를 즐기며 앤에게 충실한 태도를 보이지 않았다.[5] 자존심 강하고 고집 센 앤이 남편의 이러한 행동을 참지 못했을 것은 뻔한 일이다. 부인이자 왕비로서의 위치가 위태로워진다는 것 하나만으로도 그녀가 분개할 이유는 충분했다. 헨리는 이러한 관계들을 자신이 가진 특권의 일부로 여겼지만 앤은 남편의 부정을 달갑게 받아들일 수 없었다. 이후 여러 차례에 걸친 헨리의 결혼 생활에서 볼 수 있듯, 그에게 있어 결혼은 왕의 의지에 대한 복종을 내포하는 관계였다. 그는 왕에 대한 도전이다 싶으면 무엇이든 참지 못했다. 그런데 헨리의 애정이 식으면서 악화된 두 사람의 관계도 왕위 계승자가 태어날 수 있다는 가능성으로 일시적으로 무마되었다.

1535년 말 앤은 다시 한 번 아이를 가졌다. 만약 그녀가 아들을 낳았다면 헨리가 제인 세이무어Jane Seymour에게 새로이 쏟고 있던 마음을 거두었을 것이다. 물론 그에게는 결과보다 따라다니는 것 자체가 더 중요했다. 1535년 후반까지 앤의 운명은 어느 쪽으로도 결정되지 않은 상태였다.

이 와중에 헨리는 심각한 사고를 당했다. 1536년 1월 17일 '왕이 그리니치Greenwich에 있는 시합장에서 달리려고 거대한 말 위에 올라탔다가 왕과 말 모두 심하게 넘어졌고' 이 사고에 관해 칙사인 샤퓌Chapuys는 1월 29일 그랑빌Granville에게 이렇게 전했다. "모두들 그가 죽지 않은 것이 기적이라 말하지만 그는 상처 하나 입지 않았습니다."[6] 오르티즈Ortiz 박사는 3월 6일 로마에서 황후에게 서신을 보내 좀 더 조심스럽게 덧붙였다. "프랑스 왕의 말에 따르면 영국 왕이 말에서 떨어져 두 시간 동안 말도 하지 못했다고 합니다. 그리고 앤은 너무 당황한 나머지 유산했다고 합니다... 왕의 부상이 호전되지 않고는 있지만, 그의 정부가 유산했다니 참으로 다행스러운 일입니다."[7]

헨리가 마상 창 시합에서 부상을 입은 것은 이번이 두 번째였다. 1524년 3월 10일 그는 투구의 면갑(面甲)을 닫지도 않고 상대자인 서퍽 공작을 공격했다.[8] 헨리는 하마터면 죽을 뻔했지만 그다지 동요하는 기색 없이 시합을 계속했다. 그러나 1520년대 후반 헨리는 만성 두통에 시달렸다고 봐도 무방할 것이다. 1528년 7월 21일 헤니지Heneage는 울지에게 왕이 '두통을 호소한다'고 말했다.[9] "폐하께서는 머리가 아파 글도 쓰지 못하십니다. 그래프턴Grafton에 역병이 돌고 있다니 그곳에는 가지 않으실 겁니다." 다음날 그는 이렇게 덧붙였다. "폐하의 머리에 문제가 있습니다." 그리고 8월에 헨리는 앤에게 연애편지가 뜸한 이유를 이렇게 설명했다. "머리에 다소 통증이 있소. 사랑하는 당신 품에 안겨 특별한 저녁을 보낼 생각을 하면 분명 금세 나을 것이오."[10]

대체로 헨리의 건강은 남다르게 좋은 편이었다. 아버지와 형은 결핵으로 목숨을 잃었고 이후 두 아들 리치먼드 공작과 에드워드 6세도 결핵에 걸렸지만 그는 이 병을 피해 갔다. 그러나 가끔씩 그는 여러 가지 질병으로 앓아 눕곤 했다. 1514년 초봄에는 천연두 혹은 홍역을 앓았고, 1521년부터 몇 년간은 말라리아와 열병으로 누워 있었다. 1528년에도 그는 발한증 발병의 우려가 있었으나 다행히 피할 수 있었다.[11] 그의 다리에 문제가 있다는 사실이 처음 언급된 것은 1528년이다. 1530년 궁정 외과의사가 되는 토마스 비커리Thomas Vicary가 '다리 아픈 왕을 치료하라는' 부름을 받고 온 것이다.[12]

1536년 마상 창 시합에서 겪은 낙마 사고는 헨리의 인생에서 가장 결정적인 사건이었다. 당시 기준으로 그는 이미 44세의 중년 남성으로 과체중이었다. 체격이 건장한 대식가로 약 183센티미터의 키에 육중한 체구였다. 23세였던 1514년 허리둘레는 35인치였고 가슴둘레는 42인치였다. 1536년이 되자 허리는 약 37인치였고 가슴은 45인치였다. 그러다가 1541년에 이르러 허리둘레는 54인치까지, 가슴둘레는 57인치까지 늘어났다. 1536년 1월 그는 무거운 갑옷을 입고 바닥에 쓰러진 채 무장한 말에 깔렸다. 그리고 해외 사절들이 주장한 대로 두 시간 동안 의식이 없었다. 다시 시합에서 주역으로 활약할 수는 없었지만 그는 회복되었고 1536년 2월 4일 크롬웰은 가디너 Gardiner에게 왕이 기분도 좋고 건강도 양호하다고 알렸다. 그러나 뇌진탕이나 타박상은 별 문제로 놓고 보더라도 이 사고가 그의 전반적인 건강과 행동양식에 장기적이고 해로운 영향을 미치지 않았으리라고는 생각하기 어렵다. 또한 이 사고가 헨리의 다리에 영향을 미쳤다는 사실과는 별도로 그가 뇌손상을 입었을 가능성도 가볍게 무시할 수 없다. 이후 그가 보인 행동들, 특히 앤 볼린을 무자비하게 체포하여 1536년 5월 19일 처형한 사례를 떠올리면 이러한 가능성에 더욱 힘이 실린다.

왕의 낙마 사고 후 12일이 지난 1536년 1월 29일 앤은 사내아이를 유산했다. 태아가 기형이었던 것 같다는 얘기가 나왔고 그로 인해 헨리는 자신이 마녀의 꼬임에 빠져 앤과 결혼하게 된 것이라고 확신하였다.[13] 하지만 앤은 노퍽 공작을 통해 왕이 시합 도중 말에서 떨어졌다는 소식을 듣고 너무 큰 충격을 받은 탓에 유산한 것이라고 단언했다. 샤퓌는 사람들이 그녀의 유산 원인을 신체적인 결함과 '결코 아들을 가질 수 없는 체질' 혹은 제인 세이무어가 왕의 애정을 가로채고 있다는 두려움 탓으로 돌렸다고 말했다.[14] 왕의 낙마 소식 때문에 그녀가 유산했을 것이라는 추측에도 일리가 없는 것은 아니다. 낙마로 인해 왕의 생명이 위험해진다면 적들에게 둘러싸여 있는 앤 본인 또한 위험해질 터였기 때문이다. 그녀의 유산은 훨씬 더 혼란스러운 상황을 초래했다.

왕은 이렇게 말했다. "주님께서는 내게 아들을 내려주시지 않을 거야." 그리고 몇 개월 지나지 않아 한 가지 계획이 세워졌다. 앤을 파멸과 죽음으로 몰아가는 이 계획에는 크롬웰의 손길이 닿아 있었다. 앤을 왕의 침대에 들게 하는 데는 6년이 걸렸다. 그녀가 그의 부인으로 지낸 기간은 3년이었다. 그러나 그녀를 처치하는 데 걸린 기간은 불과 4개월이었다. 앤은 몇몇 남자들과 불륜을 저질렀다는 혐의를 받았다. 이 남자들의 평판은 좋지 않았고 그 중에는 앤의 오빠인 로크퍼드Rochford 경도 포함되었다. 그리하여 왕의 마음속에서는 다시금 근친상간이라는 주제가 반복되었다. 1536년 5월 23일 오르티즈 박사는 황후에게 이렇게 전했다. "왕의 아이로 여겨질 아들을 낳기 위해 그녀는 악기 연주를 가르쳐 주던 음악가와 부정을 저질렀습니다."[15] 앤의 천성은 열정적이었지만 그녀가 사소한 경거망동 이상의 죄를 지었으리라고는 보이지 않는다. 그녀를 비롯하여 함께 처형된 이들은 모두 고의적인 계획의 희생자였을 것이다. 계획을 짠 사람이 크롬웰이었다면 그 계획을 의도한 사람은 헨리였다.

헨리는 타고난 특성상 마음만 먹으면 쉽게 거짓 눈물을 흘렸으나 앤이 죽었을 때는 상중에 제인 세이무어와 결혼하는 냉혹하고 무정한 모습을 보였다. 이러한 그의 대응은 어쩌면 1월 창 시합에서 입은 뇌손상의 영향이었을까? 이 질문에 대해서는 어떤 것도 확실한 대답이라 단정할 수 없다. 그러나 정황적으로 볼 때 당시 헨리가 보인 태도에는 놀라운 특징들이 있다. 그는 한때 앤을 사랑했지만 그 사랑은 증오로 바뀌었다. 그는 탐욕스러운 세이무어 가문 사람들의 재촉으로 앤의 자리에 세이무어를 앉히고 싶었지만 앤이 야심 있고 자기주장 강한 여자였던 반면 제인은 유순하고 순종적이었다. 헨리는 제인과 결혼했을 때 지옥에서 천국으로 옮겨 온 것 같다고 말했다. 그러나 이것이 과연 왕의 무자비한 결심과 조금만 자세히 들여다보면 근거 자체가 희박한 재판을 즐기던 그의 태도를 충분히 설명해 줄 수 있을까? 일말의 동정심도 없이 그는 한때 사랑했던 여인과 그의 지나친 자기 본위에 충성을 다해 봉사하던 남자들을 희생시켰다. 그러나 그의 태도는 잔인할 뿐만 아니라 어리석었다. 그는 제인 세이무어가 아들을 낳을 것이라는 보장도 없는 상태에서 두 상속자 메리 공주와 엘리자베스 공주를 사실상 서출로 만들어버렸기 때문이다.

그가 앤의 혐의를 믿었다면 그 이유는 본인이 믿고 싶었기 때문이다. 그의 정신 작용을 이해하기란 쉬운 일이 아니다. 앤이 캐서린을 독살하는 데 관여했다는 소문이 나돌기까지 했다. 1536년 1월 7일 캐서린이 킴볼튼Kimbolton 성에서 암으로 숨을 거두었을 때 왕은 특유의 무정한 태도로 축하하는 행동을 취했다. 그녀가 죽었다는 소식을 듣고 노란 실크 차림으로 춤추며 밤을 보낸 것이다. 아이러니컬하게도 캐서린이 피터버러Peterborough 수도원에 묻힌 날은 바로 앤이 유산한 날이었다. 헨리는 같은 날 두 부인을 잃은 것이나 마찬가지인 셈이다. 1536년 5월 19일 샤퓌는 이렇게 전했다. "리치먼드 공작이 아버지에게 밤 인사를 하러 가서 영국 관습에 따라 신의 가호를 빌어달라고 하자 왕은 눈물을 흘리기 시작하더니 리치먼드 공작과 누이인 메리 공주는 그들을 독살하려 한 저주받을 매춘부 손에서 벗어났으니 신의 크나큰 은혜를 입은 것이라고 말했습니다."[16] 그는 자신이 마법의 희생자이며 '마녀' 앤의 성적 포옹력은 끝이 없다고 지독한 불만을 쏟아 냈다. 그는 마음속으로도 앤이 마녀라고 확신하고 있었는지도 모른다. 그는 부인의 사형과 관련된 세부 사항에 구역질이 날 정도로 병적인 관심을 보이며 특별히 칼레에서 사형 집행인을 불러올 계획까지 세웠다. 샤퓌는 앤의 사형 집행일인 1536년 5월 19일 그랑빌에게 이렇게 말했다. "왕은 백 명 이상이 앤 볼린과 범죄적으로 연관되어 있다고 믿고 있었습니다. 새로 부임한 주교들은 그녀에게... 앞서 말씀드린 분리파 교회에 따르면... 남편이 만족을 줄 능력이 없을 경우 다른 곳에서, 심지어 친척들 가운데서 조력자를 구하는 것도 합법적인 일이라고 믿게 했습니다."[17]

샤퓌의 말은 풍자를 통해 헨리의 삶에서 중요한 일면을 지적한 것인데 이는 그의 성격을 이해하는데 가장 중요한 부분이다. 여섯 명의 부인과 최소한 두 명의 정부를 두었음에도 성(性)은 그가 성취하지 못한 영역이었다. 생존 당시나 그 후에도 헨리는 돈 후앙과 비슷한 평판을 얻었다. 노퍽 공작은 그가 '줄곧 호색적인 경향을 보였다'고 단언했다. 사이온Syon의 문지기 카운셀Counsell은 아일워스Isleworth의 교구 목사 존 헤일John Hale에게 이렇게 말했다. "국왕께서 윈체스터의 나이든 영주와 함께 판햄의 한 거처에 계실 때는 처녀들이 부족할 정도였지요."[18]

그러나 헨리는 성관계보다 전희에만 능숙했다는 암시들이 곳곳에서 발견된다. 그는 성적인 능력이 약화되어 있었던 것 같다. 앤의 오빠 로크퍼드 경은 재판에서 넌지시 이를 암시하듯 다음과 같이 말했다. "왕께서는 여자와 관계를 가질 경우에도 정절을 지킬 수 있소. 그분께는 능력도 힘도 없기 때문이오."[19] 1536년 5월 18일 샤퓌는 이렇게 전했다. "정부 앤 볼린의 이야기에 따르면 그에게는 정력도 능력도 없었다고 합니다."[20] 1533년 4월 샤퓌가 캐서린 대신 새 부인이 들어오면 아이가 생길까 하는 의심을 표했을 때 헨리는 격분하여 "내가 다른 남자들에 비해 남자답지 못하단 말이오? 그렇단 말이오?"라고 소리치며 이렇게 덧붙였다. "내가 굳이 그렇지 않다는 사실을 입증하거나 내 비밀을 알려 줄 필요는 없지."[21]

제인 세이무어는 장래 에드워드 6세가 되는 아들을 낳았으니 최소한 헨리의 기대는 충족시켜 준 셈이다. 그러나 12일 후 그녀는 산욕열로 목숨을 잃었다. 왕의 충동적이고 변덕스러운 본성을 떠올릴 때 만약 제인이 살아 있었다면 이후 그녀에게 어떤 일이 일어났을지 알 수 없다. 샤퓌는 제인의 정조에 대해 어느 정도 의심을 했다. 그는 앤의 사형 집행 전날인 5월 18일 앙트완 페로네Antoine Perronet에게 서신을 보내 차대 왕비에 대해 이렇게 말했다. "영국인이고 오랫동안 궁에 자주 출입했는데, 그녀가 정말 대신 자리를 차지하지 않을 것인지, 또한 결혼의 의미를 모를 것인지 판단해 보시기 바랍니다." 나아가 이렇게 덧붙였다. "그가 그녀와 이혼할 마음이 생기면 증인은 충분합니다."[22]

헨리는 1539년 1월 결혼한 네 번째 부인 클레베스Cleves의 앤과 잠자리에 들었으나 신체적인 매력이 없는 그녀를 탓하며 "결혼을 완성할 의지도 힘도 생기지 않는다."라고 주장했다. 주치의 챔버스Chambers 박사의 말에 따르면 "다른 여자와는 관계를 가질 수 있지만 그녀와는 불가능하다."라는 것이 헨리의 생각이었다고 한다. 그는 또 다른 주치의 버츠Butts 박사에게 자랑하듯 아직도 몽정을 한다고 말했다. 그가 아직 능력이 있다고 주장할 필요를 느꼈다는 것은 놀라운 일이다. 앤은 1540년 7월 10일 이혼 당했다.[23]

그렇다면 그는 1540년 7월 28일 결혼한 젊은 캐서린 하워드Catherine Howard와는 관계를 가지려 노력했을까?[24] 그가 캐서린에게서 아이를 바란 것은 확실하다. 그녀는 왕비로 선언되기는 했지만 왕비의 자리에 오르지는 못했다. 1541년 4월 프랑스 대사는 캐서린이 "아이를 가진 것으로 여겨지며 만약 이것이 사실로 판명될 경우 왕은 크게 기뻐하여 성령강림절Whitsuntide에 그녀를 왕비 자리에 앉힐 것으로 보입니다."라고 전했다.[25] 그러나 그녀가 받게 된 비난 가운데 하나가 바로 "의사들은 그녀가 아이를 가질 수 없다고 말한다."라는 것이었다.[26]

캐서린과의 결혼은 결국 지독한 불행으로 마무리되었다. 경솔하고 분별이 없으며 하워드 가문의 말 잘 듣는 도구였던 캐서린은 왕과 결혼하기 전에 몇몇 남자들과 추문을 일으켰다. 그녀의 애인 헨리 매독스Henry Madox는 '왕비의 몸 은밀한 부분에 손을 대곤 했다'는 죄로 추궁을 당했다. 프랜시스 데러햄Francis Dereham과 관련해서는 캐서린이 다음과 같이 스스로 고백했다. "그가 가벼운 차림으로 내 침대에 누웠고 이불 속에 있던 우리는 마침내 알몸이 되어 함께 누웠다. 그리고 그는 수차례에 걸쳐 남자들이 부인에게 하듯 나를 대했다. 우리는 멋진 키스를 나누고 마치 두 마리 참새처럼 몸을 맞댔다." 캐서린이 데러햄에게 보낸 편지 가운데 '삶이 지속되는 한 나는 당신의 것'이라는 말로 끝맺는 편지가 남아 있다. 그러나 삶은 그리 오래 지속되지 않았다. 놀라우리 만치 무분별한 그녀는 왕과 결혼한 후 또 다른 애인 토마스 컬피퍼Thomas Culpeper를 만났다. "그는 의도적으로 왕비를 못살게 굴고 그녀가 매우 거북해 하는 일도 서슴지 않았다." 헨리는 대주교 크랜머를 통해 부인의 불륜에 관해 들었다. 이미 소문은 온 궁중에 퍼졌음에도 왕에게 말한 사람은 크랜머 밖에 없었기 때문에 처음에 그는 믿지 않았지만 앤 볼린의 경우보다 더 확실한 증거가 소문의 신빙성을 높여주었다. 캐서린의 배신을 확신한 그는 엄청난 충격을 받았다. 그도 그럴 것이 캐서린의 불륜은 10년 전 헨리가 어떤 모습이었든 상관없이 이제 그가 남성적인 능력을 잃고 시들어 가는 중년 남자가 되어 더 이상 신체적인 매력도, 감정을 변화시키는 능력도 없음을 보여주는 사건이었기 때문이다. 캐서린의 반감만큼은 충분히 이해할 만한 것이었다. 그러나 왕에게 이 사건은 배반 행위이자 사법적으로 명시된 반역죄였고 자존심에 크나큰 상처를 남기는 일이었으며 헨리의 가장 민감한 부분을 단검으로 찌르는 것이나 마찬가지였다. 1541년 12월 7일 마리약Marillac은 프랑수아 Francis 1세에게 다음과 같이 말했다.

왕비에 대한 왕의 사랑은 증오로 바뀌었고 기만당했다는 마음에 깊은 슬픔에 빠진 왕은 최근 정신이 나갔다는 얘기도 들리고 있습니다. 사랑했던 여인을 칼로 베어 버리라고까지 했기 때문이지요. 그는 회의 참석 중에 갑자기 어디로 간다는 말도 없이 말을 대령하라 명하기도 했습니다. 때때로 그는 뜬금 없이 그 사악한 여자는 죽을 때 고문을 당할 테니 그처럼 극기의 즐거움을 느껴 본 적이 없을 거라 말했습니다. 그러다가 결국 그는 그토록 질 나쁜 부인들을 만난 불운을 한탄하고 눈물 흘리며 이 해악을 추밀원 탓으로 돌렸습니다.[27]

캐서린은 1542년 2월 13일 교수형 당했다.

마리약은 1541년 3월 3일 프랑수아 1세에게 이렇게 전했다. "그는 자신이 지배하고 있는 이들을 이제 곧 지독히 가난하게 만들어서 그 불행한 이들이 대항할 힘도 갖지 못하게 만들 거라고 말했습니다."[28] 그리고 또 이렇게 덧붙였다. "그는 전 왕비와 관련된 불행으로 굉장히 늙고 쇠약해진 모습이고 다시 부인을 맞는 일에 관해서는 들으려 하지 않습니다. 그러나 그는 대개 여자들과 함께 지내며 대신들은 그에게 재혼을 간청하며 설득하고 있습니다."[29] 8개월 후 샤퓌는 왕이 "여전히 슬픔에 빠져 연회와 여자들에 흥미를 느끼지 못하고 있습니다."라고 단언했다.[30]

하지만 그는 마음을 회복했고 1543년 7월 12일 결혼 생활에 대한 마지막 시도로 두 번 남편을 잃은 캐서린 파Catherine Parr와 결혼했다. 그녀의 첫 남편 에드워드 버러Edward Burgh는 정신이상자였던 2대 버러 경의 손자로, 캐서린이 그와 결혼한 것은 불과 열여섯 혹은 열일곱 살 때였다. 미망인으로 남겨진 그녀는 자신보다 약 스무 살 많은 라티머Latimer 경 존 네빌John Neville의 세 번째 부인이 되었다. 그는 반역적인 은총의 순례(Pilgrimage of Grace, 1536년 수도원 해산 등에 반대하여 일어난 반정부 봉기 - 옮긴이)에 연루된 탓에 어느 정도 신용을 잃었지만 공모자로 처단되는 일은 용케 피했다. 그러나 이 사건이나 캐서린의 굳은 신교 신앙도 헨리가 1543년 3월 라티머의 사망 직후 그녀에게 결혼 제의를 하지 못하게 막을 수는 없었다. 외모로 보면 클레베스의 앤보다 나을 것이 없었지만 캐서린은 마음이 착한 여자였으며 자애롭고 상냥한 부인이 되어 헨리가 아플 때는 정성스레 간호하고 그의 자식들에게도 친절했다. 그녀는 분명 늙고 병들어 가는 남편들을 좋아하는 경향이 있었지만 헨리가 세상을 떠난 직후 에드워드 6세의 숙부이자 서들리Sudeley의 세이무어 경인 자유분방한 토마스 세이무어Thomas Seymour를 네 번째 남편으로 맞아들임으로써 보상을 받았다. 그러나 캐서린의 삶 곁에는 늘 죽음이 서성거렸다. 그녀는 1548년 딸 마거릿Margaret을 낳은 후 산욕열로 세상을 떠났고 그 덕분에 1549년 3월 20일 남편이 반역죄로 처형되는 모습은 보지 않았다.

캐서린 파는 아이를 가질 수 있었지만 헨리가 그녀에게 아이를 갖게 하려 시도했다는 흔적은 보이지 않는다. 근거는 정황을 바탕으로 한 추론에 불과하지만 헨리의 성적인 대담성에 의문을 품게 하는 몇 가지 이유들이 있다. 그는 성적으로 무능력했을 수 있으며 그가 행한 냉혹하고 잔인한 일들은 자신이 원하는 만큼 효과적으로 연인과 남편의 역할을 수행할 수 없고 왕으로서 계승자를 생산할 수 없다는 사실을 무의식적으로 깨달은 탓에 보인 반응이다.

보다 덜 정황적이고 훨씬 명백한 사실은 1536년 이후 왕의 건강이 약화되면서 그의 성격에 상당한 영향을 미쳤다는 것이다. 마상 창 시합에서 사고를 당한 지 1년도 채 안 되어 그는 다리에서 진행되는 궤양 때문에 곤란을 겪었다. 몬테규Montague 경 헨리 폴Henry Pole은 1537년 3월 24일 재판에서 이렇게 말했다. "왕이 죽는 꿈을 꾸었소. 어쨌든 왕은 불시에 죽을 것이오. 그의 다리가 그를 죽게 만들 테니."

한 달 후인 1537년 4월 30일 후세Husee는 자신이 모시는 라일Lisle 경에게 이렇게 전했다. "왕은 외국에 나가는 일이 거의 없습니다. 다리에 뭔가 문제가 생긴 탓입니다."[31] 6월 12일 헨리는 직접 노퍽 경에게 요크로 갈 수 없다고 말했다. '(남에게 알려서는 안 되는 일이지만)다리에 해로운 체액이 고였고 의사들이 더운 계절이니 멀리 이동하지 말라고 당부했기 때문'이라는 것이 그 이유였다.[32] 그 후 1538년 5월 그는 양쪽 다리가 모두 감염되어 심각한 위기를 맞았고 카스티용Castillon은 몽모랑시Montmorency에게 이렇게 전했다. "왕의 다리 하나가 제 기능을 하지 못해 10~12일 동안 배출구를 찾지 못한 체액들이 꽉 막혀 있는 듯 합니다. 때문에 그는 가끔 말도 하지 못하고 얼굴빛도 어두워져 굉장히 위급한 상태입니다."[33]

몬테규 경의 형제 제프리 폴Geoffrey Pole 경은 사형 선고를 받았으나 잠시 형 집행이 연기되었는데 1538년 11월, 헨리가 '다리의 배출구가 다 막히는 병'을 얻었다고 말했다. 그리고 아마도 그러길 바라는 듯 잠시 생각한 후에 헨리가 오래 살 가망은 없어 보인다고 덧붙였다.[34] 1541년 3월 그의 다리 상태는 다시 심각해졌다. 마리약은 프랑스 왕에게 이렇게 전했다. "영국 왕의 다리가 전에는 순환이 잘 되었고 건강 유지에도 문제가 없는 상태였는데 갑자기 막혀서 그는 굉장히 겁에 질렸습니다. 5~6년 전 비슷한 상황에 처했을 때 생명의 위협을 느낀 경험이 있기 때문입니다. 이번에는 응급 처치가 취해져서 상태도 좋아졌고 열도 내렸습니다."[35]

헝가리 칙사는 1544년 5월 헝가리 왕비에게 "그는 다리가 매우 약해져 제대로 서 있지도 못합니다."라고 알렸다. 이어 1544년 5월 18일 그는 황제에게 이렇게 전했다. "그의 다리 상태는 최악이어서 이를 본 사람들은 그가 계속 침대에 누워 있지 않는 것에 깜짝 놀라며 아주 간단한 활동만 해도 생명이 위험할 거라고 판단할 정도입니다."[36] 이즈음 그는 위층에 올라가려면 특별 제작된 운반차나 의자 형태의 가마에 실려 가야 했다. 엘리자베스 홀랜드Elizabeth Holland 부인은 "왕은... 몸집이 너무 불어나서 층계를 오르내리지도 못하고 장치에 의존해야 했다."라고 말했다.[37]

이 고통스럽고 끊임없는 병이 헨리의 마음에 가져다 준 정신적인 영향들과는 별개로 헨리의 다리 상태는 의학적으로 의문을 불러일으켰다. 한때 사람들은 그의 병을, 부인들이 겪은 유산의 원인이라 여겨졌던 매독 감염의 결과라고 생각했다. 다리의 궤양도 매독의 결과였을 수 있지만 그의 후기 초상화들 속에 코가 기형으로 표현된 것을 보면 매독성 고무종syphilitic gummata을 앓았을 가능성도 엿보인다. 그러나 헨리도 그의 자식들도 매독 감염의 실제적인 징후는 보이지 않았으며 당시에도 매독에 대한 치료법은 분명 존재했고 그가 수은 제제와 같은 매독 치료약을 복용했다는 기록은 전혀 남아 있지 않다. 따라서 헨리가 매독 환자였다는 주장은 거의 신빙성이 없다.[38]

좀 더 시간이 흐르자 헨리의 건강 문제는 불균형한 식이가 괴혈병을 일으킨 탓이라고 여겨졌다.[39] 그는 고기를 너무 많이 먹었고 겨울철에는 그 고기에 향신료와 식초를 뿌리는 경우도 많았으며 과일이나 신선한 야채는 거의 먹지 않았다. 이러한 식이 습관은 아스코르브산 혹은 비타민 C가 심하게 결핍되는 결과를 낳았다. 그가 겪은 질병의 특징들은 심각한 괴혈병 특유의 증상들과 거의 일치한다. 그는 발과 다리에 궤양이 생겼고 자연히 균상종(菌狀腫)이 동반되었으며 통증과 종기, 구취, 피로, 거동 불편, 호흡 곤란, 부종(浮腫), 안면 홍조, 흥분 및 우울 증상 등도 나타났다. 물론 헨리는 단지 비슷한 영양 결핍증을 겪었던 동시대인들 중 한 명이었을 수도 있다. 이러한 가정은 헨리가 통풍(痛風)을 겪었다는 주장[40] 등의 다른 이론들과 마찬가지로 흥미로운 견해이기는 하지만 그렇다 해도 추론에 불과하다는 점에는 변함이 없다.

중요한 사실은 1528년에도 '다리 염증'에 관한 언급이 있었지만 정말 심각한 문제는 1536년 마상 창 시합에서 일어났던 심각한 사고에 뒤이어 일어났다는 점이다. 이 사고는 적절한 조치가 취해지지 않을 경우 다리의 혈전증(血栓症)과 대퇴부의 만성 궤양을 유발하는 정맥류성 궤양varicose ulcer이 발생하는 데 일조했을 가능성이 높다. 아니면 그는 1536년의 사고로 인해 대퇴골에 발생하는 만성 부패성 감염증인 골수염에 시달렸을 수도 있다.

1536년 이후 그의 신체적인 고통과 불편은 흥분과 충동적인 감정을 고조시켜 결과적으로 눈에 띄는 성격 악화를 초래했다. 그러나 헨리의 권위 있는 전기 작가 스카리스브리크Scarisbrick 교수는 1536년 전후로 헨리에게서 그다지 큰 변화가 일어나지 않았다고 말하면서 다음과 같이 썼다. "헨리는 그 후에도 예전에 비해 두드러지게 잔인한 면은 보이지 않았으며 공격성이나 식욕이 증가하지도 않았다." 엘튼은 이 의견에 부분적으로 동의하지만 다음과 같이 덧붙였다. "방종에 아첨의 효과가 더해져 역사상 가장 자기중심적인 기질을 자극해, 그의 비대한 신체와 의심 많은 거만함, 정치적인 민첩성이 더욱 두드러졌음은 분명한 사실이다."[41] 확실히 그의 이전 삶의 바탕에는 이미 변덕과 무자비함이 깔려 있었다. 그가 자신의 '중대사'를 위해 도구로 이용했던 울지를 파멸로 몰아넣고 첫 번째 부인과 딸을 무정하게 대하고 친밀한 친구였던 토마스 모어Thomas More 경을 사형에 처한 일 등을 보면 알 수 있다. 그리하여 1536년 이후 헨리의 왕실 내 긴장은 더욱 고조되고 왕도 이전보다 더 의심 많고 변덕스러워졌다. 그는 고양이가 쥐를 가지고 놀듯이 사람들을 상대로 무시무시한 놀이를 즐겼다. 한 순간 죽음을 선고하고 다음에는 일시적으로 풀어주지만 마지막 순간까지 그들의 운명을 알려주지 않는 놀이였다. 1543년 크랜머 대주교가 왕의 호의를 잃을 위기에 처했을 때 헨리는 그를 파면시키지 않기로 결정해 놓고도 일부러 그를 얼마 동안 조바심 치며 기다리게 만든 다음 집행 유예 사실을 알려주었다.[42]

헨리 8세 치세 내내 그의 지나친 자기중심주의는 무엇보다 우위를 차지했으며 신체적인 건강이 악화됨에 따라 더욱 뚜렷해지고 감정과 기분 변화에 좌우되었다. 이는 단순히 사적인 변덕에 그치지 않고 개인적인 인간관계와 왕으로서의 역할에서 근본적인 결함을 보여주었다. 끊임없이 그는 왕으로서, 연인으로서 자존심을 회복하고 싶어했다. 왕은 감정적인 면에서 어린아이 같았고 버릇없는 응석받이처럼 행동하며 결과야 어찌 되든 원하는 것은 무엇이든 움켜쥐려 했다. 그리고 욕구가 채워지지 않으면 사납게 짜증을 뿜어댔다. 그가 유능한 대신 토마스 크롬웰을 어떻게 대했는지에 관해서는 다음과 같은 이야기가 전해진다. "왕은 일주일에 두 번씩 그를 미천한 하인처럼 취급했으며 어떤 때는 그의 머리를 때렸다. 그가 실컷 얻어맞아 겁에 질린 채 꼼짝 못하면 왕은 마치 천하를 지배한 것처럼 즐거운 표정으로 몸을 흔들며 알현실로 나왔다."[43] 샤퓌는 이렇게 말했다. "모든 일은 왕이 바라는 대로 진행되어야 한다." 그리고 크랜머의 비서관 랄프 모리스Ralph Morice는 그를 '구속받기 싫어하고 자신의 요구에 반하는 말은 용납하지 않는 지배자'라 표현했다.[44] 헨리는 자신의 의지에 방해가 되는 것은 무엇이든 용서치 않았다. 1541년 한 런던 방문자는 이렇게 말했다. "사람들이 이런 저런 일들로 교수형을 당하고 사지가 찢기고 참수형에 처해지는 광경은 이제 새로운 것도 아니다.

때로는 사소한 말 한 마디가 왕에 대한 반역으로 해석되어 이런 비극이 벌어진다."[45] 같은 해 프랑스 대사 마리약은 헨리의 왕실 분위기에 대해 "요즈음의 이곳 사람들처럼 침울한 이들을 본 기억이 없습니다. 이들은 누구를 믿어야 할지 알지 못하며 왕은 모두를 의심하여 너무나 많은 사람들에게 상처를 주고 있습니다."라고 썼다. 1541년 5월 29일 마리약이 프랑수아 1세에게 전한 말은 다음과 같다. "덧붙여 말씀드리자면 런던교에 걸려 있던 머리들이 어제 모두 내려졌습니다. 그 머리들이 누구의 것인지 사람들이 생생히 기억하지 못하게 하기 위함입니다. 그 자리에 새로운 머리들이 걸리지 않는다면 말이지요... 사람들은 성 요한 축일 전에 런던탑이 죄수들로 가득 찰 것이라 생각합니다."[46]

공포는 정책을 위한 일종의 도구가 되었다. 카스티용은 프랑스 왕에게 이렇게 전했다. "이 나라에서 안전한 귀족은 거의 없다고 여겨집니다." 국사범 재판들은 시작될 때부터 이미 결론이 정해져 있었다. 왕위 계승에 어느 정도 권리가 있었던 폴Pole 가문에서는 수많은 사람들이 목숨을 잃었다.[47]

1539~40년 사이 최소한 53명이 오명을 썼고 그 중 대다수가 결과적으로 처형되었다. 왕의 조언자들에게 부분적으로 책임이 있다고 해도 이러한 상황이 벌어지도록 의도한 사람은 왕 본인이었다. 헨리의 그림자가 드리워진 영국 땅에서 죽음은 사방으로 퍼져 나갔다. "영국에서 가치 있는 사람들은 모두 죽임을 당하거나 두려움에 사로잡혔다."[48] 독일 종교개혁가 멜랑히톤Melanchthon의 표현을 빌자면 왕은 '영국의 네로'였다.[49] 1538년 1월 26일 카스티용은 "헨리가 지구상에서 가장 위험하고 잔인한 인물이 되었다."고 말했다.[50] 그는 이렇게 덧붙였다. "그는 분노의 포로가 되었으며 그에게는 사고력도 이

해심도 남아 있지 않다." 그의 근대 전기 작가들 가운데 한 명은 헨리를 이렇게 평했다. "병들고 겁에 질린 헨리는 비밀스럽고 신경이 예민하며 예측할 수 없는 가장 위험한 폭군이 되었다."[51]

이러한 결과가 초래되기까지는 여러 가지 요인들의 누적이 있었다. 1536년 그가 당한 사고와 뒤이어 발병한 골수염 및 다리 궤양이 내재되어 있던 그의 인격적 경향을 끄집어 낸 결정적 계기였다면, 적어도 캐서린 파와 결혼하기 전까지 그의 결혼 경험들은 그러한 경향을 더욱 증폭시킨 정신적 상처였다. 그러나 폭스Foxe의 말이 맞다면 캐서린 파 역시 한때는 왕의 총애를 잃을 위기에 처했다.[52] 캐서린은 신학적인 문제에 있어서 명백히 왕과 다른 견해를 보였다. 그녀의 만용에 모욕감을 느낀 왕은 스티븐 가디너Stephen Gardiner의 조언에 힘입어 그녀를 이단이라 비난하는 논설을 작성케 하고 그녀를 체포하라는 명령을 내렸다. 헨리는 화가 치밀어 이렇게 투덜거렸다. "여자들이 목사 행세까지 하다니 참으로 기쁜 소식이군. 게다가 부인의 가르침을 받다니 이보다 더한 낙이 있을까." 다행히 캐서린은 무슨 일이 벌어지고 있는지 알아채고 왕을 찾아가 종교적인 문제에 있어서 남편과 다른 견해를 표한 것은 당치 않다고 말했다. 헨리의 감정은 누그러졌다. "당신의 주장이 나쁜 길로 빠지지 않으리라 믿어도 되겠소? 그렇다면 우리는 여태까지 늘 그랬듯 다시 완벽한 동반자가 될 수 있소." 그의 자기 본위는 너무나 강해서 현대 역사가들은 이렇게 말할 정도였다. "그는 정신병에 시달렸다. 내란의 발생을 억제할 수 있는 유일한 수호자를 군주라 보고 그를 남자의 모범으로서 뿐만 아니라 공공 평화와 안전의 상징으로서 숭배하다 보니 과대망상증에 빠진 것이다."[53]

이러한 과대망상증은 강한 자격지심을 반영하는 것이었을까? 그가 기본적으로 열등 컴플렉스에 시달렸고 이것이 사적인 생활에서 공적인 생활까지 확대되었다는 주장은 당대의 모든 평가들과 대다수 현대 역사가들의 의견에 반하는 것이다. 당시 사람들은 그를 당대의 가장 유능한 인물 가운데 한 사람으로 여겼으며 현대 역사가들은 그의 사적인 신뢰도에 대해서는 의견을 달리 할지 몰라도 빈틈없는 정치적 수완에 대해서는 모두들 찬사를 보내기 때문이다. 그러나 허세와 엄포 뒤에서는 응석받이에 불과한 어린아이가 고개를 내민다. 헨리는 자신을 멸망시킬 책략과 음모가 꾸며지고 있다는 두려움과 고민에 항상 휩싸여 있었다. 그는 질병과 죽음을 두려워하여 온갖 연고 및 내복약 명세서들에 깔릴 지경이었고 챔버스 박사와 윌리엄 버츠 William Butts 경을 비롯한 의사들에게 크게 의존했다. 또한 그는 발한증이 급증하면 안전한 곳으로 허둥지둥 피신하는 등 건강염려증 증세를 보였는데 발한증은 비교적 잘 알려져 있지 않았던 치명적인 질병으로 특히 명문 출신들 중에 이 병에 걸리는 사람들이 많았다. 가디너는 이렇게 전했다. "폐하께서는 발한이라는 말만 들어도 소름끼치고 겁이 나셔서 발한증이 발생한 적이 있다는 곳에는 결코 가까이 가려 하지 않으셨습니다."[54] 1528년 발한증이 유행하여[55] 앤 볼린과 그녀의 오빠 조지가 앓아 눕자 헨리는 방에 틀어박혀 최대한 사람들과 떨어져 지냈다. 프랑스 대사는 헨리를 가리켜 "그런 문제들에 있어서는 가장 겁 많은 사람."이라 말했다.

헨리의 아버지는 치세 말기에 좋지 못한 평판을 듣기는 했지만 수지 균형을 맞추고 높은 비용이 드는 국외 사업을 자제하는 등 신중하고 유능한 군주의 모습을 보였다. 나이 든 아버지와 거리가 멀었던 헨리는 아버지의 정책을 무시하고 사치스럽게 돈을 낭비했으며 프랑스와도 다시 적대관계로 돌아섰다. 그는 수도원을 해산하여 획득한 돈을 건축에 쏟아 붓느라 탕진했고 나아가 영국 화폐 가치의 '대폭락'을 초래했다. 통치 기간 내내 그는 충성스럽고 유능한 대신들에게 의존했다. 이 대신들은 헨리가 추구하는 방침들을 통합하여 합리적으로 처리했다. 헨리는 유난히 심리적으로 허약하고 여러 가지 면에서 지적으로 감수성이 예민하여 자기편이라고 믿을 수 있는 이들에게 정책 수립을 맡겨 두었다. 동시에 그는 변덕도 심해서 열심히 추진하던 정책을 어느 순간 취소하거나 변경하고 의지하던 이들을 죽음으로 내몰기도 했다. 스카리스브리크는 이렇게 평했다. "변덕스럽고 경박한 그는 자신의 거만하고 충동적인 의지를 실현하는 데 있어서만 일관된 태도를 보였다." 토마스 크롬웰의 몰락 이후 수년간의 통치에서 너무나 잘 드러나듯 스스로의 자질에만 의존해야 하는 상황이 되면 그는 휘청거렸다. 그는 에릭 아이브스의 말대로 '왕이 활동적 자질로서 반드시 갖추어야 할 무섭도록 굳은 결의'를 지니고 있었지만, 결의는 왕의 기분에 따라 변할 수 있는 것이었다. 그가 위대한 왕이라는 자격을 얻게 된 것은 실제적인 업적들보다는 역사적인 우연의 연속 때문이었다. '위대한 해리'는 심각한 인격 장애를 겪었음이 분명하다. 그의 인생 및 통치와 관련된 정황들이 인격 장애의 흔적들을 충분히 보여준다. 그의 말과 행동 사이에는 도덕적으로 굉장한 차이가 있었다. 그는 실제 상황이 반대로 나타나는데도 자신이 하는 말을 믿으며 착각에 빠져 있었을 가능성이 높다. 만약 아니라면 그는 최고의 위선자였던 셈이다. 윈저에 마련될 자신의 무덤 옆에 제단을 세워 '세상이 끝나지 않는 한 매일 미사를 올리라고' 유언을 남긴 것과 스스로에게는 수천 회의 미사를 증여하고 미사료 법Chantries Act에 따라 백성들에 대한 증여는 거부한 것을 보면 그의 특성을 읽을 수 있다. 그는 자신의 영혼을 '신성한 천상의 군대'에 맡기고 자신이 '주님의 영광과 기쁨을 위해' 행한 '훌륭한 업적들과 자선 행위들'을 상기했다. 이는 그의 인격에 혼란이 있었음을 단적으로 보여주는 기록이다. 지속적인 감정 격변과 공공연한 의심, 변덕스러운 판단 등은 단단한 자기 본위에 뿌리를 두었으며 수차례 심각한 병을 겪는 동안 더욱 심화되었다. 토마스 모어 경은 이렇게 말했다. "영혼과 육체는 매우 밀접하게 결합되어 있기 때문에 한 사람에게 병이 생기면 영혼과 육체 모두 병이 든다." 헨리의 명령으로 처형되거나 투옥된 이들은 분명 합리적인 방침보다는 병든 기미를 보이는 왕의 성격에 의해 희생된 사람들이었다.

7

스웨덴의 전설

_에릭 14세 Eric XIV

？

스웨덴의 전설

카스티야의 후아나와 돈 카를로스의 광기가 국가의 안정을 위협하는 요소였으나 그들의 광기가 국민들을 직접적 혹은 실제적으로 지배하고 있었던 것은 아니다. 소위 제정신이 아니었다는 유럽 군주들 가운데 실제로 정치에서 그 광기를 발휘해 국가의 역사에 결정적인 영향을 끼친 왕은 사실 프랑스의 샤를 6세와 영국의 헨리 6세 두 사람뿐이다. 앞서 살펴보았듯 샤를의 정신병은 간헐적으로 발병했지만 그의 광기는 장기간에 걸쳐 나타나면서 정부를 약체화시켰으며 영국과 전쟁 중인 프랑스의 비참하고 무질서한 상태를 더욱 악화시켰다. 헨리 6세의 광기는 상대적으로 짧은 기간 동안 나타났으나 심각한 정치적 위기 상황에 그 모습을 드러내 중대한 악영향을 미쳤다. 스웨덴 왕 에릭 14세의 광기 역시 마찬가지였다. 에릭 14세의 통치 기간은 1568년 그가 폐위되면서 8년 만에 그쳤지만 통치 말기로 접어들면서 그가 겪은 정신분열증으로 보이는 정신 장애가 스웨덴 정부 및 국민들에게 미친 영향은 비참하고도 길게 지속되었다.

에릭이 1560년 왕위에 오른 스웨덴은 과거의 흔적이 많이 남아 있었으며 비교적 늦게 근대 국가의 형태를 갖춘 나라였다. 1397년 칼마르Calmar 동맹 결성 이후 1세기 반 동안 스웨덴은 노르웨이 및 덴마크와 연합 왕국을 이뤄 덴마크 왕의 지배를 받았다. 그러다가 1520년 정신병자였던 덴마크 군주 크리스티안 2세가 스톡홀름에서 스웨덴 지도자들을 대거 학살하자(1520년 11월 8일 단 하루만에 약 80명이 즉결 재판으로 처형되었다)[1] 스웨덴 사람들은 구스타프 바사 Gustav Vasa의 지휘 아래 덴마크 지배자들에 대항하며 일어섰다. 구스타프 바사 역시 '피의 숙청'으로 인척들을 잃은 상태였다.

구스타프 바사는 새로운 스웨덴을 형성하기 시작했다. 그는 경제를 부흥시키고 고대 로마 교회의 권위를 무너뜨림과 동시에 종교개혁을 지지했다. 영국의 경우와 마찬가지로 스웨덴의 종교개혁에서도 왕이 막대한 지배권을 행사했다. 그는 다루기 어려운 스웨덴 귀족들을 한편으로는 위협하고 또 한편으로는 돈으로 매수하여 특히 교회에서 몰수한 재산을 그들에게 하사함으로써 자기편으로 끌어들이는 데 성공했다. 그는 강하고 유력한 군주국을 창조하여 스웨덴을 발트해 연안에서 지배적인 세력으로 만들었다.

새로이 독립한 스웨덴의 첫 번째 왕은 뛰어난 능력과 예리한 통찰력을 지닌 인물이었지만 그의 인격에서는 정신적인 불안을 암시하는 어두운 면들도 엿보였다. 적들은 그를 '폭군이자 집요한 추적자'라 불렀다. 자극 받을 경우 그의 성미는 상당히 위협적이었다. 한 번은 딸 세실리아Cecilia가 그를 화나게 하자 딸의 머리카락을 잡아채 뿌리째 뽑아버렸다. 한 금 세공인은 허가를 받지 않고 휴가를 보냈다는 이유로 왕에게 혼쭐나 결국 목숨을 잃었다. 그리고 구스타프를 불쾌하게 만든 한 사무관은 단검을 쥐고 쫓아오는 그를 보고 겁에 질려 성

7장

스웨덴의 전설

안마당을 빙빙 돌며 뛰어다녀야 했다. 그는 성미가 매우 난폭하여 화가 날 때면 미치광이처럼 행동했다. 그의 아들 중 오스테르고틀랜드 Ostergotland의 마그누스Magnus 공은 정신이상자가 되었다. 또 다른 아들이자 에릭의 후계자 욘 3세는 감정을 절제하는 능력은 한결 나았지만 안정적이라고 보기는 어려웠다. 그는 쇠망치를 늘 지니고 있으면서 누군가 자신을 화나게 하면 주저하지 않고 사용했다.

그의 맏아들이자 후계자인 에릭 14세의 경우 처음에는 어두운 그림자에 휩싸인 기미는 보이지 않았다. 여러 가지 면에서 그는 모든 미덕의 본보기이자 르네상스 왕자가 갖추어야 할 표본처럼 보였다. 그는 라틴어를 유창하게 구사했고 프랑스어나 스페인어, 독일어, 이탈리아어, 핀란드어 등 여러 외국어들도 꽤 잘 구사했다. 그의 책장에는 그리스어와 헤브라이어로 된 책들도 꽂혀 있었다. 그는 지리학과 역사, 정치에 관한 책들을 열심히 읽었고 이 책들 가운데는 그가 정치학과 군사학에 있어서 선도자로 삼았던 마키아벨리Machiavelli의 저서도 있었다. 그는 당대의 기술과 건축에도 관심을 보여 제도와 에칭도 할 줄 알았으며 군사 전략에 있어서는 실천가라기보다 이론가로서 이긴 하지만 중요한 혁신자 역할을 했다. 뿐만 아니라 그는 류트도 연주하고 양봉 기술도 익혔으며 점성학에 깊은 관심을 쏟아 때때로 별들에게 운을 맡기는 바람에 불행을 초래하기도 했다. 그는 훌륭한 왕이 될 소질을 모두 갖추고 있어서 영국의 엘리자베스에게 어울리는 구혼자라는 평을 들었다.

그러나 그가 과연 모든 소질을 갖추고 있었을까? 그는 실질적인 정치학보다는 이론적인 사상에 정통했다. 바사 가문이 다른 스웨덴 명문들보다 더 뛰어날 것이 없음을 잘 알고 있던 그는 왕으로서 자신의 위치를 더욱 과장하여 생각하기 시작했다. 그가 스스로를 에릭 14

세라 칭한 것은(에릭 13세는 1440년에 죽었다) 스웨덴 군주 정치의 연속성을 강조하고 조상의 왕권을 은연중에 짚어두고자 했던 욕구를 상징적으로 보여주는 예다. 그는 스웨덴의 찬란한 '고딕 풍' 옛 이야기에 매료되어 나중에는 요하네스 마그누스Johannes Magnus가 고트 Goth 민족에 관해 쓴 가공의 역사를 감옥에서 스웨덴어로 번역했다.

물론 군주 정치에 대한 동경은 16세기 세계에서 평범한 일이었다. 그러나 자신의 지위를 과장하고 정치적인 목표가 의심스럽다는 이유로 수많은 귀족들을 멀리한 그의 태도에서는 과대망상증 환자와 같은 경향이 엿보였다. 어쩌면 근본적으로 그는 자신의 왕권에 대한 도전으로 보이는 것은 무엇이든 두려워하는 불안정한 인물이었다. 스웨덴 왕들 가운데 '폐하'라는 호칭을 강요한 사람은 그가 처음이었다. 그는 이상할 정도로 의심이 많았고 기질적으로 변덕스러웠으며 왕실 구석구석을 살피며 음모에 대한 경계를 늦추지 않았다. 처음에는 전혀 중요하지 않았던 특징도 시간이 지나자 강한 강박관념으로 나타났다. 마이클 로버츠Michael Roberts는 이렇게 말했다. "보석에는 처음부터 금이 가 있었다. 강한 일격이 가해지면 언제든 부서질 수 있는 상태였다."[2]

에릭의 아버지가 죽기 전 에릭의 결혼을 위한 교섭이 진행되었다. 에릭은 영국의 공주 엘리자베스를 택했다. 당시 엘리자베스는 메리 튜더Mary Tudor 여왕의 이복 자매이자 후계자였다. 첫눈에 그녀는 그다지 좋은 계약상대는 아니었다. 신교도인 그녀와 가톨릭교도인 메리 사이에 긴장이 감돌았고(게다가 가톨릭 교리에 따르면 그녀는 서출이었다) 메리가 임신했다는 예상이 아직 빗나갔다고 밝혀지기 전이었기 때문이다. 에릭의 아버지 구스타프 바사는 아들만큼 열렬한 관심을 보이지는 않았지만 만약 엘리자베스가 여왕이 된다면 이 결혼은 북유럽에서 스웨덴의 세력을 굳건히 하는 데 굉장한 도움이 될 터였다. 어쨌거나 스웨덴. 귀족과의 결혼은 정치적으로 바람직하지 않았고 신교도 공주들의 수는 제한되어 있었다. 따라서 엘리자베스는 가장 훌륭한 결혼 상대자로 판명되었다.

에릭의 가정 교사 디오니시우스 베우레우스Dionysius Beurreus는 상황을 살피고 필요할 경우 교섭을 개시하기 위해 런던으로 급파되었다. 종신(終身) 대사legatus perpetuus라 일컬어지는 베우레우스는 에릭과 엘리자베스가 결혼할 경우 영국과 발트해 연안 제국 간 무역이 증진될 것이라고 주장했다. 그는 에릭이 왕족의 후손이라는 점을 강조했다. 에릭은 단순히 '덴마크의 군주에게서 왕위를 훔친 어릿광대'의 자손이 아니라는 것이었다. 그러나 가톨릭교도인 메리 튜더 여왕은 북유럽의 신교도 왕자에게 할애할 시간이 없었고 스웨덴 사절이 그녀가 거의 애정을 두고 있지 않은 여동생에게 먼저 인사를 했다는 사실에 분개했다. 그리하여 메리는 엘리자베스의 일로 베우레우스가 청하는 교섭을 거절했다.

그러나 베우레우스가 영국에 간 뒤 채 일년도 지나지 않아 상황은 완전히 바뀌었다. 엘리자베스가 언니의 뒤를 이어 여왕이 된 것이다. 엘리자베스는 에릭의 아버지 구스타프 바사에게 특히 언니가 통치권을 쥐고 있던 암울한 시기에 그가 보여 준 호의를 너무나 소중하게 생각한다고 전했다. 그러나 그녀의 결론은 "주님께서 마음속에 금욕에 대한 깊은 사랑을 심어 주셨기에 그 사랑을 다른 곳으로 돌리고 싶지 않아 (에릭과의) 결혼은 기쁘게 받아들일 수가 없다."라는 것이었다. 때문에 그녀는 에릭이 보낸 '왕자의 수준에 맞는 아름다운 선물'은 거절했지만, '이 결혼만 아니라면 어떤 결혼이든 기꺼이 도울 의향'을 보이며 에릭이 어울리는 공주를 찾아 결혼할 수 있도록 가능

한 일은 무엇이든 할 생각이었다.[3]

그러나 그녀의 이러한 의사 표현도 에릭이 구혼을 단념하도록 막을 수 없었다. 그는 일단 한 가지 생각에 사로잡히면 쉽사리 포기하려 하지 않았다. 그는 여왕에게 자기중심적인 사랑의 감정을 분출하며 편지를 보냈다. 에릭은 그녀에게, 자신은 영원한 사랑으로 그녀에게 결속되어 있으며 지금까지 성실하고도 끊임없이 그녀를 사랑해 왔고 그녀가 보여 준 '호의와 애정의 증거들'로 그 사랑은 더욱 커졌다고 말했다.[4]

아무도 믿지 않는다 할지라도 엘리자베스의 입장은 분명했다. 그녀는 1559년 5월 6일 스웨덴 대사에게 이렇게 말했다. "왕자께서 결혼을 계획하고 있다는 소식을 들었는데 그 협정에 동참할 수 없어 유감입니다."[5] 이처럼 그녀가 입장을 전달했음에도 불구하고 에릭의 동생 욘 공작이 이끄는 스웨덴 사절단이 에릭의 결혼을 성사시키기 위해 영국에 도착했다. 여왕은 그들에게 충분히 편의를 제공하지 못해 미안하다는 뜻을 표하면서 1559년 7월 23일, "이와 같은 독신 생활을 변화시킬 마음이 없으며… 결혼을 결정하라는 설득은 받아들일 수 없고 따라서 어떠한 간청도 들을 수 없다."라고 다시 한 번 의사를 밝혔다.[6]

에릭은 여왕이 마음을 바꾸도록 유도하는 길은 직접 엘리자베스 앞에 나서는 방법 밖에 없다고 결론 내렸다. 그의 아버지는 이를 승낙했고 스웨덴 국회Riksdag는 그의 여행 경비를 지급하기로 결정했다. 그런데 그가 영국으로 출발하기 전(1560년 9월 29일) 구스타프가 세상을 떠나면서 에릭은 왕이 되었다. 그는 이제 통치자의 자리에 오른 유력한 군주의 구혼을 엘리자베스가 거절할 리 없다고 확신했다. 대관식을 치른 직후 그는 영국 여왕에게서 안전 통행 허가를 받지도 않고 출항했다. 그러나 자연력은 그의 편이 아니었다. 스카게라크Skaggerak 해협에 거센 폭풍이 몰아치는 바람에 그의 배는 피난해야 했다. 배 한 척은 난파되었고 그의 두 동생 카를Karl과 마그누스가 타고 있던 또 한 척의 배는 일시적으로 실종되었다. 에릭은 여행의 실패를 한탄하는 편지를 보냈다. 그러나 이 사건으로 인해 그의 결혼 의사가 그만큼 진지하다는 뜻이 전해진다면 그는 전부를 잃지는 않은 셈이었다. "그는 이 모든 함정과 문제들을 못마땅하게 여기지 않았다. 그녀가 그의 청혼을 고려하도록 유도할 수만 있다면... 그는 그녀 자신보다도 그녀를 사랑한다. 사랑 받지 못하면서도 계속 사랑할 만큼 어리석은 사람은 없다... 지금까지 그의 운명은 강철보다도 냉혹했고 마르스(Mars, 로마 신화의 군신軍神, 그리스 신화의 아레스Ares - 옮긴이)보다도 잔인했다."[7]

이 끈질긴 구혼자에게 물러섬이란 없었다. 그는 돌아오는 봄에 영국으로 출항하겠다고 다짐했다. 런던에 있는 사절 닐스 길렌스티에르나Nils Gyllenstierna에게서 그는 엘리자베스의 매력과 지성에 관해 전해들었고 다소 신빙성은 없지만 그녀가 열렬히 왕의 도착을 기다린다는 소식도 들었다. 이에 대한 응답으로 왕은 기품 있는 라틴어로 편지를 쓰고 마지막에 "형제이자 연인, 에릭으로부터."라고 서명하여 그녀에게 보냈다.

왕은 스톡홀름에 있는 교활한 영국 중개상의 설득에 넘어가 여왕에게 선물할 보석을 구입했다. 왕의 도착이 예상되자 런던의 행상인들은 잘 속아넘어가는 행인들에게 엘리자베스와 에릭이 나란히 각각의 왕좌에 앉아 있는 모습을 표현한 목판화를 팔기 시작했다. 뉴캐슬Newcastle 시민들은 여왕의 왕실을 에릭이 임의로 쓸 수 있게 하자는 데 의견을 모으고 장식을 위해 특별한 태피스트리를 준비했다. 시에서는

'스웨덴 왕의 도착에 대비하여 여왕 폐하의 저택에 있는 거대한 방을 단장하는 데' 10실링을 들였고 로버트 홀스브로크Robert Horsbroke는 왕실 내빈들에게 대접할 '대량의 맥주' 값으로 2파운드를 받았다.[8] 엘리자베스는 결혼 의사를 부인했지만 1560년 4월 22일 스펠트Spelt가 세실Cecil에게 말한 것처럼 유럽의 여러 왕실에서는 이 문제를 계속 진지하게 다루었다.

이러한 눈속임이 조금이라도 현실에 기반을 두고 있었는지 알기 어렵지만 눈속임에 불과했다는 사실에는 틀림없다. 세실을 비롯한 몇몇 영국 의원들은 이러한 동맹에 이의를 제기하지 않았으나 그렇다고 해서 열의를 보이지도 않았다. 에릭은 굉장히 마음이 산란했고 이는 여왕과도 깊은 연관이 있었다. 여왕이 라이체스터Leicester 백작인 로버트 더들리Robert Dudley에게 과도한 호의를 베풀어 어떤 이들은 그를 여왕의 연인이라 의심했기 때문이다. 스웨덴 왕은 더들리를 암살하여 없애버리는 계획의 실현성을 점치기도 하고 그에게 결투를 신청하면 어떨까 생각도 했다. 이러한 그의 생각은 런던에 있는 그의 사절을 깜짝 놀라게 만들었다. 길렌스티에르나는 자신이 왕의 대리인이라 생각하고 있었기 때문이었다. 그는 신성한 존재인 왕이 스스로를 일개 영국 귀족과 같은 위치에 놓는 것은 부적당한 일이라는 말로 다행히 에릭을 설득할 수 있었다. 그리하여 스웨덴 왕은 이와 같은 상황이 자신의 정신적인 불균형을 암시하고 있음을 깨달았다.

그러나 에릭은 계속 결혼 약정서를 작성했고 여기에는 스웨덴의 독립과 자신의 권한을 보호하기 위한 조항이 담겨 있었다. 그는 영국 왕실을 방문하여 엘리자베스에게 청혼하겠다는 의사를 끊임없이 내비쳤다. 존 큐어튼John Cuerton은 1562년 5월 무렵 토마스 챌로너 경에게 이렇게 전했다. "런던에서 들리는 소식에 따르면 여왕의 배 열

7장

스
웨
덴
의

전
설

척이 스웨덴 왕을 맞이하기 위해 대기하고 있다고 합니다."[9] 엘리자베스 본인이 전한 말은 다음과 같았다. "스웨덴 왕이 그 평판에 어울리는 인물이라면 어떤 여인도 그를 거절하지 않을 것이오."

교섭은 사실상 절정에 도달했다. 결혼 계약이 포기된 것은 아니지만 근거는 충분했다. 에릭의 사절 길렌스티에르나는 막대한 채무 때문에 고향으로 돌아갔고 그동안 에릭은 엘리자베스의 사촌인 스코틀랜드의 메리 여왕과의 약혼 교섭을 진행했다. 결코 엘리자베스의 동의를 얻기에 좋은 방법은 아니었다. 에릭이 품위 있는 라틴어로 여왕에게 어떤 내용의 편지를 보냈든 상관없이 이제 그의 결혼 계획은 마음속의 감정보다는 스웨덴의 정치적 필요에 더 좌우되었다. 그리하여 그는 영국에서 스코틀랜드로 눈을 돌렸고 이에 실패하자 이번에는 독일 헤센Hesse의 필립 공에게 시선을 돌려 그의 딸 크리스티나Christina와의 약혼을 추진하였다.

당연히 그는 엘리자베스가 그에게서 무시당한다는 느낌을 받으면 어떻게 반응할지 걱정이 되어 장래 신부를 진정시키기 위해 자신의 처지를 해명하는 편지를 썼다. 1562년 10월 그는 다음과 같은 말로 그녀를 안심시켰다. "스코틀랜드 여왕을 찾은 이유는 나 때문이 아니라 동생 때문입니다." 여기서 동생이란 욘 공작을 말하는 것이다. 헤센의 크리스티나에게 구혼한 이유는 단지 엘리자베스 여왕의 지조를 시험하기 위해서였다는 것이 그의 해명이었다.

그러나 더들리에 대한 질투도 어느 정도 영향이 있다는 점은 그도 인정했다. "그가 생각하기에는 어떤 여자도 그렇게 오랫동안 독신으로 지낼 수 없었다. 특히 그녀처럼 결혼을 강력하게 재촉 받는 입장이라면 더욱 그렇다."[10] 그는 여전히 엘리자베스가 결혼을 승낙하리라는 기대에 부풀어 있었다. 그러나 불행하게도 그의 편지 전달 계획은 여러 가지 면에서 실책이었다. 편지를 운반하던 사람이 왕의 적인 데인족Danes에게 붙잡히는 바람에 편지는 작센Saxony 선거후의 손을 거쳐 헤센의 필립에게 전달된 것이다. 불같이 화가 난 필립은 크리스티나를 홀슈타인Holstein의 아돌프Adolf와 결혼시키고 "스웨덴 놈들의 코를 납작하게 뭉개 주겠다."라고 다짐했다.

에릭에 대한 엘리자베스의 감정도 점점 부정적으로 변했다. 그는 다시 한 번 편지를 써 그녀에 대한 사랑이 조금도 변하지 않았으며 당장이라도 자신의 재산뿐만 아니라 왕국, 목숨까지 걸 수 있다고 전했다. 그러나 그는 한자 동맹(Hanseatic League, 중세 중기 북해 및 발트해 연안의 독일 도시들이 상업적인 목적으로 결성한 동맹 – 옮긴이) 도시 상인들처럼 스웨덴 상인들도 영국에서 특권을 누려야 한다고 넌지시 뜻을 비치는 일도 잊지 않았다.[11] 엘리자베스가 스웨덴 왕의 아첨하는 편지들을 어떻게 생각했든 분명한 사실은 그녀가 그의 변덕스럽고 성가신 면들을 깨닫기 시작했다는 것이다. 그녀는 에릭이 동생 욘 공작을 대하는 무정한 태도에 이의를 표했다. 에릭이 런던에 있는 동안 그녀가 본 욘 공작은 충실한 부하의 모습이었기 때문이다. 그리고 에릭이 데인족과의 싸움에서 영국의 협력을 요청했을 때 엘리자베스는 단지 성의 없는 도움으로 싸움을 중재하는 데 그쳤다.

사실 에릭의 앞에는 국외적으로나 국내적으로나 더 중대한 문제들이 놓여 있었다. 스웨덴 국회의 지지와 더불어 권력을 강화하기로 결심한 그는 형제들인 욘 공작, 마그누스 공작, 카를 공작이 누리고 있는 반(半)자치적인 권한들을 축소하려 꾀하고 있었다. 당연히 이들은 에릭의 행동을 굉장히 불쾌하게 생각했다. 욘은 에릭이 스웨덴의 적으로 여기는 폴란드 왕의 누이 카타리나Katarina와 결혼함으로써 형에게 공공연히 도전했다. 이에 에릭은 욘의 합법적인 상속권을 박탈한다고 선언하고 그를 그림쇼름Gripsholm 성에 감금시켰다.

동맹을 이루고 있는 적국들과 데인족, 부유한 뤼베크Lubeck 상인들, 폴란드인들 그리고 야심 가득한 이반 뇌제의 통치권 아래 들어간 러시아인들까지 에릭에게 적대적인 입장을 취했다. 스웨덴의 적들이 승리한다면 발트해 연안에서 스웨덴의 지배권은 물거품처럼 사라질 상황이었다. 그러나 에릭은 노련한 솜씨와 결단력을 발휘해 핀란드만의 양쪽 모두로 진출할 수 있는 발판인 레발Reval 항을 손에 넣고 노르웨이를 성공적으로 침공했다. 그의 치세 말기 스웨덴이 큰 손실 없이 위기에서 벗어날 수 있었던 것은 그의 박력과 통찰력 덕분이었다.

국내적인 상황은 어떤 면에서 국외적인 적대 관계만큼이나 위험했다. 자신의 본거지 안에서도 에릭은 시종일관 고위 귀족들의 야심에 의심을 품고 있었다. 하위 귀족들의 지지를 얻기 위한 방편으로 그는 귀족 출신들의 자리를 좀 더 믿을 만하다고 여겨지는 낮은 신분의 사람들에게 넘겨주었다.

그의 오른팔 요란 페르손Joran Persson은 지적 수준은 높지만 야심 많고 탐욕스러운 인물로 그의 국무대신이 되었다. 그의 지도 아래 새로이 구성된 대법원은 왕에 대한 비판 혐의를 받은 귀족들에게 즉결 재판을 통해 가혹한 형벌을 내렸다. 대법원은 어떤 이가 왕실 문장을 거꾸로 그렸다는 사소한 이유로 그를 처벌하는 등 갖가지 죄목을 만들어냈다. 이러한 예를 보면 왕이 신하들에게 품은 의심이 얼마가 커져가고 있는지 또한 고관들이 자신에 대한 음모를 꾸미고 있다는 두려움에 얼마나 시달렸는지 짐작할 수 있다. 그는 귀족들이 예전의 권한을 되찾고 왕권을 약화시키려 애쓰고 있다고 생각했으며 이러한 생각은 나중에는 거의 강박관념의 수준에 이르렀다.

유력한 스투레Sture 가문에 대한 의심과 두려움은 특히 더 심했다. 왕은 결혼 계획이 실패로 돌아간 이유가 정부와 서자들은 많이 있어도 결국 합법적인 상속자는 갖지 못하게 하려는 귀족들의 음모 때문이라고 믿었다. 그러나 그가 취한 방법은 일관적이지도 않았고 사실 이해하기도 어려웠다. 그는 닐스 스투레Nils Sture가 굴욕적인 수모를 당하게 만들었다. 점성가들이 스웨덴의 왕관은 '금발의 남자'에게 씌워질 것이라 말했고 그런 외모를 지닌 사람은 닐스라고 여겼기 때문이었다(사실 닐스의 머리카락은 황갈색보다는 적갈색에 가까웠다).

에릭은 닐스에게 서녀 비르기니아Virginia와 약혼시켜 주겠다고 약속한 뒤 그를 대사로 임명하여 자신이 로렌Lorraine의 크리스티나Christina와 결혼할 수 있도록 계획을 추진하라고 지시했다. 그러나 이 계획은 불가능한 일이었고 닐스가 교섭에 실패하자 왕은 또 다시 귀족들이 꾸민 음모에 당했다는 의심에 불타올랐다.

왕의 마음이 불안정해지고 있다는 데에는 의심의 여지가 없었다. 그는 쉴 새 없이 성의 복도를 걸어 다녔다. 죄의 꼬투리를 찾겠다는 의도였지만 그런 기미는 보이지 않는 경우가 많았다. 왕실 시종들이 너무 고상하게 차려 입고 있으면 그는 그들이 궁내의 여자들을 유혹하려 한다고 생각했다. 왕실 의전관은 그의 방에서 발견된 왕의 권장(權杖)이 손상되었다는 이유로 대법원에 끌려갔다. 옆 사람에게 귓속말을 하는 행위도 위험했고 헛기침조차도 왕에 대한 음모로 비칠 수 있으므로 해서는 안 되었다. 한 번은 두 호위병이 왕실 옥외 변소에 물주전자와 망토, 고삐를 놓아 '왕을 불쾌하게 했다'는 이유로 사형선고를 받았다. 왕은 길을 지나다가 전나무 가지들로 덮인 건초 더미가 보이면 버럭 화를 냈다. 뒤집힌 전나무를 보면 닐스 스투레의 개선문이 떠오른다는 이유 때문이었다.

에릭의 사생활은 마침내 위험한 단계에까지 이르렀다. 그가 결국 결혼하기로 결정한 여자는 비천한 가문 출신의 정부 카린 맨스도터 Karin Mansdotter로 교도관의 딸이자 선술집에서 일하는 하녀였다. 그는 진정으로 그녀와 사랑에 빠져 그녀가 낳은 아이에게 왕위를 물려주려 했던 것으로 보인다. 그러나 그녀와 결혼한다면 스웨덴 귀족들은 왕이 자신들의 계층에서 결혼 상대자를 택하지 않았다는 이유로 분노를 터뜨림과 동시에 사회적으로 어울리지 않는 결혼이라며 왕을 비난할 것이 뻔했다.

에릭은 개인적으로나 정치적으로 심한 스트레스에 시달렸다. 그의 뇌는 시시각각으로 정신분열증을 일으켰다. 여전히 귀족들의 음모를 확신하고 있던 왕은 몇몇 귀족들을 체포하라고 명령을 내려 그들을 대법원에 세웠고 그들은 사형 선고를 받았다. 로렌 궁에서 임무 수행에 실패하고 돌아온 닐스 스투레는 감옥에 있는 아버지와 함께 갇히는 신세가 되었다. 에릭의 정신은 확실히 혼란스러운 흥분 상태였다. 그는 자신이 배신과 반역의 희생자이며 신하들도 믿을 수 없다고 생각했다. 한 번은 그가 스웨덴 각 층의 사람들을 웁살라Upsala에 소집해 놓고는 원고를 잃어버려 연설을 하지 못한 일이 있었다. 그는 사악한 신하들이 왕의 체면을 손상시킬 목적으로 연설문을 훔쳐갔다고 주장했다.

에릭은 갈수록 편집증 환자와 같은 행동을 보였다. 그는 스투레 파벌과 화해를 꾀할 것인지 아니면 그들의 세력을 근절할 것이지 결정을 내릴 수 없었다. 1566년 5월 24일 그는 웁살라 성으로 가서 닐스의 아버지 스반테 스투레Svante Sture를 만났다. 처음에는 효과적인 화해가 이루어질 것처럼 보였다. 그러나 왕의 마음은 바람에 날리는 나뭇잎이었다. 화해가 성사된 것으로 보인지 불과 몇 시간만에 그는 모자를 깊이 눌러 쓴 채 격노한 듯 성큼성큼 성으로 올라갔다. 그가 너무 빠르게 걸어가는 바람에 보초병들은 그의 걸음을 따라잡을 수 없었다. 닐스 스투레가 있는 곳에 이르자 에릭은 그를 찔러 죽였다.

그러고 나서 왕은 황급히 성을 떠나며 '스텐Herr Sten'을 제외한 모든 수감자들을 즉시 죽이라는 명령을 내렸다. 왕이 누구를 이야기 하는 것인지 아무도 알 수 없었지만 이 애매한 지시 덕분에 스텐 세이욘허프버드Sten Seijonhufvud와 스텐 바네르Sten Baner는 목숨을 건졌다. 왕은 말에 올라타 마을을 떠났다. 어디로 가는지는 분명치 않았고 단지 누군가 자신을 쫓고 있다는 생각에 그들을 피하려 한 것이다. 한때 가정교사였던 디오니시우스 베우레우스가 왕을 진정시키기 위해 따라갔지만 헛수고였을 뿐 에릭은 그를 죽이고 말았다. 어둠이 내리자 이 정신 나간 군주는 목적도 없이 멍한 눈으로 숲 속을 배회했다.

에릭이 편집성 정신분열증paranoid schizophrenia 환자였다는 사실은 너무나 명백하다. 그러나 놀랍게도 에릭을 퇴위시키려는 직접적인 시도는 전혀 없었다. 이 점 하나만으로도 귀족들이 퇴위 음모를 꾸민다는 왕의 두려움은 망상에 불과했다는 사실이 증명된다. 요란 페르손은 편리한 희생양으로서 체포되고 심문 당하고 사형 선고를 받은 것이다. 왕의 마음은 완전히 혼란에 빠져 있었다. 어떤 때는 자신이 실제로 폐위되었다고 확신하면서 자신이 직접 욘 공작을 그림쇼름 성에 감금해 놓고도 욘 공작이 자신을 포로로 잡아두고 있다고 생각하기도 했다. 마침내 욘 공작이 풀려났을 때 다소 우스꽝스러운 장면이 연출되었다. 두 사람이 서로의 앞에 무릎을 꿇은 것이다. 에릭은 여전히 자신이 동생의 포로라는 망상에 빠져 있었고 욘은 에릭을 자신의 군주라 생각했기 때문에 벌어진 광경이었다. 그러나 그는 카린 맨스도터와의 결혼 계획을 수행하는 데 있어서는 충분한 상황 판단력을 보였다.

1568년 새해가 밝으면서 에릭은 어느 정도 정신적인 균형을 회복했다. 발작이 격렬하게 일어났던 것만큼이나 정신분열증은 금세 가라앉았다. 실제로 그는 얼마 지나지 않아 지휘권을 잡았고 스웨덴 정부가 사실상 붕괴된 틈을 이용해 스웨덴 영토를 침공한 데인족을 격퇴하는 등의 활력도 보였다. 1568년 1월 28일 그의 부인은 아들을 낳았고 왕은 7월 4일 열리게 될 공식적인 결혼식에 쓰일 특별한 축가를 작곡했다. 결혼식 바로 다음날 그녀는 스웨덴의 왕비 자리에 올랐다. 사형 선고를 받았던 요란 페르손은 집행 유예로 풀려났을 뿐만 아니라 이전의 권한도 되찾았다. 거만한 성격을 타고난 왕은 웁살라에 있는 이른바 음모자들에 대해 취했던 행동들을 정당화하려 애썼다.

귀족들은 왕이 광기를 일으켰을 때보다 명백히 정상적인 상태에서 취한 행동들에 훨씬 더 분개했다. 욘 공작과 카를 공작은 군대를 소집해 스톡홀름을 점령하고 페르손을 처형했다. 그리고 에릭의 동생 욘은 국왕 욘 3세로 추대되었다. 에릭과 그의 부인은 아들과 함께 감옥에 갇혔다. 왕에게 씌워진 혐의는 수도 없었고 일부는 조작되었다. 그의 광기는 악행들을 감추려는 시도일 뿐이었다는 주장도 제기되었다. 그러나 한편으로는 그가 코포프Koppoff라 불리는 마귀에 홀렸다고 의심하는 이들도 있었다.

감옥에서도 에릭은 계속해서 자신의 행동을 정당화하며 자신은 왕권을 수호하고 법이 허락하는 범위 내에서 행동했다고 주장했다. 또한 그는 압제적인 통치를 했다는 주장에 강력히 저항하면서 언제나 진심으로 국민들을 위해 일했다고 단언했다. 그는 최소한 유배를 갈

수 있도록 허락해 줄 것을 요구했다. "세상은 충분히 넓으니 형제간의 미움도 멀리 떨어져 있으면 경감될 것이오."

그러나 살아 있는 한 에릭은 그 후계자에 반대하여 일어나는 음모들의 명백한 중심일 수밖에 없었다. 그리고 여러 가지 이유로 새로운 왕에 대한 음모는 종종 데인족과 연관되어 빈번히 발생했다. 그 중 가장 위험한 음모는 에릭의 전 사령관 가운데 한 명인 프랑스 귀족 샤를 드 모르네Charles de Mornay가 스코틀랜드 용병들의 도움을 받아 꾸민 것이었는데 밀고로 발각되어 주모자들은 처형되었다. 음모자들을 부추긴 힘은 단지 에릭에 대한 충성심이나 욘 왕에 대한 적개심 뿐만은 아니었다. 사람들 사이에서는 에릭이 폐위되기 전에 망명자이자 그의 원예사인 장 알라르Jean Allard의 도움으로 막대한 보물을 숨겨 놓았다는 설이 떠돌고 있었기 때문이었다. 에릭을 고문하여 보물의 행방을 실토하게 하는 일에는 왕조차도 단지 마지못해 반대할 뿐이었다. 전임 통치자가 두려웠던 욘은 에릭의 아이들이 어떤 권리도 갖지 못하게 하려고 에릭을 가족에게서 떨어뜨려 이 성에서 저 성으로 옮겨 다니게 하라고 지시했다.

자기중심적이고 음울한 에릭은 점점 더 가혹해지는 상황 속에서 다시 정신병이 도졌다. 1569년부터 그의 후계자는 그를 처형시키는 계획을 고려하기 시작했고 1575년 6월 에릭의 교도관에게 권한을 부여하여 특별히 잔인한 방법으로 이를 실행하게 했다. 결국 1577년 2월 24일 에릭 14세는 숨을 거두었다. 후에 시체 발굴에서 나타난 바에 의하면 비소를 이용한 독살이었을 가능성이 높다.

마이클 로버츠는 다음과 같이 썼다. "에릭은 스웨덴에 두 가지를 남겼는데 이 둘은 모두 고약한 유산이었다. 하나는 제국주의 팽창정책 수행으로 스웨덴 정부는 150년 동안 여기에서 벗어나지 못했다.

또 다른 하나는 다음 반세기 동안 군주와 귀족 사이에 존재하게 된 두려움과 의심이었다. 에릭의 음울한 상상 속에서는 독이 퍼져 나왔다. 그 자신에게도 치명적일 뿐만 아니라 스웨덴의 정치 혈통도 오랫동안 오염시킬 강력한 독이었다."[12]

러시아의 폭군들

_이반 뇌제 *Ivan the Terrible*
_표트르 대제 *Peter the Great*

러시아의 폭군들

에릭 14세의 외교 정책은 발트해 연안에 있는 스웨덴의 이웃 나라 러시아의 유능하고 야심 많고 불안정한 황제 이반 4세가 우호나 중립, 적대 중 어떤 태도를 취하느냐에 달려 있었다. 이반 4세는 뇌제라 불리기에 전혀 무리가 없는 인물이었다. 강대국으로서 16세기 러시아는 당시 유럽 역사에 천천히 영향을 미치고 있을 뿐이었다. 서구인들의 눈에는 아직까지 러시아인들은 대체로 신비스럽고 거의 알려진 바 없는 반쯤 미개한 사람들이었다. 러시아는 서구 문명의 변두리에 놓여 있는 것처럼 보였다. 엘리자베스 여왕 시대의 여행자가 1568년에 쓴 글 속에서 러시아인들은 거친 아일랜드인들과 다를 바가 없었다.

미개함을 넘어서 혐오스런 악습에 물든 사람들,
바쿠스의 후손이라 할 만큼 끊임없이 술을 들이켜 대는구나.
술은 이들의 욕망이요 술독은 이들의 자랑이니,

맑은 정신은 하루 한 번 필요한 길잡이.

사나운 아일랜드인들에 버금가는 러시아인들.

어느 쪽이 나은가는 어려운 선택.

모두 잔인하고 미개한 장님들인 것을.

슬라브 사람들의 기질은 특히나 격한 감정으로 흐르는 경향이 있다. 사랑과 증오, 연민과 두려움은 위대한 슬라브 작곡가들의 음악에 스며들고 러시아 소설가들의 천재성을 자극하는 주제들이었다. 몇몇 러시아 통치자들이 기본적으로 과장된 기질을 보였던 것도 그다지 놀라운 일은 아니다. 스웨덴 역사에 중대한 영향을 미쳤던 에릭의 정신분열증도, 러시아의 가장 두드러진 세 명의 통치자가 보였던 대범하면서도 기괴한 성격적 특성들과 비교해 보면 그 광포성이 희미해진다. 이 세 명의 통치자들이 바로 폭군 이반 4세와 표트르 대제 그리고 독재자 요제프 스탈린Joseph Stalin이다. 통치에 있어 이들은 정치기술과 결단력 그리고 국민들에게 발휘하던 엄한 지배력 등으로 볼 때 재능이 부족하지는 않았다. 그러나 이들의 재능에는 결함이 있었다. 실제로 정신병을 앓은 것은 아니라 해도 최소한 정신적인 안정감이 결여되어 있었기 때문이다. 이반과 표트르 사이에는 1세기라는 시간적 거리가 존재하지만 여러 가지 면에서 분명히 개화되어 있고 진보적이었던 그들의 통치는 겉으로 보기에 공포와 고문을 통한 가학적인 즐거움에 기초를 두었다. 이러한 공포와 고문은 단지 정책적인 도구로만 이용된 것이 아니라 자기만족을 위한 수단으로도 이용되었을 가능성이 높다. 그들이 권력에 취해 있었고 야만적인 잔혹성을 지니고 있었음은 분명한 사실이다. 그러나 이들의 성격과 행동에 관해서는 좀 더 깊은 심리학적 해명이 필요하다.

이반 4세가 1533년 아버지의 뒤를 이어 러시아(Muscovy, 러시아
의 옛 이름 - 옮긴이) 대공이 되었을 때 그는 겨우 세 살이었다. 표트
르 대제와 마찬가지로 그의 성격에서 몇몇 지나친 부분들은 어느 정도
까지 어린시절의 경험에 비추어 설명할 수 있다. 그의 어머니인 대공
미망인 엘레나Elena는 그녀의 연인 오볼렌스키-텔레프노프Obolensky-
Telepnov의 말대로라면 1538년 아마도 독살되어 생을 마칠 때까지
변덕스럽고 평판이 좋지 못한 섭정이었다. 그녀는 대립 관계에 있던
대귀족 벨스키Belsky 가문과 슈이스키Shuisky 가문의 세력 다툼을 일
으킨 장본인이었고 결과적으로 슈이스키 가문이 우위를 차지했다.

러시아의 대귀족들은 어린 이반을 서로 던져서 주고받는 노리개처
럼 취급했다. 대귀족들의 손아귀에서 느낀 무력감의 상처는 평생 그
에게 남아 그의 성격과 정치의 방향이 결정되는 데 영향을 미쳤다.
이반은 쿠르프스키Kurbsky 공에게 이렇게 말했다고 전해진다.

> 유리(이반의 형제)와 나는 말 그대로 완전히 고아가 되었소… 군주 없는
> 제국에 남은 신하들은 자신들이 만든 법령을 통과시켰고… 유리와 나는 그
> 들에게서 이방인 아니면 거지와 같은 취급을 받았소. 우리가 견딜 수 없었
> 던 것은 음식도 의복도 얻지 못하는 궁핍한 생활이 아니었소… 우리에게는
> 자유가 없었소… 우리는 아이들이 받아야 할 보살핌을 전혀 받지 못했소.

음식과 의복도 부족한 상태에서 불명예스러운 대우를 받으며 당시
그가 느낀 굴욕감은 그의 마음에 깊은 상처로 남아 시간이 흐른 뒤에
도 완전히 지워지지 않았다.

그러나 그의 어린 시절은 그의 본성에 잠재되어 있는 잔인한 기질
도 보여 주었는데 이 기질은 그가 결코 버리지 못했을 뿐만 아니라

오히려 시간이 지날수록 더 악화되었다. 그는 확실히 남에게 고통 주는 일을 즐거워해서 궁전 꼭대기에서 개와 고양이를 아래로 던지기도 했으며 새의 날개를 찢고 눈을 찌르고 몸을 가르기도 했다. 다른 무책임한 젊은 왕자들이 그랬듯 그는 또래의 귀족 청년들과 어울려 길거리를 돌아다니며 난폭한 짓을 일삼았다.

그럼에도 이반은 지성적인 소년으로서 광대한 범위의 책들을 읽었고 러시아의 역사 기록에도 깊은 관심을 보였다. 1547년 1월 16일 그는 호사스럽게 장식된 양파 모양 돔의 우스펜스키Uspensky 대성당에서 화려한 예식을 거쳐 황제로 즉위했다. 황제tsar라는 호칭은 모스크바가 로마 제국과 비잔티움 제국의 역사적인 계승자라는 믿음의 표현으로 불과 얼마 전부터 대공이 사용한 것이었다.

이반은 성장하면서 교회의 가르침에 힘입어 자신이 반신(半神)의 운명을 타고났음을 강하게 인식하였다. 그는 자신을 지배했던 귀족들을 제거했는데 여기에는 마카리우스Macarius 수석 대주교의 묵인과 어쩌면 부추김도 있었던 것으로 보인다. 앤드류 슈이스키Andrew Shuisky 공은 살해되었다. 그러나 청년 이반은 뛰어난 결단력도 발휘해 단지 귀족들의 위치를 하락시켰을 뿐만 아니라 보다 총체적인 차원에서 백성들의 호의도 얻었다. 그는 시급한 개혁들을 시작하고 1555년 러시아 회사가 설립된 영국과의 친교를 촉진하는 등 서방과의 교역을 추진했다. 그리고 영토 확장을 통해 특히 카잔Kazan과 아스트라한Astrakhan 합병을 통해 남동부의 공국 국경을 카스피 해와 우랄 산맥으로 이동시켰다.

이반은 천성상 성적으로 난잡했지만(이반 티모피프Ivan Timofeev의 말에 따르면 그는 보그단 벨스키Bogdan Bel' skii와 동성애 관계에 있었다고 한다), 그럼에도 귀족 가문 출신인 첫 번째 부인 아나스타샤

로마노프나 자하린Anastasia Romanovna Zakharyn에게는 강한 애정을 품었다. 한 영국인 방문자는 이렇게 전했다.

> 황제는(선조들보다) 훨씬 더 용감하고 대담하며... 귀족들을 비롯한 국민들뿐만 아니라 이방인들도 굉장히 허물없이 대한다... 이러한 태도로 인해 그는 귀족들과 평민들에게 사랑받고 있으며 그의 지배 아래 있는 모든 이들은 그를 무섭고 두려운 존재로 받들고 있다. 그는 매사냥이나 여우사냥 등에는 그다지 취미가 없고 연주나 노래를 즐겨 듣지도 않는다. 그가 낙으로 삼는 일은 두 가지뿐이다. 첫 번째는 신에 대한 봉사로 그는 종교를 매우 중요시하는 독실한 신자다. 그리고 두 번째는 적들을 압도하고 정복하는 일이다.

당시 이반은 유능한 통치자로서의 자질뿐만 아니라 국민들의 이익을 소중히 여기는 훌륭한 군주가 될 만한 자질도 충분히 보여 주었다.

그러다가 1553년 그는 심각한 질병에 걸려 한동안 살아날 가망이 없을 정도로 앓았다. 정확한 병명이 무엇이었는지는 알 수 없으나 뇌염이었을 가능성도 있고 어쩌면 매독과 같은 질병이었을 수도 있다. 무슨 병이었든 간에 그의 미래에 결정적인 영향을 미친 것만은 분명하다. 병상에 있는 동안 그는 자신이 죽더라도 어린 아들이 황제 자리를 물려받을 수 있도록 부단히 애를 썼다. 그러나 이반의 계획은 사촌 스타리차Staritza의 블라디미르Vladimir 공의 방해에 부딪히고 말았다. 일시적이었지만 그가 이반의 조언자들인 의전관 알렉세이 아다셰프Alexei Adashev와 궁정 신부 실베스테르Sylvester를 자기편으로 끌어들인 것이다. 이 일로 황제는 자신의 뜻에 대항하는 이들은 모두 멸하겠다는 결심을 확고히 하였고 지금까지 자신이 신뢰하던 이들조차 의심하게 되었다. 병에서 회복되자 이반은 자신에 대해 비판하는 이들을 제거하는 데 그치지 않고 귀족들을 황제와 러시아 국민들 모두의 적으로 간주하여 그들의 권한을 영원히 박탈하기로 결심했다. 실베스테르와 아다셰프는 파면되었다. 이때부터 그가 펴기 시작한 정책은 합리적이고 현명한 방식이었다. 그가 추진한 방침은 간단히 말해 중앙집권적인 국가를 세워 내부의 적들을 진압하고 전멸하는 것이었다.

그러나 1553년 병을 앓은 후 황제의 성격은 꾸준히 악화되어 때로는 광기에 근접했으며 특히 1560년 첫 번째 부인이 세상을 떠난 후에는 정도가 더 심해졌다. 세멘 샤호프스코이Semen Shakhovskoi 공은 그의 통치 전반기에 대해서는 칭찬을 아끼지 않았으나 후반기에 들어 그가 재앙의 길을 걸었다고 평했다. "그가 범한 죄들은 (훌륭한 통치자였던) 그의 모습에 완전히 반대되는 것이었다. 그는 사나운 분노로 가득 차 신하들을 흉악하고 무자비하게 탄압하기 시작했다." 《크로노그라프Khronograf》에서는 이반의 성격 변화와 첫 부인 아나스타샤의 죽음을 분명하게 연결시키고 있다. 그는 자신의 권력이 반신성(半神聖)한 성격을 띤다는 생각에 점점 더 깊이 빠져들었다. 이반이 그의 적인 쿠르프스키 공에게 다음과 같이 상기시킨 것을 보면 알 수 있다. "군주는 신께서 그에게 내려 주신 노예들에게 의지를 행사할 수 있소... 만약 군주가 부당한 일을 행한다 하여 당신이 그에게 복종하지 않는다면 당신은 중죄인이 될 뿐만 아니라 영혼에 저주를 받을 것이오. 맹목적으로 군주를 따르라는 것은 다름 아닌 신의 명령이기 때문이오." 물론 당대에는 수많은 통치자들이 이러한 관점을 지니고 있었으며 이 관점 자체만 놓고 보아서는 전혀 정신적 불안정의 징후를 읽을 수 없다.

동시에 이반은 깊은 불안감에 사로잡혀 있었다. 이러한 불안감은 어린 시절의 경험에 뿌리를 둔 것이며, 1553년 그가 병상에 있을 때 그의 의지를 좌절시키려 했던 시도들로 인해 한층 강화되었을 것이다. 그의 몇몇 성격적인 특성들, 그 중에서도 가학적인 잔인성의 기미는 더욱 명백해져 발작적이고 무시무시한 분노로 표출되었다. 당대의 어떤 이는 그러한 분노의 폭발을 이렇게 묘사했다. "분노는 마치 사나운 폭풍우처럼 황제에게 엄습하여 제정신을 잃게 만들고 경건한 마음의 평화를 어지럽혔다. 알 수 없는 어떤 과정을 통해 이 분노는 지혜로 충만한 정신을 사나운 야수와 같은 성질로 바꿔 놓았다." 다니엘 프린츠 폰 브루차우Daniel Printz von Bruchau는 이반이 '입에 거품을 물고' 분노를 토해냈으나 진정되고 나서는 자신이 저지른 행동에 죄책감을 느꼈다고 말했다. 또 이반 티모피프는 이렇게 말했다. "이반은 천성적으로 화를 잘 내는 경향이 있었다."

1564~5년 사이 정신적인 불안정이라 볼 수 있는 내리막길을 따라 훨씬 더 큰 변화가 일어났다. 대신들에 대한 불신이 점점 커져 그가 모스크바를 떠나 북동 방향으로 약 113km 떨어진 깊은 숲 속 알렉산드로프스키아 슬로베다Alexandrovskya Slobeda 수도원에 은신한 것이다. 이곳에서 그는 수석 대주교에게 편지를 보내 속인 및 성직자 지배 계급을 비난하고 이제 자신이 국민들을 위한 투사라 주장하며 지지를 청했다. 그는 돌아오라는 탄원을 받고 1565년 2월 모스크바로 복귀했다. 35세에 불과했지만 주름진 얼굴과 거의 벗어진 머리, 드문드문 멋대로 자란 턱수염 때문에 그의 모습은 마치 노인 같았다. 화가 치밀 때면 그는 머리카락을 쥐어뜯는 습관이 있었다.

이제 그는 비록 정치적 목적 때문이기는 했지만 사실상 공포정치의 막을 열었다. 그는 쿠르프스키에게 이렇게 말했다.

내가 잔인한 짓을 저질렀다는 주장은 뻔뻔스러운 거짓말이오. 내가 강인한 이스라엘인들을 죽음으로 몰아넣었다니 가당치 않소. 나는 주님의 선민들에게 그들의 피를 묻힌 적이 없소.

나는 단지 반역자들만을 엄격히 처단할 뿐이오. 지금껏 러시아의 군주들은 자유롭고 독립적이었소. 그들이 자신의 판단에 따라 백성들을 상주거나 벌할 때는 누구도 책임을 물을 수 없었소. 이는 앞으로도 결코 변하지 않을 것이오. 나는 더 이상 어린아이가 아니오. 나는 주님의 은총과 더불어 성모 마리아님과 모든 성인들의 보호를 바랄 뿐 인간의 훈령 따위는 필요 없소.

정책 추진을 위해 그는 자신에게 완전히 복종할 사유 군대 혹은 친위대 '오프리치니키Oprichniki'를 조직했다. 오프리치니키는 비밀 경찰의 이전 형태로 여기에 속한 폭력적인 대신들은 형벌을 받지 않고 마음껏 약탈과 고문을 저지를 수 있는 권한을 쥐었다. 샤호프스코이는 이렇게 말했다. "그는 신께서 그에게 내려 주신 영토를 둘로 나눴다... 그리고 그는 반대편(에 있는 이들)에게 이쪽 편(에 있는 이들)을 약탈하고 죽이라 명했다."

황제는 다시 한 번 모스크바를 떠나 요새로 바뀐 알렉산드로프스키아 수도원으로 돌아갔다. 그곳에서 그의 삶은 술 마시고 흥청대는 방탕한 생활과 회개 사이를 반복했다. 그는 수감자들이 고문을 당했다는 얘기를 들으면 후회로 머리를 치며 그가 불구로 만들거나 죽인 이들을 위해 기도했고, 반쯤 불경스런 종교적 모방을 즐겼다. 그가 대수도원장을 맡고 재무상 역할의 비아잔스키Viazansky 공과 독사 같은 '난쟁이' 말류타 스쿠라토프Malyuta Skuratov와 함께 검은 성직자복을 입고 그 위에 금실로 수놓고 가장자리에 담비 모피를 댄 가운을 걸쳤다. 황제는 '만족스런 미소를 띠며' 고문실에서 교회로 향했다.

어떤 면에서 이는 훗날 표트르 대제가 보인 우스꽝스러운 행동과 닮아 있다.

그의 결혼 생활은 불안정하고 소란스러워지면서 자기중심성과 불안감, 조병 환자 같은 기질의 기초가 되었다. 첫 번째 부인이 세상을 떠난 후 그는 체르케스Circassia의 아름다운 여인 마리아Maria와 결혼했다. 그녀는 템링크Temrink 공의 딸이었는데 이반은 그녀의 무지와 무뚝뚝함에 금세 싫증을 느꼈다. 1569년 9월 1일 마리아가 죽자 그는 1571년 10월 28일 노브고로트Novgorod 상인의 딸인 마르타 소바킨Martha Sobakin과 결혼했다. 그러나 2주 후인 11월 13일 결혼이 완성되기도 전에 그녀는 삶을 마감했다. 일설에 따르면 그녀의 죽음은 황제의 난폭하고 지나친 성욕 때문에 일어난 일이었다고 한다. 하지만 이 주장보다는 그녀가 결혼식을 올리던 당시에도 심하게 아픈 상태였다는 주장이 좀 더 신빙성 있게 들린다. 이 사건뿐만 아니라 다른 무수한 경우들을 보더라도 이반의 삶에 관한 기록 가운데 무엇이 적의 담긴 소문이고 무엇이 역사적인 사실인지 구별하기란 거의 불가능하다. 황제의 네 번째 부인은 안나 알렉세예브나 콜토프스카야 Anna Alexeevna Koltovskaya였는데 그녀에게 싫증난 이반은 티흐빈 Tikhvinsky 수녀원으로 쫓아 보냈고 이곳에서 그녀는 다리아Daria 수녀로서 51년 동안 안전한 삶을 살았다. 아마도 그녀가 이반의 부인들 중 가장 운이 좋은 여인이었을 것이다.

그 후 교회법을 무시하고 그는 교회의 은혜도 받지 못한 채 안나 바실치쿠라Anna Vassilchikura와 결혼했으나 이내 그녀는 사라지고 바실리사 멜렌티에브나Vasilissa Melentievna가 새 부인이 되었다. 안나 황후보다도 분별이 없었던 바실리사는 이반 데브텔레프Ivan Devtelev 공을 애인으로 두었다. 결과적으로 그는 황제의 명령에 따라 바실리사의 창문 아래서 찔려 죽었고 그녀는 본인의 의지와 상관없이 수녀원으로 보내졌다. 황제는 일곱 번째 부인 마리아 돌구루카야Maria Dolgurukaya 와 결혼하고 그녀가 처녀가 아니라는 사실을 알게 되자 혐오감과 분노에 사로잡혀 다음날 그녀를 물에 빠뜨렸다. 그의 여덟 번째이자 마지막 부인은 마리아 페오드로브나Maria Feodrovna였다. 이반은 영국의 헨리 8세보다도 불운하고 호색적이었으며 수차례에 걸친 결혼을 통해 몇 명의 자식이 살아남았는지를 따져 봐도 훨씬 불행했다. 결혼의 행복은 첫 번째 부인이 세상을 떠난 후 그를 피해 달아나버렸다.

한편 오프리치니키는 황제의 뜻에 확실하게 복종하고 있었다. 각 계각층에서 뽑힌 개인 혹은 고용 귀족으로서 이들은 황제의 명령을 따른다는 명목으로 법보다도 우위에 있었다. "사람들이 그들을 미워하면 할수록 황제는 그들을 더욱 신임했다." 실제로 그는 적들을 처형시킬 때 옆에서 구경하거나 거들면서 즐거움을 얻었다. 타타르Tatar인들에게 맞서 성공적인 전투를 벌인 미하엘 보로티야스키 Michael Vorotyasky 공은 마법을 이용했다는 혐의로 화형을 당했다. 확실한 근거는 없으나 쿠르프스키 공의 적의 어린 증언에 따르면 이반이 직접 불붙이는 일을 거들었다고 한다.

모든 도시들이 겪은 운명도 개인의 운명과 다를 것이 없었다. 모스크바에서 북서쪽으로 약 4,830㎞ 떨어진 상업 중심지 노브고로트의 시민들이 자치 국가를 지향한다고 의심한 황제는 이 도시를 약탈하고 거주민들을 대량 학살했다. 그들 중에는 얼음처럼 차디찬 물 속에 산 채로 던져진 이들도 많았다. 그에게 도전해서 형벌을 피할 수 있었던 사람은 아무도 없었다. 이 도시의 대주교 레오니드Leonid는 곰 가죽 속에 갇혀 사냥개 무리의 먹이가 되었다. 수석 대주교 필립은 1568년 3월 22일 크레믈린의 성모승천 대성당Dormition Cathedral에서 거침없는 강론을 통해 이반의 압제적인 정책에 용감하게 항의했다. 오프리치니키는 군주의 원수를 갚기 위해 우스펜스키 대성당에서 미사를 진행하던 수석 대주교를 붙잡았다. 그는 오트로치Otroch 수도원으로 쫓겨난 뒤 독방에서 말류타 스쿠라토프의 손에 교살되었나. 이때부터 이반은 계속 잔인한 위협을 이용하는 방침을 따랐다.

프스코프Pskov 사람들도 노브로고트의 시민들과 비슷한 비운을 맞았다. 황제의 자문회의에 속해 있던 이들조차도 황제로부터 폴란드, 터키, 크림한국Crimea khanate 등의 적들과 밀통한다는 의심을 받아 그의 분노를 피할 수 없었다. 황실 고문관 이반 비스코바티Ivan Viskovaty는 교수대에 걸렸고 말류타 스쿠라토프가 그의 귀를 자르는 것으로 시작해 황제의 측근자들이 차례로 그의 몸을 조각조각 베어냈다. 재무상 니키타 푸니코프Nikita Funikov는 물이 펄펄 끓는 가마솥 안에 던져져 최후를 맞았다.

공포 정책이 효과적이라는 점은 부인하기 어렵다. 황제가 1570년대 초반 오프리치니키를 해산하기로 결정했을 때도 공포 정책은 중단되지 않았다. 이반 뇌제뿐만 아니라 표트르 대제나 스탈린의 경우에서도 논쟁거리가 될 수 있듯, 공포는 단지 정책 실현을 위한 수단이었을까? 아니면 다른 부가적인 요소가 있었던 것일까? 어쩌면 이러한 정책은 현대에 정신병질이라는 개념으로 표현되는 근본적으로 매우 불안정한 개인의 인격을 반영하는 것이었을까?

1553년 병을 앓은 이후 이반은 상당히 불안정한 모습을 보여 어떤 때는 거의 정신병자에 가깝게 느껴질 정도였다. 그의 개인적인 불안감과 절친한 친구들까지 의심할 정도의 불신, 가학적인 성향 그리고 통제할 길 없는 분노는 매우 비정상적인 인격을 암시한다. 그 후로 황제는 수은 섭취에 병적인 집착을 보여 그의 방에 있는 가마솥에서

권력과 광기

는 계속 거품이 부글부글 끓어올랐다. 훗날 시체 발굴 과정에서 드러났듯이 그가 수은 중독에 빠졌다는 데에는 의심의 여지가 없다. 게다가 여기에 그의 좋지 못한 건강 및 신경질적인 기질이 더해져 그는 점점 더 불안정해졌다. 그동안 사람들은 그가 뇌매독cerebral syphilis을 앓았거나 매독으로 인해 대동맥판의 손상을 겪었다고 주장했으며 그는 인격적으로 이러한 진단에 걸맞는 특성들을 지니고 있었다. 그의 무차별적인 성욕을 고려해 볼 때 이 병으로 인해 그의 인격이 망가지고 결국 그가 파멸에 이르렀다고 해도 전혀 놀라울 일은 아니다. 이반이 보인 문제들이 기본적으로 타고난 것이었든 아니면 심리적인 요인에 의한 것이었든 그가 살면서 겪은 사건들은 어린시절의 경험에서 시작되어 1553년 병으로 인해 두드러졌을 인격 장애를 더욱 심화시키는 데 한 몫 했다. 1553년에 그가 앓았던 병은 유능하고 지적인 정치가를 의심 많고 잔인한 폭군으로 바꿔 놓았다.

일찍부터 얼굴에 주름이 지고 몸은 구부정해진 데다가 거의 벗어진 머리에서는 긴 백발이 제멋대로 늘어져 그의 외모는 대체로 실제 나이보다 늙어 보였다. 그는 상속자인 아들이 자신의 책임으로 목숨을 잃은 탓에 특히 마음에 큰 충격을 받았다. 1581년 그는 임신 중인 아들의 세 번째 부인 엘레나 셰레메테바Elena Sheremeteva에게 지팡이를 휘둘렀다. 그녀가 입은 옷이 예의에 어긋난다는 이유 때문이었다. 지팡이에 맞아 넘어진 그녀는 결국 유산했다. 아들이 부인에 대한 부당한 대우에 항의하자 이반은 아들을 공격하여 치명적인 상처를 입혔다. 아들이 죽자 황제는 괴로운 죄책감에 시달려 몹시 슬퍼하며 아들의 관에 머리를 들이받았다. 그러다가는 아들을 찾겠다고 멍하니 궁전 복도를 돌아다녔으나 이미 돌이킬 수 없는 일이었다.

1584년에 이르러 이반의 건강은 극도로 쇠약해지기 시작했다. 당시 그의 상태는 '혈액의 변질' 및 '내장의 부패'로 설명되었다. 몸은 부어오르고 피부는 벗겨져 나가 심한 악취를 풍겼다. 그는 따뜻한 물로 목욕을 함으로써 어느 정도 통증을 경감시키면서 삶에 대한 희망을 쉽사리 포기하지 않았다. 죽기 나흘 전 그는 영국인 방문객 제롬 홀시Jerome Horsey에게 수집한 보식들을 보여주었다.

1584년 3월 19일 그는 유언장을 작성하고 체스판을 침대 곁으로 가져오라고 지시했다. 체스 말들을 배치하던 도중 황제는 쓰러져 숨을 거두었다. 그의 뒤를 이어 황제가 된 페오도르Feodor 1세는 신앙심 깊은 군주로 미사 전례를 매우 중요시하여 '복사Bellringer'라는 별명을 얻었다. 그러나 지능이나 정서는 다소 허약하고 뒤쳐져 있었던 것으로 평가된다.

이반과 1세기 후 황제가 된 표트르 대제 사이에는 눈에 띄게 닮은 점이 있다. 두 사람은 모두 막대한 세력과 권력을 쥔 통치자로서 전통적인 러시아에 엄청난 변화를 일으켰다. 이들은 국경 밖에서 러시아가 지니는 영향력을 강화하며 투르크 세력을 상대로 전투를 벌이고 발트 해 연안으로 진출을 꾀했다. 이들의 성격은 거의 똑같은 수준으로 기괴했다. 두 사람은 이상할 정도로 혹은 적어도 맹목적으로 독실한 신자였으나 동시에 신을 모독하는 데서 묘한 즐거움을 얻었다. 이들은 술 마시고 흥청거리기를 좋아하여 요란한 주연을 벌이곤 했다. 또한 한 사람은 형을, 한 사람은 아들을 죽였는데 이반의 경우는 불의의 사고였고 표트르의 경우는 계획적인 살인이었다. 이들의 운명은 어린 시절 폭력적이고 강력한 신하들의 위협으로 겪었던 곤란에 의해 형성되었을 가능성이 높으며 두 사람의 정신적인 기능이 뒤틀린 것은 심각한 질병 때문이었다. 이들의 창조성에는 선천적인 결함이라 짐작되는 정신적 안정감 부족으로 금이 가 있었다.

전제주의자든 마르크스주의자든 상관없이 러시아 역사가들에게 표트르 대제는 확실히 영웅적인 인물이었다. 그는 과거의 족쇄를 풀어 버린 사람이었다. 러시아의 저술가 차다예프Chaadaev는 그를 이렇게 표현했다. "표트르 대제의 손에는 백지 한 장이 쥐어져 있을 뿐이었다. 그 백지 위에 그는 유럽과 서구를 써내려갔다. 그때부터 비로소 우리는 유럽과 서구에 속하게 된 것이다." 표트르 대제는 여전히 봉건적인 귀족들에게 도전하여 전통 러시아에 근대적이고 서구적인 사상과 관습을 도입했다. 그는 근본적으로 독실한 신자였지만 결국에 가서는 교회 보수주의의 용서할 수 없는 적으로 판명되었다. 좀더 전통적인 러시아 그리스도교도들, 특히 동방정교회라 알려져 있는 종파의 신자들은 표트르 대제를 적(敵)그리스도로 간주하고 그의 서구적인 옷차림과 방탕한 생활 방식, 새로운 관복, 턱수염을 깎으라는 강요 등을 비난했다. 그들이 판단하기에 이러한 것들은 인간이 갖고 있는 신의 이미지에 대한 모독이었기 때문이다.

표트르 대제는 누구보다 불굴의 의지를 보인 인물이었다. 어떤 면에서 이반 뇌제의 판박이처럼 보였지만 그는 더욱 확고한 자신감을 지니고 있었으며 스스로의 운명에 대한 믿음도 훨씬 강했다. 그는 국가를 재건했을 뿐만 아니라 위대한 전사로서 그의 군대가 나르바Narva에서 스웨덴에 당한 패배를 만회하여 1709년 폴타바Poltava에서 스웨덴 왕 카를 12세를 물리치고 영예로운 승리를 거두었다. 이반처럼 투르크를 상대로 했을 때 그는 다소 덜 성공적인 결과를 얻었지만 그의 지휘 아래 진행된 러시아의 영토 확장은 국가가 중세의 껍질에서 탈출하는 데 있어서는 물론 세계 역사의 구성에 있어서도 중요한 요소가 되었다.

표트르 대제가 러시아에 미친 영향이 때로는 다소 과장되기도 한다는 주장에 일리가 있다 하더라도 그가 모든 면에서 거대했다는 점에는 의심의 여지가 없다. 키가 약 2미터 정도였던 그는 놀라울 만큼 강한 힘의 소유자였다. 그는 손가락으로 은화를 구부렸으며 당하는 사람의 입장에서는 괴로운 경험이었겠지만 아마추어 치과 의사로서 조신들의 이를 즐겨 뽑았다. 또한 그는 손재주가 필요한 일들을 좋아해서 숙련된 장인이자 구두수선공이기도 했다. 그는 걸음이 너무 빨라 그와 함께 걷는 이들은 보조를 맞추기가 어려웠다. 그는 러시아의 어떤 선임 통치자보다도 광범위한 지역을 여행했다. 영국, 네덜란드, 독일 등을 방문하면서 늘 쉬지 않고 공부하여 독일어와 네덜란드어를 익혔고 어느 곳을 가든 끝없는 호기심을 보였다.

그러나 대단한 체력과 수많은 업적에도 불구하고 표트르의 내부에는 광기에 가까운 떨림으로 추정되는 어두운 면도 있었다. 이러한 어둠은 그의 광적인 분노나 지나치게 잔인한 행동들, 궁중에서 벌이는 방탕하고 흥청거리는 연회 등에서 그 모습을 드러냈다. 이반 뇌제의 경우와 마찬가지로 표트르의 성격적인 면들 중 적어도 일부는 어린 시절 및 성장 배경에 비추어 보면 좀 더 이해가 쉬워진다. 알렉세이 Alexis 황제에게는 열 넷째 아이였지만 황제의 두 번째 부인 나탈리아 나리슈키나Natalia Narishkina의 유일한 아들로서 표트르는 1672년 5월 30일 크레믈린에서 태어났다. 아버지가 세상을 떠났을 때 표트르는 네 살이었다. 러시아는 곧장 악정에 빠졌고 선황의 부인들 중 누구를 지지하느냐에 따라 귀족들 사이에서는 세력 다툼이 벌어졌다. 알렉세이의 뒤를 이은 페오도르 3세는 허약한 젊은이로 즉위 6년 뒤인 1682년에 죽고 말았다. 그가 통치하는 동안 표트르의 어머니 나탈리아는 어린 아들과 함께 푸슬루제르스크Pusluzersk에서 사실상 유배 생활을 했다. 그러나 그녀의 중요한 조언자 세르게이비치 마트베이

요프Sergeyvitch Matveyo(그는 스코틀랜드의 메리 해밀턴Mary Hamilton
과 결혼했다)가 그의 대녀와 결혼한 황제의 호의를 얻었다. 얼마 지
나지 않아 페오드르가 죽자 고위 명사들은 당시 열 살이었던 표트르
가 페오도르의 동생인 계승자와 공동으로 황제 자리에 올라야 한다
고 주장했다. 페오도르의 동생은 정신박약 장애를 지닌 이반 5세였
다.

이러한 위치에서도 표트르와 어머니의 상황은 안전하지 못했다.
이반 5세의 무서운 누이 소피아 알렉세예브나Sophia Alexeevna가 표
트르 모자를 내쫓기로 굳게 마음먹고 있었기 때문이었다. 그녀는 모
스크바 수비대인 스트렐치Streltsy를 자기편으로 끌어들인 후 나탈리
아의 총신 마트베이요프를 궁전 발코니에서 떨어뜨려 밑에 대기하고
있던 병사들의 창에 찔려 죽게 만들었다. 소피아와 그녀의 연인 바실
골리친Basil Golitsyn 공은 표트르와 그의 어머니가 다시 은신 생활을 하
는 동안 권력을 행사했다. 생명에 심각한 위험을 느낀 표트르는 밤중
에 프레오브라젠스카야Preobrazhenskoe에서 황급히 달아나 성역(聖域)
인 트로이차Troitsa 수도원으로 피신했다. 이곳에서 그는 공포에 사로
잡혀 기진맥진한 상태로 주저앉아 있었다. 소년기에 겪은 굴욕감은
그 후로도 항상 그의 마음 뒤편에 남게 되었다.

그 이후 표트르의 어린시절은 그다지 특이할 것이 없었다. 그는
사모예드Samoyed와 칼무크Kalmuk 평원에서 온 작고 괴상한 이들과
어울려 놀았다. 이들이 입은 나무딸기색 외투에는 금색 단추가 달려
있었고 가장 자리에는 흰색 모피가 둘러져 있었다. 이들은 작은 수레
에 황제를 태워 끌면서 짖고, 울고, 소리 지르고, 재잘거리고, 방귀를
뀌어댔다. 자라나면서 그는 점점 더 군사 놀이에 열중해 소년 마부들
을 모의 전투에 배치하고 불꽃이나 다른 폭발성 물질들을 시험하고

는 했다. 그러던 중 스코틀랜드 출신의 총신 고든Gordon의 사위가 그만 불에 타 목숨을 잃는 사건이 발생했다.

마침내 궁에서 혁명이 일어나 그는 이복누이를 그리 안전하다고 볼 수 없는 수녀원으로 내쫓았고 그러는 사이 거의 존재감도 없던 이복형제 이반 5세는 1696년 숨을 거두었다. 표트르는 이제 그동안 세웠던 계획을 실행에 옮길 기회를 얻게 되었고 이후 20년에 걸쳐 북쪽으로는 스웨덴과 남쪽으로는 투르크 및 타타르와 전쟁을 벌여 승리를 거둠으로써 러시아를 강국으로 변화시켰다. 이 과정에서 그는 상트 페테르부르크St Petersburg를 새로이 수도로 세워 국가를 재조정했으며 함대를 만들고 군대를 훈련시키고 관료제를 개정하고 교회가 그의 뜻을 따르도록 만들었다.

그러나 창조적인 재능을 지닌 이 남자에게서 광기까지는 아니더라도 최소한 심각한 심리 장애의 증상이라 할 만한 심상치 않은 기미가 엿보였다. 그는 거의 인습적이라 할 만큼 신앙을 중요시하여 전쟁에서 거둔 승리도 신의 은총이라 믿었다. 그러나 한편으로는 불경하고 음탕한 즐거움을 쫓는 일이 그가 가장 좋아하는 오락이 되었다. 어쩌면 이 오락은 단지 교회의 보수주의에 대한 공격이었는지도 모른다. 전통적인 관습을 지지하는 교회는 그의 개혁 정책에 반대하는 혹평자로 보였을 수 있기 때문이다. 하지만 표트르와 그의 조신들이 보였던 우스꽝스럽고 경박한 언동에는 그보다 좀 더 음흉한 의도가 내포되어 있었다.

표트르는 동방정교회의 전례를 비꼬아 개작하는 일을 즐겼다. 그는 '만취한 바보와 어릿광대들'의 종교 회의를 구성하고 보제(補祭) 역할을 하며 계율 작성을 거들었다. 회의의 특성상 첫 번째 계율은 "날마다 술을 마시고 결코 맑은 정신으로 잠자리에 들지 말라."였다.

이 회의에서 총대주교 행세를 한 인물은 표트르의 옛 가정교사 니키타 조토프Nikita Zotov였는데 그는 '가장 우스꽝스러운 성 요사팟Josafat, 프레스부르크Pressburg와 얌사Yamsa 강의 총대주교'라 표현되었다. 이 집단의 구성원들은 모두 음란한 별명을 부여받았다. 그들의 총대주교에게 주어진 주석(朱錫) 주교라는 직함은 술통 위에 벌거벗고 앉아 있는 바쿠스를 뜻하는 표현이었다. 성수의 역할은 보드카가 대신했다. 크리스마스 무렵이 되면 가짜 총대주교와 동료들은 술에 취한 채 썰매를 타고 시끄럽게 떠들며 온 도시를 누비고 다녔다. 그리고 사순절 동안 이들은 외투의 앞뒤를 뒤집어 입고 나귀와 어린 수소 등에 올라타거나 아직 눈이 녹지 않은 경우에는 돼지나 염소, 곰이 끄는 썰매를 탔다. 1699년 참회 화요일Shrove Tuesday 바쿠스를 기리는 축연에서 총대주교는 십자성호를 그어 참여객들의 축복을 빌어줄 때 기다란 담뱃대 두 개를 사용했다. 이는 흡연을 비난하는 동방정교를 모욕하려는 의도가 담긴 행위였다.

'주정뱅이 종교 회의'는 황제의 궁에서 항구적인 특색으로 자리 잡았다. 1715년 표트르는, 이제 늙고 쇠약해진 80대의 가짜 총대주교가 보지도 듣지도 못하는 100세 노인의 주례로 젊은 미망인과 결혼식을 올리는 자리에 참석했다. 6년 뒤인 1721년 조토프가 죽자 부툴린Buturlin이 총대주교직을 계승함과 동시에 조토프의 미망인과 결혼하게 되었음을 알리는 특별 기념식이 거행되었다. 여교황 요한나 Joan에 관한 전설을 들은 적이 있는 황제는 재미있으리라 생각되는 장난을 꾸며 두 사람의 성교 장면을 직접 확인하기로 했다. 표트르와 다른 관계자들이 가짜 총대주교와 그 부인의 은밀한 부분들을 볼 수 있도록 특별히 구멍을 뚫은 의자들이 마련되었다. 대제는 부툴린의 성기를 움켜쥐고 이렇게 외쳤다. "구멍이 있다! 있어!" 추기경 역할을 맡은 이들은 특별 제작된 칸막이 안에 앉아 밤이 샐 때까지 매 15분마다 보드카를 한 스푼씩 마시는 주연을 벌였다. 동이 트자 대제는 반나체인 여자들의 호위를 받으며 등장했다. 이들은 '대수녀원장 공주'로서 달걀을 한 바구니씩 들고 있었다. 만취한 추기경들은 각자 대수녀원장들의 가슴에 입을 맞추고는 달걀을 하나씩 집어 들어 총대주교 투표에 사용했다. 부틀린은 임무에 대한 보상으로 대제의 포도주 저장고뿐만 아니라 모스크바와 상트 페테르부르크에 있는 저택들까지 마음껏 이용할 수 있게 되었다.

이러한 사례가 표트르의 심리를 조명하는 데 있어서 얼마나 큰 의미를 지니는지에 대해서는 단언하기 어렵다. 이러한 일들은 표트르가 러시아 교회나 당시 러시아 도덕 규범에 따른 깨끗하고 단정한 유희를 위선적이라 생각해서 행한 일종의 저항이었다. 중요한 점은 이들의 '유희'가 노인이나 순수하고 죄 없는 이들에 대한 조롱과 얼마나 연관되어 있었는가 하는 것이다. 이러한 행위들은 무엇보다도 그의 뿌리깊은 신경증이 반영된 것이다.

표트르의 마음에 드리워진 어두운 그늘은 그가 적들을 대하는 폭력적이고 잔인한 태도에서 더욱 뚜렷하게 나타났다. 1687년 권력에 대항하는 음모가 꾸며지고 있으며 여기에 이복누이 소피아가 연루되어 있다는 사실을 알아챈 그는 음모자들을 단두대에 올리거나 교수대에 매달기도 전에 팔과 다리를 잘랐고 주모자인 이반 밀로슬라프스키Ivan Miloslavsky의 시체 위에 그들의 피를 뿌렸다. 3년 후 스트렐치의 반란이 일어났을 때 그는 직접 사형집행관 역할을 맡아 그들의 목에 도끼를 휘둘렀다... 그는 고문관들의 집행과 여자들의 채찍질을 구경하며 즐거워했다.

아들이자 상속자인 알렉세이를 대하던 그의 태도는 어떤 면에서 볼 때 이해할 만한 것이었으며 이러한 태도는 그의 정신병질적인 특성을 두드러지게 보여 주었다. 알렉세이는 표트르와 에우도키아 Eudoxia 사이에서 태어난 아들인데 표트르는 그녀에게 금세 싫증을 느껴 수녀원으로 보내버렸다.

표트르에게 동성애적인 성향이 있었다는 주장은 심심찮게 제기되었다. 황제는 홀로 잠자리에 드는 일을 굉장히 두려워해서 여자가 없을 때는 호위병을 강제로 옆에 눕히곤 했다. 하지만 이런 사건들은 동성애적인 경향을 암시한다기보다 표트르의 밑바탕에 깔려 있던 신경증을 보여주는 사례에 가깝다. 그가 마침내 평생의 반려자로 택한 사람은 독일인 하녀 카테리나Catherine였다. 그녀는 대제의 총신 알렉산데르 멘시코프Alexander Menshikov의 정부였다가 버림받은 여자였으나 결과적으로는 황후의 자리에 올랐다.

알렉세이는 아버지에게 있어 굉장히 실망스러운 아들이었다. 거의 모든 면에서 표트르와는 완전히 반대였기 때문이다. 표트르는 알렉세이를 스스로 재능을 썩이는 복음서 속 노예에 비유했다. 알렉세이는 전통대로 신앙이 깊었으며 수도사 등 아버지의 정책을 비판하는 이들과 친분을 쌓았다. 그는 군사적인 일에는 재능이 없었고 관심도 두지 않았다. 아버지는 알렉세이를 통통한 체격의 독일 공주 브라운슈바이크Braunschweig의 샤를로테Charlotte와 결혼시켰으나 황태자는 그녀를 무시하며 정부 취급했다. 부인이 죽자 알렉세이는 핀란드인 하녀 아프로시니아Afrosinia에게 열정적인 애정을 쏟았다.

표트르는 알렉세이에게 태도를 바꾸지 않으면 회저병 걸린 다리처럼 절단해버리겠다고 위협했다. 아버지가 무서웠던 알렉세이는 수도사가 될 수 있게 허락해 준다면 상속권을 포기하겠다고 약속했다. 1716년 8월 코펜하겐을 방문 중이던 대제는 결국 인내심이 한계에 달해 알렉세이에게 최후통첩을 보냈다. 그와 뜻을 함께 하든지 아니면 즉시 수도원으로 가라는 것이었다. 궁지에 몰린 알렉세이는 정부 아프로시니아에게 남자 옷을 입힌 뒤 함께 비엔나로 달아나 피신처를 찾았다. 최종적으로 그는 나폴리 근처 산 엘모St Elmo 성에 피신했는데 아버지가 보낸 사절 표트르 톨스토이Peter Tolstoy에게서 러시아로 돌아오라는 설득을 받고 그곳에서 나왔다. 알렉세이는 아프로시니아와 결혼하고 자신의 권리를 포기하도록 허락받을 수 있으리라는 다소 순진한 믿음을 품고 있었다. 그러나 그는 체포되어 재판을 받았고 그가 이 일에 끌어들인 사람들 가운데 특히 그의 어머니는 더 엄한 수녀원으로 보내졌다. 대제는 그녀의 애인 글로보프Globov를 말뚝으로 찌르는 형벌에 처하라 명하고 러시아 겨울의 혹독한 추위 속에서 고통을 배가시키기 위해 모피 옷을 입혔다. 알렉세이는 태형에 처해져 매를 40대 맞고 결국 목숨을 잃었다.

표트르의 행동을 어떻게 설명해야 할까? 어쩌면 설명할 필요가 없을지도 모른다. 그는 분명 유능한 군주였으며 그가 행했다고 전해지는 잔인한 행위들은 그가 살았던 시대나 국가에서 전혀 특별한 일이 아니었다. 그러나 표트르의 성격에 기본적으로 신경의 흔들림이 내포되어 있었다는 사실은 부인하기 어렵다.

마르크스주의 역사가 포크로프스키Pokrovski는 표트르의 정신적인 불안정이 매독의 점진적인 악화 때문이라고 주장했다. 프랑스의 한 자료에 따르면 1706년 그는 완곡하게 표현해 '사랑에 의한 불명예'를 입었으며 확실히 수은제 처방을 받았다. 그러나 영국 왕 헨리 8세의 경우와 마찬가지로 그의 인생 말년에 매독이 3기 단계에 있었음을 나타내주는 정신적 손상의 증거는 매우 불충분했다.

표트르가 스트레스를 받을 때 신경 경련을 일으켰다는 것은 분명한 사실이다. 강도는 때에 따라 달랐지만 경련은 그의 왼쪽 얼굴에 악영향을 미쳤다. 어쩌면 그가 보인 증상은 의도와 상관없이 발작적으로 한쪽 얼굴 근육을 경련하게 만드는 편측 안면근 연축hemi-facial spasm이었을 것이다. 보통 감정적인 스트레스나 피로로 발생하는 편측 안면근 연축은 대체로 신경학 상의 질병과는 연관이 없다. 그러나 표트르의 경우 이러한 신경의 경련이 일어나면 발작적으로 극심한 흥분 상태에 빠지거나 의식을 잃기도 했다. 실제로 표트르가 미래의 부인 카테리나를 소중히 여기게 된 요인 중 하나는 표트르가 이러한 발작의 조짐을 느낄 때 노련하게 그를 진정시켜 준 그녀의 능력이었다. 카테리나는 그가 잠들 때까지 무릎으로 그의 머리를 받쳐 주었다. 잠에서 깨어나 원기를 되찾으면 그는 전에 무슨 일이 있었는지 전혀 기억하지 못했다. 이는 간질의 대표적인 특징이다. 헝가리의 수석 대주교 콜로니츠Kollonitz 추기경은 의미심장한 어조로 이렇게 썼다. "그의 왼쪽 눈과 왼쪽 팔, 왼쪽 다리는 그의 형제가 살아 있는 동안 투여된 독으로 인해 손상되었다. 그러나 현재 남아 있는 것이라고는 고정된 눈과 끊임없이 움직이는 팔다리뿐이다."

위와 같은 사례는 그가 간질성 발작epileptic seizures을 보였다는 암시일 수 있으며 어쩌면 그가 지니고 있던 인격 장애의 정체가 측두엽 간질이었다는 증거일 수도 있다. 그는 신체적으로 상당히 강인했지만 잔병치레가 끊이지 않았다. 1693년 11월부터 1694년 1월 사이 심하게 앓고 나서 평생 재발하는 열에 시달렸다. 그의 생명을 위협한 질병이 뇌염이었다면 발작적인 흥분과 뇌 기능 장애 및 폭력성의 원인도 설명이 될 것이다. 표트르의 경우도 이반의 경우와 마찬가지로 명확한 증거가 부족하기 때문에 이러한 가정들은 기껏해야 추론적인 의견에 불과하다. 하지만 어린 시절에 입은 정신적 외상의 장기적인

8장

러시아의 폭군들

영향과 더불어 오랜 기간에 걸친 알코올 중독 역시 그의 건강과 사고 방식에 영향을 미쳤다는 데에는 의심의 여지가 없다.

말년에 표트르는 정신적인 능력이 다소 손상되어 이해력을 잃어 가는 조짐을 보였다. 프로이센의 외교 사절은 자국 왕에게 이렇게 전했다. "이곳에서 가장 중요한 문제들이 어떻게 다루어지고 있는지 폐하께 말씀드리자면 참을 수 없을 만큼 무관심하고 뒤죽박죽이라는 말보다 더 적당한 표현은 없을 것입니다." 황후는 자진해서 의심 많은 남편의 분노를 샀다. 경솔하게도 그녀는 표트르에게서 버림받은 정부들 중 한 명의 오빠인 윌리엄 몬스William Mons를 애인으로 두었던 것이다. 몬스는 1724년 11월 14일 처형되었고 그의 머리는 간통에 대한 경고로 예카테리나의 침실에 보란 듯이 놓여졌다.

표트르는 전반적으로 건강이 악화되었지만 마지막 해에는 활기가 넘쳐 '주정뱅이 종교 회의'의 새로운 가짜 총대주교 선거를 주재하고 차가운 바다에 뛰어들어 조난선을 구조하기도 했다. 그러나 1722년 그의 주치의들은 배뇨 곤란 및 결석이라는 진단을 내렸다. 근육경련으로 인해 요도와 방광이 막혀 극심한 통증이 유발된다는 것이었다. 1724년 여름, 영국인 외과의사 혼Horn 박사가 도뇨관(導尿管)을 삽입하여 마침내 결석을 제거했다. 하지만 1725년 1월 중순 어두운 그림자가 깔리기 시작하자 대제는 서서히 죽어갔으며 자신이 범한 과오에 대해 용서를 구했다. 1725년 1월 28일 이른 아침 그는 고통스런 방광 질환과 간경변으로 생을 마감했다. 지나친 음주에 따른 필연적인 결과였다. 예카테리나는 그의 눈을 감겨 주고 그의 뒤를 이어 황후(예카테리나 1세)로서 러시아를 통치했다.

표트르 대제 이후 러시아의 통치자들은 덕성 있는 남자나 여자들이었고 특히 예카테리나 여제(예카테리나 2세 Catherine the Great)와 같이 뛰어난 능력을 갖춘 군주도 있었다. 본래 러시아인이 아니라 독일 공주였던 예카테리나는 정신박약의 기미를 보이는 청년 표트르 3세와 결혼했고 1762년 일어난 그의 끔찍한 죽음에 직접 연관이 된 것으로 보인다. 30년 동안 어머니 때문에 황제의 자리에 오르지 못해 불만이 많았던 아들 파벨Paul은 정신병질자로서 5년 간 혼란스러운 통치를 벌이다 호위대 장교 중 한 명에 의해 스카프로 교살 당했다. 이반 뇌제와 표트르 대제의 진정한 계승자라 할 만한 인물은 로마노프 황가의 일원이 아니있다. 로마노프의 마지막 황제 니콜라스 Nicholas 2세는 1918년 볼셰비키Bolshevik 당원의 손에 살해되었다. 이반과 표트르의 모습을 철저하게 재현한 인물은 두 사람의 특징들을 고루 갖추고 이들을 굉장히 동경했던 요제프 스탈린이었다.

마법에 홀린 왕이 남긴 유산

_카를로스 2세 *Charles II*
_펠리페 5세 *Philip V*

마법에 홀린 왕이 남긴 유산

　신체적인 질병이라면 숙련된 의사들이 진단하기에 무리가 없을지 몰라도 정신적인 질병의 원인과 특징은 전문가조차 정확하게 짚어내기 어렵다. 그러나 신체와 정신의 질병은 따로 떨어뜨릴 수 없기에 미묘하게 서로 얽혀 끊임없이 반작용한다. 러시아 황제들의 경우에서 볼 수 있듯 신체적인 질병은 정신의 균형을 어지럽히는 촉진제 역할을 하는지도 모른다. 경우에 따라서 신체적 질병이 심각한 정신적 손상을 가져오지는 않더라도 조금이나마 정신적인 판단력에 영향을 미칠 수는 있다.

　신체적인 허약과 정신적인 쇠약의 상호관계를 논할 때는 특히 17세기 스페인 왕 카를로스 2세의 경우를 대표적인 예로 든다. 그의 삶은 시작될 때부터 만성적인 질병의 지배를 받았다. 전통적인 의미에서 볼 때 그는 정신병자는 아니었지만 그의 허약한 정신은 신체적인 노쇠를 더욱 심화시켰다. 물론 간헐적으로 그의 정치적인 분별력과 지혜가 빛나는 때도 있었다. 그러나 신체와 정신의 병으로 인해 카를로스의 통치는(적어도 통치라고 볼 수 있다면) 국민들에게 재앙이 되었다.

카를로스의 인격 형성에 유전적인 요인이 많은 영향을 주었다는 사실은 유럽 정치에서 상속이 중대한 의미를 지닌다는 증거였다. 왕가 내에서 이루어진 근친 간의 결혼은 유럽의 운명이 결정되는 데 중요한 역할을 했다. 간단히 말해 어떤 신체적 질병들은 한 세대에서 다음 세대로 이어지기 때문이다. 매컬파인Macalpine과 헌터Hunter의 주장대로 조지 3세는 대사 장애인 포르피린증porphyria을 앓았는데, 그들의 말대로 이 병은 스코틀랜드의 메리 여왕에게서 시작되어 스튜어트, 프로이센, 하노버 왕가로 차례차례 이어지고 조지 3세에게서 다시 20세기 왕자 및 공주들에게까지 이어졌다. 선천성 질환인 혈우병haemophilia은 이 병을 앓지 않은 여성들에게서 아들에게로 이어지는데 근대의 역사 속에서 유전적인 질병이 유럽 왕가에 재난을 안겨 준 또 하나의 예가 바로 이 병과 연관된다.

빅토리아 여왕이 혈우병 보균자였다는 사실은 그녀의 아들 중 한 명인 올버니Albany 공작 레오폴트Leopold와 세 명의 손자 그리고 여섯 명의 증손자들이 모두 이 병을 앓았다는 데서 알 수 있다. 결혼을 통해 이 병은 스페인과 러시아의 왕가들로 퍼져 나갔다. 마지막 러시아 황제 니콜라스 2세의 상속자였던 알렉세이 황태자도 이 병을 앓았는데 그의 어머니가 치료제를 찾으려다 악랄한 라스푸틴Rasputin의 영향력 아래 놓이는 바람에 러시아뿐만 아니라 세계적으로 재앙이 닥치는 결과가 초래되었다.

16~17세기 유럽 왕가의 근친혼은 오스트리아와 스페인의 합스부르크 왕가에서 현저한 특징이 되었다. 16세기에는 이런 말이 떠돌았다. "행복한 오스트리아는 결혼을 하고, 다른 나라들은 전쟁을 하

네." 그러나 합스부르크 왕가는 전쟁을 그만둘 생각은 하지 않고 근친혼에만 매달려 결국 천성적인 해를 초래했다. 사촌끼리의 결혼, 숙부와 조카 사이의 결혼이 이루어졌다. 펠리페 2세는 네 번째이자 마지막 결혼으로 사촌 막시밀리안 2세의 딸 안나를 부인으로 맞아 스페인의 왕위 계승자를 낳았다. 그의 아들 펠리페 3세는 합스부르크 황제 페르디난도 2세의 누이 마르가레테와 결혼했고 그 아들 펠리페 4세는 처음에 프랑스 공주와 결혼하고 나중에는 합스부르크 왕가의 조카 마리아나와 결혼했다. 이 모든 결혼의 최종적인 결실이 바로 스페인의 마지막 합스부르크 왕 카를로스 2세였는데 그에게는 근친혼에 의해 나타나는 신체적, 정신적 결함들이 강력하고도 극심하게 집중되었다. 그는 어떤 이들의 눈에 백치로 비치기는 했어도 정신병자는 아니었다. 하지만 신체적, 정신적으로 어찌 보면 뒤틀렸다고 할 수 있는 유전적 특징들을 물려받은 것은 사실이었다.

카를로스 2세의 아버지 펠리페 4세는 두 명의 부인과 적어도 15명의 아이들을 보았다. 그러나 이 아이들 중 두 명은 유산되었고 세 명은 세례를 받고 얼마 못 가 죽었으며 여섯 명은 2주에서 4년 정도밖에 살지 못했다. '호색꾼 왕El Rey Donjuanesco'이라는 별명에 걸맞게 수많은 서자들을 두었는데 이 아이들은 적자들과 달리 비교적 건강했다. 이 서자들 가운데 가장 잘 알려져 있는 인물이 바로 바람기 많고 유능한 돈 후앙이다. 최근에는 그가 왕과 배우 이네스 드 칼데론 Ines de Calderon 사이의 아들이 아니라 이네스와 당시 그녀의 애인 메디나 데 라스 토레스Medina de las Torres 사이에서 태어난 자식이었다는 주장이 제기되고 있다.

펠리페 4세의 서자들이 잘 성장한 반면 적자들은 거의 전멸에 이를 정도로 대부분 허약했다. 스페인의 의학 역사가 그레고리오 마라

논Gregorio Marañon은 펠리페가 1627년 매독으로 심각한 발작을 경험했으며 그가 마지막에 병을 앓았을 때도 매독 증상이 보였다는 견해를 밝혔다. 펠리페의 '성적 모험주의'가 왕으로서 그의 능력을 손상시켰는지는 알 수 없다. 통치 기간 내내 그는 불가항력적인 난관에 잘 대처하려 애쓰는 활기에 찬 군주였기 때문이다. 그러나 짐작컨대 그의 건강은 자식들에게 심각한 영향을 미쳤을 수 있다.[1]

펠리페 4세가 만족스럽게 해결하기 어려웠던 개인적 문제는 왕위 계승에 관한 일이었다. 그의 첫 번째 부인이었던 프랑스 공주 이자벨라가 여러 차례 유산을 겪었기 때문이다. 살아남은 아이는 두 명이었다. 아들 발타자르 카를로스Baltazar Carlos는 벨라스케스가 그린 생생한 초상화 속에서 영원한 생명을 얻었으며 딸 마리아 테레사Maria Teresa는 사촌인 프랑스 왕 루이 14세와 결혼했다. 발타자르 카를로스는 아직 아이였을 때 황제의 딸이자 아버지의 조카인 사촌 마리아나와 약혼했다. 그러나 왕자는 1646년 17번째 생일 직전에 천연두로 죽고 말았다. 그의 어머니인 왕비는 이미 3년 전 세상을 떠났다.

부인도 잃고 적출 상속자도 잃은 스페인 왕은 여러 가지 면에서 실제보다 나이 들어 보였다. 그는 미래의 왕을 생산하기 위해 새로운 부인을 찾아야 한다는 의무감을 느꼈다. 그가 선택한 여자는 본래 아들의 신부로 정해져 있었던 조카 마리아나 공주였다. 1649년 결혼 당시 그녀는 남편보다 서른 살이나 어린 열다섯 살 소녀였지만 아이는 낳을 수 있었다. 1649년 그녀는 후에 오스트리아 황후가 되는 마르가리타 마리아Margarita Maria를 낳았다. 그러나 펠리페가 원한 것은 딸이 아니라 아들이었다. 따라서 1656년 왕자 펠리페 프로스페로 Felipe Prospero가 태어났을 때는 당연히 스페인 전역에 기쁨이 흘러넘쳤다. 하지만 불행히도 빛나던 불꽃은 금세 꺼지고 말았다. 펠리페

프로스페로가 심한 간질에 시달려 1661년 11월 세상을 떠난 것이다. 펠리페에게는 마지막 단 한 번의 기회가 남아 있었다. 인생의 막바지에 들어 펠리페는 무너져 가는 제국을 생각하며 절망에 빠질 때가 많았다. 그는 이러한 재난을 어찌 보면 그동안 잘못 살아 온 자신의 탓이라 여겼다. 이런 그에게 깊은 안도감을 안겨 주며 1661년 11월 6일 또 한 명의 아들이 태어났으니 바로 장래 카를로스 2세였다.

4년 뒤 1665년 카를로스는 왕이 되었다. 국가의 미래에 대한 조짐은 정치적으로도 개인적으로도 좋지 못했다. 펠리페 4세는 1665년 9월 17일 숨을 거두었다. 죽기 이틀 전 그는 부인 마리아나에게 작별을 고하며 네 살 된 상속자에게 황금양모기사단The order of the Golden Fleece을 내리도록 지시했다. 그는 진심을 담아 아들에게 말했다. "네가 나보다 행복하게 살 수 있도록 주님께서 자비를 베푸시기를." 그러나 자신이 공식적으로 아들이라 인정한 서자 돈 후앙이 찾아왔을 때 그는 만나기를 거부했다. 펠리페는 이렇게 중얼거렸다. "누가 그를 불렀느냐, 지금은 죽음을 맞을 시간이다."어떤 이들은 단지 왕 홀로 죽어 가는 것이 아니라 스페인 제국 자체가 피 흘리며 죽어가고 있다고 생각했다. 카를로스 2세 치세에 농업 생산량이 증가하고 칸타브리아 해안 및 지중해 연안을 따라 교역이 확대되면서 어느 정도 경제가 회복되는 듯한 기미가 보였으나 스페인 경제 특히 카스티야의 경제 상태는 끊이지 않는 전쟁으로 바닥이 드러나 있었다.

화폐 유통은 대혼란에 빠졌고 산업적인 발전은 무시할 만한 수준이었다. 또한 해외 무역은 대부분 외국 상인들이 통제하고 있었다. 베네룩스 3국의 독립을 인정하라는 강요로 국제적인 위신도 떨어졌으며 포르투갈을 잃은 데다 루이 14세가 통치하는 강력한 프랑스의 그늘에 가려져 있었다. 외국 논평가들은 모두 허약해진 스페인의 상태를 비관적으로 전망했다. 1689년 프랑스 사절은 '이 군주의 정치를 검토해 본다면... 누구나 엄청난 무질서 상태를 접하게 될 것'이라고 전했다.[2] 스페인에 필요한 것은 삐걱거리는 배를 가라앉지 않게 구해 줄 능숙한 키잡이였다. 스페인의 왕이 정치에 행사한 개인적인 영향력의 의미를 지나치게 강조해서는 안 되겠지만 신체적으로 약하고 정신적으로 뒤쳐진 군주의 오랜 통치는 스페인을 쇠퇴로 이끈 주된 요인이라고 할 수 있다.[3]

카를로스가 아직 네 살 밖에 안 된 어린아이였기 때문에 펠리페 4세는 국가의 장래 정치에 대비하기 위해 섭정이자 최고권자가 될 마리아나에게 조언해 줄 자문회의 혹은 의회를 설치했다. 마리아나는 독실하고 삶의 폭이 좁은 여자로서 관례에 따라 미망인의 복장이나 심지어 수녀복에 가까울 정도로 어두운 옷차림을 했다. 그녀는 효율적으로 정치를 할 만한 경험과 능력이 부족했고 아들에게 헌신적이지도 않았으며 이제는 자국이 된 나라가 겪고 있는 심각하고 어려운 문제들을 제대로 이해하지도 못했다. 그녀가 믿고 의지한 고해신부는 교활한 오스트리아의 에베라르도 니타르도Everardo Nithard 예수회 신부였다. 펠리페가 외국인의 의회 참여를 금했기 때문에 그녀는 니타르도를 귀화시켜 종교재판소장으로 임명했다.

그러나 마리아나의 섭정은 시작부터 순탄치 못했다. 펠리페의 서자이자 왕의 이복형제인 야심 많고 유능하며 외모도 뛰어난 돈 후앙에 맞서야 했기 때문이다. 돈 후앙은 대비의 최고 대신인 니타르도 신부를 쫓아냈지만 완벽하게 주도면밀하지는 못하여 왕비가 또 한 명의 총신 페르난도 발렌주엘라Fernando Valenzuela에게 힘을 부여하도록 허락하고 말았다. 어린 왕이 성장한 온실 같은 분위기의 왕실은 엄격한 예법의 통제를 받았지만 한편으로는 음모와 불신, 정치적 부패로 인해 찢어져 있었다.

카를로스는 처음부터 허약하고 늦된 아이였다. 그의 성장 환경은 그가 타고난 기질적, 신체적 문제들을 해결하는 데 전혀 도움이 되지 못했다. 그 성질의 심각성으로 볼 때 이 문제들이 해결되리라고는 거의 기대할 수 없었다. 4년 가까이 그는 14명의 유모들을 통해 모유로 키워졌다. 그는 구루병에 걸려 다리가 무게를 지탱하지 못했던 탓에 잘 걷지도 못했다.[4] 아홉 살이 되어서도 글을 읽거나 쓰지 못했으며 전 생애를 통해서도 그의 전반적인 지식은 매우 빈약한 상태에 머물렀다. 여덟 살 반이 된 후에야 그는 처음으로 걸어서 사냥에 나갔고 1671년까지는 말을 타 본 적도 없었다. 물론 나중에는 사냥이 그의 주된 취미 가운데 하나가 되었다. 용의주도하게 짜여지는 몰이사냥은 부드러운 음악과도 같이 그에게 어느 정도 즐거움을 제공해 주었고 이미 그의 삶을 뒤덮고 있던 정신적 외상을 일시적으로나마 잠재워 주었다. 1671년 5월 장티푸스에 걸렸을 때 그는 당장 내일이라도 죽을 수 있다는 진단을 받았다. 그의 잔병치레는 끊일 날이 없었다. 게다가 합스부르크 왕가는 긴 턱이 특징이었는데 그는 특히나 길어서 음식을 씹는 일조차 쉽지 않았다.

1686년 로마 교황 사절은 카를로스에 관해 다음과 같이 썼다.

그는 키가 큰 편이라기보다는 작은 편에 가깝고 연약하지만 체형에 문제는 없습니다. 얼굴은 전체적으로 못생겼습니다. 목이 길고 얼굴과 턱은 넓적하며 합스부르크 왕가 특유의 아랫입술을 지니고 있습니다. 청록색 눈은 그리 크지 않고 얼굴빛은 엷고 미묘합니다. 그는 우울하고 약간 놀란 모습을 하고 있습니다. 머리카락은 긴 금발이며 뒤로 빗어 넘겨 귀가 드러나 있습니다. 벽이나 테이블 혹은 누군가에게 기대지 않으면 똑바로 서서 걷지 못합니다. 그의 신체는 정신과 마찬가지로 허약합니다. 때때로 그는 지성과 기억력을 보이기도 하고 확실히 생기 있는 모습을 보이기도 하지만 요즘은 그렇지 않습니다. 대개 그는 느리고, 무관심하고, 둔하고, 게으르고, 무감각합니다. 그는 자기 의지가 결여되어 있기 때문에 누구든 원하는 대로 그를 움직일 수 있습니다.[5]

마라뇬은 후에 날카로운 시각으로 다음과 같이 평했다. "합스부르크 왕가의 다섯 왕들 중에 카를로스 5세는 열광을 불러일으키며 펠리페 2세는 존경심을, 펠리페 3세는 무관심을, 펠리페 4세는 공감을, 카를로스 2세는 동정심을 불러일으킨다."

그러나 1675년 11월 6일 성년이 되자 다소 놀랍게도 그는 일시적으로 활력과 자기 의지를 보였다. 이는 그가 훈련만 잘 받았다면 적극성을 보였으리라는 암시인지도 모른다. 어머니의 지배욕에 불만이 많았던 그는 이복형제 돈 후앙에게 비밀리에 편지를 보내(어머니와 의회는 돈 후앙을 시칠리아로 보내 총독 역할을 맡기기로 결정한 상태였다) 마드리드로 와서 정치를 도와달라고 청했다. 왕은 편지에 이렇게 썼다. "(11월) 6일부터 저는 왕국의 통치에 참여하게 됩니다. 부디 제 곁에서 저를 도와주시어 제가 어머니로부터 벗어날 수 있게 해주시기 바랍니다. 6일 수요일 10시 45분에 제 곁방에 계시리라 믿겠습니다." 이틀 전인 11월 4일 왕 앞에 법령문서가 제시되었는데 이 법령은 왕이 무능력하다는 이유로 어머니와 의회의 권한을 연장한다는 내용이었고 왕은 서명을 거부했다. 돈 후앙은 궁에 도착하여 군중의 환호를 받고 왕과 함께 감사 미사에 참례했다. 이러한 궁정 개혁은 젊은 군주가 진정으로 왕이 될 것이라는 암시였을까?

결코 그런 일은 일어나지 않았다. 이날 카를로스는 역사상 가장

빨리 속아 넘어간 인물이 되었다. 미사가 끝난 후 카를로스는 어머니를 찾아가 두 시간 동안 함께 있었다. 굉장히 괴로워하는 모습으로 나타난 카를로스의 얼굴에서는 눈물이 뺨을 타고 흘러내렸다. 카를로스의 반항 행위는 완전히 끝난 셈이었다. 윌리엄 고돌핀William Godolphin 경은 이렇게 전했다. "돈 페르난도 발렌주엘라께서 내 귀에 대고 말씀하셨다. 이 반란은 모두 수포로 돌아갈 거라고."[6]

자신을 어머니에게 묶어둔 앞치마 끈을 풀려던 왕의 노력은 실패했고 그는 다시금 철저히 어머니에게 의존하게 되었다. 그는 어머니가 행사하는 압력에 저항할 수 없었다. 이때부터 카를로스는 정치에 소극적인 입장을 취하며 의회에 출석하거나 자진해서 명령을 내리는 일도 거의 없었다. 그러나 사실 대비의 정치 기반은 바위처럼 견고하지 못했다. 하지만 돈 발렌주엘라는 그라나다의 총사령관이자 명백한 '국무총리'로 임명되어 다시 조종석에 올랐다. 왕은 묵종했지만 대다수 고관들은 발렌주엘라가 누리는 특권을 비난하고 그의 무능력한 정치에 대해 불평을 쏟았다. 발렌주엘라가 모든 카드를 쥐고 있는 것처럼 보여도 조커를 손에 들고 있는 사람은 왕의 이복형제 돈 후앙이었다. 고관들은 돈 후앙의 복귀와(실제로 그가 직접 한 서명도 청원서의 11번째에 있었다) 발렌주엘라의 해고를 요구했다. 1676년 크리스마스 날 이 평판 나쁜 대신은 에스코리알에 있는 왕가의 별장으로 달아났으나 결국 붙잡혀 국외로 추방되었다.

정권에 복귀한 돈 후앙은 이복동생인 왕과 대다수의 고관들에게서 따뜻한 환영을 받았다. 돈 후앙이 정부 개혁을 추진하고 어린 이복동생에게 그의 직무를 가르치는 일도 가능해 보였다. 대비는 마드리드를 떠나 톨레도에 있는 알카사르(Alcazar, 14~15세기에 세워진 스페인의 건축물 - 옮긴이)에서 지내라는 명을 받았다. 돈 후앙은 불가능하지는 않지만 어려운 작업에 착수했는데 이복동생이 좀 더 진지하게 왕의 업무를 맡도록 지도하는 일이었다. 그는 왕에게 보다 교양 있게 글 쓰는 법을 가르치려 애썼고 그가 국민들 앞에 모습을 보이고 국회 모임에도 참석해야 한다고 판단했다. 왕은 마드리드 근방을 떠나는 일이 거의 없었다. 그가 경험했던 가장 먼 여행은 마드리드에서 아랑후에즈까지였다. 하지만 돈 후앙은 그가 사라고사Saragossa까지 가도록 여행 계획을 짰다. 왕이 앞으로 수도에서 떠나게 될 세 번의 여행 중 가장 먼 여행이었다.

돈 후앙은 선의를 지녔고 양심적이었으며 어느 정도 능력도 있었다. 그의 재능에 힘입어 스페인의 정치는 활기를 띠었다. 그러나 이들이 가는 길에서 별들은 이들의 편이 되어주지 못했다. 풍자문학이라는 매개를 통해 그가 더욱 시급한 개혁을 서두르지 않고 꾸물댄다는 불만이 사람들 사이에 소문으로 떠돌았다. 1677년에는 수확량이 감소되면서 식량 부족 현상이 나타났다. 곡물 가격이 올라가자 그에 대한 평판은 내려갔다. 스페인 곳곳에 역병이 퍼졌고 물가는 그 어느 때보다 높게 치솟았다. 프랑스와의 전쟁은 끝났지만 이에 따른 희생으로 1678년 님웨겐Nymwegen에서 굴욕적인 조약이 체결되었다.

돈 후앙은 개혁에 힘썼지만 시간은 그를 도와주지 않았다. 무엇보다 카를로스가 어머니에게 돌아가지 않게 하려면 그는 끊임없이 왕의 곁을 주의 깊게 지켜야 했다. 그는 카를로스가 아라곤, 카탈로니아, 발렌시아, 나바르 등 영토 곳곳을 다니며 국회에 참석하게 하려 했다. 그러나 사라고사 여행은 별문제로 치더라도 왕은 도무지 움직이려 하질 않았다. 그의 어머니는 톨레도에 거주하면서 감수성 예민한 아들에게 자신이 당한 대우에 대해 불평하는 원한의 편지들을 퍼부어 댔다. 불만을 품은 고관들의 수가 점점 늘어나면서 톨레도는 이들이 집회를 갖는 중심지가 되었다. 그러던 어느 날 돈 후앙은 병에 걸려 앓아누웠다. 아마도 담낭염cholecystitis이었을 가능성이 높다. 사후 부검 당시 그의 담낭에서 결석이 두 개나 발견되었다는 기록이 남아 있기 때문인데 하나는 호두 크기였고 다른 하나는 개암 크기 정도였다. 2개월 간의 투병 끝에 돈 후앙은 1679년 9월 17일 50세의 나이로 세상을 떠났다.

돈 후앙의 죽음으로 효과적인 개혁에 대한 희망은 완전히 사라져 버렸다. 물론 카를로스가 직접 정권을 잡을 가능성도 희박했다. 돈 후앙이 죽은 후 나흘만에 왕이 톨레도에 있는 어머니와 재결합하고 정부가 으레 그랬듯 무지하고 무능력한 상태로 되돌아간 것은 그리 놀랄 만한 일도 아니다. 잘못된 처리의 악순환은 끊임없이 되풀이되었다. 다시 한 번 경제는 도산 위기에 빠졌고 은행가들이 교묘한 처리를 통해 자금을 공급해 주지 않는 한 왕의 신용은 완전히 무너질 상황이었다. 그러나 그 누구도 부족한 재정 상태를 극복하기 위해 할 수 있는 일은 아무것도 없었다. 1693년에서 1699년 사이 정부는 국채 상환을 잠시 중지했다. 스탠호프Stanhope는 이렇게 전했다. "현재 이 군주국의 위기 상황은 상상을 초월하는 수준입니다. 이곳에서 플랑드르에 보낸 어음들은 최근 모두 되돌아 왔습니다... 확신하건대... 십만 다카트나 되는 금액을 대부해 줄 곳은 어디에도 없을 것입니다. 그 어느 때보다도 위급한 상황입니다."[7] 왕국 내에서 거의 존재감도 없는 허약하고 의지박약한 군주에게 기대할 수 있는 것은 아무것도 없었다.

그러나 한편 스페인은 왕은 물론 국가의 미래와도 직결되는 새로운 국면을 맞게 되었다. 바로 왕의 결혼이었다. 의사들은 왕에게서 나타나는 특정한 신체적 조짐들로 보아 카를로스가 결혼을 해야 할 때라고 이미 강력히 권유한 상태였다. 미덥지 않은 그의 품에 안기게 될 신부는 과연 누구였을까? 어머니가 원하던 대로 합스부르크 왕가의 일원인 오스트리아 공주였을까 아니면 돈 후앙이 점찍어 두었던 프랑스 공주였을까? 대비가 지명한 후보는 이제 겨우 다섯 살 난 어린아이에 불과했기 때문에 최종적으로 오를레앙 공작의 딸이자 루이 14세의 조카인 프랑스 공주가 더 적합한 후보로 결정되었다. 루이는 카를로스가 신체적으로 못마땅한 조건이라는 얘기를 들었지만 프랑스에게 이익이 될 것이라 판단하여 결혼을 승낙했다.

그리하여 허약한 스페인 왕은 부르고스Burgos에서 장래 신부를 만나기 위해 인생에서 두 번째로 긴 여행을 하게 되었다. 그의 왕비 마리 루이즈Marie Louise는 생기 넘치는 17세 소녀였지만 스페인에 와서는 마음 편히 지낼 수가 없었다. 스페인어는 그녀가 구사할 수 없는 언어였고 스페인의 관습은 그녀에게 너무 딱딱하게 느껴졌기 때문이었다. 스페인 사람들은 그녀를 프랑스 영향력의 상징이라 생각하여 항상 못마땅하게 여겼다. 어찌 되었든 그녀는 왕의 부인으로서 의무를 이행했으나 소득은 없었다. 왕이 육체적인 관계를 시도하기는 했지만 너무 일찍 사정을 하는 바람에 관계가 제대로 이루어지지 않았던 것으로 보인다. 장래가 걱정된 프랑스 왕은 카를로스의 사생활에 관해 가장 세세한 부분까지 모두 보고하라고 지시를 내렸다. 프랑스 대사 레브넥Rébenec은 1688년 12월 23일 루이에게 이렇게 보고했다. "마침내 왕비께서는 털어놓기가 걱정스럽다고 하시며... 자신은 더 이상 처녀가 아니지만 돌아가는 상황을 판단해 볼 때 아이를 갖게 될 수는 없을 거라고 말씀하셨습니다." 레브넥은 비밀리에 왕의 옷장 서랍 두 개를 입수하여(왕은 상의를 허리 아래로 내려가게 입지 않았다) 의사들에게 정액 자국을 조사해 보라고 일렀다. 그러나 의사들은

9장

마법에 홀린 왕이 남긴 유산

조사 결과에 대해 의견의 일치를 볼 수 없었다.

왕비는 굉장히 난처한 입장에 빠졌다. 그녀가 임신했다는 확인되지 않은 이야기가 떠돌 때를 제외하면 그녀는 여전히 미움을 한 몸에 받는 처지였다. 아마도 상속자를 낳지 못하는 것에 대한 일종의 심리적 보상으로 사탕과자를 지나치게 많이 먹은 것이 부분적으로 원인이 되어 그녀는 점점 뚱뚱해졌고 결과적으로 허약한 남편은 더욱 더 그녀에게서 매력을 느끼지 못하게 되었다. 그녀는 숙부인 프랑스 왕에게 편지를 보내 독살될까봐 두렵다고 전했다. 1687년 8월에 한 번 그리고 1688년에 또 한 번 그녀는 위장의 문제로 보이는 질병을 앓았다. 1689년 2월 8일 그녀는 말을 타고 나갔다가 사고를 당했고 겉으로 보기에는 심각한 부상을 입은 것 같지 않았으나 자리에 앓아 누웠다. 그러고는 누군가 자신에게 독을 먹였다고 호소하다가 며칠 뒤인 2월 12일 숨을 거두었다.

상속자가 없었기 때문에 왕의 재혼 문제는 스페인의 관점에서 보나 강대국들의 관점에서 보나 위급한 일이었다. 카를로스의 어머니는 이번에도 오스트리아와의 연결 가능성을 열심히 모색했다. 마리아나의 오빠인 레오폴트 1세에게 딸이 있었으나 겨우 아홉 살이었기 때문에 결혼 상대로서는 너무 어렸다. 하지만 레오폴트의 부인인 황후에게는 세 명의 여동생이 있었는데 이들 중 한 명인 노이부르크Neuburg의 마리아 안나Maria Ana가 결혼 상대자로 떠올랐다. 마리아 안나의 아버지인 팔라틴 선거후 필립 윌리엄Philip William은 부유한 영주와는 거리가 멀었지만 딸 한 명은 황후가 되었고 또 다른 딸 한 명은 이제 스페인의 왕비가 될 터였으니 결코 무시할 수 없는 성공을 거둔 셈이다. 게다가 마리아 안나는 곧 스페인에서 예술 작품을 포함하여 손에 넣을 수 있는 것은 모두 빼돌려 고국의 가족들에게 부를 안겨 주었다. 어쨌든 이리하여 카를로스는 5월 4일에 결혼하게 될 신부를 맞이하러 바야돌리드로 인생에서 세 번째로 긴 여행을 떠나게 되었다.

마리아 안나도 마리 루이즈와 다를 바 없이 남편에게 아이를 안겨주지 못했다. 그녀가 임신했다는 소문은 아마도 그녀의 가족들에 의해 고의로 유포되어 끊임없이 떠돌았지만 결실은 나타나지 않았다. 스페인의 요구를 만족시키는 데 실패했지만 마리아 안나는 의지가 강한 여자였다. 그녀는 스페인의 정치에 영향력을 행사하고 오스트리아 합스부르크 왕가의 이권을 지키겠다고 굳게 마음먹고 있었다. 그녀가 같은 나라 여자인 마리아나 대비와 완전히 의견의 일치를 본것은 아니지만 마리아나는 유방암에 걸려 1696년 5월 16일 '과분하게 신성한 대우'를 받으며 세상을 떠났다. 카를로스의 짧은 인생에서 가장 큰 영향력이었던 어머니가 사라짐으로써 그는 왕실 내 당파 싸움에서 점점 더 희생양이 되어 갈 수밖에 없었다.

때때로 카를로스의 건강이 좋아지고 의식이 맑아지는 시기가 있기는 했으나 전반적으로 볼 때 이 불행한 남자는 스스로도 느끼듯 천천히 그러나 끊임없이 쓰러져 가고 있었다. 외국 사절들이 자국 정부에 보낸 편지들은 마치 체온 변화 기록표와도 같았다. 스탠호프는 1693년 5월 노팅엄Nottingham 경에게 이렇게 말했다. "독실하신 폐하께서는 이제 상태가 좋아지셔서 다시 국외로 나가셨습니다. 폐하의 회복을 기념하여 이 달 18일 궁전 앞에서는 밤에 사람들이 횃불을 들고 말에 올라타 가장무도회를 벌였습니다." 3년 뒤 1696년 9월 16일 그는 이렇게 썼다. "독실하신 폐하께서 근래 일주일간 몹시 편찮으셨는데 키니네제(quinine, 말라리아 치료약 – 옮긴이)를 드시고 주님의 은총으로 이제 한결 나아지셨습니다. 그러나 충실한 신하들이 기원하는 만큼 안전한 상태는 아닙니다." 그리고 3일 후 그는 슈루즈버리

Shrewsbury 공작에게 다음과 같이 말했다.

폐하께서 위험한 고비를 넘기시기는 했지만 체질이 매우 약하고 연세에 비해 굉장히 쇠약해지신 상태이기 때문에 또 다시 발병하면 어떤 일이 일어날지 모두들 두려워하고 있습니다. 의사들은 이미 거의 손상된 머리카락을 모두 잘라내 폐하의 머리에는 이제 머리카락이 하나도 남지 않았습니다. 폐하께서는 엄청난 식욕을 보이시며 게다가 음식을 통째로 삼키십니다. 아래 턱이 너무 앞으로 돌출되어 위아래 치아가 맞닿지 못하는 상태이기 때문입니다. 대신 인후가 굉장히 넓어 암탉의 모래주머니나 간도 통째로 내려갈 정도인데 폐하의 약한 위는 이를 소화시키지 못하기 때문에 배설도 같은 방법으로 할 수밖에 없습니다.[8]

2주 후 영국 사절은 왕의 건강이 상당히 호전되었다고 보고했다. 그러나 호전된 상태는 지속되지 못했다. 한 달도 채 안 되어 왕은 다시 앓아 누웠고 '그 이후로 날마다 발작을 일으킬 뿐만 아니라(스탠호프가 기록한 시점은 1696년 11월 14일이었다) 그 사이사이에도 완전히 회복되지는 않는' 상태였다. 그의 회복을 기념하기 위해 계획되었던 경축 행사는 열리지 못하고 계속 연기되었다.

고관들과 외교 사절들은 폐하의 생신때 침실에 들어갈 수 있었습니다. 폐하께서는 침대에 누워 계셨습니다. 모두들 차례로 예를 갖춰 절을 올렸고 우리편에서는 아무 말도 없었습니다... 그들은 일어날 의지도, 힘도 없는 그분을 가끔 침대에서 일어나시게 하여 외국에 폐하의 병을 조금이라도 더 숨기려 했습니다. 폐하께서는 신체적으로도 극심하게 약해지셨을 뿐만 아니라 굉장히 무거운 우울과 불만으로 정신까지 짓눌린 상태였습니다. 그분의

뜻을 개조하려는 왕비의 끈질긴 요구가 상당히 커다란 요인으로 작용했다고 여겨집니다.[9]

그런데 이듬해 4월 그가 사냥을 나가 늑대를 일곱 마리나 잡았다는 소식이 전해졌다. 1697년 10월 그와 왕비는 알칼라에 있는 성 디에고San Diego 성소에 찾아가(돈 카를로스의 경우에서 그랬던 것처럼 성 디에고의 유골을 옮겨 와 왕의 건강 회복을 빌었기 때문에) 죽음에서 더 멀리 벗어나게 된 것에 대해 감사 기도를 올렸다.

왕의 건강 상태에서 나타나는 변동은 유럽 여러 왕실들의 중대한 관심사였다. 특히 스페인 왕위 계승에 직접적으로 관계된 이들은 더욱 지대한 관심을 보였다. 왕이 말 그대로 한 전례 의식에서 다른 전례 의식을 향해 비틀거리며 걸어가는 동안 한편에서는 왕의 건강 상태, 구체적으로 그의 노쇠가 초자연적인 섭리에 의한 것이라는 소문이 퍼지기 시작했다. 다시 말해 그에게 '악령이 들었다' 라는 얘기였다.

프랑스 대사 레브넥은 1688년 이미 루이 14세에게 이렇게 말했다. "왕의 고해신부와 친분이 있는 도미니크회 수도사는 왕과 왕비가 마법에 걸렸다는 계시를 받았습니다. 내친 김에 말씀드리자면 스페인 국왕은 오래 전부터 자신이 악마에 홀렸다는 사실을 느끼고 있었습니다." 사실 신학자들은 오래 전부터 무기력 자체를 악마에 홀린 증상이라고 인지했다.[10] 카를로스는 1696년 종교재판소장 발라다레스Valladares와의 면담에서 이러한 의문을 제기했다. 당시 종교재판회의에서는 그 문제를 더 깊이 조사하지 않기로 결정했다. 그러나 1698년 1월 엄격한 수도자 후안 토마스 데 로카베르티Juan Tomas de Rocaterti가 새로운 종교재판소장이 되면서 이 문제는 다시 수면 위로 떠올랐다.

고위 정치가들은 이제 이 문제에 어느 정도 의미를 두기 시작했다. 많은 사람들이 왕비와 그녀의 친(親)오스트리아 정책에 불만을 품고 있었고 오스트리아보다 프랑스를 선호하는 이들에게는 포르토카레로Portocarrero 추기경이라는 유능한 대변인이 있었다. 그는 학식은 부족하지만 활기 넘치고 의욕적이며 올곧은 사제였다.

그의 서재는 '마드리드의 3대 처녀 중 하나'로 손꼽혔는데 나머지 둘은 왕비와 겁쟁이라고 소문난 메디나 시도니아Medina Sidonia 공작의 칼이었다. 포토카레로는 왕비에 대해 매우 비판적인 태도를 취하며 그녀의 영향력을 깎아내리려 애썼다. 그리고 이를 위한 가장 좋은 방법은 왕의 고해사제인 페드로 마티야Pedro Matilla 신부를 교체하는 일이라 생각했다. 왕은 신부를 굉장히 신임했는데 그가 왕비의 부하라고 알려져 있기 때문이었다. 세바스티안 데 코레스Sebastian de Cores는 왕비의 추종자들을 '기생충 군대 혹은 악마들의 무리'라고 표현했다.

이렇게 해서 마티야 신부는 퇴임하여 수도원에서 은둔 생활을 하다가 한 달도 채 안 되어 숨을 거뒀고 왕의 고해신부로는 알칼라 대학 교수였던 훌륭한 학자 프로이얀 디아즈Froilan Diaz가 임명되었다. 그의 임명은 왕에게도 국가에게도 결과적으로 중대한 의미를 지녔다. 디아즈는 왕이 악마에 홀렸으며 그로 인해 무능력해졌다는 소문에 깊은 관심을 갖고 친구인 안토니오 데 아르겔레스Antonio de Arguelles에게 연락을 취했다. 아르겔레스는 아스투리아스Asturias의 칸가스 데 티네오Cangas de Tineo에 있는 수녀원에 신부로 재직하면서 악마에 홀린 여러 수녀들에게서 성공적으로 악령을 쫓아낸 인물이었다. 종교재판소장 토마스 데 로카베르티의 지지는 얻었지만 지역 주교인 오비에도Oviedo의 토마스 렐루스Tomas Reluz에게서는 승인을 받지 못한 채 디아즈는 아르겔레스에게 도움을 요청해 소문이 사실이라면 카를로스가 어떤 악마적인 힘에 사로잡힌 것인지 알아보려 했다. 아르겔레스는 디아즈의 요청을 수락했다. 그는 지시 사항들을 암호로 작성해 편지를 보냈는데 종교재판소장은 amo(사랑을 뜻하는 스페인어 - 옮긴이), 디아즈는 amigo(남성 친구를 뜻하는 스페인어 - 옮긴이)로 표현되었다. 1698년 3월 14일 스탠호프는 파리에 있는 포틀랜드Portland 백작에게 카를로스가 악마에 홀렸다는 소문을 넌지시 알렸다.

왕은 너무 약해져서 음식을 먹기 위해 고개를 드는 일도 거의 불가능할 정도입니다. 게다가 그는 극도로 우울한 상태이기 때문에 광대도, 난쟁이도, 꼭두각시놀음도... 들리거나 행해지는 모든 일들이 악마의 유혹이라는 그의 공상과 고해신부와 두 명의 수도사들이 곁에 없는 한 결코 안전하지 못하다는 그의 불안을 다른 곳으로 돌려놓을 수 없습니다. 왕은 밤마다 침실에서 이들에게 거짓말을 늘어놓습니다.

6월 11일 그는 다시 편지를 보내 '왕은 직무에 관해 어떤 이야기도 할 수 없을 것'이라고 전하면서 부인과의 관계가 매우 좋지 않아 부인이 실제로 자신을 살해하려는 음모를 꾸몄다고 믿는다는 말을 덧붙였다.[11] 일주일 후 1698년 6월 18일 아르겔레스 신부는 종이 한 장에 왕과 왕비의 이름을 적어 봉한 뒤 품에 감추고 수녀들에게서 악령을 쫓아내는 의식을 거행했다. 기회가 오면 종이에 적힌 두 이름의 주인 중 어느 한 사람이라도 악령에 사로잡혔는지 사탄에게 곧바로 물어봐야 하기 때문이었다. 악마는 고분고분했다. 왕은 실제로 악마에 홀려 있었고 "악마가 그의 생식기를 손상시키고 왕국을 다스릴 수 없게 만들었다."라는 결론이 나왔다. 왕은 열네 살 때 술을 마신 상태에서 달빛을 받아 마법에 걸렸으며 초승달이 떠 있었기 때문에 마법은 더욱 강한 효력을 발휘했다는 것이었다. 아르겔레스 신부는 결과를 보고하면서 왕은 음식을 좀 더 천천히 먹고 소화시켜야 하며 먹고 마시는 것들은 모두 그 전에 축성을 받아야 하고 반드시 날마다 올리브유를 반 그릇씩 마셔야 한다고 충고했다. 모두 현실적이고 안전한 사항들이었다. 고해신부와 종교재판소장은 문제를 더 깊이 추적해야 한다며 마녀를 찾아내려 애썼지만 소용이 없었다. 마법을 건 사람의 이름은 카실다Casilda라고 했다. 아르겔레스는 문제가 더 이상 해결될 수 없을 만큼 곤란해지고 있음을 깨달았다. 그는 종교재판소장과 디아즈에게 수녀들의 문제가 해결되기 어려워지고 있다면서 악마가(그는 악마를 이유 없이 바알세불Beelzebub이라 부르지는 않았다) 자신이 한 말은 거의 다 거짓말이라 스스로 고백했다고 전했다. 신부가 할 수 있는 조언은 앞서 알려 준 방법들을 명심하여 왕의 침구와 가구, 옷을 모두 교체하고 의사들을 해고하라는 것이었는데 전혀 위험이 없는 것들뿐이었다. 그는 왕의 거처를 옮기는 것도 좋은 방법일 수 있다고 덧붙였다. 새로운 의사들이 임명되었고 왕은 알칼라에 있는 성 디에고의 성소를 방문했다.

왕의 건강 상태를 꾸준히 기록했던 영국 사절 스탠호프는 1698년 내내 왕이 이제 곧 죽을 것이라는 소문이 사실임을 확인했다. 그는 아들 제임스James에게 신문들은 왕이 더할 나위 없이 건강하다는 인상을 주려 애쓰지만 이는 단지 대중을 속이기 위한 노력에 지나지 않는다고 말했다.

그가 날마다 외출한다는 것은 사실이다. 그러나 내부에는 치명적인 결함이 존재한다. 발목과 무릎은 다시 좋아졌다. 눈은 크고 눈꺼풀은 진홍빛이라 할 만큼 붉으며, 얼굴은 초록빛이 도는 황색을 띠고 있다. 그는 혀에 문제가 있어서... 말을 너무 더듬기 때문에 가까이 있는 이들도 그의 말을 잘 알아듣지 못했는데 때때로 그는 화가 나서 모두 귀가 먹었냐고 묻기도 한다.[12]

18일 후 6월 29일 스탠호프는 "의사들이 그의 병을 'alfereza insensata'라 진단했는데 마비성 간질이라는 의미인 듯합니다."라고 전했다. 그 날 저녁 왕은 왕비와 함께 정원을 산책하다가 현기증을 느꼈다. 그러고 나서 기도를 하러 가던 왕은 시종인 우체다Uceda 공작에게 쓰러질 것 같다고 소리치더니 이내 공작의 팔에 쓰러져 '완전히 의식이 없는 상태'가 되었다. 발작은 두 차례 더 일어났다. 스탠호프는 7월 9일 아일랜드의 대법관 메투엔Methuen에게 이렇게 말했다. "왕이 회복할 가능성은 거의 없습니다. 우리는 밤마다 다음날 아침 왕의 사망 소식이 들릴까봐 마음을 졸입니다. 그러나 왕비는 기회가 무르익을 때까지는 사람들에게 왕이 건강하다고 믿게 하기 위해 날마다 억지로 왕을 데리고 밖으로 나갑니다."[13]

이 기괴한 일들은 국제적인 상황에 비추어 생각해야 한다. 강대국들이 카를로스 2세 사후 스페인 제국의 미래에 대해 (악마에 의지하지 않고) 의견 조율을 시도한 때가 바로 1698년이기 때문이다. 1668년 비엔나에서 강대국들이 처음 협상에 참여하여 조약을 체결했을 때는, 카를로스가 죽을 경우 황제가 스페인과 인도 제국 그리고 이탈리아 내 스페인 영토를 차지하고 프랑스가 네덜란드와 프랑슈-콩테 지방, 필리핀, 나바르, 나폴리를 차지하기로 되어 있었다. 그러나 유럽 내 힘의 균형에 변동이 생기면서 특히 루이 14세의 적인 네덜란드 총독 윌리엄이 영국 왕위에 오르면서 이 조약은 특히 프랑스의 입장에서 볼 때 만족스럽지 못한 해법이 되었다.

왕의 건강이 쇠약해지면서 스페인 왕의 참여 없이 새로운 분할 조약이 체결되었다. 이 조약에 따라 스페인 왕의 누이 마르가리타의 손자인 바이에른의 선거후 요제프 페르디난트Joseph Ferdinand는 유럽 밖의 스페인 영토를 물려받았고 황제의 둘째 아들인 카를Charles 대공은 밀라노를, 루이 14세의 상속자인 황태자는 시칠리아와 일부 이탈리아 영토 그리고 기푸스코아Guipuzcoa를 얻게 되었다. 만약 요제프 페르디난트가 스페인 왕이 된다면 스페인 제국이 프랑스 왕이나 오스트리아 황제의 영토에 편입될 위험을 막을 수 있을 터였다. 물론 여기에서 카를로스의 개인적인 희망은 전혀 고려되지 않았다.

그러는 동안 스페인 왕실에서는 하라흐Harrach 백작이 이끌고 왕비가 지원하는 친오스트리아 세력과 포르토카레로 추기경이 이끄는 친프랑스 세력 사이의 다툼으로 혼란이 벌어졌다. 두 세력 모두 쇠약한 왕의 주의를 끌기 위해 애썼다. 강대국들이 논쟁을 벌이는 사이 왕의 고해신부들은 여전히 왕의 몸에서 악령을 몰아내는 일에 매달렸다. 1698년 12월 생식 능력을 증진시키기 위해 액막이를 받은 왕비는 왕이 악마에게 홀린 것이 그녀의 책임이라는 소문을 듣고 분개했다. 1699년 6월 종교재판소장이 세상을 떠남으로써 왕비는 적들을 왕실에서 내쫓을 수 있는 기회를 얻었다. 그녀는 순종적인 성직자인 세고비아Segovia의 주교 발타자르 데 멘도자Baltazar de Mendoza를 종교재판소장으로 임명했고 디아즈 신부는 결국 왕의 고해신부 자리에서 쫓겨났다. 그 후 디아즈 신부는 그의 처신에 대한 기나긴 조사를 받았고 카를로스가 죽은 지 4년 후에야 무죄 방면되었다. 상황을 더 복잡하게 만든 것은 사부아Savoy 공작이 카푸친회 수도사인 마우로 텐다Mauro Tenda 신부를 보낸 것이었다. 그는 악령을 쫓는 데 있어서 어느 정도 명성이 있는 신부로 왕의 상태를 좀 더 깊이 살펴보라는 명을 받고 급파되었다. 마드리드에 도착한지 얼마 안 되어 그는 왕과 왕비의 미신적인 믿음을 보여주는 여러 가지 사건들을 겪었다. 예컨대 그는 왕과 왕비가 둘 다 작은 주머니에 부적과 머리카락, 손톱 조각 등을 넣어 베개 밑에 숨겨 놓은 것을 발견했다. 자신에 찬 텐다 신부는 카를로스의 신임을 얻었고 일시적으로나마 카를로스의 건강 또한 좋아졌다. 1699년 스탠호프는 왕이 건강하고 활기 있어 보인다고 전했다. 왕과 왕비가 에스코리알에 있는 묘소를 방문했을 때 왕비는 왕의 어머니 묘 앞에서 놀랍도록 정성스러운 태도를 보였다. 그는 이렇게 덧붙였다. "그들은 독일에서 온 유명한 구마사(驅魔師)에 관해 이야기했는데 그 신부는 왕이 어릴 때부터 사로잡혔던 것과 같은 마법을 여러 번 풀어냈다고 합니다. 또 그들은 모두는 아니지만 많은 사람들이 큰 기대를 걸고 있으며 왕이 이제 건강도 좋아지고 상속자도 볼 수 있을 것이라는 대화를 나누었습니다."[14] 왕은 데 코르도바de Cordoba 추기경에게 직접 이렇게 털어놓았다. "수많은 사람들이 내가 악령에 홀렸다고 말하는데 나 또한 그렇게 생각하오. 내가 실제로 겪으며 느끼고 있기 때문이오."

그러나 구마사에 대한 신임은 곧 약해졌다. 그렇게 되는 데에는 어느 날 벌어진 기이한 사건이 부분적인 영향을 미쳤다. 한 정신 나간 여자가 허락도 없이 궁으로 들어와 왕에게 접근한 것이다. 왕은 예기치 못한 불청객의 출현에 놀라 악한 기운을 물리치기 위해 지니고 다니던 십자고상(十字苦像)을 꺼냈다. 왕실 서기 돈 호세 데 올모Don Jose de Olmo는 그 여자가 어디에 사는지 조사하라는 지시를 받았다. 그는 그녀가 똑같이 제정신이 아닌 다른 두 여자와 함께 살고 있다는 사실을 알아냈다. 그들이 방안에 있는 작은 상자에 왕을 가뒀다고 속

9장

마법에 홀린 왕이 남긴 유산

삭이는 소리를 들었기 때문이다. 도움 요청을 받은 텐다 신부는 디아즈 신부와 함께 여자들을 심문하고 필요에 따라서는 악령을 쫓기 위해 여자들이 사는 곳으로 갔다.

이런 일들이 있기 오래 전 왕의 건강은 빠르게 악화되고 있었다. 태어난 지 얼마 안 되었을 때 그는 '가장 아름다운 이목구비를 지녔으며 머리는 큰 편이고 피부는 거무스름하고 다소 통통하다'는 얘기를 들었다. 그러나 39세에 가까워지면서 그는 불치병에 시달리는 쇠약한 모습으로 변했다. 그는 사실상 태어날 때부터 병자였다. 아마도 말단비대증(acromegaly, 머리와 손발이 비대해지는 증상 - 옮긴이)을 앓았던 것으로 보이는데 말단비대증은 선천적인 내분비 장애의 결과로 뇌하수체에 종양이 생겨 나타나는 증상이다. 그가 이 병을 앓았다면 그의 특이한 신체적 특징, 즉 지나치게 큰 머리와 합스부르크 왕가의 특징인 비정상적으로 튀어나온 턱, 비대한 팔다리와 생식 불능까지도 설명이 된다. 발작적인 현기증과 간질성 경련으로 보이는 증상도 바로 이 병 때문에 나타난 것이다.

그의 만성적인 퇴행성 질병이 완화되는 시기도 있었지만 그는 제국을 통치할 지적인 능력도 의지도 갖추지 못했으며 이상하게도 지리조차 잘못 알고 있었다. 성장 환경과 불충분한 교육, 왕실의 엄격한 예법, 어머니에 대한 의존, 종교적인 심리 등은 그가 정서적으로 뒤처지고 지나치게 민감한 군주가 되는 데 영향을 미친 요인들이다. 그는 자신이 최고의 위치에 있는 광대한 제국에서 명목상의 대표에 지나지 않았다. 그가 강하게 자각하고 있던 유일한 문제는 자신이 죽은 뒤의 영토 보전에 관한 문제뿐이었다. 스탠호프는 성체 행렬에서 왕이 걷는 모습을 보고 받은 인상을 다음과 같이 설명했다.

그를 보던 모든 이들은 그가 한 발짝도 제대로 걷지 못하고 계속 비틀거릴 거라고 말했다. 다른 예상은 할 수가 없었다. 그가 1~2일 전 방안에서 걷다가 다리가 너무 약한 나머지 두 번이나 그대로 주저앉았기 때문이다. 넘어지면서 그는 한쪽 눈을 다쳤는데 행렬에 참가하고 있던 당시에는 굉장히 많이 부어 오른 상태였고 검푸르게 멍이 들었다. 그리고 다른 한쪽 눈은 깊이 함몰되었는데, 사람들의 말에 따르면 마비성 질환 때문에 신경이 수축된 탓이라고 한다.

스페인 정부는 어느 때보다도 심각한 무질서 상태에 빠졌고 정치적으로 무능력한 왕이 무수한 신생 귀족들을 만들어냄으로써 조장한 분권화로 더욱 힘을 잃었다. 외교관들은 자국에 이렇게 보고했다. "상업은 완전히 마비된 상태입니다. 실직 중인 장인들이 4만 명에 이르며 빈곤한 이들은 굶주려 죽어가고 거리에서는 날마다 식량을 얻기 위한 범죄들이 발생하고 있습니다." 외관이 이처럼 무너지고 있는 동안 왕실 내에서는 왕비가 이끄는 친오스트리아 세력과 포르토카레로 추기경이 주도하는 친프랑스 당파 사이에서 권력 싸움이 벌어졌다. 불안하던 힘의 균형은 1699년 2월 일곱 살 된 선거후가 천연두로 죽으면서 결국 뒤집혔다. 그가 죽자 루이 14세와 영국 왕 윌리엄 3세는 1699년 6월 11일 새로운 분할 조약을 체결했다. 이 조약으로 신성로마제국 황제 레오폴트의 둘째 아들 카를은 스페인 제국의 대부분을 차지했고 루이의 아들인 황태자는 첫 번째 조약에서 정해진 지역과 함께 로렌 공작령을 차지하였다. 이러한 결정은 양쪽 당사자 모두 서로를 불신하였기 때문에 허약하고 불만족스러운 것이었다. 조약 체결에 참여하지 못한 황제는 이를 부당한 결정이라 주장했고 스페인 왕 역시 의사를 존중받지 못한 것은 마찬가지였다.

가엾은 왕의 병은 이제 말기에 이르렀다. 1700년 9월 28일 그는 병자성사를 받았고 닷새 후 포르토카레로 추기경의 조언을 받으며 마지막 유언장을 구두로 지시하여 받아쓰게 했다. 그는 '선조들이 영예롭게 건설한 군주국에서 조금의 분할도 허용치 않고' 제국을 온전히 루이 14세의 손자인 앙주 공작 필립에게 유증했다. 이 유증이 아마도 그의 전 생애를 통해 가장 결정적이고 중대한 행위였을 것이다. 1700년 모든 성인 대축일All Saint's Day 오후 3시 직전 카를로스 2세는 눈을 감았다. 몇 주 지나지 않아 앙주의 필립은 왕으로 선포되어 펠리페 5세가 되었다. 분할 조약은 파기되었고 유럽은 이후 그의 직위가 완전히 입증될 때까지 13년 간 피비린내 나고 손해가 막심한 전쟁에 휩싸였다.

카를로스 2세가 스페인 역사에서 단지 표면적이고 무의미한 영향력만을 지니고 있었는가 하는 점은 논쟁의 여지가 있다. 통치 기간 중 처음부터 14년 간 그는 별로 중요치 않은 존재였고 마지막 2년 동안은 거의 존재감도 없었다. 건강이 나아지는 때도 있었지만 그때도 여전히 그는 자신이 물려받은 유산의 일부인 경제 및 정치 문제들을 해결할 능력이 없었다. 하지만 만약 그가 신체적, 정신적으로 한결 건강해서 어머니의 손아귀에서 좀 더 자유로울 수 있었다면 귀족들의 과두정치를 중단시키고 어쩌면 국가 행정에 필요한 개혁까지 일으켰을지도 모를 일이다. 그의 이복형제 돈 후앙은 잠시 통치를 맡은 동안에도 어느 정도 통찰력을 보였다. 물론 이런 직무는 카를로스 2세보다 훨씬 뛰어난 재능을 지닌 군주라 해도 위압감을 느꼈을 만한 어려운 일이었다. 그러나 실상 그의 제국에 그리고 어떤 면에서 유럽 전체에 재앙을 가져다 준 것은 그의 신체적 질병과 정신적 유약함이었다.

이후 스페인 왕가의 역사에서는 우울증과 뒤쳐진 정신 능력, 좋지 못한 건강 등으로 볼 때 카를로스 2세가 영토뿐만 아니라 병리학적, 심리학적 유산도 남겨 주었다는 사실이 드러난다. 아이러니컬하게도 노쇠한 카를로스 2세가 35년 간 통치한 후 스페인은 46세의 펠리페 5세를 왕으로 맞았다. 펠리페 5세는 카를로스 2세의 누이로서 프랑스 왕 루이 14세와 결혼한 마리아 테레사의 손자였으며 스페인 왕 펠리페 4세의 증손자였다. 그의 피 속에는 비유적으로 말하자면 합스부르크와 부르봉 왕가에서 대대로 축적된 '독성' 유전자 및 염색체가 흐르고 있었다. 자연히 그는 간헐적으로 조울증을 일으켰고 때문에 효율적인 통치를 할 수 없었으며 때로는 통치라는 것 자체가 전혀 불가능하기도 했다.[15] 굉장히 유능한 부인 엘리자베스 파르네즈Elizabeth Farnese와 여러 훌륭한 대신들의 도움이 없었다면 그는 거대한 제국에서 비참한 군주가 되고 말았을 것이다. 1746년 그의 죽음으로 문제가 끝난 것은 아니었다. 그의 아들이자 계승자인 페르디난도 6세도 비슷한 정신적 쇠약을 보였기 때문이다. 말하자면 1세기 동안 스페인에는 신체적, 정신적 건강이 정치적 책무에 적합한 군주가 없었던 셈이다.

카를로스 2세가 남긴 유언장의 정당성을 둘러싸고 13년에 걸친 유혈 전쟁이 벌어졌다. 블렌하임Blenheim, 라미예Ramillies, 오우데나르데Oudenarde, 말플라케Malplaquet 등 광대한 유럽 전장에서 수천 명이 죽고 불구가 되었다. 지브롤터Gibraltar는 영국에 함락되었다. 국고는 바닥나고 강대국들에 대한 국채는 쌓여만 갔다. 1713년 위트레흐트Utrecht 조약으로 마침내 루이 14세의 손자가 스페인 왕으로 인정되었다.

펠리페 5세는 침울하고 진지하며 독실한 사람이었다. 생시몽은 그를 이렇게 표현했다. "그는 뛰어난 지성을 타고나지도 못했고 상상력이라 부를 만한 조금의 기미도 없었다. 차갑고 조용하고 우울하고 엄숙한 그는 사냥 외에는 즐기는 일도 없었으며 사회를 두려워하고 자신마저도 두려워하여 앞에 나서는 일이 거의 없었고 다른 사람들에게 관심을 가지지도 않았다. 그는 천성적으로 고독한 은거 생활을 좋아했으며 지나치게 자만심이 강해 어떠한 반대도 용인하지 않았다."[16] 그러나 한편으로 그는 성욕도 굉장히 강해 쉴 새 없이 고해실과 부인의 침대를 왔다 갔다 했다. 생기 넘치고 활발한 첫 번째 부인 사부아의 마리 루이즈Marie Louise는 '숨바꼭질'이나 '뻐꾸기 놀이' 등의 오락을 즐기도록 유도함으로써 잠시나마 그의 주의를 심각하고 지루한 일상에서 돌릴 수 있었다. 하지만 그녀는 1714년 2월 불과 26세의 젊은 나이에 생을 마감했다. 생시몽은 이렇게 썼다. "스페인 왕은 상당히 충격을 받았지만 그럼에도 왕다운 태도를 잃지 않았다. 사람들은 그에게 사냥을 나가 신선한 공기를 마셔 보라고 권했다. 어느 날 그는 사냥을 나갔다가 왕비의 시신을 에스코리알로 옮기는 행렬을 보게 되었다. 그는 행렬을 유심히 바라보며 눈으로 쫓다가 다시 사냥에 임했다. 군주들, 과연 그들에겐 인간의 감정이 있는 것일까?"[17]

그가 홀로 지낸 기간은 짧았다. 1715년 그는 파르마Parma 공작의 딸인 엘리자베스 파르네즈와 결혼했다. 당당하고 지성이 뛰어난 그녀는 사실상 혼수상태인 남편을 대신해 스페인의 실질적인 통치자 역할을 했다. 그녀가 새로운 국민들에게서 좋은 평판을 얻지는 못했다. 스페인의 외교 정책을 조종하여 파르네즈 가문의 이익을 특히 펠리페와의 사이에서 태어난 아이들의 이익을 추구했기 때문이다. 그러나 그녀는 남편에게 절대로 없어서는 안 될 존재였으며 두 사람은

화보19 스웨덴 왕 에릭 14세Eric XIV(1533~1577)의 호화로운 남자용 갑옷과 말 갑옷,
철 세공 및 도금(1557), 말 갑옷 : 32.5㎏, 남자용 갑옷 : 27.7㎏

화보20 이반 4세Ivan IV(이반 뇌제, 1530~1584), 러시아 대공(1533년부터)이자 황제(1547년부터).
'이반 바실리예비치 황제(뇌제)'
그림_빅토르 미하일로비치 바스네쵸프Viktor Michailovitch Vasnezov(1848 ~1926)作.
캔버스에 유채, 247×132cm

화보21 표트르 1세Peter I the Great(1672~1725), 러시아 황제(1682~1725). '표트르 대제의 초상'
그림_장 마르크 나티에Jean Marc Nattier(1685~1766)作. 캔버스에 유채, 132×103cm, 1717.

화보22 카를로스 2세Charles II(1661~1700)
　　　스페인왕(1665~1700),유년기 초상화.
　　　그림_바르누에보Barnuevo, Sebastian de
　　　Herrera(1619~1671)作. 회화, 런던 소더비
　　　경매장London Sotheby' s Lot

화보23 펠리페 5세Philip V(1683~1746), 스페인 왕(1724~1746), ‘화환과 어린 천사들에 둘러싸인
　　　펠리페 5세의 초상’ (전체 작품은 한쌍)17세기 말~18세기 초.
　　　그림_야코부스 멜히오르 헤르크Herck Jacobus Melchior作.
　　　캔버스에 유채, 168×118.5cm, 런던 소더비 경매장London Sotheby' s Lot

화보24 잔 가스토네|Gian Gastone dei Medici(1671~1737), 토스카나Tuscany 대공(1723~1737).
그림_페르디난트 리히터|Ferdinand Richter(1693)作, 캔버스에 유채, 320×240㎝

화보25 크리스티안 7세(Christian VII(1749~1808), 덴마크 왕(1766~1808).
　　　　초상화, 작자미상.

화보26 캐롤라인 마틸다(Caroline Matilda, 덴마크 왕비, 크리스티안 7세 부인(1751~1775).
　　　　그림_프랜시스 코츠(Francis Cotes(1725 ~1770)作, 파스텔화(1776).

화보27 조지 3세George III(1738~1820), 영국 왕(1760~1820).
　　　하노버 선거후이자, 1814년부터는 하노버 왕. '조지 3세의 말년 초상'.
　　　점각 판화, 작자미상(1820).

화보28 루트비히 2세Ludwig II(1845~1886), 바이에른 왕(1864~1886).
      그림_카예탄 슈바이처Cajetan Schweitzer(1870)作, 초상화, 색채목판화.

화보29 노이슈반슈타인 성Neuschwanstein Castle. 퓌센Fussen(오버바이에른)에 위치.
루트비히 2세가 건립(건축 : 리에텔E. Riedel, 돌만G. Dollmann, 호프만J. hofmann,
설계 : 얀크Chr. Jank(1869~86)), 사진_ⓒ 1907

화보30 노이슈반슈타인 성NeuschWanstein Castle의 내부 모습, '가수의 방Sángerssal'
사진_ⓒ1890~1900

화보31 마리Marie 여왕(1825~1889), 바이에른의 막시밀리안 2세Maximilian II, 프로이센
빌헬름 왕의 딸. 바이에른 루트비히 2세, 3세의 모친.
그림_칼 요셉 베가스Karl Joseph Begas(1794~1854)作, 유화, 결혼식 초상화(1842).

화보32 바그너Richard Wagner, 작곡가(1813~1883).
"당신들은 정말 높은 곳에 살았습니다."(바그너와 루트비히 2세)
그림_쿠어트 폰 로친스키Kurt von Rozynski(1864)作.

화보33 월슨Woodrow Wilson(1856~1924) 초상화, 미국 28대(1913~21) 대통령.
그림_안 메타익스Jan Metteix(1918)作, 파리, 장-피에르 베르네Jean-Pierre Verney 수집품.

화보34 제2차 세계대전/얄타회담Yalta Conference 1945. 2. 4~11(독일 분할 점령과 배상금
지불 등에 관한 연합 회담).
왼쪽부터 처칠Winston Churchill, 루스벨트Franklin D. Roosevelt와 스탈린Joseph Stalin
– 리바디아Livadia궁전에서. ⓒ1945

화보35 제2차 세계대전/2차 퀘벡회담2nd Quebec Conference(Octagon Conference), 1944. 9. 11.
왼쪽부터 루스벨트Franklin D. Roosevelt, 처칠Winston Churchill과 매켄지 킹William
Lyon Mackenzie King 캐나다 수상. 퀘벡 요새에서(1944. 12. 9).

화보36 히틀러 Adolf Hitler(NSDAP, 1889~1945). 당 제복에 만자 십자장을 착용한 모습.
그림_제이콥스B. Jacobs, 회화(1933).

화보37 아돌프 히틀러(NSDAP, 1889~1945), 추수감사절 하멜른Hameln 근처 뷔케 베르크Buecke Berg
에서 히틀러와 히틀러의 유겐트Hitler youth 소년병들(1937.10.3)

화보38 국가 사회주의/파시즘 : 히틀러의 이탈리아 방문(1938. 5. 2~9).
오픈카에 타고 있는 히틀러와 무솔리니.
사진_하인리히 호프만Heinrich Hoffmann(1938. 5)

화보39 우표/독일제국 1938년 12페니히 우표, '두개의 민족과 하나의 전쟁'
히틀러Adolf Hitler와 무솔리니Benito Mussolini의 초상화.

화보40 스탈린Joseph Stalin과 레닌Vadmir Ilich Lenin(Ulyanov), 러시아 혁명가, 정치가(1870～1924)
코르키Gorki의 레닌 휴식처에서(1922).

서로 거의 떨어지는 일 없이 함께 '작은 침대'를 공유했다. 그녀는 일종의 성적인 협박을 통해 남편을 지배했던 것으로 보인다. 생시몽은 이렇게 말했다. "왕의 육체적 요구는 그녀에게 있어 가장 강력한 무기였고 때때로 그녀는 이 무기를 사용해 그를 지배했다. 밤이 되면 거부로 인한 소란이 벌어지곤 했다. 그녀는 끝까지 거부하고, 울고 때로는 자기방어를 했다."[18] 왕의 선조는 심리적으로 혼란을 일으켰다. 조부인 루이 14세는 그에게 다음과 같이 말했다.

지금 내가 하는 얘기는 누구도 너에게 해 줄 수 없는 얘기다. 너는 신경성 질환들이 선왕들의 게으름에서 비롯되었음을 직접 보았을 게다. 그러한 선례들을 경고 삼아 다르게 처신함으로써 그들이 스페인에 남긴 파괴적인 영향들을 없애야 한다. 그러나 솔직한 심정으로 걱정스럽다는 말을 하지 않을 수 없구나. 네가 위험한 전쟁 상황에 거리낌 없이 나선다고는 해도, 너를 제압하여 직무에 충실하지 못하게 만드는 이 지독한 약점을 물리치기 위해서는 용기를 길러야 한다.

이후 벌어진 상황은 루이의 우려가 충분히 근거 있는 것이었음을 증명해 주었다.

펠리페는 깊은 우울증에 빠져 좀처럼 헤어나지 못했다. 심각한 증상은 1717년 가을에 처음 나타났다. 그는 속에서 사나운 불길이 일어 몸이 다 타버릴 것만 같고 태양은 어깨를 때리며 몸 깊숙이 날카로운 광선을 내리꽂는 것 같다고 호소했다. 그를 진찰한 의사들은 어떤 이상도 발견할 수 없었고 그저 왕이 망상에 시달린다고 추측할 뿐이었다. 왕은 더욱 미친 듯이 흥분하며 자신이 옳은지 의사들이 옳은지는 죽음만이 증명해 줄 것이라고 말했다. 그는 자신이 용서받지 못할 죄로 인해 죽어가는 것이라 확신했다. 프랑스 대사는 그의 문제가 부인에 대한 요구 때문이라는 좀 더 현실적인 의견을 내놓았다. 그는 이렇게 보고했다. "왕은 부인을 지나치게 이용한 탓에 쇠약해진 것으로 보입니다. 그는 완전히 기진맥진한 상태입니다." 그가 겪은 심기증적 망상들과 현재 닥친 불행들이 개인적인 결함에 대한 신의 형벌이라는 믿음은 그의 조울증을 보여주는 징후들이었다. 그의 최고 대신 알베로니Alberoni는 이렇게 설명했다. "마지막 8개월 간 그는 정신병 증세를 보였다. 그의 상상력은 그로 하여금 자신이 곧 죽을 운명이며 몸 속에서 온갖 질병들이 자라고 있다고 믿게 만들었다." 펠리페는 죽음이 임박했다고 확신하며 고해신부를 불러 밤이나 낮이나 항상 침대 곁에 있게 했다. 대신들은 그가 유언장을 작성하여 부인 엘리자베스 파르네즈를 섭정으로 임명할 것이라 예상했다. 그의 병에 관한 소문은 외국 왕실들로 퍼져 나갔고 강대국들은 엘리자베스가 섭정이 되거나 왕이 죽을 경우에 대비해 이권을 지키기 위한 절차를 밟기 시작했다. '간교한 세 명의 프랑스인들'은 의료 보조원들을 억지로 투입시켰고 왕비는 프랑스의 영향력에 맞서기 위해 아버지인 파르마 공작을 설득해 공작의 주치의 체르비Cervi 박사를 남편의 간호인으로 보냈다. 프랑스와 영국이 보기 드물게 서로 협력적인 태도를 보이며 스페인에 대항해 전쟁을 일으키자 왕은 비로소 무기력 상태에서 깨어났다.

그러나 펠리페의 내성적인 우울증은 재발하여 국내의 정치적 위기를 불러왔고 왕비에게 무거운 짐을 안겨 주었다. 그의 종교적인 조심성은 스페인에 일어나는 재앙들이 자신의 부족함에 대한 신의 징벌이라는 믿음을 다시 한 번 강화시켰다. 어두운 마음 한 구석으로부터 그는 왕위에서 물러나지 않으면 안 된다는 의무감을 갖게 되었다. 그에게는 국가를 다스릴 능력이 없으므로 이 결론은 신의 지시가 거의 필요치 않은 틀림없는 사실이었다.

1723년이 저물기도 전에 파리 전역에는 펠리페가 종교적인 강박관념에 시달려 왕위를 포기하려 한다는 소문이 퍼졌다. 의심 많은 이들은 이러한 결정에 다른 이유가 있는 것은 아닌지 궁금해했다. 펠리페는 마음속으로 고국 프랑스에 돌아갈 수 있기를 꿈꾸었으며 젊은 프랑스 왕 루이 15세의 허약한 건강 상태는 그로 하여금 끊임없이 프랑스 왕위 계승에 대한 기대를 갖게 만들었다. 그러나 그는 프랑스의 왕도 스페인의 왕도 될 수 없었다. 스페인 왕의 자리에서 물러난다면 그는 루이 14세의 뒤를 따를 가능성이 훨씬 높았다.

1724년 1월 10일 펠리페는 아들 루이스Luis에게 왕위를 넘기고 퇴위하겠다는 결정을 발표했다.[19] 그는 이렇게 말했다. "나는 이 군주국의 통치라는 무거운 짐을 벗기로 결심했소. 내게 남은 시간 동안 나의 죽음에 마음을 기울이고 또한 새롭고 보다 영속적인 왕국의 구원을 위해 기도하기 위함이오." 왕위에서 물러난 후 그는 이렇게 말했다. "아아 나는 이제 왕이 아니다. 남아 있는 나날들은 주님께 봉사하고 고독에 묻혀 보내리라."

펠리페의 퇴위는 일종의 속임수였다. 그는 프란치스코회 수도복을 즐겨 입고 왕실의 절제 및 비용 축소를 선언했지만 그가 퇴위하여 새로운 거처로 택한 곳은 산 일데폰소San Ildefonso에 있는 화려한 신축 건물 라 그랑하La Granja 궁전이었다. 이 궁전을 짓는 데만 약 2천 4백만 페소가 들어 스페인 국고는 엄청난 손실을 입었다. 사실상 산 일데폰소는 그 후 정치의 중심지가 되었다. 펠리페뿐 아니라 그의 야심 많은 부인도 국정에 관여하는 일을 결코 그만두지 않았기 때문이다.

새로운 왕과 왕비는 절망적일 정도로 물정에 어두웠다. 루이스는 운동과 춤에서 뛰어난 재능을 보여 스페인 국민들이 '사랑스러운 사람el bien amado'이라 부를 만큼 인기가 좋았다. 그러나 다른 면에서 보면 그는 배운 바도 별로 없고 여자들에게는 퉁명스러우며 밤에는 거리를 돌아다니면서 강도질을 즐기는 등 행실이 좋지 못한 젊은 악한에 지나지 않았다. 그는 부인의 시녀가 머무는 사적인 거처에 예고 없이 들이닥치곤 했다. 정치적인 기술보다는 운동이 그의 전문 분야였다. 그의 부인도 마찬가지로 취미가 경박하고 태도가 저속하여[20] 루이스는 실제로 그녀를 임시 감금하기도 했다.

새 왕과 왕비의 행실로 인해 산 일데폰소에서 얼마나 당황했을지는 안 봐도 뻔한 일이다. 언제나 그랬듯 조심성 많은 펠리페는 부적절한 계승자에게 왕위를 넘기고 퇴위함으로써 어찌 보면 신을 모욕하는 죄를 범한 것은 아닌지 고민하기 시작했다. 그는 아들의 어린아이 같은 행동을 꾸짖고 특히 며느리의 행동에 대해서는 더욱 비난을 아끼지 않았다. 그리고 그들의 결혼이 아직 완성되지 않았다면 결혼을 무효로 할 수 있는지 조사에 나섰다. 그러다가 그는 운좋게 이 딜레마에서 벗어날 수 있었다. 1724년 8월 말 아들이 천연두로 돌연 세상을 떠났기 때문이다.

그러나 펠리페는 또 다른 딜레마에 직면하였다. 그가 왕위를 포기했으므로 이제 왕의 자리는 루이스의 동생 페르디난도가 물려받게 되었고 펠리페의 고해신부조차 여기에 찬성의 뜻을 표한 것이다. 하지만 이는 환영할 만한 결과가 아니었다. 특히 남편의 퇴위에 따른 권력의 양도를 결코 기꺼이 받아들인 적 없는 엘리자베스 파르네즈에게는 더욱 반가울 리 없는 일이었다. 그녀의 강력한 지지와 로마교황 사절 알도브란디니Aldobrandini의 격려에 힘입어 펠리페는 다시 왕관을 쓰겠다고 선언했다.

그리하여 펠리페는 20년 이상 아들의 앞에 나서서 통치를 했다. 그러나 외교 정책을 조율한 사람은 엘리자베스 파르네즈였다. 당연히 정책은 그녀의 이탈리아 가족들의 이익, 특히 후에 스페인의 카를로스 3세가 되는 아들의 이익에 초점이 맞춰졌다. 국내 경제는 계속 침체된 상태에 머물러 있었다. 그동안 펠리페는 주기적으로 조울증에 시달렸다. 심각한 단계에 이르면 쉽사리 정신병으로 이어질 수 있는 증상이었다. 1727년 봄 그는 다시 한 번 심각한 상태에 빠져 어떤 때는 무기력하게 가라앉아 있고 또 어떤 때는 격렬하게 흥분하여 의사들과 고해신부에게 난폭한 행동을 했다. 왕비는 그의 종교적인 관념이 너무 지나치다고 판단하여 억제시키려 했으나 이에 대한 반응으로 그는 왕비를 때리려 했다. 소리를 지르기도 하고 노래를 부르기도 하고 심지어 자해까지 했다. 또한 심한 불면증에 시달리고 식욕을 잃어 사탕과자로 생명을 유지했다. 전에는 지나치게 살이 쪘던 그가 이제는 수척해졌다. 망상에 시달린 그는 양쪽 발 크기가 달라 걸을 수 없다고 믿었고 머리카락을 자르려 하지 않아 가발 쓰기가 어려워졌으며 수염도 깎으려 하지 않았다. 왕비는 왕실을 마드리드에서 안달루시아Andalucia로 옮기자고 권유했다. 그리하여 1728년부터 1733년까지 왕실은 세비야의 알카자르Alcazar에 있었다.

펠리페는 자신에게 책임을 완수할 능력이 없다는 사실을 지나치게 잘 알고 있었고 다시 퇴위할 수 없을까 끊임없이 생각했다. 이 생각이 알려지면 왕비는 굉장히 놀랄 것이 뻔했다. 그는 부인과 상의하지 않고 카스티야 의회 의장에게 편지를 보내 왕위를 아들 페르디난도에게 넘겨주고 싶다고 말했다. 의회는 애매한 태도를 취했다. 왕은 의회가 자신의 결정을 승인했다고 믿고 사냥 중에 엘리자베스에게 편지에 관해 이야기했다. 엘리자베스 파르네즈는 매우 걱정하며 편지를 취소하라고 재촉했다. 자신과 아이들에 관한 조항들이 수정되어야 한다는 것이었다. 편지가 무사히 손에 들어오자 그녀는 편지를 찢어버리고 남편에게 자신이 동의하지 않은 퇴위는 정당하지 않다며 결코 찬성할 수 없다고 말했다.

편지는 찢어졌지만 그가 충동적인 결정을 할 위험은 남아 있었기에 펜과 종이는 모두 그의 손이 닿지 못하도록 가능한 한 멀리 치워졌다. 한동안 그는 어느 정도 정상적인 생활로 돌아와 8개월만에 처음으로 면도를 허락하고 정치적인 직무에 관여했다. 그러나 이것이 국가의 이익을 위한 일이었는지는 의심스럽다. 확실한 사실은 대신들이 그로 인해 무척 불편을 겪었다는 것이다. 영국 사절 벤자민 킨 Benjamin Keene 경은 1731년 4월 6일 월드그레이브Waldegrave에게 이렇게 전했다. "독실하신 폐하께서는 잠자지 않고 사는 시험을 하시는 것 같습니다." 그는 오전 3시에 저녁을 먹고 오전 5시에 잠자리에 들어갔다. 그리고는 오후 3시에 일어나 미사에 참례했다. 그러다가 일일 패턴을 바꿔 오전 10시에 잠자리에 들고 오후 5시에 일어났다.

1730년 사르디니아Sardinia 왕이 퇴위하기로 결정했다는 소식이 스페인에 전해졌다. 왕비와 그녀의 고문들은 펠리페가 이 예를(사르디니아 군주는 정부와 결혼하기 위해 왕위에서 물러난 것이지만) 따르려 하지 않을까 매우 걱정했다. 그들은 사르디니아 왕의 퇴위는 그가 정말로 제정신이 아님을 보여주는 일이라고 펠리페에게 납득시키려 애썼다. 그러나 1732년 8월 펠리페는 또 다시 침대에 들어가서는 식사를 하러 일어나지도 않고 직속 하인들과만 이야기를 나누며 머리카락을 자르거나 손톱을 깎는 일도 거부했다. 킨은 1732년 10월 17일 뉴캐슬Newcastle 공작에게 이렇게 말했다. "이곳에는 현재 마땅한 정부는커녕 그 형태조차 존재하지 않습니다. 왕이 대신들이나 고해신부를 만나지 않은지 거의 20일이 지났고 따라서 사망 소식도 없습니다."

1733년 부활절에 이르러 그는 다시 정상 상태로 돌아오는 듯한 기미를 보였다. 페르디난도는 아버지를 설득하여 수염을 깎고 속옷을 갈아입고 구토제(嘔吐劑)를 먹게 할 수 있었다. 여름이 되자 영국 사절은 이렇게 보고했다. "왕이 계속 직무에 전념하고 있어 이제 정부는 규칙적인 기반을 되찾은 상태입니다. 건강에 있어서 왕은 어느 때보다 활기차며 말수도 많아졌습니다." 그러나 이는 단지 휴지기에 불과했다. 왕실은 음모로 인해 분열되었다. 의붓아들 페르디난도가 왕에 대한 영향력을 얻는 듯 하자 왕비가 분개한 것이다. 부지런하고 끈기 있는 영국 사절은 다음과 같이 전했다.

왕비는 이처럼 왕자에게 의지하는 일은 틀림없이 피하려 했을 것입니다. 그러나 왕비의 눈물에는 왕이 너무나 익숙해져 있어서 그다지 마음이 동하지 않을 것이고 반면 왕자의 눈물은 낯선 것이기 때문에 영향이 미치지 않을 수 없었겠지요. 게다가 왕비가 누구도 거처에 접근하지 못하도록 경계한 것으로 보아 왕비가 결국 왕이 승낙할 만한 계획을 억지로 세웠다는 데에는 의심의 여지가 없습니다. 이러한 계획을 속행할 수 있는 권한을 얻기 위해서는 나머지 시도들이 모두 신중하게 이루어져야 했습니다. 왕이 억지로라도 건강에 신경을 쓰게 해야 한다고 왕자에게 납득시키는 일 또한 마찬가지였습니다.[21]

그가 정상 상태를 회복한 기간은 오래 가지 못했다. 1738년 초엽 사람들은 그를 가리켜 '머리에 이상이 생겼다'고 표현했다. 그는 늘

말이 없고 침울했다. 다만 때때로 그의 방에서 흘러나오는 새된 목소리가 광란의 조짐을 보여 줄 뿐이었다. 킨은 일찍이 영국 최고 대신 뉴캐슬 공작에게 "퇴위를 해야 끝날 것입니다."라고 말했지만 펠리페는 부인에게 강력히 의존한 채 굳건히 왕의 자리를 지켰다. 킨은 1738년 8월 2일 뉴캐슬 공작에게 다시 한 번 자세하게 전했다.

식사를 하러 갈 때면 그는 무시무시한 소리를 질러서 처음에는 모두가 소스라치게 놀랐습니다. 그는 식탁에 앉자마자 심복 신하들에게 모든 방을 깨끗이 치우라고 시키기도 합니다. 왕비는 그의 행동을 확신할 수 없기에 절대로 그를 문 밖에 나가지 못하게 하며 때문에 그들은 예전처럼 산 일데폰소의 정원에서 마음껏 공기를 들이마실 수도 없습니다. 그가 밤에 즐기는 오락은 파리넬리(Farinelli, 이탈리아 성악가 카를로 브로스키Carlo Broschi – 옮긴이)가 부르는 이탈리아 노래 다섯 곡을 듣는 것입니다. 그는 처음 왕 앞에서 노래할 때도 같은 곡을 불렀고 거의 12개월 동안 쉬지 않고 매일 밤 노래하고 있습니다. 하지만 이 이야기를 들으시면 아마 웃으실 겁니다. 왕은 파리넬리를 흉내내며 때로는 한 곡조 한 곡조 따라 부르기도 하고 또 때로는 노래가 끝난 후에도 계속 부르곤 합니다. 그러다가 갑자기 괴상한 행동을 하며 소리를 질러대기 때문에 사람들이 그의 어리석은 행동을 보지 못하게 하려면 온갖 수단이 다 동원되어야 합니다. 그는 이번 주에도 한 번 발작을 일으켰는데 12시부터 시작된 발작은 새벽 2시가 지나서야 겨우 진정이 되었습니다. 이들은 왕을 목욕시키는 일에 관해 얘기를 꺼내기는 하나 왕을 설득할 수 없을까봐 염려하고 있습니다.[22]

파리넬리는 후에 버니 박사에게 말하기를 왕이 죽는 날까지 자신은 똑같은 네 곡의 노래를 계속 불렀으며 그 중 두 곡은 하세Hasse의

《창백한 태양》과 《이 달콤한 포옹을 위해》였다고 했다. 따라서 계산해 보면 그는 이 노래들을 약 3,600일 동안 매일 밤마다 부른 셈이된다.

그렇게 시간이 흐르는 동안 게으르고 독실하고 음울한 왕은 제국의 정책을 결정하는 자신의 부인에게만큼은 변함 없이 마음을 쏟았다. 왕의 반복되는 조울증이 보여준 희비극은 1746년 7월 9일 그를찾아 온 강력한 일격으로 비로소 막을 내렸다. 아르장송Argenson 후작은 그를 이렇게 평했다.

> 펠리페는 억울함과 비만으로 죽었다. 적당한 수준을 넘어선 지나친 탐욕때문이었다. 그는 고된 삶을 살면서도 유용한 일은 하나도 하지 못했다. 부인이 그토록 남편을 지독하게 지배하도록 놓아두다니 지금까지 그처럼 결혼이라는 관계를 잘못 이용한 예는 없었다. 왕비는 그에게 스페인의 부와 명예를 희생하도록 강요하여 이탈리아 영토를 손에 넣었다. 하지만 주님께서는 그녀가 결코 그러한 부와 명예를 누리지 못하게끔 운명을 정하셨다.[23]

남편이 죽고 의붓아들 페르디난도가 왕위에 오르면서 엘리자베스파르네즈의 지배력은 끝을 맞았다.

그러나 페르디난도가 즉위한 후에도 이 군주국의 특성은 거의 변하지 않았다. 새로운 왕은 펠리페의 첫 결혼에서 넷째로 태어났지만유일하게 살아남은 아들로서 창백한 얼굴에 표정이 없고 체격은 짧고 단단하여 킨은 "그의 연인이 기대할 수 있을 만큼 튼튼하고 건장하다."라고 표현했다. 그는 대신들과 더불어 어느 정도 현명한 정치적 수완을 보여 주었고 스페인은 평화와 조화의 시기를 맞았다. 그러나 그 역시 아버지의 기질을 물려받았다.[24] 그는 천성적으로 게을렀으며 우울함을 덜어 줄 휴식처로서 연극과 오페라(그와 그의 부인은 스카를라티Scarlatti와 파리넬리의 후원자였다) 그리고 여타 오락거리들을 찾았다. 다른 면에서 그는 침울하고 의심 많으며 우유부단했고 아버지와 마찬가지로 우울증에 빠져 어느 날 갑자기 비참한 죽음을 맞게 될까봐 끊임없이 두려워했다.

그는 아버지만큼이나 부인에게 꼼짝 못하여 포르투갈 왕 주앙John 5세의 딸인 부인 바르바라Barbara에게 완전히 의존했다. 콕세Coxe 부주교는 그녀를 이렇게 표현했다. "그녀는 용모에 이렇다할 매력이 없었고 본래의 우아한 모습은 비만으로 사라졌다."[25] 그러나 이 말은 어느 정도 절제된 표현이었다. 그녀는 피부도 거칠고 입술은 두꺼운데다가 만성 천식chronic asthma에 시달렸다. 그녀의 기질도 남편 못지않게 비현실적이었던 것으로 보인다. 그녀가 태어난 브라간자Braganza 왕가 역시 정신적 장애에서 자유롭지 못했기 때문이다. 남편과 마찬가지로 그녀도 갑작스런 죽음에 대한 두려움에 늘 시달렸으며 아마도 만성 천식은 이 두려움을 더 부추겼을 것이다. 또 한 가지 그녀가 두려워한 것은 남편이 죽으면 빈털터리가 될 수 있다는 점이었다. 이러한 재난을 막기 위해 그녀는 엄청나게 탐욕스러워졌고 결과적으로 1758년 8월 27일 그녀가 죽은 후 형제인 포르투갈의 페드로Pedro는 상당한 재산을 얻게 되었다.

그녀의 죽음은 남편의 조울증 재발을 재촉했다. 그는 사람들을 멀리하고 빌라비치오사 데 오돈Villaviciosa de Odón 궁에서 은둔하면서 영양 공급을 위한 수프를 제외하고는 먹지도 않았으며 잠도 자지 않았다. 그는 습관적으로 하인들을 때렸다. 영국 대사 브리스톨Bristol 경은 이렇게 전했다.

왕의 우울함은 무엇으로도 달랠 수 없으며 그의 몸에는 과묵함이 뿌리깊이 배어 있어 어떤 지시도 어떤 명령도 기대할 수 없습니다... 그는 면도도 하려 하지 않으며 굉장히 오랫동안 갈아입지 않은 셔츠와 잠옷만 걸치고 걸어다닙니다. 열흘 동안 그는 잠자리에 들지도 않았고 이 달 둘째 날 이후로 어쩌다 30분씩을 제외하고는 다섯 시간도 채 자지 않은 것 같습니다. 그가 자리에 누우려 하지 않는 것은 그렇게 하면 죽게 된다고 생각하기 때문입니다.

페르디난도는 부인보다 그리 오래 살지 못했다. 그는 가위로 자살을 기도하고 독약을 간청하기도 했으나 1759년 8월 10일 47세의 나이로 자연사했다. 이후에도 스페인에서 카를로스 2세만큼 신체적으로 쇠약하거나, 펠리페 5세와 페르디난도 6세만큼 심한 우울증에 시달린 군주는 없었다. 페르디난도의 계승자는 그의 이복형제이자 펠리페와 엘리자베스 파르네즈의 아들인 카를로스 3세로 한때 토스카나 대공국의 상속자였고 후에는 양 시칠리아Two Sicilies 왕국의 왕이 되었는데 그는 유능하고 깨어 있는 군주였다. 그러나 비유적으로 말하자면 유전자들은 함께 음모를 꾸미며 스페인 부르봉 왕가에서 훌륭한 정치 능력을 빼앗아버렸다. 이후의 스페인 왕들 가운데 카를로스 4세는 선의를 지녔으나 나약한 군주로서 부인 마리아 루이사Maria Luisa에게 위압되어 꼼짝도 하지 못했다. 루이사는 최고 대신 고도이Godoy를 애인으로 두었다. 왕은 고도이에게 이렇게 묻곤 했다. "오늘은 백성들이 뭘 하고 있던가?" 현대 역사가는 그의 통치에 관해 이렇게 썼다. "그는 끝까지 성숙하지 못한 채 지식도 판단력도 어린아이 수준에 머물러 있었으며 자기편과 적도 구분하지 못했다."[26] 고야Goya가 그린 뛰어난 초상화는 부르봉 왕가의 무능함과 단순하고 경박한 태도를 정확하게 표현하고 있다. 카를로스의 아들 페르디난도 7세는 철저한 반동주의자였지만 페르디난도의 딸로서 세 살 때 왕위에 오른 여왕 이사벨라 2세는 '거칠고 다소 창백한 외모'에 정치적으로 보수적이고 정서적으로 경건한 여자였다. 외교적인 목적에 휩쓸려 그녀는 열여섯살 때 사촌인 부르봉 왕자 프란치스코 데 아시스 Francisco de Asis와 불행한 결혼을 했다. 그는 나약하고 미숙한 젊은이로 성인이 되어서도 인형들을 가지고 놀았고 감기가 걸린 듯한 사람은 절대 만나려 하지 않을 정도로 심기증이 심했다. 여왕은 성흔stigmata을 지닌 것으로 여겨지던 수녀 소르 파트로치니오Sor Patrocinio에게 어쩌면 지나칠 정도로 애착을 보이며 불행한 결혼에 대한 보상을 다른 곳에서 찾으려 했다. 여왕의 남편은 이렇게 썼다. "여왕에게는 애인들이 있다. 그녀의 어머니 크리스티나는 그녀의 희망에 따라 애인을 붙여주고 싶어했다." 근친혼의 영향에 대한 추측은 접어두더라도 스페인 왕가에서 신경쇠약의 경향이 오랫동안 지속되어 반복적으로 국가에 정치적인 영향을 미쳤다는 점만큼은 거의 의심할 수 없는 사실이다.

10

피렌체의 환락

_잔 가스토네 Gian Gastone dei Medici

10

피렌체의 환락

메디치 가문은 합스부르크나 부르봉 가문과 달리 왕가는 아니었다. 그러나 이들은 정치적으로 현명하고 문화에도 열의를 보인 이탈리아의 군주들로서 16세기 초반 짧은 기간을 제외하고는 1430년대부터 1737년 마지막 대공 잔 가스토네Gian Gastone가 죽을 때까지 피렌체를 다스렸다. 실질적으로 가문의 기반을 다진 호상(豪商) 코시모 데 메디치Cosimo dei Medici와 그의 손자 위대한 로렌초Lorenzo the Magnificent의 능숙한 지도 아래 피렌체는 최고점에 도달했다고 할 수 있다. 광대한 은행망을 통해 메디치 가문은 서유럽의 경제 및 정치에서 세력가로 성장했으며 이권이 축소된 후에도 오랫동안 이탈리아에서 지배적인 세력으로 남았다. 메디치 가문에서는 두 명의 교황 클레멘트Clement 7세와 레오Leo 10세뿐만 아니라 여러 추기경들도 잇따라 배출되었다. 또한 프랑스에서 가장 유력했던 왕비들 가운데 두 명 카트린 데 메디치Catherine dei Medici와 마리 데 메디치Marie dei Medici 역시 이 가문 출신이었다. 메디치 가문과 그 지지자들의 후원

덕분에 피렌체에서는 훌륭한 건축물과 그림, 조각상들이 풍부하게 제작되었다. 토스카나의 대공으로서 메디치 가문의 대표들은 전제적인 권력을 행사하며 호화로운 대저택을 거느렸다. 17세기 후반 메디치 가문을 비롯하여 피렌체인들은 말하자면 동맥경화증에 시달리고 있었다. 그들은 화려한 과거의 명성과 자산에 기대어 살아가고 있었던 것이다. 메디치 가문의 저택에서는 여전히 화려하고 사치스러운 생활이 이루어졌으며 공작들은 전과 다름없이 예술과 문화의 후원자였다.

그러나 어떤 면에서 이러한 화려함은 토스카나의 경제적인 쇠퇴와 정치적인 허약함을 가린 겉모습에 불과했다. 토스카나는 산업 번영의 중심지에서 물러난 지 오래였고 농업 역시 곤란에 빠졌다. 시민들은 막대한 세금 부담을 등에 진 채 호사스러운 저택에 드는 비용을 조달하고 대공이 해외 강국들에 지불해야 하는 보수금을 채워야 했다. 가장 큰 부담을 지게 된 이들은 토스카나 경제에서 언제나 버팀대 역할을 하던 중간 상인들과 농민들, 상인들이었다. 결과적으로 빈곤은 심화되고 실업률은 증가했다. 피렌체인들의 주의를 다른 곳으로 돌리기 위해 종교적인 제전이나 비종교적인 축제들이 열렸지만 병들어 곪아가는 경제 상황을 효과적으로 감출 수는 없었다.[1]

사실상 피렌체는 정치적으로 무력해졌다. 1670년부터 1723년까지 통치했던 대공 코시모 3세는 외국을 방문할 때면 고귀한 군주에게 어울리는 장엄한 의식으로 환대를 받았다. 뿐만 아니라 황제는 그에게 각하라는 칭호(황제가 이미 사부아 공작에게 이 칭호를 수여해 그는 분해하던 참이었다) 대신 전하라는 칭호를 내리고 '고귀하신 전하'라 불릴 수 있는 권한을 주었다. 그러나 이는 단지 명목상의 영예일 뿐이었다. 피렌체는 삼류 세력이 되었고 군사력도 변변찮았으며 한때 막강했던 해군은 거의 존재 자체가 무의미했다. 피렌체가 평화롭고 비교적 외국의 간섭에서 자유로울 수 있었던 이유는 강대국들이 개입할 만큼 흥미를 끄는 곳이 아니었기 때문이다. 하지만 그들은 시들어가는 메디치 가문 주변을 독수리처럼 맴돌았고 피렌체는 스스로를 제대로 보호하지 못하는 미끼 신세였다.

대공 코시모 3세는 53년 동안 토스카나를 지배했다. 그의 통치는 특별히 훌륭하지도 형편없지도 않았다. 그러나 그의 개인적인 성격 가운데 어떤 면들은 통치에 영향을 미쳤다. 이러한 그의 성격적 특성을 살펴보는 일은 그의 아들이자 후계자인 마지막 대공 잔 가스토네의 천성적인 기질을 이해하는 데 필수적인 과정이다. 코시모 대공의 아버지 페르디난도 대공은 1621년부터 1670년까지 피렌체를 통치했고 부인보다는 잘생긴 젊은 시종 브루토 델라 몰라라Bruto della Molara 백작에게 더 애정을 쏟았다. 이러한 아버지와 불행한 결혼 생활을 하는 경건한 어머니 손에 자란 코시모는 마음이 좁고 깊으며 열성적이어서 세속적인 일보다는 종교적인 일에 더 적합한 성격이 되었다. 1659년 이미 그에 관해서는 이런 이야기가 전해지고 있었다. "그에게는 보기 드문 신앙심의 기미가 보인다... 그는 심상치 않은 우울함에 지배당하고 있다... 그가 웃는 것을 본 적이 없다." 그의 인생은 끊임없는 교회 방문의 여정이나 다름없었다. 예컨대 그는 하루에 교회를 5~6 군데나 다녔고, 그의 최대 기쁨은 종교 행렬에 참여하는 것이었다. 에드워드 라이트Edward Wright는 그의 인생 후반기에 관해 이렇게 썼다. "대공은 거처에 기계를 하나 가지고 있는데 그 기계 위에는 달력에 표시된 모든 성인들의 자그마한 상들이 은으로 만들어져 고정되어 있다. 이 기계는 돌아가다가 멈춰 특정한 성인의 축일을 표시해 주며 그 앞에서 대공은 끊임없이 기도를 올린다." 그는 또 이렇게 덧붙였다. "그의 열성은 너무 대단해서 개종자들을 로마 교회로 보낼 정도다."² 아마도 그의 인생에서 가장 큰 행복감을 안겨 준 일은 교황이 그를 성 요한 라테란 대성당St John Lateran의 참사회원으로 임명한 일이었을 것이다. 이로 인해 그는 그리스도가 십자가의 길에서 사용하여 희미하게 그의 모습이 남아 있다는 성녀 베로니카의 수건을 만져볼 수 있는 특권을 얻게 되었다. 코시모는 참사회원의 의복을 갖춰 입고 초상화에 그려지는 일을 자랑스럽게 생각했다. 1719년 그는 하늘의 뜻에 따라 토스카나를 '가장 영예로운 성 요셉의 통치와 완전한 지배' 아래 바쳤다.

이처럼 광적인 신앙은 피렌체 사회에서 전혀 생소한 것이 아니었기 때문에 만약 법적인 행위로까지 이어지지만 않았다면 해가 되지 않았을 것이다. 대공은 품행에 있어서든 믿음에 있어서든, 자신의 태도가 정통적인 신앙에서 벗어나는 일을 참을 수 없었다. 그는 여자들이 배우가 되는 일을 금하고 미혼 여성이 있는 집에 남자가 들어가지 못하게 하는 등 참을 수 없는 반유대주의 법령들을 무수히 만들어 강요했다. 가톨릭교도와 유대교도의 결혼은 금지되었고 가톨릭교도들은 그들과 한 집에 살아서도 안 되었다.

한 유대교도는 유대교도가 아닌 매춘부와 어울렸다가 300크라운의 벌금을 물었고 매춘부는 대중 앞에서 허리까지 옷이 벗겨진 채 매질을 당했다. 1683년 11월에는 가톨릭교도인 유모들이 유대교도의 아기를 기를 수도 없게 되었다. 대공은 학교 및 대학들을 통제하여 정통 신앙에 대한 도전으로 해석될 수 있는 것은 무엇이든 금지하려 애썼다. 그는 반디넬리Bandinelli의 아담과 이브 조상을 무례하다는 이유로 성당에서 치우라고 명했다.

코시모는 프랑스 왕 루이 13세의 조카이자 루이 14세의 사촌인 마르그리트 루이즈 도를레앙Marguerite Louise d'Orléans과 결혼했다. 언뜻 보면 메디치 가문 연장의 모든 기회들을 제공해 줄 수 있을 것 같았기에 이 결혼은 외교적으로 탁월한 선택처럼 보였다. 메디치 가문의 집권 연장은 코시모가 오랫동안 품고 있던 목적이었다. 코시모는 이런 얘기를 들었다. "그녀는 폐하의 노년을 위로해 주고 혈통을 영속시켜 줄 것입니다."

그러나 실상 코시모와 마르그리트 루이즈의 결혼은 이보다 더한 불화를 거의 찾아 볼 수 없을 만큼 불행했다. 금욕적이고 침울한 신랑은 육체적인 관계를 싫어했고 어떤 이들은 그가 동성애자일 것이라 의심했다. 하노버의 소피아Sophia 공주는 이렇게 전했다. "그는 일주일에 단 한 번 부인과 함께 잠자리에 듭니다. 그러고 나서는 너무 오래 침대에 누워 있으면 건강을 해칠 수 있다는 의사의 지시에 따라 침대에서 빠져 나옵니다." 이에 반해 부인은 아름답고 명랑했으며 신체적으로도 활력이 넘쳤고, 가스통 도를레앙Gaston d'Orléans의 딸답게 거만하고 고집 세고 이기적이었다.

파리 루브르에서 대리인을 통해 결혼식을 올리고 바다를 건너 이탈리아로 온 그녀는 호화로운 의식과 함께 새로운 백성들의 환영을 받았다. 그러나 마르그리트 루이즈에게 환상은 거의 없었다. 그녀는 파리에서 연인이었던 로렌 공작 샤를을 떠나와야 했고 대공비가 아닌 왕비가 되고 싶었다. 그리고 새로운 나라는 마음에 들지 않았다. 그녀가 보기에 피렌체인들은 답답하고 지루했으며 남편은 견딜 수 없을 만큼 싫었다. 코시모의 아버지는 그녀의 프랑스 수행원들을 돌려보내고 가능한 모든 압력을 가해 그녀가 의무를 수행하게 했다. 결국 1663년 상속자 페르디난도가 태어났다.

하지만 마르그리트는 여전히 자신의 운명을 원망했다. 그녀는 마음을 가라앉히라고 포지오 아 카이아노Poggio a Caiano에게 보내졌고 이곳에서 프랑스 왕비에게 자신은 '모든 편의를 빼앗겼으며 지독한 고독 속에 산 채로 매장되었다'고 말했다. 그러나 실제로 그녀는 수많은 조신들에 둘러싸여 있었다. 전(前) 애인 샤를 공작과의 관계는 그의 결혼으로 끝났지만 그의 방문도 그녀를 결혼 생활에 만족하게 만들지 못했다. 임신한 사실을 알았을 때 그녀는 유산을 시도했다. 하지만 결국 1667년 8월에 딸 안나 마리아Anna Maria를 낳았다. 마르그리트 루이즈는 프랑스로 돌아가게 해 달라고 강력하게 요청했다. 그녀가 남편과 한 침대 쓰기를 거부하자 사촌 루이 14세는 그녀에게 예의 바르게 처신하라고 말했다. 코시모는 비용이 많이 드는 외국 여행을 여러 차례 떠났다. 아마도 오랫동안 눈에 보이지 않으면 호감이 생길 것이라는 잘못된 믿음 때문이었다. 어쨌든 두 사람을 말하자면, 최소한 결혼 관계는 재개됐고 1671년 5월 24일 셋째 아이인 잔 가스토네가 태어났다. 마침내 대공비는 마음대로 할 수 있게 되었고 1675년 6월 12일 토스카나를 떠나 프랑스로 간 후 다시는 돌아오지 않았다.

두 사람의 편치 않은 관계는 대공에게 더욱 성가신 상황이었을 것이다. 그의 인생 최대 관심은 왕조의 미래였기 때문이다. 결과적으로는 굉장히 오래 살았지만 코시모는 심기증이 있어서 늘 죽을까봐 불안해했고 때문에 메디치 가문의 계승자 확보에 관심을 쏟았다. 그러나 결국 자식들의 결혼 문제를 조정하는 데 있어서 그를 마리 루이즈와 결혼시킨 아버지에 비해 나을 것이 없었고 사실상 오히려 그보다 못했다. 자식들 중 누구도 자손을 보지 못한 것이다. 코시모의 상속자 페르디난도 대공은 바이에른의 공주 비올란테Violante와 결혼했으나 그녀에게 열정을 갖지 못했다. 결혼하자마자 페르디난도는 좀 더 만족스러운 상대를 찾기 위해 베네치아로 갔다. 남자든 여자든 상관없었다. 아들의 편향적 기호를 잘 알고 있는 코시모는 다음과 같은 경고의 편지를 보냈다.

영혼까지 저주받을 그 위락거리들을 그만두겠다고 약속하기 바란다... 또한 점잖지 못하게 음악가들이나 희극배우들(저속하다고 여겨지는 이들)과 친밀하게 지내거나 대화를 나눠서도 안 되며 매춘부들과 어울려서도 안 된다. [3]

그러나 재능 있는 유미주의자로서 페르디난도의 낙은 바로 '점잖지 못하게 음악가들과 친밀하게 지내는 일'이었다. 가정교사는 페르디난도가 총애하던 가수 페트릴로Petrillo를 왕실에서 쫓아냈지만 베네치아에서 페르디난도는 그를 대신할 카스트라토(castrato, 16~18세기 어릴 때 거세한 남성 가수 - 옮긴이) 체치노 드 카스트리스Cecchino de Castris를 찾았고 체치노는 페르디난도에 대해 막대한 영향력을 갖게 되었다. 만약 그가 카스트라토들로만 만족했다면 건강에는 더 이로웠을 것이다. 하지만 또 한 번 베네치아를 방문했을 때 그는 매독에 감염되어 여자 가수 라 밤바자La Bambagia와 함께 돌아왔다. 아버지보다 10년 먼저 세상을 떠난 그는 죽기 훨씬 전부터 기억력을 잃고 정신적인 능력에 손상을 입었으며, 매독으로 인해 정신이상을 동반한 전신마비를 일으켰다. 어떤 이들은 그를 가리켜 '비너스를 위한 순교자'라 말했다.

페르디난도가 자손을 볼 수 없다는 사실은 금세 분명해졌기 때문에 대공은 딸 안나 마리아의 결혼 문제로 관심을 돌렸다. 대공은 스페인, 포르투갈, 사부아 등에서 그녀의 남편을 찾으려 했으나 실패했고, 프랑스 황태자와 결혼시키려던 계획도 그녀의 어머니인 대공비의 책략이 부분적으로 영향을 미쳐 역시 실패로 돌아갔다. 하지만 마침내 신성로마제국 황제의 제안으로 그녀는 어느 정도 적당한 남편감을 찾았으니 바로 부인을 잃은 팔라틴 선거후 요한 빌헬름Johann William이었다. 그의 누이들 중 세 명은 황후를 비롯하여 포르투갈과 스페인 왕비였으며 형제들 중 세 명은 주교였다. 그러나 선거후의 인생에 오점이 없는 것은 아니었다. 그의 부인이 겪은 유산의 원인은 다음과 같이 편딘된다. "선거후는 그녀를 존중하고 사랑했지만 마음이 지나치게 후한 나머지 바람을 피우는 일이 많았기 때문에 그녀는 남편에게서 병을 얻었다."[4] 선거후의 부인은 '출산 능력을 높이기 위해' 엑스라샤펠Aix-la-Chapell, 아헨Aachen에 가서 목욕치료를 받았지만 소용없었다.

그리하여 이제 대공의 남은 희망은 셋째인 잔 가스토네였다. 어린 시절 그는 무관심 속에서 자랐다. 그의 어머니는 그에게 시간을 할애하지도 않았을 뿐더러 그가 네 살 되던 해 나라를 떠나버렸기 때문이다. 어떤 면에서 보면 그는 학구적이고 고독한 젊은이였다. 라미Lami는 그를 이렇게 표현했다. "가장 박학한 대공세자… 사상에 있어서는 라이프니츠의 추종자였으며 사제들이나 수도사들은 그를 마음대로 이끌지 못했다." 그러나 그는 분명 일종의 심한 우울증에 시달렸다. 당대 사람들은 그가 과묵하고 슬퍼 보일 때가 많았으며 방에서 혼자 울기도 해서 그가 완전히 정신이 나간 것이 아닌가 생각했다. 예수회 신부 세니에리Segnieri는 이렇게 말했다. "잔 가스토네 대공세자가 이제 모두에게서 신뢰를 잃었다는 소식을 듣고 굉장히 놀랐습니다."

잔 가스토네가 23세가 되자 그의 아버지는 그를 결혼시킬 때가 되었다고 생각했다. 그가 선택한 신부는 작센–라우엔부르크Saxe-Lauenburg 공작의 딸이자 팔라틴 백작 미망인인 부유한 안나 마리아였다. 그녀는 촌티 나고 호감이 가지 않는 여자로 취미도 단정치 못한 데다 '촌스럽고 못생긴 얼굴에 볼품없고 뚱뚱한 다리' 등 오싹하고 무시무시한 모습이었다. 그녀의 관심사는 사냥과 승마 그리고 보헤미아의 영지뿐이었다. 그녀는 특별히 재혼할 생각도 없었고 피렌체에서 살 의향도 없었다. 실제로 그녀는 계속 보헤미아에 사는 것을 결혼 조건으로 내세웠다.

결혼생활에 대한 잔 가스토네의 반응은 그야말로 질색이었다. 우선 그는 보헤미아 지방과 말 냄새를 싫어했으며 촌스러운 부인과 관계를 가져야 한다는 것도 싫었다. 위안을 얻기 위해 그는 친밀한 하인 길리아노 다미Guiliano Dami에게 마음을 돌렸다. 길리아노 다미는 미천한 출신이었지만 잔 가스토네의 연인이 되었고 후에는 그의 뚜쟁이 노릇을 하면서 남은 평생 동안 엄청난 영향력을 행사하게 된다. 1698년 잔 가스토네는 부인의 집안을 더 이상 견딜 수 없어 파리로 갔다. 표면상으로는 어머니를 만나기 위해 간 것이었지만 어머니는 그를 차갑게 맞이했다.

라이히슈타트Reichstadt에 있는 부인의 성으로 돌아온 그는 프라하에서 겨울을 보내자고 그녀를 설득했다. 그러나 그녀가 거절하자 그는 다미와 함께 프라하로 갔다. 이곳에서 그는 육욕적인 쾌락에 둘러싸여 적어도 얼마 동안은 라이히슈타트 성의 지긋지긋한 분위기와 대공 저택의 엄격한 생활을 잊고 지낼 수 있었다. 한 당대인은 다음과 같이 전했다.

프라하에는 생기 넘치는 어린 학생들이 많았다. 수염 자국도 없는 이 보헤미아와 독일 소년들은 매우 가난해서 집집마다 구걸을 하며 돌아다녔다. 이 넓은 선택 범위 안에서 길리아노(다미)는 언제나 호색적인 유희에 필요한 이들을 구할 수 있었고 대공세자에게 새로운 미모의*상대를 소개해 주었다. 프라하에는 부유한 일류 귀족들 소유의 저택 또한 적지 않았다. 그리고 그 저택들에는 하류 계층 출신의 지위 낮은 신하들도 많았다. 길리아노는 대공세자가 이들을 통해 기분 전환을 하도록... 또한 그의 남다른 흥미를 끄는 사람을 고르도록 유도했다.[5]

그리하여 잔 가스토네는 결코 손해 볼 일이 없는 '부정한 거래'에 취미를 갖게 되었다.

이러한 취미에 관한 소식과 함께 그가 엄청난 도박 빚을 졌으나 아버지가 돈을 충분히 주지 않아 갚을 수 없다는 소식이 그의 부인 귀에 들어갔고, 그녀는 다시 이 사실을 그의 누이인 팔라틴 선거후 부인에게 알렸다. 누이가 아버지에게 이 소식을 전했음에도 잔 가스토네는 자신의 생활방식을 고집하며 밤에 거리를 나다니고 저급한 선술집에서 술을 마셔댔다. 이처럼 경박한 행동을 통해 그는 혐오스러운 부인과 독실한 체하는 아버지를 잠시나마 잊을 수 있었다. 그러나 심각한 우울증에 있어서 알코올 중독과 성적인 집착은 재앙을 불러오는 해결책일 뿐이었다.

때때로 잔 가스토네는 속셈을 가득 품고 라이히슈타트로 돌아왔다. 그는 1699년 4월 18일 코시모에게 다음과 같은 편지를 보냈다.

전하께서 꼭 아셔야 할 일이 있습니다. 결혼반지를 낀 지 19일 만에 세자비는 변덕을 보이기 시작했습니다. 제가 뒤셀도르프를 떠나지 않으리라는 사실이 못마땅하여 그녀는 심술 난 얼굴로 모진 말을 했고 종종 저와 국민들에 관해 무례한 이야기들을 했습니다... 그녀는 너무나 도도하고 자만심이 강해 모두를 짓밟고 지배하기에 충분하며 자신이 세상에서 가장 위대한 여자라 믿고 있습니다. 이 보헤미아 땅덩이를 소유하고 있다는 이유로 말입니다... 제가 그녀와 함께 세상에서 가장 즐거운 장소에 머무는 일은 분명 불가능합니다. 하인들의 말에 따르면 그녀는 전 남편(팔라틴 백작)과의 결혼 생활에서도, 미망인이 된 후에도 늘 똑같았다고 합니다. 그가 다른 세상으로 간 까닭은 그녀로 인한 분노와 혐오감을 떨쳐내고자 술을 지나치게 마신 탓입니다.[6]

잔 가스토네는 자신의 입장이 얼마나 아이러니컬한지 너무나 잘 알고 있었다. 그의 어머니는 아버지를 견딜 수 없어 떠났다. 그런데 그 어머니의 아들은 부인을 견딜 수 없어 떠난 것이다.

황제가 그에게 '지독한 고독 속에서 부인과 함께 사는 것이 끔찍하더라도 노력하여 극복할 것'을 당부하자 잔 가스토네는 부인과 평화적으로 지내려 애썼지만 소용없었다고 호소했다. 라이히슈타트에서의 여름은 충분히 불행했고 겨울은 참을 수 없었다.

1703년 10월 그는 함부르크Hamburg로 가서 다음 2월까지 머물며 라이히슈타트에서는 불가능했던 육욕적인 유희를 즐겼다. 그러나 다시 프라하로 옮겼을 때 그는 완전히 기운을 잃었고, 풀 죽은 채 틀어박혀 대부분의 시간을 멍하니 창 밖만 바라보며 보냈다. 심지어 그는 필기용 테이블이 싫어서 문서에 서명조차 하지 않았다. 미모의 젊은 이들과 '부정한 거래'만이 그를 우울 속에서 꺼내 줄 수 있었다. 1705년 그는 피렌체로 완전히 돌아갔다. 이곳에서 그의 부인이 그와 함께 지낼 가능성은 없었으며 그나 그의 형 혹은 누이에게 자식이 생길 가능성도 사실상 전무했다.

계승자를 얻기 위해 코시모 대공은 물에 빠진 사람이 지푸라기라도 잡는 심정으로 형제인 프란체스코 마리아Francesco Maria 주교를 붙잡았다. 물론 살찐 주교에게 지푸라기라는 말은 어울리지 않는 표현이기는 하다. 주교는 대공과 정반대라 할 수 있는 사람이었다. 그는 쾌락주의적이고 잘못에 관대했으며 욕심 많고 물정에 밝았다. 사실 두 사람은 묘하게 역할이 뒤바뀌었다. 완고한 대공은 성직에 더 어울렸고 주교는 세속적인 일에 더 어울렸기 때문이다. 그는 성직록을 통해 막대한 부를 축적했으나 성직자로서의 의무감은 별로 없었다. 이때까지 주교는 여자에게 그다지 흥미를 보이지 않았다. 오히려 그 반대였다. 하지만 대공은 주교에게 성직으로부터 특면을 받아 결혼을 하고, 바라건대 대공국의 상속자를 생산해 달라고 설득했다. 그는 대부분의 수입원을 유지할 수 있도록 허가 받았다. 그리고 어쨌거나 결혼은 그가 경험하지 못한 몇 안 되는 쾌락 가운데 하나였다.

추천된 신부는 과스텔라Guastella 공작 빈첸초 곤차가Vincenzo Gonzaga의 딸 엘레오노라Eleonora였다. 선거후 부인은 그에게 편지를 보냈다. "건강에 유념하셔서 부디 우리에게 어린 대공세자를 안겨 주시기 바랍니다." 이 조언에는 일리가 있었다. 주교는 아직 48세였지만 살이 흘러넘치고 배가 불룩하게 나온 데다 천연두를 앓은 적이 있었고, 통풍과 카타르성 염증에 시달리고 있었기 때문이다. 엘레오노라는 그의 태도가 쌀쌀함을 느끼고 그의 포옹도 받아들이려 하지 않았다. 그녀는 수단과 방법을 가리지 않고 그를 피했다. 그러다가 주교는 지나치게 살찐 몸이 마침내 한계에 이르러 1711년 2월 3일 생을 마쳤고, 그의 죽음으로 직계 상속자에 대한 코시모의 마지막 희망은 결국 무너졌다. 코시모가 할 수 있는 일이라고는 주교의 추종자들과 시동(侍童)들, 남자 하인들에게 복수하는 것밖에 없었다. 이들은 대부분 청년 시절에는 매력적인 용모로 대공세자의 총애를 받았으며 성년기에 이르러서는... 뚜쟁이 노릇을 하며 그에게 다른 잘생긴 젊은이들을 알선해 주었다... 그는 남들이 성행위 하는 모습을 구경하며 굉장히 즐거워했다... 어떤 이들은 나라에서 추방되었고 또 어떤 이들은 갤리선(galley, 노예나 죄수들에게 노를 젓게 한 군용선 - 옮긴이)으로 보내졌다.[7] 한편 미망인 엘레오노라는 나이 든 전남편보다 프랑스 출신 하인에게 더 매력을 느껴 두 명의 서자 미뇽Mignon과 프란체스코를 낳았다. 호레이스 만Horace Mann은 친구인 호레이스 월폴Horace Walpole에게 다음과 같은 내용의 편지를 보냈다.

> 그녀를 관대히 봐 줄 수 있는가? 주교가 살아 있는 동안은 그 어떤 간청도 아무리 잘생긴 젊은이들도 그녀로 하여금 토스카나에 (상속자를 탄생시킴으로써) 이익을 가져다주도록 하지 못했네. 그러나 그가 죽은 후 그녀는 하인들과 관계를 맺어 무고한 아이들(고아 양육시설로 보내진 아이들)의 수만 늘린 것이라네.[8]

2년 후 페르디난도가 죽자 이제 남은 사람은 잔 가스토네뿐이었다. 코시모는 필사적인 노력으로 잔 가스토네가 자신보다 먼저 죽으면 그의 누이인 선거후 안나 마리아가 대공국의 계승자가 될 수 있다는 보증을 받으려 애썼다. 그러나 황제가 이에 간섭하여 코시모의 영토는 황제의 봉토이므로 대공이 이런 식으로 계승 대책을 마련할 수 없다고 말했다. 이즈음 잔 가스토네의 건강에 이상 신호가 나타나 걱정은 더욱 커졌다. 프랑스인 방문객 기예 드 메르빌Guyet de Merville은 1719년 "그는 중요한 일은 전혀 수행하지 못하는 것으로 보인다."라고 썼다. "그는 편지를 받아도 답장을 써야 한다는 책임을 피하려고 열어 보지도 않는다. 그가 천식을 앓은 것도 아니고 다량의 강장제 복용 덕분에 병약한 상태가 더 악화되지도 않았지만, 이런 생활이 계속된다면 훨씬 늙어버릴 것이다. 그가 아버지보다 먼저 죽을 것이라 생각하는 사람들도 있다."[9]

잔 가스토네의 생활방식은 이제 이상하고 별난 형태를 띠었다. 1728년 12월 피렌체를 방문한 몽테스키외Montesquieu는 이렇게 말했다. "그는 좋은 머리를 타고난 훌륭한 세자이지만 상당히 게으르고 다소 술에 중독되어 있다." 몽테스키외는 그의 상냥하고 인정 많은 본성은 높이 평가했다. 하지만 게으름과 이상 기호가 쉽사리 그를 사악한 협잡꾼들의 먹이로 만들었다고 생각했다. '그것만 아니라면 세상에서 가장 훌륭한 남자'라는 것이 그의 결론이었다.[10] "세상은 혼자서도 잘 돌아간다."라는 말은 그의 인생을 요약적으로 표현해준다.

결국 노령의 대공은 1723년 만성절 전야에 세상을 떠났고 잔 가스토네는 이제 52세가 되었지만 여러 가지 면에서 더 나이 들어 보이는 상태로 그의 뒤를 이었다. 한때 호리호리하고 매력적인 젊은이였던 그는 목살이 늘어진 채 뚱뚱한 몸이 되었다. 그는 정치 문제에는 거의 관심이 없었으나 대신들은 제대로 선택했다. 덕분에 피렌체의 정치 상황은 아버지가 통치했던 때보다 여러 가지 면에서 더 낫고 확실히 자유로웠다. 정통 신앙과 도덕을 지키기 위한 교회의 엄중한 관리도 한결 완화되었다. 교회에 관한 일에서는 지출을 아끼지 않던 코시모와 달리 잔 가스토네는 인색했다. 4인 위원회는 폐지되었고 과거의 사무국이 다시 세워졌다. 그의 아버지가 제정한 엄격한 법률들이 취소되자 예수회 신자들은 이제 피사대학이 이단적인 가르침의 중심지라고 비난하고 나섰다. 갈릴레오Galileo는 명예를 회복했고 가

피렌체의 환락

상디Gassendi의 연구 결과들은 출판을 허가받았다. 과세의 부담도 어느 정도 가벼워졌다. 잔 가스토네의 즉위로 정치 체계는 한층 개화되고 자유로워졌다. 하지만 피렌체가 지니고 있던 약점들이 한 번의 펜 놀림으로 회복될 수는 없었다. 실제로 대공은 부재지주(不在地主)와 같은 모습이었다. 1728년 몽테스키외는 피렌체의 상황에 대해 "통치는 충분히 안정적이다. 아무도 대공과 궁정간의 문제를 알거나 느끼지 못한다. 이 작은 나라는 마치 거대한 왕국과도 같은 분위기를 띠고 있다."라고 언급했다.

대공은 혼란스러운 생활방식을 바꿀 수가 없었다. 여름에 그는 피티Pitti 궁전 1층에서 생활했다. 멋진 이들을 태우고 온 당나귀는 침실로 안내되었다. 겨울이 되면 그는 위층으로 옮겨졌다. 1731년 피렌체를 방문한 폴니츠Pollnitz 남작은 '매우 구석진 곳에서... 계속 기도하고 있는' 선거후 부인에게 예를 표한 후 대공이 자신을 만나고 싶어 한다는 얘기에 깜짝 놀랐다. '알현을 하기가 어렵다'는 말을 들은 터였기 때문이다.

1731년 11월 그는 이렇게 썼다. "대공은 작은 강아지 몇 마리를 데리고 침대에 똑바로 앉아 있었는데 주름 장식 없는 셔츠 외에는 아무것도 입지 않았다. 그의 목에는 올이 성긴 모슬린 스카프가 길게 늘어졌고 모자는 시커먼 재로 얼룩져 있었다. 그에게는 깔끔하다거나 기품 있다고 할 만한 부분들이 없었다. 그의 침대 곁에는 간이식당 형태의 테이블이 있었고 그 위에 놓인 은 양동이들에는 술이 담겨 있었다."[11]

그는 또 이런 이야기도 썼다. "대공은 침대에 꼼짝 않고 누워 있었다. 아파서가 아니라 순전히 누워 있는 게 좋아서였다. 이제 궁에서 나온 지는 22개월이 되었고 옷을 입은 지는 7개월 이상이 되었다...

그는 저녁 다섯 시에 정찬을 먹고 새벽 두 시에 저녁을 먹는다. 식사는 언제나 혼자 하고 주로 침대에서 먹는다. 그러고 나서 그는 조아니노Joannino를 비롯하여 루스판티Ruspanti라 불리는 젊은이들과 테이블에서 잡담을 하며 두세 시간을 보낸다."

실제로 대공은 어느 정도 만성적으로 취해 있는 상태에서 몽롱한 정신으로 세상을 바라보았다. "이제 대공은 지나치게 술을 많이 마시는 데 익숙해졌다. 그는 어질어질한 포도주와 타는 듯한 독주뿐만 아니라 건포도와 다른 진한 재료들을 설탕 및 향료와 섞어 데워 만든 끈적한 음료 로솔리스rossolis도 즐겨 마셨다. 그는 늦게까지 컵을 들고 있었고 저녁을 먹고 난 후에는 늘 난폭한 행동을 보였다."[12] 그가 술에 취해 말에서 떨어졌다는 이야기도 있었다. 형수인 비올란테가 베푼 연회에 참석했던 그는 술에 몹시 취해 음담을 내뱉다가 결국 음식을 게워내며 마차 안으로 떠밀려 들어갔다.

그의 침실은 그가 대부분의 시간을 보내는 중심 공간이었다. 의전관이 된 길리아노 다미는 두 명의 하인 가에타노Gaetano와 프란체스코 나르디니Francesco Nardini의 조력으로 대공의 쾌락거리를 제공해 주는 뚜쟁이 노릇을 하며 이러한 서비스에 대해 두둑한 보수를 챙겼다. 그들은 '제멋대로이고 깨끗하지 못한' 그러나 '매혹적인 눈과 아도니스(Adonis, 여신 아프로디테가 사랑한 미소년 – 옮긴이)에 버금가는 외모를 지닌' 청년들과 소년들을 찾았다.[13] 이들이 바로 루스판티였는데 화요일과 토요일마다 서비스를 제공하고 받는 보수가 1~5 루스피ruspi여서 붙여진 이름이었다. 폴니츠는 루스판티에 관해 이렇게 말했다. "그들은 대공의 고용인들이다… 그들이 하는 일이라고는 정찬 때나 저녁 때 대공이 사람을 보내 부르면 와서 시중을 드는 것뿐이다… 그들은 제복을 입지도 않는다… 머리카락을 보면 그들을 알아 볼 수 있는데, 언제나 곱슬머리에 분을 바르고 있어서 대공과는 현저한 대조를 보인다."[14]

세계 각지의 사람들로 구성된 루스판티는 약 370명에 달했고 그 중에는 명문 출신들도 있었으며 여자들도 있었다. 모두들 대공의 변덕에 맞춰 음란한 여흥에 참여했다. 이들은 아름답고 젊어야 했고 성적 매력이 강해야 했으며 고용주의 마음 놓을 수 없는 포옹을 견뎌내려면 미각 및 후각적으로 충분히 면역되어 있어야 했다. 잔 가스토네는 선택된 젊은이를 침실로 데려가 치아가 하얗고 고른지 살핀 후 억지로 술, 특히 로솔리스를 권하는 습관이 있었다. 그러고 나서는 은밀한 부분을 손으로 더듬으며 형태가 제대로 잡혔는지 금세 피어날 수 있는지 점검했다. "그들이 충분히 파고드는 것 같지 않으면 그는 이렇게 소리쳤다. '밀고 들어가라 애야, 밀고 들어가.'" 그 후로는 대공이 젊은이를 '자네you'라 불렀으며 나중에는 더 친근하게 '너thou'라고 부르면서 안고, 쓰다듬고, 한 입 가득 와인과 담배 연기를 문 채 키스를 나눴다.[15] 그는 자신과 '부정한 거래'를 하는 이들에게 임시로 귀족 작위를 내리고 그들을 국가 대신이라 불렀으며, 그들은 대공의 요청에 따라 그를 온갖 상스러운 호칭으로 부르고 심지어 원한다면 흠씬 때릴 수도 있었다.

도시의 빈곤한 지역들을 돌아다니며 적절한 후보들을 물색하는 일은 다미와 그 동료들의 몫이었지만 때때로 대공은 궁전 안에서 혹은 도시를 산책하며 매력적인 젊은이들을 보는 것으로 열정이 자극되기도 했다. 젊은 이발사에게 약혼녀가 있다는 얘기를 들은 대공은 그에게 약혼녀를 궁전에 데려오라고 시켜 이들 각자를 데리고 논 뒤 자신이 보는 앞에서 두 사람이 관계를 갖게 했다. 그는 계약한 것 이상을 취하는 경우도 분명히 있었다. 곰을 부리는 보헤미아인 미하엘 헨츠헤미크Michael Henzchemic의 강건한 용맹함과 두 조수의 청년다운 매력에 마음이 끌린 대공은 이들을 루스판티에 등록시켰다. 한 번은 대공이 깊은 밤중에 갑자기 헨츠헤미크를 갖고 싶다는 욕망에 사로잡힌 일이 있었다. 헨츠헤미크를 찾았을 때 대공은 이미 굉장히 취한 상태였다. 대공은 그를 궁으로 데려가 함께 와인을 더 마시다가 결국 그의 얼굴과 가슴에 먹은 것을 다 토해냈다. 헨츠헤미크는 몹시 화가 나 잔 가스토네를 두들겨 팼고 대공의 비명 소리에 사람들이 달려왔다. 그러나 잔 가스토네가 자신을 공격한 이들에게 원한을 품은 일은 거의 없었다. 실제로 그는 토한 것은 물론 음탕한 얘기들을 실컷 들은 것도 즐거워했다. 때때로 열두 명 혹은 그 이상의 루스판티가 그의 침실로 불려와 난잡한 성교 파티를 벌이는 일도 있었다.

1730년 대공은 발목을 삐어 침대에 앓아누웠고 이때부터 몇 번 드문 경우를 제외하고는 7년 동안 거의 움직이지도 않았다. 한 번 그는 과감하게 새벽 두 시에 성 스페란디노St Sperandino의 공중목욕탕에 가서 다섯 시간 동안 머물렀다.

18세기 말 피렌체의 역사가이자 성직자인 마르코 노블레Mark Noble는 다음과 같이 썼다.

대공의 개인적인 과거를 충분히 파악하기란 불가능하다. 순전히 게으름과 나태로 그는 인생의 마지막 13년 동안 옷을 갈아입지 않았고 마지막 8년간은 침대에서 일어나지도 않았다. 그는 굉장히 별난 모습을 하고 있었다. 그가 입는 주름 장식 없는 셔츠와 모슬린 재질의 상당히 긴 스카프에서는 우아함이라고는 찾아 볼 수 없었고, 취침용 모자는 시커먼 재로 온통 얼룩졌지만 그는 전혀 신경 쓰지 않고 누가 자신에게 접근하든 내버려두었다.

전(前) 샌드위치Sandwich 백작이 마르크 노블레에게 전한 바에 따르면 잔 가스토네의 '더러운' 습관은 그의 인생 후반으로 갈수록 더 심해졌으며 귀족들이 대공을 만나러 올 때면 침대에서 나는 불쾌한 냄새를 가리기 위해 온 방이 새로 꺾어 온 장미들로 가득 채워졌다고 한다.[16] 그러나 새로 꺾었든 어쨌든 장미향으로는 대공의 침실에서 나는 악취를 제거할 수 없었다. 그의 침대에는 벌레가 꼬일 때가 많았고 침대보는 때에 찌들었으며 방 안에는 담배와 술, 배설물 등의 악취가 배어 있었기 때문이다. 대공은 외모에 대해 완전히 무감각했다. 손톱과 발톱은 깎지 않은 채 내버려두었다. 턱은 두 겹으로 늘어지고 배는 불룩하게 나온 모습으로 거대하고 더러운 가발을 계속 쓰고 있었으며 한 번은 그 가발로 얼굴에 묻은 토사물을 닦는 것이 목격되었다.

이 이야기들에 얼마나 신빙성이 있는지는 확신할 수 없다. 이 적대적인 비평가는 분명 이러한 내용들을 기록할 당시 로마 역사가 수에토니우스가 티베리우스에 대해 내린 것과 같은 평가를 마음에 담고 있었기 때문이다. 여러 가지 면에서 이 이야기들은 현대의 타블로이드판 신문에나 나올 법한 내용이지만 전반적으로 정확한 특징을 집어내고 있다.

크라옹Craon 공작은(덧붙여 말하자면 그의 아들도 '루스판티 탐닉'의 죄를 범한 것으로 알려졌다) 결과적으로 대공의 상속자가 된 로렌의 프랑수아를 대신하여 1737년 1월 잔 가스토네를 방문했다가 그의 심각한 상태를 보고 이렇게 전했다. "대공은 실로 불쌍하다 할 만한 상태입니다. 그는 침대에서 일어나지도 못하고 수염은 길게 자란데다가 침대보와 셔츠는 굉장히 더럽고 주름 장식도 없습니다. 시력은 침침하게 약해졌고 목소리는 낮고 거칠며 전체적인 분위기로 보아 그는 살 수 있는 날이 한 달도 채 남지 않은 듯합니다."

잔 가스토네는 태만한 통치자가 되었고 변태적인 성향을 보이는
알코올 중독자가 되었다. 하지만 본래 그는 장래가 유망한 젊은이였
으며 기질적으로 인정 많고 상냥했다. 그는 인격 장애를 겪었음에 틀
림없다. 애정이 결핍된 성장 과정, 냉담하고 엄격한 아버지, 불행한
결혼 생활 등 주변 상황들이 한 데 모여 한 남자를 파멸로 몰고 간 것
이다. 그의 아버지는 우울증 환자였다. 그리고 잔 가스토네도 우울증
을 앓았을 가능성이 매우 높다. 1705년 피렌체로 돌아온 그는 거의
은둔 생활을 하며 때로는 밤새도록 달만 쳐다보았다. 그가 빠져들었
던 기이한 유희들은 우울증에 대처하기 위한 방편이었다. 그로 인해
국가적인 문제들에 대한 그의 관심은 사라졌고 그는 제멋대로 행동
함으로써 존재에 대한 권태와 슬픔을 덜 수 있었다.

그렇다면 피렌체의 미래는 어떻게 되었을까? 직계 상속자가 없었
던 잔 가스토네는 아버지가 그랬던 것만큼이나 대공국의 장래 계승
자를 확보하는 일에 신경을 썼다. 그가 대공이 되기 10년 전 스페인
왕위계승전쟁의 종결로 이탈리아는 약체화되었고 또 다시 강대국들
의 먹이가 되었다. 아버지와 마찬가지로 잔 가스토네는 피렌체의 중
립 상태를 유지하려 애썼고 이러한 그의 태도에 이해 관계자들, 특히
스페인과 오스트리아는 분개했다. 스페인 대사 아스카니오Ascanio 신
부는 격분한 어조로 1725년 1월 2일 파르마 공작에게 이렇게 편지를
썼다. "대공께서는 오랜 시간에 걸쳐 여러 사례를 통해 신체적으로
둔하다는 기미를 보이며 정신이상자처럼 꼼짝 않고 누워 계시더니
이제 정치적인 우둔함까지 더해져 정부를 그대로 방치하고 계실 뿐
만 아니라 주위 세계에서 일어나는 모든 일들을 무시하면서 이것이

골치 아픈 일을 피하고 시간의 덕을 보는 최선의 방책이라 믿고 계십니다."[17]

1731년 강대국들은 비엔나에 모여 잔 가스토네가 죽을 경우 대공국은 스페인의 펠리페 5세와 엘리자베스 파르네즈의 아들인 파르마 공작 돈 카를로스에게 물려져야 한다고 합의했다. 돈 카를로스는 최소한 반은 이탈리아 혈통이었고 외모로 봐도 젊고 매력적이었기 때문에 잔 가스토네에게 좋은 인상을 주었다. 폴니츠는 이렇게 썼다. "며칠 전 스페인의 돈 카를로스를 계승자로 선언하는 마지막 유언장에 서명하고 나서 그는, 펜을 한 번 놀렸더니 아들 겸 상속자를 얻게 되었다고 말했다. 결혼하고 34년이 지나도록 불가능했던 일이라면서 말이다."[18] 하지만 그는 돈 카를로스가 피티 궁전 방에 있는 고블랭직 테피스트리 벽걸이에 그려진 새들을 겨냥하여 습관적으로 활을 쏘는 일만큼은 좋아하지 않았다. 돈 카를로스는 표적을 빗 맞추는 일이 거의 없었다. 잔 가스토네는 테피스트리를 치우고 그 자리에 금술이 달린 다마스크 벽걸이를 걸라고 명하면서 그 이유를 이렇게 설명했다. "날씨가 점점 따뜻해지는데 겨울용 벽걸이의 열기 때문에 왕자가 건강을 해칠까 두렵구나."[19]

돈 카를로스의 계획들은 사실상 실현되지 않았다. 폴란드 왕위계승전쟁의 결과로 그리고 이어서 벌어진 왕위 차지하기 경쟁으로 돈 카를로스는 양 시칠리아의 왕이 되었고 대공국의 상속자는 프란츠 슈테판Francis Stephen으로 바뀌었다. 당시 로렌 공작이었던 프란츠 슈테판은 합스부르크 제국 상속자 마리아 테레지아Maria Theresia의 남편으로 후에 프란츠 1세가 되는 인물이었다. 강대국들이 가하는 압력에 직면하여 잔 가스토네는 무력했다. 피렌체인들은 메디치 가문 통치 전성기를 기념하는 축제 기간을 즐기는 일도 금지 당했다.

도시는 외국 군대에 점령되었다. 그러나 그는 프란츠 슈테판에게서 피렌체를 결코 오스트리아 제국에 합병시키지 않겠다는 약속을 받아냈다. 이것이 아마도 그의 인생에서 가장 중요한 행위였을 것이다. 이 약속을 통해 피렌체의 독립이 보장되었기 때문이다. 하지만 동시에 이는 그가 취한 최후의 행동 가운데 하나이기도 했다. 1737년 6월 그는 방광에 거대한 결석이 생겨 심하게 앓았고 7월 14일 대성당에서 그의 장례식이 호화롭게 거행되었다. 대공은 무능한 군주였지만 죽음은 그에 대한 피렌체인들의 평판을 회복시켜 주었다. 그가 무덤으로 옮겨질 때 도시에서는 가능한 모든 의식들이 화려하게 치러졌다.

> 그렇다, 나는 슬픈 애도의 목소리를 들었다.
> 코시모 대공의 자손은 오늘로써 모두 사라졌으니
> 오 피렌체여, 너의 운명은 정해졌구나.

그의 누이 안나 마리아는 피티 궁전에서 6년 동안 더 살다가 1743년 2월 18일 세상을 떠났다. 호레이스 만은 호레이스 월폴에게 이렇게 말했다. "우리의 모든 즐거움은 종말에 이르고 이제 사육제는 끝났네. 대략 한 시간 전 선거후 부인께서 운명하셨네… 백성들은 그분이 회오리바람에 휩쓸려 가셨다고 확신하고 있지. 오늘 아침 무시무시하게 강한 폭풍이 불기 시작해 거의 두 시간 동안이나 계속되었거든. 지금은 태양이 그 어느 때보다 밝게 빛나고 있다네. 잔 가스토네 대공이 세상을 떠날 때도 똑같은 일이 일어났고 이번엔 더 강했다는 게 그들이 말하는 증거일세."[20] 안나 마리아는 유언을 통해 소유 재산과 메디치 가문의 재산을 피렌체에 '영원히' 증여했다. 이렇게 함으

로써 선거후 부인은 동생이 저지른 환락에 대해 배상했고, 메디치 가
문은 3백여 년에 걸쳐 피렌체인들이 바친 충성에 보답했다.

11

광기에 사로잡힌 조지 왕

_조지 3세 George III

11

광기에 사로잡힌 조지 왕

　조지 3세는 60년이라는 긴 통치 기간 동안 비교적 짧은 기간에 걸쳐 마음이 확실히 불안정하게 흔들리는 시기가 있었다. 이 시기는 1788년 10월 중순부터 1789년 3월까지, 1801년 2월부터 5월까지, 1804년 2월부터 6월까지 그리고 1810년 10월이었다. 그후로 조지 왕은 노인성 치매로 보이는 상태에 빠졌는데 이전에 겪었던 정신적인 문제 때문에 그가 좀 더 쉽게 이 병에 걸렸을 가능성이 있다. 이 병의 정확한 원인과 특징을 밝혀내는 것은 당시 의사들에게 매우 곤혹스러운 일이었다. 어떤 이는 '신경을 건드리는 독살스러운 무언가가 퍼져 있는 탓'이라 말했고 또 어떤 이는 일종의 강한 흥분 상태이거나 단순히 '체질적인 특성'의 영향이라 말했다. 조지 3세의 일부 행동들은 그가 정신분열증에 시달리고 있거나 아니면 영국의 헨리 6세나 스페인의 펠리페 5세처럼 조울증에 걸렸음을 암시한다. 하지만 그가 보이는 증상들은 특히 어느 한 쪽 진단에 잘 들어맞는다고 보기는 힘들다. 그가 앓은 병의 정체가 무엇이었든 간에 발병 당시 그가 정신이상자처럼 행동했다는 점만큼은 틀림이 없다. 1788년 두드러진 병세가 나타나는 동안 의사들은 그가 뭔가 일시적인 정신이상을 겪고 있다는 데 의견을 모았고 어떤 이들은 그가 영영 회복되지 않을까봐 두려워했다. '우리의 왕이 미쳤다'라는 말은 바로 그의 주치의들 중 한 명인 리처드 워렌Richard Warren이 분명하게 내린 판단이었다.

왕이 광기를 일으켰던 이전 사례들은 정신적인 질병이 신체 질병의 영향으로 나타날 수 있음을 보여 주었다. 1960년대 말 두 명의 뛰어난 의학사학자 이다 매컬파인Ida Macalpine과 리처드 헌터Richard Hunter는 임상적인 관점에서 볼 때 조지 3세가 미쳤던 것이 아니라 유전적인 신진대사 장애인 발문상 포르피린증에 걸렸던 것이라는 결론에 도달했다. 발문상 포르피린증의 외적인 증상들 중 많은 부분이 정신분열증이나 조울증의 전형적인 증상들과 비슷하다는 것이었다. 이들은, 정도의 차이는 있겠지만 그의 조상들도 이 병의 영향을 받았으며 몇몇 가까운 친척들과 후손들도 이 병에 시달렸다고 주장했다. 이 경우 왕의 정신적인 문제는 순전한 정신병의 영향이 아니라 신체적인 질병의 결과라는 것이었다. 진단을 종결짓기에는 아직도 근거가 불충분하지만 깊은 지식에 바탕을 둔 이들의 훌륭한 설명도 가볍게 넘길 수는 없다.

조지 3세가 기본적으로 신경질적인 기질을 지녔다 해도 통치를 맡은 시점부터 28년 동안은 정신적인 쇠약의 징후가 거의 나타나지 않았다. 초년기에 그는 신체적 혹은 정신적으로 허약하다는 기미가 전혀 없었지만, 그가 왕이 되기 2년 전인 1758년 월드그레이브Waldegrave 경은 이미 그의 신경증적인 기질에 관해 언급한 바 있다. "천성적으로 그는 일종의 비애감을 지니고 있다… 기분이 좋지 않을 때마다…

그는 음울하고 말이 없어지며 작은 방에 틀어박혀 지낸다. 학문이나 묵상으로 마음을 가라앉히려 하는 것이 아니라 대개 기분이 나쁜 채로 우울한 향락에 빠져들기 위해 그러는 것이다. 흥분이 가라앉은 후에도 불길한 징조들은 다시 나타날 때가 많다."[1]

그가 왕이 된 후 건강이 나빠지는 짧은 시기들이 몇 차례 있었는데, 후에 몇몇 역사가들은 이것이 나중에 발생한 신경증의 전조였다고 근거없이 믿었다. 1762년 호레이스 월폴은 호레이스 만에게 이렇게 말했다. "왕은 도처에 유행하고 있는 별난 감기의 증상을 보였는데 치명적인 상태까지 갔던 일은 거의 없었네. 그는 심하게 기침하면서 가슴에 압박감을 느꼈지만 그 사실을 숨기고 있었어. 내가 그랬던 것처럼 말일세... 다행히 그는 무사하고 우리는 생각지도 못했던 혼란에서 벗어나게 되었지... 섭정을 위한 임시 법령도 준비되지 않은 상태였다네."[2]

3년 후 1765년 그는 다시 비슷한 병에 걸렸다. 주요 증상들은 심한 기침과 열, 맥박 상승, 쉰 목소리, 피로, 불면증, 가슴 격통 등이었다. 호레이스 월폴은 그가 폐결핵에 걸린 것이 아닌지 의심하며 홀랜드 경에게 왕이 '일년도 채 못 살 것 같다'고 과감하게 말했다. 그는 1765년 3월 26일 호레이스 만에게 편지를 보내 이렇게 전했다. "왕은 고열과 격렬한 기침으로 심하게 앓았고 해로운 체액은 가슴까지 침범했다네. 네 번 방혈을 하고 많이 회복되어서 바람을 쐬었는데 그만 다시 감기에 걸려서 지난 금요일 또 방혈을 했지."[3]

그가 다시 심한 병으로 앓아눕게 된 것은 23년이나 지난 후였지만 지독한 감기로 열이 나고 목이 쉬는 등 징후는 그가 1762년과 1765년 겪었던 병과 다르지 않았다. 이따금씩 그는 가장 성실한 영국 군주의 면모를 보였다. 그는 정치적으로나 개인적으로나 잇따른 위기 상황에 대처해야 했고 이러한 위기 상황들은 더 강할 수 있는 체질을 약화시키기에 충분했다. 조지는 두 차례의 큰 전쟁을 치렀다. 바로 프랑스와의 7년 전쟁과 미국독립전쟁이었는데 전자는 성공이었고 후자는 비참했다. 의회와의 관계는 어려울 때가 많았으며 믿을 수 있고 유능한 최고 대신을 찾는 문제는 1784년에 가서야 젊은 윌리엄 피트William Pitt를 수상으로 임명하면서 해결되었다. 그에게는 자애롭고 상냥한 부인 샬로트Charlotte 왕비가 있었지만 그의 아들들, 특히 '프리니Prinny'라는 별명으로 불리던 웨일스 공 조지는 사치와 방종으로 그에게 걱정거리를 안겨 주었다. 1788년에는 개인적으로든 정치적으로든 그에게 과도한 스트레스가 될 만한 일이 일어나지 않았지만 과거에 그가 겪은 수많은 문제들이 누적되어 이제 곧 피해를 끼칠 조짐이 보였다.

1788년 6월 초 그는 '위와 장의 극심한 경련에 따른 발열'로 앓아누웠다. 하지만 상태가 호전되어 그는 건강을 증진시키고 광천수를 마시기 위해 온천으로 유명한 첼튼엄Cheltenham에 갔다. 왕은 기분이 좋았다. 그는 지방 극장에서 조던Jordan 부인이 록셀라나Roxelana 역을 연기하는 《술탄The Sultan》도 관람하고 우스터Worcester에서 열린 3대 성가대 축제Three Choirs Festival에도 참가했다. 왕비는 오거스터스Augustus 왕자에게 이렇게 말했다. "우리가 짧은 여행에서 느낀 즐거움은 아이들이 방학 때 느끼는 즐거움과도 비교가 안 될 정도란다." 그러나 8월에 왕이 윈저로 돌아온 뒤 한 달이 지나자 건강에 큰 이상이 생긴 듯한 불길한 조짐들이 나타났다. 그는 주치의 조지 베이커George Baker 경에게 "배의 우묵한 부분에서 뒤쪽과 양 옆쪽으로 예리한 통증이 느껴지며 숨쉬기가 굉장히 힘들고 거북하다."라고 호소했다. 그리고 다리 근육에서 경련이 일어나며 팔에는 약간의 발진이 생겼다고 말했다. 베이커 박사가 면밀한 검사를 하기 전에 이 증상들은 사라졌는데, 박사는 그가 긴 양말을 젖은 채로 신고 있어서 냉기가 퍼진 탓에 문제가 생긴 것이라고 진단했다.

그러나 진정 상태는 단지 일시적으로 나타난 것뿐이었고, 증상으로 볼 때 이는 오히려 정신적, 신체적으로 더 심각한 정체불명의 질환이 찾아 올 전조였다. 베이커는 왕의 상태에 관해 '눈이 다소 누렇게 변했고 소변도 상태가 매우 좋지 않으며(즉 색이 지나치게 진하며)' 위에 통증이 있다고 기록했다. 더욱 불안한 것은 신경 쇠약의 조짐이 보인다는 사실이었다. 왕은 갈수록 정신 집중에 곤란을 느꼈고 갑자기 격렬한 흥분을 표출하기도 했다. 그는 평소와 굉장히 다른 모습을 보였다. 베이커는 이렇게 기록했다. "1788년 10월 22일 오후, 폐하께서는 전혀 예상치도 못했던 매우 이상한 태도를 보이셨다. 그분의 눈빛과 목소리, 동작 하나하나와 전체적인 태도는 가장 격렬한 분노에 휩싸인 사람의 모습이었다."[4]

왕비의 시녀로 일하던 패니 버니Fanny Burney는 토요일 아침(10월 25일) 왕을 보고 나서 이렇게 전했다. "왕께서는 고열 때문이라고 밖에 설명이 안 될 만큼 이상한 태도로 말씀을 하셨습니다. 속도도 굉장히 빨랐고, 거친 목소리로 진지하게(열심히) 너무나 많은 말씀을 하셔서 저는 이루 말할 수 없이 놀랐습니다."[5] "그분은 온통 흥분과 격한 감정에 휩싸여 계시지만 여전히 너그럽고 친절하십니다." 언제나 말이 많던 그는 이제 병적으로 '끊임없는 수다'를 떨게 되어 굉장히 빠른 속도로 때로는 몇 시간씩 말하기도 했다. 셰필드Sheffield 경은 이렇게 썼다. "일주일 전 어제 왕께서는 16시간 동안 끊임없이 이야기를 하셨다. 다른 곳으로 관심을 돌리기 위해 신하들은 그분이 말 대신 글을 쓰시도록 유도하려 애썼고 마침내 그분은 돈키호테에 주해를 달기 시작하셨다." 자연히 그의 목소리는 매우 거칠어졌다. 그는 잠을 편히 자지 못했고 어떤 때는 전혀 잠을 이룰 수 없었으며, 한 번은 72시간 가량이나 깨어 있던 적도 있었다.

당시 격심한 흥분 상태라 불리던 증상은 가차 없이 심해졌다. 때때로 왕은 상태가 좋은 날도 있어서 직무를 수행하기도 했지만 건강이 악화되자 내각은 물론 가족도 불안에 빠졌다. 조지 베이커 경이 표현한 대로 그는 '완전한 정신의 이탈'을 겪고 있었고 그로 인해 책임 완수는 점점 더 불가능해졌다. 웨일스 공의 지휘관 패인Payne은 이렇게 보고했다. "국왕께서는 맥박이 갈수록 약해지며 의사들은 이 상태로 오래 버티기가 불가능하다고 말합니다." 11월 말이 되자 의사들은 그가 머물고 싶어 하는 윈저를 떠나 큐Kew로 거처를 옮기는 게 좋겠다고 판단했다. 큐는 그가 싫어하는 곳이지만 윈저보다 외딴 곳에 있으며 정치 중심지인 웨스트민스터에 더 가깝다는 이점이 있기 때문이었다. 왕은 마지못해 거처를 옮겼다. 불안하고 소름끼치도록 추운 그곳에서 왕은 거의 감옥에 갇혀 있는 듯한 기분에 빠졌다.

그는 착각의 노예가 되어 공상의 세계로 빠져들었는데 때로는 자신의 괴로운 상황을 뼈저리게 자각하기도 했다. 셰필드 경은 이든 Eden에게 이렇게 말했다. "왕께서는 런던이 침수된다는 공상에 빠져 요트를 대기시키라고 지시하십니다."[6] 그는 시동들과 하인들에게 높은 명예를 부여했으며 가상적인 문제들을 놓고 해외 강국들에게 보내는 서한을 작성했다. 시종 무관 그레빌Greville은 왕이 "베갯잇을 머리에 두르고 베개는 옆에 눕힌 채 오늘 태어난 옥타비우스Octavius 왕자라고 말한 적이 있다."라고 기록했다.[7] 조지는 왕답지 않게 외설적인 언어를 쓸 때도 있었다. 그리고 가끔 그는 굉장히 흥분해서 주변에 있는 사람들에게 난폭하게 주먹을 휘둘렀다.

특히 그는 왕비의 착실한 시녀로서 예전에는 엘리자베스 스펜서 Elizabeth Spencer였던 펨브로크Pembroke 백작부인에게 병적인 집착을 보였다. 그녀의 남편은 6년간의 결혼 생활 후 1762년 해군 대신의 딸 키티 헌터Kitty Hunter와 눈이 맞아 선원으로 위장한 뒤 여객용 운하선을 타고 달아났다. "이때부터 그는 잘 알려지지 않은 몇몇 여자들과 바람을 피웠다." 왕은 자신이 펨브로크 부인과 결혼했다는 공상에 빠졌다. 심지어 그는 부인에게 독일어로(독일어로 말하는 것은 그가 정신이상 증세를 보일 때 취하던 특유의 행동 중 하나였다) 자신은 사실 그녀가 아닌 다른 여자를 좋아하며, 그녀가 정신이 나갔고 30년 전부터 그래왔다고 말하기도 했다. 그는 '타당성 없는 이유들을 들며' 1793년까지 그녀와 한 침대 쓰기를 거부했다. 1789년 왕비가 그에게 온실에서 재배한 포도 한 송이를 선물로 보냈을 때 조지는 그 선물을 어떤 왕비가 보냈냐고 물었다. "에스더Esther 왕비가 보냈는가?" 신하들은 이렇게 대답했다. "아닙니다. 폐하의 부인께서 보내셨습니다."[8] 이틀 후 의사 한 명과 카드 게임을 하다가 조지는 카드에 다음과 같은 글을 갈겨썼다.

> 나의 소중한 엘리자(펨브로크 부인). 그대가 사랑하는 왕은
> 그대를 떠나느니 차라리 죽음을 택할 것이오.

조지는 펨브로크 부인이 진정한 왕비라고 말하면서 게임 도중 이 카드가 들어오면 입을 맞췄다. 그는 윌리스Willis 박사에게 새로운 삼위일체 교리를 고안했다면서 삼위는 바로 신과 윌리스 박사 그리고 엘리자라고 말했다. 그는 그레빌에게 왕실 도서관에서 페일리Paley의 《철학Philosophy》을 가져오라고 시켰는데 이 책이 "남자에게는 한 명

의 부인이 있지만 창조주는 더 많이 가져도 된다고 허락했다."라고 말해줄 거라 생각했기 때문이었다.[9] 그는 왕비의 개 배딘Badine에게 먹이를 주면서 그 개가 왕비보다 자신을 더 좋아하기 때문에 그 개를 좋아한다고 말했고 자신은 왕비를 사랑한 적이 없다고 말했다. 1788년 11월 26일 윈덤Windham은 이렇게 썼다. "지금까지 폐하께 나타난 열은 단지 그분께서 겪고 계신 병의 증상일 뿐 결코 원인은 아니다. 이 병은 순수하고 근원적인 정신질환이며 그 증상들은 천천히 그리고 상당한 기간에 걸쳐 악화되어 왔다."[10]

의사들은 왕의 병을 어떻게 다뤄야할 지 몰라 당황했다. 당대 사람들은 정신적인 질병이 뇌질환의 영향과 같은 기질적인 원인으로 발생할 수도 있고 체질이나 유전적 소질, 신체적 요인 등이 영향을 미쳐 심리적으로 발생할 수도 있으며 이 두 가지가 복합적으로 작용하여 발생할 수도 있다고 알고 있었다. 윌리엄 배티William Battie는 《의학에 관한 논문Treatise on Medicine》에 이렇게 썼다. "정신병은 그 원인을 기준으로 할 때 두 종류로 분류할 수 있다. 즉 근원적인 것과 결과적인 것인데... 첫번째는 오로지 내부에서 신경 물질에 이상이 생겨 발생하며 두번째는... 원인은 같지만... 외부로부터 이상이 생겨 발생한다."[11] 첫번째는 그 본질상 치료할 수 없는 정신병으로 간주되었고 두번째는 정신착란과 흥분으로 특징지워지기는 하지만 치료할 수 있다고 여겼다.

조지의 의사들은 말할 것도 없이 심각하게 불리한 입장이었다. 그들에게는 적절한 의학 도구들도 없었고 예법 때문에 환자를 체계적으로 정밀하게 검사할 수도 없었다. 이들은 결국 전통적인 견해에 따라 결론을 내렸고 1788년 11월 20일 그렌빌Grenville 경은 이들의 진단을 다음과 같이 보고했다.

그들이 합의하여 판단한 병의 원인은 체액의 영향인데 처음에 다리에서 나타나기 시작한 이 체액은 폐하의 부주의로 내장으로 확산되었으며 당시 그들이 폐하의 생명 보호를 위해 사용할 수밖에 없었던 치료법 때문에 결국 뇌까지 올라갔다고 합니다... 의사들은 현재... 이 체액을 다시 다리로 내려 보내기 위해 애쓰고 있습니다. 창조주께서 본래 정하신 최상의 자리가 다리이기 때문입니다.[12]

의사들은 왕의 병이 그의 정신에 둥지를 튼 것으로 보인다는 가정 하에 이를 어떻게 치료해야 할지 최선책을 찾을 수가 없었다. 때문에 다소 못마땅하기는 했지만 당시 정신병 치료 전문가였던 프랜시스 윌리스Francis Wills 박사를 부르고 그의 아들들이 보조인 역할을 하기로 합의했다. 윌리스는 옥스퍼드대학 출신으로 처음에는 링컨Lincoln 칼리지에서 그 다음에는 브레이즈노즈Brasenose 칼리지에서 공부했고 옥스퍼드에서 의학박사 학위를 받았다. 이러한 학력 자체만으로는 그의 실질적인 치료 능력이 인정될 수 없었고 뛰어난 의학적 지식 또한 보증될 수 없었다. 하지만 의사의 운명을 타고난 그는 의학에 성실한 관심을 보이며 링컨에 있는 종합병원에서 일반의 겸 내과의사로 일했고, 1776년에는 스탬퍼드Stamford 근처 그레이트퍼드Greatford에 보호시설을 열었다. 이곳에서 그는 상당한 명성을 얻었다. 한 방문자는 보호시설과 그 거주자들에 관해 이렇게 설명했다. "밭가는 사람들이나 정원사들, 타작하는 이들 그리고 다른 일꾼들도 포함하여 거의 모든 주변 사람들이 검은 실크 반바지에 긴 양말을 착용하였고 머리카락은 분으로 장식되어 있었으며 적당히 곱슬곱슬했고 잘 정돈되어 있었다. 이들은 박사의 환자들이었으며 정장과 깔끔함 그리고 운동이 이 훌륭한 시설의 주요 특징이었다. 건강과 쾌활한 분위기가 결합되어 이 유용한 보호시설에 소속된 모든 이들을 회복으로 이끌었다."[13] 윌리스 박사는 하코트Harcourt 부인의 어머니를 성공적으로 치료했는데 바로 이 하코트 부인의 추천으로 윌리스 박사가 왕실의 관심을 받게 된 것이다.

그러나 윌리스 박사와 그 아들들은 호감을 얻지 못했다. 1788년 12월 5일 금요일, 왕은 윌리스 박사를 처음 만나고 이내 혐오감을 보였다. "전하의 복장과 겉모습은 참으로 신자답습니다." 왕은 이렇게 물었다. "그대는 교회에 다니는가?" 윌리스가 대답했다. "전에는 다녔습니다만 근래에는 주로 의학에 전념하고 있습니다." 그러자 왕은 다소 흥분한 기색을 보이며 말했다. "그것 참 유감이군. 짐이 언제나 사랑하는 일은 버리고 짐이 지독히 싫어하는 일을 받아들였다니 말이네." 윌리스는 이렇게 대답했다. "전하, 우리의 구세주께서도 병자들을 치료하러 다니셨습니다." 왕은 퉁명스럽게 답했다. "그래, 그래. 하지만 그 대가로 일년에 700파운드씩 받지는 않으셨지."[14] 확실히 윌리스 부자는 왕의 병을 치료하면서 경제적으로 큰 이익을 얻었다. 이후 1792년 윌리스 박사는 1만 파운드라는 높은 보수를 받으며 포르투갈의 정신병자 여왕 마리아Maria 1세를 치료했지만 성공적이지는 못했다.

하지만 조지 3세가 건강 회복에 있어서 누군가의 덕을 봤다면 그 공은 주치의들보다 윌리스 부자에게 돌아가야 했다. 프랜시스 윌리스는 환자들을 지속적으로 통제한다는 세평에 걸맞게 결코 얕잡아 볼 수 없는 매서운 감시자였다. 그는 자신이 운영하는 보호시설에서 환자들을 다룰 때와 마찬가지로 왕실에서도 엄격한 태도를 취했으며 심지어 조지 앞으로 오는 편지들도 검열하고 정부 문서들은 자신이 직접 조지에게 가져다주었다.

그가 왕으로 하여금 엄한 통치 방식을 따르도록 했다는 데에는 의심의 여지가 없다. 그는 구속복과 특별히 제작한 구속 의자도 사용했는데 왕은 감상적으로 이 의자를 '대관식 의자'라 불렀다. 때때로 윌리스는 환자를 침대에 묶어두기도 했다. 하지만 여러 가지 면에서 윌리스는, 정신적인 질병을 앓는 이들을 어떻게 다뤄야 하는지에 관해 일부 동시대인들보다 훨씬 잘 알고 있었다. 실제로 그는 징계의 힘을 믿었지만 이 징계는 동정심에 가까운 것이었다. 후에 그는 다음과 같이 고백했다. "처음 조지 3세를 치료하라는 명을 받았을 때 병을 치료하는 내 나름의 방식 때문에 왕비께서는 엄청나게 화를 내셨다. 죽음이 가난한 자의 오두막과 왕자의 궁전을 가려 찾아오지 않듯 광기 또한 그 환자들을 공평하게 대한다. 이런 이유로 나는 내가 맡은 환자들을 치료할 때 차별을 두지 않았다. 인자하신 군주께서 난폭해지시면 나는 큐에 있는 그분의 정원사들에게 같은 일이 생길 경우에 취해야 할 구속 조치를 그분에게도 똑같이 적용하는게 의무라고 생각했다. 간단히 말해 그분께도 구속복을 입힐 수밖에 없었다는 얘기다." 조지는 윌리스에게 적의를 품었지만 그의 치료에는 응했다. 그레빌은 이렇게 말했다. "윌리스 박사는 계속 엄격한 태도를 취하며 강하고 단호한 어조로 그분을 책망했다. 그는 폐하께서 스스로를 통제하시지 않는다면 구속복을 입히겠다고 말했다. 그러면서 윌리스 박사는 방을 나가 정말 구속복을 들고 돌아왔다... 폐하께서는 그 옷을 주의 깊게 살펴보시다가 박사의 단호함에 놀라 그의 말을 따르기 시작하셨다. 나는 이런 경우 윌리스 박사가 보이는 단정한 태도와 권위적이고 당당한 말투에 더욱 놀랐다."[15]

결코 왕의 신임을 얻지는 못했지만 기본적으로 윌리스는 인도적인 사람이었고 따라서 단순히 하제를 쓰고 힘을 사용하여 정신병을 치료할 수는 없다는 사실도 이해하고 있었다. 왕의 건강이 호전되는 기미가 보이자 그는 곧 허용 범위를 넓혔다. 예컨대 그는 왕이 주머니 칼로 손톱을 깎을 수 있게 해주었고 파펜디크Papendick가 면도를 해주는 동안에도 왕이 직접 면도칼을 다룰 수 있게 허락했다. 주치의들은 그가 왕에게 이 정도로 자유를 허용하는 것에 대해 비난했다. 그들 중에서도 특히 리처드 워렌Richard Warren은 왕의 회복 가능성에 대해 비관적이었지만 윌리스 부자는 그가 건강을 되찾으리라는 희망을 품고 있었다. 1810년 12월 왕의 병이 재발했을 때 로버트 윌리스Robert Willis는 의회 의원들에게 왕의 병은 그 본질상 회복이 가능하다고 말했다.

> 폐하의 혼란은 정신착란에 더욱 가까워진 것으로 판단됩니다... 정신착란에 빠지면 정신이 과거의 인상에 활발히 소비됩니다... 또한 전반적인 체질에서 상당한 불안이 나타납니다. 안절부절 못하여 잠을 이루지 못하고 주변의 대상들을 전혀 의식하지 못하지요. 하지만 정신이상의 경우 전반적인 체질에서는 불안이 거의 혹은 전혀 나타나지 않습니다. 정신이 한 가지 고정된 추측에 사로잡히기 때문입니다... 따라서 정신이상과 정신착란을 두 점으로 놓고 보면 정신적인 혼란은 두 점 사이의 어느 지점에 위치한다고 말할 수 있습니다. 폐하의 병은 일정하게 정신이상보다는 정신착란에 가까운 성질을 띠고 있습니다.[16]

1788년 의사들은 끌어 모을 수 있는 낙관론은 모조리 끌어 모아야 했다. 조지의 병이 중대한 정치적 위기를 재촉하고 있었던 것이다. 그가 정치적인 책무를 수행할 수 없었기 때문에 그의 아들 웨일스 공이 대신 정치에 개입했다. 패니 버니는 이렇게 말했다. "가엾은 폐하의 상태가 점점 악화됨에 따라 사람들의 희망은 전반적으로 줄어드는 듯했습니다. 그리고 웨일스 공께서 직접 국정에 참여하시게 되었지요."[17] 웨일스 공과 그의 동생 요크 공작은 왕의 의사이자 휘그당 지지자인 리처드 워렌의 원조와 부추김으로 이 상황을 이용하여 자신들의 이익을 높이려 했다. 휘그당 당원들은 왕이 병든 틈을 타 윌리엄 피트와 토리당 지지자들을 몰아내고 정치적인 지배력을 손에 넣을 수 있는 뜻밖의 기회를 포착했다.

웨일스 공의 방탕하고 사치스러운 생활은 찰스 제임스 폭스Charles James Fox 중심의 휘그당원들을 원조하던 아버지와의 관계를 불편하게 만들었다. 왕이 얼마 동안(아마도 남은 일생 동안) 정치적인 역할을 수행할 수 없을 가능성이 크다면 그를 대신하여 통치할 섭정이 임명되어야 했다.[18] 휘그당에서는 당연히 웨일스 공 조지가 적임자라 생각했다.

윌리엄 피트와 토리당원들이 왕의 회복 기원을 제외하고 할 수 있는 일이라고는 법안이 하원에 제출될 경우 지연 전략을 써서 섭정의 권한 축소를 꾀하는 것뿐이었다. 토리당원들은 실질적으로 휘그당원들 사이의 상대적인 신뢰성 결여로 덕을 보았다. 웨일스 공은 섭정이 될 경우 고위 관직을 임명하게 될터였기 때문에 없어서는 안될 동맹자였지만 변덕스럽고 못 미더운 인물이었다. 또한 휘그당은 내부 싸움으로 분열되었고 찰스 제임스 폭스는 의지할 수 없는 지도자였다. 어쨌든 당장에는 모든 일들이 뜻대로 진행되는 듯했다. 그들은 왕이 회복될 수 없으리라 확신했다. 러프버러Loughborough 경은 다음과 같은 말로 휘그당 대표를 다시 한번 안심시켰다. "완전하고 빠른 회복을 기대한다는 것은 가당치 않다고 여겨집니다." 러프버러 경은 웨일스 공이 섭정으로서 확실하고 합법적인 자격을 갖추었다고 직접

안을 제출했고 폭스는 이를 채택했다. 그러나 휘그당원들조차도 섭정이 갖게 될 권한에 대해서는 완전히 확신하지 못했고 토리당원들은 누가 섭정이 되든 그 기간을 제한하기 위해 애썼다. 1789년 1월 2일 하원의장 콘월Cornwall의 죽음으로 상황은 더욱 긴급해졌다. 새로운 하원의장의 임명은 왕이나 왕의 대리인이 승인해야 했기 때문이다. 2월 12일 피트가 작성한 섭정 법안이 하원을 통과했다. 그러나 이 무렵 정치적인 위기가 마지막 단계에 이르렀다는 조짐들이 보이고 있었다. 왕의 건강이 서서히 회복되기 시작한 것이다.

깜박이던 빛은 점점 더 뚜렷해졌다. 1789년 2월 2일 큐에서 정원을 거닐던 패니 버니는 왕이 의사 두 명과 함께 자기 쪽으로 걸어오는 것을 보고 깜짝 놀랐다. 그녀는 일기장에 이렇게 적었다. "무섭게도 왕께서는 크고 거친 목소리로 직접 '버니 양! 버니 양!' 하고 외치시며 따라오셨다. 얼마나 뛰었던지! 발이 땅에 닿는 느낌도 안들 정도였다." 윌리스 박사가 멈춰서라고 간청하자 마침내 패니는 달리기를 포기했다. 왕은 그녀에게 다가가 진심어린 인사를 건네며 이성적으로 말했다. "어째서 달아났소?" 이렇게 묻고 나서 그는 일부 각료들을 새로 임명할 생각이라고 말했다.[19]

왕의 건강 회복은 온 나라가 떠들썩하게 축하할 만한 일이었다. 아직까지 쉽게 피로를 느끼기는 했지만 그는 1789년 성 조지 축일에 성 바오로 대성당에서 무려 세 시간에 걸쳐 진행된 감사제를 잘 견뎌냈다. 이때 그는 캔터베리 대주교에게 다감한 말투로 말했다. "의사들이 나의 병세에 관해 쓴 기록들을 두 번 훑어보았는데 이 행사가 진행되는 동안 견뎌낸다면 나는 그 무엇도 견뎌낼 수 있을 것이오."

성바오로 대성당에서 감사제가 열린 것은 파리에서 바스티유 습격 사건이 일어나기 불과 몇 달 전의 일이었다. 바스티유 습격 사건은 혁명과 국제 전쟁의 시대를 연 상징적인 사건으로 모든 나라의 국내 정책 및 외교 정책에 영향을 미쳤다. 이처럼 소란한 사건들로 인한 긴장 상태에도 왕의 건강은 잘 버텨내는 듯했다. 그러다가 12년 후 그의 건강에 다시 문제가 생겼다. 짐작컨대 이 문제는 1801년에 일어난 뜻밖의 내각 변화와 로마 가톨릭 신자들을 가혹한 법령에서 풀어주어야 한다는 의안 제출 때문에 생겨났던 것 같다. 이 사건으로 왕의 대관식 선서는 깨진 셈이었기 때문이다.

1801년 2월 예의 증상들이 다시 나타났다. 위에서 통증이 일어나고 근육이 약해지고 목이 쉬고 맥박이 빨라졌으며 땀이 흐르고 불면증과 정신착란이 찾아왔다. 소변 색깔도 다시 이상하리만치 진해졌다. 가스Garth 장군과 함께 말을 타고 가다가 왕은 이렇게 말했다. "간밤에 전혀 잠을 이루지 못했는데 지금도 굉장히 불쾌하고 마음이 편치 않소." 이번에도 왕실 의사들은 왕이 너무 추운 교회에 오래 앉아 있어서 한기가 들었을 거라고 생각했다. 하지만 이내 1788년에 일어났던 일들이 그대로 반복되고 있다는 징후들이 나타났다. 그는 감정적으로 약해져서 어떤 때는 갑자기 울음을 터뜨리고 화를 냈으며 끊임없이 안절부절 못하며 움직여댔다. "체스를 둘 때면 그는 무의식적으로 체스판을 계속 빙빙 돌렸다. 그리고 테이블보가 눈에 띄면 그것 역시 빙빙 돌려대며 손을 가만히 두지 못했다... 마찬가지로 그는 신경이 예민해져서 의지와 상관없이 손수건을 돌돌 말았고... 어떤 때는 족히 40~50장을 말기도 했다."[20]

윌리스 부자가 다시 왕실로 불려오자 왕은 두려움에 떨었다. 하지만 토마스 윌리스Thomas Willis는 단순히 조지 3세가 자신들에게 '편견을 지니고 있다'고 불평했다. 1788년에 그랬던 것처럼 그들은 왕의 회복 가능성에 대해 낙관적이었고 비교적 짧은 시간에 왕은 진정이 되어 잠도 좀 더 편히 잤고 말도 한결 이성적으로 했다. 왕은 '너무 오래 앓았던 것 같아 염려가 된다'고 말했지만 얼마나 오래 앓았는지는 알지 못했다. 1801년 3월 14일 그는 충분히 회복되어 피트의 방문을 받았고 3일 후에는 추밀원 회의를 주재했다.

건강 상태는 서서히 나아졌지만 그는 여전히 몹시 우울해 했다. 4월 19일 일요일 웨일스 공이 4주 만에 처음으로 아버지를 만나러 왔을 때 왕이 보인 태도는 다음과 같았다. "그는 끊임없이 반복해서 자신은 죽어가고 있으며 해외에 나가기로 결정했다고 말했다… 정치는 웨일스 공에게 맡기겠다고… 그는 최근까지 감금되었던 방으로 웨일스 공을 데려가 거의 모든 움직임에 있어서 자신이 받았던 대우에 대해 불만을 토했다."[21]

윌리스 부자는 3월 말에 떠나기로 되어 있었지만 아버지의 건강 상태가 아직도 염려된다는 엘리자베스 공주의 요청이 부분적인 이유로 작용하여 계속 머물렀고 이에 왕은 격분했다. 이들은 거의 말 그대로 왕을 '납치'하여 5월 중순까지 사실상 감금해 두었다. 토마스 윌리스는 이렇게 기록했다. "나는 즉시 폐하께 상황을 알려 드리고 곧바로 다시 통제를 받으셔야만 한다고 말씀 드렸다. 폐하께서는 몹시 창백한 얼굴로 주저앉으셨고… 굉장히 무서운 눈으로 나를 바라보며 소리치셨다. '의사 선생, 당신이 살아 있는 한 결코 당신을 용서치 않겠소.'"[22]

하지만 6월 초가 되자 그는 상당히 회복되어 건강 증진을 위해 웨이머스Weymouth로 갔다. 그는 1801년 10월 20일 우스터의 허드Hurd 주교에게 이렇게 말했다. "해수욕은 내게 효과가 있었고, 사실 무엇보다 내게 필요한 것이었소. 지난 겨울 앓았던 극심한 열병 때문에 불쾌한 느낌이 많이 남아 있었으나… 그런 느낌들은 거의 사라졌소.

이제 나는 세심한 주의를 기울여 무엇이든 피로해질 수 있는 일은 피해야 한다오..."[23]

3년 후 1804년 2월 단기간에 걸쳐 다시 한 번 병이 찾아왔는데 이번에도 의사들은 젖은 옷 때문에 한기가 든 것이라고 주장했다. 헨리 애딩턴Henry Addington 수상이 윌리스 부자를 불러 오려 하자 왕의 아들들인 켄트Kent 공작과 컴벌랜드Cumberland 공작은 왕이 그들을 볼 경우 '마음에 소란이 일어나 더 나쁜 결과가 초래될 수 있다' 면서 그들을 부르지 못하게 했다. 윌리스 부자를 대신하여 또 다른 '정신병 전문의' 인 성 루카St Luke 정신병원 의사 새뮤얼 시몬스Samuel Simmons 가 왕의 치료를 감독하게 되었다. 그러나 그가 취한 방법들은 윌리스 부자가 썼던 방식과 그다지 다를 바 없었고 그 역시 전임자들과 마찬가지로 왕의 호의를 얻지 못했다. 그래도 다행히 이번에는 병의 지속 기간이 비교적 짧았다. 3월말이 되자 한 병상 발표에서는 다소 조급하게 "폐하께서는 한결 좋아지셨고 아마도 곧 완전히 회복하실 것으로 보인다."라고 전했다.

사실 왕은 계속 마음이 극도로 소란스러운 상태였고 특히 '소름끼치게 싫은 의사' 시몬스 때문에 부글부글 끓고 있었다. 휘그당원들은 윌리엄 피트와 내각이 왕의 실제 건강 상태를 숨겼다고 비난하며 다시 섭정 문제를 거론하기 시작했다. 하지만 1804년 7월말 조지는 건강이 많이 좋아져서 상태를 좀 더 호전시키기 위해 의회를 휴회하고 다시 웨이머스로 갔다. 주치의 프랜시스 밀먼Francis Milman 경은 사방이 트인 바다에서 해수욕을 하지 않는 편이 낫다고 판단했다. 부인과 가족들은 상당한 부담감을 느꼈고 결과적으로 왕과 왕비는 사실상 남남이나 다름없는 사이가 되었다. 샬로트 왕비가 결혼 생활의 재개를 거부하자 하노버 왕가의 군주들 가운데 가장 순결하다 할 수 있는 조지는 빈 말이었지만 정부를 찾아봐야겠다고 말했다.

이처럼 여러 차례에 걸친 발병은 확실히 신체적으로는 물론 정신적으로도 왕의 건강에 해를 입혔으며 더욱이 이제 왕은 70세 생일을 앞두었기 때문에 건강 상태는 나쁠 수밖에 없었다. 정체가 무엇이건 간에 왕의 병은 그의 몸에 회복할 수 없는 피해를 남겨서 겉으로 회복된 것처럼 보일 때도 사실 차도가 없었다. 프랑스와 길고 참혹한 전쟁이 계속됨에 따라 국민들에게 정치적, 경제적으로 상당한 영향이 미치자 왕으로서의 책무는 무거운 짐이 되어 그의 어깨를 짓눌렀다. 그는 시력이 약해졌고 집중력도 감퇴되고 있었다. 게다가 1810년 사랑하는 딸 아멜리아Amelia가 심하게 앓다가 결국 세상을 떠났다.

1810년 10월 25일 왕의 즉위 50주년을 기념하는 행사가 조용하게 치러진 직후 그의 병은 다시 나타났다. 정치적인 상황은 매우 아슬아슬했고 그가 회복될 가능성도 불분명해서 마치 1788~9년에 일어난 일들이 그대로 되풀이되는 듯했다. 그렌빌 경은 그레이Grey 경에게 편지를 보냈다.

증상은 10월 22일쯤 시작되었고 이번이 대략 25번째 발병입니다. 의회는 11월 20일까지 휴회했습니다. 23번째지요... 1801년과 1804년에는 의회가 계속 열려 공식적으로 알려지는 일은 어느 정도 피할 수 있었지만 이번 경우는 1788년에 그랬던 것처럼... 알려질 수밖에 없을 듯합니다.[24]

72세라는 나이와 약해지는 시력, 악화되는 건강 등으로 볼 때 왕이 완전히 회복할 가능성은 희박했다. 왕의 주치의 헨리 핼퍼드Henry Halford 경은 시몬스에게 의뢰해야 한다는 결론을 내렸고 네 명의 보조인들과 함께 윈저에 도착한 시몬스는 '단독으로 왕을 치료하게 해

줄 것'을 요청했으나 처음에는 거절당했다. 하지만 왕이 너무 난폭한 행동을 하는 바람에 또 다시 구속복을 입혀야 했다. 그는 때때로 진정이 되어 본래 헨델Handel의 소유였던 하프시코드로 악곡을 연주하기도 했다. 그러나 이내 두서없이 말을 쏟아냈고 다시 한 번 펨브로크 부인에 대한 집착에 빠져들었다. 그녀도 이제는 75세의 노부인이었다(펨브로크 부인은 93세까지 살게 된다). 그는 이렇게 불만을 늘어놓았다. "내가 펨브로크 부인과 결혼한 것은 만인이 알고 있는데 다들 내가 그녀에게 가도록 내버려두질 않는구나. 그러나 무엇보다 끔찍한 일은 저 지독한 악당 (헨리) 핼퍼드가 결혼식에 참석했으면서도 이제 뻔뻔스럽게 내 면전에서 그 사실을 부인한다는 것이다." 왕은 다섯 번이나 성서에 손을 얹고 '55년 동안 자신에게 충실했던 소중한 엘리자에게 헌신할 것'을 맹세했다. 베스버러Bessborough 부인 헨리에타Henrietta는 1804년 9월 다음과 같이 썼다. "펨브로크 부인은 왕이 연애편지들을 보내 그녀를 괴롭히고 있으며 때문에 진지하게 단념하라고 편지를 보내야 한다는 의무감에 시달려 왔다고 말한다. 그녀는 불같이 화를 내며 때를 기다렸다. 하지만 그의 미적 감각만큼은 칭찬할 수밖에 없다. 그녀는 내가 본 70명의 여자들 가운데 가장 매력적이기 때문이다." 왕은 가터 훈장Order of the Garter의 선례를 따라 '여성 훈장'을 제정하자는 얘기를 꺼내기도 했는데 이러한 생각은 당대 사람들이 굉장히 싫어할 만한 것이었다.

이제 섭정이 정치적으로 불가피하다는 사실은 명백해졌다. 스펜서 퍼시벌Spencer Perceval 수상은 다음과 같은 말로 왕을 안심시키려 애썼다. "1789년 폐하께서 병을 앓으신 후 보이셨던 것과 거의 똑같은 과정이 나타나고 있으니 예전과 같은 상태로 회복되시면 가능한 한 거의 모든 것을 되찾으실 수 있을 것입니다." 정신을 집중하기가 어려웠지만 왕은 분별 있게 제안에 응했다. 웨일스 공은 정부의 변화가 아버지의 건강에 나쁜 영향을 미칠 수도 있다는 헨리 헬퍼드 경의 조언을 받아들여 내각을 변화시키지 않고 그대로 두었다. 모든 실제적인 목적들 때문에 조지 3세는 거의 알아채지 못하는 사이 왕의 자리에서 사라졌다.

이 나이 든 남자를 마음대로 변덕부리게 하고 가족이라는 테두리 안에 두었다면 그에게는 한결 사려 깊은 대우가 되었을 것이다. 그러나 정신적인 문제가 악화되어 노인성 치매와 같은 증상이 나타나자 그는 가족에게서 떨어져 감금되었고 자신만의 혼란스러운 상상 세계 속에서 살았다. 오클랜드Auckland 경은 다음과 같이 기록했다.

지금까지 수차례에 걸쳐 병을 겪는 동안 보존되고 있던 부분적인 논리와 기억의 흔적들을 모두 잃어버린 채 그는 엉뚱하고 터무니없는 공상들에 사로잡혔다. 그는 자신이 영원히 살 수 있는 힘을 지니고 있을 뿐만 아니라 죽은 이들 중 누구든 자신이 원하면 불러낼 수 있다고 상상하면서 그들의 나이도 자유자재로 바꾼다... 간단히 말해... 그는 또 다른 세계에서 사는 것처럼 보이며 이 세상의 일들에 대해서는 거의 모든 관심을 잃은 듯하다.[25]

남은 인생 내내 그는 이 고독한 다른 세상에서 살았다. 자연히 섭정은 계속 이어졌다. 그의 부인 샬로트 왕비는 1818년 11월에 죽었지만 그는 부인의 죽음을 알지 못했다. 그는 이제 장님이 되고 귀머거리가 된 것이다. 발작이 일어날 때면 끝없이 말을 해댔고 한 번은 60시간 동안 말을 그치지 않은 일도 있었다. 하지만 전반적으로 그의 삶은 고요했으며 그 가운데 유일한 즐거움은 '소재가 떨어지지 않는 병적인 상상'이었다. 1819년 11월 말 아버지를 찾아갔던 요크 공작은 당시 모습을 이렇게 설명했다. "폐하께서는 하프시코드를 연주하며 노래를 부르셨다. 내가 한 번도 듣지 못한 강하고 흔들림 없는 목소리였다... 그러나 우리는 폐하께서 지난 12개월 사이 굉장히 쇠약해지셨다는 사실을 인정해야만 한다... 골격은 훨씬 더 약해져서 폐하께서 얼마 동안이라도 우리 곁에 남아 계시리라는 기대를 더 이상할 수 없게 되었다."[26] 1819년 크리스마스에 발작은 다시 나타났고 1820년 1월 29일 저녁 8시 32분 조지 3세는 결국 숨을 거두었다.

기나긴 시간이 지난 지금 조지 3세가 노인성 치매라는 덫에 걸리기 전에 시달렸던 병의 본질에 대해 어떤 결론을 내리는 일이 과연 가능할까? 당대 사람들은 단지 굉장히 당황할 뿐이었다. 어떤 이들은 1788년 그가 심하게 앓기 직전 마셨던 첼튼엄 온천의 광천수를 탓하기도 했다. 《런던 크로니클London Chronicle》지는 "최근 왕에게 나타난 이상은 오로지 첼튼엄의 광천수 때문이다."라고 보도했다. 호레이스 월폴은 첼튼엄의 광천수를 가리켜 "가장 강한 술이며 마데이라Madeira 백포도주나 샴페인보다 독하다."라고 말하면서 수개월 동안 사고력에 '혼란'을 일으킬 수도 있다고 했다.[27]

조지 3세의 병에 대해 정확한 진단을 내리기에는 구체적인 증거가 명백히 불충분하다. 우리는 가능한 일들과 있음직한 일들 사이에서 균형을 맞춰 나가는 수밖에 없다. 만약 조지 3세의 정신적인 문제가 기질적인 원인에 의한 것이었다 해도 분명 심리적인 요소 역시 어떤 역할을 했을 것이다. 겉으로 보기에는 무신경해 보였지만 조지는 언제나 예민하고 신경질적인 사람이었다. '농부 조지'를 그린 만화가들이 만들어낸 인상은 예술에 대한 그의 관심과 후원에 어긋나는 것이다. 그는 굉장히 민감하여 쉽게 마음이 동요되는 사람이었지만 이러한 감정을 밖으로 드러내지는 않은 것 같다. 그가 쇠약해지는 데 직접적인 계기는 없었을 것이다. 1801년 로마 가톨릭 해방 문제가 그에게 불안을 안겨 주었을 가능성도 있지만 스트레스는 수년에 걸쳐 축적되어 거의 예상치 못한 때에 표출되는 경우가 많았다.

1788년에는 그에게 찾아 온 심각한 병을 설명해 줄 만한 사건이 없었지만 그 전 20년에 걸친 그의 통치 기간 중에는 미국독립전쟁을 비롯하여 여러 가지 면에서 볼 때 정치적으로 곤란한 상황들이 벌어졌다. 앞에서 살펴본 것처럼 신체적인 질병과 정신적인 질병은 막연하고도 복잡하게 얽혀 있다. 따라서 조지의 병을 토대로 그의 내부 깊숙한 곳의 심리적인 균열을 찾는다는 것은 역사적으로 부적절한 일일 것이다.

비교적 가까운 과거에, 조지 3세의 병이 조울증의 특징을 띠고 있었다는 주장이 제기되었다. 어떤 이들은 그가 보였던 행동과 태도 중 적어도 일부에서 정신분열증의 특성이 나타났다고 주장했다. 그런데 1967년 두 명의 의학사학자 이다 매컬파인과 그 아들 리처드 헌터가 철저한 연구를 통해 조지 3세의 병에 관한 통례적인 해석에 도전장을 던졌다. 《영국 의학저널British Medical Journal》에 처음 실렸던 논문에서[28] 이들은 조지 3세가 희귀한 신진대사 장애인 급성간헐성 포르피린증acute intermittent porphyria을 앓았다고 주장했다. 그리고 이후 발표한 책 《조지 3세와 광기George III and the Mad Business》에서 이들은 같은 병의 훨씬 더 심각한 형태인 발문상 포르피린증으로 판단을 수정했다.

포르피린증은 잘 알려져 있지 않은 질병으로 남아프리카의 집단 내에서 유행하는데 1688년 한 네덜란드인이 이곳에 머물고 온 후 약 8천 명의 후손들에게 퍼졌고 스웨덴에서도 발견되었다.[29] 발열과 목

11장
....
광
기
에
사
로
잡
힌
조
지
왕

소리 변화, 복통, 빠른 맥박, 식욕 감퇴, 근육 파괴, 불면증 그리고 특히 소변 색깔 변화(괴어 있는 상태에서 붉은색 혹은 붉은 갈색 심지어 자줏빛을 띤 색으로 나타난다) 등이 특유의 증상인데 다른 질병들의 경우에서도 그렇듯 수세대에 걸쳐 변화해 왔을 가능성이 있다. 매컬파인과 헌터의 책이 출판된 후 벌어진 논쟁에서 몇몇 포르피린증 전문가들은 이 병이 본래 비교적 해가 없으며, 가장 눈에 띄는 영향이라고 해 봐야 피부가 민감해지는 정도일 뿐, 환자들의 활력이나 판단력에는 그다지 영향을 미치지 않는다고 주장했다. 이 병이 점점 심각해진 것은 부분적으로 근대의 치료제들 특히 술파노마이드sulphanomide의 탓이었다. 이 치료제들은 분명 무감각, 환각, 조증, 사지 마비 등 더욱 뚜렷하고 위험한 증상들을 유발했다. 같은 시대 한 포르피린증 전문가는 조지 3세가 겪은 것과 같은 정신적 혼란이 발문상 포르피린증 환자의 증상일 수 있다는 결론을 인정한 반면 정신이상이 과거 시대 이 병의 전형적인 특징이었다는 가정에 회의적인 반응을 보이는 이들도 있었다.

매컬파인과 헌터는 자신들이 내린 결론에 힘을 싣기 위해 놀랄 만한 역사적 근거들을 수집했다. 곧 스코틀랜드 여왕 메리에게 처음 발병했던 포르피린증이 그 후손들에게 전파된 사실을 발견했다. 제임스 1세의 주치의 테오도어 드 메이언Theodore de Mayerne 경의 실질적이고 보다 상세한 근거를 바탕으로 이들은 제임스 역시 어머니와 마찬가지로 포르피린증을 앓았다는 결론에 도달했다. 이어서 제임스 1세의 몇몇 후손들이 병을 앓다가 죽은 사례들을 조사했는데 1612년에는 그의 아들이자 상속자 웨일스 공 헨리가 죽었고, 1670년에는 찰스 2세의 누이 오를레앙 공작부인 헨리에타가 26세의 나이로 죽었으며 헨리에타의 딸이자 스페인 왕 카를로스 2세의 첫번째 부인인 마리 루이즈도 이 병으로 죽었을 가능성이 있다. 스튜어트 왕가의 마지막 군주 앤 여왕도 이 병의 희생자였다. 다만 그녀의 아들 글로스터 공작 윌리엄은 천연두로 죽었다. 포르피린증은 제임스 1세의 딸 보헤미아의 '겨울왕비' 엘리자베스와 그녀의 딸 하노버의 소피아 Sophia 선거후 부인을 거쳐 하노버 왕가의 첫 두 왕을 건너 뛰고 그녀의 증손자 조지 3세와 그의 누이인 덴마크 왕비 캐롤라인 마틸다 Caroline Matilda에게 이어졌다. 소피아의 딸인 프로이센 왕비 소피아 샬로트Sophia Charlotte나 혹은 조지 1세의 딸이자 프로이센 왕 프리드리히 빌헬름Frederick William 1세의 부인인 소피아 도로테아Sophia Dorothea를 통해 포르피린증은 프리드리히 빌헬름의 아들 프로이센의 프리드리히 대왕Frederick the Great에게 물려졌다.

유전적인 감염은 조지 3세에게서 최소한 네 명의 아들에게로 전해졌다. 조지 4세와(어쩌면 1817년 21살의 나이로 아이를 낳다가 죽은 그의 딸 샬로트 공주에게도 전해졌을 수 있다) 요크 공작 프레드릭 Frederick, 서식스Sussex 공작 오거스터스 그리고 빅토리아Victoria 여왕의 아버지인 켄트 공작 에드워드가 바로 그들이다.

빅토리아는 혈우병 보균자로서 어떤 역할을 했을 수는 있지만 수많은 후손들에게 포르피린증을 옮기지는 않았으며 어쩌면 단 한 명에게도 옮기지 않았던 것으로 짐작된다. 매컬파인과 헌터가 당시 살아 있던 하노버 왕가의 구성원들 가운데 단 두 명만이 포르피린증을 앓았다고 주장했기 때문이다.[30] 이들은 상세한 근거나 이름을 거론하지는 않았다. 하지만 분명 독일 공주들을 지목한 것이었으며 엘리자베스 2세의 숙부도 염두에 두었을 가능성이 높다. 모두 그 이후에 죽은 사람들이다.

언뜻 보면 이처럼 당당하게 나열된 근거들을 바탕으로 한 주장에

11장

광기에 사로잡힌 조지 왕

반론을 들기는 어렵지만 당시 몇몇 비평가들이 제기한 의문들은 여전히 남아 있다. 예컨대 포르피린증 전문가들은 과거 정신병에서 이 병의 징후라 할 만한 것이 나타났는지에 대해 그리고 설사나 변비가 이 병의 특징이었는지에 대해 의견의 일치를 보지 못했다. 당시 필수적인 치료제로 여겨졌던 하제를 조지 3세가 과용하여 내장이 약해졌다는 이야기는 어쩌면 소변이 변색된 이유를 설명해 주는 것이다. 소변의 변색은 아마도 매컬파인과 헌터가 제시한 가장 중대한 근거였을 것이다. 이들은 제임스 1세의 소변이 알리칸테Alicante 포도주나 포르투갈 적포도주port wine와 같은 색깔로 변했다는 기록에도 주의를 기울였다. 하지만 이 근거가 그 자체만으로 조지 3세가 발문상 포르피린증을 앓았다는 사실을 증명해 주지는 않는다. 이와 같은 소변의 변색은 조지 3세가 앓았던 신장병 혹은 신장결석의 결과로서도 나타날 수 있기 때문이다. 또한 소변이 왕에게서 의사들에게 건네진 시점에 변색되어 있었는지 아니면 포르피린증 환자들의 경우에서 처럼 괴어 있는 상태로 몇 시간 방치된 후 색깔이 변했는지에 대해서도 알려진 바가 없다. 이러한 이유로 조지 3세가 발문상 포르피린증 환자였다는 결론을 명확하게 반박할 수는 없다. 다만 위와 같은 이유들은, 이 결론을 확인된 사실로서 받아들이기에 근거가 불충분하다는 점을 지적하고자 제시된 것이다.

스코틀랜드 여왕 메리의 후손들이 포르피린증을 물려받았다는 주장에는 증거가 풍부함에도 불구하고 더욱 비판의 여지가 많다. 메리 여왕과 그녀의 아들 제임스 6세(영국 왕으로서는 제임스 1세)가 포르피린증을 앓았다는 사실이 확실하지 않기 때문이다.[31] 제임스 1세가 겪었던 병의 여러 증상들로 보아 그의 병이 신진대사 장애였을 가능성이 높은 것은 사실이지만 그의 의사 메이언이 주장한 것처럼 신장

질환 때문에 소변이 붉게 변하고 심한 관절염으로 혈뇨가 더욱 악화된 것이라는 가정에도 충분히 일리가 있다. 조지 3세의 누이인 덴마크의 캐롤라인 마틸다가 포르피린증 때문에 죽었다는 주장에도 상당한 의심의 여지가 있으며 사실상 병으로 죽은 다른 몇몇 왕족들의 경우도 마찬가지다.

더욱이 포르피린증이 조지 3세를 괴롭힌 유전병이었다면 이 병이 13대까지 내려오면서 드문드문 부수적인 사건들도 거의 일으키지 않고 수세기 동안 이어졌다는 것은 놀라운 일이라고 밖에 볼 수 없다. 남아프리카 포르피린증 환자 집단의 예를 고려해 볼 때 앞서 말한 왕족들 사이에서도 이 병은 더 넓게 확산되었어야 옳다. 주요 유전 인자가 수세기 동안 변이 없이 살아남았을 가능성도 수학적으로 희박하다. 만약 조지 3세가 급성 발문상 포르피린증 환자였다면 그의 경우는 전형에서 벗어난 굉장히 심한 경우였음에 틀림없다. 매컬파인과 헌터가 검토한 왕가의 다른 구성원들 중에는 그가 경험한 정신적인 고통들을 전혀 겪지 않은 이들도 있기 때문이다.

이 논쟁을 더 진전시킬 수 있을지에 대해서는 의문이다. 포르피린증의 증상들이 다른 병의 증상들과 꼭 닮을 수 있다는 사실은 분명하지만 매컬파인과 헌터의 논문도 어떤 면에서 빈약하기는 해도 전혀 터무니없는 주장은 아니다. 그러나 조지 3세의 병이 적어도 부분적으로는 심리적인 요인에 기인한 것이 아니었을까 하는 의문은 고려해 볼 여지가 있으며 그가 정신분열증이나 조울증 환자였을지 모른다는 짐작도 수용의 여지가 있다.

의학사학자들을 제외하면 조지 3세가 겪은 병이 정확히 무엇인지에 대해 중대한 관심을 갖는 사람은 없다. 그가 발문상 포르피린증을 앓았든 조울증을 앓았든 실제적인 영향들은 같았기 때문이다. 왕의 행동과 병적인 수다, 망상들과 폭력성은 정상인의 기준에서 볼 때 그가 제정신이 아님을 말해 준 것이며, 그 결과 발병 기간 동안 그는 매우 무능력해져서 국가를 통치할 수도 없었고 심지어 감금되어야만 했다.

하지만 어떤 면에서 조지 3세가 앓았던 정체 모를 병은 역사가들이 그의 통치를 해석하는 방식에 영향을 주었다. 만약 그가 일생 동안 신경과 정신에 작용하는 병을 앓아서 때때로 광기에 사로잡혔다면 이러한 장애는 인생 전반에 걸쳐 정치적인 판단력에 손상을 입혔을 가능성이 충분하다. 반면 그가 단지 가끔씩 포르피린증의 습격을 받은 것뿐이었다면 발병 기간을 제외한 나머지 시기 동안 그의 판단력은 정상이었을 것이다. 좀 더 이전의 일부 역사가들은 왕이 그렌빌이나 채텀Chatham 등 그가 싫어하던 대신들에 대한 왕으로서의 영향력을 회복하려는 과정에서 신경질환을 얻은 것이라 믿었다. 또한 미국독립전쟁의 발발 및 장기화 그리고 비참한 결과에 대한 왕으로서의 책임감 역시 이러한 질병이 발생하는 데 영향을 주었을 것이라 생각했다. 하지만 이런 견해는 더 이상 이치에 맞지 않는다. 조지 3세가 마음속에 광기의 씨앗을 지니고 있지 않았기 때문이 아니라, 이 역사가들은 조지 3세가 추진했던 방침을 해석하는 데 있어 이미 실수를 범했기 때문이다.

전기작가 존 브루크John Brooke가 강력하게 주장한 것처럼 확실히 조지 3세는 오랫동안 마음의 혼란에 사로잡혀 있던 정신병자 왕이라는 이미지에서 해방되어야 마땅하다.[32] 통치 기간 중 그는 오랜 기간 동안 책임감 있고 성실한 군주였다. 그러나 광기를 일으킨 것이 기질적인 요인이었든 심리적인 요인이었든 몇 차례 단기간에 걸쳐 조지 3세가 제정신이 아니었고, 국가를 다스릴 수 없을 만큼 상태가 심각했다는 사실은 부인할 수 없다. 그 몇 차례 가운데 상태가 가장 심각했던 1789년 만약 그가 회복되지 못했다면 웨일스 공은 섭정이 되어 윌리엄 피트의 토리 정부를 휘그 정부로 대체하고 아마도 찰스 제임스 폭스를 대표로 내세웠을 것이다. 빠르게 발전하던 유럽 내 상황이 혁명과 전쟁으로 느슨해지는 데 이러한 변화가 어떤 영향을 미쳤을지는 물론 알 수 없다. 하지만 영국에는 심각한 영향이 미쳤을 수 있다. 변화는 일어나지 않았고 이후에 있었던 몇 차례의 발병도 왕의 대신들에게는 어느 정도 불안을 안겨 주었지만 국가에 중대한 영향을 끼치지는 않았다. 결국 조지 3세의 광기는 국가의 비극이라기보다 개인적인 비극이었던 셈이다.

11장

광기에 사로잡힌 조지 왕

12

덴마크의 연극

_크리스티안 7세 Christian VII

12

덴마크의 연극

조지 3세와 정확히 동시대에 살면서 그의 누이 캐롤라인 마틸다와 결혼한 덴마크의 크리스티안 7세 역시 정신병의 희생자였을 수 있다는 사실은 역사의 아이러니이다. 조지 3세가 기나긴 인생을 마감할 때까지 그의 병은 징후가 격심했던 만큼 영향은 산발적이었다. 반면 크리스티안 7세는 의식이 맑은 시기가 있기는 했어도 통치기 중 대부분의 기간 동안 확실히 제정신이 아니었다. 아이러니는 여기서 끝나지 않는다. 매컬파인과 헌터의 판단을 인정한다면 크리스티안의 부인 캐롤라인 마틸다 왕비도 조지 3세처럼 포르피린증을 앓았고 그로 인해 젊은 나이에 세상을 떠났기 때문이다.[1]

덴마크 왕가와 하노버 왕가 사이에는 밀접한 연관이 있다. 크리스티안의 어머니 루이자Louisa는 조지 2세의 딸이었다. 1768년 크리스티안이 영국을 방문했을 때 사람들은 그의 외모를 보고 영국 왕가 사람들과 상당히 닮았다고 말했다. 메리 코크Mary Coke 부인은 이렇게 썼다. "그는... 왕가 사람들과 굉장히 닮았다. 그 중에서도 그가 가장 닮은 사람은 프레드릭 왕자다(조지 3세의 막내 동생인 그는 1765년 열다섯 살의 나이로 세상을 떠났다)."[2] 호레이스 월폴은 덴마크 왕이 그의 조부 조지 2세와 똑같이 수컷 참새처럼 점잔빼며 걷는다고 말했다.[3] 헤센의 공주는 그가 누구보다 왕의 아버지 웨일스 공 프레드릭을 떠올리게 한다면서 "단, 머리카락을 너무 높게 말아 올린다."라고 말했다. 유전적인 요인들의 작용이 없는 한 어떤 의미에서 두 왕가의 유사점은 이것뿐이었다. 하지만 정치적인 사항들을 살펴보면 얘기는 달라진다. 조지 3세의 광기가 정치적인 위기를 불러일으켰다면 그 매부의 광기는 단지 정치적인 위기만 초래한 것이 아니라 개인적인 비극까지 불러 올 조짐을 보였다.

덴마크의 군주제는 영국과 달리 입헌군주제가 아니었으며 1665년 '왕법'이 제정되면서 완전히 독재 체제가 되었다. 덴마크의 정치는 크리스티안 7세의 조부 크리스티안 6세의 통치에서 나타난 것처럼 왕의 인격에서 결정적인 영향을 받았다. 선의적이고 온건한 크리스티안 6세는 과단성 있고 경건한 부인 소피아 막달레나Sophia Magdalena 에게서 상당한 영향을 받았다. 그는 엄격하고 가혹한 정통파적 신앙을 국민들에게 강요하면서 극장들을 폐쇄하고 배우들을 추방하고 안식일 엄수주의를 지지했다. 크리스티안의 아들 프레데릭Frederick 5세는 덩치 크고 억센 남자로 얼굴은 붉고 코에는 푸르스름한 여드름이 나 있었다. 1746년 왕이 된 그는 아버지의 유연성 없는 통치에 반대했으며 매력적이고 평판 좋은 영국인 부인 루이자와 그의 인도 덕분에 왕실에는 우울한 기운보다 유쾌한 분위기가 가득했다. 1749년 1월 29일 이들의 두 번째 상속자 크리스티안이 태어났다. 그러나 2년 후 루이자가 죽는 바람에 프레데릭은 깊은 슬픔에 잠겼다. 6개월 후 브룬스비크의 율리아나 마리아Juliana Maria를 두 번째 부인으로 맞이했지만 프레데릭은 알코올 중독자가 되어 국정을 소홀히 했고 그의 생활방식은 갈수록 방탕해졌다. 천성적으로 자애로웠던 그는 결코 국민들의 존경을 잃지 않았으나 신체적으로 병들고 정신적으로도 혼란을 겪다가 숨을 거두었다.

크리스티안의 성장 과정은 이처럼 어두운 분위기를 배경으로 하고 있었으며 그의 성격에서 정신분열증의 특징들이 나타난 것도 이러한 배경에서 어느 정도 설명이 된다. 그의 어머니는 그가 두 살 때 세상을 떠났고 의붓어머니와의 관계는 전혀 친밀하지 않았다. 그의 의붓어머니 율리아나 마리아 왕비가 교활하고 무정했는지 아니면 내향적이고 헌신적이었는지에 관해서는 의견이 분분하다. 하지만 그녀의 애정은 친아들이자 크리스티안의 이복형제인 프레데릭에게 집중되어 있었다. 프레데릭은 허약한 불구의 왕자였지만 그의 어머니는 그의 미래에 야심을 품고 있었다. 크리스티안이 상처 받은 어린시절을 보냈다는 사실은 충분히 명백해 보인다. 애정을 받지 못한 채 그는 개인 지도 교사들에게 맡겨졌는데 그 중 교장 격인 디틀레우 레벤틀로브Ditlev Reventlow는 무자비하고 난폭하여 어린 그에게 위협을 서슴지 않았다. 때때로 레벤틀로브는 크리스티안이 입에 거품을 물고 바닥에 쓰러질 때까지 때렸다. 레벤틀로브는 크리스티안을 '인형'이라 불렀다. 그는 크리스티안의 손을 움켜쥐고 왕실로 데려가면서 소름끼치는 목소리로 "내 인형을 보여 주러 가자꾸나."라고 말하곤 했다.[4] 그가 이런 만행을 저지르는 동안 옆에서 거든 사람은 엄한 루터교 사제 게오르그 니엘센Georg Nielsen이었다. 굴욕감과 신체적인 학대를 겪으며 왕자는 자신이 살고 있는 곳이 왕궁이 아니라 감옥이라고 믿었다.

1760년 또 다른 교사가 들어오자 상황은 나아졌다. 그는 28세의 스

위스 보Vaud 출신 프랑소와즈 레베르딜Elie-Salomon françois reverdil
로, 2년 전 수학 교수로서 코펜하겐에 와 있었다. 현명하고 인정 많
은 레베르딜은 박애주의 철학과 원칙에 따라 제자를 지도하려 애썼
다. 그러나 그는 크리스티안이 덴마크어와 프랑스어, 독일어 등 언어
에 능하고 활발한 사고력도 지녔지만 기질적으로 다루기 어렵고 늦
된 학생임을 인지했다. 그는 크리스티안이 받은 교육의 폭이 굉장히
좁아서 정치적인 일을 맡기에는 준비가 부족하다고 판단했다. 1808
년, 제자와 같은 해에 제네바에서 죽게 되는 그는 회고록을 남겼는데
이 회고록은 우리에게 젊은 덴마크 왕자에 관한 정보를 제공해 주는
주요 출처 가운데 하나가 되었다.

    레베르딜의 평가는 그가 나중에 겪은 크리스티안과 관련된 경험으
로 인해 지나치게 과장되었다고 보는 게 적당하다. 그러나 이러한 편
향을 고려하여 그의 말을 참고하더라도, 소년 시절 크리스티안이 얼
마간의 초기 정신병 징후들을 보였다는 사실이 드러난다. 레베르딜
은 본인의 표현을 빌자면 '가장 불쌍한 피고용인, 미친 사람의 보호
자'가 되었다. 소년 크리스티안은 깊은 불안감과 결핍감에 사로잡혀
있었다. 두려움은 언제나 그의 성격에서 전형적인 특징이었고 때문
에 그는 성인이 되어서도 타인에게서 받는 압력에 쉽게 무너졌다. 동
시에 그는 일찍부터 비정상적으로 신체적인 강인함에 관심을 키웠
다. 작고 호리호리한 체격에 다소 허약했던 그는 스스로 강한 남자의
이미지를 만들어내 이러한 결함을 보완하려 했다. 왕의 작은 체격은
그의 인격에 동요가 일어나는 데 분명 중대한 요인으로 작용했을 것
이다. 그는 자신이 만들어낸 이상적인 이미지에 맞게 행동하려 애썼
다. 그는 '완벽하게 강인한 몸'을 갖고 싶다고 말했고 수시로 팔다리
를 점검하여 이 목적이 달성되었는지 확인하곤 했다.[5] 심리학자 셸던

W.H. Sheldon은 이렇게 말했다. "기질과 체격이 크게 조화를 이루지 못하는 남자들은 특히 심리적인 갈등을 겪는 경우가 많다. 감정적인 체질과 어울릴 수 없기 때문이다."[6]

주의를 끌기 위해 그는 남학생들이 하는 장난에 빠져들었다. 얼굴을 검게 칠하고 테이블 밑에 숨어 있다가 숙모인 샤를로테 아말리에 Charlotte Amalie가 식사를 하고 있을 때 비명을 지르며 뛰어나와 그녀를 놀라게 만들었다. 또 그는 점잖게 앉아 있는 조모 소피아 막달레나 왕비의 머리 위에 가루 설탕을 쏟아 붓기도 했고 왕실을 나서던 루터교 사제의 머리에 둥근 빵을 던지기도 했다.

나이가 들어감에 따라 그는 개인교사들을 좀 더 관대한 시종 무관들로 교체했다. 원래 그의 시동이었던 스페를링Sperling과 하인이었던 키르초프Kirchoff는 보다 육욕적인 청년기의 쾌락을 소개해 주었다. 레베르딜은 "스페를링이 그에게 부추긴 난잡한 일들에 대해서는 함구하겠다."라고 말하면서 그러나 그들이 크리스티안을 정신병자로 만들고 있는 것은 분명하다고 덧붙였다.

덴마크의 정신의학자 크리스티안센V. Christiansen은 1906년 크리스티안의 광기에 관한 권위 있는 연구서를 출판했다. 오늘날에는 다소 우습게 들리지만 그는 크리스티안의 정신질환이 부분적으로는 자위행위에 대한 지나친 탐닉에 기인한 것이라고 주장했다.[7] 크리스티안은 공격적인 본능을 분출하기 위해 코펜하겐 밤거리를 휩쓸고 다니며 야경꾼의 '샛별'을 자랑스레 내보이곤 했다. 야경꾼의 샛별이란 쇠못들이 박혀 있는 곤봉으로 그가 수도에서 벌어진 한 싸움에서 전승 기념물로 빼앗은 것이다.

열여섯 살이 되었을 때 그의 사촌이자 조지 3세의 누이인 열세 살 소녀 캐롤라인 마틸다와의 결혼 문제가 논의되기 시작했다. 7년 전쟁이 초래한 치열한 적대 관계로 여전히 어둠에 휩싸여 있던 유럽의 혼란스러운 외교적 분위기 속에서 영국은 장래 덴마크 왕과의 결혼을 유용한 방패로 삼아 프랑스의 영향력에 대항하고 북부 독일과 발트해 연안에서 힘을 굳건히 하고자 했다. 덴마크에 있던 영국 사절 티틀리Titley는 크리스티안에 관해 '매우 온화하고 품위 있으며... 자연법칙과 신학적 지식이 풍부하고... 남성다운 생김새에 우아하면서도 독특한 풍채(를 지녔다)'라고 열을 올리며 보고했다. 다른 사람들에게 그랬던 것처럼 그에게 가장 깊은 인상을 심어 준 부분은 젊은 시절의 영국 왕과 꼭 닮은 크리스티안의 외모였다. 약혼은 1765년 1월 10일 영국 의회에서 발표되었으나 결혼은 2년 동안 이루어지지 못했다. 1766년 프레데릭 5세가 갑자기 세상을 떠나고 크리스티안이 왕위에 오르게 되면서 계획이 변경되었기 때문이다.

크리스티안의 신부 캐롤라인 마틸다는 아버지 웨일스 공 프레드릭이 죽은 후 4개월이 지나 태어난 유복자로 미망인 오거스타Augusta의 손에서 자랐다. 그녀는 수수하면서도 매력적인, 도자기 같은 아름다움을 지닌 여자였다.[8] 남편도 그녀와 같은 금발에 옅은 푸른색 눈동자를 지니고 있어 외모로 볼 때 인상이 나쁘지는 않았다. 이들은 언뜻 보기에 그리 어울리지 않는 부부는 아니었을 것이다.

어린 공주는 예상보다 결혼식이 일찍 진행된다는 소식을 듣고 꿍장히 의기소침해졌다. 덴마크 관습에 따르면 그녀는 영국인 시녀를 한 명도 데려갈 수 없었는데 이는 사실상 유배를 떠나는 것이나 다름없었기 때문이다. 결혼식은 1766년 10월 2일 수요일 저녁 7시에 성 제임스St James 궁 응접실에서 열렸고 요크 공작이 신랑 대리인을 맡았다. 저녁 8시까지는 아무 일도 없었다. 그러나 메리 코크 부인은 당시 상황을 이렇게 전했다. "가엾은 어린 왕비는 비탄으로 기진맥진해져서 스스로 몸을 추스를 수 있을 때까지 침실에 누워 있어야 했다."⁹ 왕비는 새로운 나라로 떠나면서 쓰라린 눈물을 흘렸다.¹⁰

덴마크에 도착했을 때 그녀는 '만인의 박수갈채와 애정'을 한 몸에 받았고 코펜하겐에 있던 영국 사절들은 그녀와 남편에 관한 이야기를 생생하게 보고했다. 티틀리는 크리스티안이 '누구보다 깊은 이해심'을 지녔다고 말했고 코스비Cosby는 '공식적인 인사말을 전하면서 보여준 군주다운 여유와 품위'에 대해 칭찬을 아끼지 않았다. 그러나 사실 크리스티안은 놀랍게도 그때부터 이미 부인에게 싫증을 느끼고 있었다. 헤센의 카를Charles 공은 이렇게 보고했다. "폐하께서는 그녀가 굉장히 아름답기는 하지만 그녀에 대한 마음이 한결같지는 않다고 말씀하셨습니다. 그녀가 도착한 지 닷새째인 결혼식 날 폐하께서는 상당히 기분이 나쁘셨다고 합니다." 프랑스 대사 오기에르Ogier는 자국 정부에 이렇게 전했다. "공주는 왕의 마음에 거의 인상을 심어 주지 못합니다. 만약 그녀가 훨씬 상냥했다 해도 상황은 똑같았을 것입니다. 남편이 부인을 사랑한다는 것은 멋진 일이 아니라고 믿는 남자를 그녀가 무슨 수로 만족시키겠습니까."¹¹ 하지만 기분이야 어떠했든 크리스티안은 의무를 다했고 1767년 메리 코크 부인은 캐롤라인 마틸다가 "굉장히 사랑 받고 있을 뿐만 아니라 아이도 가져서 온 국민이 매우 기뻐하고 있다."라고 전할 수 있었다. 미래의 프레데릭 6세는 1768년 1월 28일에 태어났다. 사실 이때 크리스티안은 이미 정신분열증 초기 단계에 들어서 있었다.

아버지의 죽음으로 갑자기 절대 권력자의 자리에 오른 크리스티안은 어린 시절에 당한 굴욕적인 일들을 잊지 않고 영국 사절의 표현을 빌자면 '철저하게 국정을 지배하기로' 결심했다. 유능한 베른스토르프Bernstorff 백작은 당분간 직책을 유지할 수 있었지만 크리스티안은

아버지의 대신들을 해고하고 몰트케Moltke 백작 자리에 다네스키욜
Danneskjold 백작을 앉혔다. 하지만 그가 왕으로서의 책무에 적합한
지에 대해서는 곧 의심스러운 부분들이 나타났다.

사실 왕은 정치에 관심이 거의 없었다. 감독에서 자유로워진 그는
무엇보다 성적인 욕구를 만족시켜 주는 일들에 빠져들고 싶어 했다.
그는 월폴이 '건방진 녀석'이라 부르던 젊은 콘라드 홀케Conrad Holcke
백작을 적당한 지도 교사이자 동료로 선택했고 홀케는 즉시 크리스티
안의 요구에 따라 뚜쟁이 노릇을 하면서 왕의 통치 초기에 늘 악령처
럼 붙어 다녔다. 크리스티안에게 안나 카테리테 벤타겐Anna Catherine
Benthagen, 즉 슬뢰우에트 카트리네Sløvet Katrine라는 정부를 소개해
준 사람도 홀케였다. 크리스티안이 느끼기에 그녀는 차분한 영국인
부인에 비해 훨씬 자극적이었다.[12]

왕의 정부가 된 카트리네는 왕과 함께 극장에 가서 왕의 특별석에
앉곤 했다. 레베르딜이 이 문제에 대해 충고하자 크리스티안은 그에
게 스위스로 돌아가라는 말로 대답했다. 카트리네는 해군 장교로 변
장하여 왕의 야단스러운 원정에 동행하기도 했다. 1767년 11월 크리
스티안보르Christianborg 궁전에서 가면무도회가 열렸는데 그 후 "왕
은 저녁 내내 다른 누구와도 춤추지 않았다."라는 말이 전해졌다. 왕
은 그녀에게 온갖 선물들을 듬뿍 안겨 주고 여남작 작위를 수여했다.

홀케는 크리스티안이 다소 비난받을 만한 악습을 일삼도록 거들고
부추겼다. 크리스티안은 성격적으로 가학 피학성 변태 성욕자의 요
소들을 지녔는데 이는 아마도 정신적인 질병이 진행되고 있다는 증
거였다. 그는 공개 처형에 매혹되어 스페클링과 함께 신분을 숨기고
작센의 모에를Moerl이 절도죄로 처형당하는 모습을 구경하기도 했
다. 때때로 크리스티안은 자신이 바로 모에를의 화신일 거라 믿었다.

또 그는 고문대를 고안하여 가짜 처형 놀이를 했는데 홀케는 그의 명령에 따라 이 고문대 위에서 그를 피가 날 때까지 때렸다.[13]

왕이 기괴한 행동을 보이고 카트리네에게 열중함에 따라 그와 왕비 사이의 냉랭한 관계는 더욱 심해졌고 왕비는 배짱 있는 시녀 본 플레센von Plessen 부인과 강력한 유대를 형성했다. 신랄한 비판력을 지닌 본 플레센 부인은 크리스티안을 '술탄'이라 칭하며 용감하게도 그의 대신에게 '왕비님에 대한 그분의 행동은 신분이 낮은 여자들이나 견딜 수 있고 매음굴에서나 용인될 만한 행동'이라고 말했다. 크리스티안은 본 플레센 부인이 자신과 왕비 사이에 벽을 만들고 있다고 생각하여 그녀를 쫓아냈고, 이로 인해 왕비는 궁중에서 진정 신뢰할 수 있는 극히 드문 친구들 중 한 명을 잃고 비탄에 잠겼다. 2년도 채 안 되어 왕은 즉위 당시 자신을 반갑게 맞이했던 대중의 호의를 거의 잃어버렸다. 대중은 왕이 밤에 약탈을 일삼고 다니면서 초래한 결과에 분개했는데 그 중에는 왕이 카트리네를 동반하고 나가 매음굴을 파괴한 경우도 있었다. 왕의 조언자들은 즉시 그에게 만약 카트리네를 내쫓지 않으면 혁명이 일어날 거라고 말했다. 크리스티안은 사실 위협이 닥칠 경우 친구도 버릴 준비가 되어 있는 겁쟁이였기에 곧 카트리네를 함부르크로 추방했고 그녀는 그곳에 투옥되었다.

부인과 멀어지고 백성들의 평판도 잃은 크리스티안은 영국을 포함한 유럽을 여행하기로 결정했는데 부인과 함께 갈 의사는 없었다. 처남인 조지 3세는 그의 나쁜 품행에 관한 소문을 들은 터라 이 여행을 못마땅하게 생각했다. 영국 사절 거닝Gunning은 이렇게 보고했다. "그(크리스티안 왕)는 처음에 가능하다고 약속했던 사항들을 이제 모든 면에서 거스르고 있습니다. 하지만 재능이 부족한 것은 아닙니다. 현재 그가 추진하고 있는 계획의 결과가 우려됩니다. 우리의 기대와 달리 어느 정도 이익이 산출될 것으로 보이기 때문입니다."

그리하여 젊은 덴마크 왕은 홀케 백작과 최고 대신 베른스토르프를 비롯한 54명의 수행원들을 거느리고 1768년 5월 영국으로 출항했다. 여행 중 왕은 트라벤달Travendal 백작이라는 가명을 사용했던 것으로 추측된다. 1768년 6월 6일 함부르크에서 요한 프리드리히 슈트루엔제Johann Friedrich Struensee가 의사로서 합류했다. 키 크고 어깨가 떡 벌어진 체격에 지적 수준도 높았던 슈트루엔제는 여러 가지 면에서 진보적이고 회의적이며 자유로웠고 한편으로는 자기중심적이었다. 밤이면 그는 해골의 양손에 초를 하나씩 켜 놓고 침대에서 책을 읽었다. 그와 크리스티안의 만남은 그의 미래는 물론 덴마크의 미래를 놓고 볼 때도 불길한 사건이었다.

왕의 일행은 칼레에 도착해 조지 3세가 제공해 준 '메리Mary' 호에 올랐다. 그러나 1768년 8월 9일 도버에 도착했을 때 이들은 여행을 위한 공식 마차가 전혀 준비되어 있지 않아 직접 임대 마차를 구해야 했다.[14] 캔터베리에서 시당국과 대성당 관계자들이 그를 맞이했을 때 크리스티안은 확실히 기분이 좋지 않았다. 그는 이런 식의 형식적인 행사를 싫어했기 때문이다. 크리스티안은 베른스토르프에게 말했다. "캔터베리에 왔던 마지막 덴마크 왕은 도시를 잿더미로 만들고 거주민들을 대량 학살했지."

런던에 있는 그의 처남도 기분이 좋지 않기는 마찬가지였다. 성 제임스 궁 축사에 마련된 숙소에 도착했을 때 덴마크 조신들은 제공받은 시설에 대해 굉장히 불만이 컸다. 홀케 백작은 이렇게 외쳤다고 한다. "세상에! 어떻게 이런 일이 있단 말인가. 여기는 점잖은 분을 모실만한 곳이 아니다!" 리치먼드에 가 있던 조지 3세는 매부가 도착하고 얼마 후 이곳에 등장했다.[15] 하지만 이들의 면담은 약 20분 정도 밖에 걸리지 않았다. 영국 왕은 매부의 숙식비로 하루에 84파운드를 지불하기로 하고 하인들에게 그를 대접할 때 런던탑에서 가져온 금 식기를 사용하라고 지시했지만 막상 본인의 직접적인 접대는 형식적이고 제한적이었다. 그가 베푼 접대는 가족 정찬과 왕비 저택에서의 무도회, 그리고 9월 26일 리치먼드 별장에서 열린 '송별연회' 정도였다.

그러나 무엇보다 조지 3세의 의욕을 떨어뜨린 요인은 크리스티안에 대한 귀족들의 환대와 대중의 환호성이었다. 아멜리아 공주는 거너스버리 저택Gunnersbury House에서 성대한 파티를 열었고 백여 명의 내빈들은 8월 저녁의 따뜻한 날씨를 즐기며 테라스를 거닐고 멋진 불꽃놀이를 구경했다. 그 후에는 만찬과 무도회가 벌어졌는데 여기에서 크리스티안은 맨체스터Manchester 공작부인과 함께 춤을 추었다. 그는 은빛 실크 재질에 은실로 수놓인 화려한 야회복을 입었다. 비록 그의 영국 민속춤 솜씨는 별 볼 일 없었지만 메리 코크 부인은 그의 정중한 태도를 보고 이렇게 평했다. "그의 태도를 보니, 그가 지각 있는 사람이며 기분이 좋을 때는 올바르게 행동할 줄 안다는 확신이 들었다."[16] 그러나 보이지 않는 곳에서는 이미 비난의 기운이 흐르고 있었고 탈보트Talbot 부인은 그에게 '북부의 건달'이라는 친근하면서도 비판적인 별명을 붙여 주었다.

이러한 특별 축제는 사실 크리스티안에게 무리였고 그 후 하루 이틀쯤 그는 몸 상태가 좋지 않았다. 메리 코크 부인은 그가 너무 많은 과일을 먹은 탓에 왕실 대사의 정찬 초대도 거절하였지만, 창백한 얼굴을 하고도 푸른색과 흰색 실크로 우아하게 차려 입고 거처에서 귀부인들과 담소를 나누었던 것으로 추측했다. 그러나 축제와 파티, 가면무도회 등은 그 후로도 계속되었다.

대중의 열광은 놀라울 정도였는데 그가 덴마크 국고를 희생하여 아낌없이 베푼 선물들을 생각해 볼 때 이는 어쩌면 당연한 반응이었다. 크리스티안은 확실히 인기에 취해 있었다. "그는 사람들이 자신을 보며 기뻐하는 모습을 싫어하지 않는 것 같다." 그는 성 제임스 궁 연회장에서 공개 정찬을 갖기로 예정을 세우고, 아침에 창틀을 내린 채 치장을 함으로써 지나가는 사람들이 그 모습을 볼 수 있게 했다.[17]

왕의 여행은 교육적인 성격을 띠고 있었던 것으로 보인다. 계몽을 얻으려는 목적으로 런던 밖을 여행하는 일정이 세워졌다.[18] 그는 영국 전반에 걸쳐 좋은 평판을 얻었다. 심지어 옥스퍼드와 케임브리지의 저명한 대학들에서 그에게 명예박사학위를 수여하기도 했다.

전반적으로 사람들은 그가 젊은 나이임에도 훌륭하게 처신한다고 생각했다. 하지만 그가 복합적인 인상을 남겼음은 분명한 사실이다. 크리스티안이 오페라 《부오나 필리올라Buona Figliola》를 관람하던 당시 상황을 메리 코크 부인은 못마땅한 어조로 다음과 같이 설명했다. "그는 1막이 상연되는 동안 서 있었고, 내내 좌석 칸막이에 팔꿈치와 머리를 기대고 있었다... 코를 후비는 행동은 우아하지도 왕답지도 않았다. 오페라가 후반으로 접어들자 그는 굉장히 지겨운 듯한 모습으로 계속 하품을 해댔다."[19] 월폴은 호레이스 만에게, 연극 《아내의 분노The Provoked Wife》를 관람하면서 보인 태도에 대해 비난하며 이렇게 전했다. "그는 결혼에 대해 부정적인 대사가 나올 때마다 박수를 쳤소. 분명 자신의 부인이 영국 공주임을 염두에 두고 한 행동이었소."[20]

왕의 방문은 어두운 이면 또한 지니고 있었다. 날이 어두워지면 왕은 일행과 함께 성 제임스 궁을 빠져나와 선원으로 변장하고 도시의 하류층 주점들을 돌아다녔다. 월폴은 스트래퍼드Strafford에게 여느 때와 같이 뒷얘기를 전했다. "왕은 확실히 바람을 피우고 있는데 머무르는 시간은 상당히 짧소. 때문에 마음이 있는 여자라면 옥신각신 말다툼을 벌일 시간이 없소. 일은 순식간에 끝내야 하오. 그렇지 않으면 왕은 달아나버릴 테니."[21] 얼마 동안 그는 성 제임스 궁에 한 여배우를 두었는데 그녀는 '스트리퍼'라는 말이 더 어울릴 만한 여자였다. 메리 코크 부인은 이렇게 썼다. "우리가 알고 있는 그 요상한 여자는 옷을 거의 벗은 채 무대 위로 나오곤 했다."[22] 왕과 그 일행은 가구를 때려 부수는 등 성 제임스 궁의 숙소를 고의로 파괴하여 큰 피해를 입혔다.

그러나 어쨌든 모두들 왕의 입장에서 보면 방문이 성공적이었다고 평했다. 송별식은 성대하게 치러졌다. 그는 호화 유람선을 타고 시당국 관리들의 호위를 받으며 웨스트민스터에서 템스 강을 따라 대성당이 있는 곳까지 내려갔다. 계층에 상관없이 후한 선물을 베푼 덕분에 그는 10월 12일 '도시를 한참 벗어날 때까지 그의 마차를 뒤따라오는 수많은 군중의 진심어린 축복을 받으며' 영국을 떠났다. 이때의 환호성은 후에 왕이 공허한 세월을 보내는 시기에 마음속에서 다시 울려 퍼지게 된다.

여행은 여기서 끝나지 않았다. 영국을 떠난 그는 프랑스로 건너 가 이곳에서도 거의 황홀할 만큼 따뜻한 환영을 받았다. 데팡Deffand 부인은 월폴에게 이렇게 말했다. "우리는 그 작고 불쌍한 덴마크인의 넋을 빼앗고 있지요." 그의 곁에서는 파티와 유흥이 끊이지 않았고, 과학아카데미Académie des Sciences와 아카데미프랑세즈(Académie Française, 翰林院)에서는 그를 위해 축제를 베풀었다. 아카데미프랑세즈의 축제에서는 아베 부아세농Abbé Voisenon이 그를 찬양하는 시를 낭송했다. 그러나 여행 중 왕에게서는 어렴풋하게나마 성격적으로 이상한 부분이 감지되었다. 루이 15세는 그를 즐겁게 해 주기 위해 이 방면의 전문가답게 여러 여배우들을 보내 주었지만 크리스티안은 이상하게도 이들에게 관심이 없어 보였고, 어찌 보면 적대적이기까지 했다. 일종의 성병에 감염된 탓이었을 수도 있다. 그러나 더욱 불길한 조짐은 아마도 왕의 말이 두서없고 때때로 논리에 맞지 않는다는 보고였을 것이다. 겉으로 보기에는 멀쩡했지만 그 이면에서는 적어도 정신적으로 안정감이 결여되어 있다는 조짐이 나타나고 있었다.

1769년 1월 덴마크로 돌아왔을 때 로스킬레Roskilde에서는 부인이 그를 맞이했고 얼마 동안 두 사람의 관계는 한결 나아진 듯 보였다. 캐롤라인 마틸다는 남자들의 승마복을 즐겨 입는 취미가 있어서, 진홍색 외투에 사슴 가죽 반바지를 입고 다녔다. 다소 엄격한 이들은 굉장히 못마땅하게 여겼지만 왕비의 복장은 왕의 남성적 취향에 잘 맞았다. 레베르딜은 이렇게 말했다. "왕께서는 왕실 예법에 반하는 모든 것에 호의적이신지라 왕비의 새 옷차림을 굉장히 좋아하십니다." 하지만 그는 이렇게 덧붙이기도 했다. "남자 옷을 입은 왕비는 너무나 작아 보입니다."[23]

그러다가 10월이 되어 그녀는 병에 걸렸다. 어떤 이들은 수종증(水腫症)이라 말했고 또 어떤 이들은 남편에게서 성병이 옮은 것이라고 냉담하게 말하기도 했다. 하지만 이 병은 남편의 기괴한 행동으로 인한 일종의 가벼운 신경 쇠약이었을 가능성이 높다. 영국 사절 거닝은 1769년 11월 4일 다음과 같이 모호하게 보고했다.

왕비께서는 뭔가 불길한 증상들을 보이고 계십니다... 당장 위험이 닥칠 것으로 보이지는 않으나 덴마크 왕비께서 현재 처해 계시는 상황은 매우 중대합니다. 증상이 더 악화되어 조치를 취해야 하는 상황이 생기지 않게 해야 하기 때문입니다. 그러기 위해서는 무엇보다 국왕 폐하의 보살핌이 필요합니다. 폐하의 애정 어린 충고보다 더 효과적인 치료법은 없을 것이라 생각됩니다. 왕비님의 인생에 있어서 굉장히 중요한 분이기 때문입니다.

왕비는 여러 차례 설득을 받은 끝에 현재 왕의 정규적인 주치의로 일하고 있는 슈트루엔제와 상담을 하기로 마지못해 결정을 내렸다. 그녀가 슈트루엔제와의 상담을 꺼린 이유는, 그가 바로 남편을 새로운 정부 비르제테 폰 가벨Birsette von Gabel 부인에게 소개해 준 장본인이라는 의심 때문이었다. 이 젊은 정부는 불행히도 얼마 못 가 1769년 8월 사산아를 낳고 세상을 떠났다. 그러나 슈트루엔제는 왕비의 건강을 회복시켜 주었을 뿐만 아니라 그녀에게 삶에 대한 새로운 자심감과 관심까지 심어 주었다. 그는 왕세자 프레데릭에게 천연두 예방 접종도 성공적으로 해 주었다. 천연두 예방 접종은 보수적인 성직자들과 의사들이 비난하던 절차였다. 약 열 살 위였던 슈트루엔제에게 왕비는 강한 매력을 느꼈고 두 사람은 더할 나위 없이 친밀한 사이가 되었다.

슈트루엔제는 모순으로 똘똘 뭉친 인물이었다. 그는 정치적인 야심을 키우는 한편 계몽적인 합리주의에 몰두하고 있었다. 또한 그는 감수성 민감한 왕을 지배하게 되었는데 왕의 정신분열증적인 경향은 날이 갈수록 뚜렷해졌다. 슈트루엔제는 캐롤라인 마틸다에게 이렇게 말했다. "왕께서는 이제 누군가의 지배를 받으셔야 합니다. 그리고 누구보다 왕비 전하께서 이 역할을 맡으셔야 마땅하다고 생각됩니다." 처음에 크리스티안은 완전히 슈트루엔제의 지배 아래 들어간 것처럼 보였다. 그의 주장에 따라 왕은 기존의 조언자들을 내쫓고 슈트루엔제를 비밀 내각 책임자로 임명하면서 그 보좌인 자리에 에네우올 브란트Enevold Brandt를 앉혔다. 슈트루엔제는 엄청난 법률 개정을 추진하여 국민 생활을 모조리 변화시켰다. 그는 신문의 검열을 폐지하고 공무 및 재무, 성직에 종사하는 기득권자들을 몰아냈다. 또한 긴축 정책에 따라 왕실 지출을 줄이고 거의 50여 가지 종교적 기념일을 폐지했다. 새로이 손에 넣은 권력을 휘두르며 높은 지위를 차지하고 앉아 흰색과 진홍색 제복을 입은 하인들의 시중을 받는 이 대신에게 적대적인 반응이 일어나는 것은 당연한 일이었다.

슈트루엔제는 결코 좋은 평판을 얻을 수 없는 개혁을 추진하여 덴마크의 사회적, 경제적, 종교적 기반을 궁극적으로 제한 없는 왕권 아래 놓이게 만들었지만 한 가지 확실한 사실은 그에게 분명 선견지명이 있었다는 것이다. 크리스티안만 그를 지지한다면 그는 천하무적이 될 수 있었고, 사실 본인 또한 스스로를 천하무적이라 생각했다. 그는 크리스티안보르 궁전 1층에 거처를 두고 '청원 감독관Director of Requests'이라는 지위에 임명되었다. 이 위치에 앉음으로써 그는 정부의 모든 부서를 지배하는 최고 권위자가 되었으며 각 부서의 대표들은 서면으로만 왕과 소통할 수 있었다. 1771년 7월 15일 크리스티안은 슈트루엔제를 '추밀원 고문관'으로 임명하는 법령을 승인하고 "추밀원 고문관의 명령은 우리가 직접 작성한 것과 같은 정당성을 지니므로 누구든 즉시 복종해야 한다."라고 정했다. 크리스티안이 슈트루엔제에게 의지했다는 사실 자체가 사실상 그의 정신이 쇠약해졌음을 보여 주는 증거이다.

이러한 상황에서 근본적인 문제는 바로 악화되어 가는 왕의 정신 건강이었다. 그는 망상의 포로가 되었다. 때때로 그는 자신의 출생에 의심을 품고 자신이 정말 어머니와 스탠호프 경의 부정한 관계로 태어난 자손일 거라 생각했다. 또한 그는 사르디니아Sardinia 왕의 아들이라 주장하거나 혹은 파리에서 만난 프랑스 의회 고문의 아들이라 주장하기도 했다. 더욱 어처구니없는 일은 그가 러시아 여제를 어머니라 하거나 심지어 부인을 친모라 말하기도 한다는 것이었다. 뿐만 아니라 그는 진짜 왕자가 태어났을 때 누군가 몰래 바꿔치기하여 자신이 왕자가 되었다고 주장할 때도 있었다. 자신의 친아버지는 프레데릭 5세가 아니라고 말하는 크리스티안에게 슈트루엔제는 조부 크리스티안 6세와 그의 닮은 점들을 지적하며 확신을 심어 주려 했지만 그는 자신이 합법적인 왕이 아니라는 주장을 계속 고집했다. 한 번은 그가 왕실 자문회의에서 자신을 서출이라 선언했다는 상상에 빠진 적이 있었는데 이는 청천벽력이나 지진을 일으키기에 충분한 발언이었다. 왕으로서의 품위를 지키는 일을 매우 중요시하면서도 그는 왕이 되고 싶은 마음이 없으며 왕의 의무가 부담스럽다고 말했다. 그리고 유럽 여행에 오르면서 슈트루엔제에게 앤트워프Antwerp에 가면 함께 달아날 수 있을 거라고 말했다.

크리스티안은 여전히 체격 때문에 고민했다. 그는 몸을 단련하기 위해 생각해낼 수 있는 모든 수단을 동원하여 살을 꼬집고 때렸으며, 피부를 칼이나 총에도 끄떡 없도록 대리석처럼 탄탄하게 만드는 방법을 고민하기도 했다. 그가 생각하기에 진정한 남자는 신체적인 고문이나 수난에도 즉시 몸을 적응시킬 수 있는 사람이었다. 그는 공중으로 높이 뛰어 오르기도 하고 밤이나 낮이나 정원을 빙 돌아 달렸으며 손이나 심지어 머리를 피가 날 때까지 벽에 부딪치기도 했다. 어떤 때는 배에 눈이나 얼음 혹은 화약을 문질렀고 또 어떤 때는 불이 붙은 나무토막을 피부에 갖다대기도 했다.

그의 상상은 생생하고 다채롭게 피어났다. 그는 끊임없이 변화하는 환상의 만화경에 빠져들어 실제의 혹은 상상 속의 난폭한 행동으로 이 환상을 더욱 강하게 만들었다. 그는 공격적인 욕구를 분출하기 위해 궁전 창문들을 깨고 의전실의 가구들을 부쉈다. 란차우Rantzau 백작은 1771년 6월 20일 갈레르Gahler에게 편지를 보내 이렇게 전했다. "오늘 아침 왕께서는 젊은 친구들과 함께 궁정 이곳저곳을 거니셨습니다. 거처에는 더 이상 가구가 없으니 이제 옆방의 가구까지 공격하신 것이지요. 우리 모두의 방을 다 돌아다니시며 문을 열고 안을 들여다보셨답니다. 이 원정은 창문 두 개가 경첩에서 뜯겨 나가 아래로 떨어진 다음에야 끝났습니다. 웃어야 할지 울어야 할지 알 수 없는 그 상황 때문에 정찬 분위기는 무시무시했지요." 무시무시한 정찬 분위기는 어쩔 수 없는 것이었다. 왕은 습관적으로 식사를 몇 시간씩 연기시키고 종종 식사가 끝나기도 전에 갑자기 자리에서 일어서곤 했다. 하인들은 왕의 의자가 그 자리에 계속 놓여 있도록 주의를 기울이라는 지시를 받았다. 야만적인 행동을 할 때 크리스티안은 황금해안Gold Coast의 덴마크 식민지 원주민인 흑인 시동 모란티Moranti와 그 여자 동료를 조력자로 이용했다. 어느 일요일 이들은 히르쇼름 Hirscholm 궁전 한 방의 물건들을 발코니에서 궁정 안마당으로 내던졌다. 왕이 던질 수 없는 것은 그가 애정을 쏟고 있던 모란티와 그의 개 구르만Gourmand뿐인 듯했다. 젊은 군주는 무엇보다 모란티와 싸움질하기를 즐겨 그와 함께 물고 할퀴며 바닥을 뒹굴었다. 물론 크리스티안은 거의 지는 일이 없었지만 본인이 원하는 경우는 예외였다.

이와 같은 그의 피학적 성향을 고려하면 슈트루엔제의 동료 브란트가 연루되었던 이상한 충돌도 어느 정도 설명이 된다. 브란트는 언제나 왕의 비위를 맞추기 위해 애썼다. 그런데 어느날 브란트가 왕실 정찬 테이블에 앉아 있을 때 왕은 갑자기 이렇게 소리치며 위협했다. "당신을 때려눕히고 말겠소, 백작. 알아듣겠소?" 브란트는 아무런

12장

덴마크의 연극

대답도 하지 않았지만 식사가 끝난 뒤 슈트루엔제와 왕비는 가만히 있는 브란트에게 무례한 태도를 보였다고 왕에게 항의했다. 그러자 크리스티안은 이렇게 소리쳤다. "그는 겁쟁이요. 그러니 내 뜻에 복종하게 만들겠소."

그날 저녁 늦게 브란트는 왕실 거처에 찾아가 왕에게 결투를 신청했다. 크리스티안은 신청을 받아들이면서 칼이나 총은 금하고 주먹싸움만 허용했다. 학대를 좋아하는 왕이었지만 이번에는 생각지도 못한 엄청난 공격을 받았다. 그는 너무 심하게 얻어맞은 나머지 바닥에 뻗어 발버둥치며 자비를 구하는 꼴이 되었다. "브란트는 사정없이 그를 구타하고 모욕적인 말들을 내뱉으며 가장 무례한 방식으로 그를 위협했다. 그는 왕에게 저주를 퍼붓고 왕과 격투를 벌이고 결국 왕을 복종시켜 자비를 간청하게 만들었다."[24]

폭력적인 심상은 상상의 산물인 경우가 많다. 그는 궁전 안에서 닥치는 대로 칼을 휘두르며 처음 마주치는 사람을 죽일 작정이라면서 사람들에게 침을 뱉어 모욕하고 그들의 얼굴을 때리거나 접시와 칼을 집어던지는 상상에 관해 이야기했다. 그는 거리를 따라 내려가면서 창문들을 부수고 행인들을 죽이고 매음굴을 들락거리고 야경꾼들과 싸우고 부도덕한 사람들과 어울려 가장 이상한 행위를 벌이는 상상을 하기도 했다. 아침에 일어나면 그는 간밤에 예닐곱 명을 죽였다고 말하곤 했다. 가이테르스 카테리네Gaiters Catherine와의 부정한 관계를 잊지 않고 있던 그는 또 다른 정부를 상상으로 등장시켜 들라 로퀘르De la Roquer라 불렀다. 크리스티안이 말하는 그녀는 키가 크고 강건한 체격에 여자보다는 남자에 가까운 모습으로 손도 컸다. 왕은 방탕하고 만취한 모습으로 그녀를 떠올려 함께 거리를 돌아다니면서 사람들을 때리고 또 그들에게 맞고 술을 실컷 마시는 상상을 했다. 밤에 그는 깨어있는 때가 많았고 그럴 때면 자신의 환상들을 사람들에게 몇 시간 동안 줄줄이 늘어놓았다. 그는 자신과 비슷한 마음을 가진 사람들을 찾으려 애썼고 그들에게 배우나 군인, 선원, 낙오자 혹은 '그런 부류의' 역할을 지정해 주었다.

그의 스위스인 개인교사 레베르딜은 왕실에 돌아와 그를 보고 처음에는 의식이 맑고 판단력이 있다고 느꼈으나 가까이에서 지켜 본 결과 마음이 매우 혼란된 상태임을 알게 되었다. "폐하께서는 내게 '당신 브란트로군.' 하고 말씀하셨다. 그러고 나서는 빠르고 앞뒤가 맞지 않는 얘기를 더듬더듬 말씀하시며 자이르Zaire의 몇몇 시구를 되풀이해서 외우셨다. 4년 전 함께 읽었던 시구였다. 그 후에는 '너는 드니즈Denize구나, 너는 라투르Latour구나.'라고 말씀하셨는데, 이들은 예전에 폐하를 위해 일했던 프랑스 배우들이다. 그러고 나서 마침내 폐하께서는 내가 나라는 사실을 알아차리셨다."

레베르딜은 왕의 기분이 굉장히 오르락내리락해서 거친 흥분 상태에 있다가 금세 깊은 우울로 옮겨갔다고 말했다. 기운이 넘칠 때면 크리스티안은 영국인들이 자신을 신처럼 여겼다고 말하곤 했다. 그리고 왕으로서 그는 자신이 진실로 모든 군주들을 능가한다고 생각했다. 그러다가 기분이 달라지면 '작은 남자der kleine Mann'라 칭하며 자살을 깊이 고려하기도 했다. 궁전 호수 곁을 지나며 왕은 이렇게 외쳤다. "하지만 어떻게 해야 불명예스럽지 않게 죽을 수 있단 말이오? 그리고 만약 죽으면 더 불행해지지 않는다는 보장이 있소? 물에 빠지는 게 좋겠소? 아니면 벽에 머리를 찧는 게 좋겠소?" 레베르딜은 왕의 비위를 맞춰 주는 게 최선이라 생각하여 이렇게 말했다. "가장 좋다고 생각되는 대로 하십시오." 다음날 왕은 호수에 배를 타러 가자고 그에게 권했다. "물 속에 뛰어들고 싶소." 그는 우울하게 말했다. "그러곤 재빨리 건져지는 거지." 이어 그는 독일어로 이렇게 덧붙였다(평상시에 그들은 프랑스어로 대화했다). "나는 혼란스럽소." "머리 속에서 시끄러운 소리가 들리오." "내가 내 정신이 아닌 것만 같소." 왕이 요청하면 레베르딜은 책을 읽어 주었으나 그는 집중하지 못했다. 그는 앞에 앉아 레베르딜을 쳐다보며 이렇게 중얼거렸다. "슈트루엔제, 그가 왕비의 애인이오? 프로이센의 왕이 마틸다와 잤소? 아니면 슈트루엔제요?"[25]

이처럼 생생한 환상들은 그를 괴롭히던 정체성에 관한 문제의 일부였다. 아버지의 아들이 아니라면 그는 방탕과 자기고문에 빠져듦으로써만 목표를 달성할 수 있는, 태어날 때부터 도덕적으로 눈 먼 여섯 존재들 가운데 하나가 아니었을까? 이들이 방탕이나 자기고문에 빠져드는 것은 그런 행위들로 즐거움을 얻을 수 있기 때문이 아니라 그런 행위들이 삶의 진정한 목표의 일면이기 때문이다. 주변 사람들의 삶에서 평범한 대상들도 그에게는 모두 환상이었다. 그는 슈트루엔제에게 종교나 철학의 지도자들이 말한 것과 달리 사후 세계가 존재하지 않는 것 아니냐고 물었다.

비록 그는 체질적으로 겁이 많았지만 이를 보충하기 위해 세상에 남성적인 이미지를 보여 주려 애썼으며, 어떤 일에도 주저하지 않는 진정으로 용감한 남자라 믿었다. 그는 실제로 정상적으로 보이는 시기가 있었다. 그러나 갑자기 기분이 달라지면 그는 가장 가까운 사람들에게 화를 분출하곤 했다. 그는 굉장히 의심이 많았고 쉽사리 화를 내서 가장 가까운 신하들조차 자칫하면 쫓겨날 입장이었다. 그는 어떠한 반발도 참지 못했으며 그의 환상들은 모두 다 상상일 뿐이라고 주변 사람들이 설득하면 분개했다. 그들의 충고는 일시적으로 그를 우울하게 만들고 때로는 눈물까지 흘리게 만들었는지 몰라도 그 효과가 지속되지는 않았다. 그는 부인의 말도, 슈트루엔제의 말도, 브란트의 말도, 의전관 바렌슈탈트Warenstalt의 말도 듣지 않았다. 실제로 그는 바렌슈탈트에게 거리 원정에 동참할 것을 강요하여 함께 거리를 돌아다니며 창문을 부수기도 했다. 그 중에는 과거 개인교사였던 레벤틀로브 백작의 집 창문들도 있었다.

베른스토르프는 슈트루엔제에게 왕의 난폭한 행위들은 청년기의 산물이니 나이가 들면 사라질 것이라고 말했다. 하지만 슈트루엔제는 이미 더 많은 사실들을 알고 있었다. 그는 왕에게 냉수욕을 권했으나 소용없었다. 때때로 그를 진정시키기 위해 아편도 사용된 것으로 보인다. 슈트루엔제는 군주의 마음에 대한 지배권을 얻었고 그리하여 왕이 침실에 자객이 없는지 확인하기 위해 방을 수색하라고 요청한 대상도 바로 슈트루엔제였다. 그러나 슈트루엔제의 적들은 점점 늘어났다. 적은 조신들 중에만 있는 게 아니었다. 특히 그가 휘두르는 군력을 시기하는 사람들이나 그가 덴마크 정부에 일으킨 개혁에 불만을 품은 사람들이 그를 적대시했다.

따라서 궁극적으로 슈트루엔제의 힘은 점점 더 혼란에 빠져가는 왕의 호의에 달려 있었다. 왕의 무분별하고 방탕한 행동들을 왕비와 대신들이 감추려 한 데에는 분명한 이유가 있었다. 왕의 도를 넘어선 행동 때문에 자연히 이들은 왕의 정신 상태를 이해하는 이들의 접근을 제한하려 애썼다. 이러한 조치로 인해 이들은 비판 세력들에게 공격 수단을 제공해 준 꼴이 되었다. 비판 세력들은 이들이 왕을 사로잡아 도구로 이용한다고 믿었고 또한 이들이 크리스티안에게 약을 먹였다는 소문도 돌았다. 슈트루엔제가 왕실에서 일어나는 일들의 실제 상황을 대중이 알 수 없게 가릴 수 있었다고는 해도 막상 그는 자신의 비행을 감추지는 못했다. 이 소식은 곧 유럽 여러 왕실들로 퍼져 나갔다. 슈트루엔제는 남편보다 27살 어린 페테르 폰 갈레르 Peter von Gahle 장군의 부인을 또 다른 정부로 두고 있었지만 왕비가 애인에게 완전히 빠져 있는데다 아마도 왕의 혼란한 정신 상태를 잘 알고 있었기 때문에 경고를 무시했다.

왕비는 좀처럼 그에게서 눈을 떼지 않고 계속해서 그를 모든 모임에 동반했으며 평범한 여자라면 평판이 망가질 만한 자유를 공공연하게 그에게 허락했다. 예컨대 그녀의 마차에 동승하거나 그녀와 단둘이 정원이나 숲을 거니는 일 등이었다.[26]

슈트루엔제는 왕비에게 향기 나는 양말대님 한 벌과 자신의 소형 초상을 비롯하여 선물을 쏟아 부었다. 그녀는 이 소형 초상을 낮에는 목에 걸고 다녔고 밤에는 책 속에 끼워 베개 밑에 넣어 두었다. 슈트루엔제는 왕으로 하여금 그녀의 이름을 딴 특별 기사단을 만들게 했다.

그러나 왕비와 대신 모두를 적대시하는 스파이들은 곳곳에 있었다. 1771년 7월 7일 캐롤라인이 루이제Louiser 공주를 낳자 코펜하겐의 풍자문 작가들은 아이의 아버지를 의심하는 글을 썼다. 비엔나에서 메리 코크 부인은 왕비의 불명예스러운 행동으로 인해 덴마크 백성들은 크리스티안의 이복형제 프레데릭 편에서 폭동을 일으키기에 이르렀다고 전했다.[27]

레베르딜은 이렇게 말했다. "본바탕이 수치스러운 왕족의 권력에 복종하는 일을 개인적인 모욕으로 느끼지 않는 덴마크인은 한 사람도 없었다." 검열의 구애를 받지 않는 신문은 그 자유를 준 장본인인 슈트루엔제에 대해 풍자적인 비난을 싣는 데 여념이 없었다. 슈트루엔제의 적대자들은 각계각층에 존재했으며 그의 오만함 때문에 개인적인 친구들조차 그를 지지하지 않았다. 로버트 머레이 키스Rober Murray Keith 경은 1771년 10월 6일 다음과 같이 기록했다. "대중은 왕을 사랑하며 높은 위치에 결코 어울리지 않는 이에게 왕의 권한이 위임되는 것을 굉장히 싫어한다... 그는 이제 사방에서 비난을 받는 처지에 놓였다. 감히 그를 쳐다보지도 못하던 이들이 이제는 절대적인 복종을 거부하고 있으며 그의 무제한적인 권력을 뒷받침하는 필수 요소였던 경외심도 거두어버렸다."[28]

혁명에 대해서는 예고된 사항이 거의 없었다. 때문에 주된 희생자들은 힘을 잃게 되면 어떻게 해야 할지 사전에 대비까지 할 정도였다. 캐롤라인 마틸다는 밀고자가 되면 혹시 미래를 기대할 수 있을까 고민했다. 그러나 막상 실제로 닥친 혁명은 소규모의 비전문적인 응모자들의 주도로 일어났다. 슈트루엔제가 왕비와 결혼하고 최고 권력을 손에 넣을 목적으로 왕의 퇴위와 심지어 죽음까지 계획했다는 소문은 프레데릭스보르Frederiksborg 성까지 퍼졌다. 이곳은 크리스티안의 의붓어머니 율리아나 마리아와 그녀의 쇠약한 친아들 프레데릭이 살고 있는 성이었다. 프레데릭의 개인교사 오우에 굴베르Ove Guldberg는 비난받는 슈트루엔제를 제거하려는 음모를 돕고 있었다.

계획은 1772년 1월 17일 저녁 궁전의 가면무도회장에서 실행되었다. 다음날 새벽 4시에 주요 공모자들은 모두 율리아나 마리아의 거처에 모였다. 무장을 해제한 이들은 옌센Jensen의 안내를 받으며 왕의 침실로 가서 왕의 시종 브리에겔Brieghel을 깨웠다. 왕의 방문이 잠겨 있어 이들은 그를 따라 비밀 입구로 갔는데 처음에는 당황스럽게도 그가 문을 열어 주지 않으려 했다. 깜짝 놀란 음모자들은 두려운 기색을 보였다. 굴베르는 초 하나를 떨어뜨렸고 왕비는 거의 사색이 되었으며 프레데릭은 옆에 있던 의자에 털썩 주저앉았다. 란차우는 당황하지 않고 시종에게 자신들의 목적은 적으로부터 왕을 보호하는 것이며 왕의 안전을 약속함으로써 이미 출입을 허가받았다고 설명했다.

크리스티안은 그들을 보자 갑자기 울부짖으며 두려움이 가득 담긴 목소리로 물었다. "살려주시오. 여러분, 내가 무슨 잘못을 저질렀소? 내게서 원하는 게 뭐요?" 의붓어머니는 그를 안심시키며 자신들이 준비한 문서에 서명만 하면 아무런 해도 입지 않을 거라고 말했다. 그들은 함께 위층의 프레데릭 방으로 올라갔고 그곳에서 왕은 별 어려움 없이, 자신이 무엇을 하고 있는지 거의 알지도 못한 채 슈트루엔제와 브란트 그리고 자신의 부인을 체포하여 감금하는 데 필요한 영장에 서명했다.

당시 벌어진 일들은 당연히 대중들의 환영을 받았다. 슘Suhm은 왕에게 보내는 공개편지에 이렇게 썼다. "영광스럽고 중대한 밤, 미래의 호메로스Homer와 베르길리우스Virgil들이여, 그대들의 찬가를 노래하라. 율리아나와 프레데릭의 명예가 오래 계속되기를 그러나 더 높아지지는 않기를. 더 높아지는 일이란 불가능하니." 왕은 부인의 부정을 모르고 있었지만 현실 감각을 완전히 상실한 탓에 그 사실을 그대로 받아들였다. 크리스티안은 침울하고 공허한 모습이었으나 대중을 안심시키기 위해 다음날 화려한 마차를 타고 코펜하겐 거리를 돌았다. 23번째 생일인 1월 29일 그는 두 편의 프랑스 연극 《야심L' Ambitieux》과 《경솔한 행동L' Indiscret》을 관람하기 위해 극장에 갔다. 그러나 왕비와 슈트루엔제의 관계가 반영되어 있다는 설명에 관객이 몰려들자 크리스티안은 급히 달아났고 율리아나 마리아는 기절했다.

쿠데타의 불운한 희생자들은 가혹한 대우를 받았다. 왕비와 딸은 굉장히 불쾌한 크론보르Kronborg 성에 감금되었다. 슈트루엔제와 브란트는 무자비한 환경에서 감금 생활을 해야 했다. 몰락한 대신은 족쇄로 벽에 속박되어 밤에는 침대에서 일어날 수도 없었다. 새 정부에서 증거 재검토를 위해 설치한 조사위원회는 슈트루엔제를 조사한 결과 다른 혐의들과 더불어 '성(性)이 다른 두 사람 사이에서 있을 수 있는 극단에까지 이른 왕비와의 친교' 혐의를 밝혔다. 왕의 권력에 도전하고 왕의 서명이 없는 칙령을 발표함으로써 슈트루엔제는 '근본법'을 위반했다. 감옥에서 슈트루엔제는 감정의 기복이 심했으나 루터교 사제 문테르Munter 박사의 전도로 새로운 신앙을 찾고 안정을 회복했다.[29] 크리스티안은 아무런 거리낌도 없이 최고 대신이자 부인의 애인에 대한 사형 집행 영장에 서명했고 슈트루엔제와 브란트의 사형 집행 전날 밤 이탈리아 오페라를 감상했다.

왕과의 이혼을 선고 받은 왕비는 알보르Aalborg 성에서 종신형을 살게 되었다. 메리 코크 부인을 비롯한 많은 영국인들이 캐롤라인 마틸다의 '불명예스러운' 처신을 비난했지만 그녀의 오빠 조지 3세는 덴마크인들이 여동생에게 가한 가혹한 처벌을 모르는 체할 수 없었다. 힘을 내세운 위협으로 왕비는 감옥에서 풀려나 하노버의 첼레Celle로 유배를 가게 되었다. 그녀가 영국으로 돌아오는 일을 조지 3세가 허락하지 않았기 때문이다. 그녀는 영국 정부에서 해마다 5천 파운드를 받았지만 유배지는 그녀에게 지루하고 침울하게 느껴졌다. 그러나 그녀에게 옹호자가 전혀 없었던 것은 아니다. 그 중 가장 대표적인 23세의 영국인 나다니엘 렉살Nathaniel Wraxall은 당대 사람들이 '영국에서 가장 순진한 오랑우탄'이라 부르던 남자로 율리아나 마리아 정부를 타도하고 캐롤라인 마틸다를 복귀시킬 음모를 구상했다. 용감한 행동이긴 했으나 조지 3세가 열의를 보이지 않아 이 계획은 수포로 돌아갔고 1775년 5월 11일 24번째 생일을 앞두고 그녀가 세상을 떠남으로써 완전히 무효화되었다. 사인은 발진티푸스나 성홍열이었던 것으로 짐작된다. 매컬파인과 헌터는 그녀의 병에서 포르피린증 증상을 발견하고, 그녀가 전에 주기적으로 앓았던 병도 바로 이 병이며 그 결과로 사망에 이르게 된 것이라 믿었다. 그러나 확정적인 증거는 발견되지 않았다.[30]

캐롤라인 마틸다의 죽음으로 최소한 덴마크와 영국 사이에 곤란한 정치적 상황이 벌어질 가능성은 줄었다. 한 번 혁명을 겪고 나자 덴마크의 정치는 다시 예전의 활발하지 못한 상태로 돌아갔다. 율리아나 마리아와 아들 두 사람 모두 '왕의 재능을 능가하지 못한다'는 월폴의 주장은 어느 정도 일리가 있었다.[31] 두 사람은 국고를 횡령하여 지지자들에게 사례금을 지급하고 슈트루엔제의 개혁 정책을 폐지했다. 신문 검열과 같은 옛 관습이 되살아났고 그밖에도 여러 가지 제한적이고 압제적인 악습이 부활했다. 대표적인 예로 영세 농민들은 다시 노역의 부담을 지게 되었고 재판 절차에 고문이 사용되었다.

혁명 이후 크리스티안은 명목상의 권력만 행사했다. 정도의 차이는 있어도 그는 거의 완전한 은둔 생활을 하였고 사람들 앞에 모습을 보이는 일도 드물었다. 그는 의붓어머니와 그 아들이 가하는 압력에 자리를 내주었기는 했지만 그들이 행한 일들에 대해서는 불만을 품고 있었다. 얼마 후 그는 미숙하고 어린애 같은 초상화들을 그렸는데 그 중 슈트루엔제와 브란트의 초상화에 '훌륭하고 난폭한 남자'라는 다소 묘한 설명을 붙이고 이들의 죽음은 율리아나 여왕과 프레데릭 왕자의 책임일 뿐 자신이나 왕실 자문회의 의지와는 무관한 일이었다고 주장했다. 그는 할 수만 있었다면 그들을 구했을 것이라고 말했다. 이밖에도 그는 부인을 모델로 다소 모호하면서도 노골적인 초상화를 그렸는데 그녀의 성별을 말해 주는 부분은 귀걸이 밖에 없었으며 사망 날짜도 잘못 표기돼 있었다.[32]

크리스티안은 부인의 감금이나 죽음에 관해 완전히 이해하지 못했던 것으로 보인다. 한 번은 그가 부인을 만나러 갈 테니 말을 대기시키라고 명한 일도 있었다. 의식이 어느 정도 맑은 시기에만 그는 국정 문제로 이리저리 끌려 다녔다. 명목상의 국가 수장으로서 모습을 드러내야 하는 경우나 정부 법령의 합법적 인정을 위해 그의 서명이 필요한 경우가 있었기 때문이다.

이런 경우 가운데 하나로 1784년 그의 아들 프레데릭 왕세자가 의붓할머니와 그녀의 불쾌한 아들이 행하는 보수적이고 평판 나쁜 정치에 분개하여 아버지를 자문회에 참석하도록 설득하고 내각 해산문서에 서명하게 한 일이 있었다. 크리스티안은 서명을 하고 난 후 방에서 뛰쳐나갔고 그의 이복형제 프레데릭 역시 거의 똑같이 다급한 모습으로 뒤따라 달려 나갔다. 자신이 행사하던 권력을 어쩔 수 없이 포기해야만 하는 입장에 처했기 때문이다. 크리스티안에게는 아직도 20년 이상의 삶이 남아 있었지만 그는 방에 틀어박혀 거의 모습을 드러내지 않았다. 왕실 접견회에 참여했던 어떤 이는 이렇게 말했다. "나는 군주의 존귀한 모습과 사람들이 그에게 표하는 엄청난 경의와 존경에 깊은 인상을 받았다... 병의 재발은 기이한 방식으로 나타났다. 매우 유쾌한 대화가 진행되는 도중에 굉장히 침착해 보이는 모습으로 그는 갑자기 방을 가로질러 달려가서는 처음으로 만나는 사람에게 인사를 하며 있는 힘껏 얼굴을 찰싹 때렸다."[33]

영국의 철학자이자 경제학자인 맬서스the Revd T. R. Malthus는 1799년 6월 크리스티안이 군대를 사열하던 당시 상황을 다음과 같이 설명했다.

사열이 끝날 때쯤 나는 왕의 막사 근처에 있었고 굉장히 가까운 거리에서 그를 지켜보았다... 그는 완전히 바보 취급을 받았다. 궁정 곳곳에 흩어져 있는 장교들은 모두 그에게 어떤 대답도 하지 말라는 명령을 받고 있었다. 모여 있던 이들 중 몇몇은 그가 매우 빠른 속도로 말을 하며 막사 보초병 한 명에게 얼굴을 찌푸리는 모습을 목격했다. 그 보초병은 시종일관 최대한 무거운 표정으로 왕에게 한 마디 대답도 하지 않았다. 왕실 부대가 막사를 떠나기 직전 왕세자가 말을 타고 전속력으로 달려 왔고 그의 아버지는 굉장히 공손하게 절을 했다.

그는 후에 이렇게 말했다. "왕은 왕권 과시하기를 굉장히 좋아하며 적절한 예의가 부족하다고 느껴지면 극도로 불만스러운 모습을 보인다. 그에게는 반드시 허리를 굽혀 절해야 하며 이 규칙은 매우 엄격하게 지켜졌다."[34]

왕의 광기에도 불구하고 덴마크는 안드레아스 베른스토르프Andreas Bernstorff를 최고 대신으로 하여 오랜 기간 자유로운 정부를 유지할 수 있었고 어느 정도 번영과 평화의 시기를 누렸다. 그러나 이후 나폴레옹전쟁Napoleonic Wars이 일어나 덴마크가 다른 발트해 연안 세력들과 맺고 있던 무장중립동맹League of Armed Neutrality을 위협받게 되었다. 덴마크가 중립적인 입장을 지키려 한 데 대한 반응으로 그리고 나폴레옹이 덴마크에 가하고 있던 압력이 우려되어, 영국 함대는 두 차례나 코펜하겐을 포격하여 막대한 인명 피해를 입혔고 그 마지막 포격은 1808년 9월에 일어났다.

1808년 3월 15일 크리스티안의 어슴푸레한 존재는 사라졌다.[35] 홀스텐Holsten에 머물고 있다가 스페인 원군이 진격해 들어오는 모습을 보고 너무 놀란 탓이었다. 40년간 이어진 정교하고 세심하게 짜여진 연극 속에서 그는 정부의 최고지위자 자리에 머무르면서 '왕법'으로 규정된 왕의 권한을 계속 지니고 있었다. 장래 프레데릭 6세가 되는 왕세자는 4분의 1세기 동안이나 실질적인 힘을 행사했지만 결코 공식적으로 섭정에 임명되지는 못했다. 크리스티안의 과거 역사를 살펴 볼 때 그가 죽은 바로 그 해에 덴마크가 영국에 맞서 전쟁을 선포한 것은 참으로 아이러니컬한 일이다. 영국은 그에게 부인을 준 나라이며 그가 아직 만성 정신분열증으로 혼란을 겪지 않았던 40년 전, 적어도 크리스티안 본인이 생각하기에는 대승리를 거두었던 곳이다. 그런데 그가 세상을 떠난 직후 바로 이들의 손에 그의 국가가 엄청난 굴욕을 당한 것이다.

12장

덴마크의 연극

백조 왕 루트비히 2세

_루트비히 2세 Ludwig II

백조 왕 루트비히 2세

1864년부터 1886년까지 바이에른의 왕이었던 루트비히 2세는 광기로 인해 근대 세계의 문화적, 정치적 유산에 중대한 영향을 미친 마지막 유럽 군주였다. 그가 정신이상이라는 판정을 받은 후 1886년 스스로 혹은 타인에 의해 익사한 슈타른베르크Starnberg 호수의 얕은 물 속에는 누구보다 기괴했던 이 군주를 기리는 십자가가 쓸쓸히 서 있다. 루트비히는 그 별난 행동으로 생존 당시 이미 전설이 되었다. 그가 속해 있던 비텔스바흐Wittelsbach 가문은 유럽에서 가장 오래 통치권을 쥐고 있던 가문들 중 하나로 손꼽힌다. 중세 남부 독일의 바이에른 왕국을 통치한 이 가문의 지도자들은 오랫동안 선거후라는 칭호를 달고 있다가 1806년부터 왕이 되었다. 바이에른은 1871년 마지못해 독일 제국의 일부가 되었지만 통치자들은 왕이라는 칭호를 계속 지니고 있었다. 그러다가 제1차 세계대전이 끝나면서 독일의 왕권은 붕괴되었으나 이 통치자들이 완전히 기억에서 사라진 것은 아니다. 과거의 기억을 소중히 간직하는 바이에른 사람들은 당시에도 있었고 지금까지도 존재하기 때문이다.

루트비히의 아버지 막시밀리안은 루트비히 1세가 개인적, 정치적 무분별로 백성들의 반발을 사 강제 퇴위된 후 1848년 바이에른의 왕이 되었다. 루트비히 2세의 가문 사람들이나 직접적인 선조들에게서는 그의 미래를 암시할 만한 별다른 특징이 나타나지 않았으나 루트비히는 어린 시절부터 상당히 감수성이 예민했다.

그는 부모의 보살핌을 거의 받지 못하고 보모나 가정교사들 손에서 자랐다. 그리고 이들 중 마일하우스Meilhaus 양에게 특히 애정을 느꼈다. 그는 전반적으로 외로운 유년기를 보내며 혼자만의 생각과 상상에 빠졌던 것으로 보이는데 이러한 상상들은 매우 생생하게 펼쳐졌다.

무엇보다 그의 상상력을 사로잡았던 것은 백조의 이미지로 그 형상은 평생에 걸쳐 루트비히의 머리를 떠나지 않았다. 바이에른 알프스 산맥에서 눈부신 슈반 호수(Schwansee, 슈반schwan은 독일어로 백조를 뜻한다 - 옮긴이)와 알프 호수Alpsee를 멀리 내려다보고 있는 고귀한 백조의 성 호엔슈반가우Hohenschwangau는 루트비히의 아버지 막시밀리안이 로엔그린Lohengrin 전설에 헌정하는 의미로 재건한 성이다. 이 성의 벽을 가득 장식하고 있는 프레스코화에는 백조가 끄는 배에 앉아 있는 성배Holy Grail 기사 로엔그린의 모습이 묘사되어 있는데 루트비히는 이 기사를 자신과 동일시했다.

십대 때부터 그는 작곡가 리하르트 바그너Richard Wagner를 경애했고 그에 대한 열광은 루트비히의 인생에서 지배적인 요소가 되었다. 그는 1861년 6월 2일 《로엔그린Lohengrin》을 처음으로 접했고 뒤이어 《탄호이저Tannhäuser》를 그리고 1863년에는 《니벨룽의 반지Der Ring des Nibelungen》를 관람했다. 바그너는 루트비히의 음악 이해력에 대해서 긍정적인 평가를 내리지 않았으나 어린 왕자는 바그너의 오페라를 특징짓는 주제들에 매료되었고 특히 성배를 찾는 모험에 깊은 관심을 보였다. 바그너의 음악은 일련의 환상들을 만들어냈고 루트비히는 이 환상들을 현실로 전환시켜 결국 비극적인 결과를 낳았다. 바그너를 연구하는 영국의 한 권위자는 이렇게 평했다. "상황을 가장 간단하게 해석하면 다음과 같이 설명할 수 있다. 어린 시절부터 루트비히는 자신이 미래에 왕으로서 국민들을 이상적인 길로 이끌 것이라는 영웅적인 환상에 사로잡혔고 바그너의 작품들은 단지 결정적인 시기에 이 환상을 자극하여 중대한 영향을 끼치게 된 것이다."[1] 바그너는 이러한 왕에게 직접 파르치발Parzival이라는 별명을 붙여 주고 '성령의 은총을 입은 나의 아들'이라 불렀다. 파르치발이라는 별명은, 왕권의 성배를 물려받을 운명이라는 의미의 간단하고도 현명한 표현이었다.

1864년 아버지가 갑자기 세상을 떠남으로써 미숙하고 어린 왕자는 환상을 현실로 전환시킬 기회를 얻게 되었다. 루트비히는 키가 상당히 컸으며 굉장한 매력을 발산했다. 그는 적당히 웨이브가 있는 풍성한 곱슬머리를 길게 늘어뜨리고 있었는데 아마도 지나치게 큰 귀를 가리기 위함이었던 것 같다. 입술 위에는 콧수염 자국이 있었고 눈에는 유난히 풍부한 감정이 담겨 있었다. 그의 법무 대신 에두아르트 폰 봄하르트Eduard von Bomhard는 이렇게 말했다. "그분은 최고의 지적 재능을 타고 나셨으나 마음속은 혼란스러운 생각들로 가득찼다." 그는 다음과 같이 회상했다. "나는 때때로 그분을 보고 깜짝 놀랐다. 표정이나 전체적인 태도에서 만족감이 나타나다가도 그분은 갑자기 표정이 굳어져서 (주변을 진지하고 무섭기까지 한 표정으로 바라보며) 마음속의 어두운 무언가를 드러내곤 하셨다. 조금 전의 생기 넘치는 매력과는 완전히 상반된 모습이었다. 나는 속으로 생각했다. 그분과 처음 대화를 나누던 때부터 느꼈던 것이지만 '만일 이 청년의 내부에서 두 가지 다른 본성이 자라나고 있는 것이라면 부디 주님께서 선한 편에게 승리를 내려 주시기를'."[2] 대신은 루트비히에게 천성적으로 정신분열증의 경향이 있음을 무의식적으로 어렴풋이 감지하고 있었던 것이다.

바이에른 정부와 비텔스바흐 왕가의 미래를 위해 루트비히의 결혼이 곧 시급한 문제로 떠올랐다. 왕은 여성들과 어울리기를 좋아하여 여성 친구들과 절친하게 지냈으며, 특히 아름다운 오스트리아 황후 엘리자베스Elizabeth를 자신이 숭배하던 마리 앙투아네트Marie Antoinette의 분신처럼 여기는 경향이 있었다. 6년 동안 그는 여배우 릴라 폰 부요프스키Lilla von Bulyowsky와 친밀한 우정을 쌓았다. 그러나 19세기 사회에서 왕은 왕가의 공주와 결혼해야만 했다. 루트비히는 엘리자베스 황후의 여동생 소피Sophie와 약혼을 발표했다. 1867년 8월 25일 루트비히는 스스로를 '독수리'라 칭하고 소피를 '비둘기'라 칭하며 호엔슈반가우 성에서 그녀에게 편지를 보냈다. "이 기쁨으로 가득한 호엔슈반가우 성에 우리 두 사람만 함께 있다면 얼마나 멋지겠소."

그러나 단 며칠 만에 그는 과거 자신의 가정교사였던 레온로트 Leonrod 남작부인에게, 이 결혼을 진행할 수 없다고 말했다. 그는 '부담스러운 짐을 던져버렸다'며 '심하게 앓고 난 후에 느껴지는 것처럼 상쾌한 공기'를 다시 만끽하고 있다고 말했다. "그녀는 내 부인이 될 운명이 아니었을 거요. 결혼 날짜가 가까워 올수록 나는 예정된 길이 두려워졌소." 그는 소피에게 이렇게 편지를 보냈다. "나는 깨달았소. 나의 진실하고 두터운 형제애는 지금도 그렇고 앞으로도 나의 영혼 속에 깊이 뿌리내리고 있을 것임을. 하지만 결혼에 꼭 필요한 요소는 사랑이 아니라는 사실 또한 나는 깨달았소." 소피의 부모는 자연히 루트비히의 이러한 태도에 분개했다. 불운한 소피는 프랑스의 달렝송d'Alençon 공작과 결혼한 후 비극적인 죽음을 맞았다. 그러나 루트비히는 단지 일기에 이렇게 썼을 뿐이었다. "소피는 세상에서 벗어났다. 우울한 영상은 사라진다. 나는 자유를 갈망했고 지금도 갈망하고 있다. 이제 이 괴로운 악몽은 끝나고 나는 다시 살아간다."[3] 루트비히의 무산된 결혼 계획은 미래의 불길한 조짐을 보여 주고 있었다.

루트비히는 본래 동성애 성향을 지니고 있었다. 그의 절친한 친구들은 젊은 남자들이었고 그 중에서도 수년간 루트비히와 가장 가까웠던 인물은 파울 폰 투른 운트 탁시스Paul von Thurn und Taxis 공작이었다. 서로에 대한 열렬한 애정을 담아 이들은 감상적이고 낭만적인 편지들을 교환했다. 파울은 1866년 7월 13일 왕에게 이렇게 편지를 썼다. "달콤한 꿈이 당신과 함께 하기를. 그리고 이 지상에서 당신이 소중히 여기는 모든 것들이 꿈속에 나타나기를. 내 마음속의 천사, 부디 편히 잠들고 당신의 가장 충실한 프리드리히를 한 번 더 떠올려 주시기를." 프리드리히는 루트비히가 연인에게 붙여 준 애칭이었다.[4] 그러나 루트비히는 변덕스럽고 요구하는 바가 많았으며 근본적으로 견실하지 못했다. 결국 로맨스는 끝났고 파울은 낮은 신분의 여자와 결혼하여 가문에서 의절 당했다.

이러한 결말에 이르기 훨씬 전 소피와의 약혼을 취소하던 무렵에 루트비히는 새로운 연인 리하르트 호르니히Richard Hornig를 만나 1867년 여름 함께 파리에 갔다. 호르니히는 푸른 눈에 웨이브 있는 금발을 지닌 26세의 시종 무관으로 '부츠를 신기에 알맞은 다리를 지닌' 뛰어난 기수였다. 호헨로헤Hohenlohe 공작은 1869년 7월 8일 다음과 같이 썼다. "왕께서 재능은 묵혀 두고 점점 더 조마사와 부적절한 관계에만 빠져들고 계시니 참으로 유감스러운 일이다." 왕은 1872년 비밀 일기에 '왕과 리하르트의 관계가 영원하기를'[5]이라고 적었으나 호르니히의 결혼으로 두 사람의 관계는 끝을 맺었다.

그 후 기병 장교와 폰 바리쿠르트von Varicourt 남작, 배우 요제프 카인츠Josef Kainz 그리고 왕실 하인 알폰소 벨커Alfonso Welcker와 같은 하층민 등 여러 사람들이 뒤를 이었다. 낭만적인 친교가 언제 육체적인 관계로 전락했는지는 알 수 없지만 소문은 널리 퍼졌다. 또한 그의 비밀 일기에서 발췌된 내용들은 루트비히가 방종한 생활을 하며 결과적으로 죄책감과 후회에 시달렸다는 사실을 암시하고 있다.※

※ 루트비히가 1869년 12월부터 1886년 6월까지 기록한 '비밀 일기'는 1944년 영국의 폭격으로 레지덴츠Residenz 궁이 파괴되면서 소실되었다. 바이에른 수상 요한 폰 루츠Johann von Lutz가 적어 놓은 것으로 추정되는 일부 발췌문들이 1925년 출판되었고 채프먼 휴스턴Chapman-Huston이 전기 《바이에른의 환상A Bavarian Fantasy》(1955)을 쓰면서 이 발췌문들을 인용했다. 암호나 그림 문자로 이루어진 몇몇 현존 기록들은 루트비히가 '타락한' 생활에 빠졌다가 좀 더 '순결한' 삶을 살기로 결심했다는 내용을 담고 있다.

이 무렵 독일의 미래를 결정짓는 극적인 사건들이 일어나고 있었음에도 루트비히는 정치에 거의 관심이 없었다. 하지만 그의 적극적인 참여를 요하는 상황이 생겼다. 프로이센과 오스트리아 사이의 7주 전쟁Seven Weeks War에서 오스트리아 편에 서 있던 바이에른이 키싱겐Kissingen에서 프로이센에 크게 패하고, 여기에서 바이에른의 최고 사령관이 전사한 일이 발생한 것이다. 루트비히는 현대적인 전투보다 중세 기사도에 사로잡혀 전쟁에는 거의 열의를 느끼지 못했고 동생 오토Otto에게 왕위를 넘기는 문제를 고려하기 시작했다. 그의 이러한 바람에 부분적으로 자극을 준 요인은 바그너와 함께 스위스에 가고 싶다는 욕망이었다.

왕보다 애국심이 강했던 바그너는 루트비히에게 '전사들을 생각할 것'을 충고했다. 충고를 들은 왕은 최전선 몇 곳을 둘러 본 뒤 파울 공작과 함께 장미섬Roseninsel에 은거하며 실내 유희에 빠져 지냈다. 전쟁이 선포되던 날 호헨로헤 공작은 일기에 다음과 같이 기록했다.

> (왕께서는) 아무도 만나시지 않는다. 그분은 탁시스와 시종 펠크Völk와 함께 장미섬에 머무르시며 전쟁에는 신경을 쓰지 않으신다. 청원을 위해 찾아 온 상원 의원들조차 출입을 거부당했다... 다른 이들은 국왕의 어린아이 같은 장난 때문에 골치를 썩이지는 않는다. 어쨌든 대신들과 의원들은 방해 받지 않고 통치를 하기 때문이다. 허나 그분의 행동이 경솔한 것은 사실이다. 대중의 호의를 잃을 만한 행동이다.[6]

몇 달 후 1866년 8월 18일 호헨로헤는 이렇게 말했다.

> 왕께서는 오페라 '빌헬름 텔William Tell'의 무대 꾸미기에 여념이 없으시며 의상을 만들게 하여 입으시고는 방 안을 행진하신다. 그 사이 왕국은 (7주 전쟁에서 프로이센에 패하여) 3만 명의 프란코니아Franconia 거주민과 7십만 명의 선거후령 주민들을 잃게 될지 모른다는 문제에 직면해 있다.[7]

4년이 채 안 되어 바이에른은 다시 전쟁에 참여하였는데 이번에는 프로이센을 도와 프랑스에 맞섰다. 루트비히도 대신들도 비스마르크 Bismarck의 교묘한 수법을 당해낼 수 없었다. 군사적 원조에 대한 보수금을 받기는 했지만 왕은 마지못해 독일 제국 수립에 찬성해야 했고 그리하여 프로이센 왕 빌헬름 1세가 베르사유에서 독일 황제로 즉위하였다. 정규적인 정치 직분에 대한 루트비히의 관심은 여전히 피상적인 수준에 머물러 있었다.

그는 의식적인 절차에서 기쁨을 얻었다. 그는 군사 제복을 즐겨 입었지만 한 영국인 방문자의 말대로 머리가 너무 길어서 진정 '군인다운' 모습과는 거리가 멀었다. 왕이라는 지위는 날이 갈수록 왕실과 왕 자신에게 국한된 허식이 되어 갔다.

루트비히는 점점 더 스스로 만든 세계 안에 갇혀 살면서 바그너와 극장을 후원하고 화려한 궁전들을 짓는 데 몰두했다. 완벽하게 모두 완성되지는 못했지만 이 궁전들은 그가 후세에 남긴 가장 중요한 유산이 되었다. 그리고 그가 살던 환상의 세계 밑바탕에는 바그너의 오페라 속에 구현된 중세 전설들이 있었다.

루트비히에게 음악적인 감각이 있었던 것으로 보이지는 않으나 각본과 민족, 역사 그리고 오페라가 펼쳐지는 배경은 하나로 결합되어 그의 마음과 혼을 사로잡았다. 루트비히는 독일 민족의 진정한 천재를 찾아 후원하는 것이 자신의 의무이자 특권이며 기쁨이라고 생각했다. 왕은 바그너에게 이렇게 말했다. "우리는 순수하고 성스러운 예술의 깃발을 들고 독일 젊은이들을 불러 모아 이 예술이 성벽을 뛰어넘을 수 있도록 해야 합니다."[8]

이러한 후원을 실천할 의도로 그는 비서관 피스터마이스터Pfistermeister를 보내 바그너를 찾게 했다. 마침내 슈투트가르트Stuttgart에서 바그너를 찾은 피스터마이스터는 그에게 즉시 뮌헨 Munich으로 가기만 하면 왕이 무제한적으로 지원을 베풀 것이라고 보증했다. 이 작곡가는 1864년 5월 3일 다음과 같은 답을 보냈다. "자비로우신 왕이시여, 천상의 감정으로 흘러내린 눈물로써 아룁니다. 시의 경이로움은 이제 신성한 실체가 되어 가난하고 사랑을 갈망하는 저의 삶 속으로 들어왔습니다. 마지막 시와 곡조로 남은 이 삶은 이제 당신의 것이니 자비로우신 청년 왕이시여, 당신의 소유물을 처분하듯 이 삶을 써 주소서."[9] 이 편지가 바로 오랫동안 두 사람 사이에서 오고 간 감정이 넘쳐흐르는 편지들의 시작이었다. 문체에서는 동성애적인 관계가 느껴지지만 그럴 가능성은 희박하다. 바그너가 성욕이 강하기는 했으나 프란츠 리스트Franz Liszt의 서녀로 자신보다 24세 어린 코지마 폰 빌로우Cosima von Bulow와의 관계에서 볼 수 있듯 그의 수많은 연애 관계들은 이성애였다. 게다가 바그너는 그 후원자보다 나이가 30세나 더 많았고 잘생긴 외모와는 거리가 멀었다. 루트비히는 못생긴 사람은 결코 참아내지 못했으며 아름답고 젊은 남자들과 여자들에게만 시선을 두었다.

그럼에도 불구하고 이들의 가깝고 열정적이기까지 한 관계는 두 사람 모두에게 의미하는 바가 컸다. 바그너는 안락한 환경 속에서 살아가며 작곡을 할 수 있게 되었고 루트비히는 바그너가 음악 속에 심어 놓은 신화에서 자신의 운명을 찾게 되었기 때문이다. 바그너는 왕을 배알한 뒤 그에 관해 이렇게 썼다. "그분은 너무나 아름답고 영적이고 숭고하고 눈이 부신지라 이 통속적인 세상에서 꾸는 덧없는 천국의 꿈처럼 그분의 삶이 달아나버릴까 염려스럽다." 실제로 그 꿈은 결국 악몽으로 바뀌었다.

바이에른 사람들은 바그너의 음악은 높이 평가했는지 몰라도 왕이 그에게 쏟아 부은 지나친 은혜에 대해서는 비판적이었다. 바그너는 예술의 미래를 손에 쥐고 있는 결정자로서 부유한 생활을 하며 급진적이고 비용이 많이 드는 계획들을 세웠다. 이 계획들 중에는 새로운 음악 학교 설립과 새로운 극장 건설이 포함되었고 이를 위해서는 왕의 기부와 보호가 반드시 필요했다. 최고 대신으로서 대학 교수이자 보수적인 법률가였던 폰 데르 포르텐von der Pfordten 남작은 바그너의 음악도 높이 평가하지 않았을 뿐더러 한때 그가 지지했던 급진적인 정치관도 탐탁치 않게 여겼고 왕의 지나친 지출이 바이에른 국고에 미칠 영향에 대해서도 깊은 의심을 품고 있었다.

결속이 강하다고는 하나 왕과 바그너의 관계도 마찰을 피할 수는 없었다. 바그너는 마음이 바르지 못하고 부정직했으며 루트비히는 요구가 많고 변덕스러웠기 때문이다. 하지만 어쨌든 이들은 계속 서로에게 황홀한 표현들을 담아 편지를 썼다. 1865년 6월 10일 '트리스탄Tristan' 첫 공연을 본 후 왕은 이렇게 평했다. "유례없이 훌륭하고 신성한 작품이오! 이보다 더한 기쁨이 있겠습니까! 완벽해요. 환희에 압도당할 지경입니다! 마음을 빼앗겨... 깨닫지 못하는 사이 천상의 기쁨으로 빠져들게 만드는 성스러운 작품! 영원히 내세에서도 변치 않을 것이오."[10] 6월 21일 루트비히는 알프스 산맥의 은거지에서 다음과 같은 편지를 보냈다.

일광은 높은 산맥 뒤로 잠겨 사라진지 오래요. 곳곳의 계곡 깊숙이 평화가 번지고 소들의 목에 달린 방울 소리와 소치는 이들의 노래가 나의 즐거운 고독을 타고 올라옵니다. 저녁별은 멀리서 상냥한 빛을 보내 방랑자에게 계곡에서 나가는 길을 보여 주고 다시 한 번 나에게 소중한 사람과 그의 신성한 작품들을 상기시켜 준다오. 멀리 계곡 끝자락에는 에탈Ettal 교회가 짙고 푸른 소나무 숲 너머로 솟아 있소. 바이에른의 루트비히 황제(14세기 초

신성로마제국 황제)가 몬살바트Monsalvat에 성배 신전을 세울 계획으로 이 교회를 지었다는 이야기가 전해지고 있답니다. 내 눈앞에는 로엔그린이 새로이 되살아나고 나는 마음속에서 미래의 영웅, 구원과 유일한 진실을 찾는 파르치발을 봅니다. 우리에게 이러한 기분을 되살려 줄 수 있는 작품들을 내 영혼이 얼마나 고대하고 갈망하는지.[11]

그리고 8월 21일에는 다음과 같은 편지를 보냈다.

당신에 대한 생각이 간절합니다. 나의 소중한 분과 그의 작품을 생각할 때 비로소 나는 진정 행복합니다... 지금 당신과 함께 숲이 우거진 기쁨의 정점에 있는 그 작품들은 어떻게 되어 가고 있는지요? 소중한 분이시여, 부디 내 청을 들어 주십시오. 간절히 청합니다. '승리자들Die Sieger' 과 '파르치발'에 관한 구상들을 조금 전해 주십시오. 듣기를 갈망하고 있습니다. 부디 이 타는 목마름을 풀어 주십시오. 오 세상은 얼마나 무의미한지! 불쌍하고 저속한 이들이 어쩌면 이리도 많은지! 그들의 삶은 진부한 일상의 좁은 원 안에서 맴돌고 있습니다. 오, 세상을 내 뒤로 제쳐둘 수만 있다면![12]

왕은 자신의 총신에게 완전히 몰두한 듯했다. 바그너가 루트비히의 요청에 고무되어 '파르치발' 대본을 쓰는 동안 왕은 대중의 시야에서 벗어나 백성들의 청원을 검토하는 공식적인 자리에도 참여하기를 거부하고 계속 극장만 드나들었다. 실러Schiller의 '빌헬름 텔' 공연을 본 후 그는 루체른Lucerne 호수를 특별 방문하여 신분을 숨기고 (곧 들통 났지만) 이야기의 배경이 된 장소들을 찾아갔다. 분명 스스로를 극중 영웅과 동일시한 것이다.

바그너는 루트비히와 함께 호엔슈반가우 성에 머물면서 이 성을

'파르치발의 숭고한 사랑으로 보호 받는 성배의 성'이라 불렸다. 바그너는 이렇게 썼다. "그는 나다. 새로이 더 젊고 사랑스러운 모습으로 부활한 완전한 나다. 또한 그 자신은 아름답고 강인한 모습으로만 존재한다." 이들은 함께 티롤Tyrol로 여행을 떠났고 8월 14일 왕은 코지마에게 다음과 같은 편지를 썼다. 순진하게도 왕은 그녀가 바그너의 애인이라는 사실을 아직 모르고 있었다(애인은 코지마였지만 바그너의 서녀 이졸데Isolde의 별명은 왕의 이름을 딴 루도비카Ludowika 였다).

이제 우리 엄숙하게 맹세합시다. 인간의 힘으로 할 수 있는 모든 일을 통하여 바그너가 얻은 평화를 보호하고 그의 근심을 털어내고 가능하다면 언제라도 그의 슬픔을 모두 우리가 떠맡기로. 또한 주님께서 인간의 영혼에 불어넣어 주신 모든 힘을 다해 그를 사랑하기로.
오, 그는 신과도 같소. 신과도 같아요! 나의 사명은 그를 위해 사는 것, 그를 온전히 구원하기 위해 필요하다면 고통도 감내하는 것입니다.[13]

이처럼 과장된 표현들이 문제될 것은 없었다. 하지만 이러한 표현들은 왕이 이미 스스로 만든 꿈의 세계로 깊숙이 들어가 있다는 사실을 보여 주는 역할을 했다. 바이에른에서는 바그너의 무절제에 대한 비난의 물결이 일었고 그가 바이에른의 정치에 노골적으로 간섭하면서 분노는 더욱 거세졌다. 왕이 아무리 그에게 열중하고 있었다 해도 이러한 폭풍은 견뎌낼 수 없었다. 포르텐은 1865년 12월 1일 루트비히에게 이렇게 편지를 썼다. "폐하께서는 지금 운명의 갈림길에 서 계십니다. 충성스러운 백성들의 사랑과 존경 그리고 리하르트 바그너와의 '우정' 중 하나를 택하셔야만 합니다."[14] 슬픔을 가슴에 안은 채 왕은 바그너에게 뮌헨을 떠나 스위스로 가라고 명했다. 왕위에서 강제로 물러난다면 루트비히는 친구를 후원하고 보조하기에 훨씬 더 불리한 위치에 놓일 터였기 때문이다. 바그너를 스위스로 보냄으로써 그는 장려금을 제공할 수 있었고 또 그렇게 했다.

바그너가 떠나기 직전 루트비히는 이렇게 편지를 썼다. "당신에 대한 나의 애정은 결코 죽지 않을 것이오. 당신도 나에 대한 우정을 영원히 간직해 주기 바랍니다."[15] 마찰이 전혀 없었던 것은 아니지만 이들의 관계는 왕에게 언제나 격려가 되었다. 바그너는 남편을 버린 코지마와 루체른 근처 트리브셴Triebschen의 즐거운 별장에서 안락한 생활을 했다. 루트비히가 후에 바그너를 만나러 오게 되는 곳이다. 그의 창작 능력은 여느 때와 다름없이 활기를 띠고 있었다. 왕은 뮌헨에서 《뉘른베르크의 명가수Die Meistersinger》 리허설과 첫 공연을 관람했고 옆에 앉아 있던 작곡가는 열광적인 박수를 받자 자리에서 일어나 인사했다. 보수적인 견해에서 보면 궁중 예법에 어긋난다고 할 수 있는 행동이었다. 왕은 주인공 이름인 '발터Walther'로 서명을 하여 이렇게 편지를 썼다. "나는 크나큰 감동으로 넋을 잃어 손뼉을 쳐서 찬양을 표하는 비속한 행위에는 동참할 수가 없었습니다."[16] 9월 23일 루트비히의 23번째 생일을 기념하여 바그너는 멋지게 장정한 《뉘른베르크의 명가수》 총보(總譜)와 두 사람의 친밀한 관계를 반영하는 헌정시를 보냈다.

그 후로는 얼마간 서신 왕래가 뜸했고 어느 정도 의견 차이도 있었으며 두 사람은 8년 동안 서로 만나지도 않았다. 하지만 보불 전쟁 Franco-Prussian War이 발발하자 후원자보다 한층 애국심이 강한 바그너는 루트비히에게 바이에른의 독일 지지를 찬양하는 충성의 시를 보냈다. 두 사람은 바이로이트Bayreuth에서 다시 만났다. 이곳에서는

왕의 후한 대부로 극장이 완공되어 1876년 《니벨룽의 반지》가 초연
되었다. 공연을 관람한 후 왕은 다음과 같은 편지를 썼다.

　　기대에 부풀어 공연을 보았습니다. 굉장히 기대감이 컸음에도 불구하고
　　공연은 그 기대를 훨씬, 훨씬 능가했습니다... 아, 이제 나는 그동안 멀리하
　　던 아름다운 세상을 다시 알게 되었습니다. 하늘은 다시 나를 내려다보고
　　초원은 찬란한 빛깔을 띠며 봄은 천 가지 달콤한 소리들과 함께 나의 영혼
　　속으로 들어옵니다... 당신은 신과 같은 존재, 주님의 은총을 받고 천국에서
　　지상으로 성화(聖火)를 가져와 평화를 회복시키고 죄인들을 구원하는 진정
　　한 예술가입니다![17]

《신들의 황혼Götterdammerung》 공연이 끝날 때 바그너는 무대 위
로 올라가 청중에게 인사하며 "바이로이트 축제는 독일인의 정신에
대한 믿음으로 다시 시작되었고 바이에른 왕의 영광을 위해 완성되
었다. 그는 후원자이자 보호자일 뿐만 아니라 작품의 공동 창조자이
기도 하다."라고 말했다.[18]

1880년 11월 바이에른 사람들이 비텔스바흐 가문 통치 700주년
을 축하할 때 바그너는 뮌헨에 와서 《로엔그린》 비공식 공연에 참석
했다. 왕과 작곡가가 서로를 마지막으로 본 게 바로 이때였다. 루트
비히는 건강 문제로 1882년 《파르치팔》 초연에 가지 않았고 실제로
바그너가 죽던 1884년까지 이 공연을 보지 않았다. 바그너의 사망
소식을 들었을 때 루트비히는 굉장히 동요했다. 그는 장례식에 참석
하지는 않았지만 성에 있는 모든 피아노들을 검은 크레이프로 싸도
록 지시했다. 바그너의 죽음으로 루트비히의 삶에서 생명의 실은 끊
어져버렸다. 하지만 바그너가 쓴 오페라의 주제들은 여전히 왕의 마

음속에서 가장 한 가운데 자리하고 있었다.

루트비히의 환상들은 바이에른 국고에 막대한 손해를 입히며 짓고 있던 동화 같은 성들을 통해 구체적으로 표출되었다. 《로엔그린》과 《탄호이저》를 아직도 마음속에 생생히 담고 있던 왕은 1868년에 성을 지음으로써 이 두 오페라에서 목소리로 표현되었던 주제들을 돌에 남길 수 있다고 생각했다. 성의 벽들이 바로 영원한 무대 배경이 되는 셈이었다. 첫 번째 성은 호엔슈반가우 성에서 30분 거리에 있는 언덕 꼭대기에 세워졌고 루트비히가 죽은 뒤 노이슈반슈타인 (Neuschwanstein, 새로운 백조의 성이라는 의미 – 옮긴이)이라는 이름이 붙여졌다. 그는 바그너에게 이렇게 말했다. "그곳은 인간이 발견한 가장 아름다운 장소들 중 하나로 손꼽힐 만한 곳입니다. 사람의 발길이 닿지 않는 성스러운 곳이라서 신전을 지어도 손색이 없지요. 《탄호이저》를 상기시킬 만한 것들도 마련될 것입니다."[19]

노이슈반슈타인 성은 성벽과 포탑들이 있고 극적인 장소에 위치하고 있어 탁월한 무대 배경이다. 루트비히는 성의 건설에 높은 관심을 보이면서 갑자기 마음을 바꿔 건축가들을 들볶기도 했다. 주로 이성적인 동기보다는 감정적인 변덕 때문이었다. 가수의 방Singers' Hall 은 볼프람 폰 에셴바흐Wolfram von Eschenbach의 중세 기사 이야기 《파르치발》의 내용 중 성배에 관한 이야기를 재현한 벽화들로 장식되었다. 왕의 공식 알현실에는 신성한 왕권에 경의를 표하는 그림이 그려졌다. 성인의 유골을 모신 성당은 바그너도 볼 수 없었고 왕 본인도 광기를 일으키기 직전까지는 이곳에 머무르지 않았다.

노이슈반슈타인 성 건축을 의뢰한 직후 루트비히는 기능도 외관도 다른 또 하나의 왕궁 린더호프Linderhof 성을 짓기로 계획했는데 이는 그가 열렬히 숭배하는 프랑스 왕 루이 14세에 대한 경의의 표시였다. 루트비히는 루이 14세에 필적하는 예술의 후원자가 되기 위해 애썼고 때로는 그의 옷차림과 걸음걸이를 흉내냈으며 상상의 손님과 프랑스어로 대화를 나누기도 했다. 1869년 1월 7일 왕은 옛 가정교사 레온로트 남작부인에게 다음과 같은 편지를 보냈다.

> 린더호프 근처 에탈에서 멀지 않은 곳에 작은 궁을 지으려 합니다. 정원은 전형적인 르네상스 양식으로 꾸며질 것이고 궁 전체는 장려한 분위기와 베르사유 왕궁의 위엄을 지닐 것입니다. 오, 우리는 반드시 이처럼 낭만적인 피신처를 만들어 우리가 살고 있는 이 무시무시한 시대를 잠시라도 잊을 수 있어야만 합니다.[20]

린더호프 성은 표면이 하얀 마름돌로 장식된 자그마한 궁전으로 바로크 양식에 화려한 장식이 가득하고 다채롭고 고풍스러우며 웨딩 케이크처럼 호화찬란했다. 벽난로 위에는 '프랑스 왕 루이 14세의 승천'이라는 제목의 대리석 조각들이 무리지어 놓였다. 정원에는 몇 가지 공상적인 장치들이 있었다. 예컨대 사냥 오두막에서는 루트비히와 일행이 곰 가죽으로 옷을 입고 꿀 술을 마셨으며 터키의 설계를 따른 무어식 정자도 하나 서 있었다. 인공 동굴 안에는 색색의 만화경이 있어 마치 디스코테크의 조명처럼 계속 변하는 분광을 인공 폭포와 호수에 비추었다. 그리고 호수에서는 기계 작동을 통해 인공적으로 생성된 물결이 일었다.

가장 호화로운 성은 바이에른에서 가장 큰 호수 힘제Chiemsee의 헤렌Herren 섬에 세워진 헤렌힘제Herrenchiemsee 성이었다. 린더호프 성과 마찬가지로 이 성 역시 《니벨룽의 노래Niebelungenlied》보다는 루이 14세의 궁전들에서 영감을 얻은 것이었고 의도적으로 베르사유 궁전을 모방해 수평으로 지은 굉장히 아름다운 건축물이었다. 회랑의 거울들은 반대편을 연장시켜 약 30미터 가량 더 길어보이게 만들었다. 그러나 헤렌힘제 성은 미완성인 채로 남았다. 골격 같은 구조로 설계되었기 때문이기도 하고 자금이 바닥났기 때문이기도 하다. 주춧돌은 1878년 5월 21일에 놓였지만 왕은 1885년 9월 7일부터 16일까지 약 9일 동안만 이곳에서 지냈다.

루트비히가 세우거나 재건한 다른 건물들도 있었는데 모두 이국적이고 상징적이었으며 대부분 계획 단계나 왕의 풍부한 상상을 넘어서지 못했다. 이 중에서 팔켄슈타인Falkenstein 성이 아마도 가장 연극적인 건물일 것이다. 이 성은 노이슈반슈타인 성처럼 중세 이야기를 바탕으로 설계되었고 작은 뾰족탑과 탑들이 솟아 마치 웅대한 디즈니랜드와도 같은 구조로 산꼭대기에서 세상을 내려다보게 될 예정이었다. 팔켄슈타인 성은 왕이 점점 더 빠져들게 된 공상의 나라에 바치는 선물이었다.

이처럼 모험적인 건축 사업들을 생각하면 루트비히는 단지 세계적으로 손꼽히는 별난 사람, 지위의 이점과 부를 이용하여 상상의 산물을 구체적으로 표현하려 애쓴 낭만주의자로 여길 수도 있다. 그러나 그 이면에서는 그의 인격이 서서히 분열되고 있음을 보여주는 훨씬 위험한 힘들이 작용하고 있었다. 정신적인 능력이 약화됨에 따라 그는 점점 더 변덕스러워져 갔다. 말로는 민주적인 군주제를 외치면서도 때때로 그는 독재자처럼 행동했다. 그는 가벼운 잘못을 범한 신하들을 벌하기 위해 우스꽝스러운 명령을 내리곤 했는데 이러한 명령은 대개 이행되지도 않았다. 신하들은 그의 얼굴을 정면으로 쳐다봐서는 안 된다는 지시를 받았고 시종 마이어Mayer가 이에 불복종하자 왕은 그에게 검은 가면을 씌우라고 명했다.

루트비히가 매독 감염으로 인한 기질성 뇌질환을 겪었을지 모른다는 주장이 제기되어 왔다. 또 장티푸스로 죽은 그의 아버지는 젊은 시절 헝가리에서 매독에 걸렸다는 이야기가 전해지고 있지만 이러한 추측을 뒷받침할 만한 증거는 희박하다. 루트비히의 생활이 얼마나 엉망이었는지는 알 수 없다. 하지만 그가 매독을 앓았다는 설이 가능하다고는 해도 이런 주장들은 있음직하지 않은 이야기들이다. 짐작컨대 그의 선조들에게는 조건만 형성된다면 그가 정신적인 균형을 잃을 수 있었음을 보여주는 유전적인 특징들이 있었을 것이다. 어머니의 선조들 가운데는 1790년 세상을 떠난 헤센 다름슈타트Hesse-Darmstadt의 광인 대공 루트비히 9세가 있었다. 그리고 그의 딸 카롤리네Karoline는 망상을 경험했고, 루트비히의 고모 알렉산드라 Alexandra 공주는 유리로 만든 피아노를 삼켰다고 믿어 정신병원에 감금되어 있어야 했다. 더 가깝게는 그의 남동생 오토가 완전히 제정신을 잃었다. 루트비히는 1871년 1월 6일 레온로트 남작부인에게 다음과 같은 편지를 보냈다.

오토가 저렇게 괴로운 상태로 날마다 점점 악화되어 가는 모습을 보고 있자니 너무나 고통스럽습니다. 어떻게 보면 알렉산드라 고모님보다도 흥분을 잘 하고 불안한 상태이니 참으로 큰일입니다. 48시간 동안 잠자리에 들지 않는 경우도 종종 있습니다. 그는 8주째 부츠를 벗지도 않고 미친 사람처럼 행동하면서 무시무시한 얼굴로 개처럼 짖기도 하고 어떤 때는 이루 말할 수 없이 무례한 말들을 하다가 다시 얼마 동안은 매우 정상적인 모습으로 돌아옵니다.[21]

오토의 상태는 갈수록 더 나빠졌다. 왕은 1871년 10월 20일 이렇게 썼다. "그는 온 신경계에 굉장히 지독하고 병적인 흥분 상태를 겪고 있다." 1875년 5월 30일 뮌헨 주재 영국 대리 대사 로버트 모리어Robert Morier 경은 오토가 종교적인 환각에 시달리고 있는 것이 분명하다면서, 최근 성체축일 축제에서 그가 사냥복에 챙이 넓은 모자 차림으로 군인들의 차단선을 뚫고 높은 제단으로 오르는 계단에 몸을 던지고는 큰 소리로 죄를 고백하다가 겨우 설득에 응해 교회 제의실로 물러갔다고 보고했다. 로버트 경은 이렇게 전했다. "모두들 그가 반드시 심각한 정신병자로서 치료를 받아야 한다고 말합니다. 여러 가지를 고려해 볼 때 (윈저의) 성 조지 교회에서는 이런 소동이 일어나지 않았다는 사실도 확실합니다."[22] 오토는 감금 조치에 대해 형에게 강력하게 항의했지만, 1878년에 이르러서는 치료가 불가능할 정도로 광기가 심해져 퓌르슈텐리에트Fürstenried 성에 감금되었고 그곳에서 38년 후 죽음을 맞을 때까지 살아야 했다.

그런데 루트비히의 신체적인 외양에 두드러진 변화가 일어나기 시작했다. 엄밀히 말해 잘생겼다고는 할 수 없어도 호리호리하여 사람들에게 매력적인 인상을 심어 주었던 이 젊은이는 삼십대에 들어서자 살찌고 볼품없는 남자가 되었고 드문드문 빠진 머리카락과 제멋대로 뻗은 콧수염 때문에 실제 나이보다 훨씬 늙어 보였다. 자기 자신의 추한 면들을 없애려 애쓰던 사람에게 거울에 비친 이런 모습은 분명 그 자체만으로도 커다란 정신적 충격이었을 것이다.

루트비히의 성격은 기질적으로 정신분열증이 발병하기 쉬운 경향을 띠고 있었는지도 모른다. 어릴 때부터 그에게는 환상과 현실의 경계선이 매우 흐릿했다. 루트비히의 주치의는 그가 어린 시절 당구를 치다가 목소리가 들리는 듯한 상상에 빠지기도 했다고 보고했다. 성배의 전설은 그의 마음에 강력한 영향을 미쳐 그를 점점 더 온전한 정신의 한계선 너머로 밀어냈다. 그는 자신을 로엔그린이라 상상하면서 백조의 기사처럼 옷을 입었다. 왕은 알프 호수에 로엔그린 전설 장면을 배열하고 조명을 비춘 뒤 절친한 친구 파울 공작에게 인조 백조가 끄는 나룻배를 타고 로엔그린처럼 호수를 건너게 했다. 그리고 왕은 오페라의 음악을 들으며 이 광경을 바라보았다.

그는 점점 더 대중의 시선을 멀리하고 자기만의 세계로 빠져 들어 갔다. 그가 뮌헨에 있는 극장에 가서 공연을 관람하는 것이 아니라 극단이 아마추어 연극 형태로 그의 성에 가서 공연을 해야 했다. 갈 수록 그는 야행성이 되었다. 1868년 2월에는 궁중 승마 훈련장에서 말을 타고 밤새도록 승마장을 돌았다는 보고도 있었다. 스페인의 펠리페 5세처럼 그는 밤과 낮을 바꿔 저녁 7시에 일어나고 아침 일찍 저녁을 먹었다. 이러한 그의 행동에 불안해진 조신 및 대신들은 그를 찾아가 상의를 했다. 그는 밤에 돌아다니기를 좋아했고 어떤 때는 한 겨울 쌓인 눈 위로 화려한 썰매를 타고 빠른 속도로 달리기도 했다. 썰매 머리에는 등불이 달렸고 하인 두 명이 위험하게 뒤에 타고 있었다. 왕은 어울리지 않게 중산모자를 썼다.

그의 행동은 정상적인 궤도에서 벗어나 정신이상에 가까워지고 있었다. 그는 회색 암말을 정찬에 데려와 접시들을 부수도록 놓아두었다. 또한 그는 시종 무관 헤셀슈베르트Hesselschwerdt에게 이탈리아의 강도들을 고용하여 그가 망통에서 휴일을 보내는 동안 프로이센 황태자를 납치하라고 지시했다. 황태자에게 족쇄를 채우고 끼니로 빵과 물을 주라는 것이었다. 그가 심복 부하들에게 내린 또 다른 터무니없는 명령은 마법의 땅이나 섬 즉 지상낙원Shangri-la을 찾으라는 것이었다. 루트비히는 이곳에서 '온갖 계절과 사람들, 요구들로부터 완전히 벗어나' 조용히 은둔한 채 명상에 잠겨 살 수 있을 거라고 생각했다.

그의 명령에 관리들은 온 지구를 바쁘게 돌아다녔다. 이들은 테네리페Tenerife 섬과 사모트라케Samothrace 섬, 이집트, 아프가니스탄(레헤르Leher는 이곳이 '사랑스런 우리의 알프스 산맥과 풍경이 비슷하다'고 루트비히에게 보고했다), 브라질, 태평양의 섬들, 노르웨이 등 곳곳을 찾아 헤맸지만 루트비히가 원하는 곳은 누군가에게 속해 있는 소유지가 아니라 주인이 없어서 당장이라도 그가 프레스터 존(Prester John, 사제 요한, 중세 아비시니아 혹은 동방에 그리스도교 왕국을 세웠다는 전설의 왕 – 옮긴이)의 땅처럼 자기 것으로 만들 수 있는 곳이어야 했다. 신하들은 그의 변덕을 받아주기는 했지만 진지하게 여기지 않았고 때때로 더 변덕스러운 명령을 내리면 간단하게 무시해버리기도 했다.

마치 루트비히라는 사람은 두 명이 존재하는 것 같았다. 한 명은 매력적이고 사교적이며 활발하고 정치적으로도 민감한, 국민의 복지에 관심을 기울이는 사람이었다. 그러나 다른 한 명은 공상적이고 변덕스러우며 무관심하고 은둔적인, 점점 환상의 세계로만 빠져드는 사람이었다. 그리고 이 두번째 루트비히가 서서히 지배력을 갖게 되었다. 호헨로헤 공작은 이렇게 말했다. "왕께서는 너무나 오랫동안 왕실과 정부 관리들의 아첨에 힘을 얻으셨기 때문에 앞으로도 계속 자신은 하고 싶은 일이라면 무엇이든 할 수 있는 반신(半神)적인 존재이고 나머지 세상은(적어도 바이에른만큼은) 자신의 기쁨을 위해 창조되었다고 생각하실 것이다."[23]

대중은 거의 볼 수도 없는 왕에게, 그의 호사스러운 건축 사업에, 기병들과 그의 관계에 대한 소문에 그리고 그의 기이한 생활방식에 점점 더 비판적인 태도를 취하였다. 그러는 동안 대신들은 그의 늘어가는 지출에 불안해하고 있었다. 프로이센에서 군사적 원조에 대한 보수금을 받기는 하지만 건축 사업 때문에 왕은 절망적인 경제 상황에 놓이게 되었다. 1884년 초 그가 진 빚은 7백 5십만 마르크에 달했다. 당장은 재무 대신 에밀 폰 리에델Emil von Riedel의 알선으로 남부 독일 은행 협회에서 대부금이 마련되었다. 그러나 왕은 건축 계획을 늦출 기미를 전혀 보이지 않았고 1885년에 들어서자 빚은 거의 두 배 가까이 늘어났다. 왕이 대부를 더 받아야겠다고 요청하자 폰 리에델은 강력하게 이의를 제기하면서 더이상은 국가가 감당할 수 없다고, 또한 왕은 반드시 절약하는 훈련을 해야 한다고 말했다. 그러나 루트비히는 언제나 그랬듯 고집을 꺾지 않았다. "린더호프 성과 헤렌힘제 성 건축에 필요한 일정액이 (약 4주 안에) 마련되지 않으면 내 재산이 합법적으로 처분될 것이오! 만약 이러한 조치가 때맞추어 이루어지지 않는다면 나는 스스로 목숨을 끊든지 아니면 이처럼 지독한 일이 벌어지는 저주받은 땅을 떠나 다시는 돌아오지 않을 것이오."[24] 그는 1866년 1월 28일 뒤르크하임Durckheim 백작에게 군사력을 모아 자신을 방어하라고 재촉하기도 했다. 루트비히의 대리인들은 대부금을 더 확보하기 위해 신비스럽고 부유한 페르시아인이나 웨스트민스터 공작, 스웨덴 왕, 터키 황제 등에게 필사적으로 접근했다. 왕은 심지어 프랑크푸르트의 로스차일드Rothschild 은행 약탈을 포함한 계획까지 세우기도 했다. 1886년 4월 가스 및 물 회사에서는 요금 미지불 문제에 대해 왕실에 배상을 요구했다.

　최후의 수단으로 루트비히는 비스마르크에게 상의했고 비스마르크는 그에게 이 문제를 바이에른 의회에 제출하라고 조언했다. 의회에서 분명 왕의 중대한 요구에 도움이 될 만한 조치를 취해 줄 것이라는 얘기였다. 왕의 대신들은 의회에서 이러한 요청에 응하지 않으리라는 사실을 자각하고 왕에게 수도로 돌아와 승산을 조금이라도 높이라고 조언했다. 그러나 왕은 뮌헨으로 돌아오지 않고 하인들을 이용해 내각을 해산할 계획을 세웠다. 이들 중 이발사 호페Hoppe는 왕실에서 높은 영향력을 행사하며 새로운 대신들을 물색했으나 당연히 소득은 없었다.

상황은 이제 위기 국면으로 접어들었다. 루트비히는 지나치게 사치스러운 수준을 넘어섰고 잠재적으로 정치상 위험한 요소가 되었다. 그는 이제 물러나야 했다. 그러나 상속자인 동생 오토 왕자는 수년간 제정신이 아닌 상태였기 때문에 섭정이 필요했다. 그리하여 얼마간의 설득 끝에 왕의 65세 된 숙부 루이트폴트Luitpold 공이 섭정을 맡기로 했다. 베를린 주재 바이에른 대사 레르헨펠트Lerchenfeld 백작은 비스마르크에게 상황을 설명했다. 그러자 비스마르크는 이렇게 말했다. "왕이 정신적인 질병으로 인해 통치에 부적합하다면 공정하게 판단할 때 그를 계속 왕위에 둘 이유가 없다."

그 후 이어진 상황에는 희비극의 모든 요소들이 담겨 있었다. 단, 점점 더 강조되는 쪽은 비극적인 요소들이었다. 최고 대신 폰 루츠는 이 특이하고 곤란한 상황에 어떻게 대처해야 좋을지 알 수 없어 바이에른의 일류 정신과 의사 베르나르트 폰 구덴Bernard von Gudden 박사에게 상의했다. 그는 뮌헨 대학의 정신 의학 교수이자 고지 바이에른 지역 정신병원 책임자였다. 경험 풍부한 의사이자 인정 많은 사람인 폰 구덴은 직접 왕을 살펴보지는 않았지만 그의 병을 일종의 과도한 편집증이라 진단했다.

폰 구덴 박사가 제시한 진단서는 왕의 폐위 사유를 뒷받침하는 증거로 사용되었다. 폰 구덴은 1886년 6월 8일 왕의 증세를 평가하면서 '정신병이 상당히 진행된 상태'이며 병의 특성상 치료가 불가능하기 때문에 '정치를 수행할 수 없고... 남은 일생 동안 역시 마찬가지일 것'이라고 진술했다. 개인적으로 환자를 대면하지도 않고 이러한 최종 판단이 내려졌다는 것은 참으로 놀라운 일이다. 세 명의 의사들로 이루어진 의료 위원회에서는 다음과 같이 보고했다. "폐하께서는 정신적인 능력이 분열되어 모든 판단력이 부족한 상태이며 사고는 현실과 완전히 모순된 양상을 보이고 있습니다... 절대적인 권력을 풍부하게 지니고 있다는 환상에 사로잡혀 스스로를 고립시킨 채 벼랑 끝에 안내자도 없는 맹인처럼 서 계십니다."[25]

그러나 이 '맹인'에게 이와 같은 판정을 어떻게 알릴 것인가? 1886년 6월 9일 특별 위원회가 구성되어 크라일스하임Creilsheim 남작을 주축으로 다른 네 명의 고관들과 폰 구덴 박사 그리고 그의 조수들이 간호병들을 동반하고 노이슈반슈타인 성으로 출발했다. 새벽 1시 왕의 두 법적 후견인 중 한 명인 홀른슈타인Holnstein 백작은 왕의 마부 프리츠 오스터홀처Fritz Osterholzer가 왕의 마차에 말들을 매고 있는 모습을 발견했다. 왕의 도주를 우려한 홀른슈타인은 마부에게 하던 일을 중단하라고 지시하면서 이제 국가의 통치자는 루이트폴트 공이라는 사실을 알렸다. 왕의 충실한 하인으로서 오스터홀처는 즉시 성으로 달려가 가수의 방을 왔다 갔다 하며 실러의 시구를 암송하고 있는 왕에게 이 사실을 알렸다. 무슨 일이 벌어지고 있는지 듣자마자 루트비히는 출입구를 봉쇄하라 명하고 근처 퓌센Fussen의 경찰들을 불러 호위대를 보강했다.

그리하여 습하고 쌀쌀한 여름 오후 마침내 성에 도착한 특별 위원회 위원들은 문 밖에서 출입을 거부당했다. 위원들이 우울하게 마차 안에 앉아 있는 사이 왕의 숭배자이자 종종 정신병원에 입원하는 환자이기도 한 화려한 차림의 스페라 폰 트루헤스Spera von Truchess 남작부인이 와서 입장을 허가받고 성으로 들어갔다. 그녀는 왕에게 뮌헨으로 떠나라고 조언했지만 그는 거부했다. 그녀가 성 안에 있는 동안(7시간이 지난 후에야 그녀는 설득을 받고 떠났다) 위원들은 호엔슈반가우 성으로 돌아갔다가 이곳에서 왕의 명령으로 출동한 지역 경찰에 체포되었다. 문간방에 감금된 위원들은 왕이 이들의 눈을 가리고 매질하여 굶기라고 지시했다는 사실을 알게 되었다. 그러나 위원회 비서관이 용케 뮌헨으로 돌아가 사건의 전말을 정부에 보고할 수 있었다. 대신들은 즉시 위원들을 풀어주라고 지시를 내리고 루이트폴트가 섭정임을 확인하는 성명을 발표했다.

루트비히가 자신이 처한 상황을 좀 더 잘 파악하고 있었다면 스스로를 구할 수 있었을지 모른다. 하지만 그는 우유부단하고 둔했다. 그는 아직 충성스러운 추종자들이 남아 있는 뮌헨으로 돌아가려 하지 않았다. 그는 목숨을 끊을 생각도 했으나 그의 보좌관이 약국에 가서 필요한 독약을 사 오는 일을 거부했다.

6월 11일 자정 폰 구덴 박사가 조수와 다섯 명의 간호병 그리고 무장 경관대를 이끌고 다시 나타났다. 왕이 성탑에서 몸을 던지겠다고 말했다는 소문이 돌고 있었기 때문에 자살 기도를 막기 위해 이들은 루트비히가 방에서 나와 탑으로 향하는 계단을 오를 때까지 매복하고 있었다. 왕은 이들에게 이끌려 다시 침실로 돌아갔다. "나를 검사하지도 않았는데 어떻게 내가 정신이 나갔다고 단정한단 말이오?" 루트비히가 폰 구덴 박사에게 물었다. 그러나 박사는 지시 받은 대로 베르크Berg에 있는 왕의 또 다른 거처로 왕을 호송했다. 이들이 도착한 때는 6월 12일 토요일 한낮이었다.

베르크에서 루트비히는 슈타른베르크 호수로 인해 감금 상태에 놓였다. 이곳은 그가 달아날 길이 없도록 준비가 되어 있었다. 겉으로 보기에 왕은 평온한 상태였다. 환자들을 호의적으로 대해야 한다고 믿는 폰 구덴 박사는 왕에게 가능하다고 여겨지는 최대의 자유를 허락하여 아침 산책을 허용하고 간호병들이 조심스럽게 멀리서 뒤따르게 했다. 왕이 저녁에 밖에 나가 거닐고 싶어하면 폰 구덴은 자신이 동행한다는 조건 하에 그렇게 해도 좋다고 말했다. 이러한 결정이 과연 현명한지에 대해 동료 의사들이 의문을 제기하면 폰 구덴은 그들의 충고를 가볍게 웃어 넘겼다.

1886년 6월 12일 저녁 6시 45분 왕과 의사는 함께 호숫가를 거닐었다. 키 큰 왕과 몸집이 작은 의사는 분명 기묘한 한 쌍으로 보였을 것이다. 8시가 되어도 이들이 돌아오지 않자 수색대가 구성되었다. 사방에는 어둠이 깔렸고 비도 내리기 시작했다. 그러다가 열 시쯤 호숫가의 얕은 물속에서 왕의 상의와 외투가 발견되었고 근처에서 그의 우산도 나왔다. 왕의 시신은 물속에서 얼굴이 아래로 향한 채 발견되었다. 그의 시계는 6시 45분에 멈춰 있었고 폰 구덴은 몇 발짝 떨어져 호수의 질퍽하고 물이 얕은 곳에 떠 있었다.

정확히 무슨 일이 있었는지는 여전히 풀리지 않는 수수께끼로 남아 있다. 끊임없이 논쟁의 대상이 되어 온 이 이야기는 탐정 추리 소설의 요소들을 모두 지니고 있다. 루트비히의 상의와 외투, 우산은 왜 옆에 떨어져 있었던 것일까? 자살설을 받아들이지 못하는 루트비히의 추종자들은 그가 사고로 혹은 고의로 죽음을 당한 것이라고 믿었다. 어떤 이들은 루트비히가 익사한 것이 아니라 박사가 클로로포름chloroform으로 그를 살해한 것이라 말한다. 박사가 가지고 다니던 클로로포름으로 왕의 흥분을 진정시키려 했고 뒤이어 벌어진 싸움에서 왕은 죽고 박사는 심장마비를 일으켰을 거라는 추측이다. 그러나 왕은 박사보다 훨씬 강하고 젊은 남자였으므로 이 이야기에는 거의 신빙성이 없다.

왕이 폰 구덴과 함께 산책을 나왔을 때 탈출 계획이 있었다는 주장도 가능하기는 하다. 그러나 이 이야기를 뒷받침하는 증거는, 배한 척이 뚜렷한 목적 없이 빗속에서 호수 위를 오가고 있었고 성문밖에 마차 바퀴 자국이 있었다는 보고뿐이다. 그보다는 마음이 혼란한 상태에서 왕이 순간적인 충동으로 우산을 버리고 외투와 상의를 벗어 던진 뒤 자살할 의도로 호수에 뛰어들었다는 가정이 훨씬 그럴듯해 보인다. 폰 구덴이 그를 구하려 했지만 왕이 몸싸움에서 우세하여 두 사람 모두 익사하게 되었다는 것이다. 시신들은 천천히 얕은 물로 떠내려와 사람들에게 발견되었을 것이다. 자살에 대한 생각은 루트비히의 마음속에 얼마 동안 자리잡고 있었다. 치료 가능성이 논의되기도 했지만 동생 오토의 운명을 알고 있는 왕에게 미래는 절망적이고 어두워 보였을 것이다.

루트비히 2세의 시신은 1886년 6월 19일 장중한 위령곡과 함께 성 미카엘 교회 지하에 묻혔다. 이후 그의 심장은 병에 담겨 다른 조상들의 유골과 함께 알트 오팅Alt-Otting의 봉헌 교회에 안치되었다.

루트비히의 자유로운 생활양식과 혼란스러운 마음 상태가 독일 역사에 영향을 미쳤을까? 그가 좀 더 정치에 관심이 있었다면, 그가 좀 더 훌륭한 정치가였다면 바이에른의 역사는 다른 과정을 밟게 되었을 가능성도 있으며 어쩌면 비스마르크의 독일 통합 계획도 그리 순조롭게 이루어지지 않았을지 모른다. 그러나 그가 보다 정상적인 군주였다 해도 역사적으로 볼 때 비스마르크에 필적할 만한 상대가 되었을지는 의문이다. 바이에른에 좀 더 강력한 지도자가 있었다고 해도 오스트리아가 실패한 일을 해냈을 가능성은 거의 없다. 제정신이었건 아니었건 루트비히는 정치적으로 명목상의 대표에 불과했다. 정신적인 문제들이 그를 압도하면 할수록 그는 점점 더 왕국에서 멀어져 자신만의 이상향에 살게 되었다. 그러나 왕으로서 권한을 부여받았기 때문에 그는 왕실을 아첨하는 추종자들로 채울 수 있었고 국고를 들여 꿈의 성들을 지으면서 당대의 가혹한 정치 현실들은 옆길로 제쳐 둘 수 있었다. 상상 속의 성배를 찾다가 그는 결국 환상의 제물이 되었고 이 환상은 갈수록 그의 혼란스러운 마음을 점령해 갔다.

오랜 세월 통치권을 쥐고 있던 비텔스바흐 가문에서 그가 마지막 왕이었던 것은 아니다. 오래 전부터 광기를 보였던 동생 오토가 아이러니컬하게도 그의 뒤를 이어 명목상으로나마 국왕의 자리에 올랐고, 1913년 폐위되면서는 사촌 루트비히 3세가 왕위에 올라 바이에른의 마지막 군주가 되었기 때문이다. 그러나 여러 가지 면에서 볼 때 광인이 되어 가면서 루트비히 2세는 오래된 가문에서 확실히 가장 비극적이고 아마도 가장 창조적인 인물이 되었다.

14

위대한 정치가들의 약점

_윌슨 Woodrow Wilson
_루스벨트 Franklin D. Roosevelt
_매켄지 킹 William Lyon Mackenzie King

14

위대한 정치가들의 약점

군주 정치 시대에 통치자의 인격과 건강은 국민들에게 굉장히 중요한 문제가 될 수 있다. 그가 어떤 사람이냐에 따라 그리고 그의 의사결정이 정책이나 판결에 어느 정도까지 영향을 미치느냐에 따라 국민들의 삶은 더 나아질 수도 있고 더 나빠질 수도 있기 때문이다. 민주주의 혹은 반(半) 공화주의 시대에 이르러 독재적인 군주들은 더이상 존재하지 않게 되고 입헌적인 군주들이 상당히 제한된 권력만을 행사하게 되면서, 통치자의 인격이나 건강 문제는 표면적인 중요성만 띠게 되었다.

영국과 네덜란드, 벨기에, 스페인, 스칸디나비아반도 국가들 그리고 일본 등에는 아직도 군주제가 남아 있지만 왕의 권력은 사실상 굉장히 감소했고 어디에서든 군주제는 단지 과거의 그림자로 남아 있을 뿐이다. 유럽 왕가들이 근친혼으로 폐쇄되어 있어 현저하게 나타났던 유전적인 요인은 더이상 중요한 문제가 아니다.

실권은 대통령과 권력자, 수상과 정치가 그리고 사업이나 여타 이

해관계에서 압력을 행사하게 된 국민들의 손에 넘겨졌다. 민주주의 국가라면 어디에서나 대개 임기 제한이나 정기적인 선거 등 입헌적인 절차가 행해진다. 이러한 절차는 먼저 책임을 맡고 있던 정치가의 정신적, 신체적 건강 쇠약으로 야기되는 권력과 지위 남용을 예방하는 수단이 될 수 있다. 대체로 정치가들이 신경 쇠약을 겪거나 정신병 초기 증상을 보이는 일은 보기 드문 현상이며 사실상 이런 문제가 있는 정치가들은 피해가 발생하기 전에 대개 권유 등을 통해 직위에서 물러난다.

역사적으로 볼 때 유력한 혹은 책임 수행 능력이 있는 정치가의 정신적인 균형이 의심스러운 경우는 비교적 드물다. 그러나 그런 일이 전혀 알려진 바 없는 것은 아니다. 채텀 백작 윌리엄 대(大) 피트의 경우에서 입증된 것처럼 잠재적인 위험 요소들이 있을 수 있다. 대 피트는 건강 상태가 결코 좋지 못했고 심각한 신경쇠약으로 일시적인 조울증까지 나타나 마지막에 맡았던 총리 직에서 결국 사임했다. 1822년 영국 외무부 장관 캐슬레이Castlereagh 경의 자살에서도 심각한 정신적 쇠약이 망상을 불러오고 결국 정신이상으로 이어진 예를 볼 수 있다.

피트의 건강 상태는 양호한 적이 거의 없었다. 그는 아버지나 할아버지와 마찬가지로 통풍을 겪었고 심한 우울증과 불면증에 시달렸다. 7년 전쟁에서 프랑스에 대항하여 영국을 이끌던 전성기에도 그의 건강 문제는 내각 정부 운영에 해로운 영향을 끼쳤다. 1754년 그는 이렇게 썼다. "몸은 지독하게 망가진 상태고, 통증과 갇혀 지내는 생활에 지쳤다. 나아지리라 믿었던 통풍은 이제 나를 거의 정복해버렸다."[1] 그의 잦은 내각 회의 불참은 동료들 사이에서 음모가 일어날 여지를 제공해 주었다. 하지만 그는 명성이 대단하고 정치 수완도 탁

14장

위대한 정치가들의 약점

월하여 그를 싫어하던 젊은 왕 조지 3세조차 1766년 그를 수상으로 임명할 정도였다.

그러나 그가 수상직을 수락한 후 불길한 조짐이 나타났다. 피트는 여느 때처럼 태연하게 보이려 씩씩하게 애썼지만 하원에는 거의 나갈 수가 없었고, 다리는 붉은 헝겊으로 감싼 채 지팡이에 의지하고 있었기 때문에 누가 봐도 쇠퇴의 기운이 그의 정신에 영향을 주고 있음을 감지할 수 있었다. 게다가 브라이트 병Bright's disease으로 짐작되는 합병증까지 생겨 그 활동성이 저하되었을 뿐만 아니라 조울증 형태의 심한 정신착란까지 보였다. 그의 과시욕은 지나치게 커져 그를 파산 직전까지 몰고 갔다. 1767년 4월 그는 건축가 딩리Dingley에게 자신의 거처인 노스엔드 저택North End House에 34개의 침실을 더 만들고 전망에 방해가 될 만한 땅들을 모두 사들이라고 지시했다. 하지만 그는 거의 은둔자가 되어 매일같이 저택 꼭대기 작은 방 안에만 앉아 있었으며 다른 이들은 물론 부인과도 이야기를 하려 하지 않았다. 그는 하인들에게 음식을 쪽문 밖에 두고 가라고 지시하여 그들과 마주치는 일도 피했다. 그의 동료 그래프턴Grafton 공작은 이렇게 썼다. "그의 몸과 마음은 무시무시할 정도로 병들어 있으며 위대한 정신도 병에 굴복하여 흔들리고 있어… 대화를 나누기가 매우 고통스러웠다."[2] 의사의 조언보다는 부인의 보살핌으로 채텀은 건강을 회복했다. 그러나 이 병은 젊었을 때부터 오랫동안 끈질기게 그를 괴롭히던 건강 문제가 최고조에 이르러 나타난 것이었다.

유명한 영국 장관들 가운데 재직 중에 심한 건강 쇠약을 겪은 사람은 채텀뿐만이 아니었다. 유능한 외무부 장관 캐슬레이 경은 나폴레옹 전쟁이 종결될 당시 평화적인 전후 처리 문제 협의에서 중요한 역할을 수행했으나 1822년 신경쇠약을 겪었다. 대중의 적의로 인한 스트레스 역시 위기를 재촉한 부분적인 요인이었지만 무엇보다 그를 괴롭게 만든 것은 그 무렵 클로거Clogher의 주교가 체포되면서 터져 나온 추문이었다. 주교는 런던 웨스트민스터의 성 알반 거리에 있는 선술집 화이트 하트White Hart에서 보라색 주교복이 내려진 채 제 1근 위연대 사병 존 모벌리John Moverley와의 명백한 육체관계가 적발되어 체포되었다. 정당한 근거가 전혀 없는데도 캐슬레이는 자신 또한 동성애 혐의를 받을 위험에 처해 있다고 생각했다. 그는 당시 국왕 조지 4세에게 이러한 생각을 말했으나 왕은 당연히 그의 말을 진지하게 받아들이지 않았고 결국 그는 '도망자' 신세가 되어 '지구 끝까지' 달아나야 하는 입장이라고 생각하기에 이르렀다. 캐슬레이는 마음이 굉장히 긴장된 상태로 몇 주를 보내면서 기억상실증 증세를 보였고 글씨는 해독할 수 없는 형체로 변했다. 주치의들은 겉으로 드러나지 않고 다가오는 광기가 어떤 결과를 낳을지 우려되어 그의 방에서 면도칼을 모두 치우라고 지시했다. 그러나 1822년 8월 12일 그는 주머니칼로 목을 찌르고 말았다.[3]

현대 정치가들과 유권자들이 직면하는 문제는 채텀이나 캐슬레이가 겪었던 문제들과는 다소 다른 성질을 띤다. 책임 있는 직위를 맡고 있는 정치가들은 대부분 정신분열증이나 광기와는 거리가 멀다. 물론 뒤에 가서 살펴보겠지만 독재적인 권력을 휘두르는 이들의 경우는 예외로 두어야 한다. 그러나 정신병에 시달리는 정치가가 거의 없다고는 해도 그들이 겪는 건강 문제가 마음의 균형에 중대하고 때로 비참하기까지 한 영향을 미칠 수 있는 것은 지금도 마찬가지다.

이 책의 바탕에 깔려 있는 논제는 신체적인 질병과 정신적인 질병 사이에 뗄 수 없는 관계가 존재하며 이 둘을 분리시키려는 시도는 부자연스러운 일이라는 것이다. 그러나 신체적으로든 정신적으로든 건강하지 못하다고 해서 당연히 창조성이 결여되어 있거나 정치적 혹은 학문적으로 성공할 수 없는 것은 아니라는 사실을 인정하는 일도 매우 중요하다. 프랭클린 루스벨트Franklin Roosevelt와 존 F. 케네디 John F. Kennedy는 두 사람 모두 비범한 능력을 지닌 미국 대통령이었다. 그리고 케임브리지대학의 스티븐 호킹Stephen Hawking은 신체적인 장애가 필연적으로 뛰어난 지적 창조성을 억제하지는 않는다는 사실을 몸소 입증해 주었다. 광기 자체가 반드시 독창성의 결여로 이어지는 것은 아니며 특히 예술이나 문학 영역에서는 더욱 그렇다. 앞서 살펴 본 사례들에서도 나타나듯 정신적인 불안정은 통치자의 성격이나 정치의 진행 과정에 부정적이고 파괴적인 요소로 작용할 때가 많다.

하지만 창조적인 구상이 활성화되는 경우도 있다. 로마 황제 네로의 성격에는 분명 적극적이고 창조적인 면이 있었다. 러시아 황제 이반과 표트르는 어떤 면에서 볼 때 정치가로서 뛰어난 독창력을 보였다. 또한 바이에른 왕 루트비히의 풍부한 상상력은 예술적인 산물을 이끌어냈다.

그러나 만약 신체적인 질병도 그리고 어느 정도까지는 정신적인 질병도 건설적인 성취의 가능성을 억제하지 않는다는 사실을 우리가 인정한다 해도 신체적인 질병이 인격 장애와 결합되면 공공 정책이나 정치적인 책무에는 대체로 불리한 영향이 미치기 마련이다.

위그 레탕Hugh L'Etang은 1969년 이런 글을 썼다. "1908년 이래로 영국 수상 13명 중 11명과 미국 대통령 11명 중 6명이 임기 중에 병을 앓았고 이 병은 어느 정도 그들을 무능력하게 만들었다."[4] 1908년 4월 영국 수상 자리에서 물러난 헨리 캠벨 배너맨Henry Campbell-Bannerman 경은 직위를 맡았을 때 이미 뇌혈관 질환을 앓고 있었고

1907년 11월에 쓰러져 1908년 1월부터는 침대에 꼼짝없이 누운 채 동료들과 상의조차 할 수 없었다.

1922년 10월 24일 수상이 된 보나 로Bonar Law는 후두암 1기였지만 발병 사실을 알고 사임했다. 최초의 노동당 출신 수상 램지 맥도널드Ramsay Macdonald는 느리지만 꾸준한 신체 건강 악화로 정신 작용에 악영향을 입은 정치가의 대표적인 사례를 보여준다.[5] 1931년 그를 대표로 한 국가 정부가 형성되고 얼마 안 있어 맥도널드는 몸이 조금 쇠약해졌고 영국이 금본위제를 폐지한 후에는 건강에 훨씬 중대한 이상이 나타났다.

1932년 두 차례에 걸쳐 녹내장 수술을 받고 그는 천천히 회복되었으나 여전히 '정신 피로'에 시달린다고 호소했다. 12월 26일 그는 이렇게 썼다. "내가 겪고 있는 병은 감기 같은 것이 아니다. 머리끝부터 발끝까지 안팎으로 완전히 고장이 나서 마치 마약에라도 중독된 것 같다." 다음날 그는 이런 글도 남겼다. "우울한 기운이 너무나 무겁게 나를 짓눌러 모든 것을 망쳐 놓았다... 피로가 결국 나를 해치고 있다... 나는 나이의 경계를 넘어버렸다... 내 걸음걸이는 노인처럼 힘이 없고 머리도 노인처럼 둔하게 돌아간다... 이대로 얼마나 더 버틸 수 있을까?"[6]

맥도널드는 추종자들에 대한 충의와 의무감 그리고 자신이 없어서는 안된다는 잘못된 믿음 때문에 계속 자리를 지켰다. 그는 불면증과 극심한 우울증에 시달렸다. "밤마다 나의 마음은 고요해지기를 바라는 연못과도 같으나 바닥으로부터 솟아나오는 물에 온통 뒤흔들리고 만다."[7] 1933년 초, 한 번은 그가 하원에서 초조하게 어깨 너머를 살핀 일이 있었는데 나중에 그는 한 남자가 의회 방청석에서 자신을 저격하려 한다는 두려움에 휩싸여 있었다고 실토했다. 제네바에서 열린 군축 회의에서 그는 이야기의 갈피를 잃고 청중에게 이렇게 말했다. "인간이 되십시오, 마네킹이 되어서는 안 됩니다." 늘 장황하기만 한 그의 연설은 애매하고 혼란스러운 구름 속에 증발해버리곤 했다. 로이드 조지Lloyd George의 비서관 톰 존스Tom Jones는 1934년 2월 이렇게 전했다. "그는 완전히 이해력을 잃은 채 애매하고 흐리멍텅한 상태만 오가고 있습니다." 애틀리Attlee는 '보수당의 배를 탄 우울한 승객에 불과할 뿐'이라 말했고 해롤드 니콜슨Harold Nicolson은 '생각 없고 어리석다'고 냉정하게 비판했다.

1934년 3월 중순 무렵 수상은 자신이 "고장난 기계처럼 정신은 마비되고 아무 일도 할 수 없고 몸은 병들었다."고 심정을 털어놓았다.[8] 회복을 바라는 마음에서 그는 열심히 해외로 여행을 다녔지만 '피곤하고 멍한 머리는 통나무나 다름없고 남는 기억도 없이 하루 종일 하품만 하는 상태'가 계속될 뿐이었다. 그는 글씨도 점점 엉망이 되어가고 사람들의 이름도 기억하지 못하고 서툴게 말실수를 해댔으며 그의 일기장은 철자법이 잘못된 단어들 투성이였다. 1935년 퇴임할 때 그는 아직 69세였지만 알츠하이머병Alzheimer's disease 증세를 보였다. 조짐은 매우 천천히 하지만 확실히 나타났다.

제2차 세계대전의 어둡고 위험한 나날들 속에서 영국을 승리로 이끈 윈스턴 처칠Winston Churchill은 맥도널드와는 굉장히 다른 성격을 지니고 있었다. 그는 수수께끼 같은 인물로 평화로운 시기보다 전쟁 시기에 더 적절한 지도력을 발휘했고 그의 판단은 때때로 정신적이고 감정적인 기질의 영향을 받아 편파적으로 흘렀다.[9] 사교계의 미인인 어머니와 정치에 여념이 없는 아버지 사이에서 태어난 그는 부모의 관심을 거의 받지 못했고 이러한 무관심은 어떤 면에서 그의 진로를 결정짓는 데 일조했다. 특유의 거만함과 자기중심성은 이미 청년

시절부터 형성되어 그에게 성공에 대한 의지와 강박관념을 주입시켰다.

그가 정치 활동에서 보인 변덕스러운 태도는 한편으로 어린 시절에 받은 상처에 대한 반응이기도 했다. 초대 말버러Marlborough 공작을 비롯한 몇몇 친척들처럼 정서적으로 불안정했던 그는 쉽사리 기분이 변하여 어떤 때는 자신만만하다가도 갑자기 절망에 빠지곤 했는데 이런 기질은 오랜 세월 동안 그를 놓아주지 않았다. 처칠은 제2차 세계대전 당시 눈부신 지도력을 발휘하면서 정치적 성공의 정점에 달했다. 그러나 전쟁이 끝난 후 그는 좌초된 고래와 같은 처지에 놓였다. 또한 이제는 나이든 고래이기도 했다.

전쟁 기간에도 그의 정신 작용이 서서히 활기를 잃어가고 있다는 약간의 조짐은 보였다. 그가 겪던 막대한 스트레스와 몇 차례에 걸친 병치레를 생각해 보면 그리 놀랄 만한 일도 아니다. 1943년 11월에서 1944년 8월 사이 그는 세 번의 폐렴을 앓았고 그 결과로 몸이 굉장히 쇠약해졌다. 앨런브루크Alanbrooke 경은 1941년 12월 4일 일기에 이렇게 썼다. "주님께서는 우리가 그와 함께 가서는 안 될 곳이 어디인지 알고 계신다. 그러나 주님께서는 우리가 그와 함께 가게 될 곳이 어디인지도 알고 계신다."[10] 1944년 3월 28일 처칠은 '단 몇 분간도 집중을 하지 못하고 끊임없이 걸어 다니며' 불안정한 모습을 보였다.

1947년 12월 그의 주치의 모런Moran 경은 처칠에 관해 "그는 과거 속에 살고 있으며 변화를 견디지 못한다… 거의 알아챌 수 없을 만큼 조금씩 그는 노년으로 미끄러져 들어가고 있다."고 평했다. 1941년 4월에도 이미 다음과 같은 기록이 있었다. "그는 매우 의기소침한 상태였고 거의 혼수상태라 할 수 있을 만큼 극도로 지쳐 있었다. 그는 다소 푸념하는 듯한 말투로 굉장히 느리게 말했다... 지독히도 기운 빠지는 대화였다. 아첨하는 분위기가 전반적으로 깔려 있다는 느낌 그리고 이 나이든 남자의 이해력은 명백히 부족하다는 느낌을 안고 집으로 돌아오면서 나는 처음으로 우리가 전쟁에서 이길 수 없다는 확신을 갖게 되었다." 그러나 처칠은 기운차게 금방 회복할 수 있는 능력을 지녔다. 1942년 이스메이Ismay 장군은 이렇게 썼다. "그는 의기양양하기도 하고 절망에 빠지기도 했으며 칭찬을 쏟아 붓기도 하고 지독한 분노를 터뜨리기도 했다." 그는 타고난 강인함과 카리스마적인 지도력, 일종의 천재성에 힘입어 우울증을 효과적으로 막아내고 국가를 승리로 이끌 수 있었다.

전쟁이 끝난 후 상황은 다르게 전개되었다. 1945년 7월 노동당이 최대 의석을 차지했지만 1951년 10월 처칠은 다시 정권을 잡았다. 그의 건강은 이미 악화되었고 주치의 모런 경이 더욱 비평적인 회고록을 통해 밝힌 것처럼 정신 작용에도 영향을 미치고 있었다.[11] 그는 1949년 8월과 1952년 2월 그리고 1953년 6월 가벼운 뇌졸중 발작을 일으켰으며 그로 인해 안면근육이 약해지고 발음이 부정확해졌다. "그는 자신에게 요구된 바가 무엇인지 거의 파악하지 못하여 연설에 집중하거나 발언 내용을 구성하는 데 어려움을 느꼈다." 마지막 발작은 1953년 6월 23일 이탈리아 수상을 위한 정찬 자리에서 일어났다. 그는 명백히 더 심한 어찌 보면 직무를 수행할 수 없을 정도의 발작을 겪었으나 주치의들과 정치가들은 서로 합의하여 병세의 심각성을 대중에게 숨겼다. 〈데일리 미러Daily Mirror〉지에서 1953년 8월 중순 '윈스턴 처칠 경께서 국민을 이끌기에 무리가 없는 상태인지' 물었을 때도 마찬가지였다.

겉으로 보이는 모습 뒤의 그는 본래의 자신을 잃어버린 상태였다.

발음도 불분명하고 걸음도 힘겨웠다. 그는 소설 외에는 책을 거의 읽지 않았고 많은 시간을 베지크 게임(bezique, 두 명이나 네 명이 64장의 카드로 하는 게임 - 옮긴이)에 소비했으며 집중력도 떨어지고 사람들의 이름이나 업무를 잊는 일도 잦아졌다. 힘이 약해지고 있다는 사실은 스스로도 깨닫고 있었지만 처칠은 아직 사임할 준비가 되어 있지 않았다. 후임자로 예상되는 앤서니 이든Anthony Eden의 건강도 좋지 않아 신임할 수가 없었고 상원으로 가고 싶은 마음도 전혀 없었기 때문이다. 실제적인 그의 정치 인생은 끝난 상태나 다름없었지만 아무도 그에게 사임해야 한다고 말하지 못했다. "3개월 동안 영국에는 유능한 수상도 외무부 장관도 없었던 셈이다."[12] 그러나 블랙풀 Blackpool에서 열린 보수당 회의에서 처칠의 모습을 보자 그의 측근자들도 국가의 이익을 위해 그가 사임해야 한다는 필요성을 깨닫게 되었다. 1955년 4월 6일 그는 사임했다. 그의 앞에는 아직 십 년이라는 세월이 더 남아 있었으나 그의 진정한 삶은 사실상 이로써 막을 내렸다.

후임자 앤서니 이든에 대한 처칠의 의심은 확실히 옳았다. 이든은 뛰어난 재능을 갖춘 남자였지만 기본적으로 체질이 불안정했고 수상 취임 직전과 재직 중에 심하게 앓은 후 더욱 쇠약해졌다. 버틀러R.A. Butler는 이렇게 말했다. "앤서니의 아버지는 정신병자 준남작이었고 어머니는 굉장한 미인이었다. 말하자면 앤서니는 절반은 정신병자 준남작이고 절반은 미인이었던 셈이다." 그의 어머니는 원래 프랜시스 놀리스Francis Knollys와 결혼하기를 원했지만 장래의 에드워드 7세가 그녀를 단념시켰다. 그녀는 인습에 신경 쓰지 않는 여자였으며 (앤서니의 친아버지가 조지 윈덤George Wyndham이라고 수근덕대는 이들도 있었다) 경솔하고 사치스러웠다. "방탕하고 경솔한 언행으로

(가족의 안식처인) 윈들스턴Windleston을 파괴했을 뿐만 아니라 아이들도 전혀 돌보지 않았다."[13]

앤서니의 아버지 윌리엄 이든William Eden 경은 '잔혹한 준남작'이라는 평판에 어느 정도 어울리는 면을 지닌 남자였다. 그는 굉장히 성급하고 참을성 없고 화를 잘 내서 어떤 이들은 그를 거의 정신병자에 가깝게 여겼다. 그는 점심 식사 때 양고기 허리 살이 나오자 "양이 피를 흘려선 안 돼!"라고 외치며 창 밖으로 던져버렸다. 그는 재능이 많아 영국 최고의 기수이자 명사수 또 이름난 아마추어 권투선수였으며 동시에 품위있고 교양있는 남자였다. 그의 아들 티모시는 이렇게 썼다. "자연은 아버지에게 무제한적으로 선물과 저주를 똑같이 내려 주셨고 아버지는 이 모두를 제한 없이 받아들이고 제한 없이 쓰셨다."[14]

재능과 지혜, 능력, 매력까지 갖추었음에도 앤서니 이든은 물려받은 유전적 기질과 성장 과정에서 받은 상처에서 결코 완전히 벗어나지 못했고 스트레스와 신체적인 질병은 여기에 무서운 영향을 더했다. 처칠 정부에서 외무부 장관으로 있던 1952년 이든은 담낭 수술을 받았으나 '메스가 빗나가는' 불의의 사고로 담관(膽管)에 상처를 입는 바람에 고열에 시달렸다. 필요하다는 결정에 따라 행해진 두 번째 수술에서 그는 거의 목숨을 잃을 뻔했다. 미국인 전문가 리처드 카텔Richard Cattell 박사의 조언에 따라 그는 세 번째 수술을 받았고 미국 보스턴에서 8시간 동안 진행된 수술을 통해 담관에 있던 이물질을 제거하였다.[15] 병은 나았으나 그는 돌이킬 수 없는 피해를 입었다. 수술 덕분에 순환 기능이 정상으로 돌아오기는 했지만 이때부터 자칫하면 급성 폐쇄성 담관염이나 소위 샤르코 간헐열Charcot's intermittent fever이 재발할 수 있었던 것이다. 수상이 되었을 때 이든은 엄밀한 의미에서 환자는 아니었지만 그의 건강은 확신할 수 없는 상태였다. 때문에 스트레스를 받을 때면 그는 과도하게 신경질적이고 의심이 많아졌으며 어느 정도 판단력도 흐려졌다.

이러한 신체적 문제들과 신경증적인 경향을 고려해 보면 1956년 수에즈 운하 위기 당시 그가 취했던 잘못된 대처 방식도 어느 정도 이해가 된다. 이든의 동료들은 그가 '약물 중독'[16] 증세를 보인다고 주장했다. 의사들이 그에게 암페타민amphetamine과 진정제를 복용시켰기 때문에 그들이 이렇게 주장하는 것도 무리는 아니다. 이러한 약물 복용은 그의 급격한 심경 변화를 더욱 심화시켰다. 담관 폐쇄가 가져온 신경생리학적 영향은 훨씬 심각했고 신체적인 질병과 정치적인 스트레스의 결합은 개인적, 정치적으로 최악의 영향을 미친 요인이었다.

위기는 1956년 8월 말 앤서니 이든이 고열에 시달린 후 피로하고 불안정한 상태에 있을 때 찾아왔다. 그의 부인 클래리사Clarissa는 "수에즈 운하가 응접실로 흘러들어오고 있다."라고 말했다. 이든의 주치의들은 그가 정말 심각하게 앓고 있는 것인지 아니면 일시적인 피로를 겪고 있는 것인지 확신하지 못했지만 이언Ian과 앤 플레밍Ann Fleming의 초청으로 이든 가족은 자메이카에 있는 플레밍의 별장 골든아이Goldeneye로 요양을 갔다. 이에 대해 랜돌프 처칠Randolph Churchill은 당시 이집트에 있는 영국 군대가 처한 상황에 비길 만한 것은 히틀러가 스탈린그라드의 군대 철수를 거절한 일 밖에 없다면서, 그러나 "히틀러는 자메이카에서 겨울을 보내지는 않았다."라고 말했다. 수상이 돌아왔을 때 그가 직무를 제대로 수행할 능력이 부족하다는 사실은 분명했다. 한 공무원은 그를 이렇게 표현했다. "잠시 동안 그는 나를 똑바로 쳐다보았다. 나는 그의 눈 속에서 온갖 악령에 쫓기고 있는 남자를 보았다."[17] 1월 8일 그는 사임했고 해롤드 맥밀런Harold Macmillan이 뒤를 이었다. 맥밀런은 후에 방광에 문제가 생겨 건강이 악화된 탓으로 사임했는데 더 나중에는 이 결정에 대해 후회했다.[18]

영국 수상들에 관한 이 짤막한 개관을 통해 몇 가지 복잡한 주안점들을 엿볼 수 있다. 권력을 쥐고 정책을 이끄는 데 있어서는 정치가들이 내세우는 (그리고 그들이 지닌 내적 상처가 반영되어 있을 수도 있는) 근본 방침 못지않게 그들의 기질적인 특징도 중요하며 어쩌면 그 중요성은 더 클 수도 있다. '노골적인 야심'도 때에 따라서는 중요한 문제가 될 수 있겠지만 그보다는 개인의 내적인 문제들이 어느 정도까지 정책 형성에 영향을 미칠 수 있는지가 더 중요하게 고려되어야 한다. 특별한 경우들이나 특정한 결정들을 예로 들어 이러한 논제를 증명하기는 어려울 수도 있고 어쩌면 불가능할 지도 모른다. 그러나 대중의 눈에 띄지 않는 곳에는 때때로 어느 정도의 정신적인 무능력 혹은 최소한 부적절한 판단을 일으키는 요소들이 숨어 있다.

정신적, 신체적 건강이나 사생활의 비정상적인 특징들을 참고하지 않고 정치가를 평가할 수 있다는 가정은 역사적으로 볼 때 불합리하다. 로이드 조지가 수상이자 자유당 대표로서 보인 능력도 그가 범한 성적인 과오에서 완전히 분리시킬 수는 없다. 애스퀴스Asquith의 재임 기간은 그의 개인적인 성격에서 영향을 받았다. 처칠은 정서적으로 불안정한 경향 때문에 이성적인 사고보다는 감정적인 충동의 영향을 받아 종종 그릇된 판단을 내리면서도 전쟁 중에는 그 덕분에 적절한 지도자 역할을 했다. 그러나 평화로운 시기에 그는 부적당한 정치가였다. 유전적인 영향과 신체적인 질병에 의해 형성된 앤서니 이든의 성격은 수에즈 운하 위기를 공적인 위기인 동시에 개인적인 위기로 만들었다.

앞에서 살펴 본 내용을 통해 우리는 높은 직위와 오랜 재임 기간이 공직자에게 심리적인 영향을 줄 수 있으며 정치가를 유권자들에게서 멀어지게 하기도 하고 그의 정치적인 현실 파악 능력을 점점 약화시키기도 한다는 사실을 알 수 있다. 마거릿 대처Margaret Thatcher가 보수당 수상으로서 누린 오랜 재임 기간은 그녀에게 내각, 정당 그리고 국가에 대한 권력을 유지해야 한다는 강박관념을 심어 주었을 뿐만 아니라 그녀의 정치적인 통찰력을 어느 정도 저하시키기도 했다.[19]

영국에서 심각한 질병이나 정신적인 통제력 약화로 곤란을 겪은 수상들은 대개 얼마 후 사임 권유를 받았고 같은 시기에 미국을 이끌던 지도자들에 비해 힘이 약했다. 미국은 대체로 더 불행했다. 미국 대통령이 행사하는 권력이 정부에 악영향을 미칠 수 있는 잠재력이 훨씬 막대했기 때문이다. 대통령이 신체적인 질병을 앓아 정신적인 능력에 해를 입은 경우는 더욱 그랬다. 이러한 현상은 특히 우드로 윌슨Woodrow Wilson 대통령의 임기 후반에 두드러지게 나타났다.

어려운 가정환경에서 자란 윌슨은 신경질적이기는 했지만 프린스턴대학 총장으로서 성공을 거두었고 높은 이상과 뛰어난 지적 능력의 소유자였다. 그러나 그의 건강 상태는 오래 전부터 의심스러웠다. 1874년에서 1910년 사이 그는 이미 12번이나 심각한 질병들을 겪었다. 그 중 세 번은 신경쇠약이었고 동맥 변성의 뚜렷한 징후들도 일찍부터 나타났다.[20] 1913년 윌슨이 윌리엄 하워드 태프트William Howard Taft의 뒤를 이어 대통령이 되었을 때 그의 건강 상태를 알고 있던 당시 주치의 와이어 미첼Weir Mitchell은 그가 과연 임기를 채울 수 있을지에 대해 의심을 표했다.

우드로 윌슨은 재임 초기에 양호한 상태를 보이며 중요한 국내 법령 제정을 추진했지만 심한 두통이나 신장 질환, 망막 출혈 등 여러 가지 형태의 위험 신호들이 나타났다. 망막 출혈은 그가 고혈압과 관련된 병을 앓고 있음을 보여 주는 증상이었다. 건강이 악화 될수록 그의 전형적인 성격적 특징들은 더욱 두드러지게 강조되었다. 이미 프린스턴대학 총장 시절 분쟁을 일으켰던 그의 타협할 줄 모르는 단호한 태도는 한층 더 확고해졌다. 1917년 윌슨은 미국을 제1차 세계대전의 소용돌이 속으로 몰고 갔으며 전쟁 종결 후 1919년 파리에서 열린 평화회의에서 그가 취한 행동에는 갈수록 악화되는 건강과 손상된 판단력이 극히 중요한 영향을 미쳤다.

1919년 무렵 윌슨은 뇌 혈류 감소로 '고혈압과 뇌혈관 질환에 기초한 급속도의 지적 감정적 변화'를 겪었다.[21] 그의 가까운 동료 길버트 클로스Gilbert Close는 이렇게 말했다. "대통령이 이처럼 다른 사고 방식을 지니게 될 줄은 몰랐다. 침대에 누워 있을 때조차 그는 이상한 버릇들을 보인다."[22] 신경질적인 성미와 감퇴된 기억력, 좁은 시야 그리고 갈수록 심해지는 거만함과 숨기는 경향 때문에 그는 평화회의에서 클레망소Clemenceau와 로이드 조지를 불만스럽게 만들었고 신임하던 조언자 하우스House 대령과의 관계도 깨졌다. 또한 그는 자신이 하려 하는 바를 미국 국민들에게 올바르게 알리지도 못했다. 허버트 후버Herbert Hoover는 이렇게 말했다. "그는 사람들 그리고 지도자들과의 접촉 부족으로 만족스러운 화해를 이룰 수 있는 현실에서 멀어졌다."[23]

특히 윌슨은 준비성이 부족하고 세부 사항들을 적절히 파악하지 못했다. 파리 평화회의에서 그는 거의 온 신경을 집중하여 국제연맹 League of Nations 창설 및 그 규약 제정을 제안하면서 이를 통해 세계의 정치 및 경제 문제들이 해결될 것이라는 다소 비현실적인 견해를 내놓았다. 이상주의는 제멋대로 자라나 현실감 상실로까지 이어졌다. 이미 지쳐 있던 그는 유행성 감기 혹은 1917년에서 1919년 사이 유럽과 아메리카를 휩쓸었던 뇌염으로 심하게 앓은 이후 건강이 더욱 악화되었다.

파리 강화조약에 서명한 후 그는 기진맥진한 상태로 바다를 건너 고국에 돌아왔다. 9월 말 푸에블로Pueblo에서 연설할 때 그는 비틀거리며 연단에 올랐다. 그가 하는 말은 대부분 작고 분명치 않았다. "그는 어떤 단어들을 말할 때 전에 입 밖에 꺼내 본 적이 없는 것처럼 웅얼거렸다. 연설은 때때로 오랫동안 중단되었다. 그는 생각의 흐름을 제대로 따라가지 못했다. 마치 다른 사람이 그의 화려한 언변과 훌륭한 논리를 서툴게 흉내내는 것만 같았다."[24]

얼마 후 윌슨은 격심한 뇌졸중 발작을 일으켜 시력이 손상되고 좌반신이 마비되었다. 상식과 정치적인 분별에 따른다면 그는 대통령 직을 사임했어야 했다. 그러나 그의 주치의 캐리 그레이슨Cary Grayson은 윌슨의 두 번째 부인 이디스 갈트 윌슨Edith Galt Wilson의 부추김을 받아 대통령의 발작과 관련된 사항들을 국민에게 숨겼다. 그릇된 개인적 충성심을 국가의 이익보다 앞세운 것이다. 대중은 의도적인 은폐로 인해 진실을 모르고 있었다. 윌슨 본인은 자신이 앓고 있는 병의 심각성을 깨닫지 못했을 것이다. 자신의 질병을 인식하지 못하는 질병 불각증anosognosia에 걸렸을 가능성이 높기 때문이다. 질병 불각증은 혈전증이나 우뇌반구 응혈과 같은 뇌질환이 있을 경우 나타나는 증상이다.

대통령 직을 계속 지키겠다는 결정은 개인적으로나 정치적으로나 비극적이고 비참한 결과를 낳았다. 1919년 10월부터 1921년 3월까지 미국 정부에는 사실상 지도자가 없는 상태나 마찬가지였기 때문이다. 부인과 의사의 과보호 속에서 이 조타수는 바깥세상과 실제적인 접촉이 없는 상태로 상당히 고립된 삶을 살았다. 7개월 동안 그는 장관들과 만나지 않았고 한 달 동안은 신문도 읽지 못했다. 사고는 혼란스러웠고 때때로 그는 몇 시간 내내 허공만 응시했다. 1920년 4월 13일 마침내 윌슨을 만난 허버트 후버는 그가 "정신적으로도 신체적으로도 활력을 완전히 되찾지 못했다."고 말했다.[25] 건강 악화로 인해 그는 지적인 능력도 근본적으로 손상되고 말았다. 치매를 앓고 있었던 것이다. 뇌손상은 성격에도 영향을 미쳐 그는 고집세고 불평이 많아졌으며 이해력도 떨어지고 감정적으로 불안정해졌다. 스탁튼 애스턴Stockton Aston은 1920년 가을 대통령에게 책을 읽어 주고 있을 때 그가 갑자기 흐느껴 울기 시작했는데 도무지 이유를 알 수 없었다고 말했다. 상원에서는 그가 내세운 주요 정치 강령 즉 국제연맹 규약의 비준을 이미 거부한 상태였다.

윌슨은 재선을 시도하지 않고 사위 윌리엄 맥아두William McAdoo를 지지했으나 놀라울 것도 없이 워렌 하딩Warren G. Harding이 압도적인 승리를 거두었다. 하딩의 대통령 임기는 부패와 추문으로 얼룩졌고 그는 이를 가리기 위해 혹은 최소한 잊기 위해 카드 게임과 술에 매달려 지냈다. 스트레스가 그의 때이른 죽음에 원인을 제공했는지 여부는 분명치 않지만 어쨌든 스트레스는 심장 질환을 악화시켰고 이 심장 질환이 뇌졸중 발작으로 이어지면서 1923년 8월 2일 그는 숨을 거두었다. 윌슨은 그보다 몇 개월 후인 1924년 2월 3일에 사망했다. 윌슨의 경우 질병은 그 자신에게도 국가에게도 정치적인 재앙을 가져다주었다. 하지만 그는 개인으로서도 대통령으로서도 하딩보다 한층 뛰어난 면모를 보였다.

윌슨의 병은 장기적으로 보면 비참한 결과를 초래했지만 초기에는 그의 정치적 판단력에 해를 입히지 않았다. 프랭클린 루스벨트Franklin D. Roosevelt의 경우 역시 마찬가지였다. 그의 업적은 정신이 신체를 극적으로 극복한 사례를 보여 준다. 과거 대통령 테오도어 루스벨트의 조카로서 부유하고 귀족적인 가문에서 태어난 그는 23세 되던 해인 1905년 매력적이고 현명한 먼 친척 엘리너Eleanor와 결혼했다. 그는 변호사가 되어 1910년 뉴욕 주 상원의 민주당 의원으로 정치계에 입문했다. 힘차고 활발하며 외모도 준수했던 그는 윌슨의 강력한 지지자였으나 1920년 부통령 지명에서는 탈락했다.

1921년 8월 그는 가족과 함께 캐나다 뉴브런즈윅New Brunswick 주 캠포벨로Campobello 섬에 있는 여름 별장으로 휴가를 떠났다. 오후에 요트를 타고 나서 그는 이웃 섬에서 발생한 산불 진화를 도왔고 고된 작업으로 열이 오른 몸을 식히기 위해 가까운 호수에서 수영을 했다. 그런데 펀디Fundy 만의 차가운 물 속에서 수영을 하고 난 뒤 얼마 안 있어 루스벨트는 고열에 시달리고 등과 다리의 통증을 호소했다. 이러한 증상들은 전염병인 회백수염(Poliomyelitis, 灰白髓炎)의 징후로 밝혀졌다. 당시 근처에는 유명한 80대 외과의사 킨W. W. Keen이 휴가를 와 있었는데 그는 28년 전, 그로버 클리블랜드Grover Cleveland 대통령의 생명과 정치적 명성을 구조하는 데 결정적인 역할을 한 인물이었다.[26]

회백수염이나 소아마비에 익숙지 못했던 킨은 루스벨트의 병을 '척수 손상' 으로 진단하고 강한 안마를 권했는데 사실 이 병에 대해서는 최악의 치료법이었다. 2주 후 여전히 통증이 심하고 마비가 경감되기는커녕 오히려 확산되자 루스벨트는 보스턴에서 온 의사 로버트 로베트Robert W. Lovett에게 진찰을 받았고 로베트는 올바른 진단

14장

위대한 정치가들의 약점

을 내려 안마를 중단시켰다.

그의 회복은 불완전한 수준에 그쳤다. 그는 근육 강화에 도움이 된다고 여겨지는 운동이라면 무엇이든 했고 조지아Georgia 주 웜스프링스Warm Springs에서 많은 시간을 보냈다.

88°로 유지된 따뜻한 물은 그의 고통을 어느 정도 경감시켜 주었다. 그러나 그는 다리가 회복되지 않아 무거운 쇠 보호대 없이는 걷지도 못했고 부축 없이는 서 있지도 못했다. 심리적으로 루스벨트의 병은 그가 정신력과 단호한 결심으로 맞서야 할 도전 과제였다. 엘리너 루스벨트는 이렇게 말했다. "프랭클린의 병은 불행을 가장한 은총이었다. 병으로 인해 그에게는 전에 없던 정신력과 용기가 생겼기 때문이다. 그는 삶의 근원을 생각하게 되었고 가장 위대한 가르침을 얻었다. 바로 무한한 인내와 끝없는 의지의 중요성을 깨달은 것이다."

1924년 6월 그는 민주당 대통령 후보로 스미스A. L. Smith를 추천했으나 성공적인 결과를 거두지는 못했다. 하지만 휠체어에 의지한 채 전당대회에 참가한 그의 용기는 사람들의 격찬을 받았고, 몇 년이 지나 1932년에는 본인이 대통령 후보로 지명되었다.

프랭클린 루스벨트의 업적들 가운데 말할 나위 없이 중대한 몇 가지를 꼽자면 뉴딜정책New Deal과 미국 경제 회복, 소외 계층 및 장애인을 위한 복지 사업 등을 들 수 있다. 자신이 처한 상황으로 인해 루스벨트는 그들의 아픔을 더 잘 이해할 수 있었다. 또한 그는 세계 정치에도 힘을 기울여 1941년 미국이 참전한 2차 대전 당시 중요한 역할을 수행했다. 그러나 언젠가 그의 병이 극심한 해를 안겨 주리라는 것은 피할 수 없는 사실이었다. 병에 걸리기 전에도 그의 건강이 양호한 시기는 그리 오래 지속되지 못하는 편이었다. 1912년 장티푸스를 앓았고 1914년에는 맹장염, 1916년에는 편도선염, 1918년에는 후

두염과 폐렴을 앓았으며 1919년에는 편도적출 수술을 받았다. 어떤 이들은 이러한 병들이 회백수염에 대한 면역성을 감소시켰을 것이라 말하기도 한다.

　대통령으로서 그는 과중한 업무에 시달렸으며 1943년 무렵이 되자 체력은 약화되기 시작했고 판단력도 다소 부정확해졌다.[27] 점점 악화되는 건강이 미국의 2차 세계대전 참전을 전후하여 그의 의사결정에 얼마나 영향을 주었는지는 단정하기 어렵다. 그러나 1941년 12월 7일 일본의 진주만 습격 전 그가 일본에 대해 취했던 모순된 태도에서도 볼 수 있듯 그의 지도력이 쇠퇴하고 결단력이 흐려지기 시작했다는 조짐이 나타나고 있었다. 일본의 진주만 습격은 그에게 2차 대전 참전의 정당성을 제공해 준 사건이었다.

　불길한 조짐은 1943년 테헤란 회담Teheran Conference 이후 더욱 두드러지게 나타났다. 이 회담에서 루스벨트는 스탈린과 깊은 우호관계를 형성했고 이러한 관계는 2년 후 얄타Yalta에서 그가 따르게 되는 방침에도 영향을 주었다. 테헤란 회담에 참가하고 돌아왔을 때 그는 '지칠대로 지쳐 녹초가 된' 모습이었다. 1944년 3월이 끝날 무렵 젊은 심장전문의 하워드 브륀Howard Bruenn 박사는 베데스다 국립병원Bethesda National Hospital에서 루스벨트를 진찰한 결과 그가 일시적인 의식 장애 등으로 나타나는 고혈압성 뇌병증hypertensive encephalopathy을 앓고 있다고 밝혔다. 그의 얼굴에는 회색빛이 돌았고 손가락 끝과 입술은 파리했으며 호흡기에도 문제가 있었다. 이러한 증상들은 그가 만성 폐질환과 울혈성 심부전congestive heart failure 그리고 고혈압에 시달리고 있음을 암시하는 것이었다. 우드로 윌슨의 주치의 캐리 그레이슨의 추천으로 루스벨트의 주치의가 된 로스 매킨타이어Ross McIntire 박사는 대통령의 병세를 어느 정도 은폐했다. 매킨타이어의 그릇된 발표로 대중은 고의적인 거짓 정보에 속고 있었다. 우드로 윌슨의 경우와 같은 상황이 벌어진 것이다.[28]

그러나 뇌병증과 부수적인 질병들은 끊임없이 루스벨트의 지도력을 약화시키고 정치적, 군사적 판단력을 해치고 있었다. 그 징후는 가중되는 피로와 흐릿한 의식, 어느 정도의 지적 능력 손상, 정도에서 벗어난 일부 행동 등에서 이미 나타나고 있었다. 짐 비숍Jim Bishop은 이렇게 말했다. "그는 무의식 중에 입을 벌리고 있었으며 때때로 생각이 마무리되지 않아 말을 끝맺지 못하기도 했다."[29] 이러한 그의 상태가 공적인 문제들에 어떤 영향을 미쳤는지 구체적인 사례들을 제시하기란 쉽지 않다. 하지만 1944년 8월 말 퀘벡회담Quebec Conference에서 그가 2차 대전 후 독일 처리에 대한 모겐소 계획Morgenthau Plan을 승인한 일은 그 대표적인 예라 할 수 있다. 루스벨트는 심히 병든 상태로 전례 없는 4선 출마를 수락했고 또 당선되었다.

따라서 3월에 그가 스탈린, 처칠과 함께 얄타회담에 참가했을 때 조짐은 좋지 않았다. 보스턴의 로저 리Roger Lee 박사는 이렇게 말했다. "그는 쉽사리 화를 냈으며 오랜 시간 정신을 집중해야 할 때면 예민해졌다. 깊이 고려해야 할 문제가 거론되면 그는 주제를 바꿔버렸다. 또한 그는 숙면을 취하지도 못했다." 그리고 처칠과 동행했던 모런 경은 루스벨트를 보고 이렇게 판단했다. "증세가 심각하다. 뇌동맥 경화가 상당히 진행되었을 때 보이는 모든 증상들이 나타나고 있는 것으로 보아 앞으로 몇 개월 남지 않았다."[30] 짐 팔리Jim Farley는 이렇게 썼다. "코델Cordell Hull과 나는 그가 병들었다는 데 의견을 모았다… 국가와 세계에 영향을 미치는 결정을 그에게 맡겨서는 안 된다." 실제로 얄타에서 돌아온 후 그는 마치 죽은 사람과 같은 모습이었고 권태로운 상태로 빠져들었다. 그가 국회에서 한 연설은 앞뒤가 맞지 않고 설득력도 없고 혼란스러워서 당시 분위기는 참담했다.

루스벨트가 폈던 활동과 정책이 건강의 악화로 인한 결과였는지에 대해서는 논쟁의 여지가 있다. 돌이켜 보면 루스벨트가 스탈린의 요구에 기꺼이 응하고 러시아의 동유럽 지배를 사실상 허가한 것은 무분별한 처신이었다. 그러나 그의 지휘력은 훗날 몇몇 논평가들이 주장한 것만큼 형편없지는 않았다.[31] 스탈린을 상대하는 데 있어서 단순한 태도를 보이기는 했지만, 그런 모습에도 불구하고 최소한 잠시 동안이나마 그는 국가에 이로운 역할을 계속 수행할 수 있었다. 4월 1일 조지아 주 웜스프링스에서 그는 뇌졸중 발작으로 사망했다. 오래 전부터 좋지 못했던 건강으로 그는 뇌졸중에 걸리기 쉬운 체질이 되어 있었다. 루스벨트가 탁월한 정치적 지도자였다는 사실은 분명하지만, 쇠약해지는 건강 상태가 그의 판단력을 서서히 좀먹고 있었다는 것 또한 부인할 수 없는 사실이다.

어떤 부관들은 대통령보다도 정신적으로나 신체적으로 건강하지 못했다. 유능하고 지적이기는 하지만 건강 상태가 자신보다도 나쁜 정치가들을 루스벨트가 정부 고위직에 임명한 것은 심리학적으로 흥미로운 버릇이었다. 이러한 정치가들의 대표적인 예로 루스벨트와 그의 후임자 트루먼Truman 밑에서 일했던 해군 장관들을 들 수 있다. 1933년 장관에 임명된 클로드 스완슨Claude A. Swanson은 너무 허약해서 지지물이 없으면 거의 서 있을 수도 없었다. 그는 사무실에 출입할 때 부축을 받아야 했고 담배조차 들고 있지 못했으며 그가 하는 말은 너무 불분명해서 거의 알아들을 수 없을 정도였다. 해롤드 이케스Harold Ickes는 백악관의 기능에 관한 글에서 이렇게 쓴 바 있다. "그는 몸 상태가 좋지 않아 오래 서 있을 수 없다. 결국 다리에서 힘이 빠지기 시작했고 그의 지팡이는 반드러운 바닥에서 미끄러졌다. 그는 기절하고 말았다." 그리고 후에 또 이렇게 말하기도 했다. "스완슨이 신체적으로나 정신적으로나 직무에 부적합하다는 사실은 모두가 알고 있기 때문에 그가 계속 장관직을 맡는다면 국민들에게 부정적인 인상을 심어 줄 수밖에 없다." 이케스는 1939년 7월 스완 슨이 세상을 떠날 무렵 다음과 같은 글을 썼다.

> 스완슨은 살아 있다기보다 죽어 있는 상태에 더 가깝다. 벌써 몇 달째 그
> 는 장관 회의에도 참석하지 못할 뿐만 아니라 사무실에도 나가지 못하고 있
> 다. 그리고 완전히 무력해져서 몇 주 동안 병원에서 지내고 있다. 그는 혼자
> 서 장관실에 걸어 들어가지도 못하며 나올 때는 누군가 그를 의자에서 일으
> 켜 세워 차가 있는 곳까지 부축해야 한다.[32]

그러나 약한 체력에도 불구하고(어쩌면 바로 그 때문에) 스완슨은 유난히 공격적이고 영향력 있는 정치가였다. 1937년 미국의 포함(砲 艦) 파나이Panay 호가 일본의 폭격을 당하자 그는 루스벨트에게 일본 을 공격해야 한다고 강력히 주장했다.

스완슨의 바로 뒤를 이은 후임자들도 건강 상태가 그리 좋지 못했 다. 프랭크 녹스Frank Knox는 1944년 4월 심장마비로 사망했다. 트 루먼은 과거 루스벨트가 호의적인 관심을 보였던 제임스 포레스털 James Forrestal을 임명했다. 전투적인 반공산주의자이자 반유대주의 자였던 그는 스트레스로 인해 결국 건강을 해쳤다. 그는 불면증과 소 화불량, 불안감에 끊임없이 시달려 날이 갈수록 편집증 환자가 되어 갔고 의심이 지나친 나머지 철저한 검문 없이는 방문자를 들이지 않 았다. 그는 해변가의 파라솔에조차 세균이 묻어 있다고 믿었다. 어찌 할 바를 모르고 우왕좌왕하며 괴로움에 시달리던 그는 1949년 5월

22일 베데스다 해군병원 16층에서 스스로 몸을 던졌다.[33]

1940년 루스벨트의 전쟁 장관은 '몹시 지치고 쇠약한 노인'이라 불렸다. 완고하고 융통성 없는 73세 노인으로 불면증에 시달리던 그는 쇠약해지는 체력에도 불구하고 1945년 9월까지 장관 자리에 머물러 있었다. 그의 동료인 국무 장관 코델 헐은 12년의 임기를 보내고 73세에 피로와 동맥 경화증, 당뇨로 인해 퇴직했다. 그는 추위에 굉장히 민감해서 사무실을 마치 온실처럼 따뜻하게 유지했다. 그의 판단이 항상 신뢰할 만한 것은 아니었으나 일반적으로 그는 대통령의 대변자로 여겨졌다.

세계적인 문제에서 훨씬 막대한 영향력을 발휘한 인물은 루스벨트의 친밀한 조언자 해리 홉킨스Harry Hopkins였다. 해롤드 이케스는 1941년 9월 20일 다음과 같이 언급했다.

　　빌 불리트Bill Bullitt는 대통령이 의존적이고 허약하며 창백하고 수척한 사람을 곁에 두어야 하는 운명이라고 안타까운 어조로 말했다. 전에는 루이스 호우Louis Howe가 있었고 지금은 해리 홉킨스가 있다는 것이다. 빌은 두 사람이 파랗게 질린 얼굴에 굽은 허리와 마른 몸 등 신체적인 면에서 닮은 점이 많다고 강조했다.[34]

홉킨스는 루스벨트가 뉴딜정책을 추진하던 시기부터 대통령으로서의 삶을 마감하는 순간까지 그와 매우 가까운 관계에 있었다. 루스벨트가 얄타에서 의사를 결정할 때도 홉킨스의 조언은 중대한 영향을 미쳤다. 1941년 12월 워싱턴에서 홉킨스를 만난 모런은 그의 모습을 보고 충격을 받았다. 그는 당시 받은 인상을 이렇게 적어 두었다. "그의 입술은 마치 내부에서 출혈이 일어나기라도 하는 듯 창백했고 피부는 양피지를 펴 놓은 것처럼 누렇게 떠 있었으며 눈꺼풀은 일그러져 눈을 가늘게 만들었다. 그는 고통스러운 듯 쉴 새 없이 눈동자를 이리저리 굴렸다."[35] 홉킨스는 굉장히 오랜 병력을 지니고 있었다. 그는 1936년에 소화성궤양을 앓았고 1939년에는 암에 걸렸으며 지방변과 단백질 결핍 등의 증상도 보였다. 그의 최종적인 사망 원인은 간 손상을 유발하는 대사 장애인 혈색소 침착증haemochromatosis이었다. 병으로 인해 그는 극도로 쇠약해졌고 쉽게 흥분하거나 충동적인 판단을 내렸다.

케네디John F. Kennedy 대통령의 등장으로 많은 사람들은 미국이 되살아나고 있다고 생각했다. 젊고 원기 왕성하며 잘생기고 명문 출신인 그는 쉽게 무너지지 않는 카리스마를 지녔다. 그러나 그의 화려함은 시간이 지나면서 다소 빛을 잃어버렸다. 그는 타고난 바람둥이였다. 한 번은 그가 이런 질문으로 해롤드 맥밀런에게 당혹감까지는 아니더라도 놀라움을 안겨 준 일이 있었다. "자네는 어떤가, 해롤드? 나는 3일만 여자가 없으면 지독한 두통에 시달린다네."[36] 암살 사건은 그의 정치적, 인격적 평판을 상당히 어쩌면 지나칠 정도로 높여 주었다. 겉으로 보기에 그는 매력적이고 남성적이었지만 사실 몸이 계속 약해지고 있었고 격통에 시달리기도 했으며 그로 인해 정치적인 판단력도 영향을 받아 때때로 균형을 잃곤 했다. 피그스Pigs 만 침공 당시 케네디는 쿠바가 구 소련의 정치적 위성국 역할을 하며 미국의 안전을 위협하는 요소라고 확신했다. 그는 쿠바 망명자들이 과테말라에서 CIA의 훈련을 받고 있다는 사실을 알고 있었다. 그리하여 그는 전문가들의 조언에 반대하여 침공 개시 결정을 승인했다. 그러나 피그스 만 상륙은 치명적인 실수로 드러났다. 쿠바인들은 침략하려던 군대를 산산이 무너뜨렸다. 케네디는 딘 애치슨Dean Acheson이 '야만적인 계획'이라 표현한 이 작전을 펴기에 앞서 경고를 받았음에도 그대로 계획을 추진했으며 상당한 판단 착오를 저질렀다. 1963년 댈러스로 가겠다는 그의 결정은 부적절하고 무모한 것이었다. 그는 이 지역이 극심한 반정부 감정의 중심지라는 사실을 잘 알고 있었고 실제로 아들라이 스티븐슨Adlai Stevenson과 풀브라이트Fulbright 상원의원이 방문했을 때 이곳에서는 거의 폭동이 일어났다. 그러나 케네디는 동생에게 그런 이유 때문에 여행이 더욱 흥미진진할 거라고 말할 뿐이었다.

케네디는 통증이 끊이지 않아 스테로이드와 국부 마취제, 흥분제를 투약해야 했다.[37] 그는 전염성 간염 때문에 프린스턴대학에서 과정을 마치지 못한 채 도중하차했다. 처음에 그는 군복무에 부적합하다는 판정을 받았으나 결국 해군 입대를 허가 받았고 하버드에서 미식축구 경기 중 입은 상처는 이곳에서 일본 구축함이 그가 탄 배를 들이받는 바람에 더 악화되었다. 이 사건으로 그는 발뒤꿈치의 긴장이 심화되어 빗 모양 부목을 대고 있어야 했다.

소위 에디슨 병Addison's disease이라 하는 부신부전증의 발병으로 그의 상태는 더욱 나빠졌다. 이 병으로 인해 몸이 쇠약해지고 병균 감염에 대한 면역력도 떨어졌으며 판단력도 다소 저하된 것이다. 그는 늘 신체적인 약점을 감추기 위해 고심했다. 에디슨 병의 발병 사실을 들키지 않으려 그는 선탠 로션을 바르고 일광욕을 하여 피부에 갈색 색소가 침착된 것을 숨겼다. 이 병 때문에 그는 척추 수술을 받을 때도 곤란을 겪었고 수술 후에도 괴로운 통증에 시달렸다. 1960년 대통령 선거 기간 중 린든 존슨Lyndon Johnson은 로스앤젤리스에서 열린 민주당 전당대회에서 케네디가 그의 심장병을 언급한 일에 맞서 케네디는 에디슨 병 환자라고 주장했다. 당시 케네디 지지자들은 이 사실을 강력하게 부인했다. 그러나 그가 겪고 있던 피로와 정서불안, 우울, 흥분 등은 에디슨 병의 전형적인 증상들이었다. 그는 스테로이드 복용을 통해 병을 어느 정도 제어할 수 있었으나 스테로이드는 정신의학적인 문제들을 초래했다. 그는 진통제가 불러 올 수 있는 부작용들의 위험성을 깨닫지 못한 채 프로카인procaine이나 암페타민과 같은 흥분제로 치료를 받았고 남은 일생 동안 그러한 부작용들을 견뎌야 했다.

당시 그의 주된 의료 고문은 현대적인 뉴욕 의사 맥스 제이콥슨Max Jacobson 박사였다. 그는 많은 유명인사들을 치료했는데 그 중에는 트루먼 카포트Truman Capote와 테네시 윌리엄스Tennessee Williams도 있었다. 케네디는 제이콥슨에게 '행복을 주는 박사'라는 별명을 붙여 주었고 비엔나에서 구 소련 지도자 흐루시초프Khrushchev를 만날 때도 동행했다. 제이콥슨이 환자들에게 투여한 약들이 해로운 영향을 초래한다는 주장에는 어느 정도 근거가 있다. 결국 1975년 4월 뉴욕 주 평의원 회의에서는 약 48건의 불법 의료 행위에 대한 혐의를 들어 그의 면허를 박탈했다.[38]

보다 최근의 미국 대통령들이 직면했던 심리 및 건강 문제들에 대해서도 추측이 가능하다. 일례로 리처드 닉슨Richard Nixon에게서는 과대망상의 기미가 보였다. 그는 대통령 전용기를 타고 가다가 비행기가 워싱턴과 백악관 상공을 선회할 때 옆 사람에게 이렇게 말했다. "저것 좀 보게! 저 모두가 다 내 것이라네!" 점성술에 의지하던 레이건 부인의 태도는 인망은 높지만 나이가 들어 오랫동안 국정 문제에 극미한 이해력 밖에 보이지 못한 대통령들에게서 전형적으로 나타난 특징이라 할 수 있다. 어쨌거나 일반적으로 전해지는 여러 가지 사례들을 보면 자유의 땅에서도 최고 지위자들은 약점에서 자유로울 수 없었다는 사실을 알 수 있다.

미국의 이웃 나라 캐나다의 수상 윌리엄 라이언 매켄지 킹William Lyon Mackenzie King은 건강상의 문제로 영향을 받지는 않았다. 그러나 그가 남긴 일기에서 볼 수 있듯 킹은 (심령술이나 강령술에 의지하는) 기이한 믿음의 형태로 정신적인 이상을 겪었고 이러한 믿음은 그의 사생활을 지배했다.[39] 어떤 이들은 그의 믿음이 정치적인 판단에 중대한 영향을 미치지는 않았다고 강력히 주장하지만 그 믿음들이 그의 지극히 사적인 생활을 거쳐 공적인 영역으로 스며들었을 가능성은 상당히 농후하다.

20세기의 가장 성공한 정치가로 손꼽히는 매켄지 킹은 로버트 월폴Robert Walpole 경을 비롯하여 그 어떤 연방 수상보다 오랜 임기를 누렸다. 그는 뛰어난 말주변도 없었고 카리스마도 부족했지만 당 내부의 위기와 분쟁에도 불구하고 캐나다 자유당을 강력한 정치 집단으로 단결시켰다. 겉으로 보기에 그는 거의 비할 바 없는 성공을 거두었다.

그러나 인격적으로 볼 때 킹은 수수께끼 같고 복잡한 인물이었다. 그의 어머니는 1917년 세상을 떠났지만 그는 인생 초기에는 물론 어머니의 사후 오랜 시간이 지난 뒤에도 그녀의 지배를 받았다. 그의 어머니 이사벨 그레이스Isabel Grace는 1837년 반란을 주도했던 윌리엄 라이언 맥켄지의 딸이었다. 매켄지 킹에게 자유주의적 사회 개혁에 대한 깊은 관심을 물려준 사람이 바로 이 외조부였는지도 모른다. 킹은 젊었을 때부터 고독한 모습을 보였다. 여성들에게 냉담하지 않았던 그는 글래드스톤W.E. Gladstone처럼 매춘부들의 갱생에 관심을 가졌으나 때때로 그들의 간계에 당하기도 했다. 그는 동기생 버트 하퍼Bert Harper와 열렬한 우정을 나누었는데 명백히 동성애 관계는 아니었다. 하퍼는 스케이트를 타다가 사고 당한 사람을 구조하던 중 물에 빠져 젊은 나이에 목숨을 잃었고 그의 죽음은 킹에게 막대한 슬픔을 안겨 주었다. 그 후로 매켄지 킹은 가까운 친구가 거의 없는 외로운 삶을 살았으며 로리어 저택Laurier House 안에서 은둔하거나 킹스미어Kingsmere의 영지에 지주로 있으면서 조용한 생활을 했다.

그는 정치가로서 무정하다고 할 만큼 현실적이었지만 중년에 이르러서는 영매와 강령술, 꿈, 숫자점 등을 매개로 초자연적인 영혼의 세계에 빠져들었다. 그리고 지구상에서는 아이리쉬 테리어 종 애완견 팻Pat에게 모든 애정을 다 쏟았다. 1931년 그는 이렇게 썼다. "작은 팻은 침실에서 나와 내 발을 핥곤 한다. 사랑스런 작은 영혼. 마치 사람과도 같다. 어떤 때는 사랑하는 어머니가 내게 위안자를 보내 주신 게 아닐까 하는 생각이 들기도 한다."[40] 1939년 영국이 독일에 전쟁을 선포한 날 그는 이렇게 썼다. "작은 팻은 '작은 천사 강아지'라네. 언젠가 '작은 강아지 천사'가 되겠지." 팻은 2년을 더 살다가 17년이라는 긴 삶을 끝내고 이처럼 이름을 남겼다. 팻이 죽어갈 때 킹은 큰 소리로 이렇게 노래를 불렀다. "예수님의 품 안에서 평안하길. 사랑하는 어머니의 사진을 보며 노래 부르네." 팻이 죽은 후에는 또 다른 팻이 매켄지 킹의 곁에서 비슷한 역할을 했다. 1944년 크리스마스 이브에 그는 이렇게 썼다. "잠자리에 들기 전에 나는 바구니 안에 있는 팻과 가벼운 대화를 나눈다. 우리는 말구유의 아기 예수님에 관해 이야기하곤 한다." 1947년 조지 6세가 킹에게 명예로운 메리트 훈장Order of Merit을 수여했을 때 킹은 자신보다 강아지들이 이러한 훈장을 받아 마땅하다고 일기에 적었다.

심령술에 대한 그의 지나친 관심은 정치 생활을 시작한지 꽤 오래

된 시기에 나타났다. 1925년 선거 운동 기간 중 킹스턴Kingston의 영매인 블리니L. Bleaney 부인을 만났을 때 킹은 이미 51세였다. 그녀는 이후 그의 인생철학에 지대한 영향을 미쳤다. 그는 이렇게 썼다. "그 여인과의 대화는 내게 참으로 기이한 영향을 준다. 그녀는 나를 내세에 있는 소중한 이들에게 너무나 가깝게 데려다 주었다. 그 세계는 이제 오히려 현세, 즉 지금 이곳처럼 느껴진다." 블리니 부인은 선거에 관해 직접적으로 언급하며 그에게 이렇게 말했다. "당신은 더할 나위 없이 분명한 상황을 안전하게 통과하게 될 것이며 힘든 싸움이 끝나면 순수하고 달콤한 자유와 정의의 공기를 다시 한 번 마실 수 있을 것입니다." 킹은 그녀의 말을 '영적인 눈으로만 내다볼 수 있는 상황에 대한 실로 놀라운 통찰'이라 생각했다.[41]

7년 후 캐나다 상원의원 미망인 풀포드Fulford 부인의 주선으로 브로크빌Brockville에서 마련된 강령술 모임을 통해 그는 또 다른 영매에타 라이트Etta Wright 부인을 만났다. 그녀는 그를 어머니와 윌프리드 로리어Wilfrid 경, 그밖에 고인이 된 여러 정치가들과 만나게 해 주었다. 그는 당시 경험을 이렇게 기록했다. "나와 얘기를 나눈 사람들은 분명 내가 사랑하는 사람들과 내가 알고 지낸 사람들이었고 모두 세상을 떠난 사람들이었다. 그들은 고인들의 영혼이었다."[42]

이때부터 이러한 접촉들은 그의 삶에서 커다란 부분을 차지하였다. 특히 유럽 및 영국을 여행할 때 그는 다른 영매들을 만나 상담을 했고 그들은 그가 만나서 대화를 나눌 수 있는 고인들의 범위를 엄청나게 확장시켜 주었다. 그가 만난 이들 가운데는 레오나르도 다 빈치Leonardo da Vinci도 있었고 로렌초 데 메디치Lorenzo dei Medici도 있었으며 그의 애완견 팻의 심장병 약을 처방해 주었다는 파스퇴르Pasteur와 팰로든 Falloden의 그레이Grey 경, 글래드스톤, 로즈버리Rosebery도 있었다.

1935년 1월 그는 조부를 만나 이런 얘기를 들었다. "너는 올해 6월에 수상이 될 게다... 긴 싸움에 대비하거라... 되도록이면 일찍 잠자리에 들고 식사는 가볍게 하고 독한 술이나 포도주는 마시지 말거라. 최대한 기도를 많이 해야 한다." 그 후 윌프리드 로리어 경의 혼이 조부의 말을 다시 한 번 확인해 주었다. 물론 그가 말한 득표차가 실제와 같지는 않았다.

유럽 여행 도중 킹은 히틀러를 만나 만약 전쟁이 일어난다면 대영제국이 뭉쳐서 나설 것이라 경고했다. 하지만 다른 점들에 있어서 그는 히틀러에게 호의적인 마음을 갖게 되었다. 1938년 3월 27일 그는 히틀러를 만난 감상을 이렇게 썼다. "나는 그가 정신주의자라고 확신한다. 그는 자신의 통찰에 충실하며 어머니에 대한 애착이 강하다. 어머니의 영혼이 그를 지도하고 있는 것이 분명하다."[43]

제2차 세계대전 발발 이후 그의 일기에서는 심령술에 관한 언급이 줄어들었다. 영혼들이 미래에 일어나는 사건들에 관해 제대로 알고 있지 못해서 그의 기록이 뜸해진 것일 수도 있다. 그의 아버지는 히틀러가 폴란드인에게 저격당했다고 말했고 그의 어머니는 전쟁이 일어나지 않을 거라 예언했다. 그러나 그는 계속 영혼들과의 만남을 경험했고 한 모임에서 그의 부모는 팻이 무사히 내세에 도착해 친구인 패트슨Patteson 가족의 애완견 데리Derry를 만났다고 말하기도 했다.

전쟁이 끝나자 그는 심령술과 관계된 일들에 다시 적극적인 관심을 쏟았고 영국 방문 중에는 "(얼마 전 세상을 떠난) 루스벨트 대통령과 아침 시간을 대부분 함께 보냈다."라고 기록하면서 루스벨트가 자신에게 칭찬을 아끼지 않았다고 덧붙였다. 그는 킹에게 이렇게 말했다고 한다. "당신에게는 서두르지 않는 스코틀랜드 사람의 기질이 있군요. 당신은 영리하지 않습니다. 당신은 현명합니다!"[44] 뿐만 아니라 그에 따르면 윌프리드 로리어 경은 처칠이 그를 '굉장히' 좋아한다고 말했고 조지 5세는 그의 아들 조지 6세와 엘리자베스 여왕이 캐나다를 방문하기로 한 이유가 '당신에 대한 애정 때문'이라고 말했다.

사람들은 킹의 이러한 초자연적 관심사들이 그의 정치 활동에 끼어들거나 정치적 판단력에 영향을 주지는 않았다고 반복적으로 주장해 왔다. 그의 친구 조앤 패트슨Joan Patteson은 이렇게 말했다. "그는 자신의 믿음이 공적인 삶에 개입되는 일을 결코 허용하지 않았다."[45] 그러나 그의 믿음은 그의 사생활에서 매우 중요한 부분을 차지했기 때문에 공적인 업무에도 영향을 줄 수밖에 없었다. 1944년 징병 문제로 내각이 중대한 국면을 맞았을 때 킹은 어려운 고비를 넘길 수 있었던 것이 '전적으로 내세의 힘 덕분'이라 말했다.

더욱 심각한 문제는 이 강력한 정치 지도자가 자신의 믿음이 삶과 판단에 미치는 막대한 영향을 상당한 수준까지 받아들였다는 것이다. 그의 믿음은 지적인 관점에서 보나 정신적인 관점에서 보나 명백히 진부하고 어리석었으며 그 밑바탕에는 킹의 한없는 자기중심성도 깔려 있었다. 그의 영적인 안내자들은 대개 그가 듣고 싶어 하는 이야기를 했다. 그리고 그가 구하던 메시지들은 본인이 바라는 바를 투사하고 있었다. 스테이시C. P. Stacey는 이렇게 썼다. "단순함과 자기 본위가 결합되면 사람을 다소 숨 막히게 하며... 지성이 결여되어 있다는 뿌리 깊은 인상을 남긴다."[46] 보이지 않는 세계로부터의 안내는 그의 무의식에 스며들어 사고 형성에도 관여했다. 매켄지 킹은 정치계의 거인이었지만 이 거인은 팔다리가 허약했다. 그가 쓰러지지 않은 것은 캐나다의 입장에서는 행운이었다.

지금까지 우리는 여러 사례들을 통해 신체적인 질병과 정신적인 무능력 사이에 중요한 상관관계가 있음을 볼 수 있었다. 막대한 권력을 지닌 고위 정치가들이 정신적으로 무능력할 경우 그들의 지배를 받는 국민들에게 해로운 결과들을 안겨 줄 수 있다. 20세기 이후 세계에서 정치적인 무능력은 인간 수명의 연장으로 인해 더욱 풀기 힘든 문제가 되었다. 수명이 연장되면서 확실히 노령의 지도자들도 늘어났기 때문이다. 글래드스톤은 1894년 85세의 나이에도 수상의 자리에 있었고 교황 레오 13세는 1903년 93세의 나이로 세상을 떠나는 순간까지 교황의 자리를 지켰지만 고령의 지도자들이 정치에 미친 영향은 과거와 비교해 볼 때 20세기 이후에 훨씬 더 두드러졌다. 폴란드의 피우수트스키Pilsudski와 독일의 힌덴부르크Hindenburg는 두 사람 다 재임 중에 점점 노쇠해졌다.[47] 콘라드 아데나워Konrad Adenauer는 1963년 87세의 나이로 독일의 대법관직을 맡았다. 스페인의 독재자 프랑코Franco 총통은 1975년 재임 중에 83세의 나이로 사망했다. 이란의 실질적인 통치자이자 어떤 면에서 사악한 천재였던 아야톨라 호메이니Ayatollah Khomeini는 1989년 87세의 나이로 숨이 끊길 때까지 권력을 장악하고 있었다. 히로히토Hirohito는 1926년부터 87세로 사망한 1989년까지 일본의 천황이었다. 덩 샤오핑Deng Xiaoping은 89세 되던 해인 1993년에도 초로의 벗들과 함께 계속 중국을 지배했다. 로널드 레이건Ronald Reagan은 세 번째 임기를 마감할 때 75세였다. 프랑스의 미테랑Mitterand 대통령은 재선에 성공하여 79세 때까지 대통령직에 있었다. 흔히 나이가 들면 지혜와 경험이 쌓인다고 하지만 다른 면에서 보면 사고의 유연성이 떨어지고 새로운 사상을 받아들이거나 세울 수 없게 되어 국민들에게 해를 입힐 수도 있다. 노령은 신체적인 쇠퇴도 불러올 수 있으며 신체적인 쇠퇴는 앞서 여러 경우에서 나타났던 것처럼 정신적인 건강 악화를 유발한다.

대체로 거의 대부분의 국가에서 다수 유권자들은 자신들이 고위직에 선출한 남성이나 여성의 신체적, 정신적 능력을 간단히 믿어버리는 경향이 있다. 그러나 그 후에 일어나는 사건들은 이러한 믿음의 정당성을 증명해 주지 못하는 경우가 많다. 선거 절차가 민주적일수록 권력의 악용을 막을 수 있는 가능성은 더 높아진다. 그러나 루소 Rousseau가 마지못해 현실적으로 인정한 바와 같이 보편적인 의지라 해서 오류가 없는 것은 아니다. 국민의 선택이 반드시 옳다고는 할 수 없다. 국민의 선택은 단순히 일시적인 감정에 의해 언론이 제공하는 피상적인 정보들에 의해 혹은 정신이 온전치 못한 이가 둘러대는 웅변에 의해 좌우될 수 있기 때문이다. 이처럼 잠재된 위험 요소들을 인식하는 일이야말로 정신적인 불안정이나 신체적인 질병이 입힐 수 있는 해를 막는 최선의 방법일 것이다. 그러나 국민들의 올바른 정부 선택이나, 능력이 쇠한 정치가의 사임을 보증할 수 있는 완벽한 묘책은 존재하지 않는다. 유일한 특효약은 끊임없는 경계뿐이며 참고할 만한 충고는 다음의 오래된 라틴어 격언뿐이다. "위험은 매입자가 부담해야 한다."

14장

위대한 정치가들의 약점

15

군화 신은 광인들

_무솔리니 *Benito Mussolini*
_히틀러 *Adolf Hitler*
_스탈린 *Joseph Stalin*

군화 신은 광인들

20세기에는 그 어느 때보다 많은 독재자들이 아틸라Attila나 징기스칸Genghis Khan과 비교가 안 될 만큼 인류의 비참한 재앙과 파괴적인 전쟁을 불러일으켰다. 이러한 현상은 역사적인 설명만 가지고는 충분히 이해할 수 없다.

역사적인 발전 과정이 독재자들의 출현과 그들의 정권 유지에서 중요한 역할을 하지 않았다는 얘기는 아니다. 독재자들에게 권력 획득의 기회를 제공해 준 것은 역사적인 환경들이었다. 러시아 혁명의 회오리바람은 레닌에게 패권 장악의 기회를 주었고 스탈린에게 잔악한 독재 정권의 배경을 마련해 주었다. 1920년대 이탈리아의 허약한 정치 상황은 무솔리니에게 파시스트 지배의 길을 터 주었다. 그리고 제1차 세계대전 패배가 독일에 안겨 준 지독한 불황과 초(超)인플레이션은 히틀러에게 최고 권력 독점의 환경을 제공해 주었다. 그렇다 해도 순수하게 역사적인 설명만으로는 그들이 어떤 이유와 과정을 통해 권력을 추구하게 되었으며 권력을 얻은 후에는 어째서 그처럼 악용하게 되었는지 명백하게 밝히기 힘들다.

"권력은 부패하기 마련이며 절대권력은 절대적으로 부패한다."라는 액튼Acton 경의 유명한 격언을 자명한 진리라고 볼 수는 없다. 프랑스의 루이 14세 그리고 심지어 20세기 절대권력자들 가운데 포르투갈의 살라자르Salazar나 스페인의 프랑코 등은 국민들에게 커다란 이익을 가져다주는 통치자는 아니었을지 몰라도 비정상적인 인격을 보이지는 않았다.

그러나 막강한 독재자들은 스스로 권력욕의 손아귀에 들어간 나머지 모두를 잊어버리는 경향이 있다. 그런 경우 권력욕은 결국 정신병이 되어 인격을 타락시키고 부패시킨다. 해롤드 라스웰Harold Lasswell은 이제 고전이 된 저서 《정신병리학과 정치학Psychopathology and Politics》에서 이렇게 말했다. "병적인 마음은 기어가 고정된 자동차와 같다. 반면 정상적인 마음은 기어를 바꿀 수가 있다."[1] 독재자는 마음이 편협한 정치가로 권력에 중독되어 자신의 의지와 가치관을 모든 국민들에게 강요하며 이를 수용하지 않는 사람들은 모두 제거한다. 권력의 획득과 유지는 그의 유일한 존재 목적이 되어버린다.

그렇다면 독재자의 성격에서 과연 어떤 특징들이 이러한 과정을 일으키는 것일까? 프로이트는 정신적인 붕괴를 어린 시절과 연관시켜 설명하며 어떤 경우에는 태아기에 경험한 좌절과도 관계가 있다고 말한다. 앞서 우리가 살펴 본 사례들은 어린 시절의 박탈감이나 상처가 장래의 신경증이나 정신증 진행에서 중대한 의미를 갖는다는 사실을 명백하게 해 준다. 말하자면 유년기와 사춘기는 정신병질자나 반사회적 이상성격자의 형성기인 셈이며 이들이 지니는 일부 특징들은 대부분의 독재자들에게서 나타난다.

독재자들의 삶을 특징짓는 한 가지 사실은 그들이 유년기와 사춘기에 물질적인 측면에서 뿐만 아니라 가족 관계에 있어서도 박탈감을 겪었다는 것이다. 히틀러와 무솔리니, 스탈린은 모두 비참하고 불행한 가정환경에서 헌신적인 어머니와 경멸스러운 아버지를 보며 자랐다. 젊은이 특유의 반항기는 그들을 권위적인 아버지와 틀어지게 만들고 영속적인 원한을 남겼다. 애정 없고 불안정하며 굴욕적인 사춘기를 보낸 이들은 행복한 성적 관계도 이룰 수 없었으며 상처받은 자존심에 대한 보상을 얻기 위해 권력을 쫓고 악용했다.

물론 이러한 배경에서 성장한 아이들이 모두 독재자나 비행 소년 혹은 정신병질자가 되기 쉽다고 말한다면 터무니없는 주장이 될 것이다. 하지만 독재자들의 초년 환경에는 이미 미래의 씨앗이 뿌려져 그들이 타고난 지성과 능력으로 이 씨앗을 발아시킬 수 있는 기회가 오기만을 기다리고 있었다. 독초의 숲이 자라날 토대가 마련되어 있었던 것이다.

독재자의 형성 과정을 정신분석적인 측면뿐만 아니라 신체적인 측면에서도 설명할 수 있을까? 스탈린은 천연두를 앓아 부분적으로 보기 흉한 외모를 지니고 있었다. 무솔리니는 남성적인 모습을 보이기 위해 무던히도 애를 썼다. 그리고 히틀러는 체격이 거의 여성에 가까웠다. 확실한 증거는 없지만 무솔리니와 히틀러는 모두 매독에 감염되었다는 의심을 받았다.

히틀러의 주치의는 그가 1942년 빈니차Vinnitsa에서 뇌염에 걸렸다고 말했으며 주치의의 처방으로 인해 그는 암페타민 남용의 희생자가 되었다. 무솔리니가 인생 후반에 보였던 불안한 건강 상태는 정신적인 균형에도 영향을 주었을 것이다. 앞에서도 여러 차례 언급되었듯 신체적인 건강은 정신적인 손상의 중요한 인자로서 작용할 수 있기 때문이다. 터키 독재자 케말 아타튀르크Kemal Atatürk의 무자비한 행동들은 그가 코르사코프 증후군Korsakoff's syndrome을 앓았다는 사실에 비춰 보면 좀 더 이해하기가 쉽다. 코르사코프 증후군은 알코올 중독으로 인한 티아민 결핍의 결과로 발생하는 기질적 뇌 질환의 일종으로 이 병에 걸리면 기억력이 감퇴되고 때에 따라서는 비현실적인 행동들을 보인다.[2] 건강 문제는 독재자들의 마음을 병들게 하는 요소로 작용하는 때가 많다. 그러나 그 자체만으로는 그들의 비정상적인 성격을 설명하기에 충분치 못하다.

그렇다면 원인의 실마리는 우선 독재자의 성향 발전에서 찾을 수 있으며 또 그들이 광기에 가까울 정도로 권력을 남용할 수 있게 허용해 준 환경에서도 찾을 수 있다. 독재자에게 강박관념이 되어버린 권력은 다른 무엇보다 우위를 차지하여 그에게 오랜 불만을 해소하고 개인적인 욕망을 채우고 무의식적인 충동의 고삐를 늦출 수 있는 기회를 제공해 주었다. 그리하여 개인적인 관심사들은 공적인 문제들로 합리화되었다. 사적인 불만에 불과했던 생각들은 공공복지를 위한 이데올로기로 표출되었고 이 이데올로기는 독재자가 탁월한 수완을 발휘해 대중을 자신의 정책에 열광하게 함으로써 널리 전파되었다. 수백만의 정상적인 남녀들이 속임수에 홀려 독재자의 개인적이고 광적인 운동에 동참한 것을 보면 군중심리가 얼마나 위대한 힘을 지니는지 알 수 있다. 이미지를 보강하기 위해 독재자는 자기 확대를 해야 한다. 때문에 그는 끝없이 아첨을 하거나 화려한 의식을 거행하기도 하고 웅장한 건축물을 세우기도 한다. 또한 그는 실제의 적이든 가상의 적이든 반대 세력은 모두 진압해야 한다. 그러나 앞서 언급한 독재자들은 아부와 아첨으로 가득한 환경 속에서 평생 그래왔던 것처럼 여전히 현실에서 동떨어진 채 성격상의 결함을 지녔고 자기 기만에 의한 의사 결정은 결국 스스로의 파멸을 불렀다. 스탈린은 자연적인 죽음을 맞았지만 항간에는 그도 티베리우스처럼 타살되었다는 소문이 떠돌았다.[3] 히틀러는 베를린의 은신처에서 자살했다. 무솔리니는 이탈리아 파르티잔partisan 대원들의 손에 불명예스럽게 교살되었다. 차우세스쿠Ceausescu와 그의 부인은 즉결 재판에 의해 총살당했다. 이 독재자들은 병리학적으로 보면 정신이상자가 아니었을지 모르나 인격적인 관점에서 보면 위험하리만치 비정상적인 인물들이었다.

20세기 독재 정권의 전형을 뽑는다면 유력한 후보자는 단연 이탈리아의 독재자 베니토 무솔리니일 것이다.[4] 넓은 어깨와 강건한 이미지, 사나운 인상의 그는 나폴레옹의 경우처럼 본인이 의도한 역할이 외모에서부터 나타나 '두체 숭배ducismo' (두체duce는 수령이라는 의미로 무솔리니의 칭호 – 옮긴이) 사상을 그대로 보여준다. 그는 거칠고 강건한 남성 이미지를 키우기 위해 애썼으며 고속으로 차를 몰기도 하고 말을 타거나 비행기를 조종했다. 심지어 그는 반나체로 사진을 찍기도 했는데 히틀러는 이러한 그의 행동을 혐오했다. 군대를 사열할 때면 그는 큰 걸음으로 성큼성큼 걸어갔다. 비슷한 식으로 그는 면담하러 오는 이들에게 들어올 때는 책상 앞까지 전속력으로 달려오고 면담이 끝난 후에는 구보로 뛰어 나가라고 지시했다. 그들은 악수 대신 그에게 로마식 경례를 해야했다(무솔리니가 신체 접촉을 거의 병적으로 싫어했기 때문이다).

"어떤 사람이 하루에 백 번씩 천재라는 소리를 듣는다면 그는 결국 자신이 완전무결하다고 믿게 될 것이다." 무솔리니의 경우가 바로 그랬고 동시대의 다른 독재자들도 대부분 마찬가지였다. 여인들은 아기를 들어올려 그의 축복을 받았다. 그가 순전히 의지력만으로 에트나Etna 산의 용암 분출을 멈추게 했다는 소문까지 돌았다. 새로 생기는 도시는 무솔리니아Mussolinia라 명명하기로 정해져 있었다. 그는 자신이 최소한 나폴레옹이나 예수 그리스도와 동등하다고 생각했다. 그는 뛰어난 환각법을 발휘하여 신체적, 정신적 결함들을 수년 동안 속으로 숨길 수 있었다.

그렇다면 그의 '결함들'은 어느 정도였을까? 어떤 이들은 그가 과거의 폭군들과 마찬가지로 매독에 걸렸다고 믿었다. 1905~6년 오스트리아와 이탈리아의 경계에 있는 톨메조Tolmezzo에서 교사 생활을 할 때 감염되었다는 것이다. 이때는 파울 에를리히Paul Erlich가 유기비소 화합물로 만든 매독 치료제를 소개하기 4년 전이다. 나중에 치아노Ciano 백작과 그의 보안 사령관은 무솔리니의 납득할 수 없는 견해들을 들어 그의 중추신경계가 매독으로 손상된 것이 아닐까 의심했다. 그러나 바서만 반응 검사Wassermann test 결과는 음성이었다. 물론 그의 신체적인 건강은 점점 악화되어 결과적으로 판단력에 영향을 미치고 있었다. 하지만 무솔리니를 이해하기 위해서는 신체적인 구조보다 정신적인 구조에 중점을 두어야 한다.

영국의 전기 작가 데니스 맥 스미스Denis Mack Smith는 무솔리니에 관해 이렇게 평가했다. "그는 미쳤던 것이 아니라 단지 사람들에게 강하다는 인상을 심어주려 애썼던 것뿐이다."[5] 그러나 이러한 '파워 콤플렉스'에는 그를 정신 장애라는 무인지대에 갇히게 만든 요인들이 있었다. 그는 과대망상증 혹은 편집증에 사로잡혀 병적으로 자아도취적이고 자기중심적이었다. 영국 대사는 이렇게 전했다. "그에게는 첫 번째 고려 대상이 무솔리니이고 두 번째가 파시스트 정권이며 세 번째가 이탈리아입니다." 양심이 부족하고 인간 본성을 제대로 이해하지 못하며 무자비하고 내적으로 고독했던 것을 보면 적어도 무솔리니가 전형적인 정신병질자의 특성들을 어느 정도 지니고 있었다는 사실을 알 수 있다.

그의 지나친 자기존중감은 성공으로 인해 상승된 것이기도 했고 유년기와 사춘기에 겪은 열등감과 불안감에 대한 보상심리 때문에 자리 잡힌 것이기도 했다. 그는 1883년 7월 29일 로마냐Romagna의 프레다피오Predappio라는 마을에서 태어났는데 지방의 대장장이였던 아버지는 일하고 싶을 때만 일하는 게으름뱅이로 사회주의자이자 교권(敎權)반대주의자였으며 바람둥이에 알코올중독자였다. 이와 정반대로 어머니는 독실한 가톨릭 신자로서 집안의 생계를 책임지고 있었다. 훗날 그녀는 숭배의 대상자가 되었고 아이들은 그녀를 기리는 노래 '행운의 어머니Felix Mater'를 불렀다. 무솔리니가 동시대의 독재자 히틀러와 마찬가지로 어린 시절에 겪은 박탈감을 과장하는 경향이 있었다고는 해도 그가 자란 집안 환경이 어둡고 불안정했다는 것만은 분명한 사실이다. 학교생활도 그에게는 전혀 위안이 되지 않았다. 파엔자Faenza에서 그가 다닌 학교는 교단에 의해 운영되어 제도가 엄격하고 금욕적이었기 때문이다. 물론 무솔리니 본인도 난폭하고 다루기 힘든 학생이기는 했다. 동급생들의 눈에 비친 그는 싸움대장이었다. 그 중 한 명의 말에 따르면 그는 내기를 해서 이기면 걸었던 것보다 더 많이 요구하고 지면 대가를 치르려 하지 않았다고 한다. 그는 밥을 먹다가 홧김에 동급생을 찔러 결국 퇴학당했다.

성인이 되어서도 전망은 밝아지지 않았다. 가정환경의 영향으로 무솔리니는 사회주의자인 동시에 교권반대주의자가 되었다. 그는 교사 자격증을 취득하여 임시 교사가 되었지만 얼마 지나지 않아(아마도 군대 징집을 피하기 위해) 스위스로 옮겨 갔다. 스위스에 2년간 머무르면서 그는 궁핍한 생활을 했고 과격한 사회주의 견해 때문에 스위스 경찰 기록에 '충동적이고 난폭한 남자'로 남았다. 그는 아버지처럼 여자관계는 복잡했지만 마음을 터놓을 수 있는 친구는 별로 없었다. 그리고 적어도 몇몇 사람들은 그의 정신이 온전하다고 생각하지 않았다.

제1차 세계대전 발발은 히틀러에게도 무솔리니에게도 구원으로 가는 통로였다. 무솔리니는 마르크스주의를 버리고 공공연한 애국자가 되어 히틀러처럼 상등병으로 복무하다가 1917년 6월 병약자로 송환되었다. 전쟁은 그에게 열렬한 애국심뿐만 아니라 이탈리아의 주요 정치가들에 대한 지독한 경멸감도 심어 주었다. 그리고 전쟁 후의 불만과 불안은 정치적인 야심과 병적인 공격성을 키웠다.

자유민주주의 세력이 허약하고 무기력해진 상황을 틈타 무솔리니는 위협과 정치적 속임수로 권력을 획득했다. 그는 20년 동안이나 '두체'의 자리에 있었다. 그가 발휘했던 지도력과 지성, 활력 그리고 그가 세운 대단한 업적들을 부정할 수는 없다. 그러나 그가 절대적인 국가 수령의 권력을 쥐고 있는 기간이 길어지면 길어질수록 그가 요구하고 받는 아첨은 더욱 커졌고 현실감각은 점점 더 멀어졌다. 그의 성격에서 나타나는 정신병질적인 특징들은 한층 더 뚜렷해졌다. 예컨대 그는 정치적으로 자신을 비판하는 이들은 가차 없이 몰살했고 강력한 자기중심성을 보였으며 정치 및 인생철학을 위해 기꺼이 전쟁을 무기로 이용했다.

이탈리아 파시스트는 세력을 회복했고 곧 이탈리아의 운명은 에티오피아 전쟁을 통해 무솔리니가 바라던 대로 실현되었다. 그 후 히틀러와 동맹을 맺음으로써 이탈리아는 제2차 세계대전에 참가했다. 이러한 사건들을 놓고 볼 때 무솔리니의 남성적인 모습 이면에서 갈라진 틈들이 점점 더 넓게 벌어지고 있었다는 사실은 너무나 분명하다. 그러나 그가 지니고 있던 결점들 중에서도 두 가지는 그의 인생에서

15장

군화 신은 광인들

무엇보다 커다란 역할을 하고 있었다. 악화되어 가는 신체적 건강은 정신의 균형과 정치적 판단력에 해를 끼쳤고 그가 스스로 만든 우상과 그 우상이 싸워야 하는 역사적 현실 사이의 격차는 갈수록 커졌던 것이다.

무솔리니는 병이라는 오점을 멀리 떨어뜨려 놓고 싶어 했다. 그가 실제로 매독에 걸려 중추신경계에 손상을 입었을 가능성은 없었지만 확실히 건강 상태는 나빠지고 있었다. 1925년 이미 그는 격심한 위 십이지장궤양에 시달려 차 안에서 피를 토하고 쓰러진 일이 있었다. 그리고 4년 후에는 내출혈 치료를 받으며 유동식을 통해 날마다 우유를 3리터씩 마셨다. 그는 몸 상태가 매우 좋지 않아 히틀러처럼 식사를 가볍게 해야 했고 술과 담배는 끊어야 했다. 1942년 북아프리카 방문 도중 그는 심각한 체내 통증을 호소했고 주치의들은 기생충병과 아메바성 적리amoebic dysentry라 진단했다. 그러나 그의 병은 소화성궤양이었을 가능성이 더 높다. 전쟁의 가장 중요한 고비였던 1943년 그는 진정제와 물약에 의지해 살았다.

비틀거리는 현실 감각은 더욱 심각한 문제였는데 뇌 질환이 발병했을 가능성을 암시하는 것이었다. 제2차 세계대전이 일어났을 때 그는 이상하리만치 우유부단한 모습을 보였고 모순된 말들을 늘어놓았으며 국가의 전쟁 대비 상태는 최악이었다. 그는 결점을 보충하기 위해 히틀러와 회견을 가졌고 히틀러는 1943년 7월 펠트레Feltre에서 벌어진 이탈리아의 전투에서 결정적인 역할을 했다. 그러나 무솔리니는 비참한 패전을 되풀이했고 두 독재자가 손을 잡자 연합군은 로마에 폭탄을 퍼부었다. 국왕 빅토르 엠마누엘Victor Emmanuel이 그의 쇠약해져 가는 힘을 이유로 사임을 요구했을 때 무솔리니는 저항하지 않았다.

바돌리오Badoglio 사령관에게 자리를 물려준 후 무솔리니는 폰차 Ponza 섬에 감금되었다가 후에 라 마델레나La Maddelena로 옮겨져 이 곳에서 주로 그리스도의 생애에 관한 책을 읽으며 시간을 보냈다. 그는 이스가리옷 유다의 배반과 자신이 당한 대우 사이에 묘한 유사점이 있다고 느꼈다. 독일군의 공습으로 뜻밖에 구출된 그는 독일의 보호를 받는 괴뢰 정부의 수장이 되었다. 그러나 그가 지니고 있던 지도자로서의 능력은 좌절된 희망과 감퇴되어 가는 현실 감각으로 이미 사라진 후였다. 건강이 일시적으로 나아지기는 했지만 그는 대부분의 시간을 가르다Garda 호숫가에 있는 가르냐노Gargnano 휴양지에서 보내며 독일어 실력을 키워 바그너의 《니벨룽의 반지》를 이탈리아어로 번역하고 플라톤의 《국가론Republic》 주해를 달기도 했다. 그는 연합군의 승리가 예상되어 크게 낙담했지만 이를 막기 위해 할 수 있는 일은 전혀 없었다. "나는 세상에 도전했으나 세상은 내가 상대하기에 너무 막강한 상대였다. 내게 멸시당한 이들이 지금 복수를 하고 있다." 필사적인 최후의 시도로 그는 오스트리아 진격을 시도하던 독일 부대에 가담했으나 코모Como 호수에 위치한 동고Dongo에서 이탈리아 파르티잔 대원들에게 체포되어 정부인 클라라 페타치Clara Petacci와 함께 즉시 처형당했다. 병리학적으로 보면 무솔리니는 정신이상자가 아니었다. 하지만 삶을 대하는 그의 태도는 정신병질적이었고 끝없이 강도가 심해지는 일종의 증후군은 그를 정신의 혼란이라는 무인지대로 점점 더 깊숙이 빠져들게 만들었다.

무솔리니의 생애와 독일 독재자 히틀러의 생애 사이에는 놀라운 유사성이 있다.[6] 두 사람은 모두 불운한 유년기와 굴욕적인 사춘기를 보냈다. 또한 두 사람은 전쟁의 경험에서 목표와 철학을 찾았고 경제적 무질서와 정치적 공허라는 모판 위에 국민을 위한 새로운 정치 체제라는 나무를 키웠다. 뿐만 아니라 이들은 둘 다 건강이 쇠약해져[7] 날이 갈수록 기괴한 행동을 보였다.

영국의 역사가 테일러A. J. P. Taylor는 히틀러에 관해 "그의 활동은 모두 이성적이었다."고 말했고 네빌 챔벌린Neville Chamberlain은 1938년 9월 7일 히틀러를 만나고 난 후 "정신이상의 기미는 보이지 않았지만 매우 흥분한 상태였다."고 말했다. 그러나 또 다른 이들이 받은 인상은 이와는 차이가 있었다. 1930년 로버트 밴시타트Robert Vansittart 경은 그를 '반쯤 미친 위험한 지도자'라고 표현했고 8년 후 영국 대사 네빌 헨더슨Neville Henderson 경은 그를 일컬어 "신비주의자, 정신병질자, 정신이상자. 이 중 하나에 해당할 수도 있고 둘에 해당할 수도 있으며 어쩌면 셋 다일 수도 있다."라고 했다. 1942년 여름 알베르트 슈페어Albert Speer는 히틀러가 "정신이 이상해진 듯한 느낌을 줄 때가 많았다."라고 말했다.

무솔리니의 경우에서처럼 사실상 그보다 더 분명하게 히틀러의 유년기 환경과 초년에 나타난 모습은 인격 장애라 할 만한 상태로 발전하게 된 과정을 이해하는 데 도움이 된다. 세관원이었던 아버지 알로이스Alois는 엄격한 규율주의자였고 상습적인 흡연으로 히틀러에게 담배에 대한 평생의 혐오감을 심어 주었다. 그는 아들을 한 번도 다정하게 대한 적이 없었다. 알로이스는 바람둥이였지만 1885년 23세 어린 클라라 폴츨Klara Polzl과 결혼했다. 남편의 애정을 받지 못한 클라라는 가톨릭 신앙에서 위안을 얻으며 불행한 삶을 살았고 그녀에게 유일한 보상은 아들에 대한 깊은 사랑뿐이었다. 아버지가 죽고 4년 뒤 1907년 어머니가 유방암으로 세상을 떠나자 히틀러는 씻을 수 없는 마음의 타격을 입었다. 늘 고독한 모습을 보였던 그는 조카와 로맨틱한 연애를 했으나 결국 그녀는 자살했고 그 이후에 만난 에바 브라운Eva Braun과 이 조카를 제외하고는 여성들과 가까이 지낸 일이 거의 없었다.

어린 시절 '고독한' 아이였던 그는 나중에 여러 관계에서도 그랬듯 타인과 친밀한 교류를 나누지 못한 채 무의식적인 심상에서 보상을 찾았다. 그는 어머니가 다니는 성당에서 성가대원으로 있었는데 미사의 내용보다는 그 의식의 불가사의한 마력에서 지워지지 않을 만큼 강한 영향을 받았다. 언젠가 그는 이렇게 말했다. "나는 장려한 의식에 도취되곤 했다." 이처럼 어린 시절 그의 마음속에 성대한 의식에 대한 동경의 씨앗이 뿌려져 훗날 뉘른베르크Nuremberg 전당대회도 (이교적이기는 하나) 종교적인 상징성을 띠게 된 것이다. 학교에서 그는 논쟁을 좋아하고 자기주장을 고집하는 학생으로 여겨졌다. 이처럼 어린 시절의 상실감을 회복하고픈 욕망이 부분적인 동기를 주어 그가 초년에 자신을 냉대했던 세상에 막대한 영향을 입혔다는 것은 최소한 논쟁의 여지가 있는 문제이다.

여러 가지 면에서 그는 평생 동안 미숙하고 심지어 어린아이 같았다. 그는 어른들보다 아이들과 (그리고 동물들과) 더 원만하게 지냈고 때때로 어른들에 대해서는 거북함을 느끼기도 했다. 그는 취향도 어린아이 같아서 사탕과자와 쵸콜릿을 좋아했고(차를 마실 때는 설탕을 일곱 스푼이나 탔다) 서커스와 영화 관람을 즐겼다. 그가 변함없이 가장 좋아한 작품은 《백설공주와 일곱 난쟁이Snow White and the Seven Dwarfs》그리고 《킹콩King Kong》이었다. 그는 미국의 카우보이와 인디언에 관한 이야기들을 즐겨 읽었다. 특히 그는 독일인 작가 카를 메이Karl May의 모험담을 좋아했는데 메이의 글들은 그가 한 번도 가 본 적 없는 미국의 서부 변경 지역을 배경으로 한 이야기들이었다. 소년시절에 뿌리내린 다른 습관들도 그는 평생 지녔다. 어린 시절에 꿈꾸던 환상들이 어른이 된 후에도 계속 마음속에 남아 있었던 것이다.

사춘기에 그는 세상을 슬프고 차가운 곳이라 생각했다. 어머니가 세상을 떠난 뒤 그는 비엔나로 가서 그림을 팔아 적고 불안정한 수입으로 살아갔다. 그는 어느 정도 예술적인 재능을 지녔지만 지방 예술학교 입학을 거절당해 또 한 번 굴욕감을 맛봐야 했다. 어떤 시기에 그는 깊은 나락으로 떨어져 빈털터리인 채 숙박소에 틀어박혀 지내기도 했다.

사회에서 만족스러운 자리를 차지할 수 없음에 대한 반발로 그는 부정적으로는 반유대주의적 견해를 발전시켰고 긍정적으로는 바그너의 음악과 그 안에 담긴 사상에 심취했다. 그는 특히 1906년 11월 린츠Linz에서 바그너의 《리엔치Lienzi》 공연을 보고 크게 감명을 받았다. 그의 친구 아우구스트 쿠비체크August Kubizek는 당시의 히틀러를 이렇게 설명했다. "그날 밤 히틀러에게는 묘한 구석이 있었다. 마치 다른 누군가가 그의 몸속에서 말을 하는 것 같았다. 그와 나는 모두 감동 받았고... 완벽한 환희의 무아지경에 이르렀다." 히틀러의 정신세계를 형성한 초기의 정서적, 지적 영향들 가운데 바그너의 음악 그리고 그 안에 담긴 공상적인 독일 민간 신화와 신 이교주의가 미친 영향은 무엇보다 강력하고 영속적인 것이었다. 1939년 히틀러는 프라우 바그너Frau Wagner에게 자신의 정치 인생은 《리엔치》를 관람한 날 시작되었다고 말했고 모든 주요 나치당 전당대회에서 《리엔치》의 서곡을 틀도록 지시했다. 바그너의 후원자 바이에른의 루트비히 2세가 보낸 편지들은 당연히 그가 가장 아끼는 물건 가운데 하나였다.

실패로 얼룩진 굴욕적인 인생에서 그를 구해 준 것은 무솔리니의 경우와 마찬가지로 제1차 세계대전이었다. 뮌헨에 있던 그는 즉시 군에 입대했다. 전쟁은 그에게 평화기에는 불가능했던 역할이자 목표 즉 군복무의 기회를 제공해 주었다. 그는 이런 글을 남겼다. "그 시기에 나는 마치 청년기의 혼돈스러운 기분에서 해방된 느낌을 받았다." 전우들에게서 심각하고 재미없는 사람이라는 소리를 듣기는 했어도 그는 용감하게 혼자 힘으로 네 명의 프랑스 군인을 생포했고 비록 한 번도 임관되지 못한 채 무솔리니처럼 상등병의 계급으로 복무를 마쳐야 했으나 철십자 훈장Iron Cross을 두 번이나 받았다. 결의에 찬 삶을 통해 보상을 얻고 있던 그는 1918년 11월 휴전으로 이 삶이 종말을 맞게 되자 굉장한 당혹감에 사로잡혔다. "어머니의 무덤 앞에 서 있던 그날 이후로 나는 눈물을 흘린 적이 없다."

전쟁 직후 비참한 패배와 지나치게 가혹한 베르사유 조약으로 인한 암담한 상황에서 심각한 불황과 그로 인한 실업률 상승 및 물가폭등은 히틀러에게 정치계 입문의 동기를 부여해 주었다. 그는 독일이 패배한 이유를 장군들보다는 정치가들과 이기적인 당파들의 '배반' 때문이라 보았고 이러한 배반을 일으킨 사람들은 대부분 유대인들이라고 생각했다. 그가 입당한 국가사회당National Socialists은 1923년 11월 폭력적인 방법으로 정권 장악을 시도했지만 결국 실패했다. 비어홀Beer Hall 폭동은 실패로 돌아갔으나, 히틀러는 단지 9개월간 옥살이를 하고도 순교자에 버금가는 후광을 입게 되었고 자신의 뜻을 선전할 수 있는 기회도 얻게 되었다. 10년 만에 그는 명백한 국가사회당의 지도자가 되어 수단 방법을 가리지 않고 반대자들을 진압했으며 노쇠한 독일 대통령 힌덴부르크von Hindenburg의 뒤를 이어 수상 겸 총통이 되었다.

히틀러가 혜성처럼 떠오를 수 있었던 이유는 독일을 극히 절망적인 상태에 빠뜨린 정치 및 경제 위기를 통해 설명할 수 있다. 그는 국가의 자존심을 회복시켜 주었을 뿐만 아니라 번영을 평가하는 진정한 잣대도 마련해 주었다. 대중은 감사의 마음으로 충만한 나머지 그가 저지른 반유대주의 악행들과 이후의 끔찍한 포로수용소 운영 등을 보지 못하거나 망각해버렸다. 제2차 세계대전 발발조차 그의 헌신적인 추종자들에게는 국가의 과업으로 여겨졌다.

물론 초기에 히틀러는 국민들의 정치적, 사회적 요구에 부응했다. 그러나 그가 국민들에게 그토록 최면적인 지배력을 행사할 수 있었던 것은 언뜻 보기에 설명할 수 없는 정도까지는 아니더라도 수수께끼 같은 일이다. 성공의 요인은 히틀러의 기본적인 심리와 복음주의적인 메시지에 있었다. 뛰어난 연기자였던 그는 노련한 솜씨로 연극적인 전당대회들을 기획하여 강렬하고 화려한 반(半)종교적 의식을 거행함으로써 청중에게 최면술을 걸었다. 깃발과 음악 그리고 카리스마 넘치는 제복 등 화려하고 매혹적인 장치들 또한 그의 구세주적인 역할을 뒷받침했다. 그에게는 청중의 분위기를 판단하여 열렬한 반응으로 몰아갈 줄 아는 능력이 있었다. 많은 종교적 예언자들과 같은 방식으로 그는 극단적으로 단순화한 메시지를 전개하고 이러한 메시지를 자신의 저서 《나의 투쟁Mein Kampf》에서 조리 있게 표현했다. 덧붙이자면 이 책은 그가 글보다는 말에 더 소질이 있음을 보여준다. 1938년 그는 이렇게 말했다. "(오스트리아 출신의) 한 소년이 독일로 건너 와 국가의 지도자로 성장하게 된 것은 신의 뜻이었다고 믿습니다. 그리스도와 마찬가지로 내게는 나의 국민들에 대한 의무가 있습니다."

그가 주장한 메시지의 뿌리는 그가 무차별적으로 읽은 잡다한 철학 및 역사 서적들, 인생 초기의 경험 그리고 기초가 불안정한 마음에 있었다. 또한 '피는 문명을 더욱 굳건하게 한다'는 그의 글에서 볼 수 있듯 비(非)유대계 백인의 역사적 숙명에 대한 깊은 믿음도 그의 메시지에서 기초를 이루고 있었다. 1928년 4월 2일 켐니츠Chemnitz에서 그는 이렇게 주장했다. "모든 삶은 다음의 세 가지 사실과 깊이 연관되어 있습니다. 투쟁은 만물의 아버지이고 덕은 피 속에 있으며 지도자의 지위는 근본적이고 절대적이라는 것입니다." 이러한 원칙의 필연적 결론으로서 히틀러의 강박관념이 된 것은 자신의 원대한 계획 실현을 방해하는 주된 장애물이 유대인들의 사악한 음모라는 생각이었고 따라서 그는 유대인 말살에 모든 노력을 쏟아 부었다. "유대인은 악마의 자손이며 모든 악의 전형이다." "인종의 혼합은 세상의 근원적인 죄악이다." 그는 자신의 선조 중에 유대인이 있을 수도 있다는 걱정을 하기도 했다. 유대인 가문인 프랑켄베르거Frankenberger 집안 남자가 하녀 마리아 안나 쉬켈그루버Maria Anna Schikelgruber를 꾀어 두 사람 사이에서 태어난 서자가 바로 히틀러의 아버지라는 소문이 돌았기 때문이다.

이처럼 기괴한 결론을 이끌어내고 궁극적으로 인류 역사상 가장 끔찍한 불행을 초래한 요인을 심리학적으로 설명할 수 있을까? 그가 기질적인 질병으로 뇌에 손상을 입었을 가능성도 있을까? 히틀러의 안마사 펠릭스 케르스텐Felix Kersten은 히틀러가 무솔리니의 경우와 유사하게 신경매독 환자라고 주장했다. 그러나 1940년 6월 15일 행해진 바서만 반응 검사 결과는 음성이었다. 히틀러는 성에 대해 병적인 흥미를 보이기는 했으나 성교불능이었다고 한다. 그의 애인으로 알려져 있는 조카 겔리Geli는 그가 '피학적 도착 성욕자'였다고 주장했다. 다른 사람이 자신의 머리 위에 배뇨나 배변을 할 때 성적 만족을 느꼈다는 것이다. 하지만 매독 감염설과 마찬가지로 이 이야기 역시 확증할 수 없다. 또한 히틀러가 뇌염의 결과로 조울증을 앓았다는 주치의 테오도어 모렐Theodore Morell의 주장에도 일리가 없어 보인다.

그러나 모렐 박사를 통해 우리는 좀 더 많은 근거를 얻을 수 있다. 그의 회고 중에 신뢰할 수 없는 내용이 많기는 하지만 그의 노트에는[8] 히틀러가 수년간 위장 통증에 시달렸으며 이는 분명 만성 담낭염의 증상이라는 기록이 실려 있다. 이 병이 우측 상복부의 격심한 통증을 유발했다는 것이다. 이러한 진단으로 히틀러는 거의 채식주의자에 가까운 식생활을 하며 모렐 박사가 처방한 약을 복용했다. 1936년 히틀러의 주치의로 임명된 모렐은 피부병과 성병 전문가로 소문이 나 있었다. 그러나 오히려 그는 트레버 로퍼Trevor-Roper의 표현대로 '돌팔이 의사'이자 '허풍쟁이'였다. 케네디 대통령의 경우와 마찬가지로 그가 히틀러에게 처방해 준 약들은 결국 상당한 역효과를 초래했다. 모렐의 조언에 따라 히틀러는 퀘슬러Koestler 박사의 가스제거제를 매일 16알씩 복용했는데 이 약에는 스트리크닌strychnine과 아트로핀atropine이 함유되어 있었다. 모렐은 메탐페타민methamphetamine이라는 각성제를 경구 투여 및 주사하여 히틀러의 통증을 일시적으로 경감시켜 주고 기분을 편안하게 해 주었다. 그는 카페인과 퍼비틴pervitin이 함유된 고급 비타민 정제 두 가지를 히틀러에게 수도 없이 복용시켰다. 이 약들은 대부분 무해하였으나 모렐의 복합 처방은 누적 효과를 일으켜 히틀러를 암페타민에 중독되게 만들 만한 것이었다. 암페타민 중독은 신경계에 심각한 손상을 입혀 흥분성이나 자극 감수성, 불안, 불면증, 긴장, 수다, 판단력 저하, 편집증적 망상 등을 유발할 수 있는데 이 모두는 히틀러의 성격에서 나타난 전형적인 특징들이었다.

게다가 전쟁 말기에 히틀러의 건강이 신체 외적으로도 꾸준히 악화되고 있었음을 보여 주는 증거들도 상당히 많다. 그가 보인 몇 가지 신체적 증상들은 파킨슨씨병으로 그의 판단력이 손상되었을 가능성을 암시한다. 전쟁 후반기에 그는 충동적이고 때로는 설명할 수 없는 결정을 내려 독일군에 비참한 결과들을 안겨 주었다. 심전도ECG에서는 '빠르게 진행되는 관상동맥경화증' 의 징후가 나타났고 대뇌혈관 폐색으로 뇌에 산소 공급이 제한되어 정신적인 혼란을 일으켰을 가능성도 나타났다.

히틀러의 인생 후반에 주로 발생한 이러한 증상들이 그 자체만으로 그의 극단적인 성격을 해명해 줄 수는 없으며 편집증과 과대망상증, 타인에 대한 불신, 좁은 원 밖에 있는 이들에 대한 무자비하고 잔인한 태도, 자신이 목적 실현의 특권을 타고났다는 강박관념 등도 그러한 증상들만 가지고 설명할 수 있는 특징들은 아니다. 그보다는 히틀러의 성격과 그로 인해 전개된 정책들이 주로 인격 장애의 측면에서 설명될 수 있다는 결론이 신빙성 있다. 파크Park 박사는 한 논리적 평론을 통해 히틀러가 측두엽에서 발생하는 정신운동성 간질 psychomotor epilepsy을 앓았을 것이라 주장했다. 파크는 이유 없는 공포와 꿈같은 망상, 자동적으로 쏟아져 나오는 말들, 공격성과 편집증 등을 들어 "그의 성격에서 나타난 주요 특징들은 정신운동 발작 환자들의 특징들과 일치한다."라고 결론 내렸다. 그러나 뇌파도EEG에서는 이러한 장애의 증거가 발견되지 않았으며 위에 언급된 증상들은 다른 인격 장애들에서도 전형적으로 나타나는 증상들이다.[9] 소년기와 청년기에 겪은 굴욕감은 그로 하여금 과장된 환상 세계를 창조함으로써 보상을 구하게 만들었다. 그는 본질적으로 고독한 삶을 살면서 좀처럼 가까운 친구를 사귀지 못했다. 청년시절에 만난 유일한 친구 아우구스트 쿠비체크와의 관계도 결국 틀어졌고 또 다른 친구 에른스트 룀Ernst Rohm에게는 그가 직접 사형을 선고했다. 그의 부하들은 대개 신체적으로나 지적으로나 도덕적으로 열등한 사람들이었다. 공군 사령관을 맡고 있던 헤르만 괴링Hermann Goering은 모르핀 중독자였다. 히믈러Himmler는 심기증 환자였고 대관구 지도자이자 《슈투르머Der Sturmer》신문 편집자였던 슈트라이허Streicher는 변태성욕자였다.

그리고 괴벨스Goebbels는 내반족(club foot, 발바닥이 안쪽으로 휘는 기형 - 옮긴이)이었다. 히틀러가 자살하기 바로 전날 결혼한 에바 브라운은 나쁜 소문들을 마치 스펀지처럼 흡수하여 잠재울 수 있을 만큼 (바그너의 음악이 그랬던 것처럼) 그에게 위안이 되는 반려자였다. 그러나 그녀는 정치에 굉장히 무관심해서 그저 상냥하고 충실한 애완견 같은 역할 밖에 하지 못했다.

무한한 자기중심성 때문에 그는 반대를 결코 참아내지 못했다. 그리하여 그가 반대 세력에 부딪힐 때는 발작적인 분노가 쏟아져 나왔다. 1939년 독일을 방문한 스웨덴인 비르이어 다흘렘스Birger Dahlems는 영국이 폴란드를 보호하려는 조짐이 나타나던 무렵 히틀러가 보인 태도를 이렇게 표현했다. "그가 하는 말들은 갈수록 제멋대로였고 모든 행동으로 볼 때 그는 스스로를 전혀 통제하지 못하는 것 같았다." 독일 참모 총장 구데리안Guderian 장군은 1945년 2월 그가 본 히틀러의 모습을 다음과 같이 묘사했다. "그의 뺨은 분노로 붉어졌고 온몸은 부들부들 떨렸다... 그는 화가 나서 미친 듯이 날뛰며 모든 자제력을 잃어버렸다. 이렇게 한 번 분노를 터뜨리고 나면 히틀러는 카페트 가장자리를 왔다 갔다 하다가 갑자기 내 앞에 멈춰 서서는 얼굴에다 대고 비난을 퍼부었다. 그는 거의 비명을 질러대서 두 눈은 튀어나올 것만 같았고 관자놀이에서는 눈에 띄게 핏줄이 돋아 났다." 그리고 히믈러의 심복 부하 유진 돌만Eugene Dollmann은 1934년 룀의 음모에 관해 전해 듣고 히틀러가 보인 행동을 이렇게 회고했다. "그는 격분한 나머지 입에 거품을 물고 날뛰며... 호된 처벌을 내리겠다고 거칠게 소리쳤다... 그의 광란이 30분 내내 계속되자 방문자들은 그가 틀림없이 미친 거라고 생각했다."

무솔리니와 마찬가지로 히틀러는 현실을 파악하는 힘이 점점 느슨해졌다. 그가 점점 더 자신이 만든 꿈의 세계로 깊숙이 들어간 것은 그의 정신이 불안정하다는 증거였다. "그는 옛 로마 황제들처럼 반신적인 지위와 근본적으로 역동적인 독일민족volkreich이라는 인상, 국민과 국가를 끌어 모으는 신비주의적이고 자석 같은 힘 그리고 국민정신 그 자체를 두루 포섭했으며 이러한 연출을 통해서만 국민들을 완전히 이해시킬 수 있었다." 이러한 그의 신념은 추론 과정을 거쳐 얻은 결과라기보다 과열된 상상의 산물이자 혼란스러운 정신의 표출이었다. 말년에 히틀러는 사람들에게서 멀리 떨어져 '늑대굴Wolfsschanze' 요새나 베를린 지하 벙커에서 지냈고 자신의 온 세계가 주변으로 무너져 내리는 것을 느끼며 이곳에서 린츠의 고향 마을 재건을 위한 설계에 열중했다.

히틀러는 병리학적 의미에서 정신이상자는 아니었지만 무솔리니보다도 아슬아슬한 고비에서 맴돌았다. 그의 성격은 인생 초기의 경험과 약물 중독, 파킨슨씨병 발병 등 여러 요소들의 결합으로 형성되었다. 로버트 웨이트Robert Waite는 히틀러가 보인 많은 증상들이 오늘날의 관점에서 보면 경계선 인격 장애의 증상들이라고 주장했다.[10] 결국 아돌프 히틀러를 이해할 수 있게 해 줄 해결의 열쇠는 그의 깊은 무의식 속에 있는 셈이다.

　히틀러나 무솔리니와 어깨를 나란히 하는 20세기 또 한 명의 위대한 독재자는 바로 요제프 스탈린이다. 그는 정의내리기 어렵고 비밀스러우며 수수께끼 같은 인물로 대중을 선동하는 시위운동을 벌이거나 웅변술을 과시하는 일은 매우 드물었다.[11] 후에 스탈린의 희생자 대열에 서게 되는 슈카노프Sukanhov는 그에 관해 이런 글을 남겼다. "나뿐만 아니라 다른 사람들에게도 그는 흐릿하고 희미한 인상을 주었으며 때때로 어렴풋이 모습을 드러냈지만 뒤에는 아무런 흔적도 남기지 않았다." 그러나 그는 무솔리니나 히틀러 못지않은 숭배의 대상이 되었다. 숭배자들이 묘사하는 그는 담뱃대를 물고 있는 인자한 아버지 같은 모습에 아이들을 좋아하고 취향이 간소한 인물이었다. 작가 알렉세이 톨스토이Alexei Tolstoy는 이렇게 썼다. "나는 크나큰 기쁨으로 소리 내어 외치고, 떠들고, 부르짖고 싶다. 우리가 살고 있는 이 시대에는 영광스러운 오직 한 사람, 누구도 대적할 수 없는 스탈린이 있다! 우리의 숨과 피, 생명이 여기 있으니, 어서 가져가시오. 오, 위대한 스탈린이여!"[12]
　아이들은 학교에서 다음과 같은 노래를 배웠다.

　　크레믈린 성벽 안에 한 사나이가 있네,
　　이 땅의 모두를 잘 알고 사랑하는 사람.
　　행복과 행운은 그로 인한 것이니,
　　그 이름은 위대한 스탈린![13]

　높이가 16.5미터나 되는 그의 조각상은 약 33미터의 받침 위에 올

권력과 광기

라 아르메니아Armenia의 수도에 우뚝 서 있다.

무솔리니와 히틀러처럼 스탈린은 국민들을 사로잡고 현혹시키는 능력을 지녔다. 폭군으로서 그가 남긴 이력은 두 사람보다 한층 더 심했다. 그는 테러를 선동하고, 잔인한 살인을 일삼고, 야만적인 강제 노동 수용소를 이용하여 정권을 유지했으며 최소한 5백만 명의 국민을 학살했다. 1938년 12월에 그는 단 하루 동안 3,182명에게 사형 선고를 내리기도 했다. 대중에 퍼뜨려진 그의 이미지는 가늠할 수 없을 만큼 현실과 동떨어진 것이었다. 그가 어떤 면에서 천재였다는 사실은 부인할 수 없다. 방식이 냉혹하고 무자비하기는 했어도 그는 뛰어난 조직자이자 관리자였다. 어떤 시기에 그는 마르크스주의자들이 내세우는 이상적인 논리에 순수하게 매력을 느끼기도 했다. 그러나 이러한 이상주의는 금세 권력 추구와 비판자 제거, 정책 강요에 밀려 밑으로 떨어지고 말았다.

스탈린은 이반 뇌제와 표트르 대제로부터 내려오는 직접적인 혈통에 속해 있었으며 두 사람을 크게 존경했다. 영화감독 세르게이 아이젠슈타인Sergei Eisenstein 그리고 그의 영화에서 이반 역을 연기한 배우와 대화를 나누며 스탈린은 이반 뇌제를 가리켜 '외세 침입으로부터 국가를 보호하고 러시아 통합을 위해 애쓴 위대하고 현명한 통치자'라 찬양했다.[14] 표트르와 마찬가지로 그는 스스로를 새로운 사회 구조의 창조자이며 그 사회 구조가 구체화된 인간이 바로 자기 자신이라고 생각했다. 때로 그가 베푸는 연회는 음주와 소란스러운 유희로 특징 지워지는 표트르의 '주정뱅이 종교회의'와 어느 정도 닮은 면이 있었다. 스탈린은 어린아이처럼 짓궂은 장난을 좋아해서 내빈들이 앉는 의자에 썩은 토마토를 올려놓기도 했다. 유고슬라비아의 밀로반 질라스Milovan Djilas는 언젠가 그의 장난 때문에 내빈들이 바깔 기온을 짐작으로 알아맞히고 그 중 한 명이라도 답이 어긋날 경우 보드카를 한 잔씩 마셔야 했다고 말했다.[15]

앞서 살펴보았듯 이반과 표트르가 보인 특징들 속에는 최소한 정신병적 신경증의 요소가 내포되어 있었고 이러한 요소는 기질적 질병의 영향으로 더욱 보강되었다. 스탈린은 어땠을까? 표면적으로 보면 그는 시선을 끌지는 않을지라도 놀랍도록 정상적인 모습을 보였으며 무솔리니나 히틀러에 비하면 공공연히 부자연스러운 면들을 드러내지도 않았고 냉정하고 빈틈없는 정치가의 인상을 풍겼다. 어떤 이들은 그가 갑상선 질환이나 점액수종myxedema과 같은 질병을 앓았고 그로 인해 정신이 다소 이상해졌다고 주장한다.[16]

그에게는 신체적으로 약간의 결함이 있었다. 그의 왼발 두 번째와 세 번째 발가락은 서로 붙어 있었고 패혈증으로 인해 왼쪽 팔꿈치는 영구적으로 굳어졌다(이 때문에 그는 1916년 군복무에 부적합하다는 판정을 받았다). 그러나 말년에 이르기까지 그에게서는 정신적으로나 신체적으로 퇴화되고 있다는 분명한 징후가 전혀 나타나지 않았다.

당대 사람들은 스탈린이 제정신이라는 사실을 의심하지 않았다. 그의 딸 스베틀라나Svetlana는 "아버지를 신경증 환자라고 부를 수 있는 근거는 어디에도 없다."라고 단호하게 말했다. 스탈린이 죽고 나서야 흐루시초프는 그의 마음을 '병적이다' 혹은 '병약하다'라고 표현하면서 말년에 그가 정신적으로 불안정했다고 말했다. "스탈린의 머리가 온전하지 못하다는 조짐이 보이기 시작한 때는 전쟁 기간 중이었다."[17] 쇼스타코비치Shostakovich는 그의 정신 상태가 불안했다고 말하면서 이렇게 덧붙였다. "세상에 미치광이 통치자는 무수히 많으니, 우리 러시아에도 한 명 있다 해서 이상할 것은 전혀 없다." 그의 전기 작가들 가운데 한 사람은 이러한 정신적 혼란에 관해 영국 대사관에 보고 된 자료에 따르면 그의 주치의가 진찰을 할 때 스탈린과 닮은 몇 사람이 지시를 받고 그 자리에 와 있었기 때문에 그 중 누가 진짜 스탈린인지 알아 볼 수 없었다고 전했다.[18]

스탈린은 일반적인 의미에서 '미친' 사람은 아니었다. 그러나 그의 삶에 관한 이야기들이나 그가 권력을 쫓고 악용한 이야기들을 보면 그에게 정신병에 가까운 비정상적인 면들이 있었음을 알 수 있다. 결국 우리는 요제프 스탈린이 정신병질자나 반사회적 이상성격자라 할 만한 인물이었다는 피할 수 없는 결론에 도달하게 된다.

그의 어린 시절은 정신병질자의 형성 과정을 보여 준다. 그는 1879년 그루지야Georgia에 있는 작은 마을 고리Gori의 오두막집에서 요시프 비사리오노비치 주가시빌리Iosif Vissarionovich Djugashvili라는 이름을 가지고 태어났다. 그의 생가는 후에 심복 부하 베리아Beria에 의해 신전 같은 대리석 건물로 개조되었다. 무솔리니나 히틀러와 마찬가지로 스탈린은 혐오스러운 아버지와 애정 많은 어머니 밑에서 불운한 성장 과정을 거쳤다. 그의 아버지 비사리온Vissarion은 가난한 구두수선공이었고 어머니 이름은 예카테리나 겔라체Ekaterina Geladze 였다. 항간에는 스탈린의 생부가 그의 어머니와 잠시 연인 관계에 있었던 유명한 러시아의 탐험가 니콜라이 프레체발스키Nikolai Prezhevalsky라는 설이 떠돌았다. 그러나 스탈린이 프레체발스키와 신체적으로 닮았다는 점을 제외하면 이러한 설을 확증해 줄 만한 증거는 전혀 없다. 비사리온은 걸핏하면 부인과 아들을 때리는 술고래였고 직업을 잃어 티프리스Tiflis에 있는 아델카노프Adelkhanov 가죽 공장에서 노동자로 일하다가 스탈린이 열한 살이던 1890년 술에 취해 벌인 싸움 도중 칼에 찔려 죽고 말았다.

어머니도 그를 때리기는 했으나 아들의 미래에 대한 야심이 있었고 재봉사 겸 세탁부로 일하면서 그를 고리에 있는 가톨릭 학교에 보냈다. 그녀는 독실한 신자였다. 훗날 스탈린주의자들은 그와 어머니 사이의 애정 어린 관계를 강조했지만 이에 대한 증거는 희박하다. 어머니가 세상을 떠났을 때 그는 장례식에도 참석하지 않았고 그녀의 무덤에 십자가를 세우는 것조차 허락하지 않았다. 그러나 어쨌든 어머니의 노력으로 그는 총명한 소년이 되었고 공장에서 일하라는 아버지의 요구를 피해 고리의 가톨릭 학교에 입학했다가 열다섯 살 때 신부가 될 목적으로 티플리스에 있는 신학교에 들어갔다. 1936년 숨을 거두기 얼마 전 어머니는 그에게 이렇게 말했다. "신부가 되지 못했다니 정말 딱한 일이구나."

스탈린은 아버지를 증오했다. 당시 그의 동급생이었던 요제프 이레마슈빌리Josef Iremashvili는 후에 다음과 같은 글을 남겼다. "부당하고 무시무시한 폭행은 이 소년을 아버지만큼이나 사납고 무정하게 만들었다. 힘이나 나이를 무기로 타인에게 권력을 행사하는 모든 이들은 그의 눈에 마치 아버지처럼 보였고 그로 인해 그의 마음속에서는 자신보다 우위에 서는 모든 이들에 대한 복수심이 자라나게 되었다. 복수심의 실현은 어린 시절부터 그에게 무엇보다 우선하는 목표였다." 그리고 로버트 터커Robert Tucker는 이렇게 말했다. "아버지가 휘두른 위협적인 폭력은 어떤 식으로든 그의 내면에 흡수되었다."[19]

어머니에 대한 그의 태도는 양면적이었다. 이레마슈빌리는 그가 "진심으로 대한 사람은 단 한 명, 바로 그의 어머니였다."고 말했지만 깊은 애정을 입증해 줄 만한 증거는 부족하다. 그녀는 확실히 그를 위해 힘들게 일하고 애정을 쏟아 부었으나 그가 그녀를 얼마나 사랑했는지는 다소 의심스럽다. 하지만 그가 자신감을 키워 스스로의 능력을 절대적으로 확신하게 된 것을 보면 어머니의 믿음을 잘 알고 있었을 가능성이 높다.

그의 학창시절에 관해 알려져 있는 몇 안 되는 사실들에 따르면 그는 고독한 아이인 동시에 싸움대장이었다. 이레마슈빌리의 기록은 다음과 같다. "무언가를 쫓거나 얻기로 결정하면 그는 불안정하고 무절제하고 격정적인 모습을 보였다. 그는 자연을 사랑했으나 생명체는 결코 사랑하지 않았다. 사람이나 짐승에 대한 동정심이 없었던 것이다. 어린아이였을 때조차 그는 동급생들이 기쁜 일이나 고민거리를 얘기하면 대답 대신 얼굴을 찌푸렸다. 나는 그가 웃는 모습을 본 적이 없다." 그는 또 이렇게 덧붙였다. "유년기와 청년기에 그는 자신의 전제적인 의지에 복종하는 사람들에 한해서만 좋은 친구였다." 그는 일찍부터 스스로를 우상화하고 자신이 즐겨 읽던 가공적인 이야기 속 영웅들과 자신을 동일시했다. 대표적인 예로 알렉산더 카츠베기Alexander Kazbegi의 영웅 소설 《부친 살해범The Patricide》에 등장하는 용감한 무법자 코바Koba를 들 수 있는데 코바는 자신이 입은 해를 적들에게 되갚아 주는 인물이다. 스탈린은 한동안 코바라는 별명을 사용했다.[20]

이 어린 신학생은 노래를 잘 한다는 평판도 듣고 처음에는 미사 참례도 꾸준히 했지만 신학교는 그에게 지속적인 영향을 미치지 못했다. 오히려 신학교의 엄격한 일과는 그의 교권반대주의를 더 확고하게 키워줬을 뿐이었다. 한 지도교사는 그에 관해 이렇게 기록했다. "그는 여러 차례 지도교사들에게 큰 소리로 대들었다. 일반적인 학생들에 비해 주가시빌리는 권위 있는 사람들에게 버릇없고 무례하며 한 교사에게는 고의적으로 허리 굽혀 인사하지 않았다." 그는 서서히 흥미를 잃고 태만해졌으며 급진적인 정치 선전에 점점 매력을 느꼈다. 훗날 그는 1899년 신학교에서 퇴학당한 이유가 바로 이 때문이라고 말했지만 그보다는 시험을 보지 않아서 쫓겨났을 가능성이 더 크다. 신학교의 이론적인 가르침과 딱딱한 주입식 신앙 교육은 스탈린이 훗날 마르크스주의 논리를 수용하고 전파하게 된 과정에 영향을 미쳤다.

어린 시절의 경험은 그로 하여금 권력뿐만 아니라 자신이 자란 환경에 대해서도 깊은 원한을 품게 만들었다. 그루지야 출신인 그에게는 특유의 억양이 어느 정도 남아 있었지만 모국의 냉대에 대한 무의식적인 복수심에서 그는 그루지야인들에게 무정한 태도를 취했고 1921년 국가주의자들의 반란을 잔인한 폭력으로 진압했다. 그의 열등감이 심화된 데에는 볼품없는 외모의 영향도 있었다. 키는 160cm를 겨우 넘는 수준이었고 얼굴에는 천연두 자국까지 있었기 때문이다. 현대의 한 작가는 다음과 같이 주장했다.

그가 후반에 보인 행동은 상처 입은 자기애(愛)가 안겨 준 괴로움을 덜고자 하는 무의식적이고 불합리한 욕구를 반영하고 있었다. '육체적으로 학대하는 아버지와 성실하고 헌신적인 어머니 사이에서 그가 경험한 전혀 상반된 관계'는 피할 수 없는 '내적 갈등'을 불러일으켰고 그로 인해 자기애가 손상되었던 것이다... 그는 자신을 숭배했고 동시에 혐오했다. 자신에 대한 숭배가 표면화되어 그는 자아도취적인 개인숭배 사상에 빠져들었다. 그리고 자신에 대한 혐오는 그로 하여금 공포 정치를 실시하고 증오를 표출하게 만들었다. 특히 자신의 잠재적인 동성애 성향을 상기시키는 대상에게 극심한 반감을 일으켰다.[21]

이러한 설명이 추론적이고 억지스러워 보이지만 그가 동지들에게 보인 태도는 마르크스주의에 대한 혐오감보다는 유년기와 사춘기에 겪은 경험에 기인했을 가능성이 높다.

급진적인 정치 운동가였던 그가 당의 서기장이 되어 사실상 (칭호는 얻지 못했어도) 죽은 레닌을 계승하는 국가의 수장이 된 것은 역사에 남을 만한 사건이었다. 그에게 있어 권력은 초년에 겪은 박탈감에 대한 일종의 보상과도 같았다. 일단 권력을 손에 쥐게 되자 그는 차갑고, 자기중심적이고, 무자비하고, 마음을 열지 않는 정치가가 되어 반대자들에게 포악한 행동을 취했다. 부카린Bukharin은 이렇게 말했다.

> 그는 자신이 누구보다 위대하다는 사실을 스스로를 포함하여 한 사람이라도 수긍하지 못하면 굉장히 비참하게 생각했다. 이 비참한 기분은 그가 지니고 있던 가장 인간적인 특징이었다. 그리고 알려지지는 않았지만 다소 악마적인 면을 하나 들자면 이 비참한 기분 때문에 그는 모든 사람들에게 복수했고 특히 어떤 점에서든 그보다 높은 위치에 있거나 잘난 사람들에게는 더욱 악착같이 복수했다... 그는 속이 좁고 독살스러운 사람이다. 아니, 사람이 아니라 악마다.[22]

그를 레닌Lenin Boris Bazhanov과 비교해 보면 다음과 같은 사실을 알 수 있다. "두 사람 모두 광적으로 권력을 갈망했지만 스탈린은 권력을 의무나 부담 없이 징기스칸처럼 이용하려고만 했다. '이 권력을 무엇에 바칠 수 있을까?' 하는 생각은 하지 않은 것이다."[23]

러시아혁명 초기부터 볼셰비키 지도자 레닌과 트로츠키는 권력의 획득과 유지를 위한 정책 수단으로 공포를 이용했다. 따라서 스탈린의 통치가 그들의 통치와 구분되는 점은, 공포를 이용하는 데 있어서 정도의 차이가 있었다는 것 또한 부농(富農)이나 성직자 심지어 동지들까지 포함하여 적으로 간주되는 이들을 가차 없이 숙청했다는 것이다.

쇼스타코비치는 이렇게 말했다. "나는 친구들의 얼굴을 떠올렸다. 그러나 내 눈에 보이는 것은 시체들, 산더미처럼 쌓인 시체들뿐이었다." 또한 그는 자신을 실제로 방해하고 있거나 혹은 방해한다고 여겨지는 이들을 병적으로 배제하여 강제 노동수용소로 보냈으며 고문하여 총살하기도 했다. 때문에 1930년대에도 어떤 이들은 그의 정신 상태를 의심했다. 맥닐McNeal 교수는 다음과 같이 고백한다. "현존하는 증거들만으로는 1930년대 후반 그의 정신 상태에 문제가 있었다고 증명하기는 어렵다. 그러나 1937년 무렵 그의 심리 상태가 정상적이었다고 믿기 또한 어렵다."[24]

스탈린은 러시아를 내향적인 고립 상태로 되돌리면서 경제를 망치고 볼셰비키 제국주의를 발전시키는데 크게 일조했다. 볼셰비키 정권은 발트해 연안 국가들을 흡수했고 순수한 민주주의 정서를 억압하여 1990년대 페레스트로이카perestroika 시대가 오기 전까지 고개를 내밀 수 없게 만들었다. 아이러니컬하게도 히틀러의 실책으로 러시아와 독일 사이의 협정이 깨지자 스탈린은 자신이 끊임없이 속이고 기만하던 루스벨트와 처칠 편에서 동맹을 맺었다. 전쟁은 어떤 의미에서 스탈린의 지도력을 입증해 주었다. 그러나 비참한 전쟁도 그리고 독일의 맹습으로 러시아 국민들이 치러야 했던 엄청난 희생도 그가 국가에 불어넣은 치명적인 불안감에 비하면 약한 충격이었다.

한 가지 목적에만 매달려 가혹한 행위를 일삼았던 스탈린은 강박적인 의심에 사로잡혀 늘 음모와 살해를 두려워했다. 그는 음식을 먹기 전에 꼭 다른 사람에게 먼저 맛을 보게 했고 차는 꼭 밀봉하여 특별한 하인 한 사람만 열어 볼 수 있게 했다. 크레믈린에 있는 저택은 공기 중에 독성 입자가 없는지 검사를 거쳐야 했다.

스탈린은 진정한 친구가 없었고 타인에게 친절할 줄을 몰랐으며 사랑이나 동정과도 거리가 멀었다. 그가 1902년 결혼한 첫 번째 부인 예카테리나 스바니체Ekaterina Svanidze에게 어느 정도 애정을 갖고 있었다는 이야기가 있기는 하나 그녀는 아들을 낳다가 세상을 떠났고 또한 그가 그녀를 난폭하게 대한 경우도 분명히 있었다. 스탈린은 그녀의 장례식에서 이렇게 말했다고 한다. "그녀는 나의 격한 마음을 진정시켜 주곤 했다. 사람들에 대한 나의 따뜻한 감정은 그녀가 죽을 때 모두 함께 죽었다." 영국의 전기 작가 알렉스 드 종Alex de Jonge은 그를 이렇게 표현했다. "그는 심리적인 장애자였다. 장애 때문에 감정의 세계에서 추방되자 그의 시기와 증오는 더욱 불타올랐다."[25]

그는 비서이자 열렬한 공산주의자인 나데주다 알릴루예바Nadezhda Allilueva와 재혼했다. 그러나 1932년 31세의 나이로 그녀는 급성 우울증에 시달려(그녀의 형제자매는 정신분열증을 앓았다) 권총 자살했다. 스탈린은 독신으로 지내지는 않았으나 친밀한 반려자는 얻지 못했다. 아이들과의 관계는 냉담하고 적대적이기까지 했다. 아들 야코프Yakov는 그의 대우를 견디지 못해 자살을 기도했다가 실패한 후 유대인과 결혼하여 아버지를 화나게 했다. 또 한 번은 독일군에게 체포되어 아버지에게 치욕을 안겨 주었는데 이때 그는 작센하우젠 Sachsenhausen 포로수용소에서 소등 시간이 되었는데도 독방에 다시 들어가지 않아 간수들에게 총살당했다. 아이러니컬하게도 작센하우젠 수용소는 후에 러시아의 독일인 집단 처형장이 되었다. 다른 아들 바실리Vasily는 방탕한 연애로 아버지에게 실망을 주다가 알코올 중독자가 되어 세상을 떠났다. 스탈린이 어느 정도 애정을 가지고 대한 딸 스베틀라나는 오랫동안 아버지에게 순종했으나, 엄격한 통제에 반항하여 유대인을 첫 남편으로 맞아들였다. 스탈린은 여덟 명의 손자들에게 거의 혹은 전혀 관심을 보이지 않았다.

정신병질자의 주된 요소들은 스탈린에게서 나타난 특징들과 완벽하게 맞아 떨어진다. 그는 아버지에게서 거부당해 굴욕적인 어린 시절을 보냈다. 그는 지적이고 유능한 남자로서 망상이나 착각에 시달리지도 않았고 이성적으로 행동했다. 그러나 그는 전적으로 자기중심적이어서 비난이나 죄책감을 허용치 않았다. 스탈린은 자신의 목적을 위해 국민들을 교묘히 이용했지만 정책에 대한 그럴 듯한 설명으로 그들을 납득시킴으로써 마음에서 우러나온 관심을 얻을 수 있었다. 그는 타인에 대한 동정심이 부족하여 반대자들은 모두 거리낌 없이 희생시켰다. 이 고독한 남자에게는 거의 미국의 정신병질적인 집단살해범과 같은 본능이 있었다. 그에게는 모든 애정적 유대가 결여되어 있었으며 그의 성 생활은 비인간적이고 무의미했다. 그는 거의 병에 가까울 정도로 인간적인 온정과 동정심이 부족했고 오직 권력의 추구에만 인생을 바치다가 1952년 고혈압과 그 부수적인 문제들이 뇌졸중을 일으켜 사망했다.

니콜라에 차우세스쿠Nicolae Ceausescu는 부인 엘레나Elena와 함께 1989년 12월 루마니아 혁명 중에 처형되었는데 그의 생애는 여러 가지 면에서 마치 스탈린의 생애가 축소된 것처럼 닮았다. 영세 농민의 가정환경은 그를 급진적인 사회주의자로 만들었다. 본래 생업은 구두 수선공이었지만 그는 막강한 권력을 얻어 반대자들을 제거했고 전제군주로서 마르크스주의 신념을 내세우며 루마니아를 24년 동안 지배했다. 마르크스주의는 그의 인생 초반에 어떤 의미였는지는 상관없이 나중에는 개인적인 야망을 구체화하기 위한 눈가리개가 되었다. 그리고 날이 갈수록 그는 스스로 만든 전설의 희생양이 되어 갔다. 기계인간처럼 박수갈채를 보내는 추종자들에 둘러싸여 자신이 원하던 대로 '지휘자'라 불리던 그는 '속세의 신이자 역사와 영원의 상징'이 되었다.

국민의 빈곤은 안중에도 없이 차우세스쿠와 그의 부인은 사치스러운 생활에 빠져 지냈고 자신들의 업적을 기념하기 위해 서슴없이 부쿠레슈티Bucharest의 약 16개 교회와 3개 수도원, 수백 채의 집을 헐물어 그 자리에 사회주의 승리를 기념하는 대로와 궁전을 세웠다.

이 궁전은 규모로 보나 화려함으로 보나 베르사유 궁전을 능가했다. 차우세스쿠는 루마니아인들이 고대 다키아Dacia의 후손이고 자신은 트라야누스Trajan 황제의 계승자라고 생각했지만 이는 적합한 비유는 아니다. 성격이나 행동으로 보면 그는 트라야누스보다 그의 선조 도미티아누스Domitian와 더 닮았기 때문이다. 스탈린처럼 과대망상증이 있었던 그는 언제나 음모가 일어날 가능성에 대한 두려움에 시달렸다. 그는 음식을 다른 사람에게 먼저 맛보게 했고 독이 스며들지 않았을까 걱정하여 옷도 자주 갈아입었다. 그를 비난하는 자들은 가차 없이 제거되었다. 권력을 누리게 될수록 그는 점점 더 자신이 만든 환상의 세계로 빠져들었다. 그가 실제로 기본적인 인격 장애를 겪었는지 여부를 확인시켜 줄 만한 증거는 충분지 못하다. 그러나 이 가벼운 조증에 걸린 정치가에 관해서는 다음과 같은 이야기가 전해진다. "파우스트의 경우에서처럼 그가 불러낸 악마는 그의 종이 되어 그에게 무한한 힘을 주기로 했다 – 단, 악마가 제시하는 것을 그가 원하는 경우에 한해서였다. 그러나 파우스트의 그레첸Gretchen

과 같은 희생양을 보고 그가 한 번이라도 마음 아파한다면 좋이었던 악마는 그 즉시 무시무시한 주인으로 변해 그를 파멸시킬 것이다."[26]

루마니아의 희곡 작가 유진 이오네스코Eugene Ionesco는 이렇게 주장했다. "차우세스쿠는 광인이다. 권력을 갈망하는 그 부인 또한 광인이며 아들은 얼간이다. 이 세 사람은 거리낌 없이 2천 3백만 국민을 고문할 수 있는 권한을 누리고 있다."[27]

무솔리니와 히틀러, 스탈린은 독재자 부류의 전형이었고 차우세스쿠는 가장 최근의 유럽 독재자였다. 독재는 특히 현대 세계에서 특징적으로 나타나는 정치적인 현상이었다. 그리고 이러한 전제 정치는 유럽에만 국한된 것이 아니었다. 우간다의 지도자 이디 아민Idi Amin이 잔인하고 포악한 통치를 한 이유가 기본적으로 종족 감정 때문이었는지 몰라도 그는 매독 감염의 의심을 받았고 실제로 여러 가지 불안정한 증상들을 보였다. 리비아의 지도자 무아마르 가다피Muamaar Gaddafi 대령은 한 가지 이상의 신경 장애를 겪었다고 알려져 있으며 평소 행동이나 대중 연설에서도 정신적으로 불안정한 모습을 보였다. 또한 중앙아프리카의 황제 보카사Bokassa 1세는 확실히 정신이상의 아슬아슬한 경계에 머물면서 스스로를 나폴레옹의 화신이라 생각했다.

이 기괴한 무리에 가장 최근 가담한 인물은 이라크 대통령 사담 후세인Saddam Hussein으로 무자비한 권력 추구와 광신적인 아랍민족주의를 통해 문명화된 가치관을 짓밟았다. 그는 1937년 비교적 초라한 집안에서 태어났다. 그가 아직 어렸을 때 아버지는 세상을 떠났고 군인 장교인 숙부는 그를 난폭하게 대하면서 거의 애정을 보이지 않았다. 학교생활에 실패한 그는 곧 아랍 사회주의 부흥당(바트당)에 입당했고 나중에는 유년기와 사춘기에 겪은 시련과 고통에 대해 지나친 보상을 얻으려 애썼다. 스탈린과 마찬가지로 그는 정치적인 암살 훈련을 받았으며 살인을 통해 공훈을 세우고자 했다. 그러나 공산주의자들의 지지를 받는 군인 통치자 압델 카림 콰셈Abdel Karim Quassem을 살해하려던 시도는 실패로 돌아갔다. 전문가적인 정치 선동가였던 그는 자기 우상화라는 한 가지 목표에 전념했는데 반유대주의와 반미주의 전개를 통해 많은 아랍인들의 호감을 얻을 수 있었다. 그는 육군사관학교 입학 허가를 받지 못했기 때문에 사실 직업 군인으로 활동한 적은 없었다. 그럼에도 그는 스스로를 단일 아랍민족 국가 창조에 헌신하는 군인 지도자로 묘사했고 뛰어난 선전가로서 청중의 마음에 들도록 자신의 역할을 조정했다. 후세인은 수니파Sunni였지만 시아파Shia 초대 이맘Imam 알리Ali의 후손이라 이야기를 꾸몄고 20세기 이라크를 아시리아와 바빌로니아 제국의 정통 계승자라고 생각했다. 두 제국의 멸망은 여전히 그의 마음을 쓸쓸하게 만들었다. 다른 독재자들이 그랬듯 후세인도 건축물을 통해 자신의 흔적을 후대에 남기고자 했고 그리하여 바그다드에 거대한 전쟁기념탑을 세웠다. 이 탑에는 히틀러의 두 손에 언월도(偃月刀)가 쥐어져 있는 형상이 아치 모양으로 표현되어 8년에 걸친 이란과의 유혈 전쟁을 기념하고 있다.

물론, 현재 생존해 있는 독재자들에 대한 평가는 모두 상당히 추론적이다. 신체적, 정신적 건강 상태에 관한 증거들이 불충분하여 어떤 결론도 내릴 수 없기 때문이다. 폭군 혹은 독재자라 불리는 이들이 모두 정신이상자였거나 정신적으로 불안정했다는 주장은 너무 경솔한 결론이다. 어쩌면 그들은 단지 남보다 조금 더 야심적이고 이기주의적인 정치가들로서 자기 자신뿐만 아니라 국민들에게도 자신이 어떤 식으로든 국가의 진정한 이익을 실현하고 있다는 사실을 교묘하게 납득시킨 것일 수도 있기 때문이다. 그러나 그들의 정신적인 불안정을 보여 주는 증거가 불충분하다고는 해도 그들의 행동은 우리에게 거북한 기분을 남겨 준다. 그들이 취한 방식들은 확실히 정신병질자의 전형적인 특징들을 반영하고 있기 때문이다.

독재자는 너무나 단순한 그러나 왜곡된 세계관을 지니고 있으며 여기에는 편집증이 잠재적으로 깔려 있다. 독재자가 보는 세계에는 자기 자신이 대표하는 선한 사람과 선한 사상이 있고 반대로 자신의 완전무결함을 위협하는, 그러기에 제거해야 하는 악한 사람과 악한 사상이 있다. 그러나 사실상 독재자의 근본적인 열등감과 불안감이 만들어내는 지나친 의심 때문에 '선한 사람'도 쉽사리 '악한 사람'이 되어 결과적으로 제거 대상이 되어버릴 수 있다.

독재자는 무엇보다 기본적으로 결여된 자존심을 위대한 업적을 통해 보완하려 애쓰며 화려한 의식과 후대에 남을 건축물을 통해 자기 확대 욕구를 충족시키려 한다. 바로 이러한 이유 때문에 히틀러는 끊임없이 건축가 슈페어를 활용하여 베를린 재건에 관심을 쏟은 것이다. 독재자는 공적이고 애국주의적인 목적을 내세워 사적인 포부를 합리화한다. 또한 굴욕감이나 비난, 반항을 견디지 못하기 때문에 적뿐만 아니라 친구도 그가 부리는 변덕의 희생자가 될 수 있다. 권력을 쫓는 과정과 유지하는 과정에서 내적 욕구를 충족시키기 위해 독재자는 공포와 위협을 이용해 경쟁자들을 제거하고 적대자들을 진압한다. 그는 힘과 선전 그리고 논증을 통해 자신의 뜻을 강요한다. 이러한 과정에서 그는 자신의 영웅성을 높일 수 있도록 개인적인 신화를 만드는데 이 신화에 현실적인 기초는 거의 혹은 전혀 없다.

결국 그는 자기기만의 희생양이 되고 그 결과 자멸에 이를 뿐만 아니라 타인에게도 막대한 고통을 입힌다. 모니-키Money-Kyrle는 독재자를 다음과 같이 설명한다. "독재자는 일종의 개인적인 정글 속에서 살아간다. 그곳에서는 거짓 친구들과 믿을 수 없는 적들이 그를 함정에 빠뜨리기 위해 늘 기다리고 있다. 이들에 맞서 독재자는 뛰어난 능력을 발휘하여 끊임없이 스스로를 보호해야 한다. 그의 병은 세상의 진리가 개념적으로 왜곡됨으로 인해 발생한다."[28]

20세기 독재자들의 삶은 이 책 전반에 걸친 주제를 강조해 준다. 즉, 상처 입은 인간이 최고 권력자라는 위치에서 내리는 결정과 그가 펴는 정책은 수많은 동료 인간들에게 엄청나게 해로운 영향을 미칠 수 있다. 마오쩌뚱이나 호메이니 등 이 책에서 살펴보지 않은 우리 시대의 여러 위험인물들은 말할 것도 없거니와 히틀러나 스탈린이 우리 인간들에게 미친 영향은 이루 헤아릴 수 없을 만큼 막대하다.

역사를 사회운동과 인간 외적 관점에서 해석하는 일이 일종의 유행이 되었다고는 해도 역사가가 인간적인 관점을 무시하는 것은 위험한 일이다. 지도자가 단순히 사회운동의 포부를 표출하고 있는 것처럼 보인다 해도 어느 때고 그 지도자가 행사하는 권력은 그 영향에 대해서도 그리고 변화, 즉 역사의 흐름에 대해서도 충분히 결정적일 수 있다. 앞서 살펴보았듯이 이러한 결정들은 때때로 추론이나 정치적 이상주의의 산물이기보다는 개인적인 욕망의 표출일 수 있으며 경우에 따라서는 신체적인 질병이나 정신적인 불안정으로 인해 형성되기도 한다.

더욱 당황스러운 사실은 정상적인 남성이나 여성이 길을 가다가 속임수에 말려들어 무시무시한 목적을 열렬히 지지하게 될 수도 있다는 것이다. 이러한 목적은 일종의 애국적, 종교적 혹은 이데올로기적 보호막 아래 숨겨져 있는 경우가 많다. 불행하게도 미래 역사에서 언젠가 군중이 또 다른 불안한 독재자나 어리석은 정치가에게 병적인 환호를 보내며 자국에 해가 되는 일에 앞장서지 않으리라는 보장은 없다.

셰익스피어의 《존 왕》에서 한 서자는 이렇게 외쳤다. "미친 세상! 미친 왕들! 이건 미친 결합이야!" 여기에서 우리가 얻을 수 있는 교훈이 있을까? 비록 미친 왕과 여왕들은 이제 머나먼 망각의 과거 세계로 사라진 유령에 불과하지만 그들의 비정상적인 인격을 늘 따라다니고 부분적으로 그들의 불안정을 자극하기도 한 문제들은 완전히 사라지지 않았다. 세계적인 사건들이 일어나는 이 황야에서는 더 지독한 냄새까지는 아닐지라도 여전히 화약 냄새가 풍긴다. 지금도 수많은 미치광이 정치가들이 이타주의와 애국심이라는 허울 아래 개인적인 강박관념과 야심을 펼쳐 놓고 있다. 독재자들 또한 여전히 막대한 권력을 휘두르고 있으며 언제라도 터뜨릴 수 있는 공포와 교묘하게 끌어들인 대중의 호의를 이용해 지위를 지키고 있다. 이성이 결여된 맹목적 테러리즘은 북 아일랜드 지방과 한때 번성하던 레바논과 보스니아 그리고 여타 무수한 지역들을 할퀴고 지나갔다. 자리를 잘못 잡은 종교적 광신은 이슬람 일부 지역에서 아직도 해롭게 이용되고 있지만 다행히도 점점 사라져 가고 있다. 그러나 사회적, 정치적 문제들은 불합리한 결과들을 불러일으킬 수 있다.

관용의 시대라 일컬어지는 이 시각에도 소수자들에 대한 박해는 여전히 불합리한 전제를 바탕으로 진행되고 있어, 유색인종이나 동성애자, 유대인 그밖에 여러 사람들이 정상적이라 할 만한 대우를 받지 못하고 있다. 과거 전쟁으로 인한 인류 희생의 무의미함이 되풀이 입증되었음에도 불구하고 남자든 여자든 이 사실을 잊어버린 채 여전히 전쟁이라는 최고의 미친 짓에 관해 이야기하고 있다.

우리는 언제쯤이면 깨닫게 될까? 콜리지Coleridge는 1831년 이런 글을 남겼다. "인간이 역사를 통해 배울 수 있다면 우리가 얻을 수 있는 교훈이 얼마나 많겠는가! 그러나 격정과 당파는 우리의 눈을 멀게 하며 경험이 비춰 주는 빛은 선미(船尾)에 달린 등불이어서 우리가 뒤에 남기는 물결 밖에 비추지 못한다!" 무서운 사실은 1993년에 이르러서도 고대 로마에서와 별 다를 바 없이 대중은 지도자들이 늘어놓는 무의미한 약속들을 쉽사리 수용하고 환호한다는 것이다. 남자든 여자든 개개인으로서는 자신의 진정한 권리가 무엇인지 깨닫지 못하고 혹시 깨닫는다 하더라도 그 권리를 제대로 행사하지 못하는 경향이 있다. 어떤 면에서 보면 페레스트로이카조차도 잘못된 개혁의 흔적들을 보이고 있다.

"이 세상은 미쳤어요!"

그러나 너무 비관적인 말로 이 책을 끝맺어서는 안 될 것 같다. 물론 남자든 여자든 스스로 통제할 수 없는 역사의 흐름 속에 사로잡힌 희생자들은 신의 섭리보다는 세속의 운명에 희생되는 경우가 많았다. 하지만 그럼에도 불구하고 이 연구에서는, 역사 형성 과정에서 개개인이 실제적으로 중요한 역할을 한다는 사실이 입증되었다. 최소한 어느 정도 위안이 되는 점이 한 가지는 있다. 이기주의적인 정치가들의 실체 없는 이상주의에 의문을 제기하는 일이나 웅변술이 얼마나 뛰어나든 정치적 책무에는 부적합한 인물이 국민들을 교묘한 말로 속이지 못하도록 막는 일이 바로 주의 깊고 교양 있는 유권자의 역량에 달려 있다는 사실이다.

서론

1 예를 들어, H. Zinsser, Rats, Lice and History, London, 1945; L.F. Hirst, The Conquest of Plague, Oxford, 1953; W.H. McNeill, Plagues and Peoples, Oxford, 1977.

2 II Kings, 19:35-6; Herodotus, History, ii, p. 141.

3 J.F.D. Shrewsbury, The Plague of Athens, Bulletin of the History of Medicine (1950), pp. 1-25; P. Salway와 W. Dell, The Plague at Athens, Greece and Rome, XXIV (1955), pp. 62-70; D.L. Page, Thucydides' Description of the Great Plague at Athens, Classical Quarterly, III (1953), pp. 97-119; E.W. Williams, The Sickness at Athens, Greece and Rome, XXVI (1957), pp. 98-153; Sir William MacArthur, The Plague of Athens, Bulletin of the History of Medicine, XXXII (1958), pp. 242-6; R.J. Littman과 J. Littman, The Athenian Plague: Smallpox, Transactions of the American Philological Association (1969), 261-75; J.F.C. Poole과 A.J. Holladay, Thucydides and the Plague of Athens, Classical Quarterly, n.s. XXIX (1979), pp. 282-300; James Longrigg, The Great Plague of Athens, History of Science, XVIII (1980), pp. 209-25; J.F.C. Poole과 A.J. Holladay, Thucydides and the Plague; A Footnote, Classical Quarterly, n.s. XXXII (1982), pp. 235-6; J.A.H. Wylie와 H.W. Stubbs, The Plague at Athens 430-428 BC: Epidemic and Epizootic, Classical Quarterly, n.s. XXXIII (1983), pp. 6-11; J.F.C. Poole과 A.J. Holladay, Thucydides and the Plague: A Further Footnote, Classical Quarterly, n.s. XXXIV (1984), pp. 483-5.

4 Thucydides, History of the Peloponnesian War, II, cc. xlviii-liv.

5 Procopius, History, II, c. xxii.

6 Bede, Ecclesiastical History, III, cc. 27, 30; J.F.D. Shrewsbury, The Yello Plague, Journal of the History of Medicine, IV (1949), pp. 15-47; Wilfrid Bonser, Epidemics during the Anglo-Saxon Period, Journal of the British Archaeological Association, 3rd ser., IX (1944), pp. 55-70.

7 P. Ziegler, The Black Death, London, 1969; J.F.D. Shrewsbury, A History of Bubonic Plague in The British Isles, Cambridge, 1970; J. Hatcher, Plague, Population and the English Economy 1348-1530, Cambridge, 1977; 이후 시기의 역병과 그 사회적 영향에 관해서는 Paul Slack, The Impact of Plague in Tudor and Stuart England, London, 1985. 이 병을 검은 쥐가 옮겼다는 내용에 관해서는 Graham Twigg, The Black Death; A Biological Reappraisal, New York, 1985; David E. Davis, The Scarcity of Rats and The Black Death, Journal of InterDisciplinary Kistiory, XVI(1986), 55-70

8 Donald R. Hopkins, Princes and Peasants: Smallpox in History, Chicago, 1983; Ann G. Carmichael과 A.M. Silverstein, Smallpox in Europe before Seventeenth Century, Journal of the History of Medicine, XLII (1987), pp. 147-68.

9 Percy M. Ashburn, The Ranks of Death: A Medical History of the Conquest of America, New York, 1947; E.W. Stearn과 A.E. Stearn, The Effect of Smallpox on the Destiny of the American Indians, Boston, 1947; Peter Gerhard, A Guide to the Historical Geography of New Spain, Cambridge, 1972; H.F. Dobyns, An Outline of Andean Epidemic History to 1720, Bulletin of the History of Medicine, XVIII (1963), 493-515; D. Alden과 J.C. Miller, Out of Africa: The Slave Trade and the Transmission of Smallpox to Brazil, 1560-1631, Journal

주

of InterDisciplinary History, XVIII (1987), pp. 195-223.

10 A. Briggs, Cholera and Society in the Nineteenth Century, Past and Present, XIX (1961), 76-96; R.J. Morris, Cholera, 1832, The social Response to an Epidemic, New York, 1976; Francois Delaporte, Disease and Civilization: The Cholera in Paris, 1832, A. Goldhammer 역, Cambridge, 1986; Richard J. Evans, Death in Hamburg: Society and Politics in the Cholera Years, Oxford, 1989.

11 S.N. Brody, The Disease of the Soul, Leprosy in Medieval Literature, Ithaca, N.Y., 1974.

12 C. Quetel, Le Mal de Naples: Histoire de la syphilis, Paris, 1986 J. Brodrick, B. Pike 공역, London, 1992; Alfred Crosby, The Columban Exchange: Biological and Cultural Exchanges of 1492, Westport, Conn., 1972; Francisco Guerra, 'The Problem of Syphilis' in First Images of America, ii, 845-51; Richard Davenport-Hines, Sex, Death and Punishment, London, 1990.

13 같은 출처, p. 6.

14 Dennis Altman, AIDS and the New Puritanism, 1986 참조; Randy Shilts, And the Band Played On, New York, 1987; E. Fee와 D. Fox, Contemporary Historiography of AIDS, Journal of social History, XXIII (1988), pp. 303-14.

15 Normsn Cohn, The Pursuit of the Millennium, London, 1957, pp. 124-38.

16 J. Barger, E.rgot and Ergotism, London, 1931.

17 J.G. Fuller, The Day of St. Anthony's Fire, London, 1969.

18 C. Turnbull, The Mountain People, New York, 1972.

19 예를 들어, W. Sargant, The Battle for the Mind, London, 1957.

1. 로마의 비밀 주연(酒宴)

대다수 로마 역사가들의 신뢰도에 대해서는 늘 의문이 제기되어 왔다. Tacitus와 Suetonius가 역사를 기록하던 때는 이미 그 사건들이 일어난 후로 오랜 시간이 지난 시점이었다. 이들은 사상적으로 반(反)제국주의자였고 감정적으로 공화주의자였다. Dio Cassius와 Herodian은 모두 뜬소문 같은 일화들을 너무 늘어놓는다는 평을 듣는다. 그러나 이들이 쓴 이야기의 진실성이 의심스럽다 하더라도 이들이 남긴 기록의 유효성은 인정되어야 한다. Dio Cassius는 2세기 후반과 3세기 초 사건들이 일어나던 당시 생존해 있던 역사가이다. 그리고 Herodian은 240년대 후반 사건들을 기록할 때 상당히 나이가 든 상태였다. 하지만 그가 기록한 사건들 중 일부는 직접 목격한 일들이었을 가능성이 높다. 예컨대 그는 188년에서 193년 사이 로마에 있었기 때문이다. 그가 기록한 역사에 전혀 오류가 없을 수는 없다 해도 여러 가지 면에서 볼 때 그의 글은 신뢰할 만하고 신중하다.

주

참고 자료: R. Syme, Tacitus, Oxford, 1958; F. Millar, A Study of Cassius Dio, Oxford, 1964.

1 Suetonius, Lives of the Caesars, I, xlix, liv.

2 G. Maranon, Tiberius, London, 1956; Robin Seager, Tiberius, London, 1972; B.M. Levick, Tiberius, London, 1976.

3 Maranon은 티베리우스가 성적으로 소심했다고 주장한다: Tiberius, 9-19, 198-203.

4 Seneca, 100, VI, 32.

5 Suetonius, II, lxv.

6 같은 출처, III, xxiii.

7 Tacitus, Annals, III, iv.

8 Tacitus, Annals, VI, i. 다음 문헌에서는 Suetonius와 Tacitus, Dio Cassius가 남긴 수사적인 일화들의 신뢰성이 부족함을 강조하고 있다: F.B. Marsh, The Reign of Tiberius, Oxford, 1931.

9 Suetonius, III, xliii, xliv, lxii.

10 Maranon, Tiberius, 212.

11 J.P.V.D. Balsdon, The Emperor Gaius, Oxford, 1934; 가장 최근의 연구 자료는 Anthony Barrett, Caligula: The Corruption of Rome, London, 1990.

12 Seneca, De Consolatione ad Polybium, XVII, 3.

13 Suetonius, IV, xxii.

14 Philo, Legatio, 76 이하.

15 Suetonius, IV, xxii.

16 같은 출처, xix.

17 같은 출처.

18 같은 출처, xlvi, xlvii.

19 같은 출처, IV, lv.

20 A.T. Sandison, The Madness of the Emperor Caligula, Medical History, II (1958), 202-9,; C. von Economo, Encephalitis Lethargica, Oxford, 1931; Henry Brill, Postencephalitic States of Conditions, American Handbook of Psychiatry, 2판, Sylvano Arieti 편저, 권 IV, New York, 1975, pp. 152-65.

21 A. Momigliano, Claudius: the Emperor and his Achievement, Cambridge, 1961,; Barbara Levick, Claudius, London, 1990.

22 M.T. Griffin, Nero, the End of a Dynasty, London, 1984.

23 같은 출처.

24 Dio Cassius, LXXIII, 15.

25 Herodian, History, I, xiv, 8.

26 Dio Cassius, LXXIII, 17 이하; Herodian, History, I, xv, 5.

27 같은 출처, 8-9.

28 같은 출처, xvi, 4-12.

29 원인은 분명치 않으나 Herodian은 그가 위통 때문에 군대를 멈

쳐 세우고 "통증을 줄이기 위해 수행원 한 명과 떠났다."라고 말한
다(IV, xiii, 4).

30 이 이야기에 관해 재미있게 읽을 수 있는 소설은 Alfred Duggan,
Family Favourites, London, 1930.

31 Herodian, History, V. iii.

32 Dio Cassius, LXXX, 14.

33 같은 출처, 13.

34 같은 출처, 16.

35 Herodian, History V, vii, 6.

36 American Diagnostic and Statistical Manual, 1980, pp. 315-17.

2. 중세의 3대 비극

1 C. Petit-Dutaillis, The Feudal Monarchy in France and England, Lon-
don, 1936, pp. 215-16.

2 American Journal of Insanity, LXVI (1910), pp. 445-64.

3 A.B. Steel, Richard II, Cambridge, 1962.

4 S. Painter, The Reign of King John, Baltimore, Md., 1949; W.L. War-
ren, King John, London, 1961; J.C. Holt, The Northerners, Oxford,
1961; J.c. Holt, Magna Carta, Cambridge, 1965.

Gerald of Wales, De Principis Instructione, Opera, G.F. Warner 편저,

5 viii, Rolls Series, London, 1891, p.301.

6 같은 출처, p. 309.

7 Arnulf of Lisieux, Letters, F. Barlow 편저, Camden Society, 1939, No.
42, p. 73.

8 Materials for the History of Becket, J.C. Robertson 편저, Rolls Series,
London, 1882, 권 VI, p. 72

9 Roger of Wendover, Flores Historiarum, H.G. Hewlett 편저, Rolls Series, London, 1886, 권 I, pp. 316-17; Painter, King John, p. 270-1.

10 Richard of Devizes, Chronicles of the Reigns of Stephen, Henry II and Richard I, R. Howlett 편저, Rolls Series, London, 1884-90, p. 111, 408.

11 Ralph of Coggeshall, Chronicon Anglicanum, J. Stevenson 편저, Rolls Series, London, 1875, p. 138.

12 Annals of Margam in Annales Monastici, H.R. Luard 편저, Rolls Series, London, 1864, p. 27.

13 같은 출처, p. 27.

14 Roger of Wendover, Flores Historiarum, p. 482.

15 Chalfont Robinson, American Journal of Insanity, LXVI (1910), pp. 445-64.

16 Hilda Johnstone, Edward of Carnarvon, Manchester, 1946, p. 124.

17 같은 출처, p. 86.

18 R. Higden, Polychronicon, J.R. Lumby 편저, 1882, 권 VIII, p. 298.

19 Hilda Johnstone, The eccentricities of Edard II, English Historical Review, XLVIII, (1933), p. 265.

20 Sir Thomas Gray, Scalacronica, J. Stevenson 편저, Edinburgh, Maitland Club, 권 XL, 1836, p. 75.

21 G.L. Haskins, Speculum, XIX (1939), pp. 73-81.

22 Amis and Amiloun, M. Leach 편저, Early English Texts Society, 1937; G. Mathew, The Court of Richard II, London, 1968, pp. 138-9.

23 Chronica Monasterii de Melsa, E.A. Bond 편저, Rolls Series, London, 1867, 권 II, p. 355.

24 Higden, Polychronicon VIII, p. 29.

25 같은 출처, p. 296; 최근의 평가에 관해서는 다음을 참조. J.S. Hamilton, Piers Gaveston, Earl of Cornwall 1307-12; Politics and Patronage

in the reign of Edward II, Hemel Hempstead, 1989.

26 Vita Edwardi Secundi, N. Denholm-Young 편저, London, 1957, p. 15.

27 T.F. Tout, The Place of Edward II in English History, 개정판, H. Johnstone, Manchester, 1936, pp. 12-13n; Hamilton, Piers Gaveston, p. 75.

28 Marc Bloch, The Royal Touch, J.E. Anderson 역, London, 1973, pp. 56-7.

29 Chron. de Melsa, II, pp. 335-6.

30 A.W. Goodman, Cartulary of Winchester Cathedral, Winchester, 1927, No. 233, p. 105.

31 J.R. Maddicott, Thomas of Lancaster, Oxford, 1970, p. 259 이하.

32 Natalie Fryde, The Tyranny and Fall of Edward II, 1321-26, Cambridge, 1979.

33 같은 출처, pp. 163-4; G.O. Sayles, Select Cases, Selden Society, London, 1957, IV, p. 155.

34 Fryde, Tyranny and Fall, p. 15.

35 John Trevisa가 번역한 Higden의 라틴서 Polychronicon (VIII, pp. 324-5)에 언급된 내용; Trevisa는 버클리의 주교대리였다.

36 G.P. Cuttino와 T.W. Lyman, Where is Edward II? Speculum LII (1978).

37 A.B. Steel, Richard II, Cambridge, 1941; R.H. Jones, The Royal Policy of Richard II, Oxford, 1968; Anthony Tuck, Richard II and the English Nobility, London, 1973.

38 Steel, Richard II, pp. 174-5.

39 King Richard II, III, ii, 54.

40 Eulogium Historiarum, F.S. Heydon 편저, Rolls Series, London, 1863, III, p.378.

주

41 V.H. Galbraith, A New Life of Richard II, History, XXVI (1942), pp. 223-39.

42 Steel, Richard II, pp. 174-5.

43 Adam of Usk, Chronicon, E. Maunde Thompson 편저, London, 1904, p. 30.

44 Dieulacres Chronicle, in Fourteenth Century Studies, M.V. Clarke와 V.H. Galbraith 편저, Oxford, 1937, p. 173.

3. 성인(聖人)이 된 왕

R.L. Storey, The End of the House of Lancaster, London, 1966; B. Wolffe, Henry VI, London, 1981; R.A. Griffiths, The Reign of Henry VI, London, 1981.

1 P. McNiven, The Problem of Henry IV's Health, English Historical Review, C (1985), pp. 761-72.

2 E.M.W. Tillyard, Shakespeare's History Plays, London, 1944.

3 S.B. Chrimes, The Pretensions of the Duke of Gloucester in 1422, English Historical Review, XLV (1930), pp. 101-3.

4 G.L. Harriss, Cardinal Beaufort, Oxford, 1988.

5 A Chronicle of London, N.H. Nicholas 편저, London, 1827, pp. 111-12.

6 Chronicles of London, C.L. Kingsford 편저, Oxford, 1905, p. 285.

7 Wolffe, Henry VI, p. 41.

8 John Blacman, Henry the Sixth, M.R. James 편역, Cambridge, 1919. Storey, The End of the House of Lancaster, p. 34; The Brut, F.W.D.

9 Brie 편저, EETS, 1905/8, 권 II, p. 485; Excerpta Historica, S. Bentley

편저, London, 1833, p. 390; C.A.F. Meekings, Thomas Kerver's Case, English Historical Review, XC (1975), pp. 331-45.

10 Storey, House of Lancaster, pp. 34-5.

11 왕에 대한 John Whetehamstede의 생각: Registra Abbatum Monasteri Sancti Albani, H.T. Riley 편저, 권 I, pp. xvii, 248-61; 권 II, pp. xvi-xvii.

12 R.F. Hunnisett, Treason by Words, Sussex Notes and Queries, XIV (1954), pp. 117-19.

13 Bale's Chronicle, Six Town Chronicles, Ralph Flenley 편저, Oxford, 1911, p. 140.

14 Whetehamstede, Registrum, I, p. 163.

15 Storey, House of Lancaster, p. 136.

16 Paston Letters, I, J. Gairdner 편저, Edinburgh, 1910, pp. 263-4.

17 J.R. Lander, Henry VI and the Duke of York's Second Protectorate, Bulletin of the John Rylands Library, XLIII (1960), pp. 46-69.

18 Rotuli Parliamentorum V, p. 241-2.

19 Basil Clarke, Mental Disorder in Earlier Britain, Cardiff, 1975, p. 180-3.

20 Paston Letters, I, pp, 315-16.

21 Foedera, J. Rymer 편저, V, pp. 366.

22 Clarke, Mental Disorder, p. 184; Lander, Henry VI and the Duke of York, p. 51.

23 Paston Letters, I, p. 352.

24 Rotuli Parliamentorum, V, p. 453.

25 R.L. Storey는 이를 가능한 진단이라 판단했다 (House of Lancaster, pp. 136n, 252n.); 그리고 Basil Clarke의 판단으로는 가장 가능성 높은 진단이었다 (Mental Disorder, p. 186). 그러나 John Cole은 이 진단에 의문을 제기했다: Welsh Historical Review (1977), pp. 356-7.

John Saltmarsh는 헨리의 병을 우울성 혼미(depressive stupor)라 칭했
다 (King Henry VI and the Royal Foundations of Cambridge, Cam-
bridge, 1972, p. 11); Wolffe의 결론은 '정보 불충분' 이었다 (Henry
VI, pp. 270-1n).

26 Henrici VI Angliae Regis Miracula Postuma, Paul Grosjean 편저,
Brussels, 1935; The Miracles of King Henry VI, Ronald Knox와 Shane
Leslie 편역, Cambridge, 1923; Clarke, Mental Disorder, pp. 151-75;
Wolffe, Henry VI, pp. 354-5.

27 같은 출처, p. 352.

4. 프랑스 왕가의 불운

A. Brachet, Pathologie mentale des rois de France, Paris, 1903. 최근의 두
연구 자료: F. Autrand, Charles VI, Paris, 1986; R.C. Famiglietti, Royal
Intrigue: Crisis at the Court of Charles VI 1392-1420, New York, 1986.
Famiglietti는 '황폐한 마음' 에 샤를의 정신병에 관한 훌륭한 설명을 제시
하고 있다. 또한 그의 광기에 관한 기사들도 열거하고 있다(p. 205 n. 2).

1 Brachet, Pathologie mentale des rois de France, p. 601.

2 Chronique de Froissart, G. Reynaud 편저, Paris, 1849, XII, p. 236.

3 H. Kimm, Isabeau de Baveire, reine de France, Munich, 1969; J. Ver-
don, Isabeau de Baveire, Paris, 1981; C. Bozzolo와 H. Loyau, La Cour
amoreuse, dite de Charles VI, Paris, 1982, 권 1.

4 E. Jarry, La Vie politique de Louis de France, Duc d'Orleans, Paris,
1889; F.D.S. Darwin, Louis d'Orleans, London, 1936.

5 Brachet, Pathologie mentale des rois de France, pp. 621-4; Chronique
du religieux de St. Denis (R.S.D.), L. Bellaguet 편저, Paris, 1839, 권

II, p. 18. Clisson에 관해서는 A. Lefranc, Olivier de Clisson, Paris, 1898 참조.

6 Oeuvres de Froissart, Kervyn de Lettenhove 편저, Brussels, 1871, 권 XV, p. 27.

7 R.S.D., II, p. 18.

8 같은 출처, p. 20.

9 Oeuvres de Froissart, XV, p. 37.

10 다음을 참조. R.S.D., II, pp. 18-24; Oeuvres de Froissart, XV, pp. 26-48.

11 위의 책, p. 42.

12 R.S.D., II, p. 20.

13 Oeuvres de Froissart, XV, pp. 48-9.

14 같은 출처, pp. 77-8.

15 같은 출처, pp. 84-92.

16 R.S.D., II, pp. 86-8.

17 같은 출처, p. 404.

18 Famiglietti, Royal Intrigue, pp. 12-13.

19 Commentaries of Pius II, Adrian van Heck 편저, Vatican City, 1984.

20 Juvenal des Ursins, Histoire de Charles VI, Theodore Godelay 편저, Paris, 1614, p. 220.

21 R.S.D., III, p. 348.

22 Heidran Kimm, Isabeau de Baviere, Munich, 1969, p. 143.

23 Des Ursins, Histoire de Charles VI, p. 237.

24 Famiglietti는 왕비의 부정 혐의를 부인한다 (Royal Intrigue, pp. 42-5). 왕비에 관한 소문들, 특히 Louis d'Orleans과 관련된 소문들은 15세기에 가서야 다음의 출처에서 언급된다는 것이다. 하나는 Jean Chartier가 쓴 연대기(Chronique de Charles VII, Vallet de Viriville 편저, Paris, 1858, 권 I, pp. 209-10)로, 1464년 Chartier가 죽기 전 작성

되었다. 또 하나는 부르고뉴의 무겁공 John을 찬양하기 위해 쓰인 허구적 전원시 'Le Pastoralet'로, 1422년에서 1425년 사이에 쓰인 것으로 추정된다. 왕비의 부정에 관해 언급하고 있는 문헌은 Jacques Dex가 쓴 Chronicle of Metz (c. 1438), 그리고 플랑드르 수사 Adrien de But가 1478년에서 1488년 사이에 쓴 연대기이다.

25 R.S.D., VI, p. 72: Le Fevre de Saint-Remy, Chronique, Morad 편저, Paris, 1876-8, 권 I, p. 292.

26 신뢰할 만한 증거는 없지만 marquis de Sade는 1813년 집필하고 1953년 출판된 Histoire d'Isabelle de Baviere, reine de France(Gilbert Lely 편저, Paris, 1953)에서, 디종(Dijon)에 남아 있는 한 재판 기록을 보았다고 주장했다. 기록에 따르면 de Bosredon이 고문에 못 이겨 왕비의 비행을 고했다는 것이다. 이 기록은 프랑스혁명 중에 소실되었다고 한다. 그러나 de Sade의 책은 너무 과장이 많고 부정확하다.

27 R.S.D., II, pp. 88-90.

28 같은 출처, pp. 542-6, 662-8.

29 같은 출처, III, pp. 114-16.

30 Les Demandes faites par le roi Charles VI avec les responses de Pierre Salmon, G.A. Crapelet 편저, Paris, 1833, pp. 97-100; P.S. Lewis, Later Medieval France, London, 1968, p. 113에 인용.

31 Choix de pieces ined., 1153; Lewis, Later Medieval France, pp. 113-4에 인용.

32 A. Coville, Jean Petit, La Question du tyrannicide au commencement du XVe siecle, Paris, 1932.

33 Richard Vaughan, John the Fearless, London, 1966, pp. 263-86.

34 Vale, Charles VII, pp. 8, 10-11, 27, 93-4, 135-6; Chastellain, Oeuvres, Kervyn de Lettenhove 편저, Brussels, 1863, 권 11, pp. 181, 185-6; Brachet, Pathologie mentale des rois de France, pp. 116-19.

35 L. Ipcar, Louis XI et ses medecins, Paris, 1936; 루이의 성격에 관해서

는 Lewis, Later Medieval France, pp. 116-19 참조.

36 C. Petit-Dutaillis in The Cambridge Medieval History, 권 VIII, pp. 274-5.

5. 스페인의 광인

후아나 여왕의 삶에 관해서는 다음의 자료들을 참조: M. Prawdin, The Mad Queen of Spain, London, 1938, 이 책은 후아나의 정신 상태에 대해 지나치게 낙관적인 견해를 담고 있다; G. Imann, Jeanne la Folle, 1947; A. Rodriguez Villa, La reina Dona Juana la Loca, Madrid, 1944; Amarie W. Dennis, Seek the Darkness, 1953; M. d'Hulst, Le Mariage de Philippe le Beau avec Jeanne de Castile, 1958; Isabel의 유언이 담긴 문헌: Testamento y codifico de la reina Isabel la Catolica, L. Vazquez de Parga 편저, Madrid, 1969. 후아나의 남편인 미남 펠리페의 스페인 여정에 관해서는 다음을 참조: M. Gachard, Collection des voyages des souverains des Pays Bas, 권 I, Brussels, 1876; Voyage de Philippe le Beau en Espagne en 1501, par Antoine de Lalaing, pp. 121-340; Deuxieme voyage de Philippe... en 1506, pp. 389-430.

기본적인 참고 자료: M. Gachard, Don Carlos et Philippe II, 전 2권, Brussels, 1863. 그 밖의 참고 자료: L. de Cabrera de Cordova, Relatio vitae mortisque Caroli Infantis Philippi II, Madrid, 1715; M. Fernandez de Navarrete, Coleccion de documentos, 권 XXVI, XXVII, Documentos relativos al Principe D. Carlos, 1842. 현대에 쓰인 전기들: Ghislaine de Boom, Don Carlos, Brussels, 1955; C. Giardini, Don Carlos, 1956. 논쟁적인 견해들이 실린 자료들: Viktor Bibl, Der Tod des Don Carlos, Vienna/Leipzig, 1918; Felix Rachfahl, Don Carlos: Kritische Untersuchungen, Freiburg-im-Breisgau, 1921; Manuel Fernandez Alvarez, Don Carlos: Un Conflicta gen-

주

eracional del siglo XVI.

1 Gachard, Don Carlos et Philippe II, I, p. 5.

2 같은 출처, p. 23.

3 같은 출처, p. 25.

4 Calendar of State papers, Elizabeth, 1563 (Foreign), J. Stevenson 편저, London, 1869, p. 85.

5 Gachard, Don Carlos et Philippe II, I, p. 152.

6 C.S.P. Elizabeth, 1562 (Foreign), J. Stevenson 편저, 1867, p. 483; Gachard, Don Carlos et Philippe II, I, p. 145.

7 같은 출처, p. 34.

8 같은 출처, p. 153.

9 같은 출처, II, pp. 395-6.

10 Brantome, Oeuvres Completes, L. Lalanni 편저, Paris, 1866, 권 II, pp. 105-6.

11 Gachard, Don Carlos et Philippe II, pp. 72-92; C.S.P. Elizabeth, 1562 (Foreign), p. 10.

12 카를롤스 5세의 군의 Dionysius Daza Chacon (c. 1510-96)은 Pratica y teorica de cirugio en romance y en latin을 썼다. 돈 카를로스의 병에 관한 설명이 번역되어 있는 문헌은 C.D. O' Malley, Andeas Vesalius of Brussels 1514-64, Berkeley, 1964, pp. 407-19.

13 같은 출처, pp. 296-302. O' Malley는 세상을 떠나기 얼마 전인 1969년 4월 캘리포니아대학교 로스앤젤레스 캠퍼스에서 돈 카를로스에 관해 연간 교수 학술 강연을 했다: A Medical Portrait.

14 C.S.P. Elizabeth 1562, p. 28.

15 같은 출처, pp. 29-30.

16 같은 출처, p. 32.

17 같은 출처, p. 29.

18 Gachard, Don Carlos et Philippe II, I, pp. 126-41; Collection de Documentos Ineditos, 권 XXIV, Madrid, 1834, pp. 515-53.

19 Lucio Ma Nunez, Documentos sobre la curacion del principe D. Carlos y la canonisacion de San Diego de Alcala, Arch. Ibero-Amer. 1914, pp. 424-6.

20 Gachard, Don Carlos et Philippe II, I, p. 89n.

21 같은 출처, p. 155n.

22 같은 출처, pp. 228-9.

23 같은 출처, p. 151.

24 같은 출처, II, pp. 418-20.

25 Brantome, Oeuvres Completes, L. Lalanni 편저, Paris, 1848, pp. 125-7.

26 Gachard, Don Carlos et Philippe II, II, p. 390.

27 L.P. Gachard, Lettres de Philippe II a ses filles les infantes Isabelle et Catherine, 1884.

28 Gachard, Don Carlos et Philippe II, II, p. 403.

29 같은 출처, p. 450n.

30 같은 출처, p. 554.

31 같은 출처, p. 596.

32 C.S.P. Elizabeth, 1556-8 (Foreign), A.J. Crosby 편저, London, 1871, p. 513. 8월 28일 Cecil은 다음과 같은 이야기를 들었다. "그가 병이 난 이유는 얼마 동안 아무 것도 먹지 않고 차가운 물을 너무 많이 마신 데다가 열 때문에 양말도 신지 않고 다리를 내놓고 있었기 때문이다. 이런 행동들 때문에 위가 점점 약해져 음식을 전혀 소화할 수 없는 지경에 이르게 된 것이다." (같은 출처, p. 534).

33 The Apologye or Defiance of the Most Noble Prince William, Delft, 1581.

34 De Boom, Don Carlos, pp. 118-19.

주

507

6. 위대한 해리

F. Chamberlain, The Private Life of Henry VIII, London, 1930; J.J. Scarisbrick, Henry VIII, London, 1968; L. Baldwin Smith, The Mask of Royalty, Henry VIII, London, 1971; G.R. Elton, Henry VIII, Historical Association pamphlet, 1962; Carolly Erickson, Great Harry, London, 1979; Jasper Ridley, Henry VIII, London, 1984; Sir A.S. MacNalty, Henry VIII, A Difficult Patient, London, 1952; J.F.D. Shrewsbury, Henry VIII: A Medical Study, Journal of the History Medicine (1952), 141-85; J. Dewhirst, The Alleged Miscarriages of Catherine of Aragon and Anne Boleyn, Medical History, 28 (1984), 45-56.

1 J.C. Flugel, "On the Character and Married Life of Henry VIII" in Psychoanalysis and History, Bruce Mazlish 편저, Englewood Cliffs, N.J., 1963, pp. 124-49.

2 최근의 해석에 관해서는 Peter Gwyn, The King's Cardinal, London, 1990 참조.

3 Peter Martyr, Opus Epistolarum Petris Martyris, Epist. DXLV; Letters and Papers, I, pt ii (1920) no. 3581, p. 1486.

4 Eric Ives, Anne Boleyn, Oxford, 1988, p. 56.

5 Letters and Papers, VIII (1885), no. 263, p. 104.

6 같은 출처, X (1887), no. 200, pp. 70-1.

7 같은 출처, no. 427, p. 172.

8 Edward Hall, Chronicle, H. Ellis 편저, London, 1809, 권 I, p. 309.

9 Letters and Papers IV, pt ii (1872), no. 4358, 4546, pp. 1981, 1985.

10 같은 출처, no. 4597, p. 2003; Love Letters, H. Savage 편저, 1949, XVI.

11 Letters and Papers IV, pt ii (1872), no. 4428, p. 1938.

12 MacNalty, Henry VIII, A Difficult Patient, p. 67.

13 Ruth M. Warnicke, The Rise and Fall of Anne Boleyn, Cambridge, 1989, pp. 191-233에 담긴 주장들은 흥미롭지만 설득력은 다소 부족하다. G.W. Bernard는 앤이 부정을 저질렀으며 이 때문에 헨리가 난폭한 반응을 보인 것이라고 주장한다, (The Fall of Anne Boleyn) English Historical Review, CVI (1991), pp. 584-610, 그러나 E.W. Ives는 그의 주장에 반박한다, 같은 출처, CVII, pp. 651-74.

14 Calendar of State Papers, Spanish V, pt ii (1888), no. 17, p. 29.

15 Letters and Papers, X (1887), no. 947, p. 395.

16 같은 출처, no. 908, p. 377.

17 같은 출처, no. 909, p. 381.

18 같은 출처, VIII (1885), pp. 214-15.

19 같은 출처, VIII (1885), pp. 214-15.

20 Cal. S.P. Span., V, pt ii (1888), no. 55, p. 122; Letters and Papers, X (1887), no. 901, p. 374.

21 Cal. S.P. Span., IV, pt ii (1882), p. 638.

22 Letters and Papers, X (1887), no. 901, p. 374.

23 John Strype, Ecclesiastical Memorials, Oxford, 1822, 권 II, pp. 460-1.

24 Lacey Baldwin Smith, A Tudor Tragedy: The Life and Times of Catherine Howard, London, 1961.

25 Letters and Papers, XVI (1898), no. 712, p. 339.

26 같은 출처, no. 1332, p. 614.

27 같은 출처, no. 1426, pp. 665-6.

28 같은 출처, no. 589, p. 284.

29 같은 출처, XVII (1900), no. 178, p. 81.

30 같은 출처, XVIII, pt i (1901), no. 44, p. 29.

31 같은 출처, XII, pt i (1891), no. 1068, p. 486; The Lisle Letters, M. St Clair Byrne 편저, London and Chicago, 1981, 권 IV, p. 288.

주

32 Letters and Papers, XII, pt ii (1891), no. 27.

33 같은 출처, XIII, pt ii (1893), no. 800, p. 313; 같은 출처, pt i (1892), no. 995, p. 368.

34 같은 출처, pt ii, no. 800, p. 313.

35 같은 출처, XVI (1898), no. 589, p. 284.

36 Cal. S.P. Span., VII, pp. 99, 100, 165; Letters and Papers, XIX, pt i (1903), nos 529, 530, pp. 326-7.

37 Chamberlain, Private Life of Henry VIII, pp. 208-10.

38 같은 출처, pp, 269 이하; MacNalty, Henry VIII, pp. 159-65; Shrewsbury, Henry VIII, pp. 148-72.

39 S.M. Kybett, Henry VIII - A Malnourished King, History Today (Sept. 1989), pp. 19-25.

40 Shrewsbury, Henry VIII, 182-3.

41 Scarisbrick, Henry VIII, pp. 485; Elton, Henry VIII, p. 8.

42 Jasper Ridley, Thomas Cranmer, London, 1962, pp. 234-9.

43 Cal. State Papers (1834) II, p. 552.

44 Ralph Morice, Anecdotes of Archbishop Cranmer, Camden Society, O.S. 77, p. 266.

45 Letters and Papers XVI (1898), no. 272.

46 같은 출처, no. 868, p. 411.

47 같은 출처, XIV, pt ii (1895) p. 64.

48 Erickson, Great Harry, p. 320.

49 Letters and Papers, XV (1896), p. 493. 불과 얼마 전 Melanchthon은 헨리에게 보내는 편지에서 그를 Alexander와 Ptolemy Philadelphus 그리고 Augustus에 비유했다. 그러나 이제 그는 크롬웰에 대한 헨리의 태도에 적대적인 반응을 보였다.

50 같은 출처, XIV, pt i (1894), p. 53.

51 Lacey Baldwin Smith, The Mask of Royalty, London, 1971, p. 234.

52 Foxe, Acts and Monuments, V, pp. 553 이하.

53 Baldwin Smith, A Tudor Tragedy: The Life and Times of Catherine Howard, pp. 132-3.

54 Letters and Papers, IV (1876), no. 5825, p. 2606.

55 영국에서는 페스트와 구분되는 발한증Sudor Anglicus이라는 심각한 전염병이 다섯 차례 발생했는데 이 병이 처음으로 출현한 것은 1485년, 그 다음에는 1508년, 1517년, 1528년 그리고 마지막으로 1551년에 발생했다. 유행성 감기의 변종이라 여겨지는 이 병은 특징으로 보면 아르보바이러스(arbovirus, 흡혈성 절지동물에 의해 매개되어 척추동물에 전염되는 바이러스 - 옮긴이)에 더 가깝다. 다음의 문헌들을 참조. Lorraine, Attreed, Beggarly Breton and Faynte Harted Frenchmen. Age and Classic-specific mortality during London's sweating sickness of 1485, Ricardian, IV (1977) no. 59, pp. 2-16; J.A.H. Wylie와 I.J. Linn, Observations upon the Distribution and Speed of the English Sweating Sickness in Devon in 1551, Transactions of the Cevon Society for the Advancement of Science, CXII (1980), 101-15; J.A.H. Wylie와 L.H. Collier, The English Sweating Sickness, A Reappraisal, Journal of the History of Medicine XXVI (1981), pp. 435-45. 1528년 9월 Norfolk 공작부인은 Wolsey에게 편지를 보내, 이 병에 시달리는 환자들의 치료법에 관해 이야기했다. "통증이 심한 경우 진통제와 질 좋은 물을 주고 위까지 부어오른 이들에게는 소화하기 좋은 음식을 주고 있습니다." 그녀는 Wolsey에게 병이 있는 사람들 근처에 일주일 동안은 가까이 가지 말라고 충고했다. "식초와 쓴쑥 wormwood 장미수(水) 그리고 흑빵 부스러기를 리넨 천에 담아서 코 밑에 대고 있는 것도 좋은 방법입니다." Norfolk 공작과 그의 하인들 일부도 이 병을 앓았다. "이처럼 많은 사람들이 특별한 병명도 없이 희생당하는 일은 본 적이 없습니다. 12~16시간 만에 위급한 상태가 되어버립니다. 어떤 이들은 땀을 너무 많이 흘리기도 하고 또 어떤 이

들은 땀을 거의 흘리지 않기도 합니다... 아무래도 가장 안전한 방법은 24시간 내내 침대에서 나가지 않는 일인 듯합니다." (Letters and Papers, IV, pt ii, no. 4710, pp. 2143-4)

7. 스웨덴의 전설

주된 영국 출처는 Michael Roberts, The Early Vasas, Cambridge, 1968, pp. 199-241, 이 책 p. 482-5에는 관계 서적 목록도 실려 있다. 에릭의 심리적 문제들에 관한 연구는 Viktor Wigert, Erik XIV Historik-psykologisk studie, 1920; Ingvar Andersson, Erik XIV, 1948 참조.

1 Paul Reiter, Christiern 2. Personlighed, Sjaeleliv og Livsdrama, 2판, Copenhagen, 1969.

2 Roberts, The Early Vasas, p. 201.

3 Calendar of State Papers, Foreign 1559-60, J. Stevenson 편저, London, 1865, p. 86.

4 C.S.P., Foreign 1558-9, pp. 372-3.

5 같은 출처, p. 239.

6 같은 출처, pp. 404-5.

7 같은 출처, 1560-1, p. 324.

8 R. Welford, History of Newcastle and Gateshead, London, 1884-7, II, 370.

9 C.S.P. Foreign, 1562, pp. 23, 71, 84, 132, 173, 190-1, 216-27, 298-9.

10 같은 출처, p. 412.

11 같은 출처, pp. 387-90.

12 Roberts, The Early Vasas, p. 241.

8. 러시아의 폭군들

이반 뇌제 치세에 관한 자료는 만족스러울 만큼 충분치 못하다. G.H. Bolsover, Ivan the Terrible in Russian Historiography, Transactions of the Royal Historical Society, 제5집, VII (1957), 171-89 참조. 자료가 충분치 못한 이유 가운데는 다음과 같은 현존 문헌들이 다소 편향적인 탓도 있다. A.M. Kurbsky and Ivan IV, Correspondence, 1564-79, J.L.I. Fennell 역, Cambridge, 1955; 그리고 Prince A.M. Kurbsky's History of Ivan IV, J.L.I. Fennell 편역, Cambridge, 1965. Edward L. Keenan은 The Kurbskii-Groznyi Apocrypha: The Seventeenth Century Genesis of the "Correspondence" Attributed to Prince A.M. Kurbskii and Tsar Ivan IV (Cambridge, Mass., 1971)에서 이 편지들의 신뢰성에 대해 의문을 제기하고 있다. 그는 이 편지들을 17세기의 권위 있는 작가 Prince Semen Shakhovskoi의 작품이라 생각한다. 하지만 진품 여부를 떠나 이 편지들에 당대 특유의 분위기가 실려 있는 것만은 사실이다.

이반 뇌제는 많은 전기 작가들의 관심을 받았다. 그 중 가장 뛰어나다 할 만한 전기는 K. Waliszewski, Ivan the Terrible, Paris, 1904, Lady Mary Loyd 역, Hamden, Conn, 1966; 그 밖에도 Stephen Graham (London 1932), Jules Koslav (London, 1961), Ian Grey (London, 1964), Catherine Durand-Cheynet (Paris, 1981) 등이 쓴 전기들이 있으며, Joan Pinkham이 옮긴 Henri Troyat [Lev Tatasov]의 작품(London, 1985)도 있다. Hugh Graham이 편역한 Ruslan G. Skrynnikov, Ivan the Terrible (1981)은 그의 통치에 대한 여러 해석들을 다루고 있다.

표트르 대제에 관해 개괄적으로 다루고 있는 주요 문헌들은 다음과 같다. Nicholas V. Riasanovsky, The Image of Peter the Great in Russian History and Thought, Oxford, 1985; Vasily O. Kluchevsky, Peter the Great, L. Archibald 역, New York, 1958; K. Waliskewski, Peter the Great, New York,

1897; Stephen Graham, Peter the Great, London, 1929;, Ian Grey, Peter the Great, London, 1960; R. Wittram, Peter I Tsar und Kaiser, 전 2권, Gottingen, 1964; Alex de Jonge, Fire and Water: A Life of Peter the Great, London, 1977; 가장 최근의 권위 있는 작품은 Robert K. Massie, Peter the Great, London, 1981; 그리고 M.S. Anderson, Peter the Great, London, 1978.

전적으로 수긍이 가지는 않으나 다음 작품들도 최근작이다. Hugh Ragsdale, Tsar Paul and the Question of Madness. An Essay in the History of Psychology, New York, 1988; 그리고 Roderick E. McGrew, Paul I of Russia, Cambridge, 1993.

9. 마법에 홀린 왕이 남긴 유산

카를로스 2세에 관해서는 충분히 만족스러운 현대의 연구 자료를 찾기 힘들다. J. Nada(John Langdon-Davies)가 쓴 Carlos the Bewitched(London, 1964)는, 보수적이지 않으면서도 신뢰할 만한 duke of Maura의 Vida y reinado de Carlos II(전 2권, 2판, Madrid, 1954)에 크게 의존하고 있다. 그러나 카를로스 치세의 스페인에 관해서는 뛰어난 연구서를 한 권 소개할 수 있다. Henry Kamen, Spain in the Later Seventeenth Century, 1665-1700 (London, 1980). 당대의 영국 자료로는 Lord Mahon, Spain under Charles II, extracts form the correspondence of Alexander Stanhope, 1690-99 (London, 1846)를 들 수 있다.

펠리페 5세에 관해서는 다음의 자료를 참고.

William Coxe, Memoirs of the Kings of Spain of the House of Bourbon, 2판, 전 5권, London, 1815; Alfred Baudrillart, Philippe V et la cour de France, 전 5권, Paris, 1890-1900; Edward Armstrong, Elizabeth Farnese,

London, 1892; W.N. Hargreaves-Mawdsley, Eighteenth-century Spain, 1700-1788, London, 1979; J.L. Jacquet, Les Bourbons d' Espagne, Lausanne, 1968; John Lynch, Bourbon Spain 1700-1808, Oxford, 1989.

페르디난도 6세에 관한 자료들은 다음과 같다.

M. Danvila y Collado, Estudios espanoles del siglo XVIII Fernando VI y Dona Barbara de Braganza, Madrid, 1905; A. Garcia Rives, Fernando VI y Dona Barbara de Braganza, Madrid, 1917.

1 R.A. Stradling, Philip IV and the Government of Spain 1621-65, Cambridge, 1988.

2 C. Weiss, L' Espagne depuis le regne de Philippe II, Paris, 1844, 권 II, p. 371, n.l, 이 말은 Kamen, Spain in the Later Seventeenth Century, p. 13에도 인용되어 있다.

3 같은 출처, pp. 67-105; H. Kamen, The decline of Spain; a historical myth? Past and Present, LXXXI (1978), pp. 24-50.

4 카를로스 2세의 건강에 관해 검토한 문헌은: Ramon Garcia Arg?elles, Vida y figura de Carlos el Hechizado, Actas II Congreso Espanol de la Medicina, Salamanca, 1965, 권 II, pp. 199-232.

5 L. Pfandl, Carlos II, Madrid, 1947, p. 386.

6 Sir William Godolphin, Historia Illustrata or The Maxims of the Spanish Court 1667-8, London, 1703, p. 148.

7 Mahon, Spain under Charles II, p. 42.

8 같은 출처, pp. 50, 99.

9 같은 출처, pp. 102-3.

10 도미니크 수도회 수도사들은 오래 전부터 무기력을 악마에 홀린 증상 이라 믿었다. 이에 관해서는 Henry Kramer와 James Sprenger의 Malleus Maleficarum (1487), Montague Summers 역, 2판, London,

주

1948 참조; 또한 Uta Ranke-Heinemann, Eunuchs for Heaven, the Catholic Church and Sexuality, John Brownjohn 역, London, 1990, pp. 200-13, "Witchcraft-Induced Impotence" 참조.

11 Mahon, Spain under Charles II, pp. 126, 134.

12 같은 출처, p. 135.

13 같은 출처, pp. 136-7.

14 같은 출처, p. 191.

15 A. Girard, La Folie de Philippe V, Feuilles d'histoire de XVIIIe siecle III, Revue Historique, Paris, 1910.

16 Historical Memoirs of the Duc de Saint-Simon, Lucy Norton 편역, London, 1972, 권 III, p. 357.

17 같은 출처, II, p. 319.

18 같은 출처, III, p. 353.

19 Alfonso Danvila, El reinado relampo: Luis I y Luisa Isabel de Orleans, reine d'espagne, Madrid, 1952.

20 A. Pimodan, Louise-Elizabeth d'Orleans, reine d'Espagne, 2판, Paris, 1923.

21 Keene to Newcastle, 17 October 1732, Armstrong, Elizabeth Farnese, p. 288에 인용.

22 Keene to Newcastle, 2 Aug. 1738; Armstrong, Elizabeth Farnese, p. 344.

23 Marquis d'Argenson, Journal et Memoires, Paris, 1859-67, V, p. 16.; Armstrong, Elizabeth Farnese, p. 387n.

24 페르디난도의 건강에 대한 주치의의 설명, A. Piquer, Discurso sobre la enfermedad de Rey Fernando VI, Coleccion de documentos ineditos XVIII, pp. 156-7, 그리고 고해신부의 설명은, C. Perez Bustamente, Correspondencia privada e inedita de P. Rivago, confesor de Fernando VI, Madrid, 1936. C. Stryienski, Fernand VI, roi d'Espagne,

Chronique Medicale, XI, 15 November 1902.

25 W. Coxe, Memoirs of the Kings of Spain of the House of Bourbon, London, 1815.

26 John Lynch, Bourbon Spain, Oxford, 1989, p. 376.

19. 피렌체의 환락

메디치 가문의 피렌체 통치 말기에 관해서는 그다지 자세한 기록이 남아 있지 않다. 그러나 Harold Acton의 The Last Medici (London, 1932, 1988 재판再版)는 매우 유용한 자료다. 또한 그가 번역하고 Norman Douglas가 서론을 실은 Life of Gian Gastone (저자는 Luca Ombrosi로 추정, 개인 출판, Florence, 1930)도 많은 도움이 된다. Istoria del Granducato di Toscana (R. Galluzzi, 1781)는 Horace Walpole이 "잔 가스토네와 그 형의 동성애적 부정(不貞)에 관해 굉장히 신중하게 다루고 있다."(Letters, 25, 214)라고 말한 책이다. 그 밖에 참고할 만한 문헌으로는 G. Robiny, Ultime Medici, 1905 와 Gaetano Pieraccini, La Stirpe de Medici di Cafaggiolo, Florence, 1925 등이 있다. 문화적인 배경에 관해서는 다음을 참조: Erich Cochrane, Florence in the Forgotten Centuries 1527-1800, Chicago, 1973.

1 G. Burnet, Travels, Dublin, 1725, pp. 128-30; 피렌체를 방문한 영국 인들의 평은 다음을 참조. Edward Wright, Some observations made in travelling through France, Italy etc in the years 1720, 1721 and 1722, London, 1730, p. 429.

2 Wright, 같은 출처, p. 429.

3 Acton, The Last Medici, p. 179.

4 같은 출처, p. 235

5 Life of Gian Gastone, pp. 43-4.

주

6 Acton, The Last Medici, pp. 239-40.

7 Settimanni, Storia Fiorentina, 1721, Acton, The Last Medici, p. 276 에 인용.

8 Horace Walpole, Correspondence, Yale 판, W.S. Lewis 편저, XVIII, pp. 39-40. Pieraccini는 그들이 주교의 서자들이었을 거라고 주장한다 (II, pp. 705-12). 그러나 그의 성적 취향을 고려해 볼 때 이 주장은 다소 신빙성이 없어 보인다.

9 Michel Guyot de Merville, Voyages historique et politique d'Italie. The Hague, 1729, 권 I, p. 617.

10 Montesquieu, Voyages, Bordeaux, 1894, 권 I, p. 30.

11 The Memoirs of Charles Lewis, Baron de Pollnitz, London, 1737, 권 II, pp. 130-2.

12 Life of Gian Gastone, p. 50.

13 같은 출처, p. 70.

14 The Memoirs of Baron de Pollnitz, II, p. 133.

15 Life of Gian Gastone, p. 73.

16 Mark Noble, Memoirs of the House of Medici, London, 1797. Gian Gastone에 관한 그의 말들은 (pp. 432-56) 사실상 Pollnitz의 Memoirs에서 그대로 옮겨온 것과도 같다.

17 Acton, The Last Medici, p. 311에 인용.

18 Memoirs of Baron de Pollnitz, I, p. 428.

19 Walpole, Correspondence, XXIII, pp. 237-8.

20 같은 출처, XVIII, pp. 159-60.

11. 광기에 사로잡힌 조지 왕

M. Guttmacher, America's Last King. An Interpretation of the Madness of George III (New York, 1941), 이 책은 조지 왕을 조울증의 관점에서 해석한 책이다; Charles Chenevix Trench, The Royal Malady (London, 1964), 이 책은 조지 왕의 병에 관해 학술적이고 균형 잡힌 설명들을 담고 있다; Ida Macalpine과 Richard Hunter, George III and the Mad-Business (London, 1969), 이 책에는 신선하고 도전적이면서도 학술적인 해석이 실려 있다. 당대의 평가에 관해서는 다음을 참조: The Diaries of Robert Fulke Greville, F.M. Bladon 편저, London, 1930, pp. 77-260.

1 Waldegrave, Memoirs, Holland 편저, 1829, p. 9.

2 H. Walepole, Correspondence, W.S. Lewis 편저, Yale 판, New Haven, 1937-74, 권 XXII, pp. 23, 32.

3 같은 출처, p. 288.

4 Macalpine과 Hunter, George III and the Mad-Business, pp. 14-16.

5 Diaries and Letters of Madame d' Arblay, C.F. Barrett 편저, 1904, 권 IV, p. 131.

6 The Journals and Correspondence of William, Lord Auckland, R.J. Eden 편저, 1861, 권 II, p. 244.

7 Diaries of Robert Fulke Greville, p. 133.

8 같은 출처, pp. 160-1.

9 같은 출처, p. 171.

10 L.G. Mitchell, Charles Janes Fox and the Distintegration of the Whig Parth, 1782-94, Oxford, 1971, p. 126.

11 I. Macalpine과 R. Hunter (편저), Porphyria, A Royal Malady, London, 1968, pp. 5-6.

12 Memoirs of the Court and Cabinets of George III, duke of Buckingham 편저, 1853, 권 II, pp. 6-7.

13 Fred Reynolds, Life and Times, London, 1826, p. 164; R. Porter, Mind' s Forg' d Manacles에 인용, London, 1987.

14 Diaries of Robert Fulke Greville, pp. 118-19.

15 같은 출처, p. 120.

16 Macalpine과 Hunter, George III and the Mad-Business, p. 150.

17 Diaries and Letters of Madame d'Arblay, IV, p. 152.

18 J.W. Derry, The Regency Crisis and the Whigs, 1788-9.

19 Diaries and Letters of Madame d'Arblay, IV, 2 February 1789.

20 Macalpine과 Hunter, George III and the Mad-Business, p. 119.

21 같은 출처, p. 125; Historical Manuscripts Commission, London, 1897, 15th Report Appendix, pt 6, pp. 733-4.

22 Macalpine과 Hunter, George III and the Mad-Business, pp. 126-7.

23 같은 출처, p. 130.

24 같은 출처, p. 144; Historical Manuscripts Commission, Report on the manuscripts of J.B. Fortescue, 권 X, London, 1927, pp. 59-60.

25 Macalpine과 Hunter, George III and the Mad-Business, p. 160-1.

26 The Letters of George IV 1812-30, A. Aspinall 편저, Cambridge, 1938, 권 II, pp. 298-9.

27 Walpole, Correspondence, XXXIV, p. 47.

28 Macalpine가 Hunter, Porphyria, A Royal Malady, 이후 서신 교환에 관해서는 British Medical Journal, 3 February 1968, pp. 311-13; 17 February 1968, pp. 443-4; 24 February 1968, pp. 509-10; 16 March 1968, pp. 705-6 참조. 최근에는, 조지 3세의 증상들이 납중독(연독鉛毒) 증세로 설명된다는 주장이 제기되기도 한다 (McKinley Runyan, Journal of Personality 권 lvi, 1988, pp. 295-326).

29 Geoffrey Dent, The Porphyrias, 2판, London, 1971.

30 C. Rimington, Macalpine, 그리고 Hunter가 Porphyria, 1968, pp. 21-2에서 주장.

31 스코틀랜드의 메리 여왕에 관해서는 다음을 참조. Sir A. Macnalty, Mary Queen of Scots, London, 1960; The Maladies of Mary, Queen

of Scots, Medical History, V (1961), 203-9; Macalpine과 Hunter, George III and the Mad-Business, pp. 210-11. 제임스 1세에 관해서는 다음을 참조. A.L. Goodall, The Health of James VI and I, Medical History, I (1957), 17-27; D.H. Willson, James I, London, 1956, pp. 336, 378-9, 404-5, 415-16; Macalpine과 Hunter, George III and the Mad-Business, pp. 201-10.

32 John Brooke이 다음에서 주장: Porphyria, pp. 58-65; King George III, London, 1972.

12. 덴마크의 연극

주요 연구서는 Viggo Christiansen, Christian Den VII' s Sindssygdom, Copenhagen, 1906, Odense University 출판부에서 1978년 재판(再版), J. Schioldann-Nielsen 교수의 서문과 Niels Juel-Nielsen 교수의 후기가 첨가. 내용은 다소 부족하지만 당대의 짤막한 두 보고서가 있다: En Laege-beretning om Christian VII' s Helbredstilstand, 1786, Historisk Tidsskrift에서 Aa. Friis 엮음, Copenhagen 1907-8, 8R, 80-3, 그리고 Livlaege W. Guld-brand' s Indberetning til Kronprins Frederik om Kong Christian VII' s Syg-domsanfald ved Nytaar 1807, Louis Bobe, Personalhistorisk Tidsskrift, Copenhagen 1907-8, 8R (2B), 102-5. 다음은 가장 유용한 당대 자료들: E. Reverdil, Struensee et la cour de Copenhague, 1760-72, Memoires de Reverdil, A. Roger 편저, Paris, 1858; 그리고 Struensee가 1772년 왕의 마음 상태를 직접 설명한 내용이 담긴 자료는 H. Hansen, Inkvisitionskommis-sionen Af 20 Januar 1772, Copenhagen, 1930, 권 II, pp. 162-79.

다음의 자료 역시 참조하기 바란다. Memoirs and correspondence of Sir Robert Murray Keith, Mrs Gillespie Smyth 편저, 전 2권, London, 1849, 2판, The Romance of Diplomacy, 전 2권, 1862; Sir C.F.L. Wraxall, Life and

주

521

Times of Caroline Matilda, 전 3권, London, 1864; W.H. Wilkins, A Queen of Tears, London 1904; P. Nors, The Court of Christian VII of Denmark, London, 1971; H. Chapman, Caroline Matilda, London, 1971; W.F. Reddaway, Struensee and the Fall of Bernstorff, English Historical Review, XXVII (1912), 274-86, 그리고 King Christian VII, English Historical Review, XXXI (1916), 59-84.

Struensee에 관한 가장 중요한 자료는 Stephen Winkle, Johann Friedrich Struensee. Arzt. Aufklarer. Staasmann, Stuttgart, 1982, 제2 개정판, 1989. 이 책은 다음의 두 단원에서 크리스티안의 정신질환을 다루고 있다. "Christian VII und seine verheimlichte Krankheit" (pp. 135-49) 그리고 "Christian's fortschreitende geistige Umnachtung" (pp. 233-48). Winkle이 Struensee에 관해 쓴 또 다른 글: die Geisteskrankheiten und Konig Christians Leiden in Hebel Jahrbuch 1980, pp. 93-175.

전기를 비롯한 관계 서적들의 목록을 제공해 준 이들에게 깊은 감사의 뜻을 전한다. 그 중 Dr J. Schioldann-Nielsen MD, Dr Med는 크리스티안 7세에 관한 글을 쓰고 있다. Wellcome Institute for the History of Medicine의 Dr Christine Stevenson은 18세기 덴마크의 정신병 치료에 관한 평론 "Madness and the picturesque in the kingdom of Denmark"를 다음에 기고했다: Anatomy of Madness, W.F. Bynum, Roy Porter, Michael Shepherd 편저, 권 III, London, 1988, pp. 13-47.

1 I. Macalpine과 R. Hunter, George III and the Mad-Business, London, 1969, pp. 223-8.

2 Lady Mary Coke, Letters and Journals 1754-1774, 1970, 권 II, p. 335.

3 Horace Walpole, Correspondence XXXV, W.S. Lewis 편저, Yale 판, New Haven, 1937-74, p. 327.

4 Reverdil, Memoirs, p. 10; "Allons montrer ma poupee"

5 같은 출처, pp. 2-5.

6 W.H. Sheldon, The Varieties of Physique, New York, 1940.

7 Roy Porter, A Social History of Madness, London, 1987, p. 53.

8 Wraxall, Life and Times of Caroline Matilda, I, p. 87.

9 Lady Mary Coke, Letters and Journals, I, p. 65.

10 N. Carter, Letters, 권, III, p. 64.

11 Wraxall, Life and Times of Caroline Matilda, I, p. 87.

12 Nors, The Court of Christian VII, p. 71; 한 예로 Kabinetsstyrelsen I, Denmark, 1768-1772, Holger Hansen 편저, Copenhagen, 1916-23, 권 III, pp. 380, 397, 536, 537, 589.

13 Reverdil, Memoirs, pp. 129-32.

14 Walpole, Correspondence, XXXV, pp. 325-6.

15 같은 출처, p. 326.

16 Lady Mary Coke, Letters and Journals, II, p. 341.

17 같은 출처, pp. 334-5.

18 Walpole, Letters VII, p. 57.

19 Lady Mary Coke, Letters and Journals, II, p. 336; Walpole, Correspondence, 7, pp. 42-3.

20 같은 출처, pp. 7, 57.

21 같은 출처, pp. 35, 323.

22 Lady Mary Coke, Letters and Journals, II, 349.

23 Reverdil, Memoirs, p. 154.

24 같은 출처, p. 301.

25 같은 출처, pp. 255-9.

26 같은 출처, p. 153.

27 Lady Mary Coke, Letters and Journals, III, p. 478.

28 Memoirs and Correspondence ... Keith, I, p. 234-6.

29 A Faithful Narrative of the Conversion and Death of Count Struensee,

1774.

30 H.B. Wheatley, 1884, 권 IV, pp. 176-212; 권 V, 397-421; Wraxall,
   Life and Times of Caroline Matilda, I, pp. 173-249; H. Chapman,
   Caroline Matilda, pp. 205-11; Macalpine과 Hunter, George III and
   the Mad-Business, pp. 226-8

31 Walpole, Correspondence, VII, p. 374.

32 Else Kai, Sass, Lykkens tempel: et maleri of Nicolai Abildgaard,
   Copenhagen, 1986, pp. 117, 119. 이 그림들은 Copenhagen에 있는
   Danish State Archives (Rigsarkivet)의 "Kongehusets arkivalilv A2
   Christian VII" 구역 pk 5967에 보관되어 있다.

33 Memoirs and Correspondence ... Keith, I, p. 216.

34 The Travel Diaries of Thomas Robert Malthus, P. James 편저, Cam-
   bridge, 1966, pp. 62, 99.

35 E. Snorrason, King Christian VII' s Death and Burial (덴마크어에 영
   어 발췌문), Nordisk Medicin-Historisk Aabog, 1973, pp. 1-12.

13. 백조 왕 루트비히 2세

Henry Channon, The Ludwigs of Bavaria, London, 1933; Theodore
Hierneis, The Monarch Dines, London, 1954; Desmond Chapman-Huston,
A Bavarian Fantasy, London, 1955; Werner Richter, The Mad Monarch,
Chicago, 1954. Wilfrid Blunt, The Dream King, London, 1970; Pierre
Combescot, Louis II de Baviere, Paris, 1972; Christopher McIntosh, The
Swan King; Ludwig II of Bavaria (London 1980), O. Strobel, Konig Ludwig
II und Richard Wagner, Karlsruhe, 1936 에 실린 편지 및 기록들을 참조하
는 데는 McIntosh의 번역이 큰 도움이 되었다.

1 Ernest Newman, The Life of Richard Wagner, 권 III, p. 231-2.

2 Gottfried von Bohm, Ludwig II, Berlin, 1924, pp. 16-18.

3 Chapman-Huston, Bavarian Fantasy, p. 133-7.

4 같은 출처, p. 104.

5 같은 출처, p. 173.

6 Memoirs of Prince Chlodwig of Hohenlohe-Schillingfurst, F. Curtius 편저, London, 1906, 권 I, p. 354.

7 같은 출처, p. 150.

8 Otto Strobel, Konig Ludwig II und Richard Wagner, 권 IV, p. 190; McIntosh, The Swan King, p. 100.

9 Otto Strobel, Introduction, Konig Ludwig II und Richard Wagner, 권 I, p. xxxv, McIntosh, The Swan King, p. 39에 인용.

10 Strobel, Konig Ludwig II und Wagner, I, p. 105; McIntosh, The Swan King, p. 60.

11 Strobel, Konig Ludwig II und Wagner, I, p. 108; McIntosh, The Swan King, p. 61.

12 Strobel, Konig Ludwig II und Wagner, I, p. 161; McIntosh, The Swan King, p. 62.

13 Newman, Life of Wagner, III, p. 456.

14 Strobel, Konig Ludwig II und Wagner, III, p. 469; McIntosh, The Swan King, p. 68.

15 Newman, Life of Wagner, III, p. 471.

16 Strobel, Konig Ludwig II und Wagner, II, p. 192; McIntosh, The Swan King, p. 103.

17 Strobel, Konig Ludwig II und Wagner, III, p. 83; McIntosh, The Swan King, p. 163.

18 Newman, Life of Wagner, IV, p. 468.

19 Strobel, Konig Ludwig II und Wagner, II, pp. 224-5; McIntosh, The

Swan King, p. 128.

20 Chapman-Huston, Bavarian Fantasy, p. 147.

21 같은 출처, pp. 166-7

22 Arthur Ponsonby, Sir Henry Ponsonby, Life and Letters, London, 1942, p. 340.

23 Hohenlohe, Memoirs, I, p. 147.

24 R. Hacker, Ludwig II, Dusseldorf, 1966, p. 319; McIntosh, The Swan King, p. 179.

25 Hacker, Ludwig II, pp. 343-4; McIntosh, The Swan King, pp. 185-6.

14. 위대한 정치가들의 약점

Hugh L' Etang, The Pathology of Leadership, London, 1969; 그리고 Fit to Lead, London, 1980; Bert Edward Park, The Impact of Illness on World Leaders, Philadelphia, 1986. 다음은 이 주제에 관해 고찰한 유용한 자료로, 이 책이 인쇄에 들어간 후 출판되었다: Jerrold M. Post와 Robert S. Robins, When Illness Strikes the Leader, New Haven and London, 1993,

1 Basil Wiliams, William Pitt, London, 1913, 권 I, p. 220.

2 같은 출처, II, p. 241.

3 H. Montgomery Hyde, The Strange Death of Lord Castlereagh, London, 1959; Amphlett Micklewright, The bishop of Clogher' s case, Notes and Queries, CCXIV (1969).

4 L' Etang, Pathology of Leadership, p. 10.

5 David Marquand, Ramsay Macdonald, London, 1977.

6 같은 출처, p. 695.

7 같은 출처, p. 696.

8 같은 출처, p. 762.

9 Anthony Storr, The Man in Churchill: Four Faces and the Man, A.J.P. Taylor 편저, London, 1969, pp. 205-45, Storr, Churchill's Black Dog and other Phenomena of the Human mind로 재판(再版), London, 1989, pp. 3-51.

10 Sir Arthur Bryant, The Turn of the Tide 1939-43, London, 1957, p. 259.

11 Lord Moran, Winston Churchill, The Struggle for Survival, 1940-65, London, 1966.

12 R. Rhodes James, Anthony Eden, London, 1986, p. 370.

13 같은 출처, p. 11.

14 같은 출처, pp. 12-17.

15 같은 출처, pp. 362-6.

16 J.M. Post와 Robert S. Robins, When Illness Strikes the Leader, pp. 68-9.

17 R.R. James, Anthony Eden, p. 594.

18 Alastair Horne, Harold Macmillan, 권 II, 1989, pp. 540-66.

19 대표적인 참고 자료: Leo Abse, Margaret, Daughter of Beatrice: a Politician's Psycho-biography of Margaret Thatcher, London, 1989.

20 윌슨의 병에 관한 논쟁은 다음을 참조: Edward A. Weinstein, Woodrow Wilson: A Medical and Psychological Biography, Princeton N.J., 1981; 이에 수반된 기사들은 Journal of American History, LXX (1984)에 실려 있다; 윌슨의 주치의 Cary Grayson이 쓴 글은 Woodrow Wilson: An Intimate Memoir, New York, 1980; 부인 Edith Wilson이 쓴 글은 My Memoir, Indianapolis, 1939. 최근의 평가들은 다음을 참조: B.E. Park, "Prelude to Change" and "Comments on the Medical Historiography of Woodrow Wilson" in The Impact of Illness on World Leaders, Philadelphia, pp. 3-76, 331-42.

21 같은 출처, p. 20.

22 같은 출처, p. 39.

23 H. Hoover, The Ordeal of Woodrow Wilson, New York, 1958, p. 293.

24 Edmund Starling, Starling of the White House, New York, 1946, p. 152.

25 Hoover, Ordeal of Woodrow Wilson, p. 237.

26 R. Scott Stevenson, Famous Illnesses in History, London, 1962, pp. 44-51; W.W. Keen, The Surgical Operations on President Cleveland in 1893, New York, 1928.

27 Park, Impact of Illness, pp. 231-94.

28 Ross McIntire는 후에 자신을 방어하는 책을 썼다: White House Physician, New York, 1928.

29 J. Bishop, FDR' s Last Year 1 April 1944-April 1945, New York, 1974. Moran, Churchill, p. 226.

30 Russell D. Buhite, Decisions at Yalta, An Appraisal of Summit Diplo-
31 macy, 1986.

32 Harold L. Ickes, The Secret Diaries, London, 1955, 권 II, pp. 30-1, 419. 다음 부분들도 참조: 권 I. pp. 122, 151, 632, 637 ("he looks as if he might drop dead at any minute"); 권 II, pp. 609, 676.

33 L' Etang, Fit to Lead, p. 68; The Pathology of Leadership, pp. 106-8; Walter Millis, The Forrestal Diaries, London, 1952; L.L. Strauss, Men and Decisions, London, 1963, pp. 155-62; A.A. Rogon, James Forrestal, New York, 1964; Post와 Robins, When Illness Strikes the Leader, pp. 105-14.

34 Lckes, The Secret Diaries, 권, III, p. 616.

35 Moran, Churchill, pp. 226-7, "Physically he is only half in this world."

36 주요 참고 자료: C. David Heymann, A Woman Called Jackie, London,

1989; Alastair Horne, Macmillan, London, 1989, 권 II. p. 289.

37 케네디의 건강에 관해서는 다음을 참조: Theodore C. Sorenson, Kennedy, London, 1965, pp. 38-42, 568-9; H.S. Parmet, The Struggle of John F. Kennedy, New York, 1980, pp. 15-16, 45, 115-16, 121-1, 154, 165, 190-2, 238, 307-20; Peter Collier와 David Horowitz, The Kennedys, London, 1984.

38 L' Etang, Fit to Lead, pp. 93-5.

39 H. Blair Neatby, W.. Mackenzie King, 전 2권, Toronto, 1965/76; C.P. Stacey, A Very Double Life: The Private World of Mackenzie King, Toronto, 1976. 킹의 일기는 다음의 제목으로 편집 출판되었다: The Mackenzie King Record, J.W. Pickersgill 편저, Chicago, 1960.

40 Stacy, A Very Double Life, p. 139.

41 Neatby, Mackenzie King I, p. 203; Stacey, A Very Double Life, p. 163 이하.

42 같은 출처, p. 169.

43 같은 출처, p. 187.

44 같은 출처, p. 210.

45 같은 출처, pp. 198-9.

46 같은 출처. pp. 175-6.

47 Park, Impact of Illness, pp. 77-148.

15. 군화 신은 광인들

1 Harold D. Lasswell, Psychopathology and Politics, Fred Greenstein의 서론, Chicago, 1977, p. 16.

2 H. L' Etang, The Pathology of Leadership, London, 1969, p. 202;

Alwyn Lishman, Organic Psychiatry, Oxford, 1980. 정신적인 질병이 역사의 진행 과정에 영향을 미칠 수 있다는 예로, Kemal Ataturk가 그리스를 상대로 전투를 벌이던 당시 상황을 들 수 있다. 그의 승리는 부분적으로 그리스 지휘관의 신경증적인 행동 덕분이었다. 그리스 지휘관은, 자신의 다리가 유리로 이루어져 있기 때문에 자리에서 일어나면 깨질 거라 믿으며 하루 종일 침대에 누워 있었다.

3 Robert M. MacNeal, Stalin Man and Ruler, London, 1988, pp. 291 이하.

4 Denis Mack Smith, Mussolini, London, 1981.

5 같은 출처, p. 151.

6 주요 참고 자료들: Alan Bullock, Hitler, A Study in Tyranny, 개정판, London, 1973; H.R. Trevor-Roper, The Last Days of Hitler, 개정판, London, 1978; Robert G.L. Waite, The Psychopathic God: Adolf Hitler, New York, 1977; N. Bromberg와 V. Small, Hitler and Psychopathology, New York, 1983; A.W.C. Langer, The Mind of Adolf Hitler: the Secret Wartime Report, New York, 1973; Alan Bullock, Hitler and Stalin, London, 1991.

7 Leonard Heston과 Renate Heston, The Medical Casebook of Adolf Hitler, London, 1979.

8 David Irving, The Secret Diaries of Hitler's Doctor, New York, 1983.

9 B.E. Park, The Impact of Illness on World Leaders, Philadelphia, 1986, pp. 149-219, 343-53.

10 Robert Waite, The Psychopathic God., p. 378.

11 주요 참고 자료: Robert Tucker, Stalin as Revolutionary 1879-1929. A Study in History and Personality, New York, 1973, 특히 pp. 69-114 와 421-93 참조; Alex de Jonge, Stalin and the Shaping of the Soviet Union, London, 1986; Robert M. Slusser, Stalin in October: The Man Who Missed the Revolution, Baltimore, Md, 1987; Robert H.

권
력
과

광
기

McNeal, Stalin Man and Ruler, London, 1988; Daniel Rancour-Laf-feriere, The Mind of Stalin. A Psychoanalytic Study, Ann Arbor, 1988.

12 De Jonge, Stalin and the Shaping of the Soviet Union, p. 304; Tucker, Stalin as Revolutionary.

13 McNeal, Stalin, p. 227.

14 같은 출처, p. 298.

15 같은 출처. p. 265.

16 L' Etang, Pathology of Leadership, p. 194.

17 McNeal, Stalin, p. 182.

18 De Jonge, Stalin and the Shaping of the Soviet Union, p. 378.

19 Tucker, Stalin as Revolutionary, p. 74.

20 De Jonge, Stalin and the Shaping of the Soviet Union, p. 11.

21 Rancour-Lafferiere, The Mind of Stalin, pp. 118-19. Lafferiere는 스탈린이 총애하는 침략자 히틀러에게 동성애적인 매력을 느꼈다고 주장한다. 또한 그가 경호원 중 한 명과 동성애 관계에 있었다고 말하기도 한다. 그러나 한 스탈린 비평가가 말한 것처럼 이러한 주장에 대한 증거는 희박하며 판단은 지나치게 추론적이다.

22 Tucker. Stalin as Revolutionary, pp. 424-5.

23 De Jonge, Stalin and the Shaping of the Soviet Union, p. 104.

24 McNeal, Stalin, p. 183.

25 De Jonge, Stalin and the Shaping of the Soviet Union, p. 74.

26 R.E. Money-Kyrle, Psychoanalysis and Politics, London, 1951, p. 75.

27 John Sweeney, The Life and Times of Nicolae Caeusescu, London, 1992; Edward Behr, Kiss the Hand you cannot Bite, London, 1992.

28 R.E. Money-Kyrle, Psychoanalysis and Politics, p. 76.

주

찾아보기

권력과광기

1쇄 발행 2005년 5월 18일
3쇄 발행 2007년 10월 24일

지은이 비비안 그린 · **옮긴이** 채은진
펴낸곳 도서출판 **말글빛냄** · **인쇄** 삼화인쇄(주)
펴낸이 박승규 · **마케팅** 최윤석 · **편집** 김보미 · **디자인** 진미나
주소 서울시 마포구 동교동 203-4 함께 일하는 사회 빌딩 301호
전화 325-5051 · **팩스** 325-5771
등록 2004년 3월 12일 제313-2004-000062호
ISBN 978-89-955988-3-2   03900
가격 23,000원